OBJECTIF KADHAFI

Du même auteur

- *Le Canada dans les guerres en Afrique centrale*, Le Nègre, 2012.
- *Le Canada et le pouvoir tutsi du Rwanda*, L'Érablière, 2014.
- *Stratégie du chaos et du mensonge*, L'Érablière, 2014.
- *Guerre secrète en Afrique centrale*, Kontre Kulture, 2015.

Contribution à un ouvrage collectif

- *Les nouveaux visages de l'impérialisme*, Perspectives libres, juin 2013.

PATRICK MBEKO

OBJECTIF KADHAFI

42 ans de guerres secrètes contre
le Guide de la Jamahiriya arabe libyenne
(1969-2011)

Préface de Michel Raimbaud

Éditions
libre-Pensée

Dépôt légal: 2016
Bibliothèque et Archives nationales du Québec
Bibliothèque et Archives Canada

©**Éditions Libre-Pensée**
www.editions-librepensee.com
ISBN : 978-2-9814910-4-6

Couverture : Mouammar Kadhafi
©Alberto Pizzoli/AFP/Getty Images
Conception graphique : BBLA HOME

Au peuple libyen, à la jeunesse africaine
et à cette Afrique qui ne cesse d'être saignée
aux quatre veines pour le bonheur de quelques-uns...

« Pour la CIA, la mort de Kadhafi est un triomphe ; ils l'ont toujours ciblé, et même si cela a pris trente ans, le plan a quand même fonctionné. La CIA a réussi subtilement à renverser Kadhafi et le monde croit jusqu'à présent qu'il s'agissait d'un soulèvement populaire libyen. »

John Schwab, documentariste

« Kadhafi dérangeait et gênait, il fallait le faire taire. C'était la même chose avec Patrice Lumumba, au Congo. Pourquoi on l'avait tué ? Pourquoi on a tué Kadhafi ? Parce qu'il pense que l'Afrique est mûre, qu'il pourra sortir de la misère et jouer son rôle dans la gouvernance mondiale. Tous ceux qui pensent de cette façon seront éliminés [...] Kadhafi a été tué parce qu'il dérangeait. Et les gens n'aiment pas ceux qui dérangent. »

Idriss Déby, président du Tchad

PRÉFACE

Les vaincus n'écrivent pas l'Histoire, à plus forte raison lorsque leur défaite s'apparente à un bouleversement géopolitique. Ce sont les vainqueurs qui s'octroient, pour paraphraser la chanson de Demis Roussos, le privilège « d'écrire sur les murs le nom de ceux que l'on aime » (ou que l'on doit aimer désormais) et le nom de ceux qu'il faudra haïr. Les « messages pour les jours à venir » des libérateurs présumés sont en général trop limpides pour ne pas être troubles. Il s'agit de marteler et d'accréditer leur narrative officielle : les ennemis terrassés étaient jouisseurs, fourbes, menteurs, vicieux, despotiques, massacreurs, traîtres et lâches. On dénonce à l'envi leur cynisme, leurs abus de pouvoir, leur arbitraire, leur corruption, leurs exactions, leurs crimes. Pour faire simple, ils sont responsables de tous les maux et, le cas échéant, du chaos et de la destruction du pays et de l'État qu'ils n'ont pas su ou pas pu préserver des dangers. La mémoire des peuples et des sociétés étant ce qu'elle est, c'est-à-dire sélective et souvent ingrate, ceux qui ont eu le malheur d'être jetés dans les oubliettes de l'Histoire peuvent attendre longtemps — et sans doute pour l'éternité — que l'on veuille bien les en tirer pour rendre justice à la cause qu'ils ont servie, si grande ait-elle été.

Malheur aux vaincus et bienheureux les vainqueurs fugitivement parés de tous les mérites : il va de soi que nos triomphateurs, qui sont les meilleurs, les plus beaux, les plus clairvoyants, les plus honnêtes, peuvent faire beaucoup plus mal et bien pire que leurs prédécesseurs déchus, mais en toute impunité, pour peu que leurs méfaits à venir bénéficient de l'indulgence de la « communauté internationale », entendue au sens convenu du terme (c'est-à-dire les trois occidentaux membres permanents du Conseil de Sécurité). Avec la caution « démocratique » que prodiguent nos vertueux prédicateurs, l'avenir est forcément radieux pour le pays qui était au bord du gouffre : les « révolutionnaires » ne lui promettent-ils pas un grand bond en avant, dès lors que le tyran a dégagé ? Ils peuvent compter sur le soutien des penseurs aux vastes idées creuses ensevelies sous les rouflaquettes et sur le chœur des incantateurs du parti des dévots.

L'Histoire est implacable dans son éternel recommencement, que celui-ci se veuille révolution ou qu'il se déguise en « système des dépouilles ». Dans les « grandes démocraties », le règlement de comptes se fait par le biais d'élections « blanc bonnet et bonnet blanc », que d'aucuns nomment « alternance » : le perdant a tout faux et le gagnant aura tout bon. Pas question de dénoncer le véritable bilan, de la pauvreté, de l'inégalité des chances, du chômage, de l'injustice, du racisme, puisque de toute façon le parti entrant a pour seul viatique une social-démocratie biodégradable censée remplacer la démocratie sociale du sortant, les deux larrons servant la même soupe tiédasse et les mêmes intérêts brûlants.

En tout état de cause, dans nos grandes démocraties autoproclamées et normalisées, les questions collatérales touchant aux banlieues hors-la-loi de la planète civilisée sont exclues du débat national : agressions, ingérences, crimes de guerre ou contre l'humanité, déconstruction des sociétés, déstabilisation des États, destruction des peuples, renversement des « régimes », liquidation des « dictateurs », tout cet ordinaire de la diplomatie atlantiste est tenu par la classe politique, médiatique et intellectuelle bien-pensante pour légitime, un véritable acquis communautaire. Les grandes démocraties ne sont-elles pas bonnes par définition, garantes du bien-être de l'humanité ? C'est d'ailleurs la raison pour laquelle elles s'arrogent le droit d'imposer par la force leur système de pensée et leur conception tricheuse de la démocratisation à la racaille des États voyous, parias ou déchus, ou tout simplement des États vaincus, qui constituent le champ de manœuvre, l'aire de jeux, la terre à civiliser ou à évangéliser…

La Yougoslavie, l'Irak, l'Afghanistan, la Libye, la Syrie, pour ne citer que des exemples du dernier quart de siècle, auront fait l'expérience de ce que la doxa lourdingue des néoconservateurs appelle la «démocratisation» à l'américaine. Si cet exercice à répétition est présenté souvent comme une routine des jours par les bons élèves de la classe atlantiste, il constitue pour les intellectuels critiques un terrain d'investigation inépuisable.

Patrick Mbeko est l'un de ces chercheurs qui défrichent les dossiers que beaucoup voudraient voir classés. Observateur avisé des questions géopolitiques et stratégiques, il a publié plusieurs ouvrages, notamment, en 2012, *Le Canada dans les guerres en Afrique centrale*[a], et en 2014, *Stratégie du chaos et du mensonge*[b]. Le présent livre, qui traite de l'affaire libyenne et de ses mystères, tient ses promesses.

Le «printemps» arabe de Libye n'est pas le premier de la série, ni le plus destructeur, ni le plus meurtrier, mais il est le plus caricatural. C'est sur les rivages de Syrte, vers les côtes de la Tripolitaine, les rivages de la Cyrénaïque, ou dans les parages du lointain Fezzan, que se découvriront sans la moindre pudeur, sans la moindre vergogne, les affinités entre les protagonistes «locaux» et leurs alliés des pays de l'arrogance ou des régimes de l'intolérance. Loin d'être contre nature, cette collusion de larrons en foire est au contraire parfaitement naturelle.

Il n'aura pas fallu plus de trois ou quatre ans pour que la Jamahiriya arabe libyenne ne soit plus qu'un vague souvenir historique présenté comme pittoresque, pitoyable ou honteux. Triste destin pour le flamboyant et excentrique colonel Mouammar al-Kadhafi qui avait créé et dirigé cette « république des masses » pendant plusieurs décennies, amenant à son peuple une certaine dignité et une aisance certaine avant de l'entraîner avec lui dans le malheur que l'on sait : sorti de l'Histoire par un tuyau d'évacuation des eaux usées, du côté de

---

[a] Paru chez Le Nègre Éditeur.
[b] Aux éditions de l'Érablière.

Syrte, avant d'être torturé et massacré en direct, il n'aura eu droit à aucun regret, à aucune compassion, à croire qu'il n'avait jamais eu ni supporters, ni partisans, ni « amis », ni « alliés », ni courtisans, y compris parmi les sinistres donneurs et donneuses de leçons d'Occident qui ont accueilli son supplice avec d'indécents applaudissements ou ricanements.

Rarissimes sont ceux qui osent évoquer les bienfaits de l'hétérodoxe système libyen, à commencer par ceux qui en ont le plus bénéficié jusqu'à la dernière minute, voire peut-être encore un peu après, grâce au butin mis de côté. Il y a en revanche deux ou trois points que personne n'ose contester : il n'y a plus d'État libyen, mais un espace démantelé où règne le chaos le plus extrême, où trois gouvernements ou davantage se disputent le pouvoir dans la jungle des milices de tout poil. Devant un désastre aussi évident, qui aurait encore l'idée d'évoquer la démocratie, la bonne gouvernance et la protection des populations civiles afin de justifier l'intervention de l'OTAN déclenchée en mars 2011, les bombardements humanitaires qui ont détruit sans merci un pays prospère, et l'abject assassinat téléguidé du Guide de la Jamahiriya… Les donneurs de leçons au regard courroucé, les « penseurs » révolutionnaires, préfèrent oublier les surréalistes drapeaux tricolores et les « merci la France » qui ont fleuri alors entre dunes et ruines photogéniques avant que l'ambassade de France soit incendiée…

Patrick Mbeko a parfaitement saisi le cours de l'Histoire. Son livre est passionnant pour tous ceux qui veulent savoir et comprendre. Il restitue avec soin le contexte historique et géopolitique du vieux pays qu'est la Libye et il analyse avec précision les étapes de l'affrontement entre un leader charismatique ayant nom Mouammar al-Kadhafi et des dirigeants occidentaux pour qui la Libye devait rester un gigantesque champ de pétrole où l'on pourrait pomper à loisir et à bon marché, au prix de quelques salamalecs sous des tentes de luxe.

L'auteur ne cache pas non plus le long flirt du colonel avec le terrorisme tant qu'il a pu croire à une improbable impunité, méconnaissant la violence et la dangerosité des rancunes de l'oncle Sam et de ses alliés. Et il rapporte honnêtement les stations de son chemin de rédemption, y compris sous l'aspect financier.

Sans complaisance, il ne camoufle aucune des excentricités, des étrangetés et des provocations d'un Guide théoriquement sans pouvoir officiel et en fait tout-puissant, mais il cherche à faire comprendre la logique profonde de cet homme qui rêvait à l'indépendance de son pays, à l'unité du monde arabe, puis à l'émancipation politique et économique du continent africain, et qui devait donc mourir. Au fil des pages, le comportement du colonel à foucades, qui se plaisait à bousculer les règles du jeu et faisait fi des us et coutumes en toute circonstance, perd beaucoup de son apparente aberration. S'appliquant à dire tout haut ce que les peuples opprimés de la terre pensent tout bas, préférant la simplicité du bon sens à la roublardise des convenances, refusant de se plier aux subtilités du langage diplomatique, il dérangeait profondément la vie internationale qui n'aime pas les trublions, mais s'accommode parfaitement des menteurs et des hypocrites.

Patrick Mbeko évoque en détail le satané « printemps » libyen, l'inscrivant comme il se doit dans la mouvance de ces « révolutions arabes » que l'on a plus envie de maudire que d'encenser, mais il n'est pas centré sur cet épisode final de la vie de Kadhafi. Le printemps du jasmin de Tunisie, le voisin de l'ouest, et le printemps du lotus d'Égypte, la voisine de l'est, y sont relatés avec minutie. Le rôle peu apparent, mais déterminant des États-Unis et de leurs alliés dans le renversement de deux « *ra'is* » dévoués est bien mis en lumière, notamment la contribution de l'appareil de production « industrielle » de la démocratie à la mode de l'oncle Sam de même que le rôle des militaires et services secrets.

L'ouvrage proposé au lecteur ne se réduit pas aux évènements de 2011. Le « soulèvement » inspiré de l'étranger, le renversement du régime surviennent au terme de 42 ans de guerres secrètes contre le Guide de la Jamahiriya arabe libyenne (1969 – 2011). L'assassinat du dirigeant libyen constitue un triomphe pour la CIA[a], après trente ans d'efforts, réussissant à enraciner dans l'esprit des gens de la rue «qu'il s'agissait d'un soulèvement populaire libyen». On s'en doutait bien en se rappelant l'empressement des Occidentaux à venir à l'aide des insurgés et en entendant les graves cris d'enthousiasme de ces messieurs et dames qui gouvernent nos capitales *cinq étoiles*.

À propos, en janvier 2011 déjà, dans un État voisin de la Libye, le Soudan, un processus de paix sous «médiation» américaine bouclé par un référendum d'autodétermination sous contrôle «international» conduisait à la partition du sud du pays. Cette séparation allait être elle aussi considérée comme un triomphe de la diplomatie US et…de la stratégie israélienne. Là encore le grand succès n'était pas d'avoir libéré les Sud-Soudanais des «oppresseurs arabes et musulmans», l'Occident se moquant comme d'une guigne de ce prétexte bon pour les gogos et les bobos ; il était d'avoir persuadé l'opinion occidentale qu'il s'agissait d'une aspiration spontanée à la démocratie de marché. Il est vrai que le chaos sanglant qui s'est installé au Soudan du Sud vaut bien celui qui prévaut en ex-Jamahiriya.

En tout cas, si vous aviez encore honte de ne pas voir dans les bombardements libérateurs de Libye une campagne de promotion et de défense des droits de l'homme, si vous craigniez d'être taxé de «conspirationniste» pour avoir pensé que l'affaire sentait à plein nez le pétrole et les dizaines de milliards de dollars à braquer, lisez donc le livre de Patrick Mbeko, vous serez soulagé de vos doutes…

Michel Raimbaud, ex-ambassadeur de France,
professeur en relations internationales[b]

---

[a] Central Intelligence Agency, l'une des agences de renseignement les plus connues des États-Unis.

[b] Outre diverses contributions à des ouvrages collectifs et revues, auteur de : *Le Soudan dans tous ses États*, Karthala (2012) ; *Tempête sur le Grand Moyen-Orient*, Ellipses (2015) ; *Les relations internationales en 80 fiches*, Ellipses (2015).

PROLOGUE
« *Cette guerre n'a pas commencé en 2011, elle a commencé bien avant*»

> «*Tant que les lions n'auront pas leurs propres historiens, les histoires de chasse continueront de glorifier le chasseur.* »
> **Proverbe africain**

Libye, 16 mars 2011. Les forces gouvernementales poursuivent leur avancée vers Benghazi, deuxième ville du pays, d'où est partie une insurrection armée contre le pouvoir central, en février, à la faveur de ce que les médias occidentaux ont baptisé le «Printemps arabe». Le colonel Mouammar Kadhafi, dirigeant de la Jamahiriya arabe libyenne, veut en finir rapidement. Il affirme que ses troupes entreront dans la ville rebelle dans moins de 48 h, éteignant par la même occasion les espoirs de ceux qui rêvent de le renverser. «Les colonisateurs seront vaincus, la France sera vaincue, l'Amérique sera vaincue, la Grande-Bretagne sera vaincue», déclare le colonel Kadhafi triomphant.

À Paris, les ministres des Affaires étrangères du G8 peinent à se mettre d'accord sur une éventuelle intervention en Libye, alors que les forces loyalistes progressent à vitesse grand V, à coups d'artillerie lourde et de raids aériens. Vers 23 heures, trois fortes explosions et des tirs de DCA sont entendus dans la capitale de la révolte.

Le temps presse. Le chef de la diplomatie française, Alain Juppé, décide d'annuler à la dernière minute le voyage qu'il doit entreprendre à Berlin et file tout droit à New York afin de tenter d'arracher au Conseil de sécurité de l'ONU le vote d'une résolution préparée par son pays et autorisant la communauté internationale à intervenir en Libye pour, dit-on, « empêcher les forces du colonel Kadhafi de massacrer la population de Benghazi ».

Le 17, au matin, la salle où se tient la réunion du Conseil de sécurité est bondée de monde. La pression monte de tous les côtés ; l'incertitude autour du vote final demeure. « Le problème pour nous c'est l'urgence », s'alarme Gérard Araud, le représentant de la France à l'ONU. Vers 9h30, heure de New York, M. Juppé prononce sa plaidoirie en faveur d'une intervention militaire en Libye. Le visage grave, le ton ferme et le discours particulièrement martial, il déclare :

> « [...] Au moment où je vous parle, les troupes du colonel Kadhafi poursuivent la reconquête violente des villes et des territoires qui s'étaient libérés. Nous ne pouvons pas laisser faire les fauteurs de guerre ! Nous ne pouvons abandonner à leur sort des populations civiles victimes d'une brutale répression. Nous ne pouvons laisser bafouer la légalité et la morale internationales. [...] Nous n'avons plus beaucoup de temps. C'est une question de jours, c'est peut-être une question d'heures. Chaque jour, chaque heure qui passe, resserre l'étau des forces de la répression autour des populations civiles éprises de liberté, et notamment de la population de Benghazi. Chaque jour, chaque heure qui passe, alourdit le poids de la responsabilité qui pèse sur nos épaules. Prenons garde d'arriver trop tard ! Ce sera l'honneur du Conseil de sécurité d'avoir fait prévaloir en Libye la loi sur la force, la démocratie sur la dictature, la liberté sur l'oppression ».

Le jour même, le Conseil de sécurité vote la résolution 1973 autorisant les États membres « à prendre toutes mesures nécessaires » afin de « protéger les populations et les zones civiles menacées d'attaque en Jamahiriya arabe libyenne, y compris Benghazi »... Deux jours plus tard, le 19, les avions français, américains et britanniques survolaient le ciel libyen et lâchaient les premières bombes sur Benghazi. Ce fut le coup d'envoi d'une guerre qui allait durer près de sept mois et conduire à l'assassinat du leader libyen, le 20 octobre.

Depuis lors, l'ex-Jamahiriya arabe libyenne a sombré dans un chaos indescriptible favorisé par la montée en puissance des forces ultraréactionnaires à dominance intégriste. Depuis lors, les Libyens ne savent plus à quel saint se vouer. Depuis lors, des livres ainsi que des documentaires ont paru, qui prétendent décrire ce qui s'est réellement passé dans ce riche pays pétrolier d'Afrique du Nord. Même si le contenu de ces différents supports se veut fidèle à une certaine réalité, leurs auteurs, pour la plupart occidentaux, s'accordent néanmoins sur le fait que Mouammar Kadhafi, le dirigeant libyen, était un dictateur, un personnage diabolique ; que l'intervention des pays de l'OTAN, en 2011, ne pouvait être motivée que par des considérations démocratiques et humanitaires. Comme lors des invasions de la Yougoslavie, de l'Afghanistan et de l'Irak, il s'agirait de « protéger la population civile », de promouvoir la démocratie et les droits de l'homme.

Peu importe qu'une telle entreprise ait provoqué désolation et misère comme en Afghanistan et en Irak, l'essentiel a été fait, le « tyran » a été tué, et quoiqu'il puisse en découler, ça ne pourrait jamais être pire pour les Libyens que ce qu'ils avaient connu sous le colonel Kadhafi. Bref, les maux que connaissait et connaît encore aujourd'hui la Libye s'expliqueraient par un seul nom : Mouammar Kadhafi.

À suivre les médias et nombre d'observateurs occidentaux, spécifiquement ceux des pays membres de l'OTAN, il n'existe plus d'évènements politiques, géopolitiques et géostratégiques en fonction desquels les sujets d'une histoire se déterminent. Or, connaissant les intérêts et les enjeux qui sous-tendent la plupart des conflits armés, notamment en Afrique, on ne peut s'empêcher de questionner les motivations profondes et la générosité des « bienfaiteurs » de l'OTAN à l'égard du peuple libyen. Comment croire en la défense des droits de l'homme et de la démocratie en Libye quand on soutient des dictatures féroces en Afrique et ailleurs ? Pourquoi se précipite-t-on d'intervenir militairement en Libye pour sauver une population prétendument en danger quand on choisit de soutenir en même temps la répression de manifestations pacifiques au Yémen et au Bahreïn ? Pourquoi n'a-t-on pas imposé une zone d'exclusion aérienne au-dessus de la Bande de Gaza quand les Israéliens l'ont sauvagement bombardé en 2014, carnage ayant fait plus de 2000 morts dont près de 500 enfants, et plus de 10 000 blessés ? Pourquoi l'OTAN n'est-elle pas intervenue en Tunisie et en Égypte où la répression des manifestants a fait beaucoup plus de victimes qu'en Libye[1] ? Qu'est-ce qui peut bien motiver l'empathie soudaine des responsables politiques occidentaux pour les Libyens quand on sait qu'ils ont toujours été indifférents au sort des populations martyrisées dans les monarchies obscurantistes du golfe alliées de l'Occident ?

On ne peut en tout cas s'empêcher de s'interroger sur l'implication sélective des pays occidentaux dans ce qu'il convient d'appeler le Printemps arabe.

Toutes ces interrogations, aussi simples qu'essentielles, n'ont trouvé aucune réponse dans le traitement médiatique de la crise libyenne ; elles ne semblent même pas avoir effleuré l'esprit des journalistes et autres faiseurs d'opinions de l'Ouest. Tout était évident pour eux. Ils savaient a priori la « vérité » et ont enquêté ensuite pour conforter leurs préjugés et prouver qu'ils avaient raison. Or la vérité n'a que faire des apparences et des fausses évidences.

Alors que la « grande presse » nous abreuvait des reportages sur la Libye de Kadhafi reprenant largement la doxa officielle, la chaîne *Canal plus* diffusa, le 19 novembre 2012 — tout juste un an après l'assassinat de Kadhafi —, dans le cadre de l'émission « Spéciale investigation », un reportage choc suggérant que la France serait intervenue en Libye pour mettre la main sur les énormes réserves de gaz et de pétrole du pays. À en croire les confidences faites par des « sources discrètes » (pour la plupart des gens liés au monde du renseignement) au journaliste

Patrick-Charles Messance, « l'opération aurait été préparée de longue date et le Printemps arabe n'aurait été que le prétexte idéal pour la lancer[2] ».

Un autre documentaire[3] sur le conflit libyen diffusé quelque temps après sur la chaîne américaine AHC[a], spécialisée dans les affaires militaires, abonde dans le même sens, et plus encore, éclaire d'un jour totalement nouveau le récit de l'intervention occidentale en Libye. « Ce qui apparaît comme un soulèvement spontané [des insurgés libyens, en mars 2011] est en réalité la combinaison de trente ans d'opérations secrètes menées par la CIA », explique-t-on en préambule du documentaire de 45 minutes. À en croire les agents de la CIA et les journalistes qui y témoignent à visage découvert, le « printemps libyen » serait donc l'aboutissement de trente années d'inavouables opérations subversives pilotées de main de maître par l'Agence américaine pour renverser le colonel Kadhafi.

Pour avoir déjà eu à travailler sur l'implication des grandes puissances dans les conflits armés en Afrique, notamment dans la région des Grands Lacs[4], je savais que les menées des puissances occidentales dans les régions ou zones stratégiques ne s'improvisent pas, que les guerres ont toujours été préparées ou récupérées à bas bruit par des acteurs de l'ombre ayant une feuille de route précise, laquelle évolue au fil des conjonctures et des dénouements sur le terrain. Le conflit libyen ne semblait donc pas échapper à cette logique...

• • •

« [...] Cette guerre vient de loin. C'était en 1993 à Tripoli. Le colonel Kadhafi nous a dit qu'il est fort probable que les pays de l'OTAN attaquent un jour la Libye. C'était en 1993 [...] On parle du Printemps arabe, mais cette guerre n'a pas commencé en 2011 ; elle a commencé bien avant »...

---

[a] American Heroes Channel, une chaîne de Discovery Communications.

Foulard finement attaché, les yeux dissimulés derrière des lunettes noires, la voix douce et le geste lent, Zohra Mansour, l'ex-responsable des « Amazones », les gardes du corps femmes du colonel Kadhafi, a évolué auprès de son chef pendant plus de trente ans. Elle en sait beaucoup sur l'homme et le pouvoir qu'il a incarné pendant près de quatre décennies durant. Elle a été de tous les voyages avec lui ; elle ne le quittait jamais des yeux. On l'aperçoit, en décembre 2007, dans la délégation accompagnant Kadhafi en France, à l'invitation du président français Nicolas Sarkozy. Elle est au fait de bien de secrets d'État concernant son pays, la Libye. En janvier 2014, elle a été auditionnée par la justice française dans le cadre de l'enquête sur les soupçons de financement de la campagne présidentielle de Sarkozy, en 2007, par la Libye de Kadhafi.

Durant notre échange, elle me montre une photo d'elle, du temps de sa fringante jeunesse, au côté de Kadhafi ; et sur une autre photo, on la voit Kalachnikov à la main. « C'était pendant la guerre », me dit-elle avec un brin de nostalgie. Puis elle se lève brusquement en s'excusant pour aller regarder la nourriture qui est en train de cuire au feu. Notre discussion, qui durera de longues heures, se déroula en partie autour d'un bon couscous libyen accompagné de boulettes de viande et de légume.

La petite soixantaine, Zohra Mansour a beaucoup à dire sur la guerre déclenchée par les pays de l'OTAN contre son pays en mars 2011. « L'OTAN et les médias ont menti. Le colonel Kadhafi n'a jamais demandé de tirer sur la population. J'étais à Tripoli » tient-elle à préciser d'emblée. « Tout ça, c'est à cause de Sarkozy et du Qatar » — il faut dire que la Libyenne voue une haine tenace à l'égard de l'ancien chef de l'État français, qu'elle tient responsable du drame que traverse son pays et qu'elle accuse d'avoir « trahi le colonel Kadhafi et la Libye ». Puis d'enchaîner : « Ils [les Occidentaux, Ndlr] voulaient attaquer la Libye depuis longtemps. C'est un projet ancien[5]... » insiste-t-elle.

Comme Madame Mansour, le congressiste américain Denis Kucinich, le représentant de l'État de l'Ohio qui avait fustigé cette guerre et proposé au Congrès une résolution réclamant purement et simplement la fin des opérations militaires américaines en Libye, estime que cette expédition a été préparée bien avant le début du Printemps arabe. « Tout cela a été préparé depuis plusieurs mois », affirme-t-il[6]. Il en veut pour preuve l'organisation conjointe par la Royal Air Force et l'armée de l'air française d'étranges exercices militaires dans la foulée des accords de défense bilatéraux signés en novembre 2010. Son nom de code : *Southern Mistral*. Les manœuvres prévoient que Français et Britanniques bombardent un pays imaginaire, où un dictateur s'apprêtant à céder le pouvoir à son fils menace les intérêts de la France. À cette époque, les rapports entre la Libye et la France sont au plus bas, et Kadhafi envisage de céder le pouvoir à un de ses fils. Mieux, la date annoncée des exercices, mars 2011, correspond précisément à la période où les pays de l'OTAN bombarderont la Libye. Difficile de ne pas faire le lien.

Les déclarations d'agents de la CIA dans le documentaire d'AHC, les affirmations de Zohra Mansour et de Dennis Kucinich ainsi que les confidences faites par des « sources discrètes » françaises au journaliste Patrick-Charles Messance m'ont paru très sérieuses pour les adopter comme hypothèse de travail. Restait à savoir comment toute la mécanique de déstabilisation de la Libye a été articulée et pour quelles raisons ?

Pour trouver des réponses à ces interrogations et à celles précédemment formulées, il fallait enquêter sur différents aspects de la crise libyenne, chercher à comprendre ce qui se cache derrière la prétendue motivation humanitaire brandie par les pays de l'OTAN pour envahir la Libye et tuer son Guide. Et c'est exactement ce que j'essaie de faire dans ce livre. Je ne pouvais pas me contenter des seules explications données par l'OTAN et reprises dans les médias atlantistes. D'autant moins que les pays de l'Alliance et leurs médias s'étaient déjà par le passé livrés à la déformation des faits et à la dissimulation de la vérité pour justifier l'invasion, la destruction puis le pillage de la Yougoslavie et plus tard de l'Irak de Saddam Hussein.

Malgré notre accès quasi illimité aux chaînes d'infos en continu, au trop-plein de nouvelles auquel nous ont habitués les grands médias, nous demeurons toujours aussi sous informés; et bien plus encore, nous avons évacué des pans complets de l'Histoire pour ne garder qu'une « histoire officielle » imposée par la communauté des élites via les organes de presse qu'elle contrôle. « Comment se fait-il que nous ayons tant d'informations et que nous sachions si peu de choses ? » devait s'interroger, non sans raison, le grand intellectuel américain Noam Chomsky.

Beaucoup de gens s'intéressent à ce que disent les médias et leurs « experts maisons », mais peu, très peu même je dirai, portent attention à ce qu'ils ne disent pas. Voilà pourquoi dans cet ouvrage, j'ai préféré m'intéresser aux « non-dits » de la guerre menée par les pays de l'OTAN contre la Libye du colonel Kadhafi. Pour cela, j'ai donc remonté le fil de l'histoire, j'ai tenté de dépasser les idées reçues, les partis pris, les caricatures et je me suis simplement attaché aux faits. Il fallait plonger dans les archives américaines et britanniques, interroger des témoins directs et parfois anonymes, des acteurs de l'ombre, faire parler des diplomates en poste ou à la retraite, puiser dans les sources ouvertes... Le résultat auquel je suis arrivé montre que les choses ne se sont pas passées telles qu'on nous les a décrites dans la presse *mainstream*. Les informations recueillies dans cet ouvrage battent en brèche les vérités admises et mettent en lumière des faits troublants et inquiétants. Le portrait du colonel Kadhafi que la plupart des médias ont véhiculé ne correspond pas à la réalité. Ce qui ne veut pas dire qu'il était irréprochable à tout point de vue. Loin de là. En tous les cas, il n'est, en aucun cas, question ici d'embellir ou de noircir son image. Ce n'est pas l'objet de ce livre. Ceux qui s'attendent donc à un portrait lénifiant ou diabolisant du leader libyen peuvent déjà déchanter.

Loin de l'« actualité-spectacle », des idées toutes faites et de l'unanimité médiatique qui s'est construite autour de la personne de Kadhafi et de la crise libyenne, cet ouvrage s'inscrit dans une perspective de stricte mise au point. Le sujet étant assez complexe, je n'ai donc pas la naïveté de prétendre à une objectivité sans faille. Je n'ai pas non plus la prétention de tout connaître et je ne crois pas avoir tout compris. Mais j'ai tenté de comprendre l'essentiel, notamment les menées des apprentis sorciers de l'OTAN en Libye.

À partir d'une perspective historique et d'une grille de lecture géostratégique, j'ai acquis l'intime conviction que la défense de la démocratie et des droits de l'homme ne figuraient pas dans l'agenda de l'OTAN en Libye. Alain Juppé, alors ministre français des Affaires étrangères, n'explique-t-il pas que la guerre contre la Libye « c'est aussi un investissement sur l'avenir » ? En outre, la compassion démesurée à l'égard des populations libyennes masquait mal l'intérêt jamais démenti des puissances occidentales pour les richesses pétrolières et gazières libyennes. Aussi, ai-je réalisé que la crise libyenne ne pourrait être déchiffrée dans sa dimension globale si elle n'est pas reliée à l'image de celui qui a dirigé la Libye pendant quatre décennies, Mouammar Kadhafi. Voilà pourquoi il m'est apparu essentiel de démêler l'écheveau compliqué des relations tumultueuses entre le raïs libyen et l'Occident pour comprendre les raisons profondes qui ont motivé la croisade des pays de l'OTAN contre la Libye, en 2011.

Dès son arrivée à la tête de la Libye à la faveur d'un coup d'État, le 1er septembre 1969, le colonel Kadhafi a pris une série de mesures révolutionnaires qui l'a placé en porte-à-faux avec les puissances occidentales qui avaient fait de la Libye leur chasse gardée : fermeture des bases militaires anglaises et américaines, confiscation des biens appartenant aux étrangers, « libyanisation » des banques occidentales, augmentation du prix du brut et plus tard nationalisation partielle voire complète des compagnies pétrolières... Mais le leader libyen ne s'est pas arrêté en si bon chemin ; il a fait de la cause palestinienne son cheval de bataille et a décidé d'exporter sa « révolution » hors de ses frontières, heurtant de front les intérêts de ces puissances dans leur sphère d'influence et dans d'autres régions du monde. À partir de ce moment, il s'est développé à l'Ouest un anti-Kadhafisme primaire que deux universitaires français, Robert Chavrin et Jacques Vignet-Zurz, qualifièrent dans les années 1980 de « syndrome Kadhafi[7] ».

Le leader libyen devient ainsi la bête noire de l'élite politique, médiatique et intellectuelle occidentale. Une partie de l'élite africaine, qui ne perçoit la Libye le plus souvent que par l'intermédiaire des moyens de communication occidentaux, partage la même hostilité à l'égard de Kadhafi. Dans la galerie des méchants, le Libyen va désormais tenir une place tout à fait à part. Grâce à une campagne de propagande et de désinformation bien huilée et pilotée par la CIA, il est présenté à l'opinion publique comme le mal absolu et la Libye comme la citadelle mondiale du terrorisme, la composante essentielle de « l'Empire du mal ». Ainsi a-t-on tenté de lier le raïs libyen à une série d'attentats contre des intérêts occidentaux, faisant de lui le principal soutien au terrorisme international.

Alors qu'il est diabolisé dans les médias, traité de tous les noms d'oiseaux (« tyran », « terroriste », « chien fou du Moyen-Orient ») par les politiques occidentaux et une intelligentsia qui, subissant le contrecoup de cette hostilité généralisée, « relaye avec fierté ces attributs dans une littérature malade d'une cécité morbide » dixit l'essayiste Joseph Eroumé[8], des plans sont échafaudés par les services secrets occidentaux pour le renverser, voire l'assassiner. Le Guide, comme l'appellent les Libyens, échappent ainsi, du début des années 1970 au milieu des années 1990, à une vingtaine de tentatives d'assassinat, de coups d'État et d'opérations subversives de toutes sortes. Au cœur de ces menées déstabilisatrices, trois pays : les États-Unis, la Grande-Bretagne et la France.

Ce « trio », que l'on retrouvera quelques années plus tard, comme par hasard, à la tête de la croisade otanienne en 2011, reprochait au colonel Kadhafi son manque de docilité, son refus de se soumettre aux exigences du libéralisme mondialisé ; il ne lui pardonnait pas d'avoir contrarié les intérêts géostratégiques et économiques occidentaux, tant en Libye que dans le reste de l'Afrique. Car malgré les concessions faites à l'Occident, particulièrement aux États-Unis, au début des années 2000 afin de sortir son pays de l'isolement diplomatique et économique, le raïs libyen a non seulement continué d'afficher une position d'indépendance vis-à-vis de l'Occident, mais il a aussi conservé certaines de ses positions de principe antinomiques avec les intérêts de celui-ci.

Pour toutes ces raisons et pour bien d'autres[a], Kadhafi est devenu au fil des années une véritable épine dans le pied des puissances occidentales qui entendaient maintenir la Libye et le reste de l'Afrique sous leur domination. Sa posture « d'empêcheur de tourner en rond » était particulièrement inacceptable pour Washington et ses satellites européens, pour lesquels un changement de gouvernement en Libye était devenu nécessaire pour remédier à la situation.

Dans cette optique, l'expédition militaire de l'OTAN, en 2011, ne saurait être regardée comme une incursion plus ou moins spontanée ou même improvisée d'un Occident soucieux, dans le contexte du Printemps arabe, de voler au secours d'une population libyenne prétendument violentée par Kadhafi. Cette intervention d'une violence inouïe est plutôt l'aboutissement d'un continuum historique qui prend son origine dès l'arrivée au pouvoir du colonel Mouammar Kadhafi, le 1er septembre 1969.

Les années de pouvoir du colonel libyen ont été ainsi donc jalonnées de coups tordus, de guerres secrètes, mais aussi de lunes de miel tant spectaculaires qu'hypocrites, qui, au final, ont culminé à l'invasion de la Libye puis à l'assassinat de son dirigeant. Il ne serait donc pas insensé ni superflu de dire que pendant toutes ces années de règne à la tête de « sa » Jamahiriya

---

[a] Dans ce livre, j'énumère une série de raisons qui, de mon point de vue, ont motivé l'action de l'OTAN en Libye. Il pourrait y avoir d'autres que je n'ai pas énumérées vu la complexité du sujet. Seule la déclassification des archives des pays de l'OTAN pourrait mieux nous éclairer à ce sujet.

arabe libyenne, Mouammar Kadhafi n'était rien d'autre qu'un mort en sursis.

C'est donc un autre récit des quarante-deux années du pouvoir du colonel Kadhafi que le lecteur découvrira dans cet ouvrage. Dans ce bas monde où toute remise en cause des explications officielles est assimilée sans la moindre nuance à du complotisme, il ne serait pas surprenant que certains défenseurs des « explications faciles » soient tentés de brandir cet anathème commode pour disqualifier, sans apporter la moindre preuve, cet ouvrage. Je réponds à ces « valeureux » soldats de la bien-pensance que ce livre n'a pas pour objet de propager les « avis autorisés », il ne cherche pas non plus à « fabriquer le consentement[9] » ou à faire consensus, mais à susciter un vrai débat sur l'intervention de l'OTAN en Libye et l'assassinat de Kadhafi qui s'en est suivi. Il répond aussi et surtout à un besoin de « réinformation » face à la manipulation éhontée des médias occidentaux sur les évènements entourant le « printemps libyen ».

En effet, dès le début de la crise, en février 2011, les journalistes ont pris fait et cause pour les rebelles et se sont alignés sur la position officielle de leurs pays respectifs et de l'OTAN. Leur couverture était totalement à sens unique. Kadhafi était présenté comme un dictateur sanguinaire qui dilapidait les deniers publics de son pays pour les placer à l'étranger. Ils ont même prétendu que les 150 milliards de dollars saisis arbitrairement par les États-Unis et l'Union européenne étaient l'argent personnel du clan Kadhafi, alors qu'il s'agissait en réalité des fonds souverains libyens placés dans les banques étrangères, notamment occidentales. Il y avait une propagande devant faire croire que le dirigeant libyen était unanimement haï par les Libyens, ce qui était faux.

Les grands médias occidentaux se sont gardés également de préciser que la plupart des individus tués à Benghazi au début de l'insurrection étaient des islamistes qui se sont attaqués à des postes de police et des sites militaires, et se sont emparés d'armes et de munitions, avant de propager terreur et désolation dans toutes les grandes villes libyennes. Ils ont passé sous silence l'alliance OTAN-Islamistes tissée sur le dos des Libyens pour renverser le colonel Kadhafi. Et quand ce dernier se défendait en affirmant qu'il combattait le terrorisme qui menaçait la Libye, les journalistes et les autres faiseurs d'opinions l'accusaient de faire de la propagande pour s'attirer les sympathies de l'opinion publique. N'étaient invités dans les plateaux de télévision que des opposants libyens ou des « experts » en faveur des groupes rebelles affiliés à l'OTAN. Jamais les journalistes n'ont donné la parole à des Libyens fidèles au Guide ou neutres. La désinformation, le double standard, l'utilisation sélective des faits, la diabolisation... étaient la norme. Il est clair que le lavage de cerveau dans le traitement médiatique de la crise libyenne a été d'une efficacité phénoménale...

Et il est regrettable de voir des journalistes, dont la vocation première est d'informer le plus objectivement possible, se livrer ainsi à la manipulation de l'information dans le but de diaboliser un gouvernement et justifier une agression armée, dont les conséquences se résument aujourd'hui en deux mots : désolation et chaos.

Dans le conflit libyen — comme dans bien d'autres impliquant les puissances occidentales par ailleurs —, l'éthique journalistique n'y a certes pas trouvé son compte, mais il faut admettre que la campagne de propagande et de désinformation, elle, a été menée avec efficacité et de manière cohérente. Si les journalistes avaient correctement fait leur travail, en investiguant sur les affirmations mensongères des responsables européens et américains, s'ils avaient pris la peine de questionner et vérifier tout ce qui avait été rapporté par le bras médiatique moyen-oriental de l'OTAN, Al-jazzera, qui a joué un rôle déterminant dans l'accréditation du mythe du Printemps arabe, s'ils s'étaient libérés de ce pesant carcan idéologique qui empoisonne la presse occidentale dans son ensemble, des centaines de milliers d'hommes, de femmes et d'enfants libyens seraient en vie aujourd'hui, et des millions d'autres n'auraient pas fui leur maison ou quitté leur pays ; la guerre sectaire entre les différents groupes islamistes armés, qui font la pluie et le beau temps depuis l'assassinat du leader libyen, pourrait n'avoir jamais été allumée et l'infâme État islamique (EI) n'aurait pas élu domicile dans le pays. Hélas! La presse dite « libre », comme à son habitude à la veille de chaque guerre « juste » que projette de mener l'Occident, a endossé le rôle de fantassin de l'OTAN, en s'engageant dans une vaste opération d'intoxication qui devait ouvrir la voie à une intervention armée visant à débarrasser la planète d'un dirigeant africain qui n'arrangeait pas les intérêts néocolonialistes de certains.

Or, au lendemain de la Seconde Guerre mondiale, l'Assemblée générale des Nations unies a légiféré pour interdire et condamner ce type de pratique qui s'apparente à du « banditisme journalistique ». La Résolution 110 du 3 novembre 1947 relative aux « mesures à prendre contre la propagande en faveur d'une nouvelle guerre et contre ceux qui y incitent » sanctionne « la propagande de nature à provoquer ou à encourager toute menace à la paix, rupture de la paix, ou tout acte d'agression[10] ». En outre, la prostitution intellectuelle et le « gangstérisme médiatique » d'un certain nombre d'hommes et de femmes de médias sont non seulement à proscrire, mais devraient aussi faire l'objet d'une saisine de la justice internationale, afin que des pratiques constituant des « crimes contre la paix » et dont se rendent coupables faiseurs d'opinions et médias ne se reproduisent plus jamais.

J'ai essayé d'informer le plus objectivement possible. J'ai essayé de me rapprocher le plus près possible de la vérité. Et comme j'ai eu à le souligner, je n'ai pas la prétention de tout connaître et je ne crois pas avoir tout compris. Mais j'ai tenté de comprendre l'essentiel. L'histoire nous en apprendra davantage quand les langues des témoins se délieront et il faudra attendre l'ouverture, dans les années à venir, des archives des pays impliqués dans la guerre pour avoir l'heure juste sur ce qu'il s'est véritablement passé en Libye. J'ai donc conscience que mon enquête est incomplète et comporte des insuffisances que d'autres que moi combleront, peut-être, un jour.

Une formidable énergie a été dépensée pour occulter la vérité sur la guerre menée par l'OTAN contre la Jamahiriya arabe libyenne et l'assassinat de Kadhafi qui en a résulté. Mais j'ose croire qu'avec les éléments présentés dans cet ouvrage, le lecteur ne se laissera plus séduire par des explications simplistes et des rumeurs artificieuses sur la Libye et son ancien Guide.

Références

[1] On estime désormais que le nombre de victimes libyennes avant les raids de l'OTAN s'élevait à environ 300, dont la plupart étaient mortes au combat, comparativement aux 300 morts et 700 blessés lors du soulèvement en Tunisie et 857 morts et 6000 blessés en Égypte.

[2] « Gaz et pétrole : guerres secrètes », Spéciale investigation du 19 novembre 2012.

[3] « CIA Declassified : Killing Mad Dog Gaddafi » (2014), un documentaire réalisé par Matthew Barret et Ned Parker pour World Media Rights Production, disponible sur Youtube.

[4] Mbeko Patrick, *Le Canada dans les guerres en Afrique centrale*, Le Nègre Éditeur, 2012 ; *Stratégie du Chaos et du mensonge*, L'Érablière, 2014 ; *Guerres secrètes en Afrique centrale*, Kontre Kulture, 2015.

[5] Entretien avec l'auteur.

[6] Entretien avec l'auteur.

[7] Chavrin Robert et Jacques Vignet-Zurz, *Le syndrome Kadhafi*, Albatros, 1987.

[8] Eroumé Joseph, *Kadhafi, la gloire du vaincu*, L'Harmattan, 2013.

[9] Chomsky Noam & Edward Herman, *La fabrication du consentement : De la propagande médiatique en démocratie*, Agone, 2008.

[10] Résolution 110 (II) de l'Assemblée générale de l'ONU, « Mesures à prendre contre la propagande en faveur d'une nouvelle guerre et contre ceux qui y incitent », 3 novembre 1947.

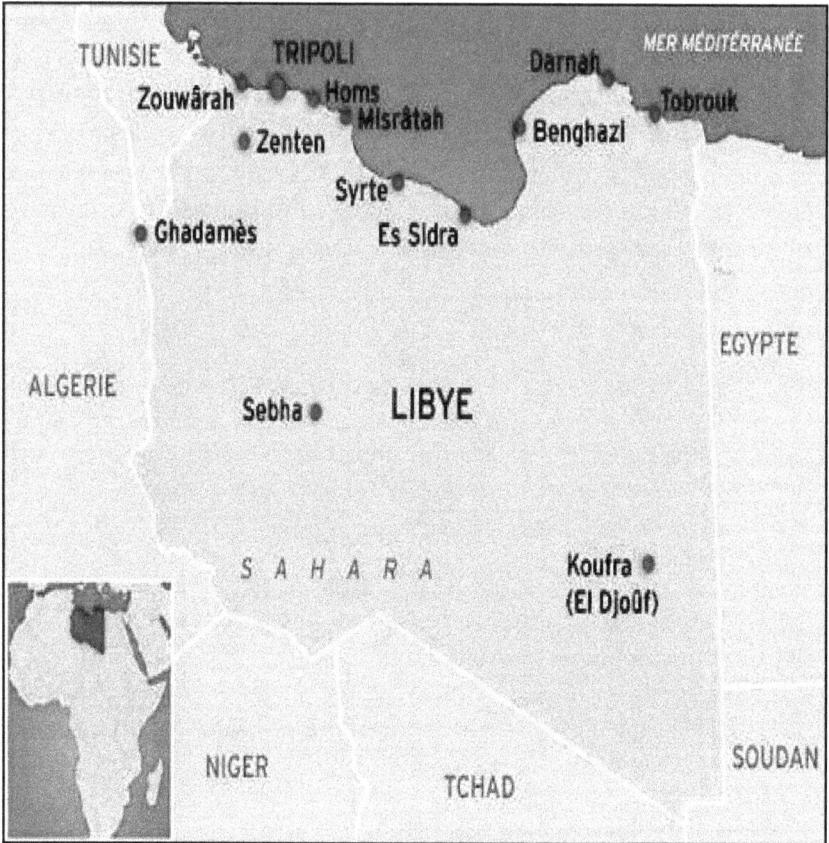

La Libye

PARTIE I

AU CRÉPUSCULE
D'UNE RÉVOLUTION

– I –
UN AVENTURIER DU
MONDE DES AFFAIRES

*« Tout flatteur vit aux dépens de
celui qui l'écoute. »*
La Fontaine

Né en 1900, le docteur Armand Hammer est le petit-fils
d'un Juif russe émigré aux États-Unis, fils d'un fabricant de
produits pharmaceutiques, le Dr Julius Hammer, qui fut l'un
des fondateurs du Parti communiste américain.

Figure de Wall Street, capitaliste atypique, aussi familier du
Kremlin que de la Maison Blanche, Armand Hammer est un
homme d'affaires prospère et controversé. Sa fascination pour
le pouvoir le conduit à tisser, notamment par le biais des
échanges commerciaux, des liens très étroits avec les dirigeants
des deux principales puissances, les États-Unis et l'URSS ; de
Lénine à Gorbatchev et de Roosevelt à Ronald Reagan. Il était
« l'homme clé » de la détente économique américano-sovié-
tique. Paradoxe : lui que le FBI soupçonna longtemps de financer des activités d'espionnage pour le compte de l'URSS, fut un
soutien indéfectible du Parti républicain américain et finança
les campagnes de plusieurs présidents des États-Unis. Entre
autres celle de Richard Nixon, mais aussi l'élection à la
Chambre des représentants d'Albert Arnold Gore Sr., le père
d'Al Gore Jr., vice-président des États-Unis de 1993 à 2001.

En retour de ses «loyaux services», la Maison Blanche lui
confie à plusieurs reprises des missions officieuses auprès du
Kremlin dans les années 1960-70. En 1961, Kennedy songe à lui

pour une mission de bons offices auprès de Khrouchtchev après l'affaire de l'avion-espion U2[1].

En 1956, Armand Hammer fait son entrée dans le monde du pétrole. Il rachète pour la somme de cinquante mille dollars Occidental Petroleum (OXY), une petite société pétrolière au bord de la faillite qui possède quelques puits dans la banlieue de Los Angeles. « Pour être quelqu'un dans le monde du pétrole, il faut avoir un pied au Moyen-Orient » lui suggère un de ses amis, Paul Getty, détenteur d'une des plus grosses fortunes de la planète[2]. Hammer porte alors son choix sur la Libye du roi Idriss.

Pays d'Afrique du Nord s'étendant sur 1 759 540 Km² et situé à la charnière du Maghreb et du Machrek[a] sur un axe est-ouest, entre l'Afrique noire et l'Europe sur un axe nord-sud, la Libye est bordée au nord par la Méditerranée, à l'ouest par l'Algérie et la Tunisie, au sud par le Niger et le Tchad et à l'est par le Soudan et l'Égypte. Désertique à 95 %, elle se divise en trois entités géographiques : la Tripolitaine, région agricole à l'ouest comprenant, outre la capitale Tripoli, les villes de Misrata, Zliten, Sabratha, Zawiya et Leptis Magna ; la Cyrénaïque, riche région pétrolière à l'est, qui comprend Benghazi, Ajdabiya, Tobrouk, Derna, al-Beida, Ptolémaïs, Cyrène et Apollonia ; et

---

[a] Le mot Maghreb (« Couchant ») s'oppose au mot Machrek, lequel signifie « Levant » ou « là où le soleil se lève ». En principe, le Machrek ne comprend que les territoires des États qui n'appartiennent ni au Maghreb ni à la péninsule Arabique, ce qui correspondrait seulement à l'Irak, à la Syrie, au Liban, à la Jordanie, à la Palestine et au Koweït. Toutefois, dans son acceptation plus globale, le Machrek comprendrait aussi l'Égypte, le Soudan (Nord) et le Djibouti, de même que les États de la péninsule Arabique (ou Golfe) : l'Arabie Saoudite, le Yémen, Oman, le Qatar, les Émirats arabes unis, le Koweït et Bahreïn. Dans ces conditions, le Maghreb et le Machrek formeraient un grand ensemble arabo-musulman regroupant presque tous les arabophones du monde, mais pas nécessairement tous les musulmans.

le Fezzan, au sud, région émaillée d'oasis, avec pour ville principale Sebha.

À l'issue de la Seconde Guerre mondiale, la France et le Royaume-Uni se partagent le pays : la Tripolitaine et la Cyrénaïque sous contrôle britannique, et le Fezzan sous contrôle français. L'Italie, puissance colonisatrice, y renonce officiellement par le Traité de Paris en 1947. Une résolution de l'ONU prévoyant une tutelle britannique, française et italienne est rejetée en mai 1949. Elle est suivie par une proclamation d'indépendance de la Cyrénaïque qui pousse les Nations unies à se prononcer, le 21 novembre 1949, en faveur d'un État indépendant incluant les trois grandes provinces, le 1er janvier 1952.

La résolution 289 est adoptée par quarante-huit voix contre une, et cinq abstentions. Le 24 décembre 1951, la Libye, une monarchie fédérale, devient le premier pays africain à accéder à l'indépendance depuis la fin de la guerre. Sidi Muhammad Idris al-Mahdi al-Sanussi, chef de la confrérie religieuse des Sanussi depuis 1916, déjà reconnu comme émir de Cyrénaïque par le Royaume-Uni depuis 1946, est proclamé roi de Libye sous le nom d'Idris Ier.

Le nouvel État qui vient de naître est confronté à de sérieux problèmes sociaux : un taux élevé d'analphabétisme frisant les 94 %, un manque de personnel qualifié dans divers domaines et un taux de mortalité infantile avoisinant 40 %. La Libye est l'un des pays les plus pauvres du monde au lendemain de son accession à la souveraineté internationale.

Soucieux d'éliminer les séquelles de l'influence italienne, le pays recherche aide et sécurité auprès des puissances victorieuses. En juillet 1953, la Libye signe un traité d'alliance militaire et économique avec la Grande-Bretagne : en échange d'une assistance économique (de 9 millions $) et technique, notamment dans le secteur de la formation militaire, la base militaire d'El-Adem près de Tobrouk lui est cédée pour vingt ans, soit jusqu'en 1973, avec droit de libre circulation pour les troupes de Sa Majesté. Le traité de Benghazi signé l'année suivante, le 3 septembre 1954, cède aux Américains, en échange d'une rente financière annuelle locative de quarante millions de dollars, la base de Wheelus Field près de Tripoli, où séjournent quinze mille agents techniques, civils et militaires[3]. Le royaume est d'une certaine manière placé sous la protection des Anglo-Saxons.

En 1955, l'économie de la Libye, très précaire — depuis l'indépendance, le pays ne dispose d'aucune autre source de revenus, hormis la location des bases aux États-Unis et à la Grande-Bretagne —, est bouleversée par la découverte des premiers gisements de pétrole par les Français dans la région d'Edjeleh, à la frontière avec l'Algérie. Peu de temps après, d'autres gisements sont découverts dans le pays. Dès décembre, quinze grandes compagnies pétrolières internationales (les majors) obtenaient déjà des concessions pétrolières en Libye[4] ; des grands noms bien connus : la Standard Oil of New Jersey (devenue Exxon), Standard Oil of New York (devenue Mobil), Caltex, Gulf Oil Corporation, Royal Dutch Shell, British Petroleum (BP) et la Française des Pétroles. Il y avait également cinq compagnies américaines indépendantes, deux compagnies allemandes et une firme italienne, filiale de l'ENI de M. Enrico Matei.

Le roi et ses ministres vont commettre l'imprudence de confier la rédaction de la loi sur le pétrole aux juristes des grandes compagnies pétrolières américaines. Ceux-ci, on s'en doute, élaborèrent une loi avantageant les pétrolières au détriment du gouvernement libyen.

La production commerciale débute en 1959, faisant entrer la Libye dans le cercle très fermé des producteurs de l'or noir. Le pays acquiert une importance considérable aux yeux des grandes puissances, notamment des pays de l'OTAN qui commencèrent à se questionner sur les conséquences que l'exploitation pétrolière pourrait avoir sur « la politique de la Libye envers les puissances occidentales[a] ». En 1965, la Libye est déjà le sixième exportateur mondial avec 10 % de tout le pétrole exporté ; deux années plus tard, en 1967, elle produit 3 millions de barils/jours et en 1969, sa production avoisine celle de l'Arabie saoudite.

Tout le monde se bouscule pour mettre la main sur le pétrole libyen. Il est de grande qualité et facile à raffiner. Sa faible teneur en soufre permet d'éliminer une partie des coûts liés à la désulfuration; une aubaine pour les compagnies indépendantes, puisqu'elles peuvent se permettre de le vendre meilleur marché que les majors, tout en réalisant de substantiels bénéfices.

Armand Hammer en est conscient. Quand il pose ses valises en Libye, il va voir le roi Idriss et lui promet de transformer en oasis le lieu désertique, Koufra, où est né le souverain et où se trouve le tombeau de son père vénéré. Le souverain libyen ne résiste pas à l'offre et mord à l'hameçon du plus grand prédateur et aventurier du monde des affaires.

Hammer réussit, à la surprise générale, en 1966, à se faire octroyer deux concessions les plus convoitées, alors que plusieurs grandes compagnies sont en compétition. Une surface de 4500 km^2 dans le bassin de Syrte, à 150 km du littoral méditerranéen. « Si je l'ai emporté, prétend le riche homme d'affaires, c'est parce que j'ai été le plus réceptif à l'amour-propre libyen. » « Quand nous avons décidé de nous battre pour obtenir des concessions en Libye, poursuit-il, nous avons pensé à différentes choses que nous pourrions offrir au gouvernement, en échange d'un léger appui face aux concurrents. J'avais l'avantage d'être déjà venu en Libye, comme envoyé du président John Kennedy en 1961, cinq ou six ans auparavant. Les concessions peuvent se jouer à peu de chose. »

Pour remporter la mise face à la dizaine de concurrents qui lui font face, Armand Hammer n'a pas lésiné sur les moyens :

---

[a] Voir Annexe 1.

d'importants transferts de fonds ont été effectués sur des comptes numérotés dans des banques suisses, au profit de l'entourage du roi. Selon le magazine *Fortune*, « quand Hammer décida d'envoyer l'équipe d'OXY en Libye pour y trouver du pétrole, ils se retrouvèrent tous plongés dans une atmosphère fétide de tractations et de négociations plus ou moins avouables. Les jours où *ghibli*[a] ne soufflait pas en chargeant l'air du sable du désert, l'air devait sentir à plein nez la vente et l'achat, les gains et les pertes. Les capitales rivales de Tripoli et Benghazi offraient les plus grands bazars flottants et des jeux d'argent à tous les coins de rue. Les participants étaient des hommes du pétrole (membres du gouvernement, commandants indépendants et autres prétendants de tous les coins du monde). Des ministres d'État et leurs subalternes, des exministres et leurs ex-subalternes, des gens de la famille et des amis, des aventuriers à la petite semaine, essayant désespérément de serrer la main à un homme politique dans les faveurs du roi Idriss, un faux général français et un grand gestionnaire américain, ancien étudiant de l'université Columbia, tous mouillaient dans les affaires de concessions, de renseignements de relevés géologiques, sans oublier les bakchichs, secrets et faux tuyaux qui vont avec[5]. »

Comme la plupart des compagnies opérant en Libye à l'époque, OXY compta donc avant tout sur l'influence de certains hommes connus du pouvoir qu'elle s'était acquis, notamment le colonel Omar el-Shelhi, le puissant ministre de la cour — il a la haute main sur la police et l'armée —, le ministre du Pétrole Fouad Kabazi et Taher Ogbi, le ministre du Travail. Grâce à ces trois hommes forts du régime, la compagnie pétrolière décroche, en 1964, les concessions 102 et 103 qui se révéleront les plus prospères de Libye. Le trio libyen reçoit en retour des généreuses commissions, y compris une « royalty dérogatoire » de 3 % sur les ventes de chaque baril de pétrole

---

[a] Ghibli ou sirocco est un vent chaud d'Afrique du Nord.

exporté par OXY. Comme l'a si bien relevé Wilbur Eveland[6], ancien agent de la CIA et expert pétrolier, pour faire des affaires au pays du roi Idriss, il fallait soudoyer les hommes influents du régime et payer des pots-de-vin.

En outre, les compagnies pétrolières avaient accentué la corruption qui régnait dans la haute administration libyenne pour assurer leurs positions. Toutes les tentatives de lutte contre la corruption et de révision de la loi sur le pétrole initiées par le roi Idriss se révéleront inefficaces.

Dans la rédaction de son offre, Armand Hammer s'engagea également à verser 5 % des bénéfices bruts pour aider au développement de l'agriculture, conserver les fonds locaux dans les banques libyennes, et il promit aussi de construire, aux frais de sa compagnie, une usine d'engrais si elle trouvait du pétrole. « Au fond, fait observer l'homme d'affaires, rien n'est vraiment difficile dans l'industrie pétrolière, jusqu'au moment où vous commencez à forer. Chaque forage coûte entre 2 et 3 millions $ et là, il faut vraiment du courage pour continuer lorsque les premières explorations se révèlent infructueuses[7]. »

Ce fut justement le cas à ses débuts en Libye, car les trois premiers puits forés par Occidental étaient de véritables catastrophes. La compagnie dépense en moins de trois mois plus de 20 millions de dollars sans aucun résultat — et c'est sans compter les gratifications secrètes au gouvernement libyen[8].

Les temps sont très durs pour Armand Hammer. Il doit affronter son conseil d'administration qui, voyant se profiler la menace d'une faillite, veut l'écarter de la conduite des affaires. L'un de ses proches collaborateurs, Eugène Reid, responsable de la prospection, ne cache pas son scepticisme. Lors d'une réunion du conseil, il déclare : « La Libye est un terrain de jeu réservé aux grands garçons ; nous sommes trop petits pour y avoir notre place. Seules les multinationales peuvent faire quelque chose là-bas. Il faut nous retirer. »

C'est la débandade ! L'action d'OXY s'effondre à Wall Street, ne valant plus que 90 cents.

Malgré la situation désastreuse que traverse OXY et bien que désavoué par tous, le multimillionnaire garde le cap et donne l'ordre de poursuivre les recherches. Des semaines plus tard, une zone rocheuse est percée ; c'est le jour tant attendu, la nappe contient tellement de pétrole qu'il pourrait jaillir indéfiniment sans recours aux pompes. Dans le jargon géologique, on appelle ça un « reef ».

Quand le Boeing personnel d'Armand Hammer, le *OXY One*, se pose à l'aéroport de Tripoli, ses collaborateurs lui confirment ce qu'il a toujours cru : il possède l'un des gisements pétroliers les plus importants de la planète, d'où seront quotidiennement extraits plus de 500 000 barils de pétrole. Mieux, la nappe se trouve à l'ouest de Suez, ce qui facilite les livraisons vers l'Europe via la Méditerranée et Gibraltar.

M. Hammer félicite son équipe puis se tourne vers Reid, le responsable de la prospection, et lui lance, le visage glacial : « Vous voyez, nous aussi sommes devenus de grands garçons. » En l'espace de quelques mois, huit autres puits furent trouvés dans la même concession qui fut baptisée Augila Field...

À l'époque, le pétrole brut se vendait à trois dollars le baril. En novembre 1967, la société de conseil DeGolyer & McNaughton estima les réserves exploitables des quatre champs pétroliers découverts par Occidental à plus de trois milliards de barils. La valeur boursière de la compagnie pétrolière refléta la bonne nouvelle de la découverte ; elle grimpa jusqu'à 100 dollars avant de se stabiliser à 58 dollars en 1968. « Occidental n'était plus un petit poisson, ni même un gros poisson dans une petite piscine, fait observer le riche homme d'affaires. Nous étions au milieu des gros poissons dans le bassin principal[9]. »

Pour fêter l'évènement, Armand Hammer organise une immense réception en plein désert, à laquelle sont conviés plus de huit cents invités. Tous les dignitaires libyens, l'ensemble du corps diplomatique ainsi que plusieurs responsables politiques occidentaux sont au rendez-vous. Des avions spéciaux acheminent d'Europe les fleurs et la nourriture, tandis qu'un bâtiment équipé de l'air conditionné est construit pour abriter, durant ces quelques heures de célébration, le vieillissant roi Idriss. Des drapeaux nationaux claquaient au vent. Des troupes à dos de chameaux patrouillaient dans les dunes autour de ces somptueuses installations ; des musiciens vêtus de rouge animaient l'évènement et le sang des moutons sacrifiés rougissait le sable du désert.

La luxure et la dépravation s'étalèrent à pleines vues. Cette somptueuse réception coûte à Armand Hammer plus d'un million de dollars, investissement somme toute dérisoire face aux perspectives de profit qui s'offrent à lui. Elle lui vaut surtout la haine tenace d'un jeune officier libyen présent ce jour-là, chargé de piloter l'un des appareils transportant les invités de marque. Le jeune officier, scandalisé par la luxure déployée et l'obséquiosité des dirigeants libyens devant Hammer et ses invités, va prendre le pouvoir deux ans plus tard et renverser l'édifice sur lequel repose la réussite de l'homme d'affaires américain en Libye[10]. Son nom : Mouammar al-Kadhafi.

Références

[1] Tristan Gaston-Breton, « Armand Hammer, le "milliardaire rouge" », *Les Echos* n° 19728 du 11 Aout 2006, p. 11.

[2] Laurent Éric, *La Face cachée du pétrole : l'enquête*, Plon, 2006, p. 122.

[3] Bessis Juliette, *La Libye contemporaine : histoire & perspectives méditerranéennes*, L'Harmattan, 1986.

[4] Jean-Jacques Berreby, « La Libye à l'heure du pétrole », in *Politique étrangère* n° 6- 1959- 24è année, pp.636-644.

[5] Considine Bob, *Un américain à Moscou : la vie extraordinaire du docteur Armand Hammer*, traduit de l'américain par Claude Bataille, Jean-Claude Simoen, 1978, p. 146.

[6] Eveland Wilbur, *Ropes of Sand : America's failure in the Middle East*, WW Norton & Co Inc, 1980.

[7] Laurent Éric, *La Face cachée du pétrole*, *op.cit.*, p. 122.

[8] Considine Bob, *Un américain à Moscou... op.cit.*, p. 148.

[9] Hammer Armand, *Un capitaliste américain à Moscou : de Lénine à Gorbatchev*, Robert Laffont, 1988, p. 359.

[10] Laurent Éric, *La Face cachée du pétrole*, *op.cit*, p. 124.

– II –
L'INCROYABLE HISTOIRE D'UN JEUNE BÉDOUIN RÉVOLUTIONNAIRE

« Le traitement discriminatoire que, en sa qualité de Bédouin, il eut à subir de la part des citadins et des étrangers au cours de ses études lui a laissé un profond mépris pour les élites en place... et un fort sentiment d'identification avec les opprimés. »
Rapport de la CIA

Il y a un mystère autour de la naissance de Mouammar Kadhafi. De son enfance, on sait peu de choses. Diverses rumeurs, parfois fantaisistes, ont couru au sujet de ses vrais parents. L'une des plus connues le présente comme le fils naturel de l'aviateur corse Albert Alexandre Preziosi. Officier des Forces aériennes françaises libres (FAFL), né le 25 juillet 1915 à Vezzani, en Corse, et mort le 28 juillet 1943, en combat aérien dans le secteur de l'Orel en Russie, le capitaine Preziosi est affecté au Moyen-Orient, dans le groupe de chasse n°1 « Alsace », puis dans le régiment de chasse Normandie-Niemen, connue pour son engagement sur le Front de l'Est lors de la Deuxième Guerre mondiale. Pendant l'été 1942, son avion, le Hawker Hurricane, s'écrase dans le désert libyen ; l'officier français est alors recueilli et soigné par des Bédouins qui le cachèrent des Allemands. Il aurait eu, d'après la légende, une histoire d'amour avec une femme qui lui aurait donné un enfant qui ne serait autre que Mouammar Kadhafi.

« Nous n'avons aucune preuve de cette filiation, mais aucun élément ne la contredit non plus », constate le maire de

Vezzani, Jean-Pierre Pagni, en désignant l'ancienne gendarmerie, une haute maison de pierres où le petit Preziosi est né. Montrant du doigt le portrait de l'aviateur, le maire ne peut s'empêcher de faire observer : «La ressemblance entre Mouammar Kadhafi, jeune officier, et Albert Preziosi est très frappante. Vous ne trouvez pas ? Cela, évidemment, ne prouve rien, mais c'est une belle histoire.» Et si cette légende qui a la peau dure venait un jour à être confirmée, cela ne lui poserait aucun problème. «La commune, dit-il, est toute disposée à offrir un terrain à M. Kadhafi, où il pourrait planter sa tente, ou construire une maison !»

Sur cette idylle orientale, chacun y va de sa version des faits. Pierre Lorillon, l'un des derniers rescapés de l'escadrille Normandie-Niémen, déclara que l'officier Albert Preziosi «aurait été recueilli par une tribu libyenne, puis soigné par une jeune femme noble avec laquelle il aurait eu un enfant.» François Tulasne, fils du commandant Tulasne, l'un des deux fondateurs du Normandie-Niémen, évoque d'un ton amusé l'épisode de la «princesse libyenne» : «Pour mon père, Preziosi était comme un fils. Ce dernier, qui pourtant avait un handicap au cou, était un bon soldat. Et apparemment un séducteur.» Monsieur Philippe Beaudoin, retraité du deuxième bureau de l'armée de l'air, a eu vent d'une discussion entre le commandant Joseph Pouliquen, cofondateur du Normandie-Niémen, et Albert Preziosi. Ce dernier aurait fait la confidence suivante à son supérieur : «Tu sais que j'ai eu un enfant en Libye. S'il m'arrive quelque chose en manœuvres, fais-lui parvenir cette lettre.»

Quelque temps après, Albert Preziosi est tué sur le front russe. «Par la suite, personne n'a eu cette lettre entre les mains», affirme Philipe Beaudoin, pour qui la thèse de la paternité de Mouammar Kadhafi est «plausible». En 1988, Joseph Pouliquen décède et emporte la missive dans sa tombe.

Mêmes convictions chez François Quilichini, retraité fringant des Renseignements Généraux à Ajaccio et ancien de la

46

« coloniale » de 1967 à 1977. Il exerçait la fonction de chef du bureau renseignement-sécurité auprès du président du Niger. Et se souvient avec précision de la première visite officielle du jeune Kadhafi auprès de son homologue nigérien, Hamani Diori : « En janvier 1974, le président Diori a reçu le colonel Kadhafi à Zinder (dernière ville saharienne du Niger avant la frontière libyenne). J'étais présent. Le soir, le président Diori m'a confié que j'avais serré la main d'un compatriote ! J'apprends alors que Kadhafi avait un père corse ». Sur le moment, « je n'ai pas cherché à en savoir plus, et je le regrette. Mais il faut bien reconnaître que l'hypothèse n'est pas dénuée de sens, au vu de la présence d'Albert Preziosi en Libye dans les années 40. Et puis, dans la coloniale, ceux qui frayaient le plus facilement avec les autochtones, c'étaient les Corses »...

Quoi qu'il en soit, la famille de l'intéressé demeure prudente. Mais François Preziosi, le fils d'un cousin d'Albert, se souvient de cette scène où, dans les années 70, la mère d'Albert, postée devant son petit écran, s'est écriée : « Mais, c'est Albert ! » Le reportage montrait des images du jeune Mouammar Kadhafi[1].

Le sujet de la filiation corse de Kadhafi n'est d'ailleurs pas le seul à soulever un certain nombre de questionnements. Sur sa mère, issue de la petite tribu de Slalma, dans la région de Mizda en Tripolitaine, des rumeurs n'ont pas manqué non plus. Si en Libye la question est considérée comme tabou, à l'étranger, notamment en Israël, elle n'a pas manqué de susciter des débats. En mai 2010, la chaîne israélienne Channel 2 News avait interviewé deux Israéliennes d'origine libyenne qui affirmaient être des parentes éloignées de Mouammar Kadhafi. La plus âgée des deux, Guita Brown, expliquait être cousine au deuxième degré de Kadhafi — la grand-mère de Brown était la sœur de la grand-mère de Kadhafi. La plus jeune des deux femmes, Rachel Saada, petite fille de Brown, allait plus avant dans les explications : « L'histoire est que la grand-mère de Kadhafi, juive elle-même, avait d'abord été mariée à un Juif. Mais il ne la traitait pas bien, alors elle l'avait quitté et épousé un cheikh musulman. Leur fille sera la mère de Kadhafi. »

Ce qui est sûr en tout cas, c'est que la mère officielle de Kadhafi, Aïcha Ben Niran, et son père Mohamed Abdel Salam, sont enterrés au cimetière des Martyrs d'Al-Hani, à Tripoli. De nombreux chefs d'État en visite en Libye furent souvent invités par le maître de Tripoli à leur rendre hommage.

•••

De son vivant, Mohamed Abdel Salam, Bédouin de la tribu des Kadhadfha, avait trois filles et se lamentait de ne pas avoir d'héritier mâle jusqu'au jour où ses prières furent exaucées par le ciel : en un jour de juin 1942, sous une tente à Qasr Abu Hadi, à 25 kilomètres au sud-est de Syrte, alors que la Libye est sous le feu et la mitraille de la Seconde Guerre mondiale, sa femme Aïcha donna naissance, sans sage-femme ni médecin, à un petit garçon auquel il donna le prénom de Mouammar — qui signifie « doué d'une longue vie » — en l'honneur d'un marabout.

La vie du jeune Mouammar est parsemée d'expériences douloureuses. « Des avions, dit-il, survolaient notre pays. Nous recevions des bombes. Des mines explosaient un peu partout. Nous n'en connaissons pas les raisons[2] ». Ce sont les premiers souvenirs qu'il conserve de son enfance.

Mouammar Kadhafi est principalement élevé par sa mère et ses trois sœurs. Cette atmosphère féminine marquera profondément sa vie. Son père doit parcourir des dizaines de kilomètres, loin de la tente familiale, pour emmener les bêtes paître. Kadhafi, lui, n'allait pas à l'école ; il n'y pensait même pas. À l'image des enfants de sa tribu, il restait garder les troupeaux, il semait et cultivait un peu d'orge et de blé. De temps à autre, il assistait sa mère en participant aux corvées domestiques. Le soir, avant d'aller au lit, on lui racontait l'histoire de sa tribu, le courage des Bédouins qui luttèrent vaillamment contre les étrangers, les campagnes contre les Italiens où son grand-père trouva la mort et comment son propre père avait été grièvement blessé à l'épaule en leur résistant ; les bombardements durant la Seconde Grande Guerre... Il apprit également que les Arabes avaient une grande Histoire, qu'ils connurent des temps glorieux avant d'être colonisés. Il est autant fasciné, admiratif de cette Histoire faite de gloire que confus.

Dès son jeune âge, d'aucuns diraient sa tendre enfance, Kadhafi doit faire face aux difficultés quotidiennes de la vie. Sa famille est très pauvre. Les sages de la tribu apprennent aux plus jeunes comment s'adapter à un style de vie très difficile. « J'ai grandi parmi les Bédouins ; nous vivions dans le désert sous la tente, raconte Kadhafi. Il n'y avait pas d'école ni d'autres possibilités d'étudier, et cela à cause des conditions de vie très dures de mon peuple lorsque la Libye était encore colonisée. »

Cette vie de misère, cet environnement d'injustice naturelle vont indéniablement forger les valeurs et le caractère du jeune Bédouin. « [...] j'ai pu ainsi connaître directement les difficultés quotidiennes d'une société archaïque, relate-t-il dans un entretien en 1984. J'ai touché du doigt la réalité des besoins, les relations sociales sous leur vrai jour, les lois naturelles qui régissent la société... Je peux dire que j'ai vécu comme quelqu'un qui aurait traversé les différents âges de l'évolution de l'humanité — l'âge primitif, celui de la chasse, celui de l'agriculture archaïque, etc.— avant de connaître les autres époques — la société pré-capitaliste, la société industrielle, etc.— jusqu'à l'étape de l'impérialisme et enfin de la révolution. En moins d'un quart de siècle, je suis passé de la société primitive aux temps modernes ! J'ai acquis ainsi une expérience que la plupart des penseurs et des dirigeants du monde, passés ou à venir, n'ont jamais eue ou n'auront jamais l'occasion de connaître autrement qu'à travers les livres[3] »...

Le jeune Mouammar souffre dans sa dignité. À quoi peut-il rêver quand il garde les chameaux et les chèvres et moissonne à la main ? Pourtant c'est un garçon très intelligent. Sa soif de connaître est si vive que son père Mohamed décide de lui procurer un Cheikh sunnite pour lui apprendre le Coran. La Zaouïa reconnaît son intelligence et sa piété. À l'âge de 9 ans, un de ses oncles qui habite Sebha suggère de l'envoyer à l'école primaire de Syrte, à une trentaine de kilomètres de Wadi Tlal. Il devient le premier membre de sa famille à suivre des études. Un honneur pour la famille.

L'école est confortable et les élèves sont bien traités. Mais le jeune Kadhafi n'a rien dans les poches pour étudier décemment, et sa famille est très pauvre. Mouftah Ali, un de ses camarades de classe, raconte : « J'ai connu Kadhafi en 1955, lorsque nous fréquentions l'école à Syrte. Il était en cinquième et moi en deuxième année. Nous étions trois ou quatre Bédouins en tout, à l'école, considérés comme des misérables. Nous étions si pauvres que souvent nous n'avions même pas de quoi nous payer un goûter pendant la récréation[4]. » « Les parents de Kadhafi n'avaient que des dattes séchées à lui donner pour calmer ses pleurs », se souvient un autre de ses camarades.

Se nourrir convenablement pour ce jeune garçon est une discipline olympique. Ne pouvant rentrer chez lui tous les soirs en raison de la distance qui sépare l'école du foyer familial, Kadhafi passe ses nuits sous les vérandas ou à la mosquée même. L'islam occupera une place prépondérante dans sa vie ; la religion sera pour lui la réponse à tous les maux de la société humaine. Il ne peut y avoir une autre voie que celle d'Allah par celle de son prophète. À l'école, ce petit garçon surprend ses enseignants égyptiens. Toujours sérieux et studieux, il réussit à étudier en quatre années seulement le programme de six années du cycle primaire. Il apprend avec une facilité qui étonne plus d'un. Ses camarades de classe le suivent et l'admirent comme s'il était d'une essence supérieure. Selon Guy Georgy, ambassadeur de France en Libye (1969-1975), « tous les témoignages de cette époque, qu'ils émanent de ses maîtres, de ses condisciples ou de simples villageois, sont concordants et rendent hommage à ses qualités intellectuelles, à sa force morale et à son caractère aimable et ferme[5]. »

Kadhafi avait une sorte d'autorité naturelle, une fierté qui, malgré sa pauvreté, l'empêchait de renoncer face à l'adversité.

Il avait appris à garder la tête haute même quand on se moquait de lui à l'école. À des élèves d'origine bédouine comme lui, dont les riches côtiers se moquaient souvent à cause de leurs pauvres vêtements et de leur éducation rustique, il leur disait : «Soyez fiers de votre état, nous valons n'importe qui, nous pouvons nous instruire autant qu'eux et notre exemple leur en imposera[6].» Son ami d'enfance et d'école, Mouftah Ali, témoigne : «Nous nous sentions "autres" et sans Kadhafi, nous aurions eu honte de notre condition. Lui, au contraire, se faisait une fierté d'être pauvre. Il nous disait que nous avions les mêmes capacités que les autres enfants, même si nous n'avions pas les mêmes origines sociales[7].»

C'est à ce moment que le ferment révolutionnaire a commencé à germer dans l'esprit du jeune Mouammar ; un sentiment enraciné avant tout dans son expérience sociale.

En 1956, Kadhafi quitte Syrte avec sa famille pour s'installer à Sebha (au Fezzan) où il intègre comme pensionnaire l'école secondaire de la ville. C'est bien là qu'il allait trouver de quoi nourrir sa pensée politique. Féru de lecture, il fait la connaissance de grands personnages qui ont fait l'histoire du monde. Il découvre, par hasard, un livre d'Abraham Lincoln sur la libération des Noirs et la guerre de Sécession entre le Nord et le Sud, aux États-Unis. Au fil de ses lectures, il tombe sur un livre de Sun Yat-sen qu'il considère comme le père spirituel de la nation chinoise et le fondateur de la Chine moderne. Il est influencé par Mao Zedong, le général de Gaulle, Tito... Mais il se passionne tout particulièrement pour l'action de Gamal Abdel Nasser, le charismatique président égyptien qui avait, avec le mouvement des Officiers libres, non seulement renversé la monarchie égyptienne, mais aussi fait le serment de rendre à sa patrie et au monde arabe leur antique fierté — Dieu seul sait comment il s'était procuré un exemplaire de la *Philosophie de la révolution* de Nasser.

À l'aide de sa petite radio à transistor, Kadhafi l'écoute régulièrement sur «La voix des Arabes», la radio du Caire ; il distribue des livres et des brochures nasséristes. L'influence du raïs égyptien dans la vie du jeune Kadhafi est indéniable ; c'est son seul modèle, un envoyé d'Allah venu redonner aux Arabes leur fierté d'autrefois. Il en est intimement convaincu. « Songez, disait-il, à la grandeur de notre passé, à la grandeur de notre civilisation islamique, qui nous conduisit jadis de la Chine jusqu'en France, avec pour seul moteur, notre croyance en Dieu, la foi dans la justice, dans l'égalité et dans la fraternité du genre humain. Si nous avons tout perdu, c'est parce que nos chefs se sont éloignés de la vérité... songez à la Palestine, à la déclaration Balfour, aux innombrables fois où nous avons été bafoués et humiliés... Maintenant, nous pouvons reprendre espoir, car Nasser est là. Il est le premier chef arabe des temps modernes qui ait pu se débarrasser de l'étranger. C'est vers lui qu'il faut regarder. »

L'année 1956 marque un tournant important dans la vie du jeune bédouin ; c'est une année charnière dans la genèse de la conscience nationaliste arabe de Kadhafi. Pendant la crise de Suez, il participe à des manifestations de soutien à l'Égypte alors agressé par Israël, la France et le Royaume-Uni, suite à la nationalisation du canal de Suez par Nasser. Son enthousiasme pour la cause est tel qu'il décide, avec un groupe de collégiens, de s'inscrire pour aller combattre comme volontaires aux côtés de l'Égypte. Mais pour des raisons inexpliquées, il ne peut pas quitter la Libye[8].

L'environnement politique de l'époque marqué par une série d'évènements dans le monde arabe — la guerre d'Algérie, l'agression de l'Égypte, la bataille du Liban, la question palestinienne, la révolution au Yémen, etc. —, la domination étrangère, et la présence sur le sol libyen des bases militaires américaines et britanniques d'où partent les bombardiers nucléaires qui, jours et nuits, sillonnent le ciel autour de l'URSS, vont forger la conscience politique de Mouammar Kadhafi. L'état misérable de son peuple, la corruption, la dépravation, le clientélisme et le népotisme qui règnent au sein de la monarchie sont autant de facteurs qui vont nourrir son désir pour un changement radical. Ce sont donc les données idéologiques de cette période agitée qui ont déterminé le sentiment nationaliste arabe du jeune libyen. « Dès cette époque, dit-il, nous pensions à une révolution arabe. »

À 17 ans, Mouammar Kadhafi commence à constituer des « cellules politiques » clandestines parmi les élèves de son école, dans le but d'organiser des agitations politiques, dans un contexte intérieur marqué par un malaise social lié à la gabegie de l'élite dirigeante et la répression dont elle fait montre à l'endroit du peuple. La Libye nage sur un océan d'or noir, mais cette manne pétrolière ne parvient pas jusqu'au peuple, qui vit misérablement et qui est devenu le témoin privilégié du pillage des ressources censées lui procurer une amélioration de ses conditions de vie.

Kadhafi se sent donc investi d'une mission spéciale, celle de libérer son pays de l'occupation et mettre fin à cette situation d'inégalité. Il est surtout convaincu que seuls ceux qui ont pris conscience de cette situation d'injustice et d'oppression sont capables de conduire le peuple à se révolter contre l'ordre cannibale établi. L'idée de lancer un mouvement de type révolutionnaire s'impose peu à peu à lui. Il va à la rencontre des jeunes qui partagent les mêmes convictions que lui et qui, par-dessus tout, nourrissent les mêmes rancœurs que lui contre l'élite dirigeante et les forces d'occupation américano-britanniques. Mohammed al-Zawî, son ami d'enfance, rapporte que « Kadhafi observait attentivement chaque collégien dans les différentes classes, s'intéressant exclusivement à ceux qui étaient brillants et courageux. Il lui fallait des "gens de têtes" et audacieux pour concevoir une révolution. Il s'intéressait également à tous ceux qui croyaient en l'unité arabe et en la nécessité d'un changement radical à l'intérieur du pays. »

Le jeune révolutionnaire en devenir met ainsi sur pied une « cellule politique secrète » à l'intérieur de son école. « Il organisait les étudiants autour de lui », se souvient Elgiabu Ramadan, un de ses amis d'école. « Il demandait à chacun ce qu'il comptait faire après l'école secondaire. En fonction de la réponse donnée, il savait comment l'orienter[9] ». Toute communication entre les membres ne devait se faire qu'oralement, aucun contact avec des formations politiques, et encore moins avec des gouvernements étrangers, arabes compris. Aucune trace écrite qui aurait pu attirer l'attention des autorités du pays sur le groupe de collégiens conspirateurs.

Parallèlement à ses actions clandestines, Kadhafi se montre toujours aussi bouillonnant. Tous les prétextes sont bons pour affirmer ses convictions politiques. Il participe à plusieurs manifestations devant le consulat de France, en soutien à l'Algérie qui bataille pour son indépendance ; il décrie les essais nucléaires français dans le Sahara algérien, en février 1960. L'année suivante, il organise une manifestation monstre pour protester contre l'assassinat du leader nationaliste congolais, Patrice Lumumba. « C'est Kadhafi qui décidait et organisait tout, se rappelle Rifi Ali Chérif, un de ses compagnons à l'école de Sebha. Pendant la nuit, tandis que les autres dormaient, il préparait le texte du discours qu'il entendait prononcer, il compilait des tracts, confectionnait des banderoles, découpait des affiches, etc. »

Deux jours après avoir manifesté contre l'assassinat de Patrice Lumumba, Kadhafi organise une autre manifestation à l'intérieur de son école, dans la cour. Juché sur le muret, il harangue l'assistance sous le regard médusé des policiers venus l'écouter. Les actions « subversives » de cet agitateur hors pair finissent par indisposer les autorités. La police demande alors à un groupe d'étudiants du collège de préparer une dénonciation en règle contre lui. À la suite de ce rapport accusateur et d'une vive altercation avec Sif en Nasser, le vieux chef de Sebha, son exclusion est décrétée.

Mouammar Kadhafi quitte ainsi la région avec sa famille et dut poursuivre ses études secondaires à Misrata. Lorsqu'il sortit de l'école secondaire, on lui offrit des positions bien rémunérées dans plusieurs compagnies pétrolières, mais il les refusa. À ceux qui s'en étonnaient, lui rappelant la pauvreté de sa famille et l'aide qu'il pourrait apporter à son père, il rétorquait sans ciller : « Et les autres ? », faisant allusion aux Bédouins qui étaient dans la même situation que sa famille.

Après avoir obtenu son baccalauréat de Philosophie en 1963, Kadhafi et ses compagnons organisent une première assemblée générale du mouvement, à laquelle participent des gens de Sebha, Tripoli et Misrata. C'est au cours de cette réunion qu'il a été décidé qu'un groupe de jeunes conspirateurs, Kadhafi compris, devrait entrer à l'école militaire de Benghazi pour y constituer un noyau d'officiers que l'on baptisera « les Officiers unionistes libres » — en référence à l'organisation clandestine de jeunes officiers égyptiens créée par le lieutenant-colonel Gamal Abdel Nasser après la guerre israélo-arabe de 1948 et qui va renverser la monarchie égyptienne, en 1952. Ces derniers se chargeraient d'apporter au mouvement civil l'appui indispensable de l'armée. Mouammar Kadhafi le confirme lui-même dans un entretien avec Edmond Jouve : « Quand nous avons décidé d'entrer à l'académie militaire, ce n'était pas pour devenir des soldats de métier, mais pour infiltrer cette institution et préparer la révolution[10]. »

Le jeune révolutionnaire fait preuve d'une prudence extrême dans le choix des Officiers unionistes. Il observait un à un, et très longuement les individus qu'il choisissait ; il réunissait le plus grand nombre possible de renseignements sur l'officier auquel il pensait ou sur lequel il avait jeté son dévolu ; et lorsque, enfin, il se décidait à l'approcher, il était acquis que le « nouvel élu » était digne de confiance et était également psychologiquement prêt à le suivre dans son aventure. « En cinq ans, Kadhafi avait réussi à tisser sa toile et à rassembler son vaste troupeau. Ses onze compagnons les plus proches étaient placés aux postes clés. Il disposait désormais dans toutes les casernes de Libye d'un réseau de comités d'officiers subalternes et de soldats, et, dans les villes, de nombreuses personnalités triées sur le volet qui s'étaient converties à ses conceptions. » Il les soumettait à une discipline rigoureuse : personne ne fumait ni ne buvait en sa présence ; les adhérents devaient verser la totalité de leur solde à la caisse du mouvement révolutionnaire en gestation.

Fin 1965, après l'obtention de son diplôme, Kadhafi se voit offrir une bourse royale pour aller accomplir un stage au prestigieux British Army Staff College de Sandhurst. Mais il refuse d'entrer à Sandhurst, se contentant de suivre des cours dans une université britannique où il approfondit ses connaissances en Histoire. Juste après, il est admis à la Royal School of Signals à Blandford.

Pendant toute son absence, ses compagnons sont restés à l'œuvre, étendant leur réseau d'influence dans plusieurs casernes de l'armée. Ils avaient complètement noyauté l'armée, au point où il était exclu qu'un autre mouvement fût à même d'entreprendre une action subversive au même moment sans qu'ils en eussent été avertis. Ils avaient suivi les ordres de Kadhafi à la lettre sans jamais le trahir. La rhétorique restait la même : « Il faut abattre Israël et libérer les Palestiniens par une union de tous les Arabes », pouvait-on lire sur un tract qu'ils avaient édité[11].

Après quelques mois de formation, Kadhafi revient en Libye ; il rédige un mémoire sur la logistique dans les armées de campagne qui lui vaut une promotion au grade de capitaine, mais son avancement est retardé de trois mois par le tribunal militaire en raison de « motifs disciplinaires ». Il est par la suite affecté au service des transmissions à la caserne de Garyounis où il continua, avec ses amis, à préparer la révolution.

En juin 1967, Israël écrase les armées égyptienne, jordanienne et syrienne au cours d'une guerre foudroyante de six jours. Les Arabes sont ridiculisés; les chars de Tsahal bousculent leurs adversaires sur tous les fronts. En moins d'une semaine, l'État hébreu tripla sa superficie : l'Égypte perdit la bande de Gaza et la péninsule du Sinaï, la Syrie fut amputée du plateau du Golan et la Jordanie de la Cisjordanie et Jérusalem-Est. Nasser a voulu se suicider. En Libye, c'est la consternation dans les rangs des Officiers unionistes. Le gouvernement libyen a refusé le passage sur son territoire aux contingents du

Maghreb qui voulaient participer à la défense du Caire. De plus, la base américaine de Wheelus Airfield, près de Tripoli, a servi au ravitaillement des Israéliens en armes, en munitions et en vivres, et c'est sans compter l'apport déterminant du pétrole libyen qui permit aux tanks de Moshé Dayan d'infliger une irrémédiable défaite à leur idole Gamal Abdel Nasser.

Ces évènements renforcent Kadhafi et ses compagnons. Plus que jamais, ils sont déterminés à renverser le pouvoir du roi Idriss. La révolution est fixée au 12 mars 1969, qui coïncide, hasard de calendrier ou pas, avec l'anniversaire du monarque. Mais le récital de la cantatrice égyptienne Oum Kalsoum, véritable idole dans le monde arabe, qui doit avoir lieu ce jour-là à Benghazi, perturbe les plans des conjurés. Kadhafi est contraint d'annuler l'opération. Rendez-vous est donc pris pour le dimanche 24 du même mois.

Alors que les préparatifs vont bon train, les Officiers unionistes reçoivent une nouvelle désarçonnante faisant état du départ inattendu du roi Idriss vers la ville de Tobrouk, où il se sentait protégé par les soldats de la base anglaise d'El-Adem. L'opération est de nouveau reportée à une date ultérieure. Une autre opportunité se présenta, le 13 août, à l'occasion d'une grande conférence organisée par le haut commandement de l'armée à Benghazi. Mais après avoir évalué la situation dans son ensemble, Abdel Moneim, un des Officiers unionistes, dissuada ses compagnons de mener l'opération à terme. C'était trop risqué à son avis. Devant le risque de tout compromettre, Kadhafi décida de retarder encore une fois le déclenchement de la révolution.

À la différence de ses compagnons qui commençaient à s'impatienter, le cerveau moteur de la conjuration, lui, restait impassible et ne semblait pas pressé d'en finir avec le roi. Tel un renard du désert — c'est d'ailleurs comme cela que la CIA le décrira dans un rapport — qui guette sa proie, Kadhafi prenait son mal en patience et attendait le moment propice pour déclencher sa révolution. Ce moment idéal arrivera dans la nuit

du 30 août au 1er septembre. Nom de code de l'opération :
« Al-Quds » ou « Jérusalem[a] »...

Références

[1] Tiré de l'enquête d'Anne Giudicelli, « Kadhafi, l'enquête corse »,
Bakchich.info, 16 février 2008 ; aussi lire Adeline Fleury, « Kadhafi, fils
Preziosi », *Le Journal du Dimanche*, 17 Février 2008.

[2] Jouve Edmond, *Mouammar Kadhafi dans le concert des nations*, L'Archipel,
2004, p. 105.

[3] Kadhafi : « *Je suis un opposant à l'échelon mondial* », entretiens avec Hamid
Barrada, Marc Kravetz et Mark Whitaker, dirigé par Jean-Louis
Gouraud, Édition Pierre-Marcel Favre, 1984.

[4] In Bianco Mirella, *Kadhafi, le messager du désert*, biographie et entretiens,
Stock, 1974, pp. 33-34.

[5] Georgy Guy, *Kadhafi, le berger des Syrtes*, Flammarion, 1996, p. 56.

[6] *Ibid.*, p. 57.

[7] Témoignage rapporté par Bianco Mirella, *op.cit.*

[8] Djaziri Moncef, *État et société en Libye : Islam, politique et modernité*,
L'Harmattan, 2000, p. 68.

[9] Entretien avec l'auteur.

[10] Jouve Edmond, *op.cit.*, p. 106.

[11] Cité par Anne-Marie Cazalis, *Kadhafi, le templier d'Allah*, Gallimard, 1974,
p. 128.

[a] En référence aux positions anti-israéliennes de Nasser.

– III –
« OPÉRATION AL-QUDS »

« Quelle que soit la longueur de la nuit, le soleil finit toujours par se lever. »

Proverbe africain

Ce jour-là, vers 2h du matin, les Officiers unionistes libres vont profiter de l'absence du roi Idriss, qui se trouve à l'étranger — il s'est d'abord rendu en Grèce avant de poser ses valises à Bursa, en Turquie, pour suivre sa cure annuelle pour des raisons de santé —, pour investir les différents lieux stratégiques à Tripoli et Benghazi. Kadhafi suit et contrôle les opérations à partir de la caserne de Garyounis (Benghazi), où il est posté. Dans chaque garnison se trouve un Officier unioniste qui agit selon les plans.

Les principaux camps militaires du pays sont maîtrisés. Presque partout, l'armée a obéi. Les officiers qui n'avaient pas été mis au parfum du complot se sont volontairement rangés du côté des Officiers unionistes. Ceux qui sont restés fidèles au roi ont été mis aux arrêts. Il n'y a pas eu de résistance dans les rangs de la police. Le seul incident notable a eu lieu à la radio de Tripoli, où les militaires assurant la garde de l'édifice ont usé de leurs armes. Ils avaient cru à une attaque israélienne analogue à celle qui s'était déroulée à Beyrouth, au Liban, quelques jours auparavant. Vite remis de leurs craintes, ils se sont ralliés à leur tour[1]. Les deux unités spéciales assurant la protection de la monarchie, la CYDEF (Cyrenaica Defense Force) et la TRIDEF (Tripolitanian Defense Force) ont été neutralisées sans heurts. Le général Sénoussi Fezzani, commandant de la

CYDEF et homme de confiance du roi, est capturé chez lui sans difficulté.

Comme Nasser et ses compagnons en 1952, un groupe de jeunes officiers libyens dont l'âge n'avoisine même pas les 30 ans et sans expérience politique, a réussi, en quelques heures seulement, à prendre le contrôle de tout le pays et à renverser la monarchie sans faire de victimes — certains parleront de « révolution blanche » — ; et le tout s'est déroulé sous la barbe des protecteurs anglo-saxons du roi. On s'est même demandé si les puissances occidentales présentes en Libye n'ont pas aidé Kadhafi et ses acolytes à renverser Idriss. Sinon comment les Officiers unionistes ont-ils pu échapper à la vigilance des « grandes oreilles » américaines et britanniques qui contrôlaient toutes les communications et surveillaient toutes les machinations et complots qui fleurissaient à la cour royale ?

En réalité, les États-Unis, soucieux de l'âge avancé du roi et de la faiblesse du prince héritier, Hassan el-Reda, avaient bel et bien prévu de renverser le roi Idriss au bénéfice de son fils adoptif Omar el-Chelhi, le tout-puissant patron de l'armée très apprécié des puissances occidentales. Les Américains assuraient ainsi l'avenir rendu incertain par l'âge avancé du monarque et le caractère effacé de l'héritier légal, dont on doutait qu'il tînt fermement les rênes du pouvoir au moment où il les aurait en main. Le coup d'État était programmé autour du 5 septembre pour profiter des vacances du roi que l'on voulait ménager. Comme parmi les conjurés, il y avait des Officiers unionistes libres, il vint à Mouammar Kadhafi l'idée d'abriter son projet derrière le complot ayant l'assentiment des Américains.

Dans la nuit du 31 août au 1er septembre, lorsque les Officiers unionistes libres prirent possession des points stratégiques, ils laissèrent croire au commandement de la base américaine qu'ils avaient simplement gagné quatre jours sur le planning prévu, et qu'en conséquence, il n'avait pas à intervenir. Libres de ce côté, Kadhafi et ses camarades eurent ensuite raison des récalcitrants et noyèrent toute velléité de contre-révolte en obtenant la démission préventive du prince héritier,

Hassan el-Reda, qui abdiqua et invita la population à se soumettre aux nouveaux maîtres du pays.

Une autre version de l'histoire révélée quatre décennies plus tard par Benito Livigni, l'ancien assistant personnel d'Enrico Mattei, l'homme des hydrocarbures qui avait réorganisé le secteur au point de faire de la compagnie pétrolière ENI l'une des plus puissantes au monde, accrédite l'implication des services secrets italiens dans le putsch ayant emporté le régime monarchique. M. Livigni raconte : « Bien entendu que nous avons aidé Kadhafi. Nos services l'ont beaucoup soutenu, et nous l'avons préparé quand il avait vingt-sept ans et qu'il est venu dans la petite ville balnéaire de Forte dei Marmi, en Toscane. Nous l'avons aidé à prendre la place d'Idris, comme nous avions assisté auparavant Bourguiba en Tunisie[2]. »

Benito Livigni explique que c'est parce que le roi Idriss avait donné une seule concession pétrolière à l'Italie, en 1958, avant de la lui retirer pour la confier ensuite aux géants britannique British Petroleum (BP) et anglo-hollandais Royal Dutch Shell, que le SIFAR[a] (le service de renseignement militaire italien) a préparé et soutenu le coup d'État des Officiers unionistes. Mais Elgiabu Ramadan, l'un des Officiers unionistes, apporte toutefois un bémol à toutes ces versions de l'histoire. Selon lui, le régime monarchique n'ignorait rien de ce qui se tramait : « Le régime royal et ses services ainsi que les Égyptiens étaient au courant de ce qui se préparait. La plupart des fonctionnaires égyptiens qui étaient là pour aider la Libye à l'époque renseignaient leur gouvernement sur tout ce qui se passait. Toutes nos manœuvres étaient suivies à la trace. Quand je suis allé à l'académie navale grecque, Kadhafi continuait à m'envoyer des lettres disant que nous allons faire la révolution. Tout ça n'était pas connu du petit peuple, mais le régime royal et les Égyptiens le savaient. Le roi était prêt à céder le pouvoir. Il fallait organi-

---

[a] Servizio informazioni forze armate (SIFAR), crée en 1949 puis dissous en 1965, il est remplacé par le SID en 1966.

ser le transfert de pouvoir de manière discrète, en le faisant passer pour une révolution. Tout ce qu'on a raconté sur la révolution par la suite n'est pas vrai. Tout a été organisé[3]. »

Révolution organisée ou pas, au matin de ce 1er septembre, les Libyens qui étaient déjà réveillés eurent la surprise d'entendre une musique militaire à la place du programme habituel. Soudain, la musique s'interrompit et un individu prit la parole pour leur annoncer que « le rêve de leur vie se réalise » :

Peuple de Libye !

Répondant à ta libre volonté, exauçant tes vœux les plus chers ; accueillant tes appels incessants au changement et à l'épuration, ainsi que ton désir d'agir et d'entreprendre ; écoutant tes incitations à la révolte, tes forces armées ont entrepris de renverser le régime réactionnaire et corrompu dont la puanteur nous suffoquait et dont la vue horrifiait.

D'un seul coup, ta vaillante armée a fait tomber les idoles et en a brisé les effigies. D'un seul trait, elle a éclairé la nuit sombre dans laquelle s'étaient succédé la domination turque, la domination italienne, la domination, enfin, d'un régime réactionnaire et pourri au sein duquel régnaient la concussion, les factions, la félonie et la traîtrise.

La Libye est, à partir de ce moment, une République libre et souveraine, qui prend le nom de République arabe libyenne, et qui, par la grâce de Dieu, se met à l'œuvre... Elle ira de l'avant sur le chemin de la liberté, de l'union et de la justice sociale, garantissant à tous ses fils le droit à l'égalité et ouvrant grand devant eux les portes d'un travail honnête, d'où seront bannies l'injustice et l'exploitation, où personne ne sera ni maître ni serviteur, où tous seront des frères libres, au sein d'une société qui verra régner, par la grâce de Dieu, la prospérité et l'égalité...

Le communiqué n'est pas signé et les Officiers unionistes, qui se gardent bien de dévoiler leurs identités, annoncent dans la foulée la mise sur pied d'un Conseil de Commandement de la Révolution (CCR), l'instance chargée d'administrer le pays. Il est composé de onze membres autour de Kadhafi qui sera bientôt promu au grade de colonel, le 8 septembre. Leurs identités demeureront secrètes pendant plusieurs jours. Lorsqu'il les rencontre, le 5, au consulat d'Égypte à Tripoli, l'envoyé spécial de Nasser, Mohammad Hassanein Heykal, le rédacteur en chef du journal *al-Ahram*, n'en croit pas ses yeux ; il est frappé par leur extrême jeunesse. « Dites au président Nasser que nous avons fait cette révolution pour lui. Il peut prendre tout ce que nous avons et l'ajouter au reste des ressources du monde arabe pour servir dans la bataille [contre Israël] » lui confie Kadhafi.

En sortant de son entretien avec les Officiers unionistes, Heykal se refuse à donner des indications sur l'entretien de trois heures qu'il a eu avec le président du Conseil de la révolution. Il confie simplement que celui-ci n'est pas le colonel Abou Choueirib, et qu'il n'a « pas trente ans ». Dès son retour au Caire, l'Égyptien, qui a été très impressionné par la personnalité de Kadhafi, parle de « catastrophe » ; ces putschistes, dit-il à Nasser qui veut en savoir un peu plus sur les insurgés anonymes, « sont outrageusement innocents » et « scandaleusement jeunes. »

Pendant plusieurs jours, personne ne saura vraiment qui sont ces nouveaux maîtres de Libye ; les spéculations autour de leur identité iront bon train. « Il y a eu beaucoup de malentendus et de fausses idées sur ce qui se passait, affirme David Mack, deuxième secrétaire en charge des affaires politiques à l'ambassade des États-Unis à Tripoli. Je me souviens que la CIA n'a pas tardé à sortir une liste de personnes qui étaient "très probablement" dans ce Conseil de commandement de la révolution. Pourtant, aucun d'eux n'avait la moindre chose à voir avec le CCR. Le gouvernement américain était très bien préparé à un coup d'État militaire, mais ce qui s'est passé était une révolution, un changement fondamental dans la politique libyenne[4]. »

À la demande de nouvelles autorités libyennes, tout le personnel civil et militaire américain est consigné à la base de Wheelus Field ; les vols d'entraînement sont suspendus. La même « médecine » s'applique également aux Anglais qui se voient refuser l'autorisation de faire voler leurs avions et de laisser sortir leurs soldats en ville. Américains et Britanniques sont déconcertés. En Israël, l'heure est au pessimisme ; un conseil des ministres extraordinaire est vite convoqué, et la première ministre Golda Meir se voit donc obligée d'interrompre ses vacances. Nombreux dans les hautes sphères du pouvoir israélien sont convaincus qu'à la différence du roi Idriss, les nouveaux maîtres de Libye se révéleront moins complaisants et plus coriaces dans la défense de la cause arabe que ne l'a été le vieux monarque déchu. Idriss 1er n'avait, certes, jamais lésiné sur l'aide financière à l'Égypte, à la Syrie et à la Jordanie, mais il était connu qu'il freinait de son mieux les activités de tout mouvement de résistance sur son territoire, y compris celui des Palestiniens. La générosité du vieux monarque était plus perçue comme un geste purement symbolique destiné à désamorcer les critiques concernant l'indifférence de la monarchie à l'égard de la cause arabe.

En fin de matinée, les ambassadeurs de quatre grandes puissances (États-Unis, France, URSS et Grande-Bretagne) accrédités à Tripoli sont convoqués au Quartier général temporaire du CCR. Sur place, les nouveaux maîtres du pays leur exposent les évènements de la nuit passée et les objectifs de la révolution. Ils donnent d'emblée des signes de modération afin de rassurer les pays occidentaux : les étrangers n'ont pas à s'inquiéter, le pouvoir révolutionnaire s'engage à protéger tous les ressortissants étrangers ainsi que leurs biens — y compris les installations pétrolières et ceux qui y travaillent. Aucune allusion aux bases militaires anglo-américaines, à Israël ou à l'épineux problème palestinien...

Les Occidentaux sont rassurés, et il ne suffira que de quelques jours pour que les « quatre grands » et plusieurs autres pays reconnaissent le nouveau pouvoir.

Alors qu'Hassan el-Reda, le prince héritier, annonce son désistement de tous ses pouvoirs constitutionnels et invite la population à collaborer avec le pouvoir révolutionnaire, le roi Idriss, depuis sa résidence turque, ne compte pas renoncer si facilement. Lâché par les tribus de Cyrénaïque traditionnellement fidèles aux Senoussi, ses troupes d'élite neutralisées, le vieux souverain déchu demande l'aide des Britanniques conformément aux « clauses d'assistance » du traité anglo-libyen de 1953. Mais le premier ministre travailliste, Harold Wilson, lui oppose une fin de non-recevoir, puisque le traité oblige la Grande-Bretagne à n'intervenir qu'en cas d'agression extérieure contre la Libye. Les États-Unis de leur côté préfèrent également regarder ailleurs...

Omar el-Chelhi, dépouillé du coup d'État qui avait pourtant été préparé pour lui, tenta lui aussi de renverser la donne. Sur recommandation du vieux roi, il se rend à Londres pour plaider sa cause et faire réparer cette terrible « injustice ». Il est reçu pendant vingt minutes par Michaël Stewart, le secrétaire au Foreign Office qui lui fait comprendre que Londres ne pourra intervenir. Idriss, abattu et amer, finit par se résigner et partit en exil au Caire. Même si Kadhafi et ses compagnons d'armes sont fiers de l'avoir destitué, ils n'en gardent pas moins un certain respect envers le chef vénéré de la confrérie senoussi, donc leur propre chef. Il est, certes, discuté comme homme d'État, mais il n'en demeure pas moins qu'il est respecté comme chef religieux...

Le 8 septembre, soit une semaine après le coup d'État, le CCR émerge de sa coquille et annonce la formation d'un gouvernement composé notamment d'opposants exilés pendant la période monarchique tels que Salah Messaoud Bouissir, nommé ministre des Affaires étrangères, et l'expert pétrolier et syndicaliste Mahmoud Soleiman al-Maghrebi, qui devient premier ministre. Ayant de très bons rapports avec les Anglo-américains et les Égyptiens, les lieutenants-colonels Adam Hawaz et Moussa Ahmed, deux officiers ne faisant pourtant pas partie du CCR, sont bombardés respectivement ministres de l'Intérieur et de la Défense.

Le temps passe, mais on ne sait toujours pas grand-chose du leader du CCR qui manœuvre en coulisse. Il faudra attendre environ deux semaines pour que celui-ci fasse sa première apparition publique. C'était le 15 septembre au cours d'une manifestation populaire à Tripoli. C'est la stupéfaction ! Le monde aperçoit un jeune homme grand, mince, aux cheveux noirs et aux traits énergiques et harmonieux. On le compare même à l'acteur américain Gregory Peck. Il s'appelle Mouammar al-Kadhafi et il n'a alors que 27 ans. Les autres membres du CCR dont les identités seront rendues publiques quelque temps après sont : Abdessalam Jalloud, Mokhtar Abdallah al-Qarawi, Bachir Seghir Hawadi, Abdel-Moneim Al-Huni, Awad Ali Hamza, Mustapha Kharrubi, Omar al-Meheichi, Khwildi Hamidi, Mohamed Najm, Abou Bakr Muqarief et Abou Bakr Younès Jaber...

Références

[1] Cazalis Anne-Marie, *op.cit.*, p. 131.

[2] Rapporté par Roumiana Ougartchinska & Rosario Priore, *Pour la Peau de Kadhafi : guerres, secrets, mensonges. L'autre histoire (1969-2011)*, Fayard, 2013, p. 61.

[3] Entretien avec l'auteur.

[4] Rapporté par Roumiana Ougartchinska & Rosario Priore, *Pour la Peau de Kadhafi*, *op.cit.*, p. 35.

– IV –
LE TEMPS DE GRANDS BOULEVERSEMENTS :
LA RÉVOLUTION EST EN MARCHE...

> *« La grande révolution dans l'histoire*
> *de l'homme, passée, présente et future,*
> *est la révolution de ceux qui sont*
> *résolus à être libres. »*
> **John Fitzgerald Kennedy**

Dès son accession au pouvoir, Mouammar Kadhafi n'a qu'une idée en tête : développer son pays, la Libye. Les premières mesures adoptées par le CCR, dès les premières semaines de l'exercice du pouvoir, sont des dispositions visant à éliminer de l'administration publique les éléments corrompus, et à jeter les bases d'une véritable justice sociale. Plusieurs politiciens et fonctionnaires notoirement corrompus, auxquels on demande l'origine douteuse de leur fortune, sont appréhendés puis jetés en prison.

Une fois l'appareil de l'État purgé de tous ses éléments corrompus, le CCR arrête les premières mesures sociales : augmentation substantielle du salaire minimum, réduction de loyer de 40 %, une politique de blocage de prix est esquissée pour faire face à l'augmentation du coût de la vie, on limite à 60 % des salaires les transferts de fonds de résidents étrangers...

Entre-temps une constitution provisoire est adoptée, le 11 décembre. Dans son préambule, elle affirme que le peuple libyen « est résolu à briser les entraves empêchant son développement et son essor, et qu'il se dresse aux côtés de ses frères dans tout le monde arabe pour recouvrer toutes les parcelles de son territoire usurpées par l'impérialisme et pour éliminer tous les obstacles entravant son unité du Golfe [arabique] à l'océan [atlantique].» Les objectifs premiers de la révolution y sont clairement définis : liberté, socialisme et unité. L'Islam est déclaré religion d'État...

Malgré ces premières mesures politiques et économiques significatives, le pays n'échappe pas, à très court intervalle, à une tentative contre-révolutionnaire venant de l'intérieur même du pouvoir révolutionnaire. Elle est orchestrée, le 7 décembre, par deux officiers supérieurs, les lieutenants-colonels Adam Hawaz et Moussa Ahmad, tous deux ministres. Les raisons qui les ont conduits à tenter un putsch demeurent peu claires. On raconte que Hawaz, assoiffé du pouvoir, s'attendait à être nommé numéro deux du gouvernement et non «simple» ministre de la Défense. Pour cela, il aurait tenté, avec d'autres officiers, de renverser son ami Kadhafi[1].

Mais cette tentative subversive n'empêche pourtant pas le colonel Kadhafi de poursuivre ses réformes. Porté par le vent de la révolution, il décide de s'attaquer aux intérêts étrangers qui se sont payés sur la bête durant l'époque coloniale et monarchique. Ceux qui avaient entendu avec optimiste les premières déclarations du jeune colonel sur la préservation de leurs intérêts en sol libyen vont bientôt déchanter.

Au nom de la souveraineté libyenne, Mouammar Kadhafi décide de «libyaniser» les banques étrangères à hauteur de 51 %, avant de les nationaliser totalement. Table rase est faite du système financier jusqu'alors aux mains de la Barclays Bank ou de la Banco di Roma. Les actionnaires étrangers des banques libyennes sont évincés ou indemnisés. Les droits des étrangers résidant dans le pays sont limités : il leur est interdit de gérer des compagnies d'assurances, des agences de voyages ou encore des pharmacies. Mieux, la politique de nationalisation amorcée par le gouvernement est assortie aussi d'une «libyanisation» du personnel des entreprises étrangères ou nationales. Aucun étranger n'est autorisé à se livrer à une activité commerciale, artisanale ou industrielle sans être associé à un citoyen libyen propriétaire d'au moins 50 % de l'affaire, afin de s'en assurer le contrôle[2].

L'hostilité du CCR, et plus particulièrement de son leader, se concentre essentiellement sur l'Italie, puissance colonisatrice, et sur l'héritage désastreux de l'époque coloniale. Des mesures draconiennes sont prises à l'encontre des populations italiennes résidant en Libye : confiscation des terres et d'immeubles ; l'obligation pour les Italiens de posséder un permis de travail que délivrerait seul le conseil des ministres ; des restrictions importantes mises à l'exportation des biens italiens[3]... Au mois d'octobre, le CCR procède à l'expropriation et à l'expulsion de quelque treize mille propriétaires agricoles italiens, dont les biens — environ 3 000 fermes représentant près de 100 000 ha — sont nationalisés. L'ambassadeur italien Giovanni Lodovico à qui Kadhafi avait confié que « la Libye doit être nettoyée des résidus du colonialisme italien » n'en revient pas et déclare : « Je ne croyais pas que Kadhafi mettrait sa menace à exécution[4]. » Rome, qui dépend de la Libye pour ses exportations et ses besoins en hydrocarbures, proteste, mais sans prendre des mesures de rétorsion.

La mesure d'expropriation prit de court toute la colonie qui avait cru aux engagements de Kadhafi de respecter le principe de la propriété privée. Les six cents Israéliens, généralement de nationalité italienne, qui se trouvaient concernés par ces mesures plièrent bagage et leurs biens (terres et immeubles) passèrent sous contrôle de l'État. Ce fut la fin d'une présence juive millénaire en Libye. « Le spectacle à Tripoli était hallucinant », se souvient Guy Georgy. C'était la débandade pour les uns et la vengeance pour les autres. « Nous ne pouvons oublier le passé et notre liberté ne sera complète que lorsque ce passé sera vengé » déclare Kadhafi qui, de l'avis de l'auteur italien Angelo Del Boca, « interprète fidèlement les sentiments d'un peuple qui ne peut pas oublier les massacres, les déportations, les camps de concentration, les brimades, les annexions forcées, les confiscations et trente ans de mépris continu [...] »[5]. Le leader du CCR organise tous les 7 octobre, à partir de 1970, les « journées de la vengeance », au cours desquelles il prononce ses diatribes contre l'ancienne puissance coloniale.

Des négociations difficiles sont également engagées avec les Anglais et les Américains sur la présence de leurs bases militaires en Libye. Les contrats de location comportent, certes, une clause de reconduction, mais le CCR ne compte pas tolérer longtemps cette présence anglo-américaine sur le sol libyen. Prenant prétexte de l'expiration du loyer de la base d'El-Adem au mois de décembre 1970, Kadhafi somme les Anglais d'abandonner les lieux. Le 28 mars, ces derniers évacuent Tobrouk et El-Adem, qui est rebaptisée base « Gamal Abdel Nasser ». Les Américains sont également priés de plier bagage quelque temps après. Washington a déclenché l'état d'alerte et la VIe Flotte se déploya au large des côtes libyennes... sans plus. Les temps ont changé. Deux mois après les Anglais, le dernier soldat américain quittait Wheelus Field, qui sera rebaptisée « Okbah Ben Nafeh » du nom du grand conquérant arabe.

Trois semaines après ce départ bruyamment célébré dans les rues libyennes, le pays dut faire face à une nouvelle tentative de coup d'État, au mois de juillet. Onze individus sont appréhendés, parmi lesquels figurent deux ministres, Hussein Mazek et Abdel Hamid Baccouche, ayant tous appartenu à l'ancien régime monarchique. Selon le colonel Kadhafi, il aurait s'agit « d'un complot réactionnaire impérialiste fomenté au Fezzan par des personnalités — le nom du prince Abdallah Abdel Senoussi, neveu de l'ex-roi Idriss, fut cité — de l'ancien régime et soutenu par l'étranger. » Les États-Unis ?

Si l'on ne peut affirmer hors de tout doute raisonnable que les Américains ont pris part au complot, une chose semble en tout cas certaine : à Washington, les prises de position du CCR, notamment de son chef, n'ont cessé d'inquiéter. Au siège de la CIA, on discuta de la possibilité de renverser le jeune leader libyen, mais le département d'État s'y opposa et gagna la partie. Richard Helm, le directeur de l'Agence à l'époque, avait convenu avec le département d'État qu'il n'y avait aucun moyen d'y parvenir[6]. Il y eut des discussions au sein du Groupe d'actions spéciales de Washington (WSAG) sur l'attitude qu'il convenait d'adopter à l'égard du nouveau pouvoir libyen. Lors d'une réunion qui s'est tenue le 24 novembre 1969, le conseiller à la Défense nationale du président Richard Nixon, Henri Kissinger, demanda à la « Commission 40[a] » d'étudier la possibilité de mener des actions secrètes contre le pouvoir révolutionnaire libyen, mais plusieurs fonctionnaires se montrèrent peu enclins à soutenir une telle démarche[7]. Ceux-ci craignaient qu'une opposition au colonel Kadhafi puisse mettre à mal les intérêts pétroliers de l'Amérique en Libye. Ils étaient persuadés que l'abandon de la base de Wheelus Field avait une importance marginale face aux intérêts pétroliers américains dans le pays. Un rapport confidentiel préparé par le WSAG soulignait que les approvisionnements en pétrole ne seraient menacés que si les États-Unis posaient un acte susceptible de provoquer l'hostilité du CCR :

> « Nous ne percevons pas de menace immédiate contre ces intérêts [pétroliers] ; ce pourrait être le cas si le régime était menacé, devenait plus instable ; s'il y avait un affrontement réel à propos de Wheelus, ou une reprise des hostilités au Moyen-Orient ».

Le rapport préconisa de nouer de meilleures relations avec la Libye :

> « Notre stratégie actuelle est de chercher à nouer des relations satisfaisantes avec le nouveau régime. L'avantage qu'en retire notre balance des paiements et la sécurité des investissements pétroliers américains sont considérés comme nos intérêts premiers. Nous cherchons à conserver nos installations militaires, mais pas au risque de menacer nos revenus économiques. Nous souhaitons également tenir compte du fait que l'Europe dépend du pétrole libyen ; c'est littéralement le seul

---

[a] Commission interministérielle supervisant les activités des services secrets.

pétrole "irremplaçable" du monde, à la fois du point de vue de la qualité et de la situation géographique[8]. »

Empêtrée au Vietnam, l'Amérique opte pour la « passivité » et le réalisme économique. Les Yankees préfèrent s'en aller plutôt que de compromettre leurs investissements pétroliers en Libye. Le peuple libyen, lui, laisse éclater sa joie ; dans les grandes villes du pays, l'évacuation des bases militaires anglo-américaines est célébrée bruyamment. Au calendrier libyen, la date du 19 juin est fériée ; c'est la « fête de l'évacuation ».

Une fois la problématique des bases étrangères résolue, Mouammar Kadhafi décide de s'attaquer au problème du veau d'or noir : le pétrole. Sur cette question, il va se montrer fin stratège et d'une extrême habileté. La Libye, on le sait, nage sur un océan de pétrole. Les deux millions de barils de pétrole produits par année permettent au pays de dégager des revenus atteignant plus d'un milliard de dollars, mais la manne pétrolière ne parvient pas jusqu'au peuple qui vit misérablement. Sous le roi Idriss Ier, les compagnies pétrolières faisaient la pluie et le beau temps. Elles fixaient les règles du jeu sans égard pour la partie libyenne. Les contrats étaient préparés par d'avoués américains et rédigés conformément aux désidératas des pétrolières. L'opacité des comptes était telle que la Libye recevait à peine 12 cents par baril. Comme le fait observer Guy Georgy, « une classe dirigeante largement rémunérée pour sa docilité et un manque total de cadres nationaux laissaient le champ pratiquement libre aux manœuvres des grands monopoles énergétiques. » Et d'expliquer que le prix de référence sur lequel reposait la fiscalité était toujours, depuis dix ans, de 2,21 dollars. Ce barème déterminé par le groupe Esso en partant des taux couramment pratiqués dans le golfe Persique, mais en jouant sur un différentiel de fret extrêmement bas, privait la Libye de 18 cents par baril.

De 1961 à 1968, on estimait les pertes du fisc libyen, consécutives aux tours de passe-passe des compagnies pétrolières, à plus d'un milliard de dollars. Selon un conseiller du président

Nixon, « le régime du roi Idriss est sûr et garant, car corrompu, vraiment corrompu[9]. »

Pour Kadhafi, cette situation ne pouvait plus perdurer. Le jeune révolutionnaire décide donc de s'attaquer à la honteuse spoliation dont est victime son pays. Les discussions avec les compagnies pétrolières avaient commencé dès le mois de décembre 1969, mais le CCR avait besoin d'alliés avant d'engager la bataille du pétrole. L'Algérie, pays pétrolier disposant d'une équipe aguerrie de conseillers et de techniciens, est la candidate idéale. Le 27 janvier 1970, Kadhafi se rend à Alger pour rencontrer le président Houari Boumediene et signer avec lui un accord de coopération dans le domaine des hydrocarbures. Des contacts sont aussi noués avec les Vénézuéliens. La stratégie arrêtée : exiger dans un premier temps une hausse de la taxe sur le prix de référence du brut, et à la longue, nationaliser... s'il le faut.

Avant d'amorcer la manœuvre, le colonel Kadhafi promulgue, le 5 mars, une loi remplaçant la Libyan General Petroleum Corporation (LGPC), la compagnie d'État créée en avril 1968 par le régime royal, par la Libyan National Oil Company (LNOC), qui deviendra en juillet 1971, la NOC. Plus adaptée à la situation du moment, elle va devenir le fer de lance de la politique énergétique du gouvernement. Puis, le président du CCR fait le ménage au sein du comité chargé de négocier avec les compagnies pétrolières. Il limoge le premier ministre Soleiman al-Maghrebi, jugé proche des pétroliers américains et hostile aux nationalisations, et place aux commandes Abdesalam Jalloud, déjà ministre de l'Intérieur et de l'Industrie. Fin stratège, celui-ci réalise très vite qu'il ne peut attaquer de front les grandes compagnies, entre autres les « sept sœurs[a] ». « Nous leur apportons tant de choses dont ils ne peuvent se passer, que notre départ serait leur ruine », s'enorgueillissaient leurs représentants. « Avec qui et avec quel argent pourraient-ils exploiter leur pétrole et lui trouver des débouchés ? »[10]

Conscient du déséquilibre dans le rapport de force et face au mur d'arrogance érigé par les compagnies pétrolières, Kadhafi se montre dans un premier temps plus coulant à l'égard de celles-ci. Il convoque les délégués des vingt et une principales sociétés étrangères opérant dans le pays pour discuter à l'amiable des prix du brut, et leur réclame, dans la ligne des efforts entrepris par l'ancien régime monarchique, une augmentation de la taxe sur le prix de référence de 40 centimes. Les experts reconnaissent que la demande est parfaitement juste et acceptable pour un brut de choix comme celui de la Libye. James E. Akins, l'ambassadeur des États-Unis en Arabie-Saoudite, déclarera que ce chiffre n'était « pas abusif » ; il reconnut que les Libyens auraient pu demander plus. Ce que confirmera également le secrétaire d'État adjoint Newson devant le Congrès[11].

Mais les compagnies pétrolières, habituées au laisser-faire du roi Idriss, poussèrent les hauts cris d'orfraie pour finalement accepter un « sacrifice » de 10 à 13 centimes, histoire de « montrer leur bonne volonté » dirent-elles. Piqué au vif et fort du soutien de l'Irak, de l'Algérie et de l'Arabie saoudite, Kadhafi leur lança : « Sachez que mon pays s'est passé de pétrole

---

[a] Désigne un cartel international de sept grandes compagnies pétrolières dont les membres prennent le droit de se partager à leur guise le marché du pétrole et de décider des prix. En 2009, elles figuraient dans le top 10 des sociétés les plus puissantes de la planète. Standard Oil of New Jersey (Esso) devenue Exxon puis Exxon Mobil (USA) ; British Petroleum (Grande-Bretagne) ; Royal Dutch Shell (Grande-Bretagne/ Pays-Bas) ; Standard Oil of California devenue Chevron (USA) ; Texaco, fusionnée avec Chevron (USA) ; Standard Oil of New York (Socony) devenue Mobil puis Exxon Mobil ; Gulf Oil absorbée par Chevron (USA).

pendant cinq mille ans et qu'il peut s'en passer encore pendant quelques années. »

L'assurance du petit David libyen contre les Goliaths du pétrole, note Guy Georgy, apparaissait aux yeux de plusieurs comme le symptôme d'un dérangement mental, une sorte de folie, «et ne provoquait en général que des haussements d'épaules.» Malgré les mises en garde du colonel Kadhafi, les compagnies pétrolières se montrèrent imperturbables. Se fiant aux rapports de leurs experts disant que les réserves libyennes ne tiendraient pas plus de dix ans, elles étaient déterminées à maintenir le *statu quo*, à pratiquer une exploitation intensive et à faire traîner les négociations en longueur. «Narquoises et souveraines, observe M. Georgy, elles parlaient comme la presse mondiale de rodomontades de l'apprenti sorcier et campaient sur leurs positions. »

Les Libyens décidèrent de passer à la vitesse supérieure en infligeant une véritable guerre des nerfs aux représentants des compagnies pétrolières. La police fit traîner l'attribution des visas de sortie et d'entrée au personnel et à leurs familles, ce qui perturba les plannings de rotation du personnel en service sur les chantiers du désert. Les visas de travail des nouveaux employés étaient accordés avec des délais très longs ; la douane retardait le débarquement du matériel de forage et d'exploitation[12]...

En dépit des pressions exercées par les Libyens, les pourparlers entre les parties restèrent sans résultat jusqu'à ce qu'un évènement «inopiné» vint objectivement renforcer Kadhafi dans ses positions : le 3 mai, une pelleteuse mécanique travaillant à la pose d'un câble téléphonique au sud de la Syrie, près de la frontière jordanienne, sectionna et mit hors d'usage la tapline qui amenait le pétrole d'Arabie en Méditerranée. Cet incident, que les responsables saoudiens qualifièrent «d'acte planifié de sabotage», causa la perte de 25 millions de tonnes par an pour les raffineries européennes. Seuls les pays du golfe pouvaient compenser cette réduction, à condition de faire le tour du continent africain. Ce qui représentait un coût assez exorbitant. Les

États-Unis de leur côté refusaient de compenser les 25 millions de tonnes manquant, alors que Damas, profitant de la nouvelle donne liée à l'interruption de l'approvisionnement pour négocier des droits de transit plus élevés, refusait d'autoriser les réparations et laissa la ligne fermée pendant neuf mois[13].

Deux semaines après la rupture de l'oléoduc, le ministre syrien du Pétrole rencontrait ses homologues algérien et libyen pour peaufiner la stratégie à adopter face aux pétrolières. L'Europe était privée de 500 000 barils de pétrole par jour ; l'Algérie réclamait de son côté la révision de son accord pétrolier avec la France, et la Libye menaçait de réduire sa production de 40 % pour protéger ses réserves, en plus d'augmenter les royalties. Qui plus est, depuis la fermeture du canal de Suez par Gamal Abdel Nasser, les compagnies pétrolières gagnent à s'approvisionner en Libye étant donné que le trajet est court.

Conforté donc par l'interruption des approvisionnements en provenance du golfe et face au mur d'arrogance et d'autisme érigé par les compagnies pétrolières, Kadhafi décide, sur conseil d'Abdessalam Jalloud, le numéro deux libyen chargé de piloter les négociations avec les sociétés étrangères, de prendre ses adversaires un par un, plutôt que de s'attaquer à eux tous en même temps. Il s'en prend d'abord aux maillons faibles du groupe, les compagnies indépendantes. Elles ont très peu d'intérêts pétroliers dans l'hémisphère occidental en dehors de la Libye. Moins puissantes, elles sont ouvertes à toute opportunité contrairement aux majors. Le pétrole *light* libyen leur fournit l'occasion de rivaliser avec les « sept sœurs » qui ne contrôlaient pas la production libyenne aussi étroitement que celle du golfe Persique.

Parce que la Libye s'était mise assez tardivement à produire de l'or noir, et parce que les grandes compagnies hésitaient à modifier leurs acquisitions au détriment de leurs fournisseurs traditionnels, les compagnies indépendantes avaient acquis une importance particulière en Libye[14]. Or, à la différence de leurs gros concurrents qui avaient diversifié leurs sources d'approvisionnement, elles étaient vulnérables en cas de confrontation avec les Libyens. Et ces derniers l'avaient bien compris.

Pour les jeunes révolutionnaires, il suffit de forcer l'une de ces firmes indépendantes à signer une nouvelle entente — sur l'augmentation du prix du brut — et les autres suivront. Le colonel Kadhafi racontera comment le commandant Jalloud l'aida à arrêter sa stratégie : « Si nous attaquons de front toutes les compagnies, ce sera l'échec. Elles ont les moyens de se passer du brut libyen pendant de longs mois. Les nationaliser ne nous servira à rien : nous aurons sur les bras des bâtiments vides et des puits inutilisables, alors que ce que nous voulons, c'est leur argent. Choisissons une seule compagnie, forçons-la à signer un nouveau contrat, augmentons le prix du baril de brut, ne serait-ce que de 50 cents, et ce sera un triomphe. Toutes suivront[15]. »

Le premier à être convoqué par le CCR est le riche pétrolier texan Bunker Hunt. Le colonel Kadhafi, d'un ton menaçant, le prévient : « Si vous voulez conserver votre affaire ici et continuer à extraire du pétrole, persuadez les autres pétroliers américains de ne pas nous boycotter » si d'aventure la Libye décidait d'augmenter le prix du brut[16]. Mais c'est vraiment sur le patron de la compagnie Occidental Petroleum (OXY), Armand Hammer, que le dirigeant libyen resserre l'étau pour faire pression sur les « sept sœurs ». Il n'a pas oublié la luxueuse fête donnée par Hammer avec les responsables libyens prosternés devant leurs hôtes américains[a]. De plus, Occidental dépend totalement de sa production libyenne qui, en 1969, représentait 90 % de la production totale du groupe. « Naturellement, écrira le Dr Hammer dans ses mémoires, notre dépendance n'avait pas échappé à Kadhafi et à ses ministres. Dès le début de leur campagne, ils nous avaient repérés comme leur cible la plus vulnérable. »

---

[a] Voir supra, chapitre 1.

Le colonel Kadhafi lui impose de réduire sa production journalière [de trois cent mille barils] et de payer 40 cents de plus par baril. Une première au Moyen-Orient et en Afrique du Nord ! Les Libyens justifient leur décision en avançant des raisons d'ordre technique, parce qu'OXY a pompé du pétrole « plus intensément qu'une saine pratique de l'ingénierie ne l'autorise ». Pour la seule année 1970, 240 millions de barils ont été extraits de la Libye par Occidental. Mais Hammer résiste ; il ne prend pas au sérieux le jeune colonel déterminé à faire plier les compagnies étrangères qui se payent sur la bête.

En mai, Hammer se rend au Caire et demande à Nasser, le raïs égyptien, de convaincre Kadhafi de revenir sur sa décision, mais rien n'y fait. Sentant l'étau se resserrer, le richissime homme d'affaires se résout à discuter avec ses adversaires de toujours, les « sept sœurs ». Il se rend au siège new-yorkais d'Exxon, en plein cœur de Manhattan, et rencontre le directeur général Ken Jamieson. « Il s'agit d'une rencontre historique entre frères ennemis », écrit le grand reporter Éric Laurent. Hammer lui explique qu'à moins de disposer d'un brut de remplacement, il ne peut résister aux pressions du colonel Kadhafi. Il demande donc à Exxon de l'aider en permettant à OXY d'obtenir son brut de sources non libyennes, avec une bonne ristourne bien entendu.

Jamieson, après avoir consulté ses collaborateurs — ceux-ci ne manquent d'ailleurs pas de rappeler que Armand Hammer ne s'était pas gêné pour exploiter l'ancien champ pétrolier d'Exxon au Pérou quand celui-ci avait été nationalisé —, accepte, mais au prix de vente courant alors que Hammer le veut à prix coûtant. Mais Jamieson campe sur sa position. « Vous ne m'avez pas compris, rétorque l'homme d'affaires. Je vous demande de m'aider à résister au chantage libyen. C'est l'intérêt de tous les pétroliers qui est en jeu. » Et le directeur général d'Exxon de lui répondre : « Vous voulez du brut au prix de revient. La réponse est négative[17]. »

À ce moment précis, Exxon — tout comme les autres membres de l'industrie — ne réalise pas qu'en abandonnant Armand Hammer à son sort, elle commet là une grave erreur d'appréciation, une « imprévoyance » qui coûtera cher à l'industrie pétrolière dans son ensemble…

Persuadé de ne pouvoir compter sur aucun appui, le président d'OXY décide d'agir seul. Il tente plusieurs solutions de fortune — il ralentit d'abord la construction d'une usine de liquéfaction de gaz, puis se résout à la fermer — qui n'aboutissent pas. Dos au mur, harcelé par les autorités libyennes qui lui imposent une nouvelle réduction de la production — de 800 mille barils par jour en juin, la production passe à 440 mille barils/jours, une réduction de 45 % en deux mois ! —, Armand Hammer se résigne à négocier avec les Libyens. L'un de ses proches collaborateurs à Tripoli, Georges Williamson, sur la foi des renseignements obtenus par le canal de la CIA, l'a informé que les dirigeants libyens envisagent d'annoncer l'expulsion d'OXY de la Libye à l'occasion du premier anniversaire de la Révolution. Et Jalloud lui annonça dans le même temps que son ami, l'ex-ministre du Pétrole Kabazi était emprisonné à Tripoli et que son procès s'ouvrirait dans les prochaines semaines. C'est la panique ! « Toute ma vie est organisée autour d'une devise simple, dit l'Américain : rien ne doit arriver que je n'aie pu prévoir ou souhaiter. Le pire, c'est lorsqu'un chef est pris au dépourvu. »

Le 30 août, Armand Hammer débarque à Tripoli pour engager les négociations avec les maîtres des lieux. Son interlocuteur, le numéro deux libyen, Abdessalam Jalloud, celui-là même qui avait négocié l'évacuation des bases militaires anglo-américaines. Ce dernier lui rappelle que le prix du brut n'avait pas changé depuis 1961, que cette situation injuste ne pouvait plus perdurer. Il fallait une augmentation du prix du pétrole. L'Américain se montra disposé aux revendications libyennes, puis d'un ton humble, il dit à Jalloud : « Je voudrais rester en Libye. Comprenez que je suis trop vieux pour recommencer quelque chose ailleurs. » Il aurait même ajouté : «Je me contenterai de ce que vous voudrez bien me laisser. »

Le 14 septembre, un accord est conclu entre les deux hommes au siège du Conseil de la révolution. OXY, huitième compagnie pétrolière mondiale, accepte de payer un supplément de 30 cents par baril, étant attendu que ce prix augmentera chaque année de 2 cents sur une période de cinq ans. La compagnie consent également à faire passer la taxe fiscale de 50 à 58 % pourvu que Jalloud lui permette de revenir à sa production initiale de 800 000 barils par jour. Mais le Libyen autorise la compagnie à relever sa production à sept cent mille barils/jours à la place...

Occidental Petroleum venait ainsi d'ouvrir la boîte de pandore. Les dirigeants des autres compagnies pétrolières furent consternés. Comme l'avouera un responsable de la Shell : «Au point où nous étions, nous avions le choix entre la retraite et la déroute. »

Trois jours après la fin des négociations entre les Libyens et OXY, les dirigeants des majors tentent d'organiser la contre-attaque. Ils se rendent à Washington pour s'entretenir avec le secrétaire d'État William Roger et Henry Kissinger. Ils sont accompagnés de leur avocat, John J. McCloy, un vieil avocat de renommée internationale. La gravité de la situation n'échappe à personne, mais aucune décision n'est prise. Sir David Barren, le président du groupe Shell fait savoir qu'il ne cédera rien aux Libyens. À lui se rallient le grand patron de BP, Sir Eric Drake, et Rawleigh Warner, le président de Mobil. Dès qu'il apprend la réaction de Shell, le colonel Kadhafi fait bloquer ses intérêts dans Oasis. C'est la panique...

Les négociations entre les Libyens et les majors sont ardues. «Les négociateurs anglo-américains avaient l'impression de comparaître devant un tribunal révolutionnaire, décidé à les condamner sans les entendre », observe Hubert Breton. «Les séances avaient pour but d'user leur capacité de résistance sans qu'il soit question d'un marchandage[18] ». La pression libyenne est si forte que les digues finissent par céder : toutes les compagnies pétrolières opérant en Libye se rallient aux termes de l'accord Libye-OXY. Jalloud exige dans la foulée une augmentation du taux d'imposition sur les bénéfices de 50 à 55 % et le paiement des arriérés d'impôts pour la période de 1965-1970. Tout le monde se soumet sans résister. Le colonel Kadhafi réussit à obtenir, à lui seul, ce qu'aucun, même pas l'OPEP (Organisation des Pays Exportateurs du Pétrole), n'avait réussi à obtenir jusque-là : l'augmentation du prix du pétrole brut.

Il s'est alors produit ce que les compagnies pétrolières redoutaient depuis le début de «l'offensive» libyenne : la plupart des pays producteurs emboîtèrent le pas à la Libye. Les grenouilles se sont échappées les unes après les autres, pour reprendre une image employée par John McCloy dans un compte rendu qu'il présentera devant le Sénat américain quelques années plus tard[19]. L'Iran, l'Algérie, le Koweït et l'Irak exigèrent tous une augmentation de taxe de 55 %. L'OPEP, qui bataille depuis un moment contre les pétrolières pour se faire entendre, se réunit à Caracas, en décembre, et demande officiellement l'ouverture de nouvelles négociations tarifaires entre les majors et tous les pays exportateurs de pétrole.

Inquiètes, les pétrolières s'en sont remis à Washington et ont demandé au département de la Justice une dispense pour qu'un front uni des sociétés pétrolières ne soit pas passible de la législation antitrust. Dans l'entre-temps, le secrétaire d'État adjoint, John N. Irwin II, est dépêché, le 16 janvier 1971, au Moyen-Orient pour inviter les pays producteurs à la modération. En vain.

Encouragés par le précédent libyen, les pays de l'OPEP exigent, le 14 février, à Téhéran, une augmentation générale des prix et une hausse du taux d'imposition fondé sur ce prix. Les compagnies pétrolières acquiescent sur toute la ligne : 33 centimes par baril avec une augmentation de 3 % par an jusqu'en 1975. «Pour la première fois, affirme un haut responsable de l'organisation, le monde découvre que l'OPEP a des muscles.» Pour George Ballou, ancien conseiller d'Esso of California, «la conférence de Téhéran fut rendue nécessaire parce que les compagnies pétrolières s'efforcèrent alors de trouver, avec les producteurs de l'OPEP, un ajustement entre les prix libyens et ceux pratiqués dans le golfe. C'est la première fois que s'ouvrait ce genre de discussion sur les prix[20]. »

Entre-temps, la Libye va réclamer, au vu des résultats obtenus à Téhéran, une augmentation substantielle du prix de référence. L'accord de Tripoli signé le 2 avril consent aux Libyens une augmentation de 90 centimes par baril, au lieu des 30 centimes adoptés à Téhéran. Peu après, c'est l'Irak, le Nigeria et l'Arabie saoudite qui emboîtent le pas à la Libye. Comme l'écrivent Jacques de Launay et Jean-Michel Chartier, « il n'y avait décidément plus moyen d'arrêter la hausse du pétrole lancée par Kadhafi. La progression de 1971 n'était qu'une amorce et l'OPEP faisait désormais la loi. Au cartel des sept sœurs a succédé le cartel des États producteurs[21]. »

Comme l'or noir, le gaz naturel figure au nombre des préoccupations du pouvoir libyen. Dans ce domaine, son principal adversaire est la compagnie Esso. Par le biais de filiales intervenant plus ou moins fictivement dans les opérations de commercialisation avec l'Italie et l'Espagne, Esso avait réussi à abaisser le prix de vente du baril à 15,7 centimes, en violation d'un accord signé en 1968 avec le régime monarchique. En réponse, le ministère du Pétrole libyen exerça des pressions sur la compagnie en bloquant net l'exportation du gaz liquéfié à Masra Brega vers les pays européens susmentionnés. Pendant plusieurs mois, Esso brûlera son gaz dans une immense torchère sans pouvoir arrêter le fonctionnement d'un complexe de liquéfaction qui lui avait coûté 350 millions de dollars d'investissement[22].

Acculée et littéralement asphyxiée, la compagnie cède et accepte un nouvel accord avec les Libyens portant le prix du baril à 34,5 centimes, assorti d'une indexation visant à pallier toute dévaluation du dollar. Elle consent par ailleurs à contribuer à la construction d'une usine de liquéfaction comme voulu par la NOC, et à livrer à celle-ci une certaine quantité de gaz[23]...

Mais malgré cette énième victoire, Kadhafi et les siens étaient bien décidés à ne pas s'arrêter en si bon chemin. Le CCR avait, certes, remarquablement réussi à arracher aux multinationales de l'or noir l'augmentation du prix du brut, mais celles-ci demeuraient toujours les propriétaires des concessions, et avaient donc le pouvoir de discuter juridiquement d'égal à égal avec le gouvernement, « intervenant directement dans le destin de la nation, avec d'autant plus d'efficacité que les exportations pétrolières étaient à peu près l'unique source d'alimentation du trésor public et partant, de l'aménagement du territoire[24]. » Il fallait donc au plus tôt dépouiller tous ces groupes de leur puissance régalienne pour les soumettre aux exigences de l'État, au lieu de les maintenir au rang de concurrents. C'est l'indépendance économique même de l'État qui était en jeu.

Le dernier mois de l'année 1971 et les années qui suivent seront ainsi marqués par des contrats d'association entre la NOC et les compagnies pétrolières qui vont, dans certains cas, aboutir à des nationalisations totales.

En décembre, le colonel Kadhafi décide de nationaliser les intérêts du géant BP dans la concession 65 afin de punir la Grande-Bretagne d'avoir soutenu l'occupation des îlots de Tumb et Abou Moussa par l'Iran du shah Mohammad Reza Pahlavi, souverain absolu du pays considéré dans le monde arabo-musulman comme le « chien de garde » de l'Occident dans la région. Le gisement de Sarir (en Cyrénaïque), le plus riche du continent passait ainsi sous contrôle de la NOC. La firme Bunker Hunt, associée à BP dans cette affaire, connaît un sort analogue malgré ses vives résistances. Londres est dans le choc ! La compagnie et le Foreign Office décrètent le boycottage du pétrole libyen et intentent une action en justice qui aboutit finalement à la conclusion d'un accord en septembre 1972. Des pressions sont aussi exercées sur la compagnie italienne AGIP, qui finit par accepter une participation de l'État libyen à hauteur de 50 %.

Parallèlement, le gouvernement libyen multiplie les partenaires commerciaux. Il offre et vend son pétrole aux pays de l'Est (URSS, Bulgarie, Roumanie) et à la compagnie brésilienne d'État Petrobras, tout en continuant d'exercer de fortes pressions sur les firmes occidentales. Le cartel pétrolier tente de s'entendre pour former un front commun dans les négociations contre la Libye, mais rien n'y fait. Pire, la « contagion révolutionnaire » gagne d'autres pays exportateurs du Moyen-Orient. Le 1er juin 1972, l'Irak nationalise l'Irak Petroleum Company, dont les principaux actionnaires sont BP, Shell, Mobil, Exxon et la Française des Pétroles, mettant ainsi brutalement fin à la domination anglo-américaine sur le pétrole irakien. Quatre mois plus tard, l'Arabie saoudite force l'Aramco à lui céder 25 % de son capital. « Mais la Libye de Kadhafi qui a ouvert le bal des augmentations des prix et du bras de fer avec le cartel ne l'a pas encore refermé. Les sept sœurs sont à nouveau invitées, quelque temps plus tard, à "danser sur la table", pour reprendre une expression libyenne[25] »...

En Occident, l'inquiétude se manifeste de plus en plus. Si Londres est tenté d'intervenir, du côté américain, on se fait plus discret. Bien qu'opposé aux agissements de Kadhafi, le département d'État n'est pas vraiment disposé à soutenir les compagnies pétrolières dans leur bras de fer avec le CCR. Cette absence de réaction du gouvernement américain trouve son explication dans le fait que, d'une part, la Maison Blanche, en dépit des revendications libyennes, tient à préserver la position dominante qu'ont acquise les compagnies pétrolières américaines en Libye, et d'autre part, dans l'antisoviétisme de Kadhafi.

Fervent croyant, le colonel juge l'athéisme prôné par le marxisme inconciliable avec sa foi islamique. Sur le plan politique, la Libye est opposée à l'approche soviétique du conflit israélo-arabe — l'affirmation par Moscou du droit à l'existence, dans les frontières sûres et reconnues, de tous les états du Proche-Orient, y compris l'ennemi juré, Israël.

Dans les toutes premières années de son pouvoir, Mouammar Kadhafi se montre très critique à l'endroit de l'Union soviétique et du communisme. Il dénonce le rôle des Soviétiques dans la troisième guerre indo-pakistanaise qui aboutit à l'indépendance du Bangladesh, comme étant « conforme aux desseins impérialistes soviétiques dans la région », et envoie des bombardiers Northrop F-5 au Pakistan, alors soutenu par les États-Unis. De concert avec l'Égypte d'Anouar el-Sadate, il écrase les communistes soudanais qui tentent de renverser le général Jaffar al-Nimeiry, et va même jusqu'à livrer à son homologue soudanais deux des responsables du putsch manqué — aussitôt décapités une fois à Khartoum — après avoir forcé l'avion qui les transportait à atterrir en Libye. Il encourage Sadate à se débarrasser de ses conseillers soviétiques ; il n'hésite pas à prêter main-forte au sultan Qabous d'Oman — une marionnette des Américains et des Britanniques — en proie à une guérilla [du Dhofar] soutenue par les marxistes du sud Yémen ; il critique et qualifie d'« impérialiste » le traité soviéto-irakien. Lors du quatrième sommet de la conférence des chefs d'État et de gouvernements des pays non-alignés qui se tient à Alger, Kadhafi accuse le leader cubain Fidel Castro d'être le « sous-traitant » de l'impérialisme soviétique.

Si le colonel Kadhafi est ouvertement opposé à l'une des deux superpuissances, il n'en demeure pas moins hostile à l'égard de l'autre. Il considère que les Soviétiques ne sont pas si différents des Américains. À chacune de ses sorties médiatiques, il ne manque pas de lancer des flèches empoisonnées contre Moscou. Comme le fait observer John Cooley, spécialiste du Moyen-Orient, « Kadhafi apaise en outre Washington aux oreilles de qui il fait entendre une agréable musique anti-communiste qui rappelle celle qui s'élève dans l'Égypte de Nasser où les communistes sont toujours internés... dans des camps de concentration[26]. »

Même si le leader libyen paraît quelque peu excessif dans ses prises de position envers les compagnies pétrolières, les puissances occidentales et Israël, il n'en demeure pas moins qu'il est un ennemi déterminé du communisme qui ne permettra jamais aux Soviétiques de s'assurer une tête de pont en Afrique du Nord. Pour les Américains, ce facteur, associé aux considérations d'ordre économique, est assez déterminant pour tolérer les « caprices » du colonel. Le pouvoir révolutionnaire libyen apparaît ainsi aux yeux des responsables à Washington comme un allié objectif des États-Unis, et sa consolidation constituera l'une des préoccupations de la diplomatie américaine. C'est ainsi que les services de renseignements américains et européens déjouèrent plus d'une fois des projets de putsch contre le colonel Kadhafi.

Le récit d'une de ces tentatives de renversement du leader libyen commence à Londres, à la fin de juillet 1970. À la tête de la conspiration, le neveu du roi déchu Abdallah el-Abid dit « le Prince noir » et l'ancien conseiller royal, Omar el-Chelhi. Ce dernier loue les services de David Stirling, ancien officier de l'armée britannique pendant la Seconde Guerre mondiale et cofondateur du Special Air Service (SAS), l'unité des forces spéciales de l'armée britannique. Stirling dirigeait depuis 1967 la firme de mercenariat Watchguard, laquelle vendait ses services à des dirigeants africains et moyen-orientaux. Watchguard était également un sous-traitant régulier du MI6 britannique et compte tenu de ses antécédents en Afrique du Nord, Stirling était l'homme désigné pour mener à bien l'opération portant le nom de code « Hilton » — en référence au nom de la prison où était enfermée la crème de l'aristocratie issue du régime royal — contre le colonel Kadhafi.

Le plan Stirling : monter une opération commando contre la prison, libérer puis armer les prisonniers, et avec eux, s'emparer du pouvoir. Malgré d'importants moyens mis à la disposition de David Stirling et de son associé James Kent, un ancien de l'Intelligence Service, par Chelhi, le complot avorta. Dans leur ouvrage, Maureen McConville et Patrick Seale relatent longuement les péripéties de cette opération[27]. Même si leur récit n'apporte pas de preuve tangible de l'opposition occidentale au complot, tout porte à croire que la CIA, de concert avec les services secrets italiens, mit tout en œuvre pour le déjouer. Selon John Cooley, l'hostilité italienne et la coopération apparente des autorités britanniques dans cette affaire avaient pour toile de fond les intérêts économiques de l'Italie dans son ancienne colonie. « À l'heure même où la tentative finale des comploteurs de la mission Hilton était en cours, explique-t-il, l'ENI (la très riche compagnie pétrolière italienne) concluait un accord définitif de concessions avec la Libye qui allait lui procurer, estimait-on, douze millions de tonnes de pétrole par an. »

Lors de son témoignage devant la commission d'enquête parlementaire sur la loge maçonnique « Propaganda Due » (P2[a]), en novembre 1982, le chef de gouvernement italien, Giulio Andreotti, a reconnu que les services secrets italiens avaient bel et bien déjoué la tentative de coup d'État fomentée contre le pouvoir libyen, en interceptant le navire *Conquistador XIII* qui transportait les armes et ses occupants au port de Trieste, le 21 mars 1971, et en avertissant Kadhafi. Selon M. Andreotti, le putsch fut personnellement déjoué par le colonel (aujourd'hui général) Roberto Jucci, patron du SID (les services secrets militaires italiens).

« C'était un navire de mercenaires qui s'apprêtait à partir des côtes italiennes et nous l'avons intercepté, ni plus ni moins » se rappelle, quatre décennies plus tard, le général Jucci qui a mené l'assaut du *Conquistador XIII* ; « il n'était pas question de laisser quiconque se jouer des intérêts nationaux de l'Italie. Soit on s'en occupait, soit on laissait cela à d'autres et on perdait toutes les concessions pétrolières. Tout le monde voulait à l'époque payer l'essence au prix le plus bas. Le canal de Suez était fermé et le pétrole de l'Arabie saoudite devait faire le tour de l'Afrique

---

[a] « Propaganda Due » ou P2 était une loge maçonnique dépendant du Grand Orient d'Italie de 1945 à 1976. Elle a été impliquée dans plusieurs affaires criminelles italiennes, dont la faillite de la banque Ambrosiano étroitement liée au Vatican, les assassinats du journaliste Mino Pecorelli et du banquier Roberto Calvi, et des affaires de corruption reliées au scandale des pots-de-vin de Tangentopoli.

pour arriver ici, en Europe. La Libye relevait donc de notre intérêt national. Tous les gouvernements italiens y ont travaillé : Andreotti, Moro, Cossiga... Tout le monde voulait sécuriser l'accès aux puits, l'Amérique aussi bien que le Royaume-Uni et la France, ou l'Italie[28] »...

Si les services italiens ont pu déjouer le putsch contre le colonel libyen, c'est probablement grâce à la CIA si l'on en croit Duane Clarridge, le directeur adjoint des opérations arabes à la fin des années 1970, puis chef de station à Rome. « Nous avons en effet informé les Italiens de ce qui se préparait et ils ont pris les mesures nécessaires », confirme-t-il. « Au moment de cet évènement, il y avait de l'espoir qu'il serait possible de "dealer" avec Kadhafi et c'est pour cela que nous avons fait ce que nous avons fait[29]. »

Mais l'analyse de certaines notes d'archive de la CIA appelle tout de même à une certaine nuance. S'il est vrai que l'opération « Hilton » a été déjouée avec l'aide de la CIA, tout indique que l'Agence américaine n'était pas totalement fermée à l'idée d'une mise à l'écart du colonel Mouammar Kadhafi. Selon le major Georges Campbell-Johnson, un ancien SAS ayant dirigé un temps Watchguard, le complot pour déposer Kadhafi avait été initialement ourdi par le MI6 et la CIA — avec une implication non négligeable du Mossad israélien—, mais cette dernière s'est par la suite désistée sans raison apparente[30].

En fait, la CIA, bien qu'ouverte au complot, craignait que l'échec de l'opération ait une incidence grave sur les intérêts pétroliers américains en Libye. C'est parce que l'Agence estimait que l'opération « Hilton » était vouée à l'échec qu'elle s'arrangea pour la court-circuiter avec l'aide des services secrets italiens.

Pour remarquable qu'elle soit, cette « bienveillance » des services secrets occidentaux n'empêchera pas Kadhafi et ses compagnons de s'en prendre à nouveau au cartel pétrolier. Le CCR lance l'offensive générale en 1973, avec pour objectif la réappropriation totale des ressources pétrolières du pays. Une fois de plus, il utilise la tactique de division qui lui avait si bien réussi lors des premières négociations avec Armand Hammer.

La première cible des Libyens est une firme indépendante, Bunker Hunt. La compagnie est invitée à céder la moitié de ses parts à l'État libyen. Mais elle résiste et le cartel tente de lui venir en aide en lui offrant l'équivalent de ses pertes, afin qu'il ne cède pas aux pressions du colonel Kadhafi. Après des semaines de négociations et surtout de pressions de toutes sortes, Bunker Hunt cède. Craignant de subir le même sort, Occidental et trois des quatre sociétés du groupe Oasis (Conoco, Marathon et Amerada) cèdent à leur tour 51 % de leur capital à l'État libyen, le 11 et 16 août. Les intérêts des majors, qui refusent de se soumettre aux demandes des autorités libyennes, sont également nationalisés à concurrence de 51 %, avec une menace de nationalisation totale en l'absence d'accord.

Aux États-Unis, même si on se montre encore confiant, la politique énergétique du CCR inquiète. Kissinger commandera, sur demande du président, une étude approfondie sur les politiques que les États-Unis doivent adopter à l'égard de la Libye[a].

Un mois avant que n'éclate la guerre du Yom Kippour, en octobre 1973, la Standard Oil of New York (devenue Mobil), la Standard Oil of New Jersey (devenue Exxon) ainsi que la Standard Oil of California (devenue Chevron), sont nationalisées à hauteur de 51 %.

Pour les Occidentaux, le revers est difficile à digérer. D'autant que les nationalisations interviennent au moment de la crise au Moyen-Orient, à la suite de laquelle les pays de l'OPEP décident, en représailles du soutien américain à Israël, d'augmenter unilatéralement de 70 % le prix du baril. De son côté, le colonel Mouammar Kadhafi fait connaître son intention de nationaliser l'ensemble des compagnies pétrolières et menace en outre de stopper toute exportation à destination des États-Unis si ces derniers continuent de soutenir l'État hébreu.

---

[a] Voir Annexe 2.

Alors que les membres de l'organisation se sont entendus pour fixer le prix du brut à 11,65 dollars, Kadhafi décide, lui, de le fixer à 18,76 dollars. Il est suivi par le Nigeria. Les Occidentaux sont choqués. De violentes campagnes de presse sont orchestrées contre la Libye qui s'est révélée être au cœur du plus grand bouleversement jamais survenu dans le secteur pétrolier. « Il était clair que l'impact mondial des mesures libyennes avait affecté l'approvisionnement en brut des sept sœurs... La Libye connaissait sa puissance et savait s'en servir », peut-on lire dans un rapport officiel du gouvernement américain.

Les revenus annuels du pays sont passés de 1 milliard 350 millions de dollars, en 1970, à 2 milliards 223 millions de dollars en 1973. Quant aux réserves de change, elles dépassèrent les 2 milliards de dollars.

Le front du cartel pétrolier achève de s'écrouler en hiver 1974 lorsque le CCR décrète la nationalisation totale (100 %) des avoirs des compagnies qui avaient rejeté l'offre libyenne d'une participation à concurrence de 51 %. Amoseas, Shell, Texaco, Atlantic Richfield ainsi que American Overseas sont nationalisées à hauteur de 100 %. La NOC s'assurait ainsi, en ce moment, la propriété de quelque 62 % de la production pétrolière du pays.

Le 31 mars 1976, le gouvernement libyen nationalise totalement Amoco Libya et transfère ses parts à la NOC. Toutes ces décisions marquent la fin d'une domination des sociétés monopolistiques aux dépens de la Libye. C'est l'hégémonie d'une quarantaine de compagnies pétrolières étrangères qui prend fin. Pour la première fois, le peuple libyen se réapproprie les richesses de son pays. Le revenu annuel qui était de 2 milliards 223 millions de dollars en 1973 passa à près de 6 milliards en 1974, pour atteindre 8,87 milliards de dollars en 1977.

En quelques années, des centaines de milliers de familles libyennes ont ainsi vu leur condition de vie s'améliorer considérablement. Sous le roi Idriss, on l'a dit, la Libye était parmi les pays les plus pauvres de la planète. 94 % de sa population était analphabète ; il y avait un manque criant de personnel qualifié dans plusieurs domaines et un taux de mortalité infantile atteignant les 40 %. La nationalisation des hydrocarbures permet au colonel Kadhafi de financer des politiques sociales généreuses. Par exemple, le plan de développement 1973-75 du gouvernement s'accompagne de la construction de 115 552 unités de logement, 39 cliniques dentaires, 61 maternités, 21 hôpitaux, 102 centres de santé[31]. Le dernier taudis de la région de Tripoli est détruit en mars 1976 à l'occasion d'un grand rassemblement populaire animé par Kadhafi lui-même.

La révolution entreprise par le jeune leader libyen et ses compagnons avait frappé les esprits. « Ceux qui avaient connu la Libye à l'époque de la colonisation ou du protectorat anglo-saxon n'en croyaient pas leurs yeux, observe l'écrivain français Pierre Rossi. Ils s'irritaient d'une liberté recouvrée qu'ils trouvaient anormale ; ils tenaient pour extravagantes les revendications pourtant fort raisonnables d'un régime dont le caractère persuasif et non violent aurait dû séduire ; ils entreprirent des campagnes de presse caricaturant la nouvelle Libye, allant jusqu'à lui faire grief de ne pas boire d'alcool et de ne vouloir parler que sa propre langue. Seul Gamal A. Nasser avait été l'objet d'attaques aussi virulentes que celles qui saluèrent la réussite de Mouammar al-Kadhafi. » Et de poursuivre : « Il y aurait un beau chapitre à écrire sur les méthodes mises au point à l'époque pour tenter de discréditer dans l'opinion européenne tous les chefs arabes qui travaillaient à la libération de leur pays. L'ignorance y donnait la main à la malveillance[32]. »

Les choses auraient peut-être été beaucoup plus simples si le roi Idriss était encore au pouvoir. Mais Armand Hammer, lui, ne désespérait pas pour autant du jeune colonel. « On a dit que c'était un homme féroce, fait-il observer. À mon avis, c'était un mélange d'intelligence curieuse, d'idéalisme, accompagné peut-être d'un certain fanatisme, et c'est surtout un homme qui veut sans aucun doute élever le niveau de vie de son peuple. » On pouvait tout lui reprocher, sauf cela...

Références

[1] Hawaz et Ahmed seront condamnés à la prison à vie ; 21 autres officiers seront également condamnés à des peines allant de trois à trente ans de prison. En appel, les deux principaux inculpés seront condamnés à mort le 17 octobre 1970, mais leur peine est, peu après, commuée en détention perpétuelle. Adam Hawaz mourra en prison tandis que Ahmed Moussa sera libéré, en 1986, après dix-sept années passées derrière les barreaux.

[2] Rossi Pierre, *La verte Libye de Quadhafi*, Hachette, 1979, p. 156.

[3] Bleuchot Hervé, *Chroniques et documents libyens : 1969-1980*, Éditions du CNRS, 1983, p. 26.

[4] Morellato Marion, *Pétrole et corruption. Le dossier Mi. Fo. Biali dans les relations italo-libyennes 1969-1979*, ENS Éditions, 2014, p. 43.

[5] *Ibid.*, p. 42.

[6] Woodward Bob, *CIA : guerres secrètes. 1981-1987*, Stock, 1987.

[7] Kissinger Henry, *Les années orageuses* (T. 2), Fayard, 1982.

[8] Rapporté in Kissinger Henry, *Les années orageuses*, *op.cit.*, p. 1055.

[9] In Tonolli Frédéric, *L'inavouable histoire du pétrole. Le secret des 7 sœurs*, Éditions de La Martinière, 2012, p. 113.

[10] Rapporté par Georgy Guy, *op.cit.*, p. 106.

[11] Bruce St John Roland, *Libya and the United States : Two centuries of strife*, University of Pennsylvania Press, 2002, p. 104.

[12] Hubert Breton, « Le pétrole libyen au service de l'unité arabe ? », in *Revue française de science politique*, 1972, Volume 22 Numéro 6 p. 1266.

[13] Mitchell Timothy, *Carbon Democracy. Le pouvoir politique à l'ère du pétrole*, La Découverte, 2013, p. 198.

[14] Kissinger Henry, *Les années orageuses*, *op.*cit.

[15] Rapporté par Laurent Éric, *op.cit*, pp. 125-126.

[16] In Bravin Hélène, *Kadhafi, vie et mort d'un dictateur*, François Bourin Éditeur, 2012, p. 51.

[17] Cité par Jacques de Launay & Jean-Michel Chartier, *Histoire secrète du pétrole*, Presse de la cité, 1985, p. 145.

[18] Hubert Breton, *op.cit.*

[19] Auzanneau Matthieu, *Or noir : La grande histoire du pétrole*, La Découverte, 2015, p. 339.

[20] L'histoire secrète du pétrole, documentaire en huit épisodes diffusé sur TFI qu'on peut aussi trouver sur Youtube.

[21] Jacques de Launay & Jean-Michel Chartier, *op.cit.*, p. 148.

[22] Hubert Breton, *op.cit.*, p. 1264.

[23] Otayek René, *La politique africaine de la Libye*, Karthala, 1986, p. 16.

[24] Rossi Pierre, *La verte Libye de Quadhafi*, *op.cit.*, p. 160.

[25] Bravin Hélène, *op.cit.*, p. 55.

[26] Cooley K. John, *Kadhafi, vent du sable sur la Libye*, Robert Laffont, 1982, p. 80.

[27] Patrick Seale & Maureen McConville, *The Hilton Assignment*, Maurice Temple Smith Ltd, 1973.

[28] Cité par Roumiana Ougartchinska & Rosario Priore, *op.cit.*, pp. 59-60.

[29] *Ibid.*

[30] Dorril Stephen, *MI6. Fifty years of special operations*, Fourth Estate ; New edition edition, 2001, p.736.

[31] Omar El Fathaly & Monte Palmer, *Political development and social change in Libya*, Lexington books, 1980, cité par Luis Martinez, *Violence de la rente pétrolière (Algérie-Irak-Libye)*, Presses de la Fondation nationale des Sciences politiques, 2010, p. 41.

[32] Rossi Pierre, *op.cit.*, p. 173.

– V –
OFFENSIVES TOUS AZIMUTS

> *« C'est un grand avantage dans les affaires de la vie que de savoir prendre l'offensive : l'homme attaqué transige toujours. »*
> **Benjamin Constant**

La nationalisation du secteur des hydrocarbures a apporté au colonel Mouammar Kadhafi la manne financière nécessaire à la réalisation de ses ambitions politiques sur l'échiquier international. Anti-impérialiste notoire, le leader libyen est obsédé par la cause palestinienne et en a fait la priorité des priorités. « Mon plus grand rêve, dira-t-il, est de voir un jour une Palestine libre, souveraine et indépendante. Aussi longtemps que cet objectif ne sera pas atteint, la Libye — et avec elle toute la nation arabe — ne pourra se considérer ni souveraine, ni indépendante ». Et d'ajouter : « Notre révolution a été engendrée avant tout par la trahison de la cause arabe et palestinienne par l'ex-roi Idriss ».

Pour le colonel Kadhafi, la lutte contre l'impérialisme et le sionisme[a] passe inéluctablement par l'unité des pays arabes, que son idole, Gamal Abdel Nasser n'a eu de cesse d'appeler de tous ses vœux, avant de jeter l'éponge après l'échec, en 1961, de la République arabe unie (RAU) issue de la fusion entre l'Égypte et la Syrie, en 1958. Si le raïs égyptien, vieux et affaibli par la maladie, ne croit plus vraiment à une fusion des États arabes, Kadhafi, lui, y croit avec une foi inébranlable.

---

[a] Mouammar Kadhafi a toujours dissocié les sionistes de l'ensemble de la population israélienne.

Trois mois seulement après son arrivée au pouvoir, le 27 décembre, la Libye signe avec l'Égypte de Nasser et le Soudan du général Gaafar Mohammed Nimeiry un projet de fédération dit « la charte de Tripoli » ; une sorte d'« alliance révolutionnaire dont le but est de déjouer les intrigues impérialistes et sionistes ». L'annonce de la mort de Nasser, le 28 septembre 1970, affecte profondément Kadhafi, mais ne ralentit pas sa détermination à poursuivre le processus unitaire. Le général Hafez el-Assad, qui prend le pouvoir en Syrie en novembre, adhère au projet, et le 17 avril 1971 est proclamée, à Benghazi, l'Union des Républiques Arabes (URA), regroupant l'Égypte, la Libye et la Syrie. Le Soudan a été tenu à l'écart en raison de sa situation politique intérieure, mais ses partenaires de l'URA ne lui ménagent pas leur soutien afin de l'aider à faire face à une tentative de déstabilisation orchestrée par les forces d'opposition armées dirigées par les communistes soudanais. Ces derniers tentent en effet de renverser Nimeiry, lequel est confronté au même moment à la révolte Anya-Na qui embrase le sud du pays. Le colonel Kadhafi n'a pas hésité à forcer un avion britannique transportant les leaders du parti communiste soudanais à atterrir en Libye, avant de les livrer — avec leur secrétaire général Abdelhalek Mahjoub et ses compagnons qui avaient commis l'imprudence de se réfugier en Libye — à son homologue soudanais.

En dépit du soutien apporté par la Libye au général Nimeiry, le Soudan se désengage tout de même du projet d'union. Kadhafi est déçu. Les rapports entre les deux pays se dégradent considérablement lorsque le Soudan interdit le survol de son territoire à des avions libyens transportant clandestinement du matériel militaire destiné au général Idi Amin Dada d'Ouganda, dont le régime est menacé par une rébellion soutenue par la Tanzanie et Israël. D'autre part, le projet de fusion avec l'Égypte bat de l'aile depuis l'arrivée au pouvoir d'Anouar el-Sadat. Le successeur de Nasser hésite en effet à s'engouffrer dans un tel processus. Kadhafi perçoit les réticences de son homologue égyptien, mais ne se décourage pas. Il tente même de faire un peu du forcing. Sadate, soumis à une forte pression intérieure, se montre ouvert à l'union, mais n'y donne aucune suite.

Puis contre toute attente, le nouveau raïs égyptien annonce au colonel Kadhafi la fusion totale de son pays avec la Libye. La Syrie n'est plus mentionnée. Le 2 août, les deux chefs d'État s'entendent pour « créer un État unifié et établir un commandement politique unifié afin de réaliser par étapes la fusion des deux pays, le 1er septembre 1973 », en hommage à la Révolution libyenne. Kadhafi, l'héritier de Nasser, sent enfin l'espoir renaître...

Cette nouvelle union coïncide avec la détérioration des relations entre l'Égypte et l'Union soviétique. Encouragé par un Kadhafi se présentant comme l'ennemi juré du marxisme athée, Sadate a procédé à l'expulsion de vingt mille conseillers militaires soviétiques d'Égypte et plus tard, à la mi-mars 1976, il fera abroger par l'Assemblée populaire égyptienne le traité d'amitié soviéto-égyptien du 27 mai 1971, le qualifiant du reste de « torchon de papier sans signification ». Profitant donc de l'opportunité offerte par le départ des Soviétiques, le colonel Kadhafi se proposa de remplacer une partie de l'armement russe de l'armée égyptienne par du matériel libyen acheté à la France à la fin des années 60.

C'est en effet en décembre 1969, soit moins de quatre-vingt-dix jours après le putsch du CCR, que la France signe un contrat d'armement de plusieurs centaines de millions de dollars avec la Libye. Ce *deal*, qui permit à l'Hexagone de s'implanter solidement sur le marché arabe, faisait suite à l'annulation par le pouvoir révolutionnaire d'un contrat de 130 millions de livres signé par le roi Idriss avec la Grande-Bretagne, en 1968, pour l'acquisition par la Libye d'avions Lightning, de missiles Rapier ainsi que des radars[1]...

Censée demeurer « confidentielle », l'information entourant le contrat franco-libyen filtre rapidement dans les médias à cause ou grâce (c'est selon) au Mossad. C'est la consternation ! Embarrassée par ces fuites et face au tollé qu'elles suscitent en

Israël et dans les milieux sionistes aux États-Unis, la France est obligée de prendre les devants en annonçant, le 9 janvier 1970, la vente de cinquante avions Mirage, le nec plus ultra de la technologie militaire française, à la Libye. Mais le contrat présenté n'est pas tout à fait fidèle à son contenu réel. D'abord, l'entente concernait une centaine de Mirage, 110 au total, au lieu des 50 annoncés. Ensuite, le contrat contenait également la vente d'hélicoptères, des missiles air-air Matra 550 et de défense anti-aérienne Cobra, ainsi que des bombes Matra et des radars de surveillance aérienne.

Jamais une vente d'armes françaises n'avait autant soulevé la polémique et les passions. Même le gouvernement du premier ministre Jacques Chaban-Delmas était divisé sur l'opportunité de conclure cette entente avec les Libyens. Si aux États-Unis, on se montre inquiet, côté israélien, les réactions sont très virulentes. On crie à la trahison. Certains observateurs ne manquent d'ailleurs pas de souligner que le Mossad a orchestré les fuites dans la presse afin de forcer les États-Unis à soutenir, par réaction, le gouvernement israélien[2]. Lequel gouvernement reproche à la France de vendre des avions de combat à un pouvoir belliqueux et farouchement opposé à l'État hébreu, alors qu'elle maintient toujours l'embargo sur les ventes d'armes à Tel-Aviv décidé, en juin 1967, par le général Charles de Gaulle après le déclenchement par Israël de la guerre de Six jours.

Lors d'une conférence de presse à Washington, le porte-parole du département d'État déplore cette affaire qui « risque de troubler l'équilibre militaire au Proche-Orient ». En fait, Washington et Tel-Aviv soupçonnent la Libye, qui se prépare à fusionner avec l'Égypte, de vouloir céder une partie de ses Mirage à sa voisine de l'Est, qui continue de ruminer sa revanche contre Israël après sa défaite durant la guerre des Six Jours. Certains analystes affirment même que le contrat des 110 Mirage aurait été négocié en présence d'observateurs du Caire munis de passeports libyens en bonne et due forme[3]. Ce qui semble en tout cas certain, c'est que certains pilotes formés par les Français dans le cadre d'une assistance technique prévue dans le contrat franco-libyen étaient Égyptiens et non Libyens.

À Paris, on savait tout cela, mais on préféra jouer les innocents. De toute façon, la franchise ne paie pas dans ce genre de *deal*. L'Élysée fait savoir à la Maison Blanche que le contrat avec la Libye sera annulé si les avions sont utilisés contre Israël. À Richard Nixon, qui s'inquiète de voir les Mirage se retrouver entre les mains des Égyptiens, le président Georges Pompidou répond avec une fausse candeur qu'il aurait bien voulu vendre moins d'avions à la Libye...

La mort de Nasser et l'arrivée d'Anouar el-Sadate, qui a pris l'engagement de fusionner son pays avec la Libye, en plus de préparer dans le plus grand secret la guerre contre Israël, n'atténuent pas l'inquiétude des Américains et de leurs alliés israéliens. Pourtant, en dépit des apparences, les divergences entre Kadhafi et Sadate sont multiples. Une accumulation progressive de désaccords plus ou moins importants va conduire l'Égyptien à ajourner la fusion entre les deux pays programmée pour le 1er septembre 1973, lui fixant comme échéance, le 1er septembre 1974, date retenue pour un référendum sur la constitution de l'État fédéral.

Mais Mouammar Kadhafi n'entend pas faire perdurer le processus unitaire. Il mobilise vingt mille de ses concitoyens et lance une « marche de l'unité » sur Le Caire, afin de faire fléchir Sadate ; il déclare dans la foulée que « la fusion avec l'Égypte est inévitable, fût-ce au prix d'une guerre civile ». Il ajoute qu'il faut une « révolution du peuple » pour en finir avec « la corruption, la bureaucratie et le favoritisme qui règnent aujourd'hui en Égypte[4] ». Sadate n'apprécie pas cette sortie inopportune, mais accuse le coup, histoire de sauver les apparences.

Le déclenchement de la guerre contre Israël par l'Égypte et la Syrie lors de la fête juive du Yom Kippour, le 6 octobre 1973, va définitivement sceller le sort du projet fusionniste entre les deux pays. En dépit du soutien militaire, financier et diplomatique que la Libye apporte à l'Égypte dans cette bataille, Kadhafi est furieux de n'avoir pas été consulté ni associé par Sadate aux préparatifs de la guerre, alors que le roi Fayçal d'Arabie saoudite, Hafez el-Assad, ainsi que tous ses conseillers de haut rang avaient été informés dès le mois de juin.

Le Libyen se montre très critique à l'égard de la conduite des opérations militaires ainsi que de leurs objectifs. Dans les capitales arabes, certains soupçonnent el-Sadate de jouer un jeu trouble, en sacrifiant la cause arabe sur l'autel d'inavouables conciliabules égypto-israélo-américaines[5]. Comble de la rage, le président égyptien accepte d'entamer officiellement des négociations avec les Américains et les Israéliens. C'est le début d'une longue marche vers la paix avec l'État hébreu sous la houlette de Henry Kissinger et de Herman Eilts, l'ambassadeur des États-Unis au Caire, pour lequel Kadhafi voue une haine démesurée, au point de vouloir attenter à sa vie.

En s'alignant sur les États-Unis tout en pratiquant une politique de conciliation vis-à-vis d'Israël, Anouar el-Sadate montre sans équivoque qu'il n'entend pas sacrifier les intérêts de son pays sur l'autel du panarabisme et de la cause palestinienne. Le colonel Kadhafi, vexé, est ivre de colère. L'animosité entre les deux hommes est telle que de part et d'autre on fomente des complots pour renverser le voisin. Sadate offre publiquement son hospitalité aux adversaires de Kadhafi qui ont demandé asile en Égypte. Les tensions s'accumulent au point de culminer en un conflit armé éclair entre les deux pays, à leur frontière commune, le 21 juillet 1977. Les combats d'une rare intensité font des centaines de victimes de part et d'autre. Un cessez-le-feu est finalement décrété, le 24, grâce à la médiation du président algérien Houari Boumediene et du leader de l'OLP (Organisation de Libération de la Palestine) Yasser Arafat.

La fin des hostilités et la tentative de réconciliation qui s'en est suivie ne réussiront pas cependant à cicatriser les blessures entre les deux dirigeants. La tension augmente d'un cran lorsque Sadate se rend en Israël et donne un discours à la Knesset, le 20 novembre. Sur conseil du ministre israélien des Affaires étrangères, Moshe Dayan, le raïs égyptien n'évoque pas une seule fois l'OLP dans son discours devant le Parlement israélien. « Ce jour-là, Sadate renonça à la Palestine », devait confier Arafat[6].

Furieux, le colonel Kadhafi convoque à Tripoli un sommet arabe regroupant tous les pays hostiles à l'initiative de Sadate : Syrie, Algérie, Irak et République démocratique du Yémen sont représentés par un délégué. Sept sièges sont réservés à l'OLP : un pour Yasser Arafat et les six restants pour les leaders des autres organisations palestiniennes. Le sommet donne naissance à un front de fermeté et de résistance invitant à boycotter l'Égypte et à rompre les liens diplomatiques avec elle. Le siège de la Ligue arabe est transféré à Tunis[7]...

La rupture est totalement consommée après la signature des accords de paix de Camp David entre le président égyptien et le premier ministre israélien Menahem Begin sous l'égide de Jimmy Carter, le 17 septembre 1978. Une forte opposition aux accords se manifeste en Israël, mais aussi dans le monde arabe. « Sadate a poignardé le peuple palestinien », déclare Arafat au *Guardian*. Le colonel Kadhafi rompt les relations diplomatiques avec l'Égypte, qualifie Sadate de « traître » que le peuple égyptien doit renverser, et par l'intermédiaire de Mona, l'une des filles de Nasser, il fait savoir que si Sadate ne renonce pas à ces accords, il se verra contraint de le faire assassiner[8]. Le raïs égyptien, de son côté, ne reste pas non plus bras croisés; il s'emploie, lui aussi, à comploter avec les services secrets français et américains pour se débarrasser de son meilleur ennemi libyen[a]...

Le 6 octobre 1981, Anouar el-Sadate est assassiné durant une parade militaire par des intégristes musulmans. Kadhafi jubile ; le « traître » est mort. Quant à l'URA, elle continuera d'exister sur papier jusqu'à sa dissolution officielle en 1984...

Après l'échec de la fusion avec l'Égypte, Kadhafi, toujours obnubilé par son projet d'union panarabique, se lance corps et

---

[a] Voir chapitre suivant.

âme dans des tentatives d'union avec d'autres nations arabes. Il tentera de le faire, sans succès, avec la Tunisie[9], l'Algérie ainsi que le Maroc, même si ce dernier pays n'a pas de frontière commune avec la Libye. Au total, pas moins de huit tentatives unitaires libyennes inspirées par le colonel Kadhafi dans le monde arabe se sont soldées par un échec. Bien souvent pour des raisons politiques liées entre autres aux particularismes nationaux des États et aux conflits opposant les dirigeants arabes entre eux...

Les revers et affronts subis ont fini par convaincre le jeune colonel libyen que rien de sérieux ne pouvait être entrepris avec l'ancienne génération des dirigeants arabes. Il se désintéresse quelque peu du monde arabe sans vraiment l'abandonner, donnant la priorité aux relations avec l'Afrique noire. Cette réorientation de la politique étrangère libyenne reste toutefois placée sous le signe d'une incontestable continuité symbolique. Ce que vise le colonel Kadhafi, c'est une sorte d'«unité arabo-africaine» appelée à se forger et se renforcer dans «la lutte commune contre l'impérialisme, le néocolonialisme et le sionisme[10].»

La politique africaine de Mouammar Kadhafi au sud du Sahara va donc s'articuler autour de ce facteur. La lutte contre l'influence israélienne dans cette partie du continent noir va occuper une place tout à fait particulière. Parce qu'en ce début des années 1970, une vingtaine d'États d'Afrique subsaharienne sont liés par des accords de coopération avec Tel-Aviv qui, en outre, dispose sur le continent de quelque 2800 experts civils et militaires représentant 60 % de l'effectif total des coopérants israéliens présents dans les pays du sud. Ces agents israéliens mènent également sur le sol africain des activités pour le compte de la CIA qui a versé depuis le début des années 1960 des dizaines de millions de dollars à l'État hébreu afin de lui permettre de «pénétrer les organisations culturelles, politiques, économiques et militaires des nouveaux États indépendants d'Afrique noire et d'agir selon les intérêts de l'Ouest, dans un objectif de lutte anti-communiste[11].»

Dès janvier 1971, la Libye révolutionnaire affiche sa volonté de démanteler les amitiés africaines de l'État hébreu. Dans cette perspective, des accords diplomatiques et de coopération économique sont établis avec une trentaine d'États situés au sud du Sahara contre seulement sept avant 1970. Les «amis subsahariens» de la Libye sont sommés de mettre fin à leurs relations avec Israël. La plupart d'entre eux, irrités par l'intransigeance israélienne dans le conflit au Proche-Orient, s'exécutent. Les ruptures en cascades interviennent entre la fin 1972 et la fin 1973. À la fin 1974, la marginalisation de l'influence israélienne en Afrique subsaharienne est quasi-totale, même si, faut-il le préciser, une discrète présence israélienne subsiste dans certains pays. Parallèlement, les liens et les déclarations de soutien à l'OLP se multiplient.

Mouammar Kadhafi bombe le torse en affirmant que son pays a réalisé en quelques mois ce que tous les pays arabes réunis n'ont pu faire en vingt ans.

L'offensive libyenne au sud du Sahara va s'accompagner d'une politique de propagation de l'Islam qui ne dit pas son nom. Les pétrodollars autorisent tous les excès, y compris une assistance culturelle au bénéfice de l'islamisation et de l'arabisation. Le christianisme, la laïcité ainsi que la franc-maçonnerie sont perçus comme des «courroies de transmission» et des ferments du néocolonialisme. Lors du congrès du mouvement de la jeunesse africaine organisé à Benghazi, le 23 mars 1974, Mouammar Kadhafi dénonce le colonialisme occidental et oriental et appelle l'Afrique «à se débarrasser du christianisme afin que l'homme africain retrouve son authenticité». «Le christianisme a été un élément du colonialisme pour anéantir la personnalité africaine», dit-il. «Une religion aussi digne d'admiration a été utilisée pour obtenir l'anéantissement de l'homme africain[12]»...

Pour Kadhafi, la Bible est loin d'être la parole originelle de Dieu. Les Écritures saintes ont été, selon lui, manipulées, falsifiées afin d'obéir à certains idéaux des hommes ; ce qui n'est pas le cas du Coran transmis tel qu'il a été révélé par Dieu au prophète Mahomet. Selon René Otayek[13], l'un des meilleurs spécialistes de la Libye, « le discours islamique libyen emprunte l'essentiel de ses thèmes à l'idéologie nassérienne : combinaison d'arguments religieux et culturels et d'accents socialisants et anti-impérialistes ». Une sorte de « théologie de libération » fondée sur le Coran. L'Islam libyen se veut en outre le garant de l'authenticité africaine face aux influences idéologiques étrangères d'inspiration occidentale ou communiste. Opposé à « l'Islam d'Amérique prôné par l'Arabie saoudite », il est, pour reprendre l'expression du numéro deux libyen, le commandant Jalloud, « révolution permanente ».

Ainsi, la Libye révolutionnaire finance sans compter dans plusieurs pays du sud du Sahara la construction d'écoles d'étude islamique et arabe, de lieux de culte (Mosquées), distribue le Coran et des bourses d'études, subventionne des pèlerinages à Benghazi, qui accueille des boursiers destinés à revenir dans leurs pays comme arabisants[14]. Certains parlent même de l'existence d'une « légion islamique » qui serait non seulement le bras armé de l'interventionnisme kadhafien dans les pays du Sahel, mais aussi un vecteur de diffusion non négligeable de l'influence arabo-musulmane.

Tout le monde, tant s'en faut, ne voit pas ce prosélytisme d'un bon œil. Certains chefs d'État d'obédience chrétienne et/ou animiste voient dans cette stratégie le retour en force d'anciens négriers, mais sont impuissants à l'endiguer…

• • •

Pendant ce temps les choses se bousculent à l'interne. Après avoir lancé, dès 1973, sa « révolution culturelle » dans les écoles, les entreprises et les institutions publiques, et élaboré sa « Troisième théorie universelle » étayée dans son petit *Livre vert* — inspiré du *petit livre rouge* de Mao Zedong — dans lequel il rejette aussi bien le capitalisme exploiteur que le marxisme totalitaire, et déclare que les élections dans les démocraties bourgeoises occidentales sont une mascarade, Kadhafi proclame, en mars

1977, l'État des masses, qui se veut une forme de démocratie participative et directe, dans laquelle le peuple tout entier gouverne par le biais de « comités populaires » et de congrès. Le poste de président est aboli, tandis que le gouvernement et le parlement sont dissous pour être remplacés par un « comité populaire général ». Des « comités révolutionnaires » (CR) sont institués, avec pour mission de dynamiser les activités des « comités populaires » et défendre la révolution. Omniprésents dans tous les secteurs d'activité du pays, y compris les universités, l'armée et les services de sécurité, ils ont une fonction de contrôle idéologique du type de celle des Gardes rouges chinois ou des Gardiens de la Révolution iranienne[15].

Quant au colonel Kadhafi, il s'est déchargé de ses fonctions officielles pour embrasser le titre de « Guide la Révolution », une sorte d'autorité morale.

Désormais, le pays ne s'appellera plus la République arabe libyenne, mais bien la « Jamahiriya arabe libyenne populaire et socialiste » (JALPS). Le drapeau vert de l'Islam, sans aucune inscription, remplace l'emblème rouge, noir et vert de la royauté. Les ambassades sont rebaptisées « Bureaux du peuple » ou « Bureaux populaires » (BP), au sein desquels sont créées des structures ayant pour mission d'accompagner « la révolution islamique » et de « soutenir les pays en lutte contre l'impérialisme occidental ». L'immense richesse pétrolière du pays donne au Guide les moyens de financer toutes les causes...

C'est au cours de cette même année [1977] inaugurant le système Jamahiriyien que l'on commença à évoquer en Libye l'existence des centres spécialisés dans la torture. Pour la première fois depuis le départ des derniers colons italiens, il y a 23 ans, on procède à des exécutions sommaires. Le 7 avril, trois étudiants sont pendus publiquement après de nouvelles manifestations à l'université de Benghazi. Des scènes similaires sont signalées ici et là. Des bruits circulent à l'effet que toute personne remettant en question le nouveau modèle subira la colère des redoutables comités révolutionnaires mis en place par le colonel. Intox ou pas, une chose est certaine, le socialisme kadhafien est en marche...

Entre-temps, les rapports avec certains compagnons du CCR s'enveniment. Ceux-ci reprochent à Kadhafi son autoritarisme, mais ce dernier est disposé à n'entendre aucune voix dissidente. L'échec de différentes tentatives de fusion et des interventions extérieures sans consultation préalable des autres membres du CCR n'a fait qu'aggraver les tensions au sein de l'organe décisionnel libyen. Des rumeurs de tentatives de putsch n'ont pas été rares. La méfiance est à son paroxysme, le CCR s'effrite. Si certains membres du Conseil ont songé à faire un coup d'État, d'autres en revanche ont pris leurs distances, quitte à quitter le bateau...

Sur le plan international, la Libye renoue avec l'Italie, puissance colonisatrice, après la période de turbulence ayant suivi l'arrivée de Kadhafi et de ses compagnons au pouvoir. Les relations économiques entre les deux pays sont florissantes. Avec la France, les relations sont demeurées au beau fixe. En novembre 1973, l'Hexagone déroule le tapis rouge au colonel Kadhafi et deux ans et demi plus tard, en mars 1976, c'est Jacques Chirac, alors premier ministre, qui se déplace en Libye et signe trois accords de coopération en matière économique, culturelle et scientifique. Petit détail non sans importance : la chambre de commerce franco-libyenne créée en 1971 est la plus ancienne chambre de commerce créée avec un pays arabe. C'est donc l'idylle parfaite entre Tripoli et Paris. Seule inquiétude côté français : les prétentions de Kadhafi, qui rêvait déjà à l'époque de fabriquer la bombe atomique, sur l'uranium du Niger, considéré par Paris comme sa chasse gardée naturelle.

Le colonel libyen exerçait en effet des pressions sur le président Hamani Diori du Niger pour obtenir des livraisons d'uranium de la région de l'Aïr, au nord de la ville d'Agadès, possédant une des plus importantes réserves d'uranium au monde, et où la Française Areva, deuxième producteur mondial d'uranium présent dans le pays depuis l'indépendance, s'approvisionne à hauteur de 40 % et jouit d'une situation de quasi monopole. Harcelé et très inquiet, Diori s'était alors tourné vers la France pour tenter de trouver une parade aux pressions libyennes. Jugeant l'affaire « grave », Pompidou va demander à Jacques Foccart, l'influent « Monsieur Afrique » du général de Gaulle, mais aussi de lui-même Pompidou et plus tard de Jacques Chirac, de « surveiller les Libyens », mais aussi de se « méfier des Américains » qui guettaient, eux aussi, ce précieux minerai. Du reste, les relations franco-libyennes sont demeurées un fleuve tranquille. Les contrats d'armement et la coopération économique se sont même renforcés. En 1977, 10 % des importations libyennes provenaient de la France. « Les ventes d'armes françaises augmentaient de façon exponentielle grâce à Kadhafi » s'enthousiasme encore à ce jour Éric Desmarest, à l'époque des faits fonctionnaire en charge des affaires d'armement au Quai d'Orsay[16].

Le colonel libyen jouait du différend qui opposait alors, en Afrique et dans l'OTAN, la France à ses partenaires anglais et américains; et à Paris, on semblait en tout cas heureux de profiter de la marginalisation des Anglo-Saxons dans la région et de l'hostilité que suscite le communisme, particulièrement en Libye, à cette époque, pour attirer le pays dans la zone d'influence française. La Grande-Bretagne, qui avait perdu pied en Libye — on peut penser à l'annulation des contrats d'armement signés avec Londres et la fermeture de la base militaire d'El-Adem — après la révolution du 1er septembre, faisait tout son possible pour renouer avec le colonel Kadhafi, malgré le soutien apporté par celui-ci à l'Armée républicaine irlandaise (IRA).

Dans un message personnel adressé au colonel Kadhafi, le premier ministre Harold Wilson fera savoir que son gouvernement est prêt à payer 14 millions de livres sterling (l'équivalent de 500 millions de livres actuelles) à la Libye en échange de la fin de son soutien matériel à l'IRA[a]. Cette offre faisait

---

[a] Voir Annexe 3.

partie d'un ensemble plus vaste de mesures de compensations visant à permettre l'ouverture de la Libye au commerce britannique dans les années 70[17]. Mais il semble que les négociations avaient échoué...

Avec les États-Unis, les relations ne sont ni chaleureuses ni froides. Richard Nixon, comme mentionné, ne désespère pas d'utiliser l'anticommunisme de Kadhafi au service de sa politique au Proche-Orient. Au sein de l'administration américaine, le mot d'ordre est sans ambiguïté : ne pas contrarier le colonel Kadhafi afin de préserver les intérêts des États-Unis en Libye. Cette attitude conciliante est vivement encouragée par l'ambassadeur américain à Tripoli, Joseph Palmer. Celui-ci ne cesse en effet d'expédier au département d'État des rapports favorables à Mouammar Kadhafi qu'il qualifie de « nationaliste fervent » et de « musulman sincère et pieux », dont « l'antisoviétisme naturel » ne doit en rien être contrarié par quelque action maladroite que ce soit[18].

M. Palmer comptait faire des nouveaux maîtres de Libye les « clients » de Washington à l'image de ce qui était fait avec les juntes militaires d'Amérique latine. Mais il ne tardera pas à déchanter. Abdessalam Jalloud, le numéro deux du CCR, lui fera comprendre que les États-Unis ne pouvaient espérer entretenir de bonnes relations avec la Libye aussi longtemps qu'ils continueront à soutenir de façon aussi déterminante l'État d'Israël. Joignant l'acte à la parole, ordre fut donné aux officiels libyens d'éviter tout contact avec l'ambassade des États-Unis. Isolé et profondément déçu, Joseph Palmer demanda à être rappelé à Washington en 1972. Après son départ, aucun ambassadeur américain ne sera accrédité à Tripoli[19]...

En dépit de cet incident, les Américains ne modifieront pas vraiment la perception qu'ils se font de Kadhafi. Ses rodomontades et sa critique de l'impérialisme et d'Israël apparaissaient aux yeux de plusieurs à Washington comme le symptôme d'un dérangement mental ou d'un narcissisme juvénile, et ne provoquaient en général que des haussements d'épaules. Le leitmotiv à la Maison Blanche, au département d'État, au Pentagone et à la CIA était toujours de ne rien faire qui puisse contrarier le colonel, même si l'idée de le renverser a germé dans l'esprit de certains à Washington[20]. L'essentiel était de préserver les immenses intérêts pétroliers de l'Empire en Libye[21], l'antisoviétisme de Kadhafi faisant le reste...

C'est toutefois à partir de 1973 que les rapports entre les États-Unis et la Libye commencent à se corser. Sous la pression d'Israël, les Américains bloquent la livraison de huit Hercules C130 commandés et payés par la Libye, en brandissant l'*Arms Export Control Act*, qui en interdit l'exportation. Kadhafi, qui ressent cela comme un déni de justice à l'endroit de son pays, tentera le tout pour le tout pour récupérer son dû, mais sans succès. La dégradation des relations avec l'Égypte et le rapprochement de cette dernière avec les États-Unis amènent la Libye à reconsidérer sa position à l'égard de l'URSS, qui était jusque-là regardée avec une extrême méfiance.

En mai 1974, le commandant Jalloud effectue une visite de travail à Moscou, à l'issue de laquelle un important contrat portant sur la livraison de matériel militaire ultra-sophistiqué à la Libye est signé. L'année suivante, c'est le premier ministre soviétique, Alexeï Kossyguine, qui se rend à Tripoli. En l'espace d'une année, cet adversaire tant vilipendé qu'est l'URSS va devenir le principal fournisseur d'armes à la Libye, qui va progressivement devenir l'un des premiers importateurs d'armes au monde.

Pour les Soviétiques qui viennent de perdre une alliée importante que fut l'Égypte, le rapprochement avec Tripoli est une aubaine aussi bien au niveau des facilités navales que celui des ressources financières à engranger. Tandis que pour les Libyens, ce rapprochement se fait explicitement au nom de la lutte contre Israël et de la nécessité de conférer à l'*Oumma*[a] les moyens militaires nécessaires au règlement de l'épineux pro-

---

[a] Désigne la grande nation des musulmans au-delà du pays où ils vivent et de la parcellisation des pouvoirs politiques qui les gouvernent.

blème palestinien ; ceci sans s'aliéner leur indépendance politique et économique[22]...

Les relations entre l'URSS et la Libye vont ainsi considérablement se renforcer. En 1979, les deux pays signent un accord secret en matière de renseignement et de sécurité ; un officier de liaison russe du 20e département est appointé à l'ambassade de Tripoli. Le KGB[a], assura l'entraînement d'officiers de renseignement libyens à l'Institut Andropov de Moscou, prodigua des conseils sur la sécurité et la surveillance en Libye, communiqua des renseignements sur les activités américaines à l'Est de la Méditerranée. En contrepartie, la Libye fournissait aux Soviétiques des renseignements sur l'Égypte, Israël ainsi que les pays du Maghreb, et aidait le KGB dans ses opérations contre les représentations diplomatiques occidentales à Tripoli[23].

Pour exercer plus de pression sur Kadhafi, Washington retarde la vente à la Libye d'un système de défense aérienne d'une valeur de 200 millions de dollars et annonce, fin août 1975, que la formation des militaires libyens aux États-Unis est désormais interdite. Ce qui n'empêchera pas Tripoli de faire ses emplettes ailleurs...

Année après année, les Libyens collectionnent toutes sortes d'armements et de gadgets. Kadhafi « collectionnait des armes comme des enfants collectionnent les timbres, jusqu'à ce que les achats d'armes deviennent une charge même pour l'économie libyenne, malgré ses ressources pétrolières » peut-on lire dans un rapport du KGB. Des chars neufs de fabrication soviétique dormaient, inutilisés, dans des hangars à Tripoli ; des avions de combat restaient la plupart du temps sous des bâches, faute de pilotes pour les faire voler et des techniciens pour les entretenir[24].

Près de 50 % de revenus pétroliers auraient ainsi été consacrés annuellement à l'achat d'armes. Les Libyens importent

---

[a] Le Comité pour la Sécurité de l'État est le principal service de renseignement de l'URSS post-stalinienne.

entre 1971 et 1980 près de 40 % des armes vendues en Afrique, pour une population inférieure à un centième de l'ensemble du continent[25]. Après l'URSS, leurs principaux fournisseurs d'armes sont par ordre d'importance l'Italie, la France, les deux Allemagnes (Est et Ouest), la Tchécoslovaquie, la Pologne, la Turquie et l'Espagne.

Cette politique de surarmement mal contrôlé ira de pair avec l'intensification du soutien accordé aux mouvements révolutionnaires et indépendantistes considérés par les puissances occidentales comme terroristes, et dont Kadhafi s'est fait le banquier, sinon le parrain depuis le début des années 1970. Devant des journalistes venus l'interviewer à Tripoli, le Guide n'hésite pas à se définir comme « un opposant à l'échelon mondial ».

Au nom de la lutte contre l'impérialisme et son corollaire le sionisme, le maître de Tripoli a ou aurait fourni un appui financier et logistique à de nombreux groupes aux quatre coins de la planète. Entre autres les Aborigènes d'Australie, les indépendantistes basques de l'ETA et de l'IRA, les nationalistes révolutionnaires de l'extrême droite française à l'exemple des gens de Nouvelle Résistance autour de Christian Bouchet, la Fraction Armée rouge, l'Armée rouge japonaise, l'ASALA d'Arménie, les Moros des Philippines, la Nation of Islam, le Black Panther Party, la quasi-totalité des organisations [pro]palestiniennes (OLP, FPLG...), le célèbre « terroriste » Illich Ramirez Sanchez dit « Carlos »[26]... Les services de renseignement occidentaux ont l'impression d'apercevoir la main du colonel libyen derrière chaque « coup » monté par ces mouvements ou individus...

Kadhafi s'immisce dans la guerre du Liban en finançant diverses factions pro-palestiniennes, et dans la guerre du Sahara occidental, durant laquelle il soutient le Front Polisario contre le Maroc. On le voit un peu partout. Dans les aéroports ou autres endroits publics, où « ses » hommes de main déposeraient des bombes ou des valises piégées. Ou au Tchad, où il profite des rivalités inter-tchadiennes pour annexer de facto la bande d'Aouzou, estimant que cette zone de 160 kilomètres de large, à la frontière entre le Tchad et la Libye, appartient historiquement à la Libye. Ou encore dans la Corne de l'Afrique, où il soutient la Somalie de Siad Barré et les nationalistes érythréens en guerre contre l'Éthiopie impériale, qui, de par son histoire, est considérée comme une « tête de pont » d'Israël au sud du Sahara. Kadhafi exigera même que le siège de l'OUA soit déplacé d'Addis-Abeba au Caire...

En Afrique australe, la Libye de Kadhafi s'oppose au colonialisme portugais, en soutenant les mouvements de libération nationale de l'Angola (MPLA), du Mozambique (FRELIMO) et de la Guinée Bissau. Elle participe activement à la lutte contre l'Angleterre en appuyant financièrement et militairement la Zimbabwean African National Union-Patriotic Front (ZANU-PF), dont certains combattants reçoivent une formation en Libye ; elle se fait également le fer de lance de la croisade continentale contre l'Apartheid en Afrique du Sud, fournissant aide financière et soutien militaire au Congrès national africain (ANC) de Nelson Mandela — ce n'est d'ailleurs pas un hasard si la Libye a été le premier pays au monde à être visité par Nelson Mandela après sa sortie de prison, en 1994 — et à la SWAPO[a], qui luttent contre le régime ségrégationniste de Pretoria. Dès 1972, la Libye avait interdit le survol de son territoire à tous les avions se rendant en Afrique du Sud.

En février 1978, le colonel Kadhafi annonce au cours d'une réunion du comité ministériel de l'OUA (Organisation de l'Unité Africaine), la création d'une commission militaire multilatérale chargée d'intensifier la lutte armée contre les bastions du pouvoir minoritaire blanc. Quelques années plus tard, en 1985, Tripoli accueille la première conférence africaine sur l'Apartheid...

---

[a] South West Africa People's Organization (Organisation du peuple de l'Afrique du Sud-Ouest), mouvement indépendantiste namibien créé en 1960.

L'autre pays dans la ligne de mire du colonel Kadhafi : l'Ouganda, où le colonel a envoyé des troupes pour épauler le régime d'Idi Amin Dada en proie à des groupes rebelles soutenus par la Tanzanie. L'enjeu est de taille : le contrôle de ce petit pays de la région des Grands Lacs africains permettrait à la Libye de prendre pied en Afrique centrale, où une relation étroite a déjà été tissée avec la République centrafricaine, alors dirigée par l'autoproclamé empereur Jean-Bedel Bokassa. Mais l'intervention libyenne est un fiasco : Amin Dada a été défait et des centaines de soldats libyens ont été tués.

Mais cette débâcle n'arrête pas l'élan de Mouammar Kadhafi qui s'invite à nouveau dans le conflit interne au Tchad, où il soutient les factions rebelles conduites par Hissène Habré et Goukouni Oueddei qui s'emparent du pouvoir, en renversant le général Félix Malloum, en 1979 — Habré devenant par la suite le ministre de la Défense de Oueddei dans un gouvernement d'union nationale de transition (GUNT). En janvier 1981, Kadhafi et Goukouni déclarent publiquement leur intention de fusionner la Libye et le Tchad en une seule et même nation, suscitant une forte réprobation de la France...

Au nom de la solidarité entre États anti-impérialistes, des relations sont nouées avec certains États « progressistes » d'Afrique de l'Ouest (comme le Ghana de Jerry Rawlings et le Burkina Faso de Thomas Sankara) et marxistes-léninistes d'Afrique centrale, comme le Congo-Brazzaville. La Libye est perçue par beaucoup au sud comme un acteur clé du tiers-mondisme révolutionnaire et du panafricanisme militant. Le Guide acquiert à cette époque une réelle popularité auprès de certaines populations du Tiers-monde, auprès desquelles il fait figure de porte-parole. « Face à des régimes souvent fatigués et corrompus, écrit Jean-Pierre Cot, ancien ministre socialiste français de la Coopération, l'intégrité personnelle de Kadhafi, son refus du compromis et son sens de l'éthique offrent un modèle pour les jeunes générations de nationalistes ardents qui cherchent à desserrer l'étau du néocolonialisme sans se reconnaître dans un marxisme-léninisme athée et dans la pratique soviétique en Afrique[27]. »

Tout en étant soutenu par les masses populaires africaines, les relations du Guide libyen avec plusieurs États du continent sont en revanche très conflictuelles, pour ne pas dire exécrables. Kadhafi accuse leurs dirigeants de perpétuer le système néocolonialiste sous le couvert duquel s'infiltrent par effraction l'impérialisme et le sionisme, et n'hésite donc pas à les déstabiliser, en s'appuyant sur leurs mouvements d'opposition. Le cas du Maroc du Roi Hassan II que Tripoli tente de déstabiliser[28] ou du Zaïre « impérialo-sioniste » (selon une expression libyenne) du président Mobutu que Kadhafi tente de renverser, en s'appuyant sur des opposants zaïrois en exil est à ce point éloquent…

Le Guide n'a pas davantage changé dans sa volonté de faire revenir ses propres opposants qu'il qualifie de « chiens errants » et de liquider les plus récalcitrants. Les exilés ont le choix entre revenir à la mère patrie ou « faire face à la colère du peuple ». Les sbires de la Jamahiriya n'hésitent pas en tout cas à s'en prendre aux opposants libyens à travers le monde[a]. Des dizaines de dissidents, qu'ils soient activistes politiques ou étudiants, tombent comme des mouches en Grèce, à Chypre, en Autriche, en Allemagne, en Italie, en Grande-Bretagne… Des tentatives d'assassinat sont signalées en Égypte et aux États-Unis. Au cœur de cette terrible campagne de terreur, un homme, Moussa Koussa, responsable de la sécurité des BP pour l'Europe du Nord de 1979 à 1982[b].

À peine nommé ambassadeur à Londres, Koussa annonce ses couleurs dans une interview au *Times*, en 1980 : « Les comités révolutionnaires ont décidé hier soir d'exécuter deux

---

[a] Voir Annexe 4.

[b] Il est promu chef des services de renseignements, en 1994 ; ce qui fit de lui l'un des deux ou trois hommes les plus puissants de Libye après Kadhafi.

personnes de plus au Royaume-Uni, et je les approuve. » Le gouvernement britannique lui donne 48 heures pour faire ses bagages. Rapatrié, le diplomate porte-flingue continue dans cette veine. Il est chargé des contacts avec les mouvements révolutionnaires du monde entier au sein du « Mathaba », le « centre anti-impérialiste » de Tripoli qui coordonne en grande partie les activités subversives du colonel Kadhafi à travers la planète.

Cette diplomatie interventionniste du Guide libyen inquiète ses propres concitoyens et commence sérieusement à agacer en Occident, tout comme dans une partie de l'Afrique et du Moyen-Orient...

Références

[1] Gerdan Eric, *Dossier A... comme armes*, Édit. Alain Moreau (Picollec), 1979.

[2] Nouzille Vincent, *Des secrets si bien gardés : les dossiers de la Maison-Blanche et de la CIA sur la France et ses présidents 1958-1981*, Fayard, 2009.

[3] Gerdan Eric, *Dossier A... comme armes*, *op.cit.*, p. 148.

[4] Rapporté par John Cooley, 1982, *op.cit.*, p. 104.

[5] Certains observateurs soupçonnent Sadate d'avoir comploté avec les Israéliens et les Américains pour, d'une part affaiblir la Syrie, et d'autre part permettre aux USA de faire leur retour au Moyen Orient. Israël Shamir décrit la guerre d'octobre 1973 comme « un complot entre les dirigeants israéliens, américains et égyptiens, orchestré par Henry Kissinger », in « What Really Happened in the "Yom Kippur" War ? » (http://www.counterpunch.org/2012/02/22/what-really-happened-in-the-yom-kippur-war/).

[6] Rapporté par Kapeliouk Amnon, *Arafat. L'irréductible*, Fayard, 2004, p. 178.

[7] *Ibid.*

[8] Solé Robert, *Sadate*, Perrin, 2013, p. 224.

[9] Un Traité est signé entre les deux pays à Djerba en janvier 1974 créant la « République arabe islamique ». Quelques heures après l'annonce, le Traité est dénoncé par le premier ministre tunisien, Hédi Nouira, rentré précipitamment d'un voyage à l'étranger.

[10] Otayek René, *op.cit.*, p. 75.

11 Péan Pierre, *Carnages : les guerres secrètes des grandes puissances en Afrique*, Fayard, 2010, p. 178.

12 Bleuchot Hervé, *op.cit.*, p. 68.

13 Otayek René, *op.cit.*, p. 82.

14 Martel André, *La Libye (1835-1990) : Essai de géopolitique historique*, Presse universitaire de France, 1991, p. 202.

15 Haimzadeh Patrick, *Au cœur de la Libye de Kadhafi*, JC Lattès, 2011.

16 Rapporté par Graciet Catherine, *Sarkozy-Kadhafi. Histoire secrète d'une trahison*, Seuil, 2013, p. 23.

17 Robert Verkaik, « Britain offered Gaddafi £14m to stop supporting the IRA », *The Independant*, 4 October 2009.

18 Soudan François & Joseph Goulden, *Kadhafi, la CIA et les marchands de la mort*, Groupe Jeune Afrique, 1987, p.154.

19 La conduite des affaires courantes à la représentation américaine sera assurée par le chargé d'affaires William Eagleton Jr., arabisant qui, plus tard, allait être nommé ambassadeur en Syrie.

20 Selon le journaliste Jack Anderson du *Washington Post*, l'idée de renverser le colonel Kadhafi a germé dans l'esprit de certains au sein de l'administration américaine à la fin 1974, pour régler le problème du choc pétrolier de 1973 enclenché après le déclenchement de la guerre du Kippour. Les propos du journaliste ont été cependant qualifiés par les officiels américains de « conversation de comptoirs ».

21 À l'époque, la commercialisation du brut libyen se faisait à 70 % par des réseaux contrôlés par les États-Unis. Les investissements américains, notamment ceux des pétrolières, atteignaient environ deux milliards de dollars et le taux de rentabilité du capital se situait annuellement entre 15 et 20 %. À la fin des années 1970, en dépit de l'exacerbation de la tension politique entre Washington et Tripoli, près de 70 % de la production pétrolière libyenne dépendent encore de la cinquantaine de sociétés américaines et de leurs techniciens (au nombre de 2500 environ) présents en Libye. Comme le souligne René Otayek, « si les achats de brut libyen ne représentent que 10 % environ de la consommation américaine totale, ce pourcentage correspond cependant à 40 % des exportations libyennes, exportations sur lesquelles les sociétés américaines jouissent d'une marge de bénéfice supérieure à celles qu'elles ont ailleurs dans le monde. » En 1981, malgré l'adoption par l'administration Reagan des premières mesures de boycott des produits libyens comme nous le verrons plus loin, les importations du brut libyen sont en augmentation de 20 %. Cette année-là, analyse René Otayek, la valeur totale des

échanges commerciaux entre les États-Unis et la Libye s'élève à plus de 12 milliards de dollars. La sauvegarde des intérêts économiques réciproques, malgré les tensions qui se dessinent entre les États-Unis et la Libye à cette époque, fera que les relations entre les deux pays mettront très longtemps à se détériorer.

[22] C'est vraiment à partir de 1981, année de l'arrivée au pouvoir de Ronald Reagan, et de la confrontation directe qui s'en suivra avec Kadhafi, que s'amorcera véritablement l'articulation de la diplomatie libyenne sur la politique proche-orientale et africaine de l'Union soviétique (Voir René Otayek, 1986, *op.cit.*, p. 128-131).

[23] Andrew Christopher & Vassili Mitrokhine, *Le KGB à l'assaut du tiers-monde : Agression-corruption-subversion*, Fayard, 2008, p. 234 ; aussi Andrew Christopher & Oleg Gordievsky, *KGB : The Inside Story of Its Foreign Operations from Lenin to Gorbachev*, Hodder and Stoughton, 1990, p. 460.

[24] Andrew Christopher & Oleg Gordievsky, *KGB : The Inside Story*, *op.cit.*

[25] Bessis Juliette, *La Libye contemporaine*, L'Harmattan, 1986, p. 127.

[26] Byman Daniel, *Deadly Connections : States that sponsor Terrorism*, Cambridge University Press, 2005.

[27] Cot Jean-Pierre, *À l'épreuve du pouvoir : le tiers-mondisme, pourquoi faire?*, Seuil, 1984, p. 143.

[28] Hassan II, *La mémoire d'un Roi* (Entretien avec Éric Laurent), Plon, 1993.

PARTIE II

TEMPS DES INTRIGUES
ET DES CONCESSIONS

– VI –
COMPLOTS TOUS AZIMUTS

> « *Le monde complote constamment
> contre les braves.* »
> **Douglas McArthur**

Dans l'œil de la « Piscine[a] »

Depuis son arrivée au pouvoir, Mouammar Kadhafi dérange. Ses politiques révolutionnaires et son activisme dans plusieurs régions du monde exaspèrent et irritent. Si pour des raisons commerciales, la plupart des dirigeants occidentaux choisissent dans un premier temps de détourner le regard devant ses « excès », le Français Valéry Giscard d'Estaing, arrivé à l'Élysée en mai 1974, n'attendra pas longtemps pour employer les grands moyens afin de déstabiliser, voire éliminer le raïs libyen.

Certes, le président français ne remet pas totalement en question l'héritage gaullien en matière de politique arabe, mais il n'est cependant pas disposé à tolérer longtemps les « agitations » du colonel Kadhafi en dehors de ses frontières, notamment au Tchad, ancienne colonie française que Paris considère comme faisant partie de sa zone d'influence en Afrique. Le colonialisme est une ancienne histoire, mais pas le néocolonialisme. Paris voit d'un très mauvais œil l'activisme du bouillant colonel libyen dans ses plates-bandes. Malgré les Mirage et autres engins de la mort que la France lui a vendus et

---

[a] Surnom donné au siège du SDECE (Service de documentation extérieure et de contre-espionnage), le service de renseignement français.

continue à lui vendre, Kadhafi apparaît soudain aux yeux de certains comme un ennemi à abattre.

Dans un premier temps, les Français vont tenter d'associer les Américains à leur projet. Le comte Alexandre de Marenches[1], le chef du SDECE, le service de renseignement français, prend langue avec le grand patron de la CIA, William Colby, pour envisager une action commune. Mais ce dernier décline l'offre. Les États-Unis, on l'a vu, sont à l'époque peu enthousiastes à l'idée de renverser le dirigeant libyen, très bon anti-communiste à leur goût. Et tant que les compagnies pétrolières américaines continuent d'engranger d'énormes profits en Libye, pas question de contrarier le maître des lieux. Pétroréalisme oblige.

Un autre facteur tout aussi éclairant permet d'expliquer la position américaine à cette époque : malgré sa rhétorique anti-impérialiste et son soutien à divers mouvements armés, y compris en Amérique, le colonel Kadhafi frappe très peu ou presque pas aux États-Unis. Et bien qu'on lui attribue la paternité de la plupart des actions terroristes observées en Europe et ailleurs, sa responsabilité directe n'a jamais été démontrée. Le colonel encourage, approuve et applaudit, sans pour autant y prendre part directement ou de manière décisive. Comme l'écrivent à juste titre François Soudan et Joseph Goulden dans un ouvrage consacré au leader libyen, « il n'est pas l'instigateur, le planificateur, mais plutôt le metteur en scène et le propagandiste du terrorisme à usage externe[2]. »

Les services français ont beau affirmer que le leader libyen est le principal fauteur de troubles de la planète, la CIA fait la moue ; elle préfère observer, sans réagir. Mieux, les Américains dissuadent même les Égyptiens de participer à une opération contre Mouammar Kadhafi encouragée par les Français, alors même qu'un rapport du département de la Défense plaçait la Libye, au même moment, au quatrième rang des ennemis des États-Unis[3].

Tout a commencé au début de l'année 1977. Anouar el-Sadate, qui déteste ostensiblement son voisin libyen, confie à

Giscard d'Estaing qu'il prépare un « coup » contre celui-ci pour le mois de mars. La France encourage vivement cette entreprise par l'intermédiaire de René Journiac, le conseiller aux Affaires africaines de Giscard. Mais selon le chef de l'État français visiblement déçu, Washington aurait finalement dissuadé Sadate de mettre son projet à exécution. « J'ai regretté le renoncement à cette opération, avouera Giscard des années plus tard, car un changement de régime en Libye eût été profitable à l'Égypte et à l'Afrique. Il aurait permis de faire l'économie de la crise sanglante que le Tchad allait traverser[4]. »

Quelques mois plus tard, la Piscine imagine une autre opération pour renverser Kadhafi. Celle-ci est pilotée par le colonel Alain Gaigneron de Marolles, alors chef du service Action (SA) du SDECE, lui-même épaulé par un fin connaisseur des affaires arabes, le colonel Charles de Lignières. Avec l'accord de Sadate, qui tient vraiment à se débarrasser de son encombrant voisin, le SDECE, de concert avec Hosni Moubarak qui a la haute main sur les services de renseignement égyptiens, va encourager des actions de type commando contre la Libye à la frontière égypto-libyenne, afin de permettre à un groupe de dissidents libyens exilés au Caire de prendre le pouvoir à Tripoli. Une opération de plus sans lendemain[5].

Deux ans auparavant, soit en 1975, le SDECE avait persuadé le capitaine Omar Meheishi, un membre influent du CCR — qualifié parfois de numéro 3 de la Révolution —, de déposer le colonel Kadhafi à la faveur d'un putsch. L'opération fut un échec. Trahi par l'un des conspirateurs, Meheishi parvint toutefois à s'enfuir. Condamné à mort par la justice libyenne, il se réfugie au Caire puis au Maroc, où il disparaîtra dans des circonstances encore non élucidées. Nous sommes en 1983. Des rumeurs persistantes voudraient qu'il ait été immolé sur l'autel des timides retrouvailles maroco-libyennes qui s'amorcent alors.

Cette « rebuffade », tout comme l'opération avortée avec les Égyptiens, ne découragent pas pour autant Giscard et ses barbouzes, déterminés à se payer la tête du colonel libyen. Le

1er septembre 1979, le dirigeant libyen, de passage à Benghazi, échappe miraculeusement à une tentative d'assassinat fomentée par le SDECE et les services égyptiens. Mouammar Kadhafi hurle au complot. De nombreux ressortissants occidentaux résidant en Libye sont interrogés par les services de sécurité et le lendemain de l'attentat, l'ambassade des États-Unis à Tripoli est saccagée par une foule en colère...

Puis, les services français déclenchent, dans la nuit du 20 au 21 septembre, à Bangui (Centrafrique), l'opération « Barracuda » qui détrône l'empereur Bokassa alors en visite à Tripoli pour signer un accord d'aide économique avec Kadhafi, au profit d'un de ses anciens ministres, David Dacko. L'opération est pilotée de main de maître par le colonel de Marolles. Dacko, le « poulain » de la France exilé à Paris, débarque d'un Transall de l'armée française à Bangui en compagnie d'hommes du Service Action. Une gifle pour Kadhafi qui rêvait d'étendre son influence en Afrique centrale.

Quelques mois plus tard, en janvier 1980, le dirigeant libyen contre-attaque, en provoquant un soulèvement à Gafsa (au sud de la Tunisie) dans le but de renverser le président Bourguiba, un peu trop pro-occidental à son goût. Mais l'armée tunisienne, épaulée par le Service Action, réussit à reprendre le contrôle de la situation. Les Libyens se vengent à leur manière en mettant à sac l'ambassade de France à Tripoli...

Aux États-Unis où le président Jimmy Carter a succédé à Gérald Ford, on a continué à suivre la question libyenne de près. Même si l'administration américaine n'est pas aussi hostile que ne l'est le pouvoir français à l'égard du colonel Kadhafi, et s'efforce, comme Tripoli d'ailleurs, de maintenir les tensions à un niveau acceptable — Kadhafi a même demandé à Carter de nommer un ambassadeur à Tripoli et Washington a autorisé la vente d'avions Boeing 747 et de véhicules lourds à la Libye sous certaines conditions — afin de ne pas contrarier les échanges commerciaux mutuellement profitables, l'on s'interrogeait tout de même sur ce qui pouvait ou devait être entrepris contre le leader libyen. En effet, le directeur de la CIA, l'amiral

Stansfield Turner, avait plus d'une fois demandé ce que l'on pouvait entreprendre contre Kadhafi. « Pas grand-chose », avait alors répondu John McMahon, le directeur des opérations spéciales de l'Agence.

Mais selon toute vraisemblance, même si l'administration Carter n'a pas mené d'attaques ouvertes contre Kadhafi, il est fort probable qu'elle ait été impliquée dans une tentative d'assassinat du Guide qui a tourné au vinaigre. L'histoire est un énorme scandale que les autorités italiennes et les autres pays de l'OTAN s'évertueront à tout prix à étouffer...

Assassinat en haute Méditerranée

Le 27 juin 1980, à 20h 59' exactement, un avion de ligne italien, un DC-9 de la compagnie Itavia reliant les villes de Bologne et Palerme, disparaît des écrans radars, avec ses quatre membres d'équipage et ses soixante-dix-sept passagers, dont treize enfants, alors qu'il traversait la Méditerranée, au large de l'île d'Ustica (nord de la Sicile). Rapidement écartée, la thèse de l'accident fait place à des soupçons d'attentats.

En 1988, la télévision nationale italienne révéla que le DC-9 d'Itavia avait été abattu par un missile air-air lancé par un avion de chasse d'un pays membre de l'OTAN, peut-être l'Italie elle-même. Une commission d'enquête présidée par le sénateur Giovanni Pellegrino — la commission Stragi — a été chargée de faire la lumière sur cette affaire. Des agents d'IFREMER (Institut Français de Recherche pour l'Exploitation de la Mer) — liés, dit-on, aux services de renseignement français — appelés à récupérer le fuselage immergé à plus de 3700 mètres de profondeur, sortent des morceaux de l'appareil, laissant au fond de la mer la partie touchée par le missile et dont l'expertise aurait pourtant permis de connaître la nationalité de ce dernier. Le chef des services de renseignements militaires italiens Pascuale Notarnicola déclarera à ce propos que « la vérité a été laissée au fond de la mer ».

Dans son rapport d'enquête publié quelque temps après, la commission Stragi conclut que « l'incident du DC-9 eut lieu suite à une action d'interception militaire. » Et d'ajouter : « Le DC-9 fut abattu, la vie de 81 citoyens innocents détruite par une action qui a été de fait une action de guerre, une guerre réelle non déclarée, une opération de police internationale secrète contre notre pays, dans laquelle ses frontières et ses droits ont été violés. »

Selon l'ancien chef de l'État italien Francesco Cossiga, cette opération, montée vraisemblablement par les Français, visait en réalité Mouammar Kadhafi[6]. Lors d'un point de presse, M. Cossiga expliqua : « Lorsque j'étais président de la République, nos services secrets m'ont informé que ce sont les Français qui ont tiré. La thèse, c'est qu'ils savaient que l'avion de Kadhafi devait passer [dans la zone]... Les Français ont lancé depuis un avion de la marine militaire un missile à résonance et non à impact. » Un missile air-air Sidewinder utilisé par l'OTAN d'après le ministre italien de la Défense.

À l'époque, on le sait, Paris était en conflit ouvert avec Tripoli à propos du Tchad. Les services secrets français, on l'a vu, avaient tenté à plusieurs reprises d'éliminer le maître de Libye. L'attentat d'Ustica entre-t-il dans cette longue série de complots fomentés contre le colonel libyen ?

Le juge Rosario Priore, chargé de faire la lumière sur cette affaire, a découvert que de nombreux avions français, américains, mais aussi libyens se trouvaient cette nuit-là dans la zone où l'attentat a eu lieu. Selon la presse italienne, les victimes du drame d'Ustica sont les dommages collatéraux d'une tentative d'assassinat contre le colonel Kadhafi qui a tragiquement mal tourné. Cette version des faits est corroborée par un expert français qui explique :

« Les services de renseignements occidentaux apprennent que le colonel Kadhafi doit se rendre en avion à Varsovie. Il aurait été décidé d'abattre son avion. Un ou plusieurs avions positionnés sur une base de l'OTAN, en

Sicile, sont prêts à passer à l'action dès que la nouvelle du décollage de l'avion du colonel sera annoncée. Quand le feu vert est donné, le(s) chasseur(s) décolle (nt). Mais tout se complique quand ces avions se trouvent nez à nez avec deux MIG-23 libyens qui escortent l'avion de Kadhafi. Immédiatement la bagarre s'engage ; une bataille inégale parce que les MIG libyens ne sont pas de force face à des chasseurs occidentaux modernes. Un des MIG libyens, pour échapper à son [ses] agresseur(s), va ruser ; il profite du passage d'un DC-9 commercial italien pour tenter de confondre sa trace thermique avec celle de ce dernier avion... Ce MIG-23 essaie donc de leurrer son agresseur, et lorsque celui-ci tire, son missile atteint non pas l'avion libyen, mais le DC-9 italien[7]. »

De leur côté, la France, les États-Unis ainsi que l'OTAN ont toujours clamé leur innocence dans cette ténébreuse affaire. Du côté italien, l'embarras était bien réel et on faisait manifestement de la rétention d'informations. Un officier de l'armée de l'air italienne a admis néanmoins avoir détruit les enregistrements des données radar effectués le soir de la tragédie. D'autres informations techniques manquaient ou étaient devenues soudainement inaccessibles. Plus grave, des personnes en lien direct avec cette affaire (contrôleurs aériens, pilotes, etc.) disparurent dans des circonstances mystérieuses !

C'est notamment le cas d'un général italien qui effectuait la liaison avec les services de l'OTAN ; il a été abattu en Belgique dans les années 1990. Pierangelo Teoldi, le commandant de la base d'où sont partis les intercepteurs italiens F-104S, est mort soudainement, le 3 août 1980, dans un accident de circulation. Mario Alberto Dettori et Franco Parisi, deux contrôleurs aériens ayant assisté à la scène sur leur écran radar, se sont suicidés par pendaison ! Leur collègue, Maurizio Gari, 37 ans, est décédé d'une attaque cardiaque, le 9 mai 1981. Un 4e contrôleur aérien, Antonio Muzio, ayant eu connaissance des faits intervenus cette nuit-là, a été retrouvé assassiné. Mario Naldini et Ivo Nutarelli, deux des trois pilotes italiens ayant participé à l'interception du MIG-23 libyen censé escorter l'avion de Kadhafi, sont décédés au cours d'une collision aérienne survenue pendant une démonstration de la patrouille acrobatique italienne des Flèches tricolores à la base de Ramstein, en Allemagne[8].

« Suicides, malaises, incidents : le nombre des morts suspectes qui ont suivi le carnage atteint la vingtaine », souligne le journaliste Andrea Purgatori qui a suivi cette affaire de très près depuis ses débuts. « Les plus étranges, dit-il, sont liées au radar de Poggio Ballone et à la base de la zone de Grosseto. Les juges découvrent que le préposé au radar qui s'est pendu était rentré très troublé d'une formation pour techniciens de radars militaires en France : il était convaincu d'être visé par les services secrets de Marenches, qui le considérait comme l'un des dépositaires de la vérité sur le drame d'Ustica[9]. »

On se croirait franchement dans le scénario d'un film de suspens hollywoodien à ceci près qu'il ne s'agit pas d'une fiction, mais de la réalité.

Les services secrets italiens furent accusés par le juge d'instruction Rosario Priore d'étouffer l'affaire pour obéir aux directives de l'OTAN. Quatre généraux de l'armée de l'air, dont un ancien chef d'état-major, et cinq autres officiers supérieurs furent inculpés pour obstruction à l'enquête[10]. Le magistrat italien reprocha en particulier à ces militaires d'avoir « d'un commun accord et dans un même dessein criminel, entravé l'action du gouvernement de la République concernant le désastre du DC-9 d'Itavia ». En clair, d'avoir systématiquement cherché à détourner les enquêtes et d'avoir menti sur la « possible présence » d'avions militaires autour de l'appareil civil le soir de la catastrophe[11].

Giorgio Napolitano, le président italien (2006-2015), affirma que « les procès n'ont pas fait toute la lumière sur Ustica ». Il dénonça les « intrigues internationales et l'opacité de comportement de certains corps d'État » qui ont occulté la vérité et appela de ses vœux «un effort supplémentaire pour reconstituer les faits de manière exhaustive et dissiper les ombres[12]. »

Pourquoi tant d'agitation ? «Il y a eu une volonté de dissimulation», me confia un membre de l'association des familles des victimes.

Un billet bien fourni de Thomas Van Hare et repris par Bakchich[13] permet de comprendre ce qui s'est vraiment passé cette nuit-là au large de l'île d'Ustica :

> «Si l'on en croit les documents découverts en Libye, l'opportunité d'assassiner Kadhafi s'est présentée dans la nuit du 27 juin 1980 alors qu'il traversait la Méditerranée en provenance d'Europe pour regagner son pays à bord de son Tupolev. Une paire de Mirage français avait été mobilisée pour une mission spéciale : intercepter et détruire en vol l'avion de Kadhafi, offrant à toutes les parties concernées la possibilité de nier ensuite toute responsabilité dans l'affaire. Si tout allait bien, l'épave s'abîmerait en mer et le problème libyen serait résolu une fois pour toutes.
>
> Dès le départ, les choses ne se sont pas déroulées selon les plans. Ce qui devait être une simple interception s'est transformé en un engagement aérien confus, impliquant des chasseurs de 4 pays. Les avions français, libyen, italiens et américains ont convergé vers un point précis au sud des côtes italiennes. C'est dans cette mêlée que s'est retrouvé le vol Itavia 870, ignorant tout du drame qui allait se jouer.
>
> Ce que les Français ignoraient depuis le départ, c'est que leur tentative d'assassinat était vouée à l'échec. D'après les documents libyens récemment découverts, Kadhafi avait été informé du complot à la dernière minute par une source des services secrets italiens, le SISMI. C'est pour cette raison qu'il a demandé à son équipage de détourner son vol vers Malte. Il était notoire qu'à l'époque, le SISMI était très influent grâce à ses contacts de haut niveau en

Libye. L'Italie a conservé des relations étroites avec Kadhafi pendant de nombreuses années. C'est par exemple Bettino Craxi qui a téléphoné à Kadhafi en 1986 pour l'informer du raid imminent de F-111 américains. Ce fut une nouvelle fois grâce à l'aide italienne qu'il put quitter sa résidence quelques minutes avant l'attaque.

Au cours de cette nuit de 1980, au moment précis où Kadhafi décida de dérouter son avion vers Malte, un MIG-23 de l'armée de l'air libyenne faisait route au Nord à sa rencontre afin de l'escorter jusqu'en Libye. Dans la confusion, Ezedine Koal, le pilote du MIG, n'a pas reçu l'ordre de faire demi-tour et de rentrer à sa base. Au lieu de cela, il a poursuivi son vol vers le Nord au-dessus de la Méditerranée, à la recherche du Tupolev de Kadhafi et a été rapidement repéré par les radars de l'OTAN. Selon les plans prévus dans cette éventualité, l'armée de l'air italienne et la Navy américaine ont immédiatement dépêché des intercepteurs alors qu'il s'approchait de l'espace aérien italien.

Quelques minutes plus tard, le MIG-23 libyen était en vue des côtes de Sicile. Ensemble, trois chasseurs F-104 italiens et au moins un Corsair A-7 II sont apparus séparément venant de l'Est. Les deux chasseurs français fonçaient en provenance du Nord avec l'intention de remplir leur mission meurtrière de telle sorte que sept voire neuf chasseurs de l'OTAN convergeaient vers un même point dans le ciel sombre au-dessus de la Méditerranée... Ignorant tout de cette concentration, le vol Itavia 870 poursuivait sa route.

C'est apparemment le MIG-23 libyen qui a aperçu le premier le DC-9 civil sur son radar. Il volait cap au Sud comme prévu. Pour le pilote libyen, il était exactement au lieu prévu du rendez-vous. Il a donc manœuvré son MIG-23 pour se placer à proximité de l'avion de ligne qu'il a vraisemblablement confondu avec le Tupolev de Kadhafi dans l'obscurité. Pour les pilotes des chasseurs français, la paire d'avions qui venait de se former correspondait à ce que prévoyait leur ordre de mission : une cible de la taille d'un avion de ligne, clairement, le Tupolev de Mouammar Kadhafi, escorté par un seul chasseur libyen qui l'avait rejoint en provenance du Sud. Les deux appareils volant maintenant cap au Sud en direction de la Libye.

Aucun tir de semonce n'a été tiré. C'était censé être un assassinat pur et simple. L'un des deux pilotes français à lancer un missile air-air en direction de la plus grosse des cibles. Il a fait mouche et touché l'avant du vol Itavia 870 d'un tir parfait. L'avion de ligne n'avait aucune chance de s'en tirer. Il a littéralement explosé en vol. Alors qu'ils surveillaient la boule de feu qui apparaissait par intermittence dans le lointain, les deux pilotes des Mirage français ont réalisé sur leur radar embarqué que le MIG-23 libyen manœuvrait pour se placer en position de contre-attaque. Il n'y avait donc qu'une seule chose à faire, le descendre également…

La suite fut une série confuse de manœuvres et de contre-manœuvres à grande vitesse dans le ciel nocturne italien. Les chasseurs français et le Libyen se sont affrontés au-dessus de l'eau pendant que les appareils italiens et de l'US Navy tournaient autour. Le combat s'est déplacé vers l'Est au-dessus de la terre ferme jusqu'à ce que le MIG-23 libyen finisse par être touché ou qu'il percute les montagnes invisibles plus bas. Il s'est écrasé en percutant les montagnes de Calabre à Castelsilano et Ezedine Koal n'a pas survécu. Leur mission accomplie, les chasseurs français ont remis cap au Nord pour rentrer en France. La destruction du MIG libyen leur garantissait qu'il n'existait aucun témoin de leur assassinat de Kadhafi. »

La version d'un combat aérien opposant les avions de chasse français ou de l'Alliance atlantique au chasseur libyen est corroborée par l'enquête du juge Rosario Priore et les rapports des radars déclassifiés par l'OTAN, en juin 1997, qui indiquent qu'il y avait dans la zone de vol une intense activité militaire, avec la présence d'aéronefs libyens, italiens, français et américains, ainsi que d'un porte-avions britannique. Pas moins de sept chasseurs patrouillaient dans le secteur au moment du drame. Mais Paris, qui a déjà répondu à treize commissions rogatoires italiennes, affirme qu'aucun de ses appareils, qu'ils aient été stationnés sur la base corse de Solenzara ou qu'ils soient partis du porte-avions Foch, entré le lendemain dans la rade de Toulon, ne patrouillaient dans ce secteur au moment de la tragédie. Ce qui est faux.

Selon l'écrivain et journaliste Pascal Krop, spécialiste du renseignement et des services secrets, « pour cet attentat, les grands services occidentaux, la CIA, le MI 6, la DGSE (SDECE rebaptisé depuis 1982), ont été solidaires. » Si l'on en croit les confidences faites par plusieurs responsables des services au journaliste, ce sont en vérité les Américains, omniprésents en Méditerranée et seuls à posséder un avion radar AWACS, du type de celui qui surveillait ce 27 juin les opérations au large de la Corse, qui ont abattu le DC-9 par erreur, laissant à leurs partenaires européens le soin de les couvrir[14]. Selon certaines sources, le missile aurait été tiré par un F14-Tomcat de l'US Air Force[15].

En 2003, Kadhafi avait en effet accusé les Américains d'avoir voulu l'éliminer à cette époque, provoquant la catastrophe aérienne : « Les Américains étaient convaincus que j'étais à bord de cet avion. C'est pourquoi ils l'ont abattu. »

« Il existe des vérités que je n'ai jamais pu dire [...] Elles auraient pu avoir des effets déstabilisateurs sur les équilibres internes et entre nations » affirme aujourd'hui celui qui a enquêté pendant dix ans sur cette tragédie, le juge Priore, dans un ouvrage coécrit avec le journaliste italien Giovanni Fasanella[16]. Le magistrat italien témoigne des obstructions françaises dans cette affaire :

« Aussi bien Giscard d'Estaing que [François] Mitterrand se sont fermés comme des huîtres, en persistant dans une politique de protection absolue des secrets d'État et en faisant abstraction de la couleur des gouvernements impliqués. J'ai tiré quelques indications précieuses d'une longue rencontre avec Marenches. [...] Il m'a dit que les recherches en France n'auraient de toute façon pas eu de résultats, car si les services avaient tenté une opération contre Kadhafi, ils n'auraient laissé aucune trace. Mais il a tenu à préciser que, selon lui, le dirigeant libyen devait être mis hors d'état de nuire, et que cela relevait du devoir de plusieurs gouvernements. »

En 2013, après 33 ans d'enquêtes et de rebondissements, l'État italien a été condamné à payer 127 millions de dollars (100 millions d'euros) de réparation aux familles des victimes. L'État a fait appel, mais la Cour suprême n'a pas entendu les arguments avancés par la défense. L'État, en particulier les ministères des Transports et de la Défense, ont aussi été condamnés pour divers dépistages et erreurs volontaires dans les enquêtes afin de ne pas devoir révéler la vérité de ce qui s'était produit dans le ciel la nuit du 27 juin 1980[17]. Avec cette sentence définitive se clôt l'une des enquêtes les plus connues et controversées de l'histoire judiciaire italienne.

Opérations spéciales et désinformation

Malgré cette énième tentative d'assassinat manquée, le SDECE ne renoncera pas à l'idée d'éliminer Mouammar Kadhafi. Pour autant et moins que jamais, il n'est pas question d'abandonner la traque du leader libyen.

Le colonel Alain Gaigneron de Marolles, devenu entretemps le directeur du renseignement, donc le numéro deux du service, reçoit le feu vert de l'Élysée pour monter une énième opération contre le Guide, à l'insu de son chef hiérarchique le comte de Marenches en délicatesse avec Giscard. Il monte tout d'abord une opération de manipulation psychologique destinée à persuader l'opinion publique que le colonel Kadhafi n'est pas intouchable et que son pouvoir est menacé. On répand la rumeur d'un attentat auquel le colonel aurait échappé de justesse en juin 1980 ; l'opération en question est montée avec la complicité d'un responsable tchadien qui déclara avoir été reçu par un Kadhafi ayant l'épaule bandée ; que l'un des officiers de sa garde rapprochée lui aurait tiré dessus. Cette histoire montée de toute pièce fera la Une des journaux en Occident[18].

Second volet de l'opération : on répand la rumeur des manœuvres contre les intérêts libyens à Malte, perpétrées en liaison avec le Secret Intelligence Service (*SIS*) anglais et revendiquées par un mystérieux « Font de libération maltais ». Il est prévu dans le plan de fédérer les divers mouvements d'exilés libyens, voire de fonder un gouvernement provisoire en exil dirigé par un ministre de Kadhafi, Ali Abdessalam Triki, que les services secrets français espèrent rallier.

Entre-temps, le SDECE est parvenu à retourner un gros poisson gravitant dans l'entourage du Guide libyen, Driss Chehaibi, chef de la sécurité militaire libyenne. Le colonel de Marolles le persuade de tenter un putsch ; il l'assura du soutien d'opposants libyens réfugiés au Caire et prêts à créer un gouvernement provisoire en exil. Anouar el-Sadate a donné son accord à cette nouvelle opération, dont le but ultime est de faire revenir la Libye « dans le giron du camp occidental et couper toute relation avec les pays de l'Est. »

Le 6 août, la 9e brigade de la garnison de Tobrouk se soulève. L'objectif des mutins commandés par Chehaibi est de neutraliser Tobrouk, prendre la ville de Benghazi après avoir obtenu le ralliement des grandes tribus bédouines du sud, et enfin marcher sur Tripoli pour s'emparer du pouvoir et liquider Kadhafi. Mais la mutinerie est très vite neutralisée; Chehaibi est capturé et exécuté. La raison de la débâcle ? On raconte que les services secrets libyens, sans doute avec l'assistance des services secrets est-allemands — qui auraient, semble-t-il, participé à la répression —, auraient « sonorisé » le local où se réunissaient les comploteurs[19]. Ils étaient donc au courant de la conspiration qui se tramait dans les moindres détails et l'ont étouffée dans l'œuf.

À la fin de ce mois d'août très agité, le colonel Alain Gaigneron de Marolles demande à être déchargé de ses responsabilités « pour raison technique. » En réalité, il a été poussé à la porte. On ne lui pardonne pas d'avoir court-circuité sa hiérarchie en montant l'opération directement avec l'Élysée.

Quant à Kadhafi, il n'est pas au bout de ses peines. L'arrivée à la Maison Blanche de Ronald Reagan, en janvier 1981, va marquer un tournant décisif dans les tentatives occidentales de se débarrasser du leader libyen, considéré par la nouvelle administration américaine et ses alliés comme un agent de Moscou, le « père spirituel » du terrorisme international.

En effet, juste après son investiture, Reagan annonce la création d'un groupe d'étude spéciale entièrement consacré au « problème libyen ». Kadhafi devient une priorité aussi élevée dans l'agenda des services secrets américains que la menace soviétique. Cette fois-ci, la collaboration entre la CIA et le SDECE au sujet du colonel est totale.

Le comte de Marenches se rend aux États-Unis en février et rencontre le vice-président George Bush. Au cœur de leurs échanges, un nom : Mouammar Kadhafi. Les deux hommes s'entendent sur la suppression du raïs libyen[20]. Une opération à quatre, États-Unis, France, Israël et Égypte est envisagée. Le projet est très audacieux : monter une fausse attaque libyenne en territoire égyptien. Des chars de combat de fabrication soviétique — comme ceux que possède l'armée libyenne — peints aux couleurs libyennes sont déposés dans le désert égyptien, non loin de la frontière entre les deux pays. On fabrique de toute pièce les simulacres de combat. Plusieurs journalistes sont transportés sur place pour constater la réalité de la pseudo-agression libyenne. Le scénario prévoit aussi la présence de quelques cadavres ici et là revêtus de l'uniforme libyen. Des exilés libyens seront également mis à contribution.

Pour riposter à la pseudo-agression libyenne, des avions de chasse israéliens maquillés aux couleurs égyptiennes attaquent la Libye, bombardent Tripoli et les principaux centres du pouvoir, tandis que des exilés infiltrés proclament le renversement de Mouammar Kadhafi. Petit détail non sans importance : le plan prévoit qu'au moment de l'attaque, des bâtiments de guerre américains croiseront au large des côtes libyennes, histoire de dissuader les Soviétiques de se mêler de ce qui ne les regarde pas[21].

Mais finalement, ce plan ingénieux ne sera pas mis en application. Et pour cause : il y a eu, à l'époque, un changement de garde important à l'Élysée avec l'élection de François Mitterrand, un homme de gauche que les Américains n'ont pas vu venir — Reagan pensait que Giscard serait réélu en mai 1981. Celui-ci est informé de l'existence du plan anti-Kadhafi par le président sortant, Valery Giscard d'Estaing, lors de la passation de pouvoir à l'Élysée, le 21 mai. Mais le président socialiste fait montre de prudence ; il n'est pas enthousiaste à l'idée d'éliminer Kadhafi. Lors d'une conversation avec le nouveau chef du SDECE, Pierre Marion, le 25 juin, ce dernier lui glisse : « Giscard et Marenches ont donné des instructions. Qu'est-ce qu'on fait ? » « Rien, répond Mitterrand. Ce n'est pas ma philosophie[22]. » On en restera là...

Toutefois, ni Reagan ni les Israéliens n'abandonneront l'idée d'éliminer Kadhafi.

En été 1981, les États-Unis rompent leurs relations diplomatiques avec la Libye ; s'ensuit quelque temps après une politique de restriction commerciale. Reagan déclare que « Kadhafi est l'homme le plus dangereux du monde » et le qualifie de « chien enragé » du Moyen-Orient. Le 4 juin, il édicte une série de directives autorisant les services spéciaux à augmenter l'aide économique et militaire aux pays de la région hébergeant des opposants au colonel Kadhafi : Égypte, Soudan, Maroc et Tunisie. Un rapport d'appréciation préparé peu de temps après par les services de renseignements suggère une action énergique des États-Unis de concert avec les exilés libyens :

« Nous pensons que, solidement soutenus, les groupes d'exilés pourraient bientôt commencer une campagne de sabotage et de violence intermittente, ce qui encouragerait peut-être une contestation plus large de l'autorité de Kadhafi. Si à l'action des exilés s'ajoutaient une propagande accrue, une détérioration visible des relations avec les pays étrangers et une pression économique considérable, cela pourrait inciter des éléments déçus de l'armée à commettre des tentatives d'assassinat ou à coopérer avec les exilés contre Kadhafi. Une rébellion militaire sur une vaste échelle est néanmoins peu probable[23]. »

Ce document invitait quasiment à soutenir une tentative d'assassinat du leader libyen en dépit de l'ordonnance présidentielle [12 333] stipulant qu'« aucune personne, employée par le gouvernement des États-Unis ou agissant à sa demande, ne doit s'engager dans un assassinat ou comploter de le faire. »

Ce n'est pas la première fois que la CIA envisage de renverser Kadhafi, mais c'est la première fois, semble-t-il, qu'un président américain donne aussi expressément son « feu vert » à l'Agence.

Le 27 juillet, le magazine *Newsweek* publie un article évoquant un plan d'action de la CIA destiné à renverser le colonel Kadhafi, mettant ainsi la Maison Blanche dans l'embarras. L'hebdomadaire évoque un « projet d'envergure coûteux en plusieurs étapes » comprenant un programme de désinformation à grande échelle destinée à discréditer le raïs libyen sur l'échiquier international, la mise sur pied d'un « contre-gouvernement » qui contesterait son leadership sur le plan interne, ainsi qu'une campagne paramilitaire constituée d'opérations de guérilla à petite échelle destinée à une escalade progressive. En bref, le plan semble impliquer l'assassinat du colonel Kadhafi, redoutent certains membres de la commission du renseignement de la Chambre des représentants qui l'ont étudié ; ce qui contraint la Maison Blanche à publier un démenti.

Le 4 août, la Jamahiriya arabe libyenne adresse un mémorandum au Conseil de sécurité pour protester contre ces « intentions belliqueuses » américaines. Deux semaines plus tard, le 19, les manœuvres des navires américains dans le golfe de Syrte, décrété « mer intérieure libyenne » par Kadhafi, conduisent à un incident au cours duquel deux MIG-23 libyens sont détruits en plein vol par des F-14 de l'escadrille VFA-41. C'est la première confrontation directe entre Américains et Libyens. « Reagan est fou », s'insurge Kadhafi.

À la Maison Blanche, un groupe inter-agences se met à ébaucher des plans pour organiser le soutien aux exilés libyens, ainsi qu'un ensemble d'opérations clandestines destinées à éliminer l'homme fort de Tripoli. Les stratèges américains n'excluent pas le bombardement de certains objectifs stratégiques en Libye si l'occasion se présente.

Dans cette stratégie de déstabilisation, la désinformation et l'intox joueront un rôle déterminant. Le conseiller au département d'État, Robert McFarlane, qui pilote ce groupe inter-agences, propose de lancer un programme « agressif » d'information à l'attention du Congrès, des médias et même de certains gouvernements étrangers. Plusieurs sujets doivent être évoqués : les ambitions de la Libye à l'égard des autres États arabes, son association avec l'Union soviétique, l'invasion du Tchad et ses effets, les attaques en Tunisie, le soutien aux groupes « terroristes » en Irlande et aux Philippines, le projet d'assassinat de Maxwell Rabb, l'ambassadeur des États-Unis en Italie ; l'entraînement des groupes terroristes, les actions subversives du Guide en Somalie et au Niger, les programmes libyens concernant les missiles et le nucléaire, et enfin l'inspiration soviétique du pacte tripartite signé durant l'été 1981 entre le Yémen du Sud, la Libye et l'Éthiopie[24].

La CIA va multiplier des rapports alarmants accusant la Libye de préparer une série d'actions terroristes contre des intérêts américains. Le 12 novembre, à Paris, un individu non identifié tente d'abattre à bout portant le chargé d'affaires américain Christian Chapman, qui échappe aux balles de justesse.

La Libye en est tenue pour responsable. Quatre jours plus tard, la CIA annonce qu'un informateur venu d'un des camps d'entraînement de Kadhafi a expliqué comment on lui avait appris à mitrailler une voiture officielle ; l'informateur, affirme l'Agence, ajouta que si le président Reagan se révélait trop difficile à atteindre, les Libyens avaient ordre de prendre comme « cibles possibles de remplacement » le vice-président George Bush, le sous-secrétaire Alexander Haig ou le secrétaire à la Défense Caspar Weinberger[25]. Un rapport interministériel discuté lors d'une réunion, le 25 novembre, insiste sur la nécessité de mettre en place une « stratégie de communication » devant mécaniquement conduire les officiels américains à toujours « dramatiser le message sur le danger que représente la Libye pour les intérêts américains et l'ordre international. »

Ce document de travail suggère donc de forcer les traits, quitte à faire un peu de l'intox. Kadhafi dictateur ? Il pourrait être bon aloi de parler des arrestations et des graves abus des droits de l'homme dans son pays, ou de souligner son appui au régime d'Idi Amin Dada en Ouganda. Ses armes ? Les experts conseillent d'affirmer que l'on ne peut pas empêcher le colonel libyen de trouver sur le marché noir des éléments pour fabriquer la première « bombe nucléaire islamique » dont il rêve. De plus, il n'est pas exclu que « les Soviétiques aient prédisposé des armes sophistiquées en Libye pour servir leurs desseins militaires. » Une façon d'effrayer l'opinion publique américaine en agitant le spectre d'une possible crise internationale, à l'instar de celle provoquée par l'installation des missiles soviétiques à Cuba en 1962. Le terrorisme ? Il serait essentiel de « déclassifier » certaines informations sur les camps d'entraînement, voire d'ajouter que la Libye soutient des groupes comme les Brigades rouges en Italie. Les assassinats ? Le rapport recommande de soutenir que, au cours de trois derniers mois, « Kadhafi a publiquement menacé la vie du président et envoyé des équipes de tueurs pour viser des ambassadeurs américains en Europe[26] »...

Autant dire qu'on n'avait pas lésiné sur les moyens pour faire avaler à l'opinion publique des manipulations aussi grossières ! « Deux décennies plus tard, les mensonges de l'administration Bush sur les présumées armes de destruction massive de l'Irak de Saddam Hussein n'auront rien à envier à cette campagne de diabolisation du leader libyen », écrit le journaliste Vincent Nouzille.

Quoi qu'il en soit, ces recommandations sont suivies d'effets. Une semaine après cette réunion, le 4 décembre, les médias américains propagèrent un roman-feuilleton selon lequel une « unité de tueurs libyens » se trouvait aux États-Unis pour assassiner le président Reagan. Cela eut le don d'enflammer l'opinion publique contre la Libye et son chef. Des équipes de SWAT[a] en alerte patrouillaient dans les rues de Washington. Les services de police furent mobilisés pour contrer les plans de ces bandits imaginaires. Des missiles sol-air furent stationnés à proximité de la Maison Blanche. Les officiels américains affirmèrent le plus sérieusement du monde détenir des informations de première main sur l'entraînement et les plans de ces « tueurs à gages » qui avaient, disait-on, pour mission de descendre l'avion présidentiel *Air Force One*.

La psychose était telle que plusieurs hauts responsables de l'administration Reagan étaient persuadés d'être, eux aussi, des cibles. On leur attribua à chacun des gardes du corps. William Casey, le patron de la CIA, ne cessa de rappeler la tentative d'assassinat dont Reagan fut victime quelques mois auparavant. « À partir de ce moment, relate le président américain, les consignes de sécurité devinrent encore plus draconiennes — non seulement je portais mon gilet pare-balles en permanence ou presque, mais il y eut toute une série de mesures... Je peux simplement dire que chaque fois que nous allions quelque part en hélicoptère, la route n'était choisie que quelques minutes à l'avance, car nos services de renseignements nous avaient

---

[a] Special Weapons and Tactics, les forces spéciales de la police.

appris qu'un groupe de Libyens disposait d'un missile portable à tête chercheuse détectant la chaleur, destiné à abattre *Marine 1*, l'hélicoptère présidentiel[27] ».

Il était vraiment sérieux le numéro un américain... Et ce n'est pas fini. Les services d'immigration et de naturalisation adressèrent un mémorandum de sept pages estampillés « hautement confidentiel » aux principaux postes frontaliers du pays. Les portraits-robots des fameux « tueurs libyens » furent diffusés dans les médias. « Nous avons des preuves et Kadhafi le sait », déclara Reagan devant les représentants de la presse. Outré par les accusations portées contre sa personne, Kadhafi défia le président américain de produire la moindre preuve de ce qu'il avançait. En vain. À un journaliste venu l'interviewer, le leader libyen déclara que « Reagan est un menteur » ; il accusa l'administration américaine de pratiquer un terrorisme d'État à l'égard de la Jamahiriya. « Nous sommes prêts, dit-il, à nous soumettre à une enquête. Nous voulons voir ces preuves parce que nous sommes sûrs de n'avoir jamais demandé à personne de tuer Reagan ni qui que ce soit d'autre dans le monde. Nous voulons porter ce mensonge au grand jour. »

Certains officiels, y compris des responsables du FBI et de la CIA, étaient sceptiques devant les accusations de leur gouvernement[28]. Faisant allusion aux preuves que prétendait détenir Reagan, un agent de la CIA ironisa en parlant « des preuves à la sauce Maison Blanche ! » Et d'ajouter : « On nage en plein Hollywood ! »[29]

Le *Washington Post* et le *Los Angeles Times* révéleront que les informations sur les fameux tueurs à gages libyens émanaient en réalité d'individus douteux liés au Mossad israélien — qui alimentait les tensions entre Tripoli et Washington, vu l'animosité qui régnait entre Kadhafi et l'État hébreu autour de la question palestinienne. C'est notamment le cas de Manucher Ghorbanifar, un ancien agent de la Savak (police secrète iranienne), dont les liens avec le Mossad étaient de notoriété publique. L'Iranien « avait inventé cette histoire de tueurs libyens afin de causer du tort à l'un des ennemis d'Israël » écrivit Jack Anderson dans le *Washington Post*. Selon les enquêteurs de la CIA qui l'ont soumis au test du détecteur de mensonges, « le seul moment où il n'a pas menti, c'est sur son nom ».

L'Agence américaine avait elle-même reconnu dans un rapport secret rédigé le 18 décembre que la crédibilité des informateurs liés à cette affaire était sujette à caution. « Cette affaire m'est vraiment restée en travers de la gorge, se souvient un ancien responsable américain. La terrible menace annoncée contre le gouvernement américain a été créée de toute pièce ».

On s'aperçut finalement que la plupart des présumés tueurs étaient en réalité des Libanais qui détestaient Kadhafi et qui avaient aidé les États-Unis à négocier la libération des otages américains à Beyrouth, au Liban...

Début 1982, le département d'État américain amorce une série de manœuvres diplomatiques en Afrique, avec pour objectif d'isoler diplomatiquement le Guide libyen qui tente de prendre la tête de l'OUA. Les diplomates américains qui sillonnent les capitales « amies » du continent ne manquent pas de mettre en garde leurs homologues africains contre une éventuelle élection de Kadhafi à la tête de l'organisation panafricaine. Selon le *Christian Science Monitor*[30], ils auraient, au cours de leur tournée africaine, remis à leurs interlocuteurs un document très explicite dans lequel il est mentionné qu'une élection du colonel Kadhafi à la tête de l'organisation mettrait à mal les relations des États-Unis avec l'OUA. Le vice-président George W. Bush répète la même rengaine lors de sa tournée africaine. Résultat : en dépit d'une campagne dynamique, le colonel Kadhafi ne réussit pas à obtenir la présidence de l'OUA.

Dans le même temps, Washington décrète un embargo sur le pétrole libyen et l'exportation à destination de Tripoli des technologies destinées à l'industrie pétrolière libyenne[a]. « Pure hypocrisie », soutient Christian Graeff, alors ambassadeur de France en Libye, qui rappelle que plus d'un millier d'Américains continuaient de travailler dans le pays sous des identités canadiennes ou australiennes[31].

Cette même année, la CIA élabore plusieurs opérations à partir du Soudan dans le but d'éliminer Kadhafi. L'homme de main de l'Agence, le docteur Mohammed Youssef el-Megaryef. Originaire de Benghazi, le Dr el-Megaryef fut commissaire général aux comptes du colonel Kadhafi, puis ambassadeur de Libye en Inde avant de faire défection pour s'exiler en Égypte, en 1979. Il s'établira par la suite aux États-Unis où il sera aux petits soins de la CIA. Devenu un farouche opposant au Guide libyen, il crée au début des années 1980 le Front national pour le salut de la Libye (FNSL), dont l'objectif est de liquider Kadhafi et de prendre le pouvoir.

Soutenu par les services secrets soudanais et la CIA, le FNSL tente à plusieurs reprises de déstabiliser le pouvoir libyen. La tentative la plus retentissante est l'attaque, le 8 mai 1984, de la caserne Bab al-Azizyah (le Quartier général du colonel Kadhafi) par un commando du FNSL venu tout droit du Soudan. Caché dans un camion à ordures, le commando parvient à pénétrer au bureau du colonel qui, entendant des coups de feu, s'enfuit par un tunnel. Repérés, les assaillants sont pourchassés puis liquidés ; 75 officiers libyens suspectés d'avoir pris part au complot sont arrêtés puis fusillés en public.

Qu'à cela ne tienne. Avec le soutien de la CIA, le FNSL poursuit ses plans. Une autre opération ultrasecrète des Libyens entraînés aux États-Unis est envisagée à partir de la Tunisie. Un avion militaire américain doit parachuter les combattants à proximité de Bab al-Azizyah et une fois à l'intérieur, ces derniers doivent éliminer Kadhafi sans ménagement. Mais les Tunisiens, ayant eu vent du complot, s'opposent à l'utilisa-

---

[a] Voir Annexe 5.

tion de leur territoire[32]. Toujours avec le soutien de la CIA, mais aussi de l'Arabie saoudite, le FNSL échafaude un autre plan à partir de l'Algérie pour renverser Kadhafi, mais à la dernière minute, l'opération tombe à l'eau. Quelque temps après, l'Agence communique aux services secrets français des informations sensibles sur les autorités libyennes, y compris des photos satellites, pour faciliter l'assassinat de Kadhafi et de certains de ses proches...

Guerre secrète au Tchad

Au Tchad, le leader des FAP (Forces armées populaires) Goukouni Oueddei et Hissène Habré, le chef des Forces armées du Nord (FAN), sont à couteaux tirés[33]. La rupture entre les deux hommes entraîne des affrontements armés violents entre leurs partisans dans la capitale, N'Djamena. Oueddei a fait appel aux Libyens pour combattre les forces d'Habré. Les États-Unis, qui cherchent par tous les moyens à éliminer le maître de Tripoli, vont profiter de l'implication libyenne dans le conflit pour entreprendre des actions clandestines contre Kadhafi.

Celui que la CIA surnomme « le guerrier du désert par excellence » (« the quintessential desert warrior »), le chef rebelle Hissène Habré, notoirement anti-libyen, va ainsi devenir la pièce maîtresse de la stratégie américaine pour « briser » le colonel Kadhafi. La CIA lui procure une aide militaire massive et avec le soutien de la France, Habré réussit à se hisser au pouvoir en renversant le protégé de Tripoli, Goukouni Oueddei, le 7 juin 1982. Le jour même, la CIA fait savoir dans un mémo que « cette prise de pouvoir sert les intérêts américains au Tchad au moins à court terme ».

Peu de temps après, le nouvel homme fort du Tchad rencontre secrètement au Zaïre le ministre de la Défense israélien Ariel Sharon en présence du président zaïrois Mobutu Sese Seko, qui joue volontiers les médiateurs. À l'époque où le leader des FAN a amorcé sa marche pour la conquête du pouvoir, il avait déjà pris langue avec des experts israéliens. Mais on redoutait une éventuelle opposition de la France et il a fallu envoyer d'urgence un diplomate israélien à Paris pour faire admettre l'aide militaire d'Israël au Tchad d'Hissène Habré[34], qui, faut-il le dire, suscitait une certaine méfiance à Paris

En effet, à la différence des États-Unis qui se montraient assez enthousiastes à l'égard du Tchadien, du côté français on est resté prudent même si on a aidé l'ancien chef rebelle à déposer son rival. « Habré n'est pas un ami de la France et ne le sera peut-être jamais, mais nous avons besoin d'un homme qui sache tenir le Tchad », dit François Mitterrand à son chef d'état-major particulier, le général Jean Saulnier[35].

À l'évidence, le chef de l'État français se méfie du Tchadien parce qu'il avait longtemps fait le jeu des Libyens avant de les trahir. En avril 1974, il avait pris en otage un médecin allemand, Christophe Staewen, et deux Français, le coopérant Marc Combe et l'archéologue Françoise Claustre, dans la palmeraie de Bardaï, dans le nord-ouest du Tchad, avant d'exécuter, en avril 1975, le commandant Pierre Galopin, envoyé pour tenter d'obtenir la libération des deux Français. De plus, l'Élysée voit d'un mauvais œil la proximité entre Habré et les États-Unis. « Le Tchad, dira Mitterrand, est dans la zone d'influence de la France. » Autrement dit, c'est donc à l'Hexagone qu'il appartient d'intervenir en premier lieu...

De fait, Paris ne veut pas laisser le champ libre aux Américains dans son pré carré et se voit donc obligé de composer avec celui-là même qui est considéré comme un indispensable rempart contre la volonté expansionniste de Kadhafi et qui, de surcroît, est un homme de confiance de la CIA. « Les Français sont profondément embarrassés [...] parce que, dans un pays où ils croient tirer les ficelles, ils ont le sentiment d'avoir choisi le mauvais cheval », observe avec un brin d'ironie un conseiller de Reagan[36].

À vrai dire, le dossier tchadien constitue depuis l'arrivée de François Mitterrand à l'Élysée une source de tension constante entre Paris et Washington. Contrairement à l'Amérique qui utilise le conflit tchadien pour mener une guerre secrète d'envergure contre la Jamahiriya avec l'intention avouée d'éliminer le colonel Kadhafi, l'urgence pour l'Hexagone est d'empêcher que le Tchad ne tombe définitivement dans l'escarcelle libyenne. Certes, Mitterrand ne supporte pas plus que Reagan que Kadhafi sème le désordre en dehors de ses frontières, mais contrairement à son homologue américain, il ne classe pas le Libyen parmi les cibles à éliminer. La priorité pour lui est que les soldats libyens évacuent le Tchad et que Kadhafi renonce à toute prétention sur le « Tchad utile ».

Mais le Guide libyen continue de soutenir les hommes de Goukouni qui se sont repliés au nord du Tchad. Appuyés par les forces libyennes, ceux-ci lancent, le 17 juin 1983, une vaste offensive militaire dans le but de s'emparer de la capitale, N'Djamena. La ville de Faya-Largeau tombe aux mains des rebelles trois jours plus tard. Habré supplie Paris d'intervenir. En vain.

Dans certaines capitales d'Afrique subsaharienne et à Washington, l'offensive a déclenché l'alerte rouge. Reagan presse Mitterrand d'agir, mais le chef de l'État français hésite entre la diplomatie et l'affrontement direct avec Kadhafi. Au cours de l'été, il dépêche son ministre des Affaires étrangères Roland Dumas, à Tripoli, avec un message clair: « Les Américains nous pressent d'intervenir, d'envoyer notre armée contre Kadhafi, d'entrer en Libye. Reagan écrit, insiste, mais je ne le ferai pas. Dites-le à Kadhafi. En revanche, Kadhafi doit savoir que la France ne cédera rien sur le Tchad. L'Afrique noire nous observe. Elle craint pour sa sécurité. La France n'hésitera pas à employer les grands moyens pour empêcher toute nouvelle poussée menaçante contre l'un des pays amis de la France. Soyez clair à cet égard[37]. »

La discussion entre Kadhafi et Roland Dumas est longue et ardue. En pleine offensive contre Hissène Habré, Kadhafi n'est disposé à aucune concession. Une bonne partie du nord du pays est aux mains des forces du GUNT soutenues par l'aviation libyenne. Les Américains, qui surveillent les mouvements de troupes libyennes par le biais de leurs avions AWACS, au grand agacement de François Mitterrand qui n'a pas été préalablement informé, s'en inquiètent. Fin juin, Martin Scheshes, le chargé des Affaires africaines à l'ambassade des États-Unis à Paris, rencontre le général Saulnier et Guy Penne, alors conseiller pour les Affaires africaines de Mitterrand. « Les Américains nous montrent des photos aériennes prises par les AWACS en essayant de nous faire prendre des vessies pour des lanternes : de gros camions nous sont présentés comme des véhicules porte-chars » ironise Guy Penne[38].

Le 1er juillet, Bill Clark, le conseiller principal de Reagan envoie un message télégraphique au conseiller spécial de François Mitterrand, Jacques Attali, dans lequel il lui annonce que les États-Unis sont prêts et déterminés à soutenir une action militaire française contre la Libye. Attali parle d'une « provocante naïveté », et dans sa réponse Mitterrand tranche : « Pas question d'attaquer la Libye, et même si on le faisait, nous n'aurions pas besoin d'eux[39]. »

Le flottement de l'Élysée n'empêche pas les Américains d'agir. Ce même mois de juillet, Reagan signe le *Mutual Defense Assistance Agreement* pour l'envoi du matériel militaire au Tchad. Washington débloque des millions de dollars en aide d'urgence pour soutenir le régime Habré. Une équipe d'instructeurs est dépêchée à N'Djamena pour former les soldats tchadiens au maniement des missiles sol-air Redeye. Reagan est convaincu que la défaite de la Libye au Tchad conduira à un effondrement du régime libyen et à un changement spectaculaire dans les relations africano-arabes. Il écrit de nouveau à Mitterrand à propos du Tchad pour le pousser à intervenir. Exaspéré, le premier des Français lâche : « Mais nous ne leur avons rien demandé. »

Les rebelles de Goukouni et leurs alliés libyens ont donc les mains libres et continuent sur leur lancée. La situation est jugée préoccupante aussi bien à Paris qu'à N'Djamena. Mitterrand rechigne, certes, à s'engager dans le bourbier tchadien, mais quelque chose doit être fait pour stopper les Libyens. L'amiral Pierre Lacoste, le directeur de la DGSE[a], reçoit de l'Élysée la consigne de chercher une « solution rapide » à la crise. La Piscine décide de monter une opération clandestine en recourant aux services de René Dulac, un ancien mercenaire devenu marchand d'armes à la réputation sulfureuse.

Une réunion de crise est rapidement organisée entre Dulac et une brochette de responsables de la DGSE dans les bureaux du ministère de la Coopération, chargé de couvrir les préparatifs de cette opération secrète[40]. Participent également à la réunion : Robert Peccoud, qui s'occupe des affaires militaires aux côtés du ministre de la Coopération Christian Nucci, Jean-François Dubos, le conseiller spécial du ministre de la Défense, Charles Hernu, ainsi que François de Grossouvre et Guy Penne, conseillers de François Mitterrand. La mission assignée au mercenaire est d'aider Hissène Habré à barrer la route et repousser les troupes libyennes qui font mouvement vers le sud, ou du moins les retarder avant le déploiement d'un dispositif militaire plus robuste. « Si vous êtes pris par les Libyens, on ne bougera pas. Vous serez seul responsable » lui font comprendre ses interlocuteurs.

Aucun lien ne devrait être établi entre la tête de l'État et le bras clandestin agissant dans l'ombre. C'était la règle du jeu et René Dulac, qui a été de tous les coups tordus un peu partout sur le continent africain avec son ancien compagnon, le très sulfureux Bob Denard, ne trouva rien à redire. Il rassembla rapidement une vingtaine de mercenaires, dont d'anciens paras et légionnaires et autres soldats de fortune. Le 11 juillet, l'équipe de mercenaires baptisée Saxo décolle du Bourget pour le Tchad à bord d'un C-130 de la compagnie Sfair, régulièrement sollicitée par la DGSE pour ses opérations clandestines. Pour brouil-

---

[a] Direction générale de la Sécurité extérieure ; nouvelle appellation du SDECE depuis 1982, à la suite de la restructuration opérée par François Mitterrand.

ler un peu les pistes, l'appareil fait escale au Caire, puis à Bangui où les mercenaires sont accueillis par un responsable de la DGSE qui les installe provisoirement dans un campement de fortune monté à la hâte à l'aéroport même, avant d'être transportés vers le Tchad.

Installés dans le camp militaire de Dubut près de N'Djamena, les mercenaires sont entraînés et formés au maniement des missiles anti-chars Milan par une équipe d'agents du service Action de la DGSE baptisée « groupe Omega ». Le 23, l'armée d'Hissène Habré, épaulée par les mercenaires de l'équipe Saxo, la CIA, les commandos du groupe Oméga et des instructeurs israéliens, entame la reconquête du Nord et reprend le contrôle de la palmeraie de Faya-Largeau. Les Libyens encaissent le coup et quelque temps après, début août, l'aviation libyenne contre-attaque en bombardant massivement Faya-Largeau, poussant ainsi les commandos de la force Oméga, Dulac et ses mercenaires à évacuer la ville en catastrophe.

Face à l'engagement agressif libyen, aux supplications d'Hissène Habré et aux pressions émanant des Américains et de certains chefs d'État africains nourrissant une hostilité viscérale vis-à-vis de Kadhafi et poussés par Washington, Mitterrand décide à son corps défendant de déclencher, dans la nuit du 10 au 11 août, l'opération Manta[41]. 3000 soldats français, rejoints par les troupes d'élite zaïroises entièrement équipées par les États-Unis, sont déployés au Tchad. Deux Rafale et six Jaguar atterrissent à N'Djamena, le 21. Les Américains ne sont pas loin : huit chasseurs F-15 Eagle sont déployés à Khartoum pour opérer au besoin au-dessus du territoire tchadien, de même que des Forces spéciales à N'Djamena, dont la présence est secrète. Kadhafi comprend le message. Les rebelles du GUNT stoppent leur avancée en direction du sud. « Les opérations sont gelées et le Tchad devient un autre front gelé de la Guerre froide » écrit Florent Séné[42]. Les rebelles de Goukouni et leurs alliés libyens se replient sur la bande d'Aouzou, leur fief du Nord tchadien.

Malgré l'important déploiement des éléments français, Paris laisse néanmoins la porte ouverte à la négociation. Le 15, Roland Dumas est de nouveau dépêché sous la tente du Guide libyen pour tenter de trouver une solution à la crise tchadienne. Ce dernier propose à l'émissaire français, primo, une coopération accrue avec la France «pour contrecarrer l'influence américaine au Tchad» — offre que n'écarte pas le président français pourvu que le bouillant colonel libyen abandonne toute prétention sur la partie sud du Tchad —, et secundo, un *deal* consistant à installer à N'Djamena un «troisième homme» après que chacun aura abandonné le sien : Habré pour la France et Goukouni pour la Libye. «Évidemment, je n'ai pas répondu à cette question. Je lui ai indiqué que j'en parlerai au Président de la République», précise Roland Dumas[43].

Mouammar Kadhafi fait également part de ses craintes à son interlocuteur qui dit comprendre sa préoccupation. «Le colonel Kadhafi a fait un tableau très sombre de l'encerclement dont la Libye était l'objet de la part des États-Unis d'Amérique et des pays alliés des Américains», explique M. Dumas. «Il a cité tous les pays qui étaient leurs alliés et toutes les menaces qui pesaient sur son pays. L'expérience qui a suivi et la fin du colonel tendraient à démontrer que ses informations et ses craintes n'étaient pas inexactes[44].»

Bien que l'analyse de la situation par le Guide ne soit pas dénuée de fondement, M. Dumas s'efforce de le rassurer. Le Français redoute en effet que pour briser cet encerclement, le Libyen se lance dans quelque nouvelle aventure militaire qui achèverait de déstabiliser toute la région. Après un long tête-à-tête entre les deux hommes, un compromis est enfin trouvé : les Libyens s'engagent à ne pas franchir le 15e parallèle — la «ligne rouge» selon Paris — qui coupe le Tchad en deux, et la France s'engage à demeurer au sud. «Si d'aventure quelques unités libyennes la franchissaient et se dirigeaient vers le sud, ce serait pour nous un casus belli», prévient Dumas.

Cet accord, qui scelle une partition de fait du Tchad et entérine d'une certaine manière l'expansionnisme rampant de la Libye, ne satisfait pas Habré qui veut recouvrer l'entière maîtrise du territoire national ni les Américains qui sont obsédés par la personne de Kadhafi et considèrent que la solution ultime est de l'éliminer. En France même, il est vivement dénoncé par une partie de la classe politique qui reproche au gouvernement d'avoir cru en la parole « d'un homme qui ne la tient jamais » ; pour l'opposition politique, Mitterrand « s'est laissé ridiculiser par Kadhafi ».

Les détracteurs de Mitterrand ne croyaient si bien dire que le 26 janvier 1984, un chasseur français Jaguar est abattu par un missile sol-air de fabrication soviétique vraisemblablement tiré par les Libyens. En riposte, le chef de l'État français décide de déplacer de cent kilomètres au Nord la « ligne rouge ». Peu après, neuf soldats français sont tués dans un guet-apens alors qu'ils examinaient la carcasse d'une automitrailleuse...

La tension monte. Mais à la surprise générale, Paris et Tripoli annoncent conjointement le 17 septembre, à la suite d'un accord négocié dans le plus grand secret par le ministre des Relations extérieures Claude Cheysson, un retrait unilatéral et simultané de leurs troupes du Tchad, sous la supervision d'observateurs neutres. Une commission mixte franco-libyenne chargée de contrôler le désengagement des troupes arrive à Faya quelques jours après. Washington tente de convaincre Paris de maintenir coûte que coûte une présence militaire au Tchad, en vain.

Débute alors côté français l'opération de désengagement « Silure » (du 15 octobre au 10 novembre) censée remplacer le dispositif Manta. Un groupe aéronaval est maintenu en Méditerranée centrale dans le cadre d'une opération ultra-secrète dénommée « Mirmillon » — une démonstration de force destinée à dissuader la Libye de mener une attaque au Tchad. Les Libyens évacuent le Tchad sans complètement démanteler leur dispositif militaire au Nord. Le 15 novembre, François

Mitterrand rencontre le colonel Kadhafi en Crète sous les auspices du premier ministre grec Andreas Papandreou...

Une opération sous faux drapeau[45] ?

Une fois réélu pour un second mandat en novembre, Reagan relance sa guerre secrète contre Kadhafi. Mais cette fois-ci, les Américains ne veulent pas jouer solo ; ils décident d'associer les Européens, jusque-là distants, à leur croisade contre la Libye. Le département d'État recommande l'envoi d'un émissaire spécial en Grande-Bretagne, en France et en Italie pour demander aux responsables de ces pays d'exercer plus de pression sur Kadhafi.

Il faut dire que la politique agressive du président Reagan à l'égard de la Libye n'enchantait pas trop les Européens, et ce même si certains d'entre eux ne s'embarrasseraient aucunement de la disparition du leader libyen. Le président Mitterrand, on l'a vu, avait opté pour la prudence. Il avait souvent ménagé le Guide suprême libyen, au grand dam de l'allié américain. Le Tchad constituait le seul facteur de discorde entre Paris et Tripoli. Malgré la suspicion que pouvait susciter le colonel Kadhafi, la Libye entretenait des rapports pour le moins cordiaux avec l'Europe occidentale, première bénéficiaire du brut libyen. De plus, l'affirmation américaine selon laquelle la Libye constituait la plus grande menace pour la paix mondiale exaspérait nombre de pays européens. Pas grand monde y accordait du crédit. « Au ministère britannique des Affaires étrangères, fait observer Howard Teicher, spécialiste bien connu du Moyen-Orient et membre du NSC[a] des États-Unis, nombreux étaient ceux qui se figeaient chaque fois que nous

---

[a] National Security Council (Conseil de Sécurité Nationale), institution dépendant directement de la Maison Blanche. Elle a un rôle de conseil, de coordination et parfois d'impulsion sur des questions de politique étrangère, de sécurité nationale, et plus généralement sur l'ensemble des questions stratégiques.

venions les mettre en garde contre la *prétendue*[a] menace libyenne[46]. »

La première fêlure importante dans les relations entre la Libye et un pays européen, notamment la Grande-Bretagne, se produit suite à la fusillade qui causa la mort de l'agente de police Yvonne Fletcher, le 17 avril 1984. La jeune femme, âgée de 25 ans, avait été tuée alors qu'elle était en faction près de l'ambassade de Libye à Londres, devant laquelle était organisée une manifestation d'opposants libyens en exil. À la suite de ce meurtre, la police britannique avait fait pendant onze jours le siège du Bureau Populaire (BP), d'où semblait provenir le tir meurtrier selon les services de renseignements britanniques[47]. Ce tragique incident, qui avait entraîné la rupture des relations diplomatiques entre Londres et Tripoli jusqu'en 1999, est l'un des épisodes les plus sombres des relations anglo-libyennes, avec l'attentat de Lockerbie en 1988. Mohammed Youssef el-Megaryef, le chef du FNSL, qui tentera quelques semaines plus tard de renverser Kadhafi avec le soutien du Soudan et de la CIA, pressa la première ministre Margaret Thatcher de prendre des mesures de rétorsion contre Tripoli[b].

La position de la Grande-Bretagne à l'égard de la Libye à la suite de cet évènement avait réjoui les Américains, qui avaient déjà rompu leurs relations diplomatiques avec la Jamahiriya depuis 1981, et insistaient auprès de leurs alliés européens pour qu'ils en fassent de même. Comme devait le reconnaître Vincent Cannistraro, qui était chargé des opérations clandestines contre la Jamahiriya au sein du CNS, l'assassinat de Mme Fletcher « fut la cause du changement d'attitude britannique à l'égard de Kadhafi. » Margaret Thatcher, elle-même, ne s'en est d'ailleurs pas caché. Elle affirma que « la Grande-Bretagne avait adopté une attitude beaucoup plus ferme que les autres pays européens depuis le meurtre de l'agente de police

---

[a] C'est nous qui soulignons.
[b] Voir Annexe 6.

Yvonne Fletcher en 1984[48]. » C'est dire l'importance que revêt cet incident dans les relations anglo-libyennes !

Mais que s'est-il réellement passé ?

Si les premiers éléments d'enquête de la police anglaise désignent les Libyens comme les responsables du tir meurtrier, le documentaire présenté sur la chaîne britannique Channel 4, le 17 avril 1996, et basé sur une enquête fouillée de neuf mois, met en lumière une série d'éléments plus que troublants : le rapport présenté par le pathologiste chargé d'examiner Yvonne Fletcher différait en de très nombreux points de celui de l'autopsie. Selon plusieurs experts en balistiques, la balle avait dû être tirée d'un endroit plus élevé que le premier étage de l'ambassade libyenne. Hugh Thomas, expert en balistique et ancien chirurgien consultant en chef de l'armée britannique en Irlande du Nord, estima que le tueur aurait dû se trouver au sixième étage d'un bâtiment attenant — le complexe du BP au moment des faits ne comportait pas six ou sept étages. Selon un autre expert en balistique, le lieutenant-colonel George Style, les blessures de l'agent Fletcher ne correspondaient pas à la version officielle prétendant que la balle mortelle provenait d'une mitraillette Sterling actionnée depuis le premier étage de l'ambassade libyenne. Le documentaire de Channel 4 prétend qu'elle provenait probablement d'un pistolet et qu'elle avait été tirée depuis le sixième étage d'un bâtiment contigu. Plusieurs dépêches suggèrent que le jour du drame, l'immeuble correspondant à la trajectoire de la balle était occupé par des agents des services secrets américains.

Cela expliquerait-il peut-être l'agitation des autorités britanniques dans cette sombre affaire ?

En 1994, Queenie Fletcher, la mère la policière assassinée, exprimait ses propres doutes sur la version officielle : « Je pense que le gouvernement en savait bien plus au sujet de cette manifestation que d'aucuns le prétendent ; il savait que quelque chose de différent se préparait, mais le message ne fut pas transmis. La police aurait dû s'y prendre autrement pour contrôler la manifestation et des agents comme Yvonne n'auraient pas dû être là. »

À en croire les journalistes de Channel 4, des agents des services secrets américains présents sur les lieux avaient probablement découvert que les agents de sécurité du BP auraient pu être amenés à ouvrir le feu sur les manifestants. En tuant un officier de police, les agents américains faisaient en sorte que le gouvernement de Sa Majesté se voit contraint, sous la pression de l'opinion publique, de soutenir les États-Unis dans leur campagne contre la Libye.

Un complément d'enquête présenté par Channel 4 deux ans plus tard, en été 1997, dans un documentaire en deux parties de la série *Dispatches*, suggère que le meurtre de la policière avait été perpétré par une mystérieuse organisation anti-Kadhafienne dénommée Al-Burkan et financée par la CIA et le Mossad. Elle s'est illustrée dès 1983 en assassinant des diplomates libyens à Rome et à Vienne. Le chef de ce groupe criminel, Ragab Zatout, avait participé à l'attaque du 8 mai 1984 contre la caserne Bab al-Azizyah. L'arme du crime, un pistolet muni d'un silencieux, avait appartenu à une organisation criminelle basée en Allemagne. La justice allemande a pu établir que l'arme qui a tué Y. Fletcher avait été, à l'origine, transportée de Berlin à Londres à bord d'une Mercedes. Les procureurs allemands qui se sont intéressés à l'histoire ont constaté que leur empressement à jeter une nouvelle lumière sur ce malheureux incident n'avait pas son équivalent du côté britannique, où l'on s'empressait de classer l'affaire. Plus grave, on apprit aussi que les services de renseignement américains et britanniques étaient au courant, deux mois au moins avant l'incident, qu'on allait assassiner un policier[49].

Dès lors, comment ne pas comprendre l'agitation et l'hypocrisie des autorités britanniques qui affirmèrent à la mère de l'innocente victime que la réouverture du dossier de sa fille serait trop « pénible »[50] ?

L'assassinat d'Yvonne Fletcher présente toutes les caractéristiques d'une opération sous faux-drapeau ayant pour objectif déclaré de forcer la Grande-Bretagne à revoir — quitte à durcir — sa politique à l'égard de la Libye. Il entraîna ce que ses auteurs espéraient de tous leurs vœux : une bonne partie de l'opinion publique en Occident se retourna contre la Jamahiriya ; Londres expulsa trente employés du BP et suspendit ses relations diplomatiques avec Tripoli, tout en y maintenant une section des intérêts britanniques via l'ambassade d'Italie[a]. Washington pouvait maintenant compter sur l'appui d'un nouvel allié, Européen de surcroît, dans sa croisade contre Mouammar Kadhafi. Selon Cannistraro, le meurtre de la policière « constituait assurément un facteur primordial entraînant la décision du gouvernement britannique d'accorder son soutien au raid aérien » américain sur Tripoli et Benghazi, en 1986. Nous y reviendrons…

Des projets « inspirés directement du Seigneur »

En mars 1985, la CIA établit un nouveau rapport sur les activités subversives du colonel Kadhafi. Comme dans les rapports précédents, on poussa un peu plus le bouchon quitte à forcer un peu plus le trait dans l'horreur. On y décrivait des activités subversives libyennes aux quatre coins de la planète. La main du Guide était vue partout : Guatemala, Chili, Liban, Pakistan, République dominicaine, Salvador, Colombie, Espagne, Australie, Irak, Namibie, Sainte-Lucie, Grande-Bretagne, Bangladesh, Thaïlande, Turquie, Niger, Philippine, Antigua... « Kadhafi va avoir un comportement de plus en plus outrancier sur la scène internationale dans les mois qui viennent », prédisent les responsables américains.

À la même période, la CIA et le Mossad orchestrent dans la presse une campagne de propagande présentant le colonel Kadhafi comme le diable, le mal personnifié, le parrain du ter-

---

[a] Voir Annexe 7.

rorisme international, le dirigeant fantasque, illuminé... *Le département de guerre psychologique du Mossad (LAP : LohAma Psicologit) colportait des histoires insinuant que le leader libyen était un obsédé sexuel*[51], dont le comportement frisait la schizophrénie, voire la folie. On fabriquait des photographies le montrant avec des femmes dans des positions sexuelles explicites[52] ou laissant entendre qu'il était homosexuel; on prétendait qu'il était atteint d'une maladie vénérienne, qu'il avait un trouble de personnalité aigu qui le poussait à avoir constamment recours à la chirurgie esthétique, et les psychiatres de la CIA peignaient un portrait de lui qui n'avait rien à voir avec la réalité... Tous ces clichés caricaturant le colonel mégalomane faisaient les choux gras des médias occidentaux qui les répercutaient avec délectation. Cette campagne de salissage et de dénigrement perdurera des années durant, au point que le public ne gardera du dirigeant libyen — dont les excentricités, faut-il le dire, se passent de tout commentaire — qu'une image caricaturale brossée par des experts en manipulation de la CIA et du Mossad.

Le 30 avril, Ronald Reagan signe la directive 168 portant sur « la politique américaine envers l'Afrique du Nord. » Un groupe inter-agences est formé pour « revoir la stratégie américaine envers la Libye et préparer des options pour contenir les activités subversives de Kadhafi[a]. » Tous les services américains furent mobilisés pour traquer les moindres mouvements des Libyens. Les « grandes oreilles » de la NSA décryptaient sans relâche les communications libyennes ; les activités avec les Soviétiques et d'autres États étaient scrutées à la loupe quotidiennement. Dans le cadre de l'opération « Marche d'escalier », la VIe flotte se déploya de manière visible au large des côtes libyennes, histoire de provoquer le colonel libyen.

Malgré l'hostilité déclarée des États-Unis à son endroit, Kadhafi n'en multiplie pas moins, tout au long de l'année 1985,

---

[a] Voir Annexe 8.

les tentatives de dialogue avec son meilleur ennemi. Tantôt à travers les Grecs, les Saoudiens, les Marocains... ou tout simplement à l'ONU. Il reçoit secrètement William Wilson, l'ambassadeur des USA au Vatican et grand ami de Reagan ; son homme de main, Ali Hijazi, homme d'affaires libano-centrafricain, rencontre à Washington l'amiral John Poindexter, le conseiller du président pour les affaires de sécurité nationale. Mais tous ces signaux d'ouverture de la part des Libyens ne débouchent sur rien, l'administration américaine jugeant que Kadhafi n'est pas crédible. Donc pas question de relâcher la pression.

Lors d'une réunion à la Maison Blanche à la mi-juillet, McFarlane fait remarquer que ni les sanctions économiques ni la pression diplomatique n'avaient pu freiner le colonel libyen. Il préconisa des mesures plus énergiques. « Flower » est le nom de code ultrasecret donné à l'ensemble des opérations anti-Kadhafi. « Tulip », l'une de ses composantes, est le nom de code d'une action secrète de la CIA visant à renverser le colonel Kadhafi en s'appuyant sur les groupes d'exilés libyens, dont le FNSL ; « Rose » est un autre nom de code désignant une attaque préventive contre la Jamahiriya en collaboration avec des alliés, en particulier l'Égypte[53]. Les États-Unis fourniraient l'appui aérien nécessaire dans le cadre d'un plan d'invasion permettant de conquérir une partie du territoire libyen et ainsi provoquer la chute de Kadhafi.

Ronald Reagan déclare au petit groupe de personnalités civiles et militaires du CNS au parfum de ce projet qu'il ne fallait pas s'inquiéter de la directive interdisant l'assassinat des dirigeants étrangers; il en assumerait personnellement la responsabilité si le dirigeant libyen était tué. « La pression clandestine de *Tulip* et les préparatifs militaires de *Rose* étaient conçus pour se renforcer mutuellement. Mais, si les deux opérations échouaient, elles pourraient à elles deux déclencher en Libye un tel état d'alerte et de crise que des éléments anti-Kadhafi parmi les militaires libyens pourraient le renverser[54]. » Dans le plus grand secret, on rédigea le texte du discours que prononcerait

Reagan pour annoncer une opération préventive ou de représailles.

Peu de temps après, l'amiral John Poindexter, le patron du CNS, débarque au Caire pour s'entretenir avec le président égyptien Hosni Moubarak au sujet de l'opération « Rose ». Mais l'Égyptien aurait très vite coupé court à l'idée : « Écoutez, amiral quand nous déciderons d'attaquer la Libye, ce sera notre décision et à notre heure. » Au Congrès et au Sénat, des voix se sont élevées contre le projet étant donné qu'il contrevenait à la directive présidentielle interdisant l'assassinat des dirigeants étrangers.

Cette affaire est éventée le 3 novembre lorsqu'une source non identifiée révéla au *Washington Post* certains détails du plan secret. Furieux, Ronald Reagan et le directeur de la CIA, William Casey, sont obligés de tout suspendre, sans toutefois y renoncer. Le secrétaire d'État George Schulz déclarera plus tard qu'il s'agissait d'un plan « délirant »...

• • •

À la Maison Blanche et à Langley (le siège de la CIA), on était si obsédé par la personne du colonel Kadhafi que certains responsables américains affirmèrent que les projets anti-Kadhafi étaient « inspirés directement du Seigneur. » La CIA et le CNS établissaient plus de rapports sur la Jamahiriya que sur n'importe quel autre pays dans le monde[a]. « Le nombre de réunions et l'attention consacrée à Kadhafi excédaient l'importance relative de la Libye. On s'intéressait parfois plus à ce pays qu'à l'URSS », souligne le célèbre journaliste américain Bob Woodward.

Le détournement d'un avion de ligne égyptien fin novembre, suivi d'attentats perpétrés, le 28 décembre, dans les aéroports de Rome et de Vienne par le groupe d'Abu Nidal —

---

[a] Voir Annexes 9, 10, 11.

dont on sait aujourd'hui qu'il était contrôlé par le Mossad — et qui ont coûté la vie à vingt personnes, dont cinq Américains, vont renforcer Reagan dans sa guerre ouverte contre le colonel Kadhafi; et ce même si les preuves d'une implication libyenne font défaut et que les enquêtes des services de sécurité italiens et autrichiens, les premiers concernés, ont conclu à une implication de la Syrie[55] — information par ailleurs confirmée par le ministre de la Défense israélien. Le ministre autrichien de l'Intérieur prit même soin de préciser qu'« aucune piste ne lie la Libye à ces attentats ».

Mais qu'importe ! Pour Ronald Reagan et ses faucons, Kadhafi est le coupable désigné de tous les actes terroristes qui frappent la planète. Le 7 janvier 1986, Washington porte la guerre sur le terrain économique en décrétant unilatéralement un embargo commercial contre la Libye, sans consulter les Européens, attendant que ceux-ci les imitent. Les six compagnies pétrolières américaines (Conoco, Oasis, Grace, Occidental, Marathon et Amerada Hess) encore présentes en Libye plient bagage, tout en y conservant, par le biais des filiales étrangères ou d'accords divers [*Standstill agreements*] passés avec des sociétés non américaines, l'essentiel de leurs intérêts. Ronald Reagan ordonne dans la foulée le rapatriement de tous les citoyens américains de la Libye — appel qui ne sera pas vraiment suivi d'effet, au point que l'on dénombrera près de six cents ressortissants américains en Libye, en 1987.

Dans l'entre-temps, Washington va profiter d'une énième crise qui vient d'éclater entre la France et la Libye à propos du Tchad pour « régler le problème Kadhafi ». Les hommes de Goukouni appuyés par la Libye ont en effet relancé les opérations militaires contre N'Djamena en ce début février. François Mitterrand a immédiatement ordonné la mise en place de l'« opération Épervier » destinée à s'opposer à toute progression libyenne vers le sud. L'aviation française, sur ordre du président, a détruit la piste de l'aéroport militaire d'Ouadi-Doum situé à la limite de la « ligne rouge » et à partir duquel sont ravitaillées les colonnes du GUNT engagées dans les combats.

Les Américains voient donc dans ces nouveaux incidents une occasion rêvée de finir ce qu'ils avaient commencé au Tchad. Le 25 février, l'envoyé spécial du président Reagan, l'ambassadeur américain à l'ONU, le général Vernon Walters, ex-numéro 2 de la CIA, propose à François Mitterrand une action militaire commune contre la Libye. Deux options sont mises sur la table : une attaque par mer à partir du golfe de Syrte qui longe les côtes tripolitaines et vers lequel se dirige un porte-avions américain ; ou sur terre, au nord à la frontière tchado-libyenne. L'émissaire américain ne mâche pas ses mots : « Nous avons un engagement continu face à Kadhafi. Nous continuerons à essayer de l'isoler, car nous estimons qu'il est irrécupérable. Vous êtes les seuls, vous les Français, à avoir osé l'affronter militairement. Maintenant, nous les Américains, pensons que le moment serait propice pour faire quelque chose. Nous voudrions voir ce que nous pourrions faire pour être utile dans cette affaire[56]. »

Même s'il est ouvert à l'idée d'une collaboration limitée avec les Américains dans le domaine de l'observation et du transport du matériel militaire lourd au Tchad, François Mitterrand rejette toute idée d'alliance militaire avec les États-Unis contre Kadhafi. À la délégation américaine arrivée à Paris, début mars, pour discuter de l'éventualité d'une action conjointe contre la Libye, le chef d'état-major particulier du président français, le général Forray, a rappelé la position de son chef : « Il ne peut y avoir ni coalition ni collusion apparente qui ressouderait le monde arabe autour de Kadhafi[57]. » Les Français refusent également de participer aux manœuvres américaines prévues dans le golfe de Syrte...

Durant cette période, l'élément clé qui manquait à la clique de comploteurs de la Maison Blanche pour lancer une attaque préventive contre la Libye, était une preuve absolue liant Kadhafi à une action terroriste précise. La CIA élabora alors une série d'opérations psychologiques destinées à maintenir la pression sur le dirigeant libyen. On faisait circuler des histoires inventées de toute pièce dans la presse et dans les magazines publiés à l'étranger pour l'énerver et lui faire perdre confiance en lui. D'après une formule de Reagan, il fallait forcer le leader libyen « à se demander, chaque fois qu'il va se coucher, ce que nous allons faire. » Le Pentagone envoyait des avions de chasse au large des côtes libyennes pour provoquer et « humilier » Kadhafi, affirme Casey.

La tension atteint son apogée en mars lorsque des navires de la VIe flotte et des avions de l'US Air force pénètrent à nouveau dans le golfe de Syrte dans le cadre des manœuvres de l'« opération Feu de prairie ». En l'absence de réaction côté libyen, l'opération fut renouvelée le lendemain, puis encore et encore jusqu'à ce que les avions américains essuient des tirs de missiles SAM libyens. La riposte américaine détruit cinq vedettes libyennes avec plus de deux cents hommes à bord et un poste de défense anti-aérienne. Les Yankees prétendirent que ce sont les Libyens qui avaient tiré en premier sur leurs avions alors que ceux-ci étaient au-dessus des eaux internationales, à quarante milles des côtes libyennes.

Mais le récit d'un groupe d'ingénieurs britanniques chargés de réparer les systèmes de radar libyens au moment des faits diffère de celui du Pentagone. Ces ingénieurs, qui avaient passé les deux jours de combat devant les écrans radars, affirmèrent que les avions américains n'étaient pas au-dessus des eaux internationales, mais survolaient bel et bien le territoire libyen. « J'ai vu les avions pénétrer à 10 kilomètres au moins dans l'espace aérien libyen », raconta l'un d'entre eux; et d'ajouter : « Il me semble que les Libyens étaient tout simplement obligés de riposter. D'après ce que j'ai vu, ils ont été réticents à réagir[58]. »

Quelques jours après ces accrochages, Reagan convoque dans le bureau ovale de la Maison Blanche une réunion secrète de planification stratégique pour discuter des différentes options devant conduire à l'élimination du leader libyen. Oliver North, l'adjoint de l'amiral Poindexter qui pilote le groupe de travail *ad hoc* dénommé *Crisis Preplanning Group*, propose quatre plans d'action : 1) faire débarquer de nuit sur les côtes libyennes, non loin de Tripoli, les commandos des Navy Seal, « l'élite de l'élite » de l'armée américaine chargée des missions les plus périlleuses ; 2) lancer à partir d'un sous-marin un missile de croisière de type Tomahawk contre la caserne Bab al-Azizyah ; 3) utiliser contre Tripoli, à partir de la base de Rota, en Espagne, le Northrop B-2 Spirit, appareil ultrasecret également surnommé *Stealth Bomber* ; 4) mener un double raid sur Tripoli et Benghazi à partir de la base de Lakenheath (dans le Suffolk en Angleterre) et des porte-avions de la VIᵉ flotte qui mouillent non loin des côtes libyennes.

Le chef d'état-major interarmées, l'amiral William Crowe, et le général Charles Gabriel, patron de l'US Air Force, qui assistent à cette réunion, s'opposent aux trois premières recommandations. Le risque de voir un des membres des Navy Seal tué ou, pire, capturé... ou encore de voir la technologie révolutionnaire du *Stealth Bomber* déchiffrée par une force ennemie, en l'occurrence l'URSS, est élevé. Mais tous les participants, y compris le président qui s'est très peu exprimé tout au long de la réunion, approuvent la dernière proposition : le bombardement de Benghazi et de Tripoli. Restait plus qu'à trouver le bon prétexte pour déclencher les foudres.

Celui-ci arrive quelques semaines plus tard, dans la nuit du 5 avril, lorsqu'une bombe explose dans une discothèque à Berlin-Ouest, faisant un mort et une cinquantaine de blessés parmi les soldats américains[a]...

« *Nous allons tuer Kadhafi* »...

L'attentat contre la discothèque La belle, très fréquentée par les militaires américains stationnés à Berlin-Ouest, n'est pas revendiqué, mais des communications interceptées par les

----

[a] L'attentat contre la discothèque La Belle a fait au total deux morts (une Allemande d'origine turque et un soldat américain) et près de deux cent cinquante blessés.

stations d'écoute de l'OTAN et de la National Security Agency (NSA) mettent les États-Unis sur la piste de la Jamahiriya[59]. «Il existe la preuve tout à fait claire que les Libyens y sont pour quelque chose», affirme Richard Burt, l'ambassadeur américain à Berlin. «En moins d'une journée, nos services de renseignement établirent qu'il y avait eu des conversations avant et après cet attentat entre les diplomates libyens à Berlin-Est et le quartier général de Kadhafi à Tripoli», racontera Reagan dans ses mémoires. Lui qui cherchait désespérément un *casus belli* pour en finir une fois pour toutes avec Kadhafi, avait là une occasion en or pour mettre à exécution son plan d'action contre son ennemi juré.

Après plusieurs réunions de crise à la Maison Blanche, l'option retenue, on l'aura deviné, est de s'en prendre aux quartiers généraux militaires de Tripoli et de Benghazi. Le 8 avril vers 23 heures, Ronald Reagan s'entretient au téléphone avec la première ministre britannique Margaret Thatcher et lui demande l'autorisation d'utiliser les chasseurs-bombardiers F-111 basés au sud-est de la Grande-Bretagne pour frapper la Libye. Mais celle-ci est réticente. À l'époque, cinq mille citoyens britanniques se trouvaient en Libye et des otages britanniques étaient détenus au Liban. Le gouvernement britannique craignait un cycle de représailles contre ceux-ci au cas où il apportait son soutien aux opérations américaines à venir contre la Libye.

Après plusieurs heures d'hésitation, Madame Thatcher donne finalement son aval sans consulter son cabinet. Trois jours plus tard, le 11, le général Vernon Walters, l'envoyé spécial américain, saisit officiellement les autorités françaises d'une demande d'autorisation de survol du territoire français par les bombardiers et les avions ravitailleurs qui doivent partir de la Grande-Bretagne. Mais l'Élysée et Matignon y opposent une fin de non-recevoir. «Il est tout à fait exclu que la France soit mêlée à cette affaire», tranche le premier ministre Jacques Chirac, qui redoute qu'une action militaire sous l'égide des États-Unis contre la Libye n'enflamme le monde arabe et déclenche des réactions hostiles.

Malgré l'insistance du général Walters revenu plaider la cause américaine dans les bureaux de François Mitterrand et de Jacques Chirac la veille du déclenchement des frappes, les autorités françaises refusent aux bombardiers américains partis de leur base anglaise le survol du territoire français, les contraignant à un détour de plusieurs centaines de kilomètres.

S'adressant au peuple américain, le 14, Ronald Reagan déclare : « La preuve de l'implication de la Libye dans l'attentat de la Belle est directe, elle est précise, elle est irréfutable. Nous avons des preuves très solides concernant d'autres attaques planifiées par Kadhafi. » Dans la nuit du 15, l'opération baptisée « Eldorado Canyon » est déclenchée. En l'espace d'une demi-heure, dix-huit bombardiers F-111, appuyés par quatre avions de contre-mesure électronique EF-111A Raven du 20th Tactical Fighter Wing, larguent soixante tonnes de bombes sur Tripoli et Benghazi. « Nous avons fait ce que nous devons faire, et nous le referons s'il le faut », déclare Reagan, tout triomphant.

Les dégâts sont importants. Et à la grande surprise des Libyens, l'allié soviétique n'a pas bougé d'une semelle. Cet immobilisme est la résultante de deux facteurs. Primo, le Kremlin s'inquiétait de plus en plus des rapports sur le rôle de « grand marionnettiste » du terrorisme international prêté au colonel Kadhafi et commença à prendre ses distances, tout en évitant de rompre officiellement avec Tripoli. Lors d'une réunion privée des diplomates et d'officiers du KGB à Londres, en 1984, le responsable politique des *Izvestia*, Alexandre Bovin, proche du pouvoir russe, qualifia le colonel de « criminel » et de « fasciste »[60]. Le second facteur tient au réchauffement des relations qui s'est opéré entre Moscou et Washington quelques mois plus tôt, en novembre 1985, lorsque Mikhaïl Gorbatchev, secrétaire général du PC soviétique, a rencontré Ronald Reagan qui venait d'être réélu à la tête des États-Unis.

En outre, Mouammar Kadhafi ne semble pas avoir mesuré la portée de la rencontre Gorbatchev-Reagan et il a été le premier à en subir les conséquences. Car dès février 1986,

Moscou a été secrètement prévenu des intentions américaines. Oleg Peresidkin, l'ambassadeur de l'URSS à Tripoli, était au courant de ce qui se tramait, mais n'en informera pas le Guide. La flotte soviétique qui mouillait en Méditerranée, non loin des côtes libyennes, avait vraisemblablement reçu l'ordre de regarder ailleurs en cas de confrontation entre Libyens et Américains. Livré à lui-même, le raïs libyen subira seul les foudres de l'opération Eldorado Canyon...

Les raids, censés toucher les objectifs strictement militaires, font une soixantaine de morts parmi la population civile, dont la fille adoptive du colonel Kadhafi, et des centaines de blessés. Les sept autres enfants du Guide ainsi que sa femme durent être hospitalisés suite aux blessures et au choc subis. L'ambassade de France située dans un quartier résidentiel fut également détruite. Kadhafi aurait eu la vie sauve grâce à l'ancien président du Conseil italien, Bettino Craxi, qui expliqua avoir envoyé un émissaire en Libye pour prévenir le Guide que les avions américains se dirigeant vers la Libye allaient tenter de le tuer. Une autre source, beaucoup plus discrète celle-là, a joué un rôle dans ce sens : il s'agit de Philip Ichpekov, ambassadeur de Bulgarie en Libye de 1982 à 1991. Mis au parfum de l'opération américaine en préparation par les services de son pays, le KDS (Komitet za Darzhavna Sigurnost), il en informa, à son tour, le colonel Kadhafi[61]...

Officiellement, l'opération « Eldorado Canyon » ne visait pas le raïs libyen. « Il n'y avait ni ordre d'assassiner Kadhafi ni directive administrative demandant de le traquer », avait alors déclaré un haut responsable américain. Mais personne n'était dupe. Les raids de l'aviation américaine sur Tripoli visaient la liquidation physique du dirigeant libyen. Lorsqu'il téléphone Jacques Chirac, le 11, soit quatre jours avant l'opération, pour lui demander d'autoriser les bombardiers américains à survoler l'espace aérien français, Ronald Reagan ne dissimule pas sa véritable intention : « Nous allons tuer Kadhafi. J'ai besoin pour cela que nos bombardiers puissent traverser votre territoire[62]. »

Une source gouvernementale américaine devait confier à Seymour Hersh[63], considéré comme l'un des meilleurs journalistes d'enquête américains, que les responsables civils et militaires ayant mis sur pied cette opération avaient « dissimulé leur dessein avec un grand savoir-faire. » Car ni la résidence privée du Guide libyen ni la tente sous laquelle il travaillait ne furent désignées comme cibles par le Pentagone. Les pilotes des F-111 chargés d'exécuter la mission, assis côte à côte dans le poste de pilotage, reçurent séparément des directives précises accompagnées de photos de reconnaissance montrant, s'il faut en croire un haut responsable militaire américain, « l'endroit où se trouvait Mouammar Kadhafi, ainsi que celui où se trouvait sa famille. » L'information sur le lieu où se trouvait le Guide avait été fournie par les services secrets israéliens. Reagan, note Hersh, disposait de deux textes pour son discours télévisé. L'un des deux — celui qu'il n'a pas lu — prévoyait d'absoudre l'exécutif de toute préméditation d'homicide au cas où Mouammar Kadhafi serait tué.

Mais le Guide libyen est sorti indemne de cette attaque violente et s'est lancé, comme à ses habitudes, dans une longue diatribe, parfois injurieuse, contre le « grand Satan » américain. Il proclame avoir remporté une « grande » victoire sur les Yankees qui ont échoué à le tuer ; l'adjectif « Grande » est rajouté au nom officiel du pays, qui devient la « Grande Jamahiriya arabe libyenne populaire et socialiste » (GJALPS). La partie bombardée de sa résidence de Bab al-Azizyah est laissée en l'état en souvenir des bombardements...

Même si le dirigeant libyen n'a pas été liquidé, pour les analystes de la CIA, les bombardements ont en tout cas permis d'affaiblir son pouvoir, et une pression internationale accrue réduirait considérablement ses chances de survie politique, estiment-ils[a].

---

[a] Voir Annexe 12.

Sur la scène internationale, les critiques n'ont pas tardé. Plusieurs pays ont en effet condamné les bombardements américains, y compris l'Assemblée générale des Nations unies. La résolution 41/38 du 20 novembre « condamne l'attaque militaire commise contre la Jamahiriya arabe libyenne socialiste le 15 avril 1986, qui constitue une violation de la Charte des Nations unies et du droit international. » Pour l'Assemblée des communautés européennes, ces raids apparaissent comme « une menace sérieuse pour la paix et la sécurité internationale. » Des voix se sont également élevées au parlement britannique pour fustiger la première ministre Margaret Thatcher qui a permis aux Américains d'utiliser une base britannique pour mener à bien les bombardements. L'ambassadeur Anthony Acland, qui prendra ses fonctions à Washington quelques semaines après, a dû faire comprendre aux responsables américains que dans le futur, Londres allait exiger des « preuves plus convaincantes » avant d'autoriser les États-Unis à utiliser ses bases pour frapper la Libye.

Des centaines de plaintes furent introduites aux États-Unis contre la Maison Blanche et le département de la Défense au nom de tous ceux qui avaient été blessés et tués par ces bombardements. Les plaignants, qui demandaient jusqu'à cinq millions de dollars de dédommagement, étaient non seulement Libyens, mais aussi Grecs, Égyptiens, Libanais et Yougoslaves. Mais leur requête fut rejetée et la Cour suprême américaine refusa d'entendre leur cause[64].

Comme dans les actes terroristes passés attribués à tort et volontairement par l'administration américaine à Tripoli, l'implication de la Jamahiriya arabe libyenne dans l'attentat contre la discothèque La Belle n'est pas avérée. Les accusations américaines ne reposaient pas sur des éléments probants. Le texte original non expurgé des communications [entre Tripoli et le Bureau Populaire à Berlin-Est] interceptées par les « grandes oreilles » de la NSA, puis décodées avec l'aide du BND (Bundesnachrichtendienst), l'équivalent allemand de la CIA, n'a jamais été rendu public. Selon le magazine allemand *Der Spiegel*,

Américains et Allemands avaient une interprétation différente des messages décryptés.

En janvier 1987, un haut responsable allemand confie à Seymour Hersh que le gouvernement allemand restait « sceptique » à l'égard des accusations américaines contre la Libye. Interviewé plusieurs fois par un G.I américain, journaliste pour le *Stars and Stripes*, le journal de l'armée américaine à Berlin, le directeur du Staatsschutz (l'équivalent à Berlin-Ouest du FBI) Manfred Ganschow, déclare : « Il n'y a pas de filière libyenne, il n'y a aucun indice, nous n'y croyons pas ». Le journaliste-GI rétorque : « Voyons, M. Helmut Kohl, le chancelier allemand, admet maintenant une certaine plausibilité dans l'histoire libyenne de Reagan » ; l'enquêteur allemand de lui répondre : « Bon, les politiciens doivent faire ce qu'ils ont à faire, et ils donneront leur version, mais moi, je vous dis seulement ce que sont les faits, et les faits sont qu'il n'y a aucun indice[65]. » Il enfonce le clou quelque temps après en faisant valoir qu'il s'agit d'une affaire éminemment politique. « Certaines des preuves mentionnées à Washington, dit-il, n'en sont peut-être pas du tout. Il ne s'agit que de présomptions politiques, avancées pour des raisons politiques. »

Plusieurs capitales européennes ont exprimé de sérieux doutes sur l'implication de la Jamahiriya arabe libyenne dans l'attentat contre la discothèque. « N'importe quel tribunal objectif aurait acquitté Kadhafi, faute de preuve », estima un responsable de l'antiterrorisme britannique. En France particulièrement, on n'accordait aucun crédit à la version américaine. Même si l'Hexagone est disposé à freiner l'élan expansionniste du colonel Kadhafi au Tchad, même si certains hauts responsables politiques français (notamment le président Mitterrand) désirent, malgré le refus de survol du territoire français par les avions américains, que les États-Unis infligent des dommages importants à la Libye et non « une simple piqûre » comme le révélera plus tard le secrétaire à la Défense Caspar Weinberger[66], personne en France, en tout cas parmi l'élite dirigeante, n'était convaincu de la véracité des accusations portées contre la Libye.

Une importante délégation américaine conduite par Vernon Walters dans plusieurs capitales européennes n'avait pas réussi à convaincre les gouvernements français, allemand, italien et espagnol du bien-fondé des fameuses preuves « irréfutables » incriminant la Libye dans l'attentat contre la discothèque La Belle. Lorsque les Américains demandèrent aux Européens de les appuyer dans leur croisade contre la GJALPS, ceux-ci se montrèrent très réticents. Les Allemands, qui sont eux-mêmes directement concernés par l'attentat, n'ont pas cédé aux sollicitations américaines demandant des mesures de rétorsion politiques et économiques contre la Libye. Helmut Kohl aurait dit à la délégation américaine que les États-Unis ne devaient pas compter sur un soutien inconditionnel des pays européens. La France, on l'a vu, a refusé aux bombardiers américains le survol de son territoire. « Nous étions tous d'accord pour ne pas laisser les Américains survoler le territoire national », confie Éric Desmarest, alors directeur de cabinet du ministre des Affaires étrangères, Jean-Bernard Raymond. « Ils voulaient tout de même attaquer un pays sans être en guerre avec lui, sans mandat des Nations unies et sans avoir la preuve absolue de la culpabilité de Kadhafi. Nous avons estimé que nous n'avions pas à nous rendre complices de cette opération, qui était un peu un acte de piraterie internationale[67]. » Sollicité, le gouvernement italien adopta la même attitude; l'Espagne tergiversa, ce qui contraignit l'armada américaine à passer par le détroit de Gibraltar. « Cela a ajouté douze à quatorze heures de vol. Pendant ce temps, Kadhafi s'est mis à l'abri », ironisa Roland Dumas.

Le 15 avril 1987, à l'occasion du premier anniversaire des raids américains, la BBC a préparé une rétrospective de l'affaire. Au cours de celle-ci, les journalistes ont passé en revue tout le contexte et ils sont allés voir les agences de renseignement européennes pour obtenir leur aide. Leur conclusion est sans équivoque : toutes les agences de renseignement européennes, y compris celles des gouvernements les plus conservateurs, ont affirmé qu'elles ne voyaient aucune vraisemblance dans l'idée d'une implication libyenne dans l'attentat contre La Belle[68]. À Washington même, « certains hauts responsables en déduisirent que la responsabilité de la Libye était loin d'être certaine », note Seymour Hersh. Petit détail non sans intérêt : cette discothèque était connue pour avoir une clientèle majoritairement noire. Or les Libyens n'avaient pas l'habitude de s'en prendre aux minorités, surtout pas les Noirs.

Fin 1988, les autorités allemandes annoncent la clôture de l'enquête. Cinq suspects sont appréhendés quelque temps après en Italie, en Grèce et à Berlin. Il s'agit de trois employés du BP à Berlin-Est : Musbah Eter, Yasser Chraïdi et Ali Chanaa, ainsi que deux femmes : l'Allemande Verena Chanaa, la compagne d'Ali et Andrea Haeusler, la sœur de Verena.

Au terme d'un procès qui dura près de quatre ans sous la direction du procureur Detlev Mehlis, la justice allemande rendit son verdict. Nous sommes en novembre 2001. Verena Chanaa, accusée d'avoir introduit la charge explosive dans la discothèque, et le Palestinien Yasser Chraïdi, considéré comme « l'organisateur » du complot, ont été condamnés à quatorze ans de prison. Le Libyen Musbah Eter, qui n'avait de cesse de charger les autres coaccusés durant le procès, et le Palestinien Ali Chanaa ont écopé de douze ans. La sœur de Verena, Andrea Haeusler, présente sur les lieux le soir de l'attentat, a été acquittée, faute de preuves.

Selon la cour d'assises de Berlin, la Libye porte « au minimum une coresponsabilité considérable » dans l'attentat contre la discothèque La Belle. Même si la cour a établi comme mobile le désir de la Libye de se venger des pertes matérielles et humaines subies lors des exercices militaires américains dans le golfe de Syrte dix jours plus tôt, aucun élément probant durant le procès n'a permis d'établir la responsabilité du colonel Kadhafi dans cette affaire. Mieux, l'enquête menée par les journalistes allemands du magazine *Frontal* de la chaîne publique ZDF a permis de mettre en lumière plusieurs faits pour le moins troublants[69] : l'un des accusés, Yasser Chraïdi, considéré comme le cerveau de l'attentat, est très probablement innocent et a été utilisé comme bouc émissaire par la CIA et les services secrets allemands. Les preuves contre lui étaient si insignifiantes qu'un juge berlinois menaça de le relâcher si on ne lui fournissait pas quelque chose de plus solide. Musbah Eter, qui n'arrêtait pas de charger les autres coaccusés, était en réalité un ancien agent de la CIA. Il dirigeait une entreprise de commerce international qui servait de couverture à des opérations secrètes de l'Agence. Dans son « deal » avec la poursuite, il était prévu qu'il témoigne à charge contre le Palestinien en échange d'un abandon de poursuite à son endroit. Ayant accepté l'entente, il va témoigner le lendemain à l'ambassade d'Allemagne ; le mandat d'arrêt le visant est aussitôt levé. Et pensant ne courir aucun risque, il s'envole pour l'Allemagne où il sera tout de même appréhendé.

Selon les journalistes de *Frontal*, qui s'appuient sur des notes des services secrets est-allemands qui surveillaient de près Eter, l'homme travaillait au BP de Berlin-Est, mais se rendait fréquemment à l'ambassade américaine. Selon le *German Law Journal*, le couple Chanaa travaillait également comme responsables de la collecte de renseignements sur les Arabes à Berlin-Ouest pour le compte du ministère est-allemand de la Sécurité de l'État depuis 1982. Tout laisse donc penser que les individus impliqués dans cette affaire étaient tous manipulés par les services de renseignement occidentaux.

Plus troublant encore, certains suspects clés n'ont pu témoigner devant la cour, car ils étaient couverts et protégés par les services occidentaux. C'est notamment le cas d'un groupe de criminels professionnels impliqués dans l'attentat et pistés par les journalistes de *Frontal*. Ce groupe était dirigé par un certain Mahmoud Abu Jaber, considéré comme un informateur de la CIA. Mohamed Amairi, son bras droit, était un agent du Mossad israélien selon son avocat Odd Drevland. Un rapport des services secrets russes suggère qu'Abu Jaber s'est entretenu avec son agent traitant à la CIA deux jours avant l'attentat, pour y fixer le prix de l'opération à trente mille dollars[70]. Mais curieusement, le procureur Mehlis[71], qui est assez bien renseigné sur les activités d'Abu Jaber et de ses complices, ne s'étendra pas bien longtemps sur leur cas. Ils ont, certes, été cités lors du procès, mais de manière extrêmement superficielle et sans qu'on ne fasse jamais peser la moindre charge sur eux. Autrement dit, ces « gentils » terroristes n'intéressaient pas vraiment la cour...

Et pourtant, ils étaient présents à Berlin-Est quelques mois avant l'attentat et avaient des contacts permanents avec les autres inculpés. Ils sont passés à Berlin-Ouest quelques heures avant l'attentat. Leurs déplacements ont été relevés par les services secrets soviétiques et est-allemands qui sont arrivés à la conclusion qu'il s'agissait d'agents à la solde des services secrets occidentaux. « Ces intrigues des services secrets rendent la tâche de la cour de Berlin pratiquement insoluble, observent les journalistes de *Frontal*, mais une chose est certaine, la version américaine présentant l'état libyen comme un état terroriste ne peut plus tenir plus longtemps. »

Selon le chroniqueur Bill Schaap, toute cette histoire relève d'un grossier mensonge monté par de hauts responsables américains :

> *« Not only was there no evidence of Libyan involvement, there was considerable evidence to the contrary. Every Western European government except Mrs. Thatcher's — which would support President Reagan if he said the sun rose in the west — expressed skepticism, as did the West Berlin police authorities in charge of the investigation. In fact, U.S. Ambassador Burt, Secretary of State Shultz, and Secretary of Defense Weinberger all lied to bolster the story that the U.S. had clear proof of Libyan involvement. They said that the U.S. evidence — intercepts of coded messages between Libyan People's Bureaus — was so compelling that prior to the bombing U.S. military police in West Berlin had been put on the alert and had been clearing bars of customers that evening. Weinberger went so far as to say that the M.P.s were just fifteen minutes late to save the people at the LaBelle discotheque. In fact, this was a complete fabrication. As the*

Deputy Chief of West Berlin's military police told Bower, there was no alert, no one was going around clearing bars, and it would not have made any sense in the first place, since the intercepts made no mention of specific targets »[72].

Le colonel Victor Ostrovski[73], ancien officier supérieur du Mossad dont le gouvernement israélien a cherché à faire interdire les mémoires, a fait de graves révélations sur l'implication des services secrets israéliens dans cette affaire. Selon lui, les communications captées par la NSA et les « grandes oreilles » de l'OTAN, que les États-Unis s'empressèrent d'attribuer à la Libye, émanaient en réalité du Mossad dans le cadre d'une opération secrète décidée par Shimon Peres et dénommée « Opération Trojan ».

L'ex-espion israélien affirme que dès le début 1986, le Mossad, dans sa quête de mettre en difficulté ceux qu'il considère comme les ennemis d'Israël les plus dangereux — et Dieu sait si la Libye en fait partie —, imagine d'implanter un émetteur en plein cœur de Tripoli par le biais duquel de fausses informations compromettantes pourraient être propagées. Ces messages, quoique biaisés, seraient codés et emprunteraient une fréquence gouvernementale libyenne. Interceptés et déchiffrés par les stations d'écoute occidentales, ils seraient interprétés comme des preuves de la responsabilité de la Jamahiriya, en cas d'attentat terroriste.

Le système agirait comme station relais pour de fausses transmissions conçues par l'unité de désinformation du Mossad, LAP (LohAma Psicologit), et destinées à être reçues par les stations d'écoute anglo-américaines. Provenant d'un navire de guerre israélien en mer, les transmissions numériques préenregistrées ne pourraient être captées que par le Trojan. Le système réémettrait ensuite la transmission sur une fréquence utilisée par l'État ennemi pour ses affaires officielles, avant d'être finalement captée par les stations d'écoute anglo-américaines. Les agents à l'écoute n'auraient aucun doute d'avoir intercepté une communication authentique, d'où le nom de « Trojan », en référence au mythique cheval de Troie de l'Odyssée d'Homère. Le contenu des messages, après déchiffrage, confirmerait les informations venant d'autres sources de renseignement liées directement au... Mossad.

Le hic est que le Trojan lui-même devait être situé aussi près que possible de l'origine de telles transmissions, à cause des méthodes sophistiquées de triangulation que les Américains et d'autres services utiliseraient pour vérifier la source. C'est ainsi qu'une opération spéciale sera montée par des unités d'élite de l'armée israélienne pour placer le système « Troyen » à l'endroit approprié : Tripoli. Victor Ostrovski[74] nous livre ici les détails de cette audacieuse opération : « Dans la nuit du 17 au 18 février, deux navires lance-missiles israéliens, le Moledet et le Geula, un navire lance-missiles de classe Hohit avec une plate-forme pour hélicoptère, effectuaient ce qui s'apparentait à une patrouille de routine en Méditerranée, se dirigeant vers le canal de Sicile et passant juste en-dehors des eaux territoriales de la Libye. Juste au nord de Tripoli, les navires de guerre, qui étaient visibles au radar depuis Tripoli ainsi que depuis l'île italienne de Lampedusa, ralentirent jusqu'à quatre nœuds — juste assez longtemps pour permettre la mise à l'eau d'une équipe de douze commandos de marine dans quatre mini sous-marins appelés "cochons" et deux vedettes rapides à silhouette basse appelées "oiseaux". Les "cochons" pouvaient porter deux commandos chacun et tout leur équipement de combat. Les "oiseaux", équipés d'une mitrailleuse de calibre MG 7,62 montée sur la proue et d'une série de lance-roquettes antichars, pouvaient transporter six commandos chacun, tout en remorquant les "cochons" vides. Les "oiseaux" amenaient les "cochons" aussi près du rivage que possible, réduisant ainsi la distance que les "cochons" auraient à parcourir seuls — les "cochons" étaient submersibles et silencieux, mais relativement lents.

À trois kilomètres au large de la côte libyenne, on pouvait voir scintiller les lumières de Tripoli au sud-est. Huit commandos se glissèrent doucement dans les "cochons" et se dirigèrent vers le rivage. Les "oiseaux" restèrent derrière au point de rendez-vous, prêts à entrer en action si la situation l'exigeait.

Dès qu'ils atteignirent la plage, les commandos laissèrent leurs transports en forme de cigare submergés dans l'eau peu profonde et se dirigèrent vers l'intérieur des terres, portant un cylindre "troyen" vert foncé de 1,80 m de long et de 178 cm de diamètre. Il fallait deux hommes pour le porter. Un fourgon gris était arrêté sur le côté de la route à environ trente mètres de l'eau, sur la route côtière allant de Sabratah à Tripoli puis à Benghazi. Il ne risquait guère d'y avoir de la circulation à cette heure de la nuit. Le conducteur du fourgon semblait être en train de réparer un pneu à plat. Il cessa de travailler lorsque l'équipe approcha et ouvrit les portes à l'arrière du fourgon. C'était un combattant du Mossad. Sans dire un mot, quatre des hommes montèrent dans le fourgon et se dirigèrent vers la ville. Les quatre autres repartirent vers l'eau, où ils se mirent en position défensive près des "cochons" submergés. Leur travail était de tenir cette position pour assurer une voie de retraite à l'équipe qui se dirigeait maintenant vers la ville.

En même temps, un escadron de chasseurs israéliens refaisait le plein au sud de la Crète, prêt à intervenir. Ils étaient capables de maintenir toute force terrestre [ennemie] à distance des commandos, en cas de retour plus difficile. À ce moment, la petite unité de commando était divisée en trois détachements — son moment le plus vulnérable. Si l'un des détachements se heurtait aux forces ennemies, il avait pour instruction d'agir avec une prudence extrême, avant que l'ennemi ne devienne hostile. Le fourgon se gara derrière un immeuble d'habitation de la rue Al Jamhuriyh à Tripoli, à moins de trois rues des casernes qui étaient connues pour abriter le quartier général et la résidence de Kadhafi. Entre-temps, les hommes dans le fourgon avaient revêtu des vêtements civils. Deux restèrent dans le fourgon comme guetteurs et les deux autres aidèrent le combattant du Mossad à monter le cylindre au dernier des cinq étages de l'immeuble. Le cylindre était enveloppé dans un tapis.

Dans l'appartement, la partie supérieure du cylindre fut ouverte et une petite antenne en forme de saladier fut déployée et placée en face de la fenêtre située au nord. L'engin fut activé et le cheval de Troie fut en place. Le combattant du Mossad avait loué l'appartement pour six mois et avait payé le loyer à l'avance. Il n'y avait pas de raison pour que quelqu'un entre dans l'appartement à part le combattant. Cependant, si quelqu'un décidait de le faire, le Trojan s'autodétruirait, emportant avec lui le plus gros de la partie supérieure de l'immeuble.

Les trois hommes retournèrent au fourgon et vers leur rendez-vous avec leurs amis sur la plage. Après avoir amené les commandos à la plage, le combattant retourna vers la ville, où il surveillerait le Trojan pendant les semaines à venir. Les commandos ne perdirent pas de temps et repartirent vers la mer. Ils ne voulaient pas être surpris dans les eaux libyennes au lever du jour. Ils atteignirent les "oiseaux" et se dirigèrent à pleine vitesse vers un point de ramassage prévu, où ils retrouvèrent les navires lance-missiles qui les avaient amenés.

À la fin mars, les Américains interceptaient déjà des messages émis par le Trojan, qui était activé seulement pendant les heures de trafic radio intense. En utilisant le Trojan, le Mossad tentait de faire croire qu'une longue série d'ordres terroristes était transmise à diverses ambassades libyennes dans le monde (ou, comme elles étaient appelées par les Libyens, Bureaux du Peuple). Ainsi que le Mossad l'avait espéré, les transmissions furent déchiffrées par les Américains et interprétées comme une preuve largement suffisante que les Libyens étaient des soutiens actifs du terrorisme. De plus, remarquèrent les Américains, les rapports du Mossad le confirmaient. Les Français et les Espagnols, cependant, ne croyaient pas à ce nouveau flot d'informations. Pour eux, il leur semblait suspect que soudain, à l'improviste, les Libyens, qui avaient été extrêmement prudents dans le passé, commencent à claironner leurs actions futures. Ils trouvaient également suspect qu'en plusieurs occasions des rapports du Mossad aient été rédigés de manière similaire à des communications libyennes codées...

Le Mossad était lié à de nombreuses organisations terroristes européennes, et il était convaincu que dans l'atmosphère volatile qui régnait en Europe, un attentat avec une victime américaine n'était qu'une question de temps. Les chefs du Mossad comptaient sur la promesse américaine d'effectuer des représailles contre tout pays qui serait surpris en flagrant délit de soutien au terrorisme. Le Trojan donnait aux Américains la preuve qu'ils demandaient. Le Mossad intégrait également dans l'équation l'image fanatique et fantasque ainsi que les déclarations mémorables du colonel Kadhafi, qui n'étaient destinées en réalité qu'à la consommation intérieure. »

Et le colonel Ostrovski de faire le bilan de cette opération digne d'un roman de John Le Carré : « L'opération Trojan fut l'un des succès les plus éclatants du Mossad. Il entraîna le bombardement aérien de la Libye, bombardement qui eut trois conséquences importantes. Un, il fit capoter l'accord sur la libération des otages américains au Liban, conservant au Hezbollah son statut d'ennemi numéro un de l'Occident ; deux, ce fut un message envoyé à tout le monde arabe, les convainquant de la véritable position des États-Unis dans le conflit israélo-arabe ; trois, cela améliora brillamment l'image du Mossad en interne, puisque c'était eux, grâce à une opération ingénieuse, qui avaient poussé les États-Unis à faire ce qu'il fallait faire. »

Malgré les révélations de Victor Ostrovski, l'enquête des journalistes allemands et les déclarations des responsables allemands remettant en question la version de l'implication de la Libye dans l'attentat contre la discothèque La belle, la version officielle de l'administration américaine s'imposa comme une vérité absolue. Trois décennies plus tard, on continue de la répéter dans les médias occidentaux de manière grotesque et sans aucun égard pour la vérité. « Les médias avaient joué toute l'histoire comme s'ils étaient complètement aveugles, note l'intellectuel américain Noam Chomsky. […] il n'est guère surprenant que la population américaine continue de croire le récit officiel. Voici un exemple de vrai lavage de cerveau, et cela doit avoir été conscient dans ce cas-ci »...

Propagande, désinformation et raid éclair contre les Libyens au Tchad

Dans tous les cas, l'opération « Eldorado Canyon » est un échec dans la mesure où le véritable objectif de la mission, c'est-à-dire l'assassinat du Guide libyen, n'a pas été atteint. Les faucons du régime américain sont furieux et n'entendent donc pas à en rester là. De nouveaux plans sont échafaudés à Washington pour en finir avec la « bête immonde » libyenne.

Début août, le département d'État adresse un mémo de sept pages estampillé « Vector-Top Secret » aux onze participants du groupe préparatoire de crise — composé des responsables de la Maison Blanche, du département d'État et de la Défense ainsi que de la CIA — réunit à la Maison Blanche pour discuter du renversement du colonel Kadhafi, en s'appuyant sur des dissidents libyens financés et entraînés par l'Agence. Le schéma anti-Kadhafi présenté durant cette réunion pluridépartementale comporte plusieurs volets : diplomatique, militaire, économique et médiatique.

« L'un des éléments clés de la nouvelle stratégie américaine contre la Libye est de combiner les évènements réels et fictifs — à travers une campagne de désinformation massive — avec pour objectif principal de faire croire à Kadhafi qu'il existe une opposition intérieure hostile à son pouvoir » et prête à en découdre avec lui. C'est ce qui ressort d'un mémorandum « secret » préparé par John Poindexter. « On s'accorde également à penser qu'une autre direction que celle de Kadhafi serait préférable pour les intérêts américains et pour l'ordre international » font observer pour leur part les stratégistes du département d'État et de la CIA.

Les grandes lignes de cette nouvelle stratégie américaine s'articulent comme suit :

• Utilisation des médias étrangers : il faudra faire publier des articles exposant les dissensions chez les militaires libyens, l'existence d'une résistance clandestine dans l'armée libyenne, les préparatifs d'un coup d'État américain avec l'appui de hauts responsables du régime, le projet d'un coup d'État appuyé par les Soviétiques ; fournir aux services libyens des photographies des dissidents rencontrant des fonctionnaires soviétiques à Paris, Bagdad, etc.

- Opérations de désinformation et propagande : utilisation d'une radio clandestine ; propager des informations sur les découvertes de caches d'armes ; utiliser des sous-marins et des avions de combat non loin du territoire libyen ; envoyer ou parachuter de l'équipement tel que des radeaux pneumatiques en Libye ou sur les plages pour faire croire qu'un coup d'État est en préparation ou en cours d'exécution[75]...

Quelque temps après, des articles fleurissent dans la presse, présentant comme des certitudes les rumeurs lancées par le régime américain. Les journalistes avaient mordu à la désinformation. On parlait de nouveaux complots que préparerait la Libye contre des intérêts américains, en utilisant non seulement des Bureaux Populaires, mais aussi des firmes commerciales. Mais les choses tournent au vinaigre lorsque le *Washington Post* révèle dans un long papier que tout ceci n'est que le fruit d'une formidable campagne de désinformation lancée par le gouvernement américain dans les médias pour acculer le colonel Kadhafi. Le quotidien parle d'« un plan secret des États-Unis visant Kadhafi » et « combinant des éléments de désinformation publiés comme des faits dans les médias américains[76]. »

Les révélations du *Post* provoquent un mini-scandale qui ébranlera pendant un bon moment le régime américain. Reagan et Poindexter tentent d'atténuer les effets pervers de ces révélations en invitant les journalistes à une session d'explication dans le petit théâtre de la Maison Blanche. Mais rien n'y fait. L'opinion américaine apprend ainsi que la CIA, avec le soutien de l'administration Reagan, a mis en place une machine de propagande et de désinformation bien huilée et destinée à diaboliser le colonel Kadhafi, qui, de l'avis même de plusieurs responsables américains, n'avait rien fait de particulièrement menaçant contre les intérêts des États-Unis. Mieux encore, l'amiral

Poindexter dut reconnaître dans un mémo secret que le Guide était «inactif» sur le front du terrorisme. Un autre responsable admit devant des journalistes que le gouvernement américain était incapable de leur fournir les «preuves» des crimes dont était accusée la Libye[77].

Toutes ces vérités mirent la Maison Blanche et surtout le département d'État dans l'embarras. Une semaine après les révélations du *Washington Post,* son porte-parole, Bernard Kalb, consterné, présente sa démission. «Je suis outré par ce programme de désinformation révélée dans la presse. Je n'en savais rien», dit-il lors d'une interview sur la chaîne CBS. «C'est la crédibilité même des États-Unis qui est en jeu. Qui pourrait encore prendre au sérieux ce que dit l'Amérique[78].» Embarrassé, Ronald Reagan réagit : «Personne de notre côté n'a trompé qui que ce soit» a-t-il tenu à préciser. Le secrétaire d'État George Schulz, lui, refuse de se défausser et déclare devant des journalistes qu'«un peu de guerre psychologique contre Kadhafi» ne pose aucun problème, et d'ajouter : «S'il existe des moyens de rendre Kadhafi nerveux, pourquoi nous en priverions-nous ?»...

Alors qu'un fonctionnaire du département de la Défense se prépare à effectuer une visite au Tchad, les stratégistes américains de l'intoxication proposent de lancer à l'intention du colonel Kadhafi une campagne de désinformation sur une éventuelle coordination entre Paris et Washington au sujet du Tchad. Howard Teicher, qui s'occupe de la direction des affaires politico-militaires au sein du CNS, propose dans un rapport «top secret» que Washington joue sur l'orgueil de la France pour l'obliger à participer à une opération destinée à chasser les forces libyennes du Tchad. D'autant plus que les relations entre Tripoli et l'une des deux composantes majeures du GUNT, les FAP de Goukouni Oueddei, se sont considérablement détériorées. Le chef rebelle, qui s'est désolidarisé du GUNT et qui est soupçonné par les Libyens de vouloir pactiser avec Hissène Habré — un accord entre Oueddei et

Habré est révélé le 9 novembre —, est assigné à résidence à Tripoli. Le 30 octobre, il échappe de justesse à une tentative d'assassinat qui coûte la vie à deux de ses gardes du corps, avant de se réfugier à Alger. Kadhafi, qui nie toute implication dans cette affaire, jette désormais son dévolu sur Acheikh Ibn Oumar, lequel a pris la tête du Conseil Démocratique Révolutionnaire (CDR), l'autre composante du GUNT.

Mi-décembre 1986, 11 280 hommes (environ 5 000 du GUNT-CDR plus les Libyens) appuyés par l'aviation et les blindés libyens repartent à l'assaut pour tenter de reprendre les villes de Bardaï, Wour et Zouar groupées dans l'Est du massif du Tibesti. Ne supportant plus de voir les Libyens jouer les trouble-fêtes au Tchad, François Mitterrand décide d'en finir. Les Américains, eux, sont aux anges...

À défaut de solliciter le dispositif « Épervier », la tâche est confiée à la DGSE. Dans un premier temps, deux Transall du GAM-56 Vaucluse (unité de transport aérien et de liaison de la DGSE) larguent, le 17, douze tonnes de vivres et de munitions aux 3000 combattants Toubous de Goukouni, désormais en rupture avec Tripoli. Aidés par le terrain accidenté et par ce ravitaillement aérien, ces derniers tentent tant bien que mal de résister aux colonnes de plusieurs dizaines de blindés libyens qui tentent de les balayer. Dans un second temps, une trentaine d'agents du Service Action issus du 11e régiment parachutiste de choc (autrement dit 11e choc) sont envoyés sur place, avec pour mission d'aider clandestinement les forces d'Hissène Habré, déjà largement armées et financées par la CIA, à reprendre le Nord. Le Tchadien reçoit également un coup de pouce de l'Irak de Saddam Hussein — qui en veut à la Libye de soutenir l'Iran dans la guerre qui les oppose —, de l'Arabie saoudite et aussi d'Israël, ennemi juré d'une Libye qui accueille et forme des combattants palestiniens. Hassan Djamouss, le commandant en chef des forces armées tchadiennes (FANT) est même reçu à Tel Aviv en octobre...

Grâce aux discrètes patrouilles de reconnaissance que mènent les FANT, aux renseignements récoltés par les

Égyptiens, aux écoutes pratiquées par les Français et à l'aide apportée par la CIA et le Mossad en matière d'imagerie et de brouillage électronique des missiles anti-aériens soviétiques, Hissène Habré est très bien renseigné sur les forces adverses. Après plusieurs accrochages violents aux environs de Bir Kora avec les forces libyennes en janvier 1987, les FANT lancent, le 22 mars, avec l'appui des hommes du Service Action, des experts du Mossad et surtout d'un appui aérien ultra secret procuré par la VIᵉ flotte opérant dans le golfe de Syrte, une contre-offensive foudroyante contre les positions libyennes — dont la puissance de feu est pourtant supérieure — et s'emparent de la base aérienne de Ouadi-Doum, pivot du dispositif libyen au Nord. C'est une défaite cuisante pour la Jamahiriya. Le bilan est désastreux : plus de 1200 tués et un milliard de dollars d'équipements militaires sophistiqués (fournis par l'URSS) détruits et/ou récupérés par l'ennemi. Le commandant des troupes libyennes au Tchad, le colonel Kalifa Haftar, et une centaine de ses hommes sont faits prisonniers. Kadhafi se sent humilié et pas un mot ne filtre dans les médias libyens sur ce terrible revers. Hissène Habré jubile, la France se félicite et les Américains, eux, se congratulent comme des joueurs de base-ball qui viendraient d'expédier une balle sur la Lune. Quelque temps après, Habré est reçu en grande pompe à la Maison Blanche...

Début août, soit cinq mois à peine après la chute d'Ouadi-Doum, c'est la bataille de la Bande d'Aouzou qui tombe, elle aussi, aux mains des FANT, le 8, avant d'être reprise trois semaines plus tard par les troupes du colonel Al Riffi, le nouveau commandant des troupes libyennes au Tchad, au prix de quelque 1500 morts côté libyen.

Le point tournant du conflit tchado-libyen survient en septembre lorsque Hissène Habré décide de porter la guerre en territoire libyen, en attaquant la base stratégique de Maaten as-Sarra. Kadhafi réagit par la voie des airs : des bombardiers Tupolev Tu-22 libyens larguent des dizaines de bombes sur N'Djamena, Abéché et Faya-Largeau. Un appareil An-26 libyen aurait même largué des munitions au gaz et à l'Ypérite B sur le nord du Tchad dont les villages servent souvent de « banc d'essai » depuis que la Libye s'est dotée, dans les années 1970, d'un programme d'armes chimiques[79].

L'inquiétude se fait sentir au siège de l'OUA et en France où l'on n'apprécie guère l'incursion des FANT en territoire libyen. Tripoli, cherchant à sortir la tête haute d'un conflit qui a épuisé le pays et considérablement affaibli l'armée, et N'Djamena, fortement critiqué, acceptent de négocier un cessez-le-feu sous les auspices du président zambien Kenneth Kaunda, alors président de l'OUA. Un accord entre les deux pays est signé le 11 septembre au QG de l'organisation à Addis-Abeba. Malgré la trêve, l'aviation libyenne continue de violer l'espace aérien tchadien et ses forces terrestres occupent toujours la bande d'Aouzou.

Le 23 septembre, à Lusaka (en Zambie), Hissène Habré rencontre le ministre libyen des Affaires étrangères, Jaddallah Azzuz al-Talhi, pour discuter du cessez-le-feu et de l'avenir de la Bande Aouzou. Mai 1988, le colonel Kadhafi reconnaît la légitimité du régime tchadien, mais des deux côtés, la suspicion persistera pendant un bon moment. C'est que les Libyens continuent de violer le cessez-le-feu en pénétrant au Tchad via le Soudan, et Habré soupçonne la Jamahiriya d'être impliquée dans la tentative avortée de coup d'État à laquelle ont pris part ses trois proches collaborateurs et compagnons d'armes, début avril 1989 : Idriss Déby, l'ancien chef d'état-major des FANT devenu son conseiller pour les affaires de sécurité et de défense, et ses deux cousins, Hassan Djamouss, l'un des principaux chefs de l'armée, et Ibrahim Mahamat Itno, le ministre de l'Intérieur.

Après l'échec du putsch, les deux cousins complices (Djamouss et Mahamat Itno) d'Idriss Déby sont arrêtés, torturés puis exécutés. Lui-même parvient à gagner le Darfour (au Soudan), où il rejoint un groupe d'opposants appartenant à une ethnie apparentée à la sienne (les Zaghawa) et crée aussitôt le MPS (Mouvement patriotique du salut). Avec la bénédiction silencieuse de Paris, il est pris en charge par un agent de la DGSE basé au Soudan, Paul Fontbonne, avant de se retrouver trois semaines plus tard à Tripoli. Ce qui permet à Habré, dès qu'il l'apprend, d'accuser la Libye de préparer une attaque contre son pays. Son inquiétude est d'autant plus grande qu'Idriss Déby a non seulement emporté dans sa fuite des informations précieuses sur les FANT et tout l'appareil sécuritaire du pays, mais fait aussi planer une menace certaine sur son régime. Une situation qui a le don d'envenimer les relations déjà tendues entre le Tchad et la Libye.

Mais la crise entre les deux pays connaît un développement positif inattendu grâce à la médiation du richissime homme d'affaires algérien Djillali Mehri. Avec la bénédiction de l'Hexagone, il organise une rencontre entre le colonel Kadhafi et Hissène Habré à Bamako (Mali), le 21 juillet; les deux hommes échangent « une poignée de main historique ». À compter du 20 août, les émissaires de deux dirigeants vont se retrouver dans le plus grand secret dans la résidence privée de l'Algérien située près de Paris dans les Yvelines, et les pourparlers se dérouleront sous l'œil discret, mais attentif de la DGSE.

Au terme de cinq jours de rudes négociations, les parties parviennent à un compromis; ce qui a valu à Djillali Mehri d'être décoré par le Guide libyen et Hissène Habré. Mais c'est à Alger que l'on va proclamer la paix.

Le 31, un accord-cadre entre la Jamahiriya et le Tchad, sous les auspices de l'Algérie, met officiellement fin au conflit qui oppose les deux pays depuis près de deux décennies. La Libye abandonne ses prétentions territoriales, ce qui permet à la France d'alléger son dispositif militaire au Tchad. Un an plus tard, le contentieux de la Bande d'Aouzou est finalement porté devant la Cour internationale de justice de La Haye. Le 3 février 1994, la Cour rend son verdict en donnant raison au Tchad : Aouzou est bel et bien tchadien. Le 30 mai, la Libye évacue définitivement cette région qu'elle occupait depuis plus de vingt ans.

Le Tchad a été sauvé. À Paris, on s'en réjouit. L'heure est à l'apaisement et à la normalisation des relations. Les livraisons d'armes à destination de la Libye reprennent dès le printemps 1989. Au mois de novembre, Paris autorise la vente de trois chasseurs Mirage bloqués depuis 1986, et pour la première fois, un haut responsable français, le secrétaire d'État aux Affaires étrangères, Thierry de Beaucé, assiste aux célébrations du vingtième anniversaire de la Révolution. C'est une nouvelle page qui s'ouvre dans les tumultueuses relations franco-libyennes...

Mais pour les faucons de Washington, la guerre secrète engagée contre la Jamahiriya arabe libyenne n'est pas prête de s'estomper aussi longtemps que Mouammar Kadhafi est aux affaires. La CIA réussit à reprendre à son compte Kalifa Haftar, fait prisonnier par les Tchadiens lors de la chute d'Ouadi-Doum. L'ancien commandant du corps expéditionnaire libyen au Tchad en veut au Guide libyen qu'il accuse d'être responsable de tous les maux, dont la terrible défaite à Ouadi-Doum. « C'était une trahison bien préparée », dit-il. D'autant que le colonel Kadhafi, en faisant un black-out total sur les revers de son armée au Tchad, refuse de reconnaître l'existence des soldats libyens détenus dans ce pays, les privant ainsi du statut de prisonniers de guerre au regard de la Troisième Convention de Genève de 1949.

À chaque sortie publique en effet, le Guide renouvelle ses affirmations : « Il n'y a pas de prisonniers au Tchad. » Haftar et les deux mille captifs libyens n'existent donc pas ! La trahison est totale. L'officier libyen est durement touché, il n'en revient pas. « Il m'appelait matin et soir et là il me reniait, il ne me connaissait plus, raconte-t-il. Pourquoi personne n'était-il au courant du nombre de prisonniers au Tchad ? Soit on est libre, soit on est en prison. Pour eux c'était la prison et la tombe. Les prisonniers n'existaient pas. Vous savez, nous, on a des tribus, des familles, et personne ne savait rien du destin des siens. Je me suis dit que je devais reconsidérer ma position. Ce n'est pas moi qui ai trahi Kadhafi. C'est Kadhafi qui nous a trahis[80]. »

Abandonné et déterminé à prendre sa revanche, Kalifa Haftar devient un farouche opposant à Kadhafi. Il demande au président tchadien Hissène Habré de le mettre en relation avec Mohammed Youssef el-Megaryef, le chef du FNSL, l'opposition en exil soutenue par la CIA. À la mi-avril, avec quelques-uns de ses camarades (entre autres le colonel Abdelsalam Charafeddine et le lieutenant-colonel Salah Mohammed al-Bouni), il appelle « l'armée et le peuple libyens à renverser le régime corrompu du colonel Kadhafi. » Onze mois plus tard, en mars 1988, Kalifa Haftar prend la tête de l'Armée nationale libyenne (ANL), la branche militaire du FNSL composée d'exilés libyens et de quelque sept cents transfuges libyens « repêchés » dans les prisons tchadiennes par la CIA et les services secrets irakiens.

Ces contras[a] libyens, qui se feront désormais connaître sous la dénomination de la « Force Haftar », vont ainsi être formés par les Américains à l'insu des Français dans une base secrète bâtie par la CIA à quelques kilomètres de la capitale. Ils seront le fer de lance de la guerre secrète que mènent les États-Unis contre la Libye. La CIA et les services irakiens mettront le paquet pour leur fournir l'armement nécessaire à l'accomplissement de la mission qui leur est assignée : cinquante postes de tir Milan, dix radars complets, des milliers de Kalachnikov toutes neuves, des hélicoptères de combat Mi 24 et Mi 8 armés de mitrailleuses et de lance-roquettes, des dizaines de missiles Stinger, plus de trois cents pick-up Toyota armés de mitrailleuses lourdes bi-tubes de 14,5 ou de canons de 106 mm, et équipés de réservoirs supplémentaires de trois cents litres ; des centaines de lance-missiles antichars SPG9, des mortiers, des roquettes, une demi-douzaine de chars T55, une dizaine de « blindés de poche » BMD aérotransportables dotés d'un canon de 73 mm lisse sous tourelle avec système de chargement automatique pour magasin de 30 coups ; huit camions-citernes Mercedes de dix-huit mille litres, des tonnes de munitions... Le

---

[a] En référence aux contras du Nicaragua, cette opposition armée (soutenue par la CIA) au pouvoir sandiniste et révolutionnaire du Nicaragua.

matériel déployé suffirait à équiper une force de plusieurs milliers d'hommes.

De 1988 au début des années 1990, l'Irak de Saddam Hussein, chargé du volet matériel de l'opération, aurait fourni l'équivalent de 150 millions de dollars en équipements militaires. La facture avait été réglée par Kalifa Haftar avec de l'argent versé par les Saoudiens sur un compte ouvert au Gabon[81].

Parallèlement à la « cabale » qui s'organise avec les contras, la CIA sollicite l'aide des services secrets algériens pour organiser un coup d'État contre le colonel Kadhafi, en s'appuyant sur un opposant libyen et ancien conseiller du roi Idriss, le multimillionnaire Yahia Omar, lui-même proche des services algériens. Après avoir évalué pendant plusieurs mois la faisabilité d'une telle opération via leur bureau militaire accrédité à Tripoli, les Algériens décident de ne donner aucune suite au projet américain. La stratégie de l'Agence contre Mouammar Kadhafi s'articulera donc essentiellement autour des fameux contras.

Casernés d'abord à Douguia, à 85 km au nord de N'Djamena, ces « soldats perdus » sont par la suite installés, ironie de l'histoire, à Ouadi-doum, puis dans le camp militaire d'Amsinéné (à 10 km de N'Djamena), où ils sont pris en main par une vingtaine de bérets verts des Forces spéciales américaines venus tout droit de Fort Benning. D'autres « contras » sont entraînés en Centrafrique et au Cameroun par des instructeurs israéliens. D'autres encore sont envoyés en Irak pour suivre un stage spécial. Et tous n'ont qu'un but : déstabiliser la Jamahiriya par le sud et renverser le colonel Kadhafi. « Il fallait obtenir une victoire militaire pour permettre ensuite une victoire politique, raconte Kalifa Haftar. Nous savions que le mécontentement grandissait dans les villes de Libye. J'étais parti au Tchad sans visa. Je voulais retourner chez moi sans visa[82]. »

Les opérations de déstabilisation commencent. Haftar et ses chiens de guerre lancent plusieurs attaques en Libye ; une entreprise de déstabilisation armée qui va se développer pendant près de trois ans. Mais les choses se compliquent pour les contras libyens lorsque le maître de N'Djamena, Hissène Habré, est renversé dans la nuit du 1er décembre 1990 par son ancien lieutenant Idriss Déby Itno, solidement équipé et armé par Kadhafi, avec la bénédiction tacite des services secrets français qui ne pardonnent pas à Habré d'avoir « flirté » avec les Américains sur le dos de la France, en soutenant la création de la « Force Haftar » sous l'égide de la CIA.

Mais ce n'est pas tout. Dans le monde très opaque de la *Françafrique*, les choses les plus intéressantes se passent loin des discours officiels, des projeteurs et des regards indiscrets. En dehors des reproches qui pouvaient être faites à Habré en matière de respect des droits de l'homme et surtout de sa proximité avec la CIA, la décision de soutenir Déby a aussi été motivée par des considérations d'un autre ordre, économique cette fois-ci : l'ancien bras droit d'Habré avait passé un accord secret avec le groupe pétrolier français Elf (aujourd'hui intégré au sein du groupe Total), l'un des symboles de la *Françafrique* dans les années 70-80. Contre un appui de la compagnie pétrolière, Idriss Déby s'est engagé à introduire Elf dans le consortium exclusivement anglo-saxon chargé de prospecter le sous-sol tchadien[83].

Claude Silberzahn, patron de la DGSE de 1989 à 1993, peut donc se frotter les mains et se vanter d'avoir fait d'une pierre deux coups. « J'ai eu personnellement la tête de Hissène Habré et je l'ai fait savoir, déclare avec fermeté l'ancien directeur de la Piscine. Le service a mis Déby en place non seulement avec l'accord, mais aussi avec tous les feux verts du président de la République. Quand je suis arrivé en 1989, Habré était devenu un fou sanguinaire qui trucidait systématiquement ses opposants politiques. Là-dessus, il nous trahissait avec les Américains à propos de la force Haftar et du pétrole. Moi, j'ai décidé d'avoir sa peau. J'ai dû d'abord l'obtenir politiquement à Paris et après je l'ai fait sur le terrain en faisant venir Déby. Nos gens étaient dans la colonne de Toyota qui arrivait du Darfour. Nous n'avons pas combattu pour N'Djamena, mais la force

"Épervier" a regardé ailleurs. La colonne de Déby ne pouvait être arrêtée que par les Jaguar. Pour obtenir qu'ils restent au sol, j'ai énormément bataillé. J'ai dû convaincre le ministre de la Défense Jean-Pierre Chevènement, le premier ministre Michel Rocard et ensuite je suis allé voir François Mitterrand. Pour moi, c'était important. Il fallait démontrer que la France avait un rôle déterminant au Sahel et pouvait couper des têtes. Et là, on en avait une. Celle d'un assassin et d'un traître à la France. C'était un formidable exemple[84]. »

Les Américains, de leur côté, ont tenté de sauver Hissène Habré. Deux avions de transport militaire C-141 avaient été chargés d'armes, de munitions et d'autres matériels et étaient prêts à décoller des États-Unis pour venir à la défense du dirigeant tchadien. « Ils étaient sur le tarmac, prêts à partir », se souvient Richard Bogosian, l'ambassadeur des États-Unis au Tchad. « Nous avons rappelé et dit : " Laissez tomber. Il est déjà trop tard[85]. » M. Habré quitte le Tchad à bord d'un Lockheed L-100 Hercules qu'il avait obtenu des Américains. Après une escale au Cameroun, il pose ses valises à Dakar, au Sénégal.

La conjoncture a complètement changé en ce début décennie. Hissène Habré, le « guerrier du désert par excellence » soutenu à bout de bras par les Yankees, est déposé. Le nouveau protégé de la France et allié de la Libye, Idriss Déby, s'installe à N'Djamena. Les contras sont laissés à eux-mêmes. « Nous sommes coupés de tout. Nos instructeurs et nos officiers de liaison ont foutu le camp, la trouille aux talons, en même temps qu'Habré », soupire Haftar, tendu et inquiet[86].

D'âpres négociations s'engagent à propos des contras. Kadhafi réclame à Déby la tête de son ancien compagnon d'armes et de ses « soldats perdus ». Il dépêche le colonel Jaber Abdelhafiz Massoud et affrète dare-dare trois gros porteurs Iliouchine 76 (Il-76) pour les récupérer. Les Américains de leur côté se mobilisent aussi pour évacuer « leurs » contras du Tchad. Ils frappent à la porte des autorités françaises. Le 6 décembre au soir, le chef du Bureau Opérations du 2e REPa reçoit l'ordre d'organiser et protéger leur évacuation du camp militaire d'Amsinéné vers l'aéroport dans la plus grande discrétion. Peu après, un colonel de la CIA débarque, et s'adressant à Kalifa Haftar, lui ordonne d'un ton sec : « Vous avez un quart d'heure pour rassembler vos hommes et embarquer dans les camions de la Légion »...

C'est la course entre le colonel Massoud, flanqué de l'ambassadeur de Libye au Tchad, et la CIA pour récupérer chacun « ses » Libyens. Le 7, en début d'après-midi, un Lockheed C-141 Starlifter de l'USAF venu de Ramstein, en Allemagne, se pose à l'aérodrome de N'Djamena, roule un peu et s'immobilise à quelques mètres d'un Iliouchine libyen. Furieux, le lieutenant-colonel Bet du 2e REP, qui escorte le convoi rempli de contras, s'écrie : « Dégagez l'avion de là. » « Nous n'allons pas charger vos mecs sous le nez des équipages libyens. Ce n'est même plus de la connerie, c'est de la provoc » tonne-t-il. Un colonel des Marines présent sur place demande aux pilotes d'amener le quadriréacteur immatriculé 50280 à l'autre bout de la piste, hors de vue de l'équipage libyen. Des dizaines de camions kaki bâchés conduits par des bérets verts convergent vers l'énorme appareil ; leurs occupants libyens y débarquent et s'engouffrent par petits paquets dans la soute béante du mastodonte volant, sous le regard bienveillant de l'ambassadeur américain Richard Bogosian, posté de l'autre côté de la piste. À 15h30, le C-141 s'arrache avec quatre cents contras et leur chef Kalifa Haftar. Un autre groupe d'environ trois cents hommes est évacué quelques heures après. Les Libyens sont furieux.

Pour Haftar et ses hommes commence alors un long périple qui les amène d'abord à Maiduguri, au Nigeria. Mais les autorités nigérianes ne veulent pas de ces encombrants réfugiés.

---

a Le 2e régiment étranger de parachutistes, seul régiment parachutiste de la Légion étrangère française encore en activité.

L'avion redécolle pour une base américaine située à Kamina, au Zaïre. Là aussi, les émissaires de Kadhafi font pression auprès du président Mobutu pour que celui-ci leur livre les « chiens errants ». Le président zaïrois refuse dans un premier temps. Le Guide sort alors son chéquier. « Un vrai ballet d'avions bourrés d'argent s'est mis en place entre les deux capitales », affirme Haftar. Le numéro un zaïrois a fini par céder. Le sort des Libyens est désormais scellé ; ce n'est plus qu'une question de temps.

Mais au dernier moment, les Américains réussissent à l'exfiltrer ainsi que ses hommes pour les États-Unis. Le 20, à 4 heures du matin, l'aéroport international de Washington-Dulles accueille ce qui reste de l'ANL.

C'est le début d'une nouvelle vie pour les contras. On les répartit dans vingt-cinq États où ils bénéficient du statut de réfugiés. Leur chef, Kalifa Haftar, naturalisé américain, est confortablement installé dans une belle maison à Vienna, une petite ville de Virginie située à environ huit kilomètres de Langley, le siège de la CIA. Peu de détails ont filtré sur le quotidien de l'ancien officier libyen. Coule-t-il une retraite tranquille sans plus se préoccuper de politique ?

En réalité, Kalifa Haftar n'a jamais chômé. De son exil américain, le Libyen ne s'est jamais détourné de son objectif de renverser Kadhafi. Il sillonne plusieurs villes américaines et européennes pour gagner d'autres dissidents libyens à sa cause, et tente de rallier certains hauts gradés de l'armée déçus par Kadhafi. Le tout se déroule sous la bienveillante surveillance des services américains qui réussissent à déjouer plusieurs tentatives d'assassinat ourdies par les sbires du Guide lancés à ses trousses. Dans une interview avec le quotidien libanais *Al-Hayat*, en décembre 1991, Haftar confirme que la plupart des anciens contras reçoivent un entraînement militaire régulier[87]. Aux États-Unis ? On ne le saura peut-être jamais...

Mais une chose est sûre : Kalifa Haftar et ses hommes attendent le bon moment pour retourner en Libye. Par ailleurs, on lui attribue la paternité d'une tentative d'assassinat du Guide déjouée par les services libyens, en octobre 1993.

En 1995, Haftar publie un document sur sa vision du pouvoir sous le titre *Le Changement en Libye, une vision politique du changement par la force*. A-t-il été « traité » par les services américains, comme le veut la rumeur ? Quand la question lui est posée, il sourit : « C'est simple. Mon seul et unique projet pouvait se résumer en une phrase : couper la tête de Kadhafi. Pour ce faire, je recevais de l'aide — notamment financière — de nombreux Libyens, mais aussi le soutien des Américains. »

Les détracteurs de l'officier en exil affirment que malgré leurs différends, le colonel Kadhafi lui a versé une rente annuelle de 200 000 dollars jusqu'en 2005. Haftar jure pour sa part que les versements ont cessé dès 1993[88]. Il est vrai que le colonel a tenté sans succès de récupérer — à défaut de l'éliminer — son ancien homme de main au Tchad. Ses alléchantes promesses n'y ont en tout cas rien changé. En 2011, lorsqu'éclate la guerre en Libye, c'est dans les fourgons de l'OTAN que Haftar revient dans son pays après vingt années passées aux petits soins de la CIA...

En ce début de décennie, le monde est entré dans une nouvelle phase de son histoire politique. La guerre froide a pris fin ; l'Allemagne est réunifiée. C'est l'heure de la « démocratisation » dans plusieurs pays africains. Le Tchad est désormais dirigé par un homme qui doit beaucoup à la Libye ; Kalifa Haftar ne représente plus un danger immédiat pour le pouvoir libyen, et Reagan, l'ennemi de toujours, n'est plus à la Maison Blanche. Mais malgré tout, Kadhafi n'a pas le temps de lâcher un « ouf » de soulagement et de savourer ce qui peut être considéré comme « ses petites victoires ». Et pour cause : la Jamahiriya fait face depuis plusieurs mois à une nouvelle menace de l'Occident (États-Unis et Grande-Bretagne en tête) qui la soupçonne, voire l'accuse, d'avoir commandité deux attentats aériens, le premier dans la ville écossaise de Lockerbie, en décembre 1988, et le second, neuf mois plus tard, en septembre

1989, au-dessus du désert du Ténéré au Niger. Autant dire que les embrouilles du raïs libyen ne sont pas prêtes de s'arrêter...

Kadhafi ne rime ni avec Lockerbie, et encore moins avec UTA 772

La diabolisation du colonel Kadhafi en Occident va prendre une nouvelle dimension après ces deux attentats que les Américains, les Britanniques et les Français imputèrent à des agents des services secrets libyens. Ce qui a valu à la Libye des sanctions de la part des Nations unies. Mais rappelons d'abord les faits.

Le 21 décembre 1988 en début d'après-midi, un Boeing 747-121 du vol 103 de la Pan American World Airways (Pan Am) décolle de l'aéroport de Francfort à destination de New York puis Détroit avec une escale à Londres. Après deux heures d'escale, le gros porteur redécolle de l'aéroport de Heathrow à 18h30, avec 259 personnes à bord, passagers et membres d'équipage compris. À 19 :01 GMT, l'avion, qui vole déjà à plus de trente mille pieds, commence à se désintégrer au-dessus de la bourgade écossaise de Lockerbie. Des fragments enflammés de l'appareil comprenant une partie du fuselage, une aile et deux réacteurs s'écrasent sur plusieurs maisons et tuent onze habitants de la petite ville écossaise. Certains débris plus légers se dispersent jusqu'à 130 km. Tous les passagers, dont une dizaine de citoyens américains, ont péri dans l'explosion.

Le secrétaire d'État britannique aux Transports Paul Channon annonce l'ouverture immédiate d'une enquête. Une unité spéciale d'enquête britannique, des agents du FBI et de la CIA sont dépêchés sur le lieu du drame. L'appareil était en excellent état et les boîtes noires retrouvées après le crash n'ont fait état d'aucune anomalie. Les enquêteurs écartent rapidement la piste d'une explosion accidentelle et privilégient plutôt celle d'un attentat, d'autant plus que les premières analyses ont permis d'établir que l'explosion avait été provoquée par un engin explosif improvisé placé dans le conteneur à bagages

AVE 4041. L'analyse chimique des résidus d'explosifs trouvés sur les débris de l'avion, effectuée par les experts de la police scientifique britannique a permis de déceler la présence d'un plastic puissant et performant, le semtex. À l'époque, il est considéré comme l'explosif préféré de la plupart des mouvements dits de « résistance » ou « terroristes » (c'est selon)...

Substance malléable de couleur jaune miel, le semtex suscite beaucoup d'intérêts pour plusieurs raisons : il est peu dangereux à manipuler et il lui suffit d'un faible courant électrique — une simple pile de montre par exemple — pour exploser. Avec cette substance, on peut fabriquer des bombes très discrètes et difficilement détectables.

Le 16 février 1989, on annonça que l'engin explosif comportant entre autres du semtex avait été dissimulé dans un radiolecteur de cassettes de marque Toshiba placé dans une valise Samsonite couleur cuivre déposée du côté gauche de la soute avant de l'avion.

Les premiers éléments d'enquête rassemblés par les services spéciaux américains et britanniques pointèrent en direction d'Ahmed Jibril, fondateur du Front Populaire de Libération de la Palestine-Commandement général (FPLP-CG), groupuscule palestinien hébergé à Damas et travaillant pour les services syriens et iraniens. Une piste d'autant plus vraisemblable que quelques semaines avant l'attentat, sur information en provenance d'Israël, les hommes du FPLP-CG avaient été appréhendés par la police fédérale allemande en possession d'explosifs parmi lesquels figurait du semtex.

En effet, le 26 octobre 1988, une rafle opérée dans les milieux palestiniens suspectés de terrorisme avait permis à la police ouest-allemande de saisir des armes et des engins explosifs dissimulés dans des postes de radio. L'opération baptisée « Feuilles d'automne » se solda par l'arrestation de quatorze personnes. À Neus, une ville allemande située à moins de deux heures de route de Francfort, la police appréhenda Hafez Dalkamoni, soupçonné d'être un proche collaborateur d'Ahmed Djibril. Les policiers allemands découvrirent qu'il était en possession de deux postes de radio Toshiba contenant des bombes identiques à celle qui devait exploser des semaines plus tard à bord du vol 103, de même qu'un indicateur d'horaires de la Pan Am.

Hafez Dalkamoni était considéré comme un expert des plus compétents en matière de fabrication de bombes[89]. Les enquêteurs allemands estimèrent que les bombes trouvées sur lui étaient certainement destinées à faire exploser des avions de ligne. Le jour de son arrestation, la police mit la main sur un autre présumé fabricant de bombes, Marwan Kheesat, un agent double des services secrets jordaniens. Les deux hommes — Dalkamoni et Kheesat — ont été aperçus en train de courir les magasins à la recherche de réveille-matin et d'interrupteurs. Kheesat déclarera pour sa part avoir rencontré un certain Abu Elias, un expert en explosifs et en sécurité aérienne qui aurait, semble-t-il, placé la bombe qui a servi à commettre l'attentat. « Nous croyons fermement que Dalkamoni et sa bande étaient les principaux instigateurs des attentats », affirma le Dr Jim Swire, porte-parole des parents des victimes de Lockerbie.

Jusqu'au début des années 1990 donc, personne, que ce soit aux États-Unis ou au Royaume-Uni, ne songe alors à une quelconque implication de la Jamahiriya dans l'attentat de Lockerbie. Pamela Dix, secrétaire de l'association « UK Families Flight 103 », est catégorique à ce propos : « Dans les trois années qui ont suivi le désastre, personne d'entre nous n'a jamais eu le moindre soupçon sur la responsabilité des Libyens ».

La piste du FPLP-CG est donc privilégiée dès les premiers jours de l'enquête par les services occidentaux, non seulement parce que des explosifs ont été découverts auprès de ses membres lors de la rafle en Allemagne, mais aussi et surtout parce que Ahmed Djibril, son chef, est connu comme un sous-traitant des services secrets syriens et iraniens. Téhéran particulièrement avait un mobile : le 3 juillet 1988, soit cinq mois avant l'attentat de Lockerbie, le navire américain USS Vincennes avait détruit par erreur un Airbus iranien, tuant ses 290 passagers, dont 66 enfants. Le Guide suprême iranien, l'ayatollah Khomeiny, avait alors promis *« une pluie de sang »* à ceux qui avaient commis ce crime. Suite à cette menace, la FAA[a] avait averti les compagnies aériennes américaines de l'imminence d'un attentat contre un avion de ligne américain.

Ahmed Djibril, lui, va profiter de la tragédie d'Iran Air pour proposer ses services aux Iraniens en échange de quelques billets verts. Dans le courant du mois de juillet, il dépêche son lieutenant Hafez Dalkamoni à Téhéran. Avec l'appui de Machtashimi Four, le ministre iranien de l'Intérieur et ami de longue date de Dalkamoni, le FPLG-CG parvient à convaincre ses interlocuteurs de la nécessité d'une opération contre les Américains. En échange de ses services, les Iraniens acceptent de prendre en charge les besoins financiers du groupe. Comme preuve de leur bonne volonté, ils lui versent aussitôt deux millions de dollars d'acompte[90]. « Je peux vous dire sans aucun doute qu'initialement, tout le monde estimait que ce n'était pas la Libye, mais l'Iran », affirme aujourd'hui Abraham Sofaer, alors directeur juridique du département d'État ; et d'ajouter : « Je ne peux pas vous révéler les preuves que j'ai vues à l'époque, mais il y avait des preuves ; ce n'étaient pas des supputations[91]. »

Jusqu'à la fin des années 1980, les services américains et britanniques travaillent donc sur la piste du FPLP-CG, piste qui doit conduire vers Téhéran, et dans une certaine mesure Damas.

Les enquêteurs passent au peigne fin tous les débris de l'avion retrouvés après l'explosion. Un homme supervise les opérations, Tom Thurman, agent spécial du FBI. Personnage controversé[92], Thurman fait partie de la prestigieuse unité « Explosifs » chargée de trouver la signature des bombes et explosifs utilisés dans les actions terroristes.

---

[a] La Federal Aviation Administration (FAA) est une agence gouvernementale chargée des règlementations et des contrôles concernant l'aviation civile aux États-Unis.

Pendant des mois, l'enquêteur américain passe au crible tous les débris de l'avion. Puis, il découvre un morceau de plastique minuscule dans le col d'un vêtement ; il s'agit en fait d'un fragment de circuit imprimé d'une minuterie (ou *timer*). À la simple vue de ce fragment, il conclut qu'il s'agit d'une bombe[a]. « La pièce était trouée et cratérisée, observe-t-il. Cela ressemblait à des champignons à l'envers... J'ai regardé la pièce et j'ai dit : "OK, maintenant nous savons que c'est une bombe" »[93].

En radiographiant le morceau de circuit imprimé, Thurman parvient à reconstituer son numéro de fabrication, ce qui permet de remonter jusqu'au fabricant, et donc aux acheteurs éventuels. Dans une enquête de ce genre, on a rarement une telle chance. Mais bon, passons...

Les fins limiers du FBI identifient le fabricant de ces détonateurs, Edwin Bollier, patron de la société suisse Mebo AG basée à Zurich. Interrogé par les enquêteurs, Bollier affirme que la minuterie en question n'a été livrée qu'à la Libye, en deux lots. Mais plus tard, il reconnut que la Stasi, le service de renseignement est-allemand, s'était aussi procuré deux *timers* en 1985[94].

Lorsque la police écossaise interroge Edwin Bollier à la mi-1990, elle se contente de lui présenter une photographie du fragment de circuit imprimé de la minuterie, mais pas de la minuterie proprement dite prétendument retrouvée par les enquêteurs. Le patron de la Mebo déclara avoir demandé à examiner le segment du *timer*, mais sa requête fut rejetée. C'est seulement en septembre 1999, durant le procès de Lockerbie, qu'on lui présentera la pièce. Après l'avoir examiné au microscope, il conclut que ce segment ne pouvait provenir du *timer* vendu aux Libyens, qu'il n'avait jamais servi et surtout qu'il ne s'agissait pas de la pièce figurant sur la photographie qu'on lui avait présentée ! Quelques mois plus tard, en mai 2000, la justice écossaise devait lui présenter un bout du même

---

[a] Voir Annexe 13.

timer, mais cette fois la pièce est carbonisée ! Hollywood n'aurait pas fait mieux. Pour Edwin Bollier, tout ceci relève d'une grossière manipulation des juges écossais. « C'est un faux créé par le FBI pour accréditer la thèse de la culpabilité libyenne », dira-t-il...

Peu importe ! Pour Tom Thurman et ses confrères de la CIA, la minuterie utilisée lors de l'attentat est différente de celle utilisée par le FPLP-CG en raison de l'absence d'un déclencheur barométrique, mais elle correspond à celle vendue à la Libye par la Mebo AG. D'autant que le même type de minuterie avait été découvert aux mains de deux agents libyens, Mohammed Marzouk *alias* Mohammed Naydi, et Mansour O. Saber, arrêtés à l'aéroport de Dakar, le 20 février 1988.

C'est ainsi que Ahmed Djibril et l'Iran furent disculpés par les Américains et les Britanniques qui préférèrent chercher les coupables ailleurs. De toute évidence, le filet se resserre incontestablement autour de la Libye et de son chef, le colonel Mouammar Kadhafi. Et ce n'est qu'un début.

Les enquêteurs du FBI ne comptent pas s'arrêter en si bon chemin. Ils s'intéressent également au bagage qui aurait contenu la bombe, une valise Samsonite marron. D'après les autorités britanniques, elle serait arrivée à Francfort dans le vol KM190 d'Air Malta en provenance de Malte. Toujours selon la version officielle britannique, cette valise, malgré toutes les consignes de sécurité en vigueur, aurait été embarquée dans la soute de la Pan Am alors même que son propriétaire n'était pas enregistré sur le vol 103. Mais les autorités maltaises ont toujours maintenu qu'il n'y avait pas de bagages non accompagnés à bord du vol KM190. Les avocats d'Air Malta prouvèrent devant la justice, documents à l'appui, que l'ensemble des 55 bagages avait été vérifié et associé aux 39 passagers du vol KM190 d'Air Malta.

C'est en fouillant dans ce qui reste de cette valise que les enquêteurs aperçurent un morceau de vêtement pour enfant, brûlé, mais pas trop, et qui portait tellement des traces du semtex qu'on en conclut qu'il avait été utilisé pour envelopper la bombe. Les policiers remarquèrent également à proximité de cet habit, un pantalon — qui portait aussi des traces du semtex — portant une étiquette de la Yorkie Clothing Industries Ltd. Malta.

Les agents du FBI se rendent à Malte pour enquêter sur une éventuelle « liaison maltaise ». Sur place, ils interrogent le directeur général de la compagnie qui leur explique que le vêtement en question, fabriqué à cinq cents exemplaires, était vendu dans une boutique, Mary's House, se trouvant à quelques centaines de mètres à peine de l'aéroport. Les enquêteurs se rendent donc à cette boutique appartenant à un certain Tony Gauci. Pas moins d'une année s'était écoulée depuis l'attentat.

Lorsque les hommes du FBI se présentent chez lui, Gauci se rappela soudain qu'il avait vendu ce vêtement pour enfant à un « Libyan looking man », selon ses propres termes. Le commerçant maltais est extraordinairement précis. Il se souvient même de la date de cet achat, le 23 novembre 1988, soit un mois avant l'attentat — dans l'acte d'accusation daté du 14 novembre 1991, il est établi que les articles en question auraient été achetés le 7 décembre 1988. Tony Gauci a une mémoire tellement prodigieuse que les enquêteurs du FBI peuvent aussitôt établir le portrait-robot de l'acheteur, lequel est immédiatement identifié des jours après : il s'agit d'Abdelbasset al-Megrahi, un cadre des services secrets libyens. Il aurait bénéficié de la complicité d'Al Amin Khalifa Fhimah, membre présumé des services secrets libyens employés à Malte par la Libyan Airlines. Et le commanditaire de l'attentat ne serait autre que le propre beau-frère de Kadhafi, Abdallah Senoussi, le chef des services de renseignement libyens.

Le dossier semble donc bouclé et Mouammar Kadhafi clairement montré du doigt. « À l'évidence, observe une "gorge profonde" des services français, c'est le résultat auquel on voulait aboutir ! Dans les services où nous suivons de très près cette enquête éclair, ça nous paraît cousu de fil blanc ! »[95]

Qu'est-ce qui peut donc expliquer un tel acharnement contre Tripoli ? Pourquoi les services spécialisés américains ont-ils orienté l'enquête de façon si criante ? En toile de fond de cette affaire, une réalité embarrassante que les autorités américaines ont toujours voulu dissimuler : les liaisons pour les moins incestueuses entre les services spéciaux américains et le monde du grand banditisme. Selon Lester Coleman[96], ancien agent de la DIA (Defense Intelligence Agency), Washington a voulu camoufler le fait que c'est en se greffant sur une opération d'infiltration des réseaux de trafiquants de drogue libanais organisée par la DEA (Drug Enforcement Administration) que les hommes du FPLG-CG seraient arrivés à placer la bombe à bord du vol Pan Am 103.

Les faits. Dans les années 1980, plusieurs ressortissants occidentaux (Français, Anglais et Américains) sont enlevés au Liban, vraisemblablement par les « fous de dieu » du Hezbollah. Cette période voit aussi une explosion du trafic et de la production de drogue. Une partie non négligeable de la production de drogue vient de la plaine de la Beqaa, au Liban — région contrôlée par le Hezbollah sous la bienveillante surveillance de Damas. Pour comprendre les rouages de ce trafic, la DEA imagine alors une complexe opération d'infiltration des réseaux libanais. Son nom de code : « KHOURA ». Elle repose entre autres sur des « livraisons contrôlées[a] » permettant aux agents des *Stups* américains de s'insérer progressivement dans le réseau des trafiquants afin d'en identifier le maximum de rouages possibles. L'opération est d'autant plus importante que des agents de la DIA s'y sont greffés, persuadés qu'en infiltrant le réseau des trafiquants, ils vont pouvoir remonter jusqu'aux ravisseurs du Hezbollah qui détiennent les otages occidentaux. Mais ce n'est pas tout. Ce trafic de drogue permet également de

---

[a] La « livraison contrôlée », comme son nom l'indique, consiste à permettre à un agent des *stups* ou à un informateur de remettre aux membres d'un réseau une quantité donnée de stupéfiants dans le but d'accumuler les preuves et les informations sur la filière observée.

financer une opération secrète de la CIA contre le gouvernement marxiste du Nicaragua.

Les opérations de pénétration sont amorcées. Assez rapidement les agents de la DEA, secondés par ceux de la DIA, établissent des contacts directs avec les trafiquants libanais — parrainés par les services syriens — auxquels ils facilitent la tâche en faisant acheminer la drogue aux États-Unis via Francfort. C'est le seul moyen d'inspirer confiance et de mettre à l'aise les trafiquants. Et pour que la « livraison contrôlée » se déroule sans difficulté, les services de police et de douane amis, notamment les douanes allemande et britannique, sont invités à fermer les yeux, laissant ainsi passer la marchandise... qui est régulièrement convoyée à destination des États-Unis via le vol 103 de la Pan Am.

Khalid Nazir Jaafar, un Libano-américain utilisé par la DEA, transportait régulièrement les stupéfiants. Il s'était ainsi fait remettre par un responsable du Hezbollah un transistor contenant trois kilogrammes d'héroïne, avant d'embarquer pour Francfort où il devait prendre le vol de la Pan Am. Grâce à ses contacts avec les services secrets syriens, Ahmed Djibril était parfaitement au courant du trafic de drogue et de la « livraison contrôlée » opérée par Jaafar via le vol 103. Il savait que le Libano-américain ne serait pas inquiété par les services de sécurité européens prévenus par la DEA.

Profitant donc de l'énorme brèche laissée par la sécurité aéroportuaire allemande, un membre du FPLG-CG connu sous le nom de code Abu Elias — d'après certaines sources, il s'agirait d'un citoyen américain, neveu d'Ahmed Djibril, travaillant comme agent double pour le FBI ou la CIA[97] — remplace lors d'une escale, à l'insu de Jaafar, les trois kilos d'héroïne qui doivent être convoyés vers les États-Unis par un transistor piégé, bourré de Semtex. Un agent de sécurité du gouvernement allemand, qui était dans le secret du trafic, constata que le contenu de la valise introduite dans le vol 103 avait un aspect différent de celui qu'il avait d'ordinaire. Intrigué et sachant que ce vol faisait l'objet de menace d'attentat, il communiqua avec son contact à la station locale de la CIA et lui demanda ce qui se passait. « Ne t'en fais pas, lui fut-il répondu. N'interviens pas. Laisse faire[98]. » Quelques heures plus tard, le Boeing 747-121 de la Pan Am explosait au-dessus de Lockerbie. Et deux jours plus tard, les Iraniens déposaient la somme de dix millions de dollars sur un compte du FPLG[a].

Suite à la balourdise des services spéciaux américains, Washington a tout fait pour brouiller les cartes et faire d'une pierre deux coups, en camouflant les erreurs de la DIA et en accusant la Jamahiriya arabe libyenne d'être responsable de l'attentat[99].

Le 14 novembre 1991, les régimes américain et britannique lancent simultanément des mandats d'arrêt internationaux contre Abdelbasset al-Megrahi et Al Amin Khalifa Fhimah. Ils exigent que la Libye « révèle tout ce qu'elle savait à propos de ce crime, y compris les noms de tous les responsables, et qu'elle autorise le plein accès à tous les témoins, documents et autres preuves matérielles, y compris tous les systèmes de minuterie dont elle disposait encore. » Deux semaines plus tard, le 27, les États-Unis, la Grande-Bretagne et la France signent une déclaration tripartite exigeant que le gouvernement libyen extrade les deux suspects afin de les juger en Écosse ou aux États-Unis. Le Conseil de sécurité de l'ONU exigea pour sa part que la Libye coopère activement avec la France dans l'enquête sur un autre attentat commis cette fois-ci contre la compagnie française UTA au-dessus du Niger et pour lequel le juge français Jean-Louis Bruguière suspecte six Libyens d'avoir posé une bombe à bord de l'appareil. Il s'agit de l'acte terroriste le plus meurtrier perpétré contre la France à cette époque[100]. Les 170 passagers et membres d'équipage y ont trouvé la mort.

Le mardi 19 septembre 1989 en effet, soit neuf mois après la tragédie de Lockerbie, le DC-10 du vol UT 772 de la compagnie UTA assurant le trajet Brazzaville-Paris via N'Djamena,

---

[a] Voir Annexe 14.

explose au-dessus du désert du Ténéré, au Niger, à 14h59, heure française. Il n'y a aucun survivant. Parmi les victimes, on compte des dizaines de Français, des Congolais, des Tchadiens, des Italiens ainsi que des citoyens américains, dont l'épouse de l'ambassadeur des États-Unis au Tchad. L'explosion est repérée par un satellite américain du dispositif IMEWS[a] qui balaye la région. Le siège de la compagnie UTA et les autorités françaises sont alertés. Dans l'après-midi, les recherches pour localiser les restes de l'appareil sont lancées. Le lendemain, grâce aux Américains, les Français repèrent l'épave de l'avion dans les dunes du Ténéré, à 650 km au nord-ouest de N'Djamena. Les débris sont éparpillés sur une centaine de kilomètres carrés.

Le jour même, le patron de la DGSE Claude Silberzahn appelle Bernard Gérard, le boss de la DST (Direction de la Surveillance du Territoire, le service de contre-espionnage français), pour lui dire que cet attentat est l'occasion ou jamais pour les deux services de travailler ensemble et, ainsi, de faire cesser la guéguerre que se livrent leurs agents. Une équipe mixte est formée et avant même que la justice se saisisse de l'affaire, elle se rend dans le Ténéré pour examiner les débris du DC-10. Dès le vendredi soir suivant, la thèse de l'attentat est confortée par la découverte de traces d'explosif parmi les débris de l'appareil.

Deux jours plus tard, la 14e section du parquet de Paris, section antiterroriste, ouvre une information judiciaire contre X pour « assassinats, destruction volontaire de biens immobiliers et usage d'explosif, en relation avec une entreprise terroriste de subversion ou portant atteinte à la sûreté de l'État. » Le dossier est confié au juge antiterroriste français Jean-Louis Bruguière qui a aussitôt délivré une commission rogatoire à la DST. L'enquête de police est confiée à la 6e division de la direction centrale de la Police judiciaire (DCPJ) qui a dépêché sur les lieux du drame ses propres enquêteurs. Une cellule de crise est

---

[a] Integrated Multipurpose Early Warning Satellites.

constituée au Quai d'Orsay, avec pour mission d'assister les familles, d'établir des liens avec les autorités étrangères et les différents acteurs du drame.

Dès le départ, l'enquête s'avère délicate, car la signature de l'attentat n'est pas très claire. Dans un rapport « secret » daté du 28 septembre, la DST passe en revue différentes pistes. Première éventualité privilégiée par le contre-espionnage français, la Libye. La DST rappelle que le 10 mars 1984, des agents à la solde de Tripoli avaient commis un attentat contre un DC-8 d'UTA (le même vol UT 772) reliant Brazzaville à Paris. L'appareil avait explosé sur la piste de l'aéroport de N'Djamena au cours d'une escale sans faire de victimes. Mais « aujourd'hui, explique Bernard Gérard, Kadhafi n'a aucune raison évidente de s'en prendre à la France alors que le conflit tchado-libyen semble en bonne voie de règlement et que les relations entre les deux pays se détendent. Qui plus est, le régime libyen n'a pas été impliqué dans une affaire terroriste d'ampleur depuis plusieurs années. » Le rapport évoque ensuite la piste du FPLG-CG d'Ahmed Jibril déjà soupçonné d'avoir descendu le vol 103 de la Pan Am.

Le contre-espionnage français aborde également la piste iranienne. Téhéran réclame depuis plusieurs mois la libération d'Anis Naccache, détenu en France pour avoir attenté à la vie de l'ancien premier ministre iranien Chapour Bakhtiar. Il faut rappeler à cet égard que quelques jours seulement après l'attentat contre le DC-10, la direction de la DST avait reçu de sa cellule Iran, des renseignements très précis — qu'elle a transmis au premier ministre Michel Rocard, au ministre de l'Intérieur Pierre Joxe et à l'Élysée — désignant l'Iran comme commanditaire et Ahmed Jibril comme bras exécutant de l'attentat qui aurait sa principale cause dans le non-respect des engagements pris par le gouvernement français lors de la libération de ses otages au Liban, le 4 mai 1988. La note de la DST transmise au pouvoir politique disait en substance :

> « L'attentat visant le DC-10 de la compagnie UTA est directement lié au sort de Naccache, le terroriste libanais

emprisonné sur notre territoire. Les autorités françaises n'ont pas respecté l'engagement pris lors de la négociation visant à la libération des otages français de libérer l'intéressé. M. Chirac, l'ancien premier ministre, avait d'ailleurs évoqué l'éventualité d'actions terroristes liées à l'affaire Naccache. Cette déclaration avait pour origine un rappel de la part des responsables iraniens. C'est ainsi que, par l'intermédiaire d'Ahmed Jibril, le responsable du FPLP-CG, l'Iran a décidé d'attaquer les intérêts français. Dans ce cadre, un Libanais transitant par Damas s'est rendu en Afrique pour y organiser l'attentat. Le matériel utilisé est parvenu par voie maritime d'Abadan à Brazzaville, via le Koweït. »

Toutefois, le patron de la DST assortit sa note de nombreuses réserves puisque la source de ces informations était considérée comme douteuse...

La piste syrienne, en revanche, paraît avoir les faveurs de la DST. Le rapport précise que « Damas a mal pris l'envoi de la flotte française au large de la côte libanaise après l'offensive de Souk El Gharh. » Selon deux informateurs libanais de la DST, le président Hafez el-Assad aurait décidé d'infliger une « leçon à Paris » en faisant appel à des groupuscules manipulés par Damas.

Une autre piste explorée par le contre-espionnage français: le Hezbollah. « En juillet 1987, note la DST, un jeune du Hezbollah a détourné le DC-10 d'Air Afrique effectuant le vol Brazzaville-Bangui-Rome-Gênes ; il aboutissait à Genève où il a tué un Français rapatrié sanitaire, Xavier Beauchêne. L'année suivante, en août 1988, un réseau Hezbollah a été démantelé en Côte d'Ivoire grâce à l'arrestation d'un terroriste libanais, Taki Mohamed, installé à Abidjan. Enfin, en août 1989, un autre attentat commis par un membre d'un réseau africain se produisait à Londres, dans le cadre de la traque acharnée menée par les intégristes contre Rushdie, l'auteur des *Versets sataniques*... » Et le rapport de poursuivre : « Le Hezbollah a un vieux contentieux avec la France, dénoncée comme une ancienne puissance coloniale au Liban. La France, au nom des prétendus liens historiques, "s'ingère" dans les affaires du pays. »

Au regard de ces différentes hypothèses, la DST conclut que « si le Hezbollah a agi en mercenaire pour l'Iran à cause d'Anis Naccache, la Syrie, de son côté, pouvait avoir intérêt à punir la France. Cette seconde solution paraît toutefois plus probable »...

Du côté du Congo-Brazzaville, une enquête est ouverte également. Le directeur de la Sécurité militaire (SM) Patrice Ondélé est désigné par le président Sassou Nguesso pour faire la lumière sur l'origine de l'explosion. Pendant ce temps dans le désert, sous une chaleur de plomb, l'enquête se poursuit. Afin de préserver les indices, tous les fragments d'objets se trouvant dans la soute sont conditionnés dans des caisses spéciales et acheminés au laboratoire des explosifs à Paris où trois experts doivent procéder à leur examen. Bruguière réclame également qu'on fasse venir en France toutes les pièces susceptibles d'appartenir au DC-10 afin de reconstituer la carlingue et d'être ainsi à même de déterminer où se situe le point d'impact de l'engin explosif et l'endroit où il était dissimulé. Quinze tonnes de débris sont ainsi acheminées par avion-cargo à Paris.

Après avoir reconstitué 80 % de la partie avant de l'appareil et 70 % de l'ensemble des conteneurs, le juge Bruguière identifie formellement le conteneur dans lequel se trouvait la valise piégée : le conteneur 7044, aux couleurs d'Air Afrique, en position 13R à l'avant droit de la soute à bagages. Les vérifications faites à N'Djamena ont permis de conclure qu'aucun conteneur n'avait été manipulé lors de l'escale au Tchad. La charge explosive a donc forcément été embarquée dès le départ de l'appareil à Brazzaville.

Jean-Louis Bruguière délivre alors une autre commission rogatoire. Le 1er mai 1990, un groupe d'enquêteurs français, notamment de la PJ et de la DST, débarque à Brazzaville. Avec leurs collègues de la PJ congolaise travaillant sous la houlette du juge d'instruction Alphonse Ngoma, ils évaluent la sécurité à l'aéroport international de Maya-Maya, étudient les procédures d'embarquement des bagages, entendent les familles des victimes…

À Paris, l'enquête technique menée essentiellement à partir des débris de l'avion recueillis dans le Ténéré par les militaires et les enquêteurs français, a révélé que la charge explosive était dissimulée dans une valise Samsonite de type « Silhouette 200 ou 2000 » tapissée de penthrite, une substance chimique se manipulant comme de la pâte à modeler et qui ne peut exploser sans la présence d'un détonateur, ce qui la rend transportable partout sans aucun danger. Selon les services de renseignement occidentaux, les caractéristiques physiques de ce plastifiant renvoient au « Mouvement du 15 mai », organisation fondée par Hussein el-Omari alias Abou Ibrahim, activiste palestinien réfugié à Bagdad.

D'après les services de renseignement américains et français, Abou Ibrahim était depuis 1982 un expert en explosifs spécialisé dans la confection des valises piégées à base de penthrite. Il était impliqué dans une série d'attentats contre des avions de ligne américains. Les analyses comparatives ont permis de déterminer que l'explosif utilisé contre le DC-10 d'UTA correspondait au polyisoprène, le plastifiant spécifique utilisé par Abou Ibrahim et que l'on retrouvera chez un certain Habib Maamar, un membre du « Mouvement du 15 mai » arrêté en France, le 8 mai 1985, après l'attentat contre le magasin Marks & Spencer à Paris, le 23 février de la même année. On a retrouvé dans le domicile de Maamar un kilo et demi de penthrite[101]…

En 1986, le « Mouvement du 15 mai » est dissous. La plupart de ses membres rejoignent le FPLP-CG d'Ahmed Djibril, d'autres vont se fondre dans le groupe d'opérations spéciales du Fatah dirigé par Hawari. Quant à Abou Ibrahim, il est resté à Bagdad sous le parapluie des services irakiens. Ses valises se sont dispersées. Quatre à sept d'entre elles ont été remises au groupe d'Ahmed Jibril ; les autres se sont volatilisées dans la nature.

Pour les services français, l'attentat contre le DC-10 d'UTA est probablement la répétition de l'opération qui a frappé, neuf mois plus tôt, le Boeing 747 de la Pan Am ; mais cette fois-ci, avec une implication plus prononcée du Hezbollah qui, grâce à son implantation en Afrique noire et notamment au Congo-Brazzaville, a pu, sans difficulté, offrir la logistique aux membres du FPLP-CG chargés d'exécuter l'attentat. Aux yeux des Français, l'État commanditaire de l'attentat serait l'Iran ou la Syrie, si ce n'est les deux. Le juge Jean-Louis Bruguière va plutôt pencher pour la piste syrienne. Damas aurait réagi au soutien apporté par Paris au général chrétien Michel Aoun et aux manœuvres aéronavales françaises au large de Beyrouth, en juillet 1989, avec l'envoi d'un porte-avions, le Foch. Nul à Paris ne songe alors à une quelconque piste libyenne.

C'est seulement à la mi-juillet 1990 que l'antenne de la DGSE française au Congo obtient de son homonyme, la DGSE (Direction générale de la sécurité d'État) congolaise, un rapport rédigé par la SM congolaise mettant en cause l'ambassade libyenne [au Congo] dans l'attentat et révélant la présence à Brazzaville d'un témoin capital nommé Bernard Yanga. Ce dernier fait partie de la Communauté démocratique révolutionnaire zaïroise (CDRZ), organisation[a] basée au Congo et rassemblant des opposants zaïrois qui essayent tant bien que mal de mener des actions subversives de l'autre côté du fleuve, à Kinshasa, la capitale du Zaïre.

Yanga a été introduit dans le CDRZ par Apollinaire Mangatany, un homme entretenant des rapports étroits avec les Libyens et considéré comme le chef politique du CDRZ. Les deux individus fréquentent régulièrement le Bureau populaire à Brazzaville et s'entretiennent très souvent avec Abdallah Elazrag, premier conseiller de l'ambassade. Avec les autres

---

[a] Il s'agit en fait de la section clandestine d'un courant dissident du MNCL (Mouvement national congolais Lumumba) relancé au début des années 1980 par le fils de l'ancien premier ministre nationaliste congolais, Patrice Lumumba.

militants du CDRZ, ils sont depuis un certain temps dans le collimateur de la SM qui surveille avec une attention particulière les faits et gestes des Libyens et de tous ceux qui gravitent autour d'eux dans la capitale congolaise.

Il faut dire que Brazzaville abrite à l'époque plusieurs mouvements « révolutionnaires ». Certains groupuscules envoient régulièrement des Congolais suivre une formation paramilitaire et idéologique chez Kadhafi, qui n'hésite pas à financer tous les opposants africains désirant renverser les régimes soutenus par Washington et Paris. C'est notamment le cas d'Apollinaire Mangatany, de Jean-Bosco Ngalina, un proche collaborateur d'Apollinaire, et de certains autres membres du MNCL qui rêvent de renverser le président du Zaïre, le maréchal Mobutu, grand agent américain sur le continent, aussi soutenu par Paris. Pour les Libyens, Brazzaville constitue une base arrière parfaite pour monter des coups fourrés contre les dirigeants « clients » de l'impérialisme franco-américain.

La nouvelle de l'attentat contre le DC-10 d'UTA surprend le patron de la SM, le colonel Patrice Ondélé, en vacances. Il revient vite dans son bureau et examine à la loupe la liste des passagers du vol UT 772. Quand il tombe sur le nom d'Apollinaire Mangatany, il pense directement aux Libyens. À ses yeux, il ne fait l'ombre d'aucun doute que « c'est un coup des Libyens ». Ondélé mobilise alors ses collaborateurs et leur demande de lui rassembler tous les documents, photos, écoutes, filatures, rapports d'indice sur les réseaux libyens. À vrai dire, le boss de la SM ne cherche pas vraiment à comprendre ce qui s'est réellement passé ; il veut simplement par cette démarche conforter ses propres appréhensions. Petit détail non sans intérêt : Patrice Ondélé est un « honorable correspondant » de la CIA ; son officier traitant n'est autre que le *station chief* de Kinshasa, un certain Ralph.

Doit-on voir dans l'attitude du directeur de la SM congolaise une main américaine ?

Une chose est sûre, Monsieur Ondélé a mobilisé de gros moyens pour arriver à ses fins. La SM n'hésite pas à distribuer des billets de banque à de nombreux militants pro-libyens en échange de bonnes informations. Elle promet beaucoup d'argent aux membres du CDRZ qui sont prêts à fournir des informations confortant la certitude du premier jour. Complètement fauchés, ceux-ci n'hésitent pas à jouer le jeu. Douze jours après l'attentat, Ondélé remet un rapport préliminaire de douze pages au président Sassou Nguesso dans lequel il accuse les Libyens. Mais le chef de l'État congolais accueille le rapport de son homme de confiance avec scepticisme.

L'enquête n'est pas pour autant terminée. Le 19 janvier 1990, des officiers de la SM opèrent une descente chez Bernard Yanga et le placent en garde à vue. Alertés, ses compagnons de lutte, Jean-Bosco Ngalina, et son adjoint Artur Aliki, prennent le large alors qu'on s'apprête à les arrêter aussi. Pas grave. Ils ont Yanga et ils comptent lui faire cracher le morceau. De toute évidence, la marge de manœuvre du Congolais est faible ; il doit obtempérer ou subir les foudres des sbires de la SM.

Au fil des interrogatoires, Bernard Yanga fournit de plus en plus de détails, parfois contradictoires. Ses déclarations sont loin d'être convaincantes. À chacune de ses auditions, il semble revenir sur ses aveux de la veille. Loin d'être satisfaits, ses geôliers exercent sur lui une forte pression et lui font comprendre qu'il ne s'en tirera que s'il leur dit ce qu'ils veulent entendre. Il est détenu dans le plus grand secret et personne ne peut l'approcher en dehors des enquêteurs de la SM.

Pour se tirer d'affaire, le Congolais se lance dans une série de déclarations aussi farfelues les unes que les autres — en fait, il ne fait que « réciter » un scénario de l'attentat écrit par la SM. Il affirme que l'un des passagers qui ont péri dans l'explosion de l'avion, son ami Apollinaire Mangatany, transportait l'engin explosif. Selon lui, Mangatany agissait pour le compte des Libyens. Ce sont deux agents libyens, Ibrahim Naeli et Arbas Musbah — que la DST tient pour des agents du renseignement extérieur, « spécialistes de la sécurité avions et aéroports » —, arrivés à Brazzaville les 22 et 24 août 1989, en provenance de Tripoli *via* Paris, et repartis le même jour que le vol UT 772 sur la compagnie Ethiopian Airlines, qui lui auraient proposé d'exécuter le forfait. Toujours selon Bernard Yanga, c'est Abdallah Elazrag, premier conseiller au BP de Brazzaville, qui aurait fourni à Mangatany billets d'avion, argent, vêtements, ainsi que la valise piégée examinée la veille par Ngalina, le spécialiste du maniement des explosifs au sein du CDRZ. Un individu de nationalité ivoirienne aurait reconnu Mangatany à sa cravate rouge au moment de l'escale à N'Djamena et l'aurait « exfiltré » de l'aéroport avant que l'avion n'explose. Selon Yanga, les Libyens voulaient « punir » la France pour son action militaire au Tchad. Tout est dit et la boucle est bouclée.

Satisfaite de son travail, la SM rédige son rapport (référencée sous le numéro 0096) à partir des témoignages de Bernard Yanga et le transmet au président Sassou. C'est une copie de ce rapport que l'antenne de la DGSE française au Congo obtient de son homonyme congolais, à la mi-juillet 1990, avant de le faire remonter à Paris. Claude Silberzahn, le chef de la DGSE, remet une copie dudit rapport à Jacques Fournet, qui vient de prendre la tête de la DST, lors d'une réunion informelle de l'UCLT (Unité de coordination de lutte contre le terrorisme), en présence du ministre de l'Intérieur Pierre Joxe.

Mais la DGSE est très réservée sur ce rapport et ses conclusions. Elle y distingue « l'équilibre imparfait d'une construction » reposant sur le témoignage décisif d'un seul homme. Elle s'étonne des liens directs qui apparaissent entre diplomates et auteurs du forfait, des engins explosifs passant de main en main sans protection ni constitution de « barrages » interdisant de remonter aux sources, pour ne pas dire aux commanditaires. Pourtant en matière de terrorisme international, les commanditaires prennent bien soin de brouiller les pistes qui pourraient mener jusqu'à eux. « Voilà qui, en matière de terrorisme, tranche avec le professionnalisme que l'on prête à ceux qui ont perpétré cet acte », observe M. Silberzahn[102]. De plus, la DGSE ne voit pas de motif qui aurait poussé la Libye à s'en prendre à la France puisque, le 31 août 1989, on l'a vu, un accord parrainé par les Algériens a mis fin au contentieux qui opposait les deux pays sur la question du Tchad. Et comme la DGSE, la DST exprima à son tour les plus vives réserves sur ce rapport et en releva toutes les contradictions et erreurs...

Lorsqu'il entendit parler du « témoin » Bernard Yanga, le juge Bruguière qui travaille, on l'a vu, sur la piste syrienne, demanda à l'entendre. Le 25 juillet 1990, les policiers de la DST et de la PJ se rendent à Brazzaville. Le magistrat les y rejoint peu de temps après. Ensemble, ils auditionnent Yanga qui confirme *grosso modo* — en présence des barbouzes congolais — ses déclarations antérieures, c'est-à-dire la version que lui a soufflée la SM. Les policiers français récupèrent dans la foulée le rapport 0096 consacré à l'attentat.

Dès son retour à Paris, Jean-Louis Bruguière jubile. Il tient enfin sa vérité : l'attentat contre le DC-10 d'UTA est sans doute l'œuvre de celui que les gouvernements et la presse en Occident présentent depuis un certain temps comme le parrain du terrorisme international, Mouammar Kadhafi. Un mois plus tard, le 27 août, le journaliste Jean-Marie Pontaut[103], un proche de Bruguière qui suit pas à pas l'enquête du juge, publie dans l'hebdomadaire *Le Point*, en exclusivité : « On sait aujourd'hui que c'est la Libye qui a fait exploser en vol le DC-10 d'UTA »...

La désignation de la Jamahiriya comme auteure de l'acte terroriste suscite beaucoup d'embarras dans les milieux officiels français, surtout au Quai d'Orsay où l'on est bien conscient de la faiblesse du dossier mettant en cause Tripoli. Dans une note adressée à François Mitterrand en date du 10 septembre, son directeur de cabinet, Gilles Ménage, s'étonne des révélations publiées dans *Le Point*, faisant remarquer que « les éléments du dossier sont loin d'être probants quant à la mise en cause de la Libye. » Monsieur Ménage a même pensé à une manipulation américaine dont l'objectif est de « détourner l'opinion d'une mise en cause syrienne ».

Dans le courant de l'été 1991, la CIA organise des « fuites » dans les médias dans le but de lier les attentats de Lockerbie et du Ténéré et de désigner le colonel Kadhafi comme étant le commanditaire. Les Libyens, selon l'Agence, poursuivaient un double objectif : frapper la France pour se venger des défaites libyennes au Tchad, frapper les États-Unis après les raids américains de Tripoli, en 1986. La campagne d'intoxication est une réussite puisque tous les grands médias européens et outre-Atlantique répercutent à l'unisson les « salades » de l'Agence américaine, en affirmant que la Jamahiriya est responsable de deux attentats. Pour Gilles Ménage, « il est évident que la mise en cause des responsabilités de la Libye est commode à tous égards pour les États-Unis dans la période actuelle, puisqu'elle exonère du même coup la Syrie, jusqu'alors principale suspecte, au moins par complicité, ou encore l'Iran[a]. »

Il importe de préciser que la piste libyenne s'est imposée au même moment dans les deux affaires [de Lockerbie et du DC-10 d'UTA], alors que dans les deux cas, les services secrets occidentaux, on l'a vu, privilégiaient la piste du FPLG-CG. Idem pour la preuve scientifique qui confortait l'implication du groupe pro-palestinien dans les deux attentats : le Toshiba pour Lockerbie, la valise d'Abou Ibrahim pour le DC-10. Mais Jean-Louis Bruguière ne l'entendait pas de cette oreille.

Enquêtant sur des affaires d'État, le juge antiterroriste français s'est toujours retrouvé à la frontière du droit et de la raison d'État[104]. Selon le journaliste d'investigation Pierre Péan, Jean-Louis Bruguière a orienté l'enquête de manière intention-nellement erronée sur demande de l'appareil d'État pour accu-ser à tort la Libye et disculper l'Iran et la Syrie, les véritables auteurs de l'attentat.

De fait, la désignation de la Jamahiriya arabe libyenne comme coupable était tout à fait opportune dans le contexte de la crise du Golfe. L'Irak de Saddam Hussein avait envahi le Koweït, et la coalition occidentale (Washington, Londres et Paris) avait besoin de la participation de la Syrie dans la croi-sade contre l'Irak qui se préparait, ainsi que de la bienveillance de l'Iran. Dans le quotidien français *Le Figaro*, Bernard Morrot

---

[a] Voir Annexe 15.

parle de « l'existence d'un consensus franco-américain discret, mais efficace sur la nécessité d'absoudre Damas. » Et pourtant, « c'était la Syrie qui était le coupable tout désigné, explique Me Alex Ursulet, l'avocat de Maryvonne Raveneau, la veuve de Georges Raveneau, le pilote du DC-10. L'Iran a suivi. Maintenant, c'est la Libye. Tout cela parce que les impératifs de la guerre du Golfe ont incité les dirigeants occidentaux à blanchir certains de leurs nouveaux alliés. » Pour l'avocat, l'instruction judiciaire a fait l'objet d'une mainmise du juge et de l'appareil d'État. Les rapports entre les deux hommes sont tendus...

Le lecteur voudra bien me pardonner de m'appesantir un peu sur la « saga » Bruguière-Ursulet, parce qu'elle permet de comprendre le jeu trouble auquel s'est livré le magistrat français dans l'instruction du « dossier DC-10 ».

Pour Me Alex Ursulet, la gestion de ce dossier par Jean-Louis Bruguière soulève plus de questions qu'elle n'apporte de réponse. Son instruction est parsemée de zones d'ombres. Soupçonnant le magistrat de vouloir instrumentaliser la justice au profit de l'appareil d'État, l'avocat décide de mener sa propre enquête en se rendant à Tripoli. Lorsque Bruguière l'apprend, il est fou de rage. Le juge n'aime pas qu'on se mêle de ses affaires. Et l'attentat contre le DC-10, c'est son affaire personnelle. Les parties civiles et leurs avocats sont priés de se taire et de se contenter de ce que dit le patron de la justice. D'ailleurs, ils ne comprennent rien. Depuis le début de l'instruction, ils n'y voient que du feu. Ils ont clairement le sentiment d'être baladés. Me Ursulet, lui, a décidé d'y voir un peu plus clair, en se rendant en Libye. Après son séjour chez Kadhafi où il a rencontré le juge d'instruction libyen en charge du dossier, il a acquis l'intime conviction que les choses ne sont pas passées comme l'a décrit le juge. « Au fur et à mesure que j'avançais dans mon enquête, j'ai compris qu'en réalité ce n'était pas la Libye qui était en cause, mais la Syrie », me confia Me Ursulet.

À son retour à Paris, il reçoit un appel du juge : « Il faut que je vous voie de toute urgence. Je dois vous parler avant que vous ne fassiez la moindre déclaration. »

L'avocat se rend au palais de justice et rencontre le juge qui cherche à savoir ce qu'il a découvert durant son périple libyen. Me Ursulet lui fait un résumé de ce qu'il a appris du dossier libyen, dont les conclusions vont à l'encontre des siennes.

— Vous avez été manipulé, lâche le juge Bruguière.

— Peut-être. Mais pour l'instant, je n'en ai pas le sentiment, répond Alex Ursulet.

Le magistrat prend un ton plus sec et demande à l'avocat de ne faire aucune déclaration à la presse. Mais ce dernier n'est pas du genre à se laisser intimider ; il assure qu'il rendra public un certain nombre d'éléments qu'il a découverts durant son enquête. Le ton monte entre les deux hommes.

— Je vais en appeler au bâtonnier. Nous vous empêcherons de faire cela, lance le juge.

— Ni le bâtonnier ni le ministre ne m'en empêcheront, répond l'avocat.

Le juge Bruguière est furieux, mais tente de se contenir. Il ne supporte pas qu'on lui parle sur ce ton et qu'on doute de ses conclusions. Surtout quand c'est un avocat pugnace de la partie civile qui se mêle de « ses » affaires au point d'étaler au grand jour la fragilité de son instruction. En fait, le juge n'aime guère les gens qui ne sont pas au garde-à-vous. Lorsque le journaliste Pierre Péan décide de mener sa propre enquête sur l'attentat, Bruguière commence à s'agiter et l'accuse d'être un agent au service de la Libye. Péan, avec qui je me suis entretenu à ce sujet, gardera un mauvais souvenir de sa rencontre avec le juge.

Pourquoi tant de gesticulations de la part d'un si grand magistrat ?

La vérité est que Jean-Louis Bruguière craint que l'on découvre le pot aux roses en s'intéressant d'un peu trop près à son instruction. Son dossier est si fragile que n'importe quel observateur rigoureux le réduirait en miettes sans fournir de grands efforts. Il en est conscient. Même les familles des victimes sont troublées par la vérité établie par le juge. « Celle-ci a l'air trop belle pour être honnête », souligne Me Ursulet, pour qui le magistrat sert à la partie civile et à l'opinion publique « une vérité d'État[105] ». Les deux hommes n'accorderont jamais leurs violons au sujet du « dossier DC-10 » et les échanges seront souvent extrêmement violents. Pour l'avocat, le magistrat était sous l'influence des Américains, notamment de la CIA. « Il ne s'en cachait d'ailleurs pas », me dit-il. « Il le revendiquait même. Il en était très fier[106]. »

Alexandre Ursulet garde un mauvais souvenir de la façon dont la justice a été administrée dans l'affaire du DC-10. « L'opération du juge Bruguière n'était qu'une vaste manipulation visant à faire porter la responsabilité de l'attentat à la seule Libye, fait-il observer plus de deux décennies plus tard. Il était pourtant parfaitement envisageable que la Syrie puisse avoir commandité l'opération. [...] Durant toutes ces années, entrevoir la vérité se révélera une mission quasi impossible. Le juge Bruguière a tout bloqué : les avocats des parties civiles n'ont pas eu accès aux copies du dossier car le magistrat estimait que celui-ci relevait du secret-défense. La mise en scène fut permanente, du vrai cinéma ! La façon dont fut gérée cette instruction restera indigne d'une procédure judiciaire[107]. »

Dans une note transmise au président Mitterrand, le 18 novembre 1991, Gilles Ménage relève : « Il n'y a jusqu'à présent pas "d'explication logique" à un attentat de la Libye contre la France à l'époque où il s'est produit, le conflit franco-tchadien étant réglé. À l'inverse, par exemple, les Libyens ont de facto "reconnu" leur responsabilité dans l'attentat contre des militaires français à Djibouti en 1987. » M. Ménage revient également sur les témoignages de Bernard Yanga, le témoin clé du juge, s'interrogeant sur la fiabilité de ses déclarations. Lors d'un entretien avec Pierre Péan, le 26 février 1992, François Mitterrand lui-même s'est dit « étonné de l'absence de motifs de Kadhafi » dans l'organisation de l'attentat contre le DC-10 d'UTA, tout en s'interrogeant sur la personnalité du « témoin » congolais[108].

Dans les milieux proches de l'enquête, on avait bien conscience de la fragilité d'une accusation reposant sur un seul témoignage : celui du Congolais Bernard Yanga, qui, de surcroît, n'était pas cohérent avec la seule preuve scientifique conduisant au « mouvement du 15 mai », et donc au FPLP-CG. Une nouvelle preuve scientifique était nécessaire pour consolider les accusations de Yanga contre les Libyens.

C'est alors qu'entre en scène l'agent spécial du FBI, Tom Thurman, lequel travaille déjà sur le dossier Lockerbie. Un mois après l'attentat contre le vol UT 772, Thurman et ses hommes, les agents David Williams et Dennis Kline, ont été autorisés par le juge Bruguière à examiner les fragments du DC-10 récupérés dans le désert du Ténéré par les enquêteurs français. Parallèlement à l'enquête française, Tom Thurman travaille sur les photographies de ces débris. Au cours de l'été 1991, il identifie un petit morceau de circuit imprimé d'un *timer* de quatre centimètres carrés portant le marquage TY, de la compagnie taïwanaise Taiyoun.

Les enquêteurs du FBI, sans prévenir la justice française, se rendent sur l'île et interrogent le patron de la compagnie. Ils apprennent que vingt mille minuteurs ont été livrés à une société allemande, la firme Grasslin de Fribourg. Les limiers américains épluchent la liste des trois cent cinquante clients de la firme allemande qui ont acheté ces minuteurs et tombent sur un acheteur jugé intéressant : Hans Peter Wüst, un Allemand qui affirme avoir livré des minuteurs pour équiper des balises d'aéroports à Issa el-Shibani, un homme travaillant pour le gouvernement libyen, le 20 juillet 1989. Du client allemand de la firme Taiyoun à l'acheteur libyen de ces *timers* destinés à Tripoli, le FBI conclut de façon péremptoire que la Jamahiriya arabe libyenne s'est procuré le minuteur « TY » qui a provoqué l'explosion du vol UT 772 ; « la preuve formelle de la culpabilité libyenne », dixit le juge Jean-Louis Bruguière, selon Jean-Marie Pontaut.

L'élément manquant du puzzle venait d'être trouvé. Sur la base de cette « preuve formelle » qui authentifiait le témoignage du Congolais Bernard Yanga, en désignant de manière scientifique la responsabilité de la Jamahiriya, le juge Bruguière lance, le 30 octobre 1991, des mandats d'arrêt internationaux contre six Libyens, dont Abdallah Senoussi, beau-frère du Guide et numéro deux des services spéciaux libyens, accusé par la justice française d'être le cerveau de toute l'opération. Dans sa note du 18 novembre à François Mitterand, Gilles Menage souligne que non seulement « le dossier du juge Bruguière est totalement vide concernant la mise en cause de Senoussi », mais le juge « reconnaît qu'il l'a inculpé sans preuve, mais sur la base de son "intime conviction". »

Dans son acte d'accusation, le magistrat français reprend intégralement les conclusions du FBI, sans faire état des contestations de celles-ci par les experts français. Les affirmations de Tom Thurman ont pourtant déclenché une double contre-enquête : l'une menée par la 6e Direction centrale de la police judiciaire (DCPJ) et la DST, l'autre par le laboratoire scientifique de la préfecture de police sous la direction du commissaire Claude Calisti. Les conclusions des experts français sont formelles : « On ne peut pas démontrer que notre bout de minuteur provient du premier lot acheté par l'usine de Fribourg ou du deuxième lot modifié par le Libyen. » Une note interne du ministère de l'Intérieur du 10 mars 1993 est tout aussi catégorique :

> « Les investigations touchant au fragment de circuit imprimé trouvé dans les débris du DC-10 et susceptible d'avoir appartenu au *timer* ayant déclenché l'explosion sont terminées. Effectuées courant 1992 à Taïwan et en Allemagne, elles n'ont pas cependant pu permettre d'établir que ce fragment appartenait au lot de cent un *timers* commandés par le Libyen el-Shibani Issa. »

Selon le responsable de la section « explosifs » du laboratoire scientifique de la préfecture de police, Claude Calisti, considéré comme l'un des meilleurs spécialistes «explosifs» du monde, «la piste libyenne ne reposait sur aucun élément solide. Du moins, aucun élément en notre possession[109]»... Calisti qui connaissait bien la technologie utilisée par Abou Ibrahim et qui a longuement travaillé sur les débris de l'avion recueillis dans le Ténéré, y compris le morceau de *timer* décrit par le FBI — à la différence de Thurman, il a expertisé sur pièce et non pas sur photo —, a jugé impossible que le minuteur «TY» ait pu être intégré dans la valise : «Beaucoup trop gros». Il s'est indigné des conclusions portées au grand public par le juge Bruguière et le journaliste du *Point* Jean-Marie Pontaut. Il raconte :

> «Deux ans après l'attentat, le juge Bruguière m'a remis un rapport du FBI, rédigé par Tom Thurman, mon homologue américain. Il prétendait que ses hommes avaient découvert des morceaux d'un *timer*, d'un bout de minuteur pas plus gros qu'un ongle, qui aurait permis de déclencher l'explosion de la valise piégée placée dans les soutes du DC-10. C'était n'importe quoi ! Nous avions nous-mêmes ramassé et analysé chaque morceau de cet avion ! Et voilà que deux ans plus tard, des agents du FBI sortaient une preuve tombée du ciel, un petit bout de minuteur. C'est Bruguière qui m'a remis ce rapport. Nos services n'ont jamais voulu croire aux éléments qu'il contenait. Pour moi, le juge Bruguière s'est fait rouler dans la farine par les agents du FBI[110]. »

Claude Calisti assure que « ce petit bout d'électronique, désigné comme le déclencheur de la bombe, ne portait pas la moindre trace d'explosif. Par conséquent, il ne pouvait pas avoir servi dans cet attentat. » Et de souligner : « Nous l'avons fait savoir au juge Bruguière. En vain. Notre contre-expertise est restée lettre morte. Elle n'a servi à rien[111]. »

Malgré les contestations conjointes de la 6e DCPJ, de la DST ainsi que du laboratoire scientifique de la préfecture de police, le juge Bruguière a préféré croire en un personnage aux méthodes de travail plus que douteuses. Suspendu par le FBI en 1997, Thurman a fait l'objet d'une enquête du département de la Justice pour falsification de preuves...

Il faut dire que tout au long de l'enquête, le juge français a travaillé en étroite collaboration avec les Américains. Deux mois après avoir lancé les mandats d'arrêt contre les Libyens, en décembre 1991, Bruguière s'est rendu à Washington à une réunion de travail avec le FBI. Selon Pontaut, « il s'agit alors de faire le point sur les deux enquêtes en cours (attentats entre le Boeing de la Pan Am et contre le DC-10 d'UTA) afin d'examiner les convergences éventuelles et d'unir les efforts des deux équipes. » Dans la foulée, le magistrat est reçu par des responsables du département de la Justice et du département d'État.

En juin 1993, le juge Bruguière et le commissaire Romuald Muller, directeur d'enquête à la 6e DCPJ, se rendent à nouveau à Washington au siège du FBI, à bord d'un jet de la police fédérale américaine qui les a cueillis à leur arrivée à New York en provenance de Paris. Pendant la réunion qui s'est déroulée en présence de Thurman, la question des *timers* a été soulevée. Pour les Yankees, il ne fait l'ombre d'aucun doute qu'ils proviennent de la Libye. Un rapport a été remis aux Français. Le commissaire Muller a dû repartir à Paris où l'attendait sa femme qui venait d'accoucher. « Le juge Bruguière est resté seul, quelques jours, aux États-Unis. Je ne sais pas ce qui s'est dit aux réunions qui ont suivi », explique Muller...

Claude Calisti, lui, se souvient en tout cas du changement de ton de Jean-Louis Bruguière à son retour des États-Unis : « On nous donnait le sentiment que Bruguière en savait long sur l'affaire du DC-10. Il venait de faire un voyage aux États-Unis. Il avait rencontré des responsables du FBI, à Quantico. Et les hommes qu'il avait vus là-bas n'étaient pas de simples ingénieurs, des spécialistes des explosifs comme David Williams ou d'autres. Quand il s'y est rendu, il a été reçu dans les étages supérieurs. Il a été convié à des réunions auxquelles nous autres, simples flics, n'étions pas invités. Aucun expert de la police scientifique française n'a été convié à ces réunions[112]. »

Les mémos américains rendus publics par WikiLeaks[113] indiquent que Bruguière entretenait des rapports pour le moins étroits avec le pouvoir politique américain. Celui que la presse française surnomma l'« Amiral » a été, d'après les câbles diplomatiques américains, un correspondant régulier de l'ambassade des États-Unis à Paris.

Dans les deux affaires (Lockerbie et DC-10 d'UTA), « la preuve de la culpabilité libyenne » reposait sur les expertises manipulées du FBI. Raison d'État oblige, les enquêtes qui pointaient en direction du FPLP-CG d'Ahmed Jibril — et donc par extension de ses protecteurs syriens et iraniens — ont été détournées pour acculer à sa place un homme que Washington cherche à éliminer depuis l'arrivée de Ronald Reagan à la Maison Blanche. Comme le fait observer le chercheur Charles Flores, « les stratèges politiques n'avaient pas besoin d'être aiguillonnés pour affirmer que le soutien syrien et iranien était crucial aux efforts de l'Occident pour libérer le Koweït en 1991. C'est particulièrement vrai en ce qui concerne la Syrie qui faisait partie de la très complexe coalition militaire et politique. Il était donc bien plus avisé de laver la Syrie de tout soupçon dans l'incident de Lockerbie. » Et d'ajouter : « Il convient de rappeler que la présence de la Syrie, en particulier, était indispensable à la conférence sur la paix tenue à Madrid en 1991, car Bush avait fait de l'évènement une plate-forme de sa politique moyen-orientale de l'après-guerre du Golfe. Sans la présence syrienne, la conférence eût été un échec[114]. »

Il y avait également la question des otages occidentaux détenus par le Hezbollah dans une région libanaise contrôlée par les services secrets syriens. Leur libération constituait une autre raison majeure d'orienter les enquêtes afin de ne pas contrarier la Syrie. Deux semaines après la condamnation *in absentia* des Libyens, en novembre 1991, le pasteur anglican de nationalité britannique Terry Waite et quatre autres détenus américains (dont Jeremy Levin, le chef local de CNN) sont relâchés. « Des commentateurs ont conclu, non sans cynisme, qu'il ne fallait pas grand-chose pour que les gouvernements britannique et américain détournent l'attention du public des suspects possibles de Lockerbie, afin de s'assurer leur coopération et d'obtenir la libération des otages qu'on pourrait ensuite exposer en grande pompe dans le but d'attirer la sympathie des électeurs[115]. »

Un retournement de situation qui a, semble-t-il, fait des heureux à Paris. Selon le journaliste français Pierre Péan, la désignation du bouc émissaire libyen n'a pas soulagé seulement les États-Unis, elle a constitué une aubaine pour quelques hommes politiques hexagonaux empêtrés dans de délicates transactions clandestines afin de faire libérer les otages français au Liban contre promesses faites à l'Iran et au Hezbollah.

Même si dans les hautes sphères du pouvoir français, on est bien conscient de la fragilité du dossier rassemblé par le juge Bruguière — qui au demeurant poursuit son enquête — contre les Libyens, Paris suivra néanmoins Washington et Londres dans la mobilisation internationale et votera l'embargo contre Tripoli. Gilles Ménage m'expliquera que « ce sont les Américains et les Britanniques qui ont entraîné la France dans cette histoire de sanctions. Les Italiens, eux, se sont débrouillés pour s'en débarrasser parce qu'ils avaient des intérêts importants en Libye. » « La position de François Mitterrand était comme la mienne, tient-il à rappeler; il ne voyait pas de responsabilité directe des dirigeants libyens dans la perpétration de cet attentat. Nous ne partagions pas la même opinion que les Américains à ce sujet; il est certain que nous n'étions pas trop copains avec eux là-dessus. Franchement nous ne comprenions pas pourquoi Kadhafi serait mêlé à cette affaire. Il était peut-être mêlé de façon, je dirai collatérale, mais ce n'était certainement pas le commanditaire principal de l'attentat. Notre conviction profonde est que cet attentat était une commandite syro-iranienne[116]. »

En novembre 1991, les gouvernements américain et britannique exigent l'extradition d'Abdelbasset al-Megrahi et d'Al Amin Khalifa Fhimah, les deux présumés auteurs de l'attentat de Lockerbie, afin de les juger en Écosse ou aux États-Unis. La

France, qui soutient la démarche anglo-américaine malgré elle, demande simultanément à la Libye de coopérer à l'enquête concernant le DC-10 d'UTA. Mais Tripoli résiste et annonce vouloir se tourner vers la Cour internationale de justice (CIJ) de La Haye. Les autorités libyennes ouvrent dans la foulée une instruction judiciaire et les deux suspects sont placés en détention préventive, en attendant les résultats de l'enquête. Elles demandent également à connaître les chefs d'accusation et c'est en vain qu'elles réclameront l'assistance des gouvernements américain et britannique.

Le 21 janvier 1992, le Conseil de sécurité de l'ONU adopte à l'unanimité la résolution 731 enjoignant la Libye à se conformer aux demandes de la France, de la Grande-Bretagne et des États-Unis, en extradant les deux suspects libyens. La résolution porte aussi sur l'entraînement des « terroristes » dans les camps d'entraînement en Libye et l'aide apportée à des mouvements armés comme l'IRA — ce qui soulève des questions et laisse présager que l'intention des initiateurs de ladite résolution va au-delà de la question des attentats. « L'adoption de la résolution 731 met-elle un terme à l'affaire ou est-elle le point de départ d'une opération d'envergure visant à changer le gouvernement en Libye et à déposer le colonel Kadhafi ? » s'interroge le secrétaire général de l'ONU de l'époque Boutros Boutros-Ghali[117].

Lorsqu'il s'entretient avec Thomas Pickering, l'ambassadeur des États-Unis aux Nations unies, le 1er mars, Boutros-Ghali lui demande : « À supposer que la Libye accepte d'extrader les deux hommes accusés de l'attentat contre l'avion de la Pan Am, cela marquera-t-il la fin de l'affaire ? Ou seulement la première d'une nouvelle série d'exigences ? » L'ambassadeur américain élude la question et se contente d'expliquer au secrétaire général de l'ONU que les États-Unis sont déterminés à imposer des sanctions à la Libye si elle refuse de se conformer à la résolution 731.

Les Libyens s'exécutent dans un premier temps, en donnant leur accord pour qu'une commission d'enquête indépendante se rende en Libye afin de déterminer si le pays héberge des camps d'entraînement pour terroristes. Mais avant même que la commission n'effectue le déplacement en Libye, les Américains, qui savent pertinemment bien que la Jamahiriya n'héberge plus depuis un moment ce type de camps, changent d'avis et déclarent qu'il est inutile que la commission se rende en Libye, car elle n'y trouvera rien.

L'argument du terrorisme étant battu en brèche, les « trois grands » insistent tout de même pour que la Jamahiriya livre ses deux ressortissants suspectés d'avoir commis l'attentat de Lockerbie. Mais Tripoli refuse et se tourne vers la CIJ, le 3 mars, lui demandant de faire valoir son droit de refuser d'extrader les deux individus en application de la Convention de Montréal de 1971. Elle demande des mesures conservatoires en vue de « geler les sanctions » en attendant le jugement de la Cour, et accuse les États-Unis et la Grande-Bretagne de ne pas se conformer à la Convention de Montréal. Elle manifeste toutefois sa volonté de continuer à aider les Français dans leur enquête sur l'attentat contre le DC-10 d'UTA.

Dans une note datée du 28 janvier 1993, la DST souligne que si les différentes enquêtes ont permis de construire un « faisceau de présomptions de culpabilité pesant à l'encontre des services libyens », elles « n'ont cependant amené, jusqu'à l'heure actuelle, la découverte d'aucune preuve matérielle attestant d'une implication libyenne dans cette opération terroriste. » Du côté de la DGSE, les enquêtes n'ont pas non plus permis de conclure, de façon formelle, à une culpabilité libyenne, explique son directeur Claude Silberzahn : « Dès que la piste libyenne a été privilégiée... la DGSE a très rapidement souligné l'ensemble de ces éléments. Et quatre ans plus tard, sa religion n'était toujours pas faite[118]. »

C'est donc en toute sérénité que les autorités libyennes autorisent, en automne 1993, le juge Bruguière à se rendre en Libye en vue de poursuivre son enquête. Mouammar Kadhafi écrit à Jacques Chirac, le 23 mars 1996 : « La Grande Jamahiriya est soucieuse de coopérer avec la République française, en vue de déterminer les causes de l'incident et d'assurer que les auteurs de l'attentat soient effectivement punis. »

Pendant ce temps, le bras de fer entre la Jamahiriya et la coalition anglo-américaine se poursuit. Kadhafi refuse toujours de livrer les deux officiers libyens réclamés par Londres et Washington, et leur demande de coopérer à sa propre enquête sur l'attentat de Lockerbie. Il insiste sur la nécessité d'attendre la décision de la CIJ au sujet du litige l'opposant à ces deux pays, mais ces derniers se montrent intraitables. Or, comme le souligne Boutros-Ghali, « ce qu'a fait la Libye remplissait ainsi pleinement les obligations qui sont les siennes en vertu de la Convention de Montréal. Les suspects ont été arrêtés, notification a été adressée aux États accusateurs, les éléments de preuve ont été recherchés, l'enquête a débuté et les États-Unis et la Grande-Bretagne ont été invités à y participer. »

Mais les deux pays, conscients de la piètre qualité de leur dossier, vont s'enfermer dans une logique dogmatique irréversible. Ils refuseront de saisir la CIJ comme le demande la Libye, préférant ainsi s'adresser directement au Conseil de sécurité, qu'ils savent politisé et prêt à acquiescer à leur caprice.

Le 31 mars, le Conseil de sécurité décide, dans sa résolution 748, d'imposer, sous la pression des États-Unis et de la Grande-Bretagne, un embargo aérien et militaire contre la Libye. La CIJ, saisie par la Jamahiriya début mars, bat en retraite en déclarant tenir compte de l'intervention du Conseil. Or comme le fait observer le secrétaire général des Nations unies, Boutros-Ghali, « la Cour internationale de justice aurait pu s'opposer au Conseil de sécurité à propos de l'interprétation de la Charte, mais elle a choisi de ne rien faire à ce stade de la procédure. »

En réalité, la Cour fut brutalement empêchée par le Conseil de sécurité — plus exactement par les « trois grands » — de remplir ses fonctions judiciaires. « Dès la saisine de la Cour par Kadhafi, la démarche fut présentée par la Grande-Bretagne, les États-Unis et la France comme dilatoire. On voulait bien parler de droit, mais pas avec des juges », souligne Olivier Russbach, avocat et consultant en droit international[119]. Douze des seize juges (les trois quarts) devant statuer sur le cas libyen avaient ouvertement critiqué l'attitude du Conseil de sécurité. L'ancien locataire de la *maison des verres* [le SG Boutros-Ghali] a déploré à cet effet l'instrumentalisation du droit international par les puissances qui composent le Conseil de sécurité :

> « En tant que secrétaire général, je suis tenu d'exécuter à la lettre les résolutions du Conseil de sécurité. Toutefois, après avoir longtemps étudié le droit international, je déplore une situation qui déprécie ce droit et fait apparaître l'ONU non pas comme une organisation d'États souverains et égaux en vertu de la Charte, mais bien comme un outil de la politique des principales puissances[120]. »

En fait, le nouveau plan de Washington et Londres à travers l'affaire Lockerbie consiste à discréditer la Jamahiriya arabe libyenne sur la scène internationale en l'accusant d'un crime qu'elle n'a pas commis, amener les Nations unies à imposer des sanctions, qui à moyen terme vont considérablement déstabiliser économiquement et socialement le pays, et à long terme provoquer une révolte de la population qui, au final, devrait aboutir à la chute du colonel Kadhafi. Comme me le confirmera Boutros-Ghali, « leur problème (les Américains, Ndlr), ce n'était pas le règlement de l'affaire Lockerbie, mais bien Kadhafi. Ils voulaient le faire tomber ».

Autrement dit, l'affaire Lockerbie s'inscrit dans la droite ligne de la « guerre secrète » que mènent les États-Unis contre la Libye depuis l'arrivée de Ronald Reagan au pouvoir, en 1981. Dans un entretien accordé au journal arabe *Asharq al-awsât*, en mai 1995, le conseiller du gouvernement américain, Henri Schuler, s'est fait plus précis en expliquant que l'objectif de cette campagne aux relents d'une véritable escroquerie internationale était un changement de régime en Libye ; renverser le colonel Kadhafi qui s'était toujours montré rétif face aux intérêts vitaux de l'Amérique[121].

Pour forcer la main du raïs libyen qui continue de résister aux pressions anglo-américaines en refusant d'extrader les deux Libyens, le Conseil de sécurité de l'ONU décide d'imposer, le 1er décembre 1993, toujours sous l'impulsion des deux États, de nouvelles sanctions contre la Jamahiriya arabe libyenne : gel des avoirs libyens à l'étranger et embargo commercial total. Les États-Unis firent pression sur la Chine, menaçant de lui retirer les avantages économiques liés à la clause américaine dite « de la nation la plus favorisée » si elle opposait un veto aux décisions du Conseil sur la Libye.

Les résolutions 748 du 31/03/1992 et 883 du 11/11/1993 ont été préparées par Michael Scharf, juriste au département d'État américain. Avec une franchise appréciée qui arrive un peu tard, Scharf déclara : « La CIA et le FBI ont maintenu le département d'État dans le flou. Ça les arrangeait que nous adhérions totalement à la thèse de la responsabilité de la Libye. J'ai personnellement aidé le Bureau du contre-terrorisme à rédiger les documents expliquant les raisons de nos soupçons sur la Libye. Mais elles reposaient moins sur des preuves que sur la présentation par le FBI, la CIA et le ministère de la Justice, de ce que devrait démontrer le procès, et qu'il a d'ailleurs effectivement démontré[122] »...

En juillet 1996, Washington accentue la pression sur Tripoli avec l'adoption par le Congrès de l'*Iran-Libya Sanctions Act* (ILSA) — aussi connu sous l'appellation de Loi d'Amato-Kennedy — qui menace de sanctions les sociétés étrangères qui investiraient annuellement plus de 40 millions de dollars (puis 20 millions) dans le secteur énergétique libyen ou iranien. D'autres mesures de rétorsion à caractère commercial et financier sont prévues contre toute entité qui fournirait à la Jamahiriya des biens, des services ou des technologies qui pourraient considérablement et de façon substantielle contribuer à renforcer la capacité du pays de maintenir sa flotte aérienne civile, d'acquérir des armes chimiques, biologiques ou nucléaires...

Après cinq ans de bras de fer diplomatique, d'embargos et de négociations, parfois secrètes[a], la Libye cède et accepte de remettre les deux présumés coupables à la justice écossaise, contre la promesse qu'ils soient jugés en terrain neutre. En 2001, au terme d'un procès qui fera couler beaucoup d'encre et de salive, Abdel Basset al-Megrahi est condamné à la prison à perpétuité assortie d'une peine de sûreté de 27 ans, et son présumé complice acquitté. Une mascarade judiciaire que ne cessera de dénoncer celui qui a organisé le procès, Robert Black, professeur de droit écossais à l'université d'Édimbourg. Il déclarera : « Le procès à Camp Zeist est une fraude qui a abouti à une condamnation qui est une honte pour la justice écossaise… » Hans Köchler, un juriste autrichien nommé par l'ONU comme observateur indépendant au procès, parlera d'« erreur judiciaire spectaculaire ». Bien avant tous ces gens, en 1994 déjà, le juge allemand Volker Rath, déclarait pour sa part : « Aucun juge allemand ne condamnerait les deux suspects libyens, vu les éléments qui se sont ajoutés au dossier. »

Le 23 septembre 2003, les avocats d'al-Megrahi portent l'affaire devant la Scottish Criminal Cases Review Commission (SCCRC[b]), passage obligé en droit écossais avant que l'appel du requérant soit pris en considération. Le 28 juin 2007, après presque quatre années d'enquête, la SCCRC rend son verdict. Dans un rapport de près de 800 pages, la Commission de révision conclut que al-Megrahi avait été « victime d'un déni de justice » et l'autorise à faire appel de sa condamnation. Toutefois, elle s'est engagée à ne jamais rendre public deux des six éléments l'ayant conduit à conclure au possible déni de justice (« justice miscarriage ») au préjudice d'al-Megrahi. Le Libyen affirmera plus tard qu'on l'a poussé à abandonner l'appel qu'il avait introduit en échange de sa libération pour raisons humanitaires[123].

---

[a] Voir chapitre suivant.
[b] Commission écossaise de vérification des affaires criminelles.

Digne des meilleurs romans de John Le Carré, le rapport de la SCCRC met en lumière des faits troublants qui démontrent le rôle trouble des autorités britanniques et américaines dans cette affaire : fabrication de preuves, dessous-de-table, faux témoignages, non-communication à la défense des documents pouvant disculper l'accusé — d'ailleurs à ce propos, le *Herald Scotland* révélera en juin 2012 que Londres a dissimulé pendant près de vingt ans un rapport « top secret » émanant de la Jordanie et incriminant le FPLG-CG dans l'explosion du Boeing de la Pan Am[124] —, procès évité par les autorités britanniques pour ne pas exposer la fragilité du dossier... Tous les ingrédients sont réunis pour tenir en haleine les amateurs de films de suspens hollywoodiens. Bref, une affaire qui renferme tous les ingrédients d'une véritable opération maffieuse...

Ainsi a-t-on, par exemple, appris que les deux principaux témoins de l'accusation, un transfuge libyen du nom de Majid Giaka recruté par la CIA, et Tony Gauci, le vendeur maltais, ont reçu chacun deux millions de dollars en échange de leur faux témoignage ; le frère de ce dernier bénéficiant d'une « prime » d'un million de dollars au titre du « Federal Witness Protection program ». En deux ans, les frères Gauci ont fait pas moins de vingt-deux dépositions, toutes divergentes, sur l'identité du client qui a acheté les fameux vêtements. La SCCRC a remis en question la légitimité du processus qui a permis à Tony Gauci d'identifier formellement al-Megrahi parmi d'autres suspects. La Commission a constaté que le commerçant maltais avait vu une photo d'al-Megrahi dans un article de magazine qui l'identifiait comme suspect possible plusieurs semaines avant que l'identification n'ait lieu[125].

Selon un ancien haut responsable de la police écossaise — désirant rester anonyme — ayant participé à l'enquête, c'est la CIA qui a « écrit le scénario » accusant la Libye[126]. Rappelons que la thèse du trucage est non seulement soutenue par la défense, mais aussi par des juristes, une partie des familles des victimes, l'ancien agent de la CIA devenu écrivain Robert Baer, ou le docteur Hans Köchler, observateur officiel de l'ONU au procès...

La pièce à conviction décisive, le fragment de détonateur (MST13 fabriqué par la société suisse Mebo) qui aurait servi à la bombe qui a fait exploser le Boeing de la Pan Am, aurait été monté de toute pièce par des agents de la CIA qui enquêtaient sur l'attentat. Ulrich Lumpert, ingénieur en électronique chez Mebo au moment des faits et l'un des principaux témoins à charge lors du procès, a affirmé, le 18 juillet 2007, avoir volé le minuteur et l'avoir remis directement à un policier écossais pendant l'enquête. « J'ai menti dans mon témoignage sur l'attentat de Lockerbie », admettra-t-il dans une déposition publiée sur le site Internet de son employeur. Edwin Bollier, co-fondateur de la firme suisse, confiait en 2007 à RFI qu'il était convaincu « que cette pièce devait servir à accuser la Libye ». « On voulait la rendre coupable pour des raisons politiques, mais ce retardateur a été intentionnellement ajouté après coup aux pièces à conviction », avait-il affirmé.

Le chef de l'équipe d'enquêteurs de la CIA, Vincent Cannistraro, on l'a vu, avait été recruté par l'Agence, avec la mission spécifique de contribuer à « déstabiliser la Libye et à détruire le régime du colonel Kadhafi ». À son sujet, Oswald Le Winter, un ancien de l'Agence s'est risqué publiquement à un commentaire assez révélateur : « Que Cannistraro soit en charge de l'enquête aurait été drôle si ce n'était pas une obscénité[127] »...

Côté français, l'enquête du juge Jean-Louis Bruguière piétine. Elle n'enregistra aucun progrès significatif, aucun élément déterminant pour compléter le dossier déjà fragile du coriace magistrat. Le 19 septembre 1996, Bruguière annonce la clôture de son enquête. Pour ne pas étaler au grand jour la faiblesse de son dossier, « l'Amiral » a opté pour un procès en contumace. Il n'y aura donc pas de débat contradictoire. Seulement des plaidoiries, à sens unique, l'exposé des faits et des accusations.

Trois ans plus tard, le 8 mars 1999, s'ouvre devant la cour d'assises spéciale de Paris le procès de l'absence. Absence des six Libyens accusés de « complicité d'assassinats et destructions d'objet mobilier par explosif, en relation avec une entreprise terroriste » ; absence de Bernard Yanga, le témoin clé de l'accusation. Il se serait volatilisé dans la nature en février 1992 — en réalité, il était en contact avec les Américains — avant de réapparaître quelques mois après à l'ambassade de France à Kinshasa. À vrai dire, le témoin congolais était indésirable durant le procès. Comme l'explique le commissaire Romuald Muller de la DCPJ, qui a travaillé aux côtés de Bruguière, « au moment du procès, il (Yanga, Ndlr) était au Canada, sous protection française. Il faut bien comprendre qu'on ne pouvait pas se permettre de le faire témoigner. Il était bien trop fragile. Entre les mains d'un avocat un peu pugnace, il aurait affirmé tout et son contraire. Il risquait de nous péter à la figure, de faire tomber tout le dossier[128]. »

Seules les conclusions du FBI rejetées par les services spécialisés français ont été versées au procès. Le 10 mars, la cour d'assises spéciale parisienne condamne par contumace les six Libyens, dont le beau-frère du Guide Abdallah al-Senoussi, à la réclusion criminelle à perpétuité. Tripoli accepte de verser, comme le demande la justice française, plus de 200 millions de francs d'indemnités aux familles des victimes. La boucle est bel et bien bouclée. Kadhafi a eu la bonté de bien vouloir porter le chapeau.

Mais avec le temps, les langues ont fini par se délier. « La Syrie était derrière tout cela », déclare aujourd'hui sans vergogne l'ancien juge français Alain Marsaud, proche collaborateur de Bruguière, qui a officié à l'époque des faits au service central de lutte antiterroriste au Parquet de Paris. « C'est à se demander qui sont les vrais maîtres chanteurs, s'interroge à son tour le journaliste français Sébastien Spitzer qui a enquêté sur les pratiques discutables du juge Bruguière. Ceux que l'on accuse d'organiser des attentats même si les charges qui pèsent contre eux sont pour le moins discutables, ou bien ceux qui préfèrent faire payer un régime pour protéger des amis plutôt gênants du côté du Proche et du Moyen-Orient, du côté de Damas voire Téhéran ? »[129]

« Sur les activités terroristes de la Libye, je pense que sur ce sujet comme sur beaucoup d'autres, on a largement dépassé les limites de la vérité et même du crédible », affirme l'ancien directeur de la DST Yves Bonnet, qui souligne que dans les deux affaires (Lockerbie et DC-10 UTA), on a imputé la responsabilité à la Jamahiriya arabe libyenne « alors que tous les services de renseignements occidentaux, y compris le Mossad, savent que ces attentats ont été commis par Ahmed Djibril, sous l'inspiration et le financement de l'Iran[130]. » Et quand je lui pose la question de savoir si les Libyens ont payé pour un crime qu'ils n'avaient pas commis, Me Alexandre Ursulet, l'avocat de la veuve du pilote du DC-10, est catégorique : « Tout à fait » !

Des dizaines de tentatives de putsch et d'assassinat, des campagnes de désinformation et d'intoxication dans les médias, des preuves de culpabilité reposant sur des expertises manipulées, des procès bâclés sur fond de manipulations politiques qui n'ont rien à envier aux pratiques dignes des républiques bananières et du monde du grand banditisme, des sanctions économiques et militaires complètement injustifiées, instrumentalisation du droit international et de l'ONU... Les États-Unis et leurs sujets européens n'ont pas lésiné sur les moyens pour abattre la « bête immonde » Kadhafi.

Quoi qu'il en soit en tout cas, dans les deux dossiers (Lockerbie et UTA), comme dans tant d'autres d'ailleurs impliquant la Libye de Kadhafi, les perdants sont connus : la justice et la vérité.

Références

[1] Christine Ockrent & Alexandre De Marenches, *Dans le secret des princes*, Stock, 1986.

[2] Soudan François et Joseph Goulden, *op.cit.*, pp. 162-163.

[3] Bruce St John Roland, *Libya and the United States*, *op.cit.*, p. 109.

4 In Krop Pascal, *Les services secrets français : de 1870 à nos jours*, JC Lattès, 1993, p. 573.

5 Faligot Roger & Pascal Krop, *La piscine : les services secrets français 1944-1984*, Seuil, 1985.

6 Notons que le jour de la tragédie, un avion libyen transportant, semble-t-il, le colonel Kadhafi se trouvait dans les parages ; les contrôleurs aériens italiens ayant classé le vol « VIP 56 », code signifiant qu'un appareil transporte des officiels de haut rang.

7 Patrick Pesnot, Rendez-vous avec M.X : Reagan contre Kadhafi, Les grands dossiers de France Inter.

8 *Europeo*, 28 février 1992.

9 Andrea Purgatori, « Les mystères du crash d'Ustica », *Le Monde diplomatique*, juillet 2014.

10 Barbara McMahon, « The mystery of flight 870 », *Guardian*, Friday 21 July 2006.

11 Jozsef Eric, « L'affaire Ustica rattrape l'armée », *Libération*, 8 septembre 1999.

12 Richard Heuzé, « La France à nouveau accusée dans la tragédie d'Ustica », *Le Figaro*, 01 juillet 2010.

13 Woodward & Newton, « Tragédie d'Ustica : la revanche posthume de Kadhafi », Bakchich.com, 3 septembre 2012 ; du texte original : « An Assassination of International Proportions 27 June 1980 and A Cover-Up by NATO : civilian jet with 81 civilians shot by French Mirage instead of Qaddafi Plane over Sicily », August 25, 2012, By Thomas Van Hare at FlyHistoricWings.

14 Krop Pascal, *Les services secrets français*, op.cit., p. 575.

15 Richard Heuzé, art. cité.

16 Giovanni Fasanella et Rosario Priore, *Intrigo internazionale : Perché la guerra in Italia. Le verità che non si sono mai potute dire*, Chiare Lettere, 2010.

17 « Tragédie d'Ustica : l'État italien condamné », Juriguide.com, 29 janvier 2013.

18 Monsieur X, *Mémoires secrets* (Tome 2), Denoël, 1999, pp. 211-212.

19 Faligot Roger & Pascal Krop, *La piscine*, op.cit., p. 347 ; Monsieur X, *Mémoires secrets*, op.cit., pp. 213-214.

20 Paul Kengor & Patricia Clark Doerner, *The judge : William P. Clark, Ronald Reagan's Top Hand*, Ignatus, 2007.

21 In Patrick Pesnot, Rendez-vous avec M.X : Reagan contre Kadhafi, op.cit.

[22] In Giesbert Franz-Olivier, *Mitterrand, une vie*, Seuil, 2011, p. 372.

[23] In Woodward Bob, *CIA : guerres secrètes, 1981-1987*, Stock, 1987, p. 428.

[24] « Countering the Threat from Libya, mémorandum de Robert McFarlane, 20 octobre 1981, archives de la CIA », cité par Nouzille Vincent, *Dans le secret des présidents. CIA, Maison-Blanche, Élysée : les dossiers confidentiels 1981-2010*, Fayard, 2010, p. 94.

[25] Woodward Bob, *CIA : guerres secrètes, op.cit.*, pp. 203-204.

[26] In Nouzille Vincent, *Dans le secret des présidents, op.cit.*, pp. 94-95.

[27] Reagan Ronald, *Une vie américaine : mémoires*, JC Lattès, 1990, p. 325.

[28] Blum William, *Les guerres scélérates, op. cit.* p. 303.

[29] Thomas Gordon, *Les armes secrètes de la CIA*, Septentrion, 2006, p. 346.

[30] Cité par Soudan François & Joseph Goulden, *op.cit.*

[31] Entretien avec l'auteur.

[32] Roumiana Ougartchinska & Rosario Priore, *Pour la Peau de Kadhafi, op.cit.*

[33] Les deux hommes faisaient partie du gouvernement d'union nationale de transition (GUNT) mis en place après les accords de Kano et de Lagos (Nigéria), en avril et août 1979. À l'issue de ces accords, Goukouni Oueddei devient président de la République et Habré, son ministre de la Défense. Bien avant cela, ils appartenaient tous au FROLINAT (Front de libération du Tchad).

[34] Derogy Jacques & Hesi Carmel, *Israël ultra-secret*, Robert Laffont, 1989, p. 299 ; Rémi Carayol, « Les liaisons dangereuses de Habré : Israël pactise avec le diable », issu du dossier « Hissène Habré face à ses crimes », *Jeune Afrique*, 20 juillet 2015.

[35] Rapporté par Pierre Favier & Michel Martin-Roland, *La décennie Mitterrand*, Tome I, Seuil, 1995.

[36] In Nouzille Vincent, *Dans le secret des présidents, op.cit.*, p. 98.

[37] Dumas Roland, *Affaires étrangères. Tome 1. 1981-1988*, Fayard, 2007, p. 309.

[38] Penne Guy, *Mémoires d'Afrique (1981-1998)*, Fayard, 1999, p. 304.

[39] Attali Jacques, *Verbatim I : 1981-1986*, Fayard, 1993.

[40] Les détails sur les préparatifs de cette opération et son déroulement sont racontés par Vincent Nouzille, *Les tueurs de la République*, Fayard, 2015, pp. 135-144 ; lire aussi Claude Faure, *Aux services de la République : du BCRA à la DGSE*, Fayard, 2004, p. 602.

[41] Colonel Spartacus, *Opération Manta : Tchad 1983-1984*, Plon, 1985.

[42] Séné Florent, *Raids dans le Sahara central (Tchad, Libye, 1941-1987)*, L'Harmattan, 2011, p. 196.

43 Entretien avec l'auteur.

44 Entretien avec l'auteur.

45 Les opérations sous faux drapeau ou « sous fausse bannière » ou encore « sous faux pavillon » (parfois désignées sous l'anglicisme « false flag ») sont des actions menées clandestinement avec l'utilisation des marques de reconnaissance de l'ennemi afin de le rendre responsable de celles-ci.

46 Cité par Flores Charles, *Les ombres de Lockerbie : une analyse des relations anglo-libyennes*, EPO, 1998, p. 27.

47 Aldrich Richard J., *GCHQ : The Uncensored Story of Britain's Most Secret Intelligence Agency*, Harper Collins Publisher, 2011, p. 456.

48 Thatcher Margaret, *10, Downing Street. Mémoires*, Albin Michel, 1993, p. 369.

49 Parmi les sources qui ont inspiré ce récit, le documentaire de la série Dispatches intitulé « Murder in St. James » qu'on peut trouver en cliquant sur http://www.sott.net/article/236576-Murder-in-St-James-Square-The-Death-of-Yvonne-Fletcher ; « La mort de l'agent de police Yvonne Fletcher : les doutes se multiplient », par Flores Charles, *op.cit.*, pp. 26-34, il y a aussi le documentaire « Yvonne Fletcher & the US bombing raid on Libya 1986 » qu'on peut trouver sur Youtube.

50 Après la levée de l'embargo et le retour sur la scène internationale de la Libye en 2003, Londres et Tripoli étaient finalement parvenues en 2006 à un accord qui prévoyait que le meurtrier présumé d'Yvonne Fletcher serait jugé en Libye. En 2009, Kadhafi avait présenté ses excuses pour ce meurtre, mais avait affirmé que l'auteur du tir n'avait pas été identifié. Depuis juin 2012, l'enquête sur la mort d'Yvonne Fletcher a été relancée par les autorités britanniques. Le nouveau pouvoir libyen arrivé aux affaires à la faveur d'une opération de déstabilisation de l'OTAN contre le colonel Kadhafi, a promis de collaborer à l'enquête. *The Sunday Telegraph* a par ailleurs rapporté qu'un individu répondant au nom de Salah Eddin Khalifa avait été identifié comme le présumé assassin de l'agent de police.

51 Cette image d'un Kadhafi obsédé par l'autre sexe fera l'objet, en 2012, d'un ouvrage de propagande écrit par la journaliste Annick Cojean (*Les proies : Dans le harem de Kadhafi*, Grasset, 2012) du journal *Le Monde*. L'ouvrage repose en grande partie sur le témoignage d'une seule personne, Soraya, une jeune femme de 22 ans qui intégrera la garde féminine du colonel Kadhafi, les Amazones. Après vérification auprès de Zohra Mansour qui en était à l'époque la responsable, on ne peut affirmer que cette histoire a réellement eu lieu. Selon l'ancienne chef des

Amazones, Annick Cojean a inventé cette histoire de toute pièce. Aussi faut-il préciser que la même journaliste qui, faut-il le rappeler, est liée aux intérêts atlantistes (elle est membre de la French-American Foundation) avait produit un article similaire (« Le viol, arme de destruction massive en Syrie », *Le Monde* du 04 mars 2014) accusant les forces armées syriennes de se livrer au viol systématique des femmes et enfants syriens, soi-disant opposés au gouvernement du président Bachar el-Assad, alors agressé par les pays de l'OTAN par islamistes interposés.

52 Thomas Gordon, *Gideon's Spies : The Secret History of the Mossad,* St. Martin's Griffin ; 4th edition, 2007.

53 Woodward Bob, *CIA : guerres secrètes, op.cit.*, p. 483-484 ; Stanik Joseph T., *El Dorado Canyon : Reagan's undeclared war with Qaddafi*, Naval Institute Press, 2003, p. 101.

54 Woodward Bob, *CIA, guerres secrètes, op.cit.*

55 Tremlett George, *Gaddafi : the desert mystic*, Carroll & Graf, edition (November 1993), p. 255.

56 Rapporté par Roland Dumas, *Affaires étrangères, op.cit.*, p. 318.

57 *Ibid.*

58 *Sunday Times*, 6 avril 1986.

59 Matthew M. Aid, *The secret sentry : the untold history of the National Security Agency*, Bloomsbury Press, 2009, p. 186.

60 Andrew Christopher & Oleg Gordievsky, *Le KGB dans le monde : 1917-1990*, Fayard, 1990, p. 547.

61 Roumiana Ougartchinska & Rosario Priore, *op.cit.*, p. 156.

62 Rapporter par Jacques Chirac, *Chaque pas doit être un but*, Nil Éditions, 2009, p. 344.

63 Seymour Hersh, « Target Qaddafi », *The New York Times*, February 22, 1987.

64 Blunt William, *L'État voyou*, Parangon, 2002, p. 286.

65 Rapporté par Noam Chomsky, « Terrorismes libyen et américain » in *Comprendre le pouvoir*, Lux Éditeur, 2008, p. 138.

66 Caspar Weinberger, *Fighting for Peace : Seven Critical Years in the Pentagon*, Grand Central Publishing, 1990, p.192.

67 In Roumiana Ougartchinska & Rosario Priore, *op.cit.*, p. 154.

68 In Noam Chomsky, « Terrorismes libyen et américain », *op.cit.*

69 « German TV exposes CIA, Mossad links to 1986 Berlin disco bombing », World Socialist Web Site, 27 August 1998. Pour avoir une compréhension plus large de l'événement, on peut se référer au texte de

François Belliot, « L'attentat de La Belle en avril 1986, 1er casus belli contre la Libye de Kadhafi », pour l'Observatoire Des Mensonges d'États (ODME).

70 Nafeez Mosaddeq Ahmed, « UN'S Mehlis report discredited : International espionage over Syria ? », Media Monitors Network, October 28, 2005.

71 Ce procureur berlinois controversé a été impliqué dans un scandale lié à l'enquête sur l'assassinat de l'ancien premier ministre libanais Rafiq Hariri. Il aurait falsifié des éléments de preuve pour masquer la responsabilité de son pays l'Allemagne dans cette affaire et accuser le Hezbollah. Il est réputé proche des lobbies israéliens et des services de renseignement allemands et américains. Au début des années 2000, M. Mehlis a été grassement rémunéré comme chercheur par deux importants Think Tank américains : le *Washington Institute for Near East Policy* et la *Rand Corporation.*

72 Bill Schaap, « The Endless Campaign : Disinforming the World on Libya », *Covert Action Information Bulletin*, No. 30, Summer 1988, pp. 70-71.

73 Ostrovski Victor, *The other side of deception : a rogue agent exposes the Mossad's secret agenda*, Harpercollins, 1994.

74 Ostrovski Victor, *op.cit.*

75 In Woodward Bob, *CIA : guerres secrètes, op.cit.*, pp. 557-560.

76 *Washington Post*, 2 october 1986.

77 Blum William, *Les guerres scélérates, op. cit.* p. 305.

78 *New York Times*, October 9, 1986.

79 Mantoux Stéphane, *Les guerres du Tchad. 1969-1987*, LEMME, 2014, p. 96.

80 In Roumiana Ougartchinska & Rosario Priore, *op.cit.*, p. 168.

81 Darcourt Pierre, *Hissène Habré, la Libye et le pétrole*, Grancher, 2001, p. 37.

82 Reportage : « Khalifa Haftar, seul contre Al-Qaïda », *Vanityfair*, 16/09/2014.

83 Pesnot Patrick, *Les dessous de la Françafrique*, Nouveau monde, 2010, p. 300.

84 Rapporté par Roumiana Ougartchinska et Rosario Priore, *op.cit.*

85 Rapporté par Michael Bronner, « Hissène Habré, l'homme de l'Occident en Afrique », Slate.fr, 11/04/2014.

86 In Darcourt Pierre, *op.cit.*, p. 32.

87 In « Khalifa Haftar, seul contre Al-Qaïda », art.cité.

88 Olivier Marbot, « Khalifa Haftar : Sauveur de la Libye ou nouveau Kadhafi ? », *La revue*, 19 mars 2015.

89 Après avoir purgé le tiers de sa peine de prison de quinze ans pour avoir tenté de faire sauter un train militaire américain, Dalkamoni est relâché puis expulsé vers la Syrie, le 27 juin 1996.

90 Napoleoni Loretta, *Qui finance le terrorisme international ?*, Autrement Frontières, 2005, p. 96.

91 Voir le documentaire écrit et réalisé par Antoine Vitkine, *Kadhafi, notre meilleur ennemi*, France Télévisions distribution. Dans un autre reportage diffusé par la chaîne Al-Jazeera, en 2014, et intitulé « Lockerbie : qu'est-il vraiment arrivé ? », Abolghassem Mesbahi, un ancien officier du renseignement iranien réfugié en Allemagne, y révèle aussi que c'est l'Iran qui a commandité l'attentat contre l'avion de la Pan Am.

92 Les méthodes de travail de Tom Thurman sont controversées et ont été dénoncées par ses confrères du FBI. L'un d'eux, Frederic Whitehurst, de la Section d'analyse scientifique, s'est même plaint dans un mémo à son chef que Thurman avait, dans une enquête qui se déroulait parallèlement à l'enquête sur Lockerbie, « fabriqué des preuves pour prouver la culpabilité d'un certain Walter Leroy Moody… » ; lire à ce sujet : John F. Kelly & Philipp K. Wearne, *Trainting evidence. Inside the scandals at the FBI crime Lab*, Free Press, 1998.

93 Fisher David, *Hard evidence*, Dell, 1996.

94 En fait, Bollier entretient depuis longtemps des liens privilégiés avec l'Allemagne de l'Est et la Stasi, mais également avec la CIA.

95 In Monsieur X, *Mémoires secrets, op.cit*, p. 271.

96 Goddard Donald & Lester K. Coleman, *Trail of the Octopus*, Macmillan Distribution Limited, 1996.

97 *Scottish Express*, August 23, 2009.

98 Zepezauer Mark, *Les sales coups de la CIA*, L'Esprit frappeur, 2002, p. 111.

99 Moniquet Claude & Genovefa Etienne, *Histoire de l'espionnage mondial*, Édition Luc Pire & du Felin, 2001, pp. 387-388.

100 Ce sous-chapitre [sur l'affaire du DC-10 d'UTA] s'inspire largement de deux enquêtes menées par le journaliste Pierre Péan, *Vol UT 772 : contre-enquête sur un attentat attribué à Kadhafi*, Stock, 1992 ; et *Manipulations africaines : qui sont les vrais coupables de l'attentat du vol UTA 772 ?*, Plon, 2001.

101 Bruguière Jean-Louis(Entretiens avec Jean-Marie Pontaut), *Ce que je n'ai pu dire*, Robert Laffont, 2009, p. 162.

102 Silberzahn Claude (avec Jean Guisnel), *Au cœur du secret : 1500 jours aux commandes de la DGSE- 1989/1993*, Fayard, 1995, p. 71.

[103] Pontaut Jean-Marie, *L'attentat : le juge Bruguière accuse la Libye*, Fayard, 1992.

[104] Juste avant de quitter la magistrature, le juge antiterroriste avait une dernière fois défrayé la chronique en délivrant, en novembre 2006, neuf mandats d'arrêt internationaux visant de hauts responsables rwandais. Les télégrammes américains rendus publics par Wikileaks montrent que Bruguière avait informé les autorités politiques françaises des actions qu'il comptait entreprendre. Classé « secret », un télégramme du 26 janvier 2007 rapporte les propos du juge français : « *Il a déclaré*, indiquent les diplomates américains, *qu'il avait présenté sa décision à des responsables français, y compris au président Chirac, comme relevant de sa décision de magistrat indépendant, mais a choisi de les consulter parce qu'il était convaincu du besoin de coordonner son calendrier avec le gouvernement.* » *Le Monde*, 9 décembre 2010.

[105] Ursulet Alex, *L'indéfendable: comment défendre un salaud sans en être un soi-même?*, L'Archipel, 2015. Certaines parties traitant du différend opposant l'avocat au juge sont tirées de cet ouvrage.

[106] Entretien avec l'auteur.

[107] Ursulet Alex, *op.cit.*, p. 155.

[108] Confidences faites par Pierre Péan à l'auteur.

[109] In Spitzer Sébastien, *Contre-enquête sur le juge Bruguière : Justice ou politique ?*, Privé, 2007, p. 110.

[110] *Ibid.*

[111] *Ibid.*, p. 111.

[112] *Ibid*, pp. 112-113.

[113] http://www.cablegatesearch.net/cable.php ?id=07PARIS322

[114] Flores Charles, *op.cit.*, pp. 71-72.

[115] *Ibid.*

[116] Entretien avec l'auteur.

[117] Boutros Boutros-Ghali, *Mes années à la maison de verre*, Fayard, 1999, p. 291.

[118] Silberzahn Claude, *op.cit.*, p. 74.

[119] Russbach Olivier, *ONU contre ONU : le droit international confisqué*, La Découverte, 1994, p. 207.

[120] Boutros Boutros-Ghali, *op.cit.*, p. 297.

[121] Cf. Entretien d'Henri Schuler avec le quotidien *Asharq al-awsât*, 11 mai 1995, repris in Moncef Djaziri, « La crise de Lockerbie et les processus de réintégration de la Libye dans le système international », *Annuaire de l'Afrique du Nord*, tome XXXVII, 1998, CNRS Éditions.

[122] In « Kadhafi ne rime pas avec Lockerbie : l'intégrale », Bakchich.info, 8 janvier 2012.

[123] *AFP*, 27/02/2012 ; on peut également lire *Megrahi : You are my jury : The Lockerbie evidence*, Birlinn, 2012, du chercheur John Ashton, qui s'est investi dans la défense du Libyen pendant trois ans.

[124] Lucy Adams, « How UK Government hid secret Lockerbie report », *Herald Scotland*, 1 june 2012.

[125] « De nouvelles preuves jettent le doute sur l'attentat de Lockerbie », Al Jazeera, 27 février 2012, repris par le site Reopen911.info.

[126] « Police chief-Lockerbie evidence was fake », *The Scotsman*, 27 august 2005.

[127] In « Kadhafi ne rime pas avec Lockerbie », *op.cit.*

[128] In Spitzer Sébastien, *op.cit.*, p. 115.

[129] *Ibid.*

[130] Interview de Yves Bonnet sur TV5.

– VII –
APRÈS L'ORAGE
VIENT LE BEAU TEMPS

> *« Tout compromis repose sur des con-*
> *cessions mutuelles, mais il ne saurait*
> *y avoir de concessions mutuelles lors-*
> *qu'il s'agit de principes fondamen-*
> *taux. »*
>
> **Gandhi**

Le temps des concessions et
des petites « amouraches »...

Embargo aérien et militaire, réduction significative du personnel diplomatique à l'étranger, gel des avoirs, pressions économiques incluant des restrictions à l'importation d'équipements pétroliers... les résolutions 748 d'avril 1992 et 883 adoptées l'année suivante par le Conseil de sécurité sous la pression des États-Unis et de la Grande-Bretagne, combinées à la chute du prix du baril de pétrole (22 milliards de revenus en 1986 et 8 milliards en 1996) et au bouleversement géopolitique qui intervient après la chute du mur de Berlin et l'effondrement de l'Union soviétique, ont été dévastatrices pour la Libye et son Guide. Elles ont lourdement affecté le niveau de vie des Libyens et favorisé l'émergence, en 1995, de groupes islamistes en Cyrénaïque, lesquels tentèrent à plusieurs reprises d'assassiner Kadhafi. Le coût des sanctions entre 1992 et 1997 est estimé à 24 milliards de dollars ; la survie du régime fut sérieusement menacée...

Mouammar Kadhafi a très vite compris dès la moitié des années 1990 que le monde avait définitivement changé ; qu'il ne pourrait plus continuer à défier l'Occident, États-Unis en tête, comme il l'avait fait durant les décennies précédentes. Prenant donc conscience de son isolement et d'un risque d'effondrement économique, marginalisé dans le monde arabe et confronté à une opposition islamiste armée à Benghazi et dans le Djebel al-Akhdar (la montagne verte) proche du réseau Al-Qaïda, Kadhafi décide de se rapprocher de l'Occident, particulièrement de cette Amérique qu'il a toujours critiquée et combattue.

Le Guide se lance en effet dans une vaste opération de charme dans l'espoir de renouer avec les États-Unis. À l'issue d'une interview avec le rédacteur en chef du *Washington Times*, Arnaud de Borchgrave, réputé proche des services secrets américains, le raïs libyen déclare que la Libye veut coopérer avec les États-Unis pour contrer les intégristes musulmans liés au réseau d'Oussama Ben Laden. Il demande au journaliste de transmettre le message aux autorités américaines. Mais personne à Washington ne prend cela au sérieux — il faut attendre le 11 septembre 2001 pour qu'Al-Qaïda devienne la priorité absolue à la Maison Blanche.

Cette fin de non-recevoir ne décourage pas pour autant le Guide, qui multiplie les opérations de charme en direction de ses ennemis d'hier. Cette fois, il les appelle à négocier sur l'affaire Lockerbie. Grâce à leurs pétrodollars, les Libyens se mettent en quête d'intermédiaires dans le camp adverse et recrutent un ancien de l'administration Reagan, l'ancien conseiller au département d'État, Abraham Sofaer, l'un des artisans de l'opération « Eldorado Canyon ». Après plusieurs rencontres avec les responsables des services secrets libyens à Genève, Sofaer rentre à Washington et informe les membres de l'administration démocrate [du président Bill Clinton] que les Libyens sont prêts à accepter toutes les demandes de l'ONU pour régler l'affaire Lockerbie. Sans suite. Tripoli a beau multiplier les initiatives pour normaliser les relations avec les Américains, peine perdue.

Face au mur d'autisme érigé par Washington, Kadhafi, en habile tacticien, va miser sur l'intérêt jamais démenti des compagnies pétrolières américaines pour le brut libyen, l'un des meilleurs du marché. Les pétrodollars ont cette formidable capacité de transformer un leader honni en dirigeant respectable ; de porter un régime tyrannique et rétrograde au panthéon des modèles de transparence et de démocratie, d'en faire un « partenaire spécial » aux yeux des « grandes démocraties » du marché libéral. Les pétromonarchies obscurantistes du golfe adoubées par l'Occident en savent quelque chose. Les yeux rivés sur leurs pétrodollars, la communauté « occidentale » internationale a les lèvres scellées face aux méthodes médiévales de leur appareil judiciaire, et tant pis si une ressortissante birmane s'est vu trancher la tête à l'épée en pleine rue à La Mecque, après avoir été condamnée pour le viol et le meurtre de la fille de son mari. Les affaires avant tout. Cette réalité-là, Kadhafi en est conscient.

Car son gouvernement, contrairement aux pétromonarchies conservatrices du golfe alliées de l'Occident, est loin d'être obscurantiste ; et ce ne sont pas les violations des droits de l'homme ou son supposé soutien au terrorisme qui l'ont placé au ban de la communauté dite « internationale », mais son refus catégorique de se soumettre à l'ordre cannibale établi par ceux qui prétendent être les « maîtres du monde ». Après des années de lutte et de résistance, le Guide libyen a compris qu'il était temps de tourner la page, de prendre des arrangements avec cet ordre cannibale pour sortir son pays et son peuple de l'isolement et de cette misère gratuite qui leur avaient été injustement imposés.

Conscient que les puits du golfe du Mexique s'épuisent, que les puissances occidentales (notamment les États-Unis, la France et la Grande-Bretagne) souhaitent réduire leur dépendance énergétique à l'égard des monarchies du golfe, et que son pays suscite des convoitises de toutes sortes, Kadhafi sait aussi qu'il n'a pas les compétences humaines ni la technologie pour exploiter seul ses ressources ; que sans le retour des majors et de leur technologie de pointe, son pays ne pourra exploiter le formidable potentiel de son sous-sol, dont 25 % des gisements seraient encore inexploités. Les réserves de pétrole, jugé de très bonne qualité par les professionnels de l'industrie, sont estimées à 40 milliards de barils, et depuis quelques années, la production stagne pour tourner autour de 1,5 million de barils par jour, alors que le Guide souhaite la porter à 3 millions.

Attirer les compagnies pétrolières américaines en Libye sera donc la carte maîtresse du dirigeant libyen. Il demande aux firmes présentes dans le pays avant l'embargo de lui dépêcher un émissaire. Celles-ci délèguent un ancien diplomate rompu aux missions sensibles : Herman Cohen, ancien sous-secrétaire d'État aux Affaires africaines (1989 à 1993) et président de la firme de lobbying Cohen and Woods International. À son arrivée en Libye, le colonel Kadhafi lui confie de tout go : « Je veux que les entreprises américaines viennent en Libye. Elles ont les meilleures technologies, nous voulons qu'elles s'implantent ici. C'est pourquoi nous voulons des relations normales avec les États-Unis[1] ». Le Guide laisse néanmoins la porte entrouverte aux compagnies européennes et asiatiques qui lorgnent, elles aussi, le brut libyen.

Avant l'embargo, 82 % du pétrole extrait du sol libyen était exporté vers l'Europe. L'Italie, la France ainsi que l'Allemagne en étaient les trois premiers acheteurs. Les Américains sont donc pressés d'agir avant que la manne pétrolière ne profite à d'autres.

Il faut dire que durant toutes ces années de crise l'opposant à l'Occident, principalement aux États-Unis, Kadhafi s'est révélé être un négociateur bien plus coriace et souple que ne l'imaginaient les Occidentaux. Dans le but de lutter contre l'isolement et la politique américaine de « *containment* », le Guide avait opté, dès 1991, pour une politique de rapprochement économique avec l'Europe, espérant ainsi diviser le camp occidental. Cette politique du « diviser pour mieux s'en sortir » s'est révélée utile, car certains pays européens entretenant d'excellentes relations commerciales avec la Jamahiriya ont refusé de s'aligner aveuglement sur les positions américaines. C'est notamment le cas de l'Allemagne qui fit savoir à ses partenaires européens qu'elle s'opposerait à tout embargo commercial contre la Libye. Comme le fait observer Moncef Djaziri, spécialiste reconnu de la Libye, « la stratégie d'ouverture économique vers l'Europe, en particulier la structuration d'un circuit d'échanges et d'interactions économiques avec le "géant économique" que constitue l'Allemagne, semble se révéler une stratégie efficace sur le plan international. En effet, l'intégration de certains intérêts économiques des deux pays crée les conditions d'une solidarité objective entre le régime libyen et certains intérêts européens. En investissant dans certains secteurs peu rentables financièrement, et en contribuant de la sorte à régler les problèmes sociaux de certains pays européens, la Libye semble avoir réussi à ouvrir une brèche dans la solidarité entre les pays occidentaux, rendant ainsi plus difficile l'imposition d'embargo pétrolier, tant recherché et souhaité par les dirigeants américains. Ainsi, la non rentabilité économique des investissements libyens en Europe est compensée par une rentabilité politique qui se traduit... par l'échec du projet américano-britannique d'imposer un embargo pétrolier[2] ».

Outre l'Allemagne, d'autres pays européens, clients privilégiés du brut libyen, étaient réticents à l'aggravation des sanctions contre Tripoli. C'est notamment le cas de l'Italie, deuxième partenaire commercial de la Libye ; de l'Espagne qui avait signé, en 1993, un accord de coopération énergétique avec Tripoli, voire même de la Grande-Bretagne qui, malgré la rupture des relations diplomatiques avec la Libye, a continué néanmoins d'importer le brut libyen ; et c'est sans compter la présence des milliers de ressortissants britanniques exerçant des activités économiques au pays de Kadhafi.

Pour toutes ces raisons, la plupart des pays européens — notamment l'Allemagne, l'Italie, la Suisse et même la France — se sont opposés, en 1993, à un embargo pétrolier international contre la Jamahiriya. L'Allemagne et l'Italie particulièrement craignaient que les effets de ces sanctions portent atteinte à leurs propres intérêts en tant que pays exportateurs vers la Libye et importateurs de son or noir[3]. En mars 1995, à la veille de la session portant sur la révision des sanctions onusiennes, un haut responsable européen déclara : «Je pense que nos intérêts sont différents de ceux des États-Unis quand il s'agit de l'application de l'embargo pétrolier global à la Libye[4]». En clair, la logique des intérêts économiques l'a emporté sur la solidarité politique.

Par ailleurs, l'Union européenne (UE) n'attendra pas la suspension de l'embargo, en 1999, pour renouer avec la Libye. Dès 1998 en effet, les pays européens optent pour une politique de rapprochement avec la Jamahiriya. En septembre, Yanis Sikaliyariyou, rapporteur du dossier du dialogue euro-méditerranéen au Parlement européen, déclare que «l'Union européenne est entrée dès maintenant dans l'étape de révision de la politique européenne à l'égard de la Libye en vue de l'intégrer dans la politique de coopération euro-méditerranéenne.» Il précise que les pays de l'UE ne s'opposent plus à ce que la Libye devienne membre du dialogue de Barcelone et recommande aux États européens d'intégrer la Jamahiriya dans les instances de coopération non politique, comme l'énergie, la culture et le tourisme, en attendant sa participation pleine et entière aux assises du dialogue euro-méditerranéen[5].

De son côté, Kadhafi manœuvre toujours pour échapper au piège des sanctions. Parallèlement à sa politique du «diviser pour mieux s'en sortir», il entreprend, dans un premier temps, de renforcer les relations de la Jamahiriya avec ses voisins égyptien (un interlocuteur arabe de poids sur la scène régionale et internationale) et tunisien — aux prises, eux aussi, avec des groupes islamistes armés —, renoue avec l'Arabie saoudite et réoriente ensuite la politique étrangère libyenne (moins pan-arabe, mais beaucoup plus panafricaine) vers les pays d'Afrique subsaharienne dans le cadre d'une nouvelle alliance.

Le Guide multiplie en effet les voyages dans les pays de la zone sahélienne (Niger, Nigeria), annonce la reprise des investissements libyens dans plusieurs États africains, renforce les relations avec le Tchad, s'interpose dans les conflits en tant que médiateur, initie la Communauté des États sahélo-sahariens[a] (Comessa ou CEN-SAD) en 1998... Cette politique de charme orientée vers la médiation dans plusieurs conflits et la diplomatie associative et humanitaire, lui vaut le soutien de ses pairs africains. Le raïs libyen réussit ainsi à rallier les États africains à sa cause, les amenant à remettre en question les sanctions décidées par le Conseil de sécurité, bien avant qu'elles ne soient suspendues en avril 1999[6]. En visite en Libye, en octobre 1997, le président sud-africain Nelson Mandela critique l'embargo et réclame sa fin[7]. Le président égyptien Hosni Moubarak ne cessera de plaider la cause de Kadhafi auprès de ses homologues occidentaux, expliquant qu'il est dangereux de maintenir des sanctions contre la Libye. Il insista plus d'une fois sur la nécessité de lever les sanctions et de réintégrer la Jamahiriya dans le giron international. Plusieurs experts et juristes égyptiens vont d'ailleurs aider la Libye à préparer les arguments juridiques dans le dossier Lockerbie. Ce sont eux qui ont avancé l'argument du droit de la Libye d'exiger des « garanties » à un procès impartial et dans un pays neutre — Londres et Washington exigeaient, pour leur part, que les deux Libyens soient traduits devant une cour écossaise ou devant un grand jury américain — avant l'extradition des deux Libyens inculpés dans cette affaire. Une exigence qui sera appuyée par la Ligue arabe et l'OUA.

Fin août 1998, l'organisation panafricaine a en effet appelé les États membres à « ne plus se conformer », à partir du 1er septembre, aux sanctions imposées par le Conseil de sécurité au cas où les États-Unis et la Grande-Bretagne refuseraient de juger les deux suspects libyens dans un pays neutre.

---

[a] La Communauté des États sahélo-sahariens est une organisation intergouvernementale internationale qui réunit dix-huit États membres : Bénin, Burkina Faso, Djibouti, Égypte, Érythrée, Gambie, Libye, Mali, Maroc, Niger, Nigeria, République centrafricaine, Sénégal, Somalie, Soudan, Tchad, Togo et Tunisie.

Visiblement outré, Washington qualifia la résolution de « décision à courte vue et d'attaque contre l'autorité du Conseil de sécurité de l'ONU. » Une semaine plus tard, le 7, la Ligue arabe prenait position à son tour : à l'issue d'entretiens séparés avec les ambassadeurs américain et russe au Caire, son secrétaire général déclara que « des garanties doivent être obtenues afin de permettre à la Libye d'accepter le jugement des suspects dans un pays tiers. » Deux jours plus tard, c'est le chef de la diplomatie italienne Lamberto Dini, en voyage au Caire, qui emboîtait le pas à l'OUA et à la Ligue arabe...

Toutes ces prises de position, combinées au refus des États européens d'entériner un embargo pétrolier total contre la Jamahiriya, confortent considérablement Kadhafi dans son bras de fer avec l'axe anglo-américain. Elles portent une estocade à la « mobilisation internationale » tant recherchée par les Américains contre la Libye. La « solidarité internationale » venait de subir un coup de canif. Le 30, plusieurs chefs d'État africains violent l'embargo aérien en se rendant en Libye pour s'entretenir avec le colonel Kadhafi. À Washington et Londres, c'est la consternation. Et c'est sans oublier que le très riche sous-sol libyen aiguise toujours les appétits : des hommes d'affaires européens (allemands, français, anglais et italiens) font régulièrement le voyage en Libye, au grand dam des Américains. On se bouscule au portillon pour réactiver des sites d'exploration abandonnés autrefois. Une situation intenable pour les compagnies pétrolières américaines qui lorgnent, elles aussi, la manne pétrolière libyenne.

Craignant de perdre leur part de marché au profit des sociétés européennes ayant un avantage stratégique certain et ayant, durant toutes ces années d'embargo, amélioré leur connaissance du terrain libyen, les pétrolières américaines commencent à exercer de fortes pressions sur la Maison Blanche. À Londres, le lobby pétrolier presse le nouveau locataire du 10 Downing street, Tony Blair, de trouver une solution au « problème libyen ». Lors d'une conversation privée, celui-ci exhorte le président Clinton de réviser la position américaine envers la Libye et d'accepter le bien-fondé d'un procès dans un pays tiers.

Conscient de l'évolution du rapport de force et de la conjoncture du moment — notamment la fronde de certains États qui avaient fait clairement savoir leur intention de ne plus respecter les résolutions à la légalité douteuse du Conseil de sécurité et sur lesquelles la Cour internationale de justice s'est prononcée en donnant un avis favorable à la requête libyenne[8] —, la Maison Blanche accepte finalement que les audiences du procès Lockerbie se déroulent dans un pays neutre. « Ce qui a fait pencher la balance de manière décisive à nos yeux, c'est qu'en 1997-98, il devenait de plus en plus évident que nos efforts pour maintenir les sanctions de l'ONU allaient bientôt devenir impuissants », déclarera le secrétaire d'État adjoint pour le Proche-Orient, Martin Indix[9].

Le procès de l'affaire Lockerbie se tiendra devant un tribunal écossais siégeant pour la circonstance aux Pays-Bas — précisément à Camp Zeist, une ancienne base militaire américano-néerlandaise — et suivrait à tous égards la procédure et le droit écossais. Washington et Londres soumirent au Conseil de sécurité de l'ONU un projet de résolution proposant de suspendre les sanctions « dès que le secrétaire général aura fait savoir au Conseil que les deux accusés [étaient] arrivés aux Pays-Bas aux fins du procès devant le tribunal [...] et [dès] que le gouvernement libyen aura donné satisfaction aux autorités judiciaires françaises en ce qui concerne l'attentat perpétré contre le vol UTA 772[10] ».

Tripoli acquiesça tout en demandant des garanties relatives au déroulement du procès. Les autorités libyennes craignaient que l'acceptation du procès dans un pays tiers ne soit qu'une « ruse pour kidnapper les deux Libyens inculpés et les amener aux États-Unis ». Plus encore, Kadhafi suspectait l'axe anglo-américain de se servir du procès, dont il avait accepté le principe, pour acculer son régime. Il craignait d'être poignardé dans le dos une fois les deux suspects livrés.

C'est dans contexte qu'intervient la médiation conjointe de l'Afrique du Sud et de l'Arabie saoudite. Deux hommes ont joué un rôle déterminant dans l'accélération du règlement de ce dossier : Bandar Ben Sultan, ambassadeur d'Arabie saoudite à Washington, et le président Nelson Mandela d'Afrique du Sud. Jouissant d'un préjugé favorable auprès du Guide, ce dernier a été appelé à la rescousse par le premier ministre britannique Tony Blair, qui effectuait alors un séjour privé à Pretoria, la capitale sud-africaine, en décembre 1998.

Il a fallu sept mois de tractations intenses pour régler les détails des garanties exigées par Tripoli sur le procès et le lieu d'incarcération des accusés en cas de condamnation. Washington et Londres voulaient que les deux inculpés soient emprisonnés en Écosse, alors que Tripoli réclamait une prison aux Pays-Bas ou en Libye. Finalement, la Libye a cédé en échange de la garantie que les deux hommes ne soient pas « utilisés ou manipulés contre le gouvernement libyen[11] ». Le président Mandela rassura le Guide que rien ne sera entrepris contre la Jamahiriya avant et après l'extradition. Le secrétaire au Foreign Office, Robin Cook, déclara pour sa part que la Grande-Bretagne n'avait « aucune intention secrète d'aggraver les sanctions ». Le 19 mars 1999, devant le Congrès général du peuple, en présence des deux médiateurs que sont Mandela et Bandar Ben Sultan, Kadhafi assura disposer de « toutes les garanties ».

Le 5 avril, à 9h45, un aéronef de l'ONU se pose à l'aéroport de Valkenburg aux Pays-Bas, avec à son bord Abdelbasset al-Megrahi et Khalifa Fhimah. Les suspects sont immédiatement placés en détention provisoire dans une prison hollandaise, conformément aux exigences du Conseil de sécurité. Le jour même, les Nations unies annoncent la suspension des sanctions pesant sur Tripoli depuis 1992 et les États-Unis font savoir de leur côté qu'ils attendent un règlement définitif et convenable de l'« affaire Lockerbie » avant d'envisager un rétablissement des relations avec la Jamahiriya.

Des semaines plus tard, une rencontre secrète a lieu dans un hôtel de Genève ; le secrétaire d'État adjoint pour le Moyen-Orient, Martin Indyx, rencontre le chef des services secrets libyens Moussa Kousa. C'est la première fois, depuis vingt ans, qu'un officiel américain rencontre un haut responsable libyen. Alors que l'administration Clinton est fortement engagée dans le processus de paix israélo-palestinien, Indyx demande à Koussa de cesser tout soutien aux groupuscules palestiniens qui ont des camps en Libye, afin d'aider Yasser Arafat et tous ceux qui sont engagés dans le processus de paix avec l'État d'Israël. La Libye s'exécute. Dans les jours qui suivent, elle expulse le groupe d'Abou Nidal. Washington prend acte et assouplit les sanctions contre Tripoli. Plusieurs compagnies pétrolières américaines opérant en Libye avant les sanctions décrétées par Reagan sont autorisées à reprendre langue avec les Libyens. Les cadres du groupe Oasis (formé par les firmes Amerada Hess, ConocoPhillips et Marathon Oil) sont les premiers à débarquer discrètement dans le pays pour visiter leurs champs historiques de Gialo, Defa, Waha et Bahi, toujours capables de produire 100 000 barils par jour. Ils rencontrent le patron de la NOC qui les assure qu'ils pourraient opérer de nouveau[12]...

Ils ne sont d'ailleurs pas les seuls, les Américains, à avoir amorcé le grand retour en Libye. Les Britanniques, mais aussi les grands industriels français de l'armement, ont, eux aussi, repris, en toute discrétion, le chemin de Tripoli. Malgré l'embargo qui frappe toujours la Libye à cette époque, et même si le contentieux sur le dossier du DC-10 d'UTA n'est pas encore définitivement réglé, la France a en effet autorisé secrètement plusieurs marchands de canons à reprendre des contacts commerciaux en Libye. L'homme d'affaires Bernard Cheynel, qui ne fait aucun mystère de son rôle d'intermédiaire partout où l'on peut vendre de l'armement, est de la partie. Il raconte : « C'était vers la fin des années 1990. Il y avait l'embargo qui n'était pas encore levé. J'avais le feu orange du pouvoir politique. On m'a dit : " Bernard, ça va être la levée [de l'embargo], prends de l'avance et fais ton boulot. Thales (dénommé Thomson-CSF à cette époque) et Dassault m'ont dit "vas-y prends des contacts", car ils savent qu'il ne suffit pas d'avoir Kadhafi et Saïf al-Islam, il faut avoir tous les chefs militaires avec soi — l'intermédiaire a pris soin d'établir un organigramme (voir image ci-après). Je descendais à Djerba puis me rendais jusqu'à Tripoli. Là-bas, je prenais mes contacts avec Riffi, Kaddiki et les autres généraux... Il faut le faire. Car si vous ne le faites pas, les Américains, les Russes et les autres vont le faire[13] »...

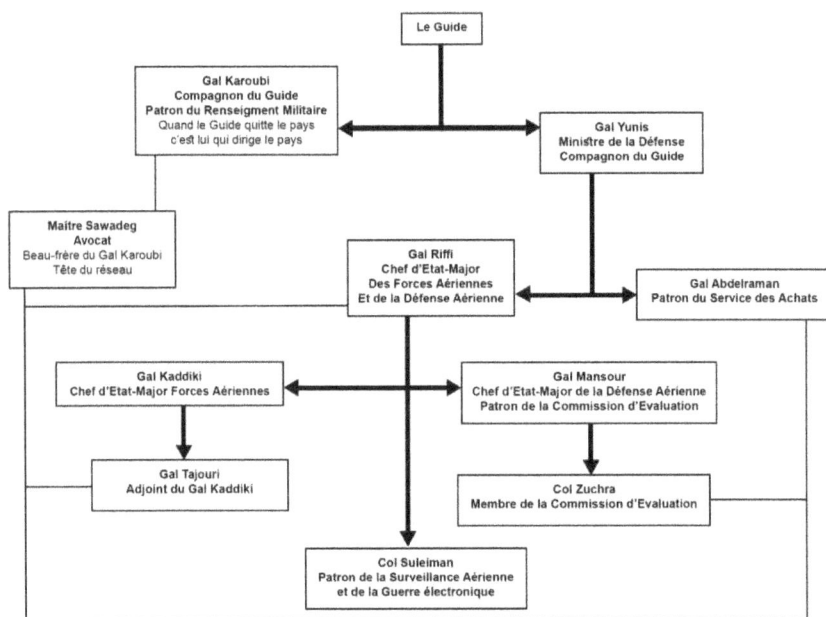

Organigramme Cheynel

Des contacts très avancés sont noués avec des responsables militaires libyens pour leur proposer dans un premier temps une «remise à niveau» de missiles sol-air Crotale de l'armée libyenne[14]. Les procès-verbaux de réunions obtenus par le site Owni.fr décrivent des discussions secrètes tenues les 13 et 14 février 1999, à Tripoli, entre les représentants du groupe Thales et l'état-major militaire du colonel Kadhafi[15]. Les réunions ont été organisées «avec l'autorisation du gouvernement français» dirigé à l'époque par le socialiste Lionel Jospin.

Tous ces mouvements d'affairistes occidentaux marquent le retour progressif de la Libye sur la scène internationale. Pour Tripoli en tout cas, toutes les occasions sont bonnes pour se refaire une virginité. Au printemps 2000, le fils du Guide et président de la fondation qui porte son nom, Saïf al-Islam Kadhafi, intervient pour faire libérer des otages occidentaux, dont deux Français, détenus par le groupe islamiste Abu Sayyaf dans la petite bourgade de Jolo, aux Philippines. La même période, la Libye de Kadhafi est sollicitée par le secrétaire général de l'ONU, Koffi Annan, pour participer à une mission de paix en Sierra Leone, en vue de faire libérer 500 Casques bleus pris en otages par les rebelles du revolutionary United Front (RUF).

Un an à peine après la suspension de l'embargo, la Jamahiriya, qui était décrite jusque-là comme une «menace à la paix mondiale», apparaissait désormais comme vecteur de paix et de résolution des conflits.

En janvier 2001, Abdelbasset al-Megrahi, l'un des Libyens inculpés dans l'affaire Lockerbie, est condamné à la prison à vie, tandis que son compagnon Khalifa Fhimah est acquitté. Les États-Unis exigèrent que la Jamahiriya indemnise les familles des victimes et reconnaisse sa responsabilité dans l'acte terroriste ; l'*Iran-Libya Sanctions Act* qui sanctionne les compagnies américaines et étrangères investissant en Libye et en Iran est reconduit au mois d'août pour une période de cinq ans, au grand dam des Européens. En janvier 2002, George Bush renouvelle pour une année supplémentaire les sanctions commerciales et financières imposées par l'administration Reagan. Tripoli réagit quelques mois plus tard en proposant d'indemniser les familles des victimes en versant 2,7 milliards de dollars en trois tranches selon un calendrier restant à définir. Mais Washington repousse la proposition en exigeant que la Jamahiriya reconnaisse par écrit sa responsabilité dans l'acte terroriste, ce que rejette Tripoli.

Le rapprochement en gestation entre les deux pays s'accélère sérieusement au lendemain des attentats du 11 septembre 2001. Ce jour-là, l'Amérique se découvre — si l'on se fie bien entendu à la doxa officielle — un nouvel ennemi numéro un en la personne d'Oussama Ben Laden, le chef du nébuleux réseau Al-Qaïda. Et justement, Al-Qaïda, son chef ainsi que les groupes islamistes sont les ennemis mortels du colonel Kadhafi qui les pourchasse depuis plusieurs années, n'hésitant pas à recourir à l'aviation pour bombarder leurs repères dans le Djebel al-Akhdar. Tripoli a été parmi les premières capitales à attirer l'attention sur le phénomène Al-Qaïda, alors même que les États-Unis et l'Europe en hébergeaient les animateurs sur leur sol. Le Guide rappelle à ceux qui l'auraient peut-être oublié que la Libye est le premier pays à avoir lancé, dès 1998, un mandat d'arrêt international contre Ben Laden pour un double assassinat perpétré, en 1994, contre deux fonctionnaires allemands sur le sol libyen.

Tripoli compte donc tirer avantage de la « guerre contre la terreur » annoncée par George Bush. Kadhafi condamne officiellement les attentats du 11 septembre ; il dénonce « un acte effroyable et spectaculaire » contre lequel « l'Amérique a le droit de se défendre », reconnaissant du même coup que les États-Unis ont légitimement le droit de renverser le régime des talibans en Afghanistan[16].

La volonté exprimée par la Jamahiriya arabe libyenne dans la lutte contre le terrorisme et la somme d'informations que les services de sécurité libyens détiennent sur divers groupes terroristes fournissent à Mouammar Kadhafi un solide argument de marketing politique. En décembre, l'une des factions libyennes les plus radicales opposées au gouvernement de Tripoli, le Groupe Islamique Combattant Libyen (GICL), est ajoutée par Washington sur la liste des organisations terroristes. Dans le discours de George Bush sur l'état de l'Union, le 29 janvier 2002, la Libye n'est pas mentionnée dans la liste des pays faisant partie de l'« axe du mal » — un *remake* de « l'Empire du mal » de Ronald Reagan — comprenant la Corée du Nord, l'Iran et l'Irak.

Ayant elle-même été pendant plusieurs années victime des groupuscules islamistes, parfois soutenus par l'Occident, notamment les États-Unis et la Grande-Bretagne[a], la Libye prend très au sérieux la lutte contre le terrorisme lancée par les États-Unis. Nul ne peut contester son savoir-faire en la matière. Les Libyens ont amassé des années durant de précieux renseignements sur plusieurs groupes islamistes radicaux. Moussa Koussa, le patron du Moukhabarat (les services secrets libyens) de 1994 à 2009, communique régulièrement des informations sur les réseaux islamistes en Europe et dans le monde à ses homologues occidentaux. Dans un hôtel de Londres, il fournit des renseignements très détaillés sur des centaines de militants partis faire la guerre sainte en Irak, dont certains appartiennent au réseau Al-Qaïda. Le soutien de la Jamahiriya arabe libyenne dans la lutte contre la terreur est total. « Il serait juste de dire que la Libye était probablement notre allié le plus important contre le terrorisme dans cette région », souligne Oliver Miles, ambassadeur du Royaume-Uni en Libye. « Les Libyens étudiaient Al-Qaïda depuis des années. Je me rappelle avoir emmené des parlementaires de la commission des Affaires étrangères rencontrer Moussa Koussa. Il leur a fait l'un des briefings sur Al-Qaïda le plus intéressant et le plus instructif que je n'ai jamais entendu. C'était la première fois que je voyais des députés aussi silencieux et attentifs ».

Les rapports entre les renseignements occidentaux et les Moukhabarat sont si fructueux qu'en octobre 2002, Dominique de Villepin, le ministre des Affaires étrangères français, donne son aval à l'intégration de Moussa Koussa au sein de ce que la DGSE appelle le « Club Med », une alliance secrète de services de renseignement des pays du pourtour méditerranéen, de l'Italie au Maghreb[17].

---

[a] Voir chapitre X.

Même si à l'époque la Jamahiriya figure toujours sur la liste des États soutenant le terrorisme, à Washington et dans plusieurs capitales européennes, on estime qu'elle demeure tout de même la meilleure alliée de l'Occident dans la guerre contre la terreur conduite par les États-Unis. Elle adhère à un ensemble de conventions et protocoles internationaux concernant le terrorisme[18]. Mieux encore, elle ouvre grandement ses prisons à la CIA et au MI6 qui y déversent des dizaines de prisonniers. Selon les médias américains, la CIA a envoyé au moins à huit reprises des suspects de terrorisme en Libye pour qu'ils y soient interrogés à la manière des barbouzes. Le « manuel d'instruction » était fourni par les agences américaine et britannique qui utilisaient les geôles libyennes pour permettre à leurs agents de torturer des prisonniers en échappant aux lois de leurs pays respectifs. Parmi les « colis » indésirables que livrent le MI6 et la CIA aux Libyens figure l'émir du GICL, Abdel Hakim Belhadj. Arrêté en 2004 à l'aéroport de Kuala Lumpur, puis livré par les autorités malaisiennes aux Américains, il est transféré via l'un des vols clandestins de la CIA vers la Thaïlande, avant d'être jeté dans la sinistre prison d'Abou Salem, dans la banlieue de Tripoli.

Belhadj n'est pas un « cadeau » comme les autres. Il a été impliqué dans plusieurs tentatives d'assassinat du Guide et ça fait des années que les services de renseignement libyens le traquent. Pour ces derniers, il s'agit d'une prise exceptionnelle. « C'était le moins que nous puissions faire pour vous et pour la Libye en démonstration de la relation remarquable que nous avons construite au cours des dernières années », écrit Sir Mark Allen, le sous-directeur du MI6 pour le contre-terrorisme, dans une lettre adressée à son homologue libyen Moussa Koussa.

Les rapports entre les services libyens et occidentaux sont au zénith. Le MI6 communique régulièrement aux services libyens des informations sur des opposants en exil et leur demande d'infiltrer des agents dans les milieux islamistes londoniens. En 2009, le renseignement libyen et la CIA mettent en place un programme commun de contre-terrorisme dans le cadre d'un accord négocié par Moussa Koussa. Plusieurs officiers du renseignement libyens sont alors formés par la CIA. « Ces mesures concrètes de coopération ne sont habituellement engagées qu'avec des services entre lesquels se manifeste une totale confiance », peut-on lire dans un rapport du Centre français de recherche sur le renseignement (CF2R)[19]. Au printemps 2007, sur base de renseignements transmis par la CIA à Moussa Koussa, Tripoli déjoue dans le plus grand secret une opération terroriste d'envergure fomentée par le GICL. La coopération entre la Jamahiriya et ses nouveaux alliés de circonstance dans la croisade contre la terreur semble donc parfaite...

Tripoli profite de cette conjoncture pour engager dans la foulée des pourparlers directs avec Washington et Londres sur son programme d'armes de destruction massive (ADM), ainsi que sur tous les autres dossiers litigieux susceptibles d'entraver le futur des relations entre la Jamahiriya et l'axe anglo-américain : Lockerbie, le fait que la Libye soit toujours placée sur la liste des « États voyous », l'embargo, les accords commerciaux... Tout y est passé. C'est un accord global que voulaient les Libyens et rien d'autre.

Rendez-vous est donc pris dans un hôtel londonien, en avril 2003. La délégation libyenne est conduite par la « boîte noire » du régime, Moussa Koussa ; Saïf al-Islam, qui mène la diplomatie parallèle pour le compte de son père, suit les négociations de très près. Dans le camp d'en face on a sir Mark Allen, et côté américain, on a dépêché Steve Kappes, le directeur des opérations spéciales à la CIA — les deux hommes (Allen et Kappes) vont également rencontrer le colonel Kadhafi sous sa tente aux environs de Syrte. Les négociations entre les Libyens et le tandem anglo-américain vont se dérouler sous l'œil attentif du lobby pétrolier qui exerce d'énormes pressions sur la Maison Blanche pour que tous les litiges soient réglés, afin que soit levé l'embargo économique et que reprennent les affaires au pays du Guide.

Le 13 août, la Libye, par l'entremise de la fondation présidée par Saïf al-Islam Kadhafi, accepte de régler le dossier

Lockerbie, en versant 2,7 milliards de dollars aux familles des victimes[20]. En vertu de cet accord, 10 millions de dollars doivent être versés à chaque ayant droit en trois paiements : 4 millions à la levée des sanctions de l'ONU, 4 millions à la levée des sanctions unilatérales américaines et le reste du montant après la radiation de la Jamahiriya de la liste noire des États soutenant le terrorisme. Le chef de la diplomatie libyenne, Abderrahmane Chalgham, reconnaît officiellement la responsabilité civile, mais non pénale, de son pays dans l'attentat. Cette reconnaissance « ne constitue pas une reconnaissance de ce que la Libye n'avait pas commis », précise le journal libyen *Al-Zahf Al-Akhadar*.

Du point de vue libyen, l'admission de la responsabilité civile, et non pas pénale, vise à réhabiliter le statut du pays sur la scène internationale. « Nous avons estimé qu'il était plus facile pour nous d'acheter la paix et c'est pourquoi nous avons accepté de payer des indemnités », explique le premier ministre libyen, Choukri Ghanem. Les sanctions avaient causé une perte de 24 milliards de dollars à la Libye. Par conséquent, payer 2,7 milliards de dollars aux familles des victimes s'avérait relativement peu coûteux comparé aux coûts des sanctions[21].

Un mois après l'accord, le 12 septembre, les Nations unies votent — à l'exception de la France et des États-Unis qui ont choisi de s'abstenir — la levée définitive des sanctions imposées à la Libye depuis 1992 et suspendues en 1999. Le représentant permanent des États-Unis justifie l'abstention de son pays par les violations des droits de l'homme en Libye et laisse entendre que le processus de normalisation pourrait prendre un certain temps encore[22].

Le 19 décembre, soit trois jours après la capture de Saddam Hussein par les forces de la coalition dirigée par les États-Unis, la Libye annonce l'abandon de son programme de développement d'ADM — il s'avérera à l'autopsie qu'il n'était pas si développé que ça. Certains observateurs parlent alors du « syndrome irakien », laissant entendre que Kadhafi a renoncé à son programme d'ADM à cause de la guerre menée par George

Bush contre Saddam au prétexte de démanteler des ADM qu'on ne trouvera jamais. Ce que réfute par ailleurs Saïf al-Islam. Avant même que le colonel Kadhafi se décide, en décembre 2003, à ouvrir ses arsenaux aux inspecteurs de l'Agence internationale de l'énergie atomique (AIEA), « les Américains savaient tout », affirme le fils Kadhafi. « Notre contribution à leur connaissance en la matière est égale à zéro. Ils avaient pénétré tous les réseaux depuis bien longtemps », ajoute-t-il.

Même si l'administration Bush[23] et une certaine presse en Occident laissèrent entendre que le « syndrome irakien » y a été pour quelque chose dans la décision de Tripoli, la vérité est que les discussions américano-libyennes avaient commencé bien avant qu'il soit publiquement question d'envahir le pays de Saddam Hussein. « La guerre d'Irak n'y était pour rien. Les négociations avec les Libyens ont commencé beaucoup plus tôt et s'inscrivaient dans le cadre d'un processus de règlement global du contentieux entre les États-Unis et la Libye », explique Pete Hoekstra[24], ancien président de la commission du renseignement de la Chambre des Représentants.

Après avoir renoncé à son programme d'ADM, la Libye ratifie le Traité d'interdiction des essais nucléaires le mois suivant. Washington et Londres applaudissent. Le pays de Kadhafi est ainsi présenté comme un exemple à suivre pour d'autres pays contestataires de l'ordre anglo-américain comme l'Iran, la Corée du Nord et la Syrie.

Dans les semaines et mois qui suivent, la Libye accepte de régler définitivement le dossier du DC-10 UTA, en versant 170 millions de dollars aux familles des victimes ; elle signe quelque temps après avec l'Allemagne un protocole d'accord en vertu duquel elle s'engage à verser aux victimes de l'attentat de la discothèque La Belle, à titre « humanitaire », la somme de 35 millions de dollars, qui sera payée en trois tranches sur une période de six mois. Un million de dollars sera versé à la famille de la victime turque, les personnes légèrement touchées recevront 190 000 dollars et les plus grièvement blessées

350 000 dollars. Aucune indemnisation pour les victimes de nationalité américaine. La Jamahiriya accepte également d'indemniser la famille de la policière Yvonne Fletcher tuée devant le Bureau Populaire de Londres en 1984 lors d'une manifestation des exilés libyens, et se dit prête à aider les enquêteurs britanniques à faire la lumière sur ce meurtre. L'amélioration des relations avec l'Occident se précise...

Sous la tente du Guide

Même si la Libye est toujours listée au rang des États malfamés du département d'État et ses avoirs aux États-Unis restent gelés, le colonel Kadhafi peut en tout cas se réjouir d'avoir gagné son pari, en obtenant la levée définitive des sanctions. Celui que les gouvernements et la presse des pays occidentaux avaient présenté comme le diable, le parrain du terrorisme international, le « chien fou du Proche-Orient », est redevenu « fréquentable », voire un ami. Américains et Européens multiplient les bons points à son endroit. Difficile de trouver un diplomate occidental prêt à le traiter de suppôt du terrorisme. Au pire, le « monstre » d'hier est décrit comme « imprévisible », « excentrique », « fantasque », « dictateur »... La Commission européenne le reçoit en grande pompe. Aux États-Unis, on lui fait également les yeux doux. « Nous allons entamer un dialogue sur les échanges économiques, le commerce extérieur et les réformes économiques, et nous prendrons les mesures pour encourager à réintégrer la Libye sur le marché mondial », explique la Maison Blanche dans un communiqué.

Washington annonce dans la foulée l'ouverture d'une section des intérêts américains en Libye, suivi quelque temps après de l'ouverture d'un bureau permanent de la CIA à Tripoli. Stephen Kappes, le directeur des opérations spéciales de l'Agence, devient même un intime de Moussa Koussa, et dans un discours à l'Université de Georgetown, le directeur de l'Agence, George Tenet justifie toutes ces décisions au motif que les Libyens sont devenus des gens sérieux et crédibles.

Les dirigeants des pays occidentaux, flanqués de leurs businessmen, se pressent, se bousculent, parfois sans grande pudeur, aux portes de la Jamahiriya pour proposer leurs services. Les salons d'honneur de l'aéroport international de Tripoli ne désemplissaient pas. Après des années d'embargo, tout est à refaire dans ce pays riche doté de réserves pétrolières et gazières encore inexplorées. Mouammar Kadhafi a annoncé le lancement d'un programme de développement économique et social de près de 35 milliards de dollars. Les opportunités commerciales sont considérables. L'agenda diplomatique du « colonel-Guide » a soudainement explosé. Tripoli est devenu le théâtre d'une véritable course-poursuite dont l'objectif ultime est de décrocher des contrats[25]. On parle d'investissements massifs dans le secteur énergétique, de modernisation des infrastructures, mais aussi d'équipements militaires...

Quasiment tous les dirigeants occidentaux, alléchés par l'odeur des contrats, se sont précipités sous la fameuse tente bédouine du Guide libyen. Tous sans exception se sont disputé ses faveurs. C'est le gratin mondial des chefs d'État et de gouvernements, de parlementaires et autres personnalités qui se sont pressés à Tripoli. Pétroréalisme oblige. José Maria Aznar, le chef du gouvernement espagnol, est le premier à se rendre à Tripoli moins d'une semaine après la levée des sanctions, en compagnie d'hommes d'affaires espagnols, « empochant au passage 300 millions d'euros de contrats et offrant cinq cents bourses à des étudiants libyens[26] ».

Si les Espagnols ont été les premiers à ouvrir le bal, ils ne seront certainement pas les derniers. Début février 2004, une délégation de sept parlementaires américains conduite par le député républicain Curt Weldon se rend à Tripoli dans le but de « rechercher l'établissement de relations officielles entre les deux pays et le retour en Libye des entreprises américaines », selon Weldon. Une semaine plus tard, le 10, le chef du Conseil italien, Silvio Berlusconi, fait escale à Syrte pour une entrevue avec le colonel Kadhafi. L'Italien tient à ce que le maître de Tripoli sache que «l'Italie est un pays ami et qui désire le rester.» «Le passé est loin», dit-il. Après tout, on ne reste jamais fâché longtemps avec un pays producteur de l'or noir. Le 25 mars, c'est au tour du premier ministre britannique Tony Blair — d'après les médias britanniques, il a insisté pour être reçu par Kadhafi sous sa tente — d'aller à la rencontre du Guide de la Révolution lors d'une visite de quelques heures, le temps de prendre quelques photos... et de signer des contrats. «Certains disent que les hommes politiques n'ont pas à faire ça (Ndlr, se mêler des affaires) ; je pense le contraire. Je n'ai pas de problème à aider mes entreprises. C'est très utile pour l'Angleterre et tous les autres pays européens. Les Américains le font aussi», déclare Tony Blair, tout souriant[27].

La visite du chef du gouvernement britannique en Libye intervient deux jours après la visite du secrétaire d'État adjoint américain chargé du Proche-Orient, Richard Burns, porteur d'un message du président Bush. Puis, ce sera au tour du président de la Commission européenne Romano Prodi, du numéro deux du secrétariat d'État aux Affaires africaines Charles Snyder, du chancelier allemand Gerhard Schröder — qui exige la solidarité de Jacques Chirac pour qu'il ne se rende pas à Tripoli à cause du non-règlement de l'affaire de la discothèque La Belle, mais s'y rend lui-même en catimini pour prendre sa part du gâteau — et du chef de l'État français Jacques Chirac (une première pour un chef d'État français depuis l'indépendance de la Libye, en 1951), flanqué d'une armée d'industriels tricolores, de s'afficher aux côtés du colonel Kadhafi.

En avril 2004, le ministre de l'Énergie libyen Fathi Omar Ben Chatwan accueille les représentants des compagnies pétrolières US ayant quitté le pays depuis de nombreuses années. Cinq mois plus tard, en septembre, Washington levait l'embargo commercial imposé depuis 1986 par Ronald Reagan et en janvier 2005, la Libye accordait quinze permis d'exploration à des sociétés étrangères, essentiellement américaines.

Le succès des pétroliers américains s'est accompagné d'une déroute totale de leurs concurrents européens qui n'ont vu que du feu. Aucun d'entre eux ne s'est vu attribuer un permis. Mais un second appel d'offres permettra un certain rééquilibrage dans l'octroi de permis d'exploration. Sur 51 entreprises candidates représentant 27 nationalités pour 97 offres au total, seule une Américaine (ExxonMobil) obtient une concession. Les européennes Total (France), ENI (Italie), Statoil et Norsk Hydro (Norvège), British Gas (Grande-Bretagne), Tafnet (Russie), Turkish Petroleum (Turquie), les Japonaises (Nippon Oil, Mitsubishi, Japex, Teikoku, Inpex), les Indiennes (ONGC Videsh, Oil India, India Oil), l'Indonésienne Pertamina et la Chinoise CNPC... ont remporté ainsi, seules ou en association, les autres concessions proposées dans le cadre de ce second round d'appels d'offres publiques de prospection et de partage de production de pétrole et de gaz dans différentes zones[28].

Mais les relations commerciales avec la Jamahiriya ne se limitent pas qu'au secteur des hydrocarbures. Les grands industriels de l'armement se sont également joints au joyeux festin libyen. Les Français, on l'a dit, ont commencé à tâter le terrain dès 1999, avant même la suspension des sanctions et le règlement de l'affaire du DC-10 d'UTA. Avec la levée de l'embargo, tout le monde cherche à se positionner : Russes, Italiens, Britanniques, Français... frappent à la porte du Guide. Le 5 février 2005, la ministre de la Défense française Michèle Alliot-Marie est à Tripoli pour parler missiles, navires, avions et hélicoptères de combat... En gros, promouvoir les armes produites par son pays. Avec le général Abou Bakr Younès Jaber, secrétaire du comité général provisoire de la Défense libyenne, elle signe un accord-cadre définissant les futures relations de défense entre les deux pays, première étape de la reprise concrète de la coopération bilatérale de défense.

La France peut compter sur un homme très apprécié du Guide : le mari de la ministre, Patrick Ollier, président de la commission des affaires économiques depuis 2002, nommé ministre des Relations avec le parlement en novembre 2010.

C'est le « Monsieur Libye » du gouvernement français. Avec lui, croient les industriels hexagonaux, des contrats sont à portée de main. Cependant les Italiens sont les premiers à décrocher, dès le mois de janvier 2006, un marché pour dix hélicoptères Agusta, officiellement pour la surveillance des frontières du pays. Le 21 octobre, Mme Alliot-Marie est de retour à Tripoli et avalise un contrat d'une centaine de millions d'euros pour la remise en vol de douze des quarante Mirage F1 achetés par la Libye dans les années 1970.

Cette même année, les États-Unis annoncent la reprise des relations diplomatiques de plein droit avec la Libye et la suppression du pays de la liste noire des États soutenant le terrorisme. Annonce qui eut le don d'intensifier la ruée vers l'eldorado libyen. Des cadres d'une dizaine de compagnies américaines appartenant aux domaines les plus divers (aéronautique, armement, énergie, génie-conseil, ingénierie, produits chimiques...) bouclent leurs valises et se précipitent à Tripoli. Des cabinets de lobbyistes, de consultants stratégiques et des agences de communication et de relations publiques de renom, comme le Monitor Group ou The Livingston Group (TLG), offrent volontiers leurs services d'entregent en organisant des visites en Libye d'universitaires anglo-saxons, ainsi que des personnalités célèbres pour y rencontrer le colonel Kadhafi. Toute cette euphorie n'atténue pas pour autant les tensions engendrées par les soubresauts d'un dossier qui empoisonne à voix basse les relations entre l'Occident et la Libye depuis quelque temps : l'affaire des infirmières bulgares.

Les Bulgares du Guide

L'histoire débute en été 1998 lorsque des cas de sida sont signalés à l'hôpital de Benghazi. L'enquête de police dirigée, début 1999, par le colonel Juma al-Mesheri s'oriente vers la piste criminelle. Le 9 février, une vingtaine de coopérants étrangers travaillant à l'hôpital sont interpellés. La plupart seront relâchés, à l'exception de cinq infirmières bulgares (Kristiyana Valtchéva,

Nassia Nénova, Valentina Siropoulo, Valya Tchervéniachka et Snéjana Dimitrova) et d'un jeune médecin anesthésiste palestinien, Achraf Joumaa Hajouj. Leur procès débute le 7 février 2000 devant le tribunal du Peuple de Tripoli. Selon l'acte d'accusation, les accusés ont inoculé sciemment le virus du sida à 438 enfants, dont 56 sont décédés. Le colonel Kadhafi avance même l'hypothèse d'un complot international ourdi par la CIA et le Mossad. La population, qui subit les effets dévastateurs d'une série d'embargos injustes de l'Occident, partage la même opinion que son Guide. Mais pour les professeurs français Luc Montagnier (l'un des découvreurs du sida) et italien Vittorio Colizzi, qui ont témoigné pour la défense, la contamination résulte des mauvaises conditions d'hygiène de l'hôpital. Aux délégués d'Amnesty International, les détenus déclarent que des aveux leur ont été extorqués sous la torture et qu'ils s'étaient ensuite rétractés.

Le 6 mai 2004, les infirmières et le médecin palestinien sont condamnés à mort. Un recours à l'encontre de cette condamnation est introduit devant la Cour suprême de la Jamahiriya. L'association Avocats Sans Frontières apporte son soutien aux condamnés.

Fin stratège, Kadhafi porte l'affaire sur le terrain politique en demandant officiellement au gouvernement bulgare de verser, pour chaque enfant infecté par le VIH, une indemnité équivalente à celle que Tripoli a dû payer pour les victimes de l'attentat de Lockerbie. Le Guide tente aussi d'obtenir de Londres la libération d'Abdelbasset al-Megrahi en échange de la libération des infirmières bulgares. Si Sofia a rejeté la proposition libyenne, Londres tergiverse pour des raisons que le lecteur découvrira dans les lignes qui suivent...

Parallèlement au processus diplomatique amorcé dans les capitales européennes pour trouver une issue à la crise, les services de renseignements d'une vingtaine de pays (MI6, services italiens, égyptiens, algériens, palestiniens... voire même le Mossad) œuvrent à la libération des praticiens bulgares. Avec le concourt du sous-directeur du MI6 pour le contre-terrorisme sir Mark Allen, un canal de discussion a été établi entre les chefs des services secrets bulgares, le général Kirtcho Kirov, et son homologue libyen Moussa Koussa. Les deux hommes de l'ombre se rencontreront près de cinq fois en Libye, à Rome, à Paris et à Londres. Les discussions vont se poursuivre avec le responsable de la sécurité intérieure, Abdallah Senoussi, beau-frère du Guide, sans toutefois aboutir à la libération des cinq infirmières et du médecin. L'entretien nocturne dans une luxueuse villa viennoise entre Kirov et Saïf al-Islam Kadhafi — qui joue le médiateur entre les Européens et les familles de victimes —, en février 2005, ne produira pas l'effet escompté par les responsables bulgares. C'est que les Libyens traînent les pieds, rusent, marchandent et comptent faire durer le suspense aussi longtemps qu'ils n'auront pas trouvé satisfaction à leur demande.

Le 30 septembre, le ministre bulgare de la Santé Radoslav Gaidarski, demande à Marc Danzon, directeur du bureau régional de l'Europe de l'OMS (Organisation mondiale de la santé) d'intervenir dans les négociations pour tenter de débloquer la situation. Mais rien n'y fait. Du côté des partenaires européens, ça ne bouge pas vraiment ; seule avancée notable : la création, en décembre 2005, d'un fonds spécial (Fonds international de Benghazi) destiné à dédommager les familles des enfants libyens contaminés et décédés des suites de cette infection. Sans plus. La situation est intenable pour les autorités bulgares qui se sentent pas mal démunies.

À vrai dire, personne dans les capitales occidentales ne veut contrarier les Libyens avec qui l'on signe de juteux contrats depuis la levée des sanctions, en 2004. Jusqu'au 19 décembre 2006, date de la confirmation de la peine capitale par le président de la Cour d'appel de Tripoli, Mustapha Abdeljalil, la crise ne connaît toujours pas un début de dénouement. Le 17 février 2007, les accusés introduisent un ultime appel qui sera étudié par le Conseil suprême judiciaire libyen.

Face à la colère des familles et la position intransigeante des autorités libyennes, une diplomatie hyper active — mais discrète à certains égards — entre la Libye et un groupe formé de la Bulgarie, de l'Union européenne, de la Grande-Bretagne et des États-Unis, est à l'œuvre pour tenter de trouver une issue à la crise. On fait état d'une rencontre entre les familles des victimes et Tony Blair, début juin. Des émissaires européens, dont la commissaire européenne aux Relations extérieures Benita Ferrero-Waldner et le président du conseil des ministres de l'UE, le ministre allemand des Affaires étrangères Frank-Walter Steinmeier, ont fait le déplacement à Tripoli, le 10 juin. Pendant les discussions, on a évoqué la nécessité de remplir les caisses du Fonds international de Benghazi qui sont toujours vides ; de son côté, la France a promis d'équiper l'hôpital de Benghazi et de fournir du personnel qualifié pendant cinq ans. Elle a aussi accepté de former une cinquantaine de médecins libyens...

La pression monte lorsque la Cour suprême libyenne confirme les condamnations à mort des détenus, le 11 juillet. Le lendemain, Cécilia, l'épouse de Nicolas Sarkozy, débarque à Tripoli et rencontre les infirmières bulgares, les familles des enfants contaminés et le colonel Kadhafi. Le 15, les familles renoncent à demander la peine capitale à l'encontre des détenus contre la somme d'un million de dollars par victime — montant équivalent à ce que la Libye a versé aux victimes de l'attentat contre le DC-10 d'UTA. Près de 460 millions de dollars devraient leur être versés. Deux jours plus tard, la plus haute instance judiciaire libyenne décidait en dernière instance de commuer en peine de prison à perpétuité la peine de mort. Le 18, le parquet général de Bulgarie engage la procédure de demande d'extradition des cinq infirmières et du médecin d'origine palestinienne devenu entre-temps citoyen bulgare. Le 24, les Bulgares rejoignent leur pays à bord d'un Airbus A319 affrété par la présidence française. Le jour même, un communiqué de l'Élysée tombe : « Le président de la République et le président de la Commission européenne » saluent « le geste d'humanité de la Libye. » Triomphe de Nicolas Sarkozy et de sa femme Cécilia, qui a fait le déplacement en Libye, le 22, pour persuader le Guide de laisser partir les accusés. La longue saga diplomatico-judiciaire prenait ainsi fin.

Mais le feuilleton aux multiples rebondissements n'avait pas fini de livrer tous ses petits secrets. Car juste après la libération des soignants bulgares, on apprit qu'un pays du Moyen-Orient, devenu depuis le début du quinquennat un grand allié de la France, avait joué un rôle déterminant dans la libération du personnel médical : le Qatar. Claude Géant, le tout-puissant secrétaire général de l'Élysée et plus proche collaborateur de Nicolas Sarkozy, confirme sans vraiment confirmer : « Le Qatar est un contact intéressant qui permet à la diplomatie française de parler à des pays avec lesquels les autres ont du mal à parler[29]. » En tout cas la Libye en est un...

Le président Sarkozy avait lui-même fait état, le jour de la libération des infirmières et du médecin, d'un « geste humanitaire » de l'émirat du Qatar, « un État ami ». Interrogé à ce sujet, Saïf al-Islam, qui a piloté les négociations côté libyen, répond : « Ce que je peux dire, c'est que les Français ont arrangé le coup. Les Français ont trouvé l'argent pour les familles. Mais je ne sais pas où ils l'ont trouvé. Nous n'avons pas posé de questions. [...] Nous ne voulons pas embarrasser nos amis[30]. »

Dans son édition du 29 août, le *Canard enchaîné* affirme que l'intervention de Sarkozy auprès de l'émir du Qatar, Cheikh Hamad bin Jassem bin Jabr al-Thani, a permis de contourner un obstacle administratif, car le colonel Kadhafi « voulait l'argent de l'Union européenne, soit 452 millions d'euros, tout de suite ». « Les procédures budgétaires de l'UE étant très lourdes, l'argent n'était toujours pas débloqué six mois après le premier accord de principe. Seuls 2,5 millions d'euros avaient été virés » à la Fondation Kadhafi, écrit l'hebdomadaire satirique. « Sarko a alors téléphoné à l'émir du Qatar dans la soirée et, dans la nuit, le gouverneur de la Banque centrale du Qatar s'est envolé par avion spécial pour Tripoli, avec en poche un chèque de 452 millions d'euros. L'UE s'est engagée à rembourser le Qatar dans les six mois. Et, au matin, Kadhafi était content», ajoute *Le Canard enchaîné*.

Selon des médias français, la libération des Bulgares a également fait l'objet d'un marchandage secret entre Tripoli et Paris. Ce qu'a réfuté catégoriquement Nicolas Sarkozy. La polémique a enflé après l'annonce par Tripoli de la signature de deux contrats pour l'achat de missiles Milan et d'équipements de communication (système Tetra de communication radio) avec le groupe EADS pour un montant de 296 millions d'euros (405 millions de dollars).

Dans une interview avec *Le Monde*, le fils du Guide, Saïf al-Islam enfonce le clou en donnant d'autres précisions sur le fameux contrat avec Paris : «[...] l'accord recouvre des exercices militaires conjoints... Ensuite, il y a un projet de manufacture d'armes, pour l'entretien et la production d'équipements militaires.» «Des représentants de Thales et de Sagem sont en Libye en ce moment même», ajoute-t-il avec une visible satisfaction, insistant sur le fait qu'il s'agit du «premier accord de fourniture d'armes d'un pays occidental» depuis la levée des sanctions en 2004.

Un autre accord portant cette fois-ci sur le nucléaire aurait fait aussi l'objet d'un arrangement plus ou moins «secret» entre Tripoli et Paris, selon l'hebdomadaire *Les Inrockuptibles*[31], qui dit s'appuyer sur des documents confidentiels de l'Élysée et du Quai d'Orsay. Le magazine français affirme que «l'essentiel de l'affaire s'est soldé en sept jours, en une succession de bluffs, loin du temps long de la raison diplomatique» et assure que «le sort des infirmières bulgares s'est joué sur des missiles français et une centrale nucléaire». Nicolas Sarkozy a beau nier, les faits ne semblent pas le lâcher d'une semelle. «Qu'est-ce qu'on va me reprocher ? De trouver des contrats ? De faire travailler des entreprises françaises ?» a-t-il lancé devant des journalistes de la presse française et internationale venus l'interviewer à Wolfeboro, comté de Carroll, dans le New Hampshire, où il passait ses vacances.

De son côté, Saïf al-Islam a tenu des propos assez surprenants qui éclairent d'un jour nouveau les jeux de coulisse qui ont mené à la libération des soignants bulgares. Il a affirmé qu'un accord d'extradition avec le Royaume-Uni était en passe d'être signé pour qu'Abdel Basset al-Megrahi, condamné à la prison à vie — mais autorisé, le 28 juin, à faire appel de sa condamnation par la commission de révision de la justice écossaise[a] — pour l'attentat de Lockerbie, puisse regagner la Libye. Londres a immédiatement réagi en apportant des précisions à la version du fils Kadhafi : « Il n'y a pas de lien entre M. Megrahi et la libération des praticiens bulgares et palestinien », a déclaré un porte-parole du Foreign Office, qui a tenu à préciser qu'il n'y avait pas d'accord d'extradition entre le Royaume-Uni et la Libye. Il fit cependant observer que l'ancien Premier ministre Tony Blair, lors d'une visite en Libye, avait signé « un protocole d'entente avec le gouvernement libyen pour examiner et explorer les possibilités de renforcer la coopération judiciaire » entre les deux pays. À la question de savoir si ce protocole d'entente incluait un accord d'extradition, le fonctionnaire ne confirme ni n'infirme[32].

En fait, les autorités britanniques avaient choisi d'exclure al-Megrahi de l'accord d'échange de prisonniers. Dans une missive adressée au gouvernement écossais en date du 22 juin, Lord Falconer, le ministre de la Justice de Tony Blair, donne des précisions : un « accord d'échange de prisonniers avec la Libye ne pourrait pas concerner al-Megrahi. » Jack Straw, qui lui succède au même poste dans le gouvernement du nouveau premier ministre Gordon Brown, explique par lettre, dès le mois suivant, qu'il avait choisi lui aussi d'exclure al-Megrahi de l'accord. Or les Libyens, qui étaient en négociation avec le groupe British Petroleum, ne l'entendaient pas de cette oreille. Pour eux, la ratification du contrat de prospection pétrolière et gazière avec le géant britannique était liée à l'extradition de leur

---

[a] Supra, chapitre précédent...

compatriote souffrant — il était atteint d'un cancer en phase terminale. Pour obtenir gain de cause, ils pouvaient compter sur un « ami » de la Jamahiriya, sir Mark Allen, qui a quitté le MI6 pour devenir le conseiller spécial de BP et du Monitor Group, cabinet de lobbying ayant conclu un contrat de travail avec la Libye. L'ancien 007, qui a négocié avec les Libyens sur nombre de dossiers sensibles, était conscient que rien ne bougera en faveur de son nouvel employeur aussi longtemps que le cas d'al-Megrahi ne sera pas réglé.

Les Libyens ont campé sur leur position tout au long des négociations et ont continué à insister pour qu'al-Megrahi soit inclus dans l'accord d'échange de prisonniers. De plus, ils ont prévenu Londres que la mort en détention de leur compatriote aurait « des effets catastrophiques sur la relation entre la Libye et la Grande-Bretagne ». « Personne ne doutait que la Libye voulait BP, et le pétrolier était certain que Kadhafi ne lâcherait pas le morceau », explique sir Richard Dalton, ancien ambassadeur du Royaume-Uni en Libye et directeur du Libyan British Business Council[33].

Devant le blocage des négociations sur la signature du contrat (qui représentait pas moins de 17 milliards d'euros de chiffre d'affaires supplémentaire pour le groupe) avec BP, et les pressions exercées par la Jamahiriya et la multinationale, le gouvernement britannique finit par céder, et en décembre Abdelbasset al-Megrahi est inclus dans la liste de prisonniers transférables. « Je n'ai pas pu obtenir une exclusion explicite », écrit Jack Straw dans une lettre adressée à Kenny MacAskill, son homologue écossais. « Les négociations avec les Libyens atteignent une phase critique et, compte tenu des intérêts supérieurs du Royaume-Uni, j'ai accepté dans ce cas précis que [l'accord d'échange de prisonniers] ne cite aucun individu ».

Cette étape ayant été franchie non sans difficulté, il fallait maintenant convaincre les Écossais qui détiennent le Libyen et qui sont réticents à le laisser partir. Selon un rapport sénatorial américain, les pressions conjuguées des autorités britanniques et du Qatar, où l'Écosse a « de solides intérêts financiers publics et privés », ont eu raison de leurs scrupules.

Le contrat d'exploration pétrolière avec BP est signé six semaines après l'accord d'extradition. Le 20 août 2009, Abdelbasset al-Megrahi est libéré... officiellement pour des raisons humanitaires ! L'accueil triomphal qu'il reçoit à son retour à Tripoli provoque la colère des États-Unis et des familles des victimes, et alimente la polémique au Royaume-Uni. Interrogé par le *Daily Telegraph* qui veut savoir si le pétrole et le commerce ont joué un rôle dans la signature de l'accord, Jack Straw répond sans ciller : « Oui, une très grande part. Je ne m'en cache pas ».

Le 22 juillet 2010, le ministre de la Justice écossais Kenny MacAskill refuse de comparaître devant une commission d'enquête du Sénat américain qui cherche à comprendre les contours de l'affaire ayant conduit à la libération d'al-Megrahi. Idem pour Jack Straw qui argue qu'il serait « très anormal » de demander à un parlementaire britannique de justifier des décisions prises à Londres à Washington[34].

Pour le chef des services secrets bulgares, Kirtcho Kirov, le sort du personnel médical bulgare n'était en fait qu'« un grain de poussière dans l'œil d'un énorme ouragan où se croisent des intérêts gigantesques. » « Je savais, dit-il, que de grands contrats d'armes et de concessions [d'exploration de pétrole] seraient conclus[35] »...

Les déclarations du fils Kadhafi et du chef des services bulgares ternissent la légende de la « libération sans contrepartie » des soignants bulgares martelée par Nicolas Sarkozy et certains responsables britanniques. Et quoi qu'il en soit, la Jamahiriya a obtenu dans cette affaire « un bon deal », soutient Saïf al-Islam. « C'était une histoire compliquée. Une grande pagaille. Avec beaucoup de joueurs. Il a fallu satisfaire tous les joueurs » ajoute-t-il l'air amusé.

Avec le règlement de cette affaire, le dernier verrou à la normalisation des relations avec l'Occident venait de sauter.

Cette même année, la Libye est élue membre non permanent du Conseil de sécurité de l'ONU, dont elle a été exclue pendant plus de trente ans. Quelques jours après, Nicolas Sarkozy se précipite sous la tente du colonel, en compagnie de son ministre des Affaires étrangères, Bernard Kouchner. Tripoli est la première étape de sa tournée africaine[36]. « Cette conditionnalité était l'élément central du succès de la mission », croit savoir le négociateur en chef de l'UE, Marc Pierini[37]. À l'issue d'une courte cérémonie au pied des ruines d'un bâtiment rasé par les bombes de l'opération Eldorado Canyon, en 1986, et conservé en l'état, le chef de l'État français inscrit ces quelques mots sur le livre d'or libyen déplié devant lui : « Je suis heureux d'être dans votre pays pour parler de l'avenir ! » La visite du numéro un français pave la voie à celle qu'effectuera le Guide quelques mois plus tard à Paris.

Décembre 2007 en effet, le colonel Kadhafi entame sa tournée mondiale et plante sa fameuse tente bédouine à Lisbonne (le 7), Paris (du 10 au 15), Madrid (du 15 au 18), Rome... N'ayant jamais perdu ses réflexes révolutionnaires, le Guide déclare devant un parterre de 400 professeurs et étudiants, au cours d'une conférence publique à Lisbonne, à la veille du 2e sommet Europe-Afrique qui a lieu dans cette même ville et auquel il participe, qu'« il est normal que les faibles aient recours au terrorisme » quand les « grandes puissances violent la légitimité internationale, le droit international et les Nations unies. » Puis il ajoute une couche : « Les forces coloniales doivent dédommager les peuples qu'elles ont colonisés et dont elles ont spolié les richesses. » Réponse cinglant du commissaire européen à l'Action humanitaire Louis Michel : « Les colonisateurs ont déjà payé ».

À Paris où il est reçu en grande pompe, Kadhafi ne manque pas de surprendre non plus. À l'entrée de la cour du Palais de l'Élysée, il s'avance seul, à pied, sous la pluie, et lève son poing en serrant la main de son homologue français. L'image est immortalisée par les photographes et les médias présents. La très forte odeur des pétrodollars qui se dégage depuis l'arrivée du colonel Kadhafi dans la capitale française ne laisse pas les industriels hexagonaux indifférents. On évoque de juteux contrats avoisinant une dizaine de milliards d'euros. Ce qui équivaut, selon l'Élysée, à « 30 000 emplois sur cinq ans ».

Dans le lot des contrats promis ou conclus figurent des contrats d'armements (4,5 milliards d'armements, dont 14 avions Rafale que Dassault peine à écouler sur le marché, 35 hélicoptères Tigre, Fenec et EC-135, 6 navires, des blindés, des radars de défense antiaérienne, plus la remise en état de vol des Mirage F1 achetés par la Libye dans les années 1970) ; un accord inter-gouvernemental de coopération nucléaire prévoyant la fourniture à terme d'un ou plusieurs réacteurs nucléaires destinés à la désalinisation de l'eau de mer (contrat estimé à 2 milliards d'euros) ; une commande ferme de 21 Airbus coûtant environ 3 milliards de dollars...

Un accord de sécurité dans la lutte contre le terrorisme a également été signé. Grâce à la société Amesys[38], pionnier tricolore de l'informatique, les Libyens se sont dotés d'un système de surveillance d'Internet ultra-perfectionné. Tout le pays est mis sur écoute ; les « grandes oreilles » libyennes n'ont jamais été aussi performantes. « On faisait du massif : on interceptait toutes les données passant sur Internet : mails, chats, navigations Internet et conversation sur IP », explique un ancien militaire qui a participé aux côtés des ingénieurs de chez Amesys à la formation des Libyens, notamment d'Abdallah Senoussi, beau-frère du colonel et un des responsables des services secrets[39].

À ceux-là qui s'inquiètent de l'absence de libertés ou des violations des droits de l'homme au pays du Guide — qui, faut-il le reconnaître, n'est pas tendre avec son opposition intérieure — comme Rama Yade, la secrétaire d'État aux droits de l'homme, qui a osé critiquer vertement la visite en France de Kadhafi, allant jusqu'à déclarer dans les médias que la France « n'est pas un paillasson sur lequel un dirigeant, terroriste ou non, peut venir s'essuyer les pieds du sang de ses forfaits », les gardiens de la *realpolitik* rappellent que dans une démocratie de marché libérale normale, les intérêts commerciaux ont préséance sur les droits de l'homme. Madame Yade sera d'ailleurs sévèrement rappelée à l'ordre par Nicolas Sarkozy, celui-là même qui déclarait devant le Parlement européen, le 13 novembre, soit trois semaines avant la visite du raïs libyen, que « tous ceux qui ont fait l'expérience de renoncer à la défense des droits de l'homme au bénéfice de contrats, n'ont pas eu les contrats, et ont perdu sur le terrain des valeurs. » On ne saurait mieux dire...

À Madrid, où sa visite n'a provoqué ni anicroche ni polémique, Kadhafi a promis aux entreprises espagnoles 17 milliards de dollars (soit 11,8 milliards d'euros) de contrats de défense, d'énergie et d'infrastructures. Avec l'Italie de Silvio Berlusconi, en plus de contrats dans divers domaines, un accord de coopération policière a été conclu pour contenir l'immigration clandestine des Africains qui passent par le Sahara.

Au moment où le Guide effectue sa tournée européenne, une délégation de vingt sociétés américaines débarque à Tripoli pour tâter le terrain. « Il y a 40 milliards de dollars de projets à réaliser dans les infrastructures », fanfaronne David Hammoud, le président de la chambre de commerce américano-arabe qui a organisé la mission. Et d'ajouter : « Nous utiliserons le rapprochement en cours entre Washington et Tripoli pour prendre la part du lion[40]. » Au même moment, Gazprom, Sonatrach, Polish Oil and Gas Company (PGNIG) et Shell remportaient des contrats d'exploration gazière dans le pays.

Le 23, c'est le chef de la diplomatie russe, Sergueï Lavrov, qui est accueilli à Tripoli par son homologue libyen, Abdul Rahman Chalgham. Les Russes aussi ont beaucoup à vendre. Au cœur des discussions, les investissements russes dans le domaine militaire, mais aussi dans le gaz, le pétrole et peut-être une coopération dans le nucléaire civil. Avant même d'entamer sa visite à Tripoli, le ministre russe des Affaires étrangères avait tenu à préciser que la Russie était prête « à aider la Libye à réaliser son imprescriptible droit à accéder au nucléaire civil ». Cette visite du ministre Lavrov devait baliser le terrain au voyage officiel annoncé du président Vladimir Poutine en Libye, au premier semestre 2008.

Le 14 avril, Mouammar Kadhafi reçoit son homologue russe et annonce la signature de dix accords avec la Russie, qui a accepté d'annuler la dette libyenne (de 4,5 milliards de dollars) en échange de contrats de plusieurs milliards de dollars pour ses sociétés. Le principal porte sur la construction par le holding ferroviaire russe RZD de la voie ferrée Syrte-Benghazi de 500 km de longueur. Son montant s'élève à 2,2 milliards de dollars ; ce qui, selon le ministre russe des Finances, Alexeï Koudrine, « couvrira près de 70 % des achats libyens de biens d'équipement en Fédération de Russie ».

En 2010, la Libye conclut avec la Russie un contrat de vente d'armes d'une valeur totale de 1,8 milliard de dollars, et annonce dans la foulée la libération d'une centaine de prisonniers islamistes du GICL (dont l'émir Abdelhakim Belhadj) et sa décision de démolir la tristement célèbre prison d'Abou Salim[41], dans le cadre de sa politique de réconciliation nationale. Il n'avait jamais fait aussi beau sous le ciel libyen…

• • •

Aucun pays dans le monde n'a été aussi courtisé en ce début du 21e siècle comme l'a été la Jamahiriya arabe libyenne. D'« État voyou », elle s'est hissée au rang d'« État fréquentable » à une vitesse spectaculaire. Mouammar Kadhafi, qui a longtemps cristallisé la haine des Occidentaux, est devenu cet « ami » avec lequel on n'hésite plus à prendre des photos et à signer des contrats. Les pétrodollars, on vient de le voir, ont non seulement imposé la réintégration de la Libye dans la « communauté internationale », mais ils ont aussi et surtout redonné au Guide une respectabilité et une influence importante sur l'échiquier mondial. Au point que dans les capitales occidentales, on se gardait d'adopter des postures qui puissent embarrasser le leader libyen et mettre à mal les relations avec la Jamahiriya.

En 2009, par exemple, le premier ministre britannique, Gordon Brown, s'obstina à refuser tout débat avec les familles des victimes de l'IRA, longtemps soutenue par Tripoli. Un autre cas, plus marquant encore : celui de la grave crise diplomatique qui éclate entre la Suisse et la Libye, le 15 juillet 2008, à la suite de l'arrestation du fils cadet du Guide, Hannibal, 32 ans, et de sa compagne Aline, enceinte de huit mois, accusés de battre leurs domestiques durant leur séjour dans un palace genevois. Une affaire qui mettra à rude épreuve la solidarité atlantique et européenne, comme dans l'affaire des infirmières bulgares.

Le fils du raïs libyen n'en est pas à ses premières frasques en Europe. Mais cette fois, plutôt que d'être prié de quitter le territoire — comme en France ou en Allemagne — Hannibal Kadhafi est placé en détention préventive, avant d'être remis en liberté contre une caution d'un demi-million de francs suisses (307 000 euros).

En représailles, deux ressortissants suisses, Max Göldi, directeur du groupe ABB à Tripoli, et un Tuniso-Suisse du nom de Rachid Hamdani, agent d'une société helvétique de construction, sont arrêtés par les autorités libyennes au prétexte qu'ils ne disposent pas de visa en règle. Dans le même temps, Tripoli interdit la délivrance de visa aux citoyens suisses, annonce le retrait d'avoirs libyens des banques suisses (plus de 5,6 milliards de francs suisses) et ferme le robinet du pétrole. Les bureaux d'un certain nombre d'entreprises helvétiques ont, en outre, été mis sous scellés et d'autres semblent sur le point d'être fermés. La rupture est brutale.

L'inquiétude se fait sentir à Berne où l'on parle « des mesures de rétorsion préoccupantes », selon un communiqué des Affaires étrangères. Une délégation diplomatique est dépêchée à Tripoli afin de « prévenir la crise » et tenter d'obtenir la libération des deux Suisses placés en garde à vue dans une prison libyenne[42]. En vain. Le sort des deux hommes devient l'enjeu d'un bras de fer diplomatique qui empoisonnera pendant de longs mois les relations entre les deux pays. Une opération d'exfiltration par mer des « otages » par des membres des DRA-10, les forces spéciales suisses, déployés à l'ambassade suisse à Tripoli, a même été envisagée...

Mais ce qui choque le plus à Berne, c'est l'indifférence à peine voilée de l'Union européenne que la Suisse a pourtant habilement impliquée dans son bras de fer avec la Libye, en interdisant l'entrée en Europe à plus de 150 dignitaires libyens triés sur le volet. « Après de très longs mois d'Alleingang diplomatique et d'errances stratégiques, écrit la *Tribune de Genève*, la Suisse avait enfin trouvé une arme efficace et des alliés pour faire pression sur Tripoli. [...] Au début, les pays de l'Union européenne semblaient tenir bon aux côtés de leur "neutre" voisin. Mais leur solidarité — certes quelque peu contrainte — n'a pas résisté à la contre-offensive de Kadhafi qui a fermé ses frontières à tous les Européens, y compris aux entrepreneurs actifs en terres libyennes. Silvio Berlusconi, l'allié naturel de Mouammar Kadhafi, fut le premier à se retourner contre Berne, ouvrant une brèche dans une Union fragile. Les autres pays de l'UE s'y sont engouffrés avec plus ou moins de réticence, mais sans grande résistance. Honteusement ! » Le journal suisse poursuit : « Ils devaient choisir entre une démocratie partenaire de premier plan et un régime dictatorial qui détient un otage suisse. Ils ont opté pour le second. Une décision qui dégage une sale odeur de pétrole. [...] Un front uni et déterminé constituait le meilleur espoir de sortir rapidement Max Göldi des geôles libyennes. [...] L'UE a démissionné. La Suisse s'est alignée. Max Göldi croupit dans sa prison. Et le désert libyen doit résonner du rire puissant du colonel qui peut sabrer le champagne », conclut l'éditorial publié à la Une de la *Tribune de Genève*[43].

La Suisse s'est retrouvée seule dans cette crise, et personne n'a levé officiellement le petit doigt pour elle. Comme le fait observer Hasni Abidi, directeur du Centre genevois d'étude sur le monde arabe (CERMAM), « cette affaire a mis en lumière l'isolement de la Suisse sur la scène internationale. Même les chancelleries occidentales ne se sont pas réellement mobilisées pour soutenir la Suisse. Une retenue qui contraste avec la récente réaction des pays de l'Union européenne suite à l'arrestation de diplomates britanniques en Iran. »

Avec des réserves pétrolières et gazières gigantesques et une importante réserve en devise de plus de 200 milliards de dollars, pas étonnant que ni Merkel, ni Sarkozy, ni Berlusconi, ni Medvedev, ni Obama... n'aient réagi quand Kadhafi a traité la Suisse de « mafia » lors du sommet du G8. Plus isolée que jamais, la République helvétique a dû se résoudre à se débrouiller comme une grande pour sortir ses deux ressortissants de leur cage dorée libyenne. Car, pour son plus grand malheur, sa crise avec la Libye est intervenue, alors même que Tripoli sortait d'un long isolement pour se voir courtisé par les grandes puissances, à commencer par les États-Unis. Le 5 septembre, la secrétaire d'État Condoleezza Rice se rend à Tripoli, alors que la crise avec Berne ne faisait que prendre de l'ampleur.

Durant cette visite de quatre jours que la chef de la diplomatie américaine a qualifiée de « moment historique », les échanges ont porté, on l'aura deviné, sur la coopération bilatérale, « notamment dans le domaine du pétrole » et « la coopération internationale dans le domaine de la lutte contre le terrorisme ». Les dossiers irakien, libanais, palestinien, syrien et iranien ont aussi été évoqués. Mais aucune allusion au différend qui oppose la Libye à la Suisse...

Fort de son pétrole et de son gaz, et conscient d'être devenu le centre névralgique d'un Occident avide de ses richesses en hydrocarbure, Kadhafi jongle les cartes et se permet même certains excès, sans craindre un retour de bâton de la part de ces moralisateurs occidentaux qui ont tant voulu sa peau. Il obtient des États-Unis l'indemnisation (un versement de 300 millions de dollars) des proches des victimes libyennes du bombardement d'avril 1986[44] ; il exige des excuses officielles à l'Italie pour les exactions commises pendant l'occupation coloniale (1912-1945) et les obtient, avec en prime une compensation de 5 milliards de dollars[45] ; il ordonne, en 2009, à des sociétés américaines de payer 1,5 milliard de dollars de compensations restantes destinées aux victimes de l'attentat de

Lockerbie, sous peine de voir leurs contrats résiliés ; il exige des excuses officielles de Berne et des sanctions contre les policiers qui s'en sont pris à son fils Hannibal et les obtient. Pour sa première apparition devant l'Assemblée générale de l'ONU en 40 ans de pouvoir, Kadhafi a vertement critiqué l'institution qui l'accueillait, s'en prenant en particulier à la domination exercée sur le Conseil de sécurité par ses cinq membres permanents (États-Unis, Russie, Chine, France et Grande-Bretagne). Quelques mois plus tard, en mars 2010, la Libye sommait les États-Unis de s'excuser pour avoir tourné en dérision l'appel au djihad lancé par le colonel Kadhafi contre la Suisse[46]. L'Amérique s'exécuta. Washington dépêcha même Jeffrey Feltman, le secrétaire d'État adjoint pour le Proche-Orient, à Tripoli pour clarifier le malentendu.

Mouammar Kadhafi se sent tout-puissant. Des pétrodollars plein les poches, il multiplie en outre les sorties fracassantes contre l'Occident. Mais engloutis dans le pétrole et le gaz libyens et impatients de décrocher de nouveaux contrats, « ses » amis occidentaux, certes sidérés, se taisent et font comme s'ils n'avaient rien vu et rien entendu.

Cependant les Libyens ne sont pas dupes non plus. Tout en savourant avec arrogance le retournement de veste de leurs « anciens ennemis », ils ne se font pas d'illusions sur la nature des relations tissées avec ceux-ci. Comme le fait observer le premier ministre Choukri Ghanem, en 2010, « certaines personnes pensent qu'il y a une contradiction entre la politique du gouvernement Bush et celle de ses prédécesseurs qui voyaient la Libye comme un membre de "l'axe du mal", alors que nous sommes maintenant amis. Évidemment, c'est dû au fait que ces pays n'ont pas d'amis ni d'ennemis. Ils ont des intérêts. Nous savons qu'ils ne se sont pas installés ici parce qu'ils nous aiment. Et nous ne les avons pas accueillis parce que nous les aimons. Mais il y a des intérêts communs. Dans l'industrie du pétrole, c'est une situation gagnant-gagnant pour les deux parties[47]. » De tous côtés, l'heure est donc au pragmatisme.

Mais derrière cette normalisation ou, disons ce mariage de convenance avec l'Occident, les tensions s'accumulent. L'histoire a des caprices qui se fichent bien des contrats signés. Fin 2010, la rue arabe entre en ébullition. Nous sommes en hiver, mais les grands médias et autres faiseurs d'opinions d'Occident y verront étrangement un drôle de printemps... arabe.

Références

[1] In « Kadhafi, notre meilleur ennemi », *op.cit.* Ce documentaire raconte les coulisses des négociations qui ont mené au retour de la Libye au sein de la communauté internationale.

[2] Djaziri Moncef, *État et société en Libye*, L'Harmattan, 2000, p. 218.

[3] *Ibid.*

[4] S. Sobh, « Kadhafi toujours OK jamais K.O », *Arabies*, No 102, juin 1995, p.28, cité in Moncef Djaziri, 2000, *op.cit.*, p. 223.

[5] Moncef Djaziri, « La crise de Lockerbie et les processus de réintégration de la Libye dans le système international », *Annuaire de l'Afrique du Nord*, tome XXXVII, 1998, CNRS Éditions.

[6] L'OUA décide de lever unilatéralement l'embargo aérien imposé à la Libye en juin 1998.

[7] L'attitude de solidarité affichée par certains chefs d'États africains envers Kadhafi à cette époque joua un rôle déterminant dans la nouvelle politique étrangère de la Jamahiriya. Sensibilisé par le soutien des pays africains et « ulcéré » par le manque de soutien franc et collectif des pays arabes, le colonel Kadhafi décide, le 13 septembre 1998, de « tourner la page » de l'arabisme et de l'unionisme, et de réorienter prioritairement la politique de la Libye vers le continent africain. Le comité populaire général pour l'Unité arabe est remplacé par un comité populaire général pour l'Afrique. La télévision nationale libyenne a remplacé, pour le journal télévisé, la carte de la « nation arabe » par celle du continent africain (Moncef Djaziri, 1998, *op.cit.*).

[8] Le 27 février 1998, la CIJ s'est déclarée compétente pour examiner la plainte libyenne contre les États-Unis et la Grande-Bretagne, puisque la Convention de Montréal prévoit le recours à la CIJ pour « résoudre tout différend concernant l'interprétation ou l'application » de son propre texte. Mais pour les États-Unis, les décisions de la CIJ ne sont pas supérieure aux décisions du Conseil de sécurité et ne s'imposent donc pas aux parties en conflit.

[9] Voir le documentaire d'Antoine Vitkine, *op.cit.*

[10] Doc. ONU S/1998/809, §8.

[11] *Libération*, 6 avril 1999.

[12] Au fond, ces pétrolières ont quitté la Libye sans jamais la quitter. Lors de leur retrait, on l'a dit, elles ont confié la gestion de leurs champs à la NOC pour que celle-ci en assure la pérennité dans le cadre des *standstill agreements*.

[13] Entretien avec l'auteur. M. Cheynel rédigera un rapport à l'attention du secrétaire général de l'Élysée Claude Guéant et du préfet Bernard Squarcini, afin de permettre aux entreprises françaises de mieux se positionner dans le marché de l'armement en Libye (Voir Annexe 16).

[14] Lire à ce propos l'ouvrage de Jean Guisnel, *Armes de corruption massive : secrets et combines de marchands de canons*, La Découverte, 2011.

[15] Guillaume Dasquié, « Paris, l'arme secrète de Kadhafi », Owni.fr, 14 mars 2011.

[16] Jean-François Daguzan (sous la dir.), *Libye : vers le changement ?* (2), *Maghreb-Machrek*, No 184.

[17] Nouzille Vincent, *Les tueurs de la République, op.cit.*, p. 325.

[18] US Department of State-Sponsored Terrorism, 30 April 2003; lire aussi Olivier Pliez (sous la dir.), *La nouvelle Libye: sociétés, espaces et géopolitique au lendemain de l'embargo*, Karthala, 2004, p. 31.

[19] CF2R/CIRET-AVT, *Libye : un avenir incertain*, Paris, mai 2011, p.12.

[20] L'accord d'indemnisation décidé par les avocats libyens et leurs homologues américains et britanniques ne satisfait pas entièrement tous les proches des victimes, dont certains doutent toujours de la culpabilité libyenne. Pour eux, même si la Libye a accepté de mettre la main dans la poche, l'accord ne permet toujours pas de connaître les véritables auteurs de la tragédie. « Cet accord laisse dans l'ombre la vérité sur Lockerbie », déplore Jim Swire, porte-parole du groupe des familles britanniques du vol 103 et dont la fille Flora était à bord. « Il n'a aucun rapport avec ce problème et nous exigeons toujours une enquête indépendante. »

[21] Yahia Zoubir, « Les États-Unis, l'Europe et la Libye : de la réhabilitation de Kadhafi à son renversement », *L'Année du Maghreb*, VIII | 2012, 457-469.

[22] La normalisation des relations avec les États-Unis sera totale en août 2008, après que la Libye ait payé la dernière tranche des compensations.

[23] Cheney Dick, *In my time*, Threshold Ed., 2011.

[24] Entretien avec l'auteur.

[25] « Kadhafi troque le fusil pour la colombe », *L'Hebdo*, 18 mai 2000.

26 Guisnel Jean, *op.cit.*, p. 315

27 In « Kadhafi, notre meilleur ennemi », *op.cit.*

28 Saïd Haddad, « Les implications internes de la normalisation libyenne », *L'Année du Maghreb*, II | 2007, 233-248.

29 Rapporté par Christian Duplan et Bernard Pellegrin, *Claude Géant. L'homme qui murmure à l'oreille de Sarkozy*, Éditions du Rocher, 2008, p. 186.

30 Natalie Nougayrède, « Le fils du colonel Kadhafi détaille un contrat d'armement entre Paris et Tripoli », *Le Monde*, 1er août 2007.

31 Michel Despratx, « Infirmières bulgares : le deal secret entre Sarkozy et Kadhafi », *Les Inrockuptibles*, 30 avril 2012.

32 « Ce qu'a obtenu la Libye, selon le fils Kadhafi », http://lci.tf1.fr/

33 « Les sulfureux secrets de la libération d'un terroriste », *Le courrier international*, 2 septembre 2009.

34 Nicholas Watt and Severin Carrell, « US and UK locked in standoff over Senate's Lockerbie investigation », *The Guardian*, 23 July 2010.

35 « Le chef du renseignement bulgare évoque un écheveau de contacts secrets », *Le Monde*, 1er août 2007.

36 « Une visite officielle, qualifiée de visite d'État, qui a été opportunément rajoutée au programme d'une tournée africaine qui ne devait au départ comporter que les étapes sénégalaise et gabonaise » écrit *L'Humanité* dans son édition en ligne du 26 juillet 2007.

37 Pierini Marc, *Le prix de la liberté : Libye, les coulisses d'une négociation*, Actes Sud, 2008.

38 La société a été rachetée en 2009 par l'entreprise Bull. Aussi faut-il préciser que l'entreprise française n'était pas la seule à être présente en Libye, il y avait tout juste à côté trois autres sociétés qui ont remporté le marché : l'américaine US Narus (filiale de Boeing), la chinoise ZTE corp., puis la sud-africaine VASTechn.

39 Fabrice Amedeo, « Comment j'ai mis 5 millions de Libyens sur écoute », *Le Figaro*, 6 septembre 2011.

40 Kader Atoum, « Kadhafi bichonne les Américains », Bakchich.info

41 Selon des organisations de défense de droits de l'homme, la prison d'Abou Salim aurait été, en 1996, le théâtre d'un effroyable carnage. Plus de 1200 prisonniers auraient été tués en deux jours au cours d'une mutinerie des islamistes du GICL, qui s'en étaient pris, selon le gouvernement libyen, aux gardiens de la prison, dont deux cents auraient trouvé la mort à cette occasion.

[42] Plus tard, le gouvernement suisse versera secrètement 1,5 million de francs à Hannibal Kadhafi afin de normaliser les relations entre les deux pays.

[43] Gilles Klein, « L'Union européenne cède à Kadhafi », *Tribune de Genève*, 26/03/2010.

[44] Le 14 août 2008, la Libye et les États-Unis ont signé à Tripoli un accord sur l'indemnisation des proches des victimes américaines des attentats libyens et de celles des représailles américaines dans les années 1980. L'accord a été signé par le secrétaire d'État américain adjoint chargé du Proche-Orient, David Welch, et le vice-ministre libyen des Affaires étrangères chargé des Amériques, Ahmad Fitouri. « En vertu de cet accord, les citoyens des deux pays recevront une compensation juste pour des incidents du passé », a déclaré David Welch. Aucune des deux parties n'a cependant précisé les montants des compensations ou les modalités de paiement.

[45] Silvio Berlusconi présentera des excuses à la Libye pour les exactions commises pendant l'occupation coloniale (1912-1945) et paiera 5 milliards de dollars de compensation en échange de la collaboration de Tripoli dans la lutte contre l'immigration clandestine.

[46] Le porte-parole du département d'État, Philip Crowley, s'était moqué de l'appel à la guerre sainte lancé par le colonel Kadhafi à l'encontre de la Suisse en disant que cela lui rappelait la diatribe du dirigeant libyen à la tribune de l'ONU : « *Beaucoup de mots, beaucoup de papier volant un peu partout et pas forcément beaucoup de sens* ». Il s'excusera en déclarant : « *Ces commentaires ne sont pas le reflet de la politique américaine et ne visaient pas à être offensants. Je présente mes excuses s'ils ont été pris dans ce sens* ».

[47] In Tonolli Fréderic, *L'inavouable histoire du pétrole : le secret des 7 sœurs*, Éditions de la Martinière, 2012, p. 146.

PARTIE III

PRINTEMPS AMÉRICAIN DANS LE MONDE ARABE

VIII

RÉVOLTE DE LA RUE ARABE
OU ARABESQUE AMÉRICAINE ?

> « *En politique, rien n'arrive par hasard. Chaque fois qu'un évènement survient, on peut être certain qu'il avait été prévu pour se dérouler ainsi.* »
> **Franklin Delano Roosevelt**

Personne ne semblait s'y attendre. Pourtant, fin décembre 2010 débutait ce que les médias et autres faiseurs d'opinions occidentaux allaient nommer, malgré le rude temps hivernal, le « Printemps arabe » : en quelques semaines, une vague de contestations populaires « spontanées », insiste-t-on dans les médias, a agité les grandes villes arabes et emporté, dans certains cas, des régimes que l'on croyait indéboulonnables jusque-là.

L'étincelle qui a mis le feu à la poudrière est partie de la Tunisie rurale, notamment de Sidi Bouzid, une petite ville du centre du pays. Mohamed Bouazizi, 26 ans, s'immole par le feu, le 17 décembre, devant les bureaux du gouverneur de la ville, après avoir reçu une gifle d'une policière qui lui a confisqué la marchandise qu'il vendait sans permis pour faire vivre les siens. Son décès est annoncé deux semaines plus tard, le 4 janvier 2011, à l'hôpital de Ben Arous où il était hospitalisé. Le geste désespéré de ce jeune tunisien a déclenché une formidable mobilisation populaire de révolte dans tout le pays, qui va conduire à la chute du président Ben Ali, le 14 janvier 2011, après 23 ans de règne sans partage.

Les choses vont vite. Très vite même puisque quelques jours après la fuite du président tunisien, le mouvement de protestation gagne, par effet de contagion, le pays arabe le plus peuplé, l'Égypte, avant de se propager en Libye, au Maroc, en Algérie, au Yémen, en Syrie, au Bahreïn et dans plusieurs autres pays arabes. La contagion n'a épargné ni les républiques ni les monarchies. C'est pratiquement toutes les sociétés arabo-musulmanes — 22 pays seront touchés à des degrés divers — qui ont été touchées par ces mouvements de contestation de masse.

Alors que les révoltes de Tunis et du Caire aboutissent au départ des présidents Zine El Abidine Ben Ali de Tunisie et Hosni Moubarak d'Égypte, et une transition mouvementée dans leur pays, en Libye, la situation évolue autrement : les manifestations qui ont éclaté en Cyrénaïque, dès le 13 février, ont très vite laissé place à un affrontement armé entre les forces fidèles au gouvernement de la Jamahiriya et des manifestants métamorphosés du jour au lendemain en « insurgés » et soutenus par les pays de l'OTAN. Après huit années de « mamours » avec l'Occident, la Libye s'est à nouveau retrouvée dans l'œil du cyclone occidental. Les mêmes, qui déroulaient encore hier le tapis rouge au colonel Kadhafi, vont se déchaîner avec une fureur étonnante pour avoir sa peau. L'ancien paria devenu l'ami ou l'allié de l'Occident est donc redevenu un homme qu'il faut à tout prix abattre ! Au nom du droit d'ingérence humanitaire, les « grands démocrates » de l'OTAN vont faire pleuvoir des milliers de bombes sur la tête des Libyens au prétexte de les sauver du « tyran » qui les massacrerait, afin de stopper la spirale du « printemps libyen ».

Le 28 décembre, Mohamed Bouazizi, par qui tout semble être arrivé, est nommé « personnalité de l'année » par le *Times*, qui écrit : « Le courage d'un homme a inspiré les masses opprimées du monde arabe pour qu'elles demandent le droit de choisir leur destin[1]. »

On ne peut en effet nier que le Printemps arabe fut avant tout l'expression d'une colère longtemps refoulée, l'aboutissement des décennies de souffrance, d'oppression, d'injustice de tout genre, de corruption généralisée et de mauvaise répartition des richesses. Ces jeunes gens, qui ont pris d'assaut les grandes places des villes arabes, sont pauvres et fatigués ; ils ne voient plus en leurs élites que des hordes de bandits prompts à détourner les deniers publics pour les déposer dans des banques étrangères, notamment occidentales. Cette révolte, c'est l'expression d'une souffrance économique qui se répand, la révolte de millions de personnes qui ont soif d'une qualité de vie supérieure, de justice, et veulent mettre un terme à la corruption ambiante, à l'impunité et au mépris affiché des profiteurs publics.

Toutefois, l'analyse des faits et un certain nombre de données objectives nous poussent à nous poser certaines questions : pourquoi l'armée [en Tunisie et en Égypte], qui est habituée à réprimer très sévèrement les manifestations populaires, n'a-t-elle pas bougé cette fois-ci ? D'où viennent tous ces jeunes cyber-activistes qui se sont retrouvés au cœur des mobilisations dans ces pays ? Qui sont-ils ? Toutes ces révoltes étaient-elles si « spontanées » comme l'ont affirmé la plupart des grands médias occidentaux ? Si en Tunisie et en Égypte, les difficiles conditions de vie peuvent expliquer la colère de la rue, comment interpréter ou comprendre les manifestations en Libye où la population bénéficiait d'un niveau de vie supérieur à celui de ses voisins du Maghreb, voire même du reste de l'Afrique ? Qui sont ces manifestants libyens qui se sont transformés en un laps de temps record en « insurgés », appelant avec fougue à une intervention étrangère pour chasser par la force le colonel Kadhafi ? D'où proviennent les canons anti-blindés et les armes anti-aériennes alignées par ces « manifestants-insurgés » dès les premières secondes des combats ? Qu'est-ce qui peut expliquer l'entrée en scène rapide et expéditive de l'OTAN dans les affaires intérieures libyennes alors qu'au Bahreïn, la répression du régime — soutenu par l'Arabie saoudite et les autres États membres du Conseil de coopération du Golfe (CCG) — contre des manifestants non armés n'a ému outre mesure les « grands démocrates » occidentaux ? Comment interpréter le silence assourdissant des capitales occidentales et leur désintérêt par rapport à la répression des manifestants dans les monarchies du golfe ? Pourquoi un tel traitement à géométrie variable ?

Seule une analyse approfondie du rôle des acteurs en présence, des données géopolitiques et géostratégiques, sera à même de nous fournir quelques clés de compréhension. Car si l'étincelle partie de la Tunisie profonde a libéré des énergies insoupçonnées, c'est en Libye — et plus tard en Syrie — que les véritables objectifs géostratégiques du Printemps arabe — que nous avons choisi de nommer le « Printemps américain dans le monde arabe » — prennent tout leur sens. En d'autres termes, ce sont les évènements en Libye [et plus tard en Syrie] qui permettent de lever le voile sur l'identité véritable et les motivations profondes des « acteurs majeurs » des évènements, c'est-à-dire ceux à l'origine du processus qui a conduit au tsunami arabe que nous décrivons dans le présent chapitre.

Il est à ce titre nécessaire de rappeler que la Libye faisait partie du lot de sept pays arabes et/ou musulmans (Irak, Soudan, Liban, Iran, Somalie et Syrie) que les États-Unis avaient mis sur la sellette des pays à « contrôler », comme l'a révélé le général américain Wesley Clark, qui fut commandant des forces alliées de l'OTAN en Europe (1997-2000), dans une interview avec la journaliste Amy Goodman de la chaîne DemocracyNow, le 2 mars 2007. Le général américain expliqua que le Pentagone avait élaboré ce plan « top secret » dix jours après les évènements du 11 septembre 2001. Un an et demi plus tard, en mai 2003, John Gibson, directeur général de la division services énergétiques de la multinationale Halliburton, confirmait l'existence de ce projet en déclarant dans un entretien avec l'*International Oil Daily* : « Nous espérons que l'Irak sera le premier domino et que la Libye et l'Iran suivront. Nous n'aimons pas être mis à l'écart des marchés, car cela donne à nos concurrents un avantage déloyal[2]. »

Jusqu'à la veille du tsunami qui a embrasé le monde arabo-musulman, cinq des sept pays ciblés par le Pentagone avaient connu des tentatives de déstabilisation ou avaient été carrément

« traités[3] », et deux manquaient encore à l'appel : la Libye et la Syrie. Il faudra attendre l'éclosion du « Printemps américain dans le monde arabe » pour que les deux pays arabes goûtent à leur tour à la « médecine » des stratégistes en herbe américains.

En clair, ce n'est pas en regardant ce qui s'est passé en Tunisie et en Égypte que l'on comprendra ce qui s'est passé par la suite en Libye et plus tard en Syrie, mais plutôt le contraire : il faut attentivement observer ce qui s'est passé en Libye et quelque temps après en Syrie pour comprendre la mécanique qui est partie de la Tunisie pour embraser tout le monde arabo-musulman.

Les jours et les semaines qui ont suivi le départ de Ben Ali ont été riches d'enseignements, et ont révélé des informations de premier ordre, notamment le rôle actif, mais très discret du gouvernement américain dans le déroulement des évènements. Sans nier les conditions objectives qui ont conduit les populations du monde arabo-musulman à se révolter contre leurs dirigeants, on peut néanmoins affirmer au regard de l'évolution de la situation et des informations disponibles aujourd'hui, que ces soulèvements populaires, ou disons ce drôle de « printemps » qui a eu lieu en plein hiver, n'aurait été possible sans l'implication conséquente des États-Unis qui ont formé les « acteurs apparents » de ce terrible chambardement, à savoir les jeunes activistes arabes politisés et férus de nouvelles technologies de l'information et de la communication. Et même si elle a surpris bon nombre d'observateurs par son caractère imprévisible et spontané, la nature cataclysmique des changements qui se sont opérés n'a pas été étrangère aux Américains.

En clair, tous ces soulèvements populaires observés ici et là ne viennent pas de nulle part. Et au risque de fâcher les tenants de la version convenue de l'histoire habitués à évacuer d'un revers de main les questions gênantes et prompts à brandir le qualificatif infamant de « théories du complot » pour réfuter ou tourner en dérision les arguments allant à contre-courant de la version officielle, nous dirons même qu'ils ont été préparés depuis de nombreuses années « selon un agenda ouvert à l'improvisation » fait observer Michel Raimbaud[4], plusieurs fois ambassadeur de France. Pour Éric Denécé[5] du Centre français de recherche sur le renseignement (CF2R), qu'on ne pourrait soupçonner, comme l'ambassadeur Raimbaud d'ailleurs, de « complotisme » (expression devenue à la mode dans les salles de rédaction des médias *mainstream*), le Printemps arabe relève d'un processus savamment conçu par des « machiavéliques *Spin Doctors* » américains. Il fait observer :

> « L'histoire du "printemps arabe" relève d'un *storytelling* remarquable. Sa trame, comme le choix et la mise en valeur des principaux acteurs, sont dignes des meilleurs scénaristes et réalisateurs d'Hollywood. Les talentueux instigateurs de ces évènements ont servi aux populations locales, comme aux observateurs étrangers, un show monumental qui les a tenus en haleine pendant de longs mois, dans lequel les rebondissements semblaient être le fait de la Providence et dont l'issue est apparemment heureuse... Et la majorité des figurants ont participé à leur insu à cette mise en scène sans même s'apercevoir qu'ils étaient les premiers manipulés : le "public cible" de cette farce était aussi bien dans la rue que devant les écrans de télévision. »

Et d'ajouter :

> « Cette opération a réussi au-delà des espérances de ses concepteurs : les manifestants, crédules, sont convaincus d'avoir été les auteurs des faits et les maîtres de leur destin, alors même que celui-ci a été décidé par d'autres. L'illusion est donc totale. »

Comme dirait l'ancien ministre français des Affaires étrangères, Roland Dumas, qui affirme avoir été approché par des responsables britanniques pour participer, deux ans avant le début des révoltes, à une campagne de déstabilisation contre le pouvoir syrien, « cette opération vient de très loin... » Selon plusieurs observateurs, le Printemps arabe a été conçu dans le but de remodeler la carte géopolitique de ce que les néoconservateurs américains ont nommé le « Grand Moyen-Orient[a] ».

Évoquée de manière épisodique à partir des années 1950, puis de façon plus fréquente dans les analyses stratégiques américaines dès la fin des années 1970, la question du remodelage du Grand Moyen-Orient (*Greater Middle East*) — proposée dans sa « version locale », en 1982, par Oded Yinon, un haut-fonctionnaire israélien[6] — a véritablement pris de l'ampleur sous l'administration de George W. Bush Jr, après les attentats du 11 septembre 2001. Le président Bush exposa solennellement son ambition de transformer cette région devant un parterre de néoconservateurs de l'American Enterprise Institute (AEI[b]), lors d'un discours prononcé à la veille de l'invasion de l'Irak, le 26 février 2003. Puis il l'a développée, le 9 mai, à l'université de Caroline du Sud, en proposant « l'établissement d'une zone de libre-échange » entre les États-Unis et un Moyen-Orient « purgé » de ces vieux dictateurs. Lors de son discours sur l'état de l'Union du 24 janvier 2004, George Bush déclare ainsi : « Tant que le Moyen-Orient restera un lieu de tyrannie, de désespoir et de colère, il continuera de produire des hommes et des mouvements qui menacent la sécurité des États-Unis et de nos amis. Nous soutenons les progrès démocratiques pour une raison purement pratique : les démocraties ne soutiennent pas les terroristes et ne menacent pas le monde avec des armes de destruction massive. [...] Aussi, l'Amérique poursuit-elle une stratégie avancée de liberté dans le Grand Moyen-Orient », jetant ainsi les bases de ce qu'on appelle désormais la « doctrine Bush ».

---

[a] Sur le plan géographique, le Grand Moyen-Orient réunit les 22 pays de la Ligue des États arabes et également des États non arabes comme la Turquie, Israël, l'Iran, l'Afghanistan et le Pakistan. Soit environ 600 millions d'habitants.

[b] Un *think tank* connu pour être un repaire de néoconservateurs et de partisans inconditionnels d'Israël.

À ceux qui doutent de sa bonne foi, le président américain brandit le livre d'un des plus célèbres dissidents soviétiques devenu vice-premier ministre d'Israël, Nathan Sharansky, *The Case for Democracy : The Power of Freedom to Overcome Tyranny and Terror*[a]. Cet ouvrage — qui se présente comme un plaidoyer pour la démocratisation urgente du monde arabo-musulman par des moyens qui se passent de tout commentaire —, affirme Bush, constitue « l'ADN de sa présidence ».

Si l'on en croit donc les discours officiels américains, le but des *néocons*[b] à travers ce projet est de libérer les peuples arabes du joug de leurs dictateurs — pourvu que les « démocrates » qui arriveront aux affaires servent les intérêts de l'Empire ; la démocratisation et les intérêts vitaux des États-Unis étant indissociablement liés —, de propager la paix et la démocratie dans une partie du monde, dont le potentiel déstabilisateur en fait « une zone particulièrement sensible et au cœur de l'intérêt national américain[7]. »

Pour atteindre ce si « noble » objectif, l'Empire n'hésiterait pas à remettre en question le *statu quo* prévalant au Moyen-Orient depuis des décennies, « quels que soient les risques à courir », selon les propos de la secrétaire d'État Condoleezza Rice. L'Afghanistan et surtout l'Irak devaient servir de « pays tests ». L'idée maîtresse défendue par les néoconservateurs américains était que l'implantation de la démocratie — à l'américaine bien entendu — en Irak provoquerait un effet domino dans les pays limitrophes, qui conduirait à coup sûr à la disparition des régimes jugés « autoritaires ». Avec ses bombes, Washington promettait ainsi de faire de ce pays un modèle démocratique si attractif qu'il servirait d'exemple parfait pour tout le Proche et Moyen-Orient.

---

[a] Publié chez Public Affairs, 2004. La version française, *Défense de la démocratie : Comment vaincre l'injustice et la terreur par la force de la liberté*, est publiée chez François Bourin Editeur en 2006.
[b] Désigne les néoconservateurs américains.

Mais l'impérialisme, tout comme le diable, niche souvent dans les petits détails. Il n'est guère difficile de constater que le concept si bien éculé de « mission civilisatrice » cher aux colonialistes européens d'hier a été remplacé aujourd'hui par les idéologues américains par celui de « démocratisation ». Ce que visent en réalité les États-Unis à travers cet ambitieux programme de « démocratisation » urgente du Grand Moyen-Orient, ce n'est ni le bien-être des peuples souvent martyrisés par des dirigeants à la solde de l'Empire, ni la paix, encore moins la démocratie [au vrai sens du mot], mais bien la mort du monde arabo-musulman en tant qu'entité politique structurée. L'idée maîtresse est de balkaniser le monde arabo-musulman « utile », provoquer un démantèlement d'où émergeraient des micro-États ethniquement ou religieusement homogènes, et qui se placeraient, on l'aura deviné, sous le parapluie américain, à l'instar des émirats du golfe (Qatar, Koweït, Oman). Selon Alain Chouet[8], ancien chef du service de renseignement de sécurité de la DGSE, ce plan « promeut le concept d'un Moyen-Orient démocratique, bourgeois et commerçant, apaisé parce qu'éclaté sur le plan communautaire de façon à constituer un ensemble de petits pays homogènes et plus ou moins rivaux entre eux, dont aucun n'aurait la puissance suffisante pour s'opposer aux intérêts américains ou aux intérêts israéliens. » Et puisque l'un des axes de la politique américaine dans la région est la protection de l'État d'Israël, l'idée, souligne Monsieur Chouet, « est de favoriser ou provoquer l'éclatement des pays voisins d'Israël » en micro-États sur la base des critères ethno-confessionnels. Faibles et donc de dangerosité moindre, ceux-ci constitueraient « autant de digues face aux vagues de l'océan musulman sunnite », tout en « justifiant l'existence d'Israël en tant qu'État à fondement religieux. À partir du moment où vous avez un État druze, un État alaouite, un État maronite, un État chiite, etc., pourquoi pas un État juif ? »[9]

L'article de Robin Wright, une « spécialiste » américaine des relations internationales rattachée au United States Institute of Peace (USIP), publié dans le *New York Times*, le 28 septembre 2013, au titre faussement naïf : « Imaginons un Moyen-Orient remodelé[10] », et la carte du Moyen-Orient fragmenté qui l'accompagne — intitulée « Comment 5 pays pourraient en devenir 14 » — illustrent sans équivoque la portée de ce projet d'une visée immense.

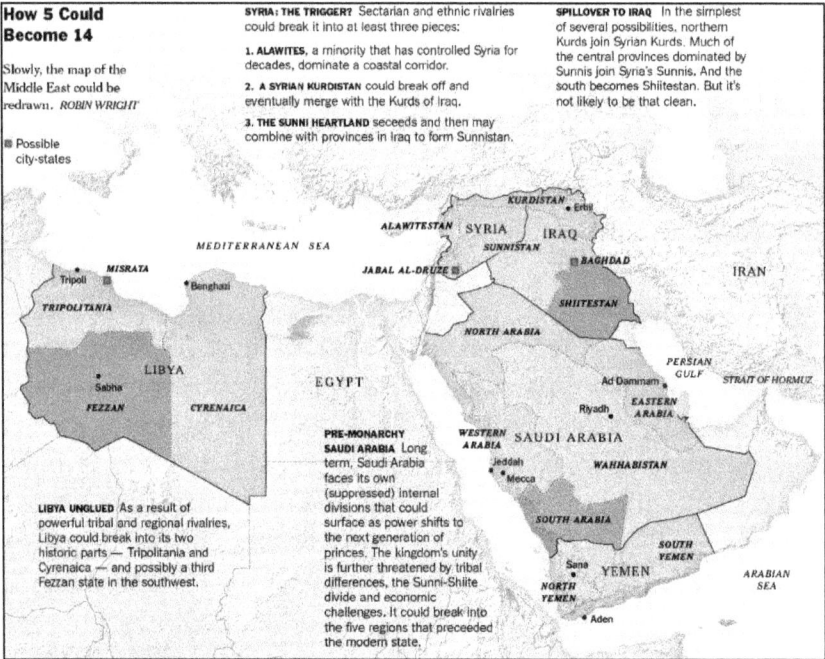

How 5 Could Become 14

Slowly, the map of the Middle East could be redrawn. *ROBIN WRIGHT*

■ Possible city-states

SYRIA: THE TRIGGER? Sectarian and ethnic rivalries could break it into at least three pieces:

1. **ALAWITES**, a minority that has controlled Syria for decades, dominate a coastal corridor.

2. **A SYRIAN KURDISTAN** could break off and eventually merge with the Kurds of Iraq.

3. **THE SUNNI HEARTLAND** secedes and then may combine with provinces in Iraq to form Sunnistan.

SPILLOVER TO IRAQ In the simplest of several possibilities, northern Kurds join Syrian Kurds. Much of the central provinces dominated by Sunnis join Syria's Sunnis. And the south becomes Shiitestan. But it's not likely to be that clean.

KURDISTAN • Erbil
ALAWITESTAN
SYRIA
SUNNISTAN
IRAQ
■ BAGHDAD
IRAN
MEDITERRANEAN SEA
JABAL AL-DRUZE
SHIITESTAN
MISRATA • Tripoli • Benghazi
TRIPOLITANIA
NORTH ARABIA
PERSIAN GULF
STRAIT OF HORMUZ
LIBYA
Sabha
EGYPT
FEZZAN
CYRENAICA
Ad Dammam
EASTERN ARABIA
Riyadh •
WESTERN ARABIA
SAUDI ARABIA
Jeddah • • Mecca
WAHHABISTAN
PRE-MONARCHY SAUDI ARABIA Long term, Saudi Arabia faces its own (suppressed) internal divisions that could surface as power shifts to the next generation of princes. The kingdom's unity is further threatened by tribal differences, the Sunni-Shiite divide and economic challenges. It could break into the five regions that preceded the modern state.
SOUTH ARABIA
SOUTH YEMEN
Sana •
YEMEN
NORTH YEMEN
ARABIAN SEA
• Aden

LIBYA UNGLUED As a result of powerful tribal and regional rivalries, Libya could break into its two historic parts — Tripolitania and Cyrenaica — and possibly a third Fezzan state in the southwest.

À l'évidence, le plan de remodelage du Grand Moyen-Orient a pour unique dessein de renforcer l'hégémonie américaine — et par extension israélienne — sur un monde arabo-musulman éclaté, affaibli et livré à lui-même. La rhétorique démocratique est un écran de fumée destiné à masquer des plans de domination d'une région qui produit un tiers de la consommation mondiale d'hydrocarbures et concentre les deux tiers des réserves mondiales. L'Irak, qui est resté l'exemple type de l'application de ce projet, on l'a dit, avait ouvert le bal. Restait à étendre la « démocratie impériale » à d'autres pays de la région.

Pour atteindre cet objectif, Washington, qui a vu son image ternie par la guerre d'invasion contre l'Irak — sans parler du soutien inconditionnel de l'Empire à la politique d'Israël —, va agir avec prudence pour éviter tout dérapage qui causerait un retard dans l'avancement de son projet. L'équipe des *néocons* qui entoure George Bush a réadapté sa stratégie en diversifiant moyens, méthodes et interlocuteurs dans la région. À sa demande, des représentants de dix-huit pays de la Ligue arabe se sont réunis à la Bibliotheca Alexandrina, à Alexandrie, du 12 au 14 mars 2004, afin de proposer un projet de « réforme dans le monde arabe » à la suite duquel fut publié un plan ambitieux de démocratisation et de développement social et économique appelé « déclaration d'Alexandrie[11] ».

Lors du sommet de la Ligue arabe qui s'est tenu à Tunis le 23 mai, les dirigeants arabes, toujours poussés par le régime américain, se sont engagés à « approfondir les bases de la démocratie » en accroissant la participation populaire dans les affaires publiques et politiques, en renforçant les droits des femmes et en développant la société civile. Le sommet de la Ligue qui s'est tenu l'année suivante à Alger, le 2 mars 2005, en présence du secrétaire général de l'ONU, Kofi Annan, et de plusieurs responsables européens, abondera dans le même sens. Les États-Unis, qui n'y ont pas assisté et qui ont dû batailler fort quelques mois plus tôt pour défendre leur projet face à une Europe méfiante, lors du sommet du G8 à Sea Island (États-Unis), lèvent le pouce, en assurant les pays arabes engagés sur cette voie de leur plein soutien. Le programme de coopération politique et militaire avec ces pays va être considérablement renforcé...

Parallèlement à ces initiatives diplomatiques influencées par le département d'État, des séminaires de formation à la mobilisation non violente sont offerts à des jeunes activistes arabes de la région MENA[a] par des organismes américains d'exportation de la démocratie, tels que l'Agence américaine pour le développement international (USAID), la National Endowment for Democracy (NED) et ses deux branches : l'International Republican Institute (IRI) et le National Democratic Institute for International Affairs (NDI) ; l'Albert Einstein Institute, la Freedom House (FH) et l'Open Society Institute (OSI). Toutes ces organisations, qui n'ont de « non gouvernementales » que leurs jolis noms, ont cette particularité d'entretenir des rapports pour le moins incestueux avec le pouvoir politique et les services de renseignements de leur pays. La plupart de leurs dirigeants sont d'anciens militaires et/ou agents de la CIA. À titre d'exemple, James Woolsey, ancien directeur de la FH, a aussi été directeur de la CIA ; d'autres personnalités importantes ayant fait partie de cette organisation sont : Steve Forbes, Samuel Huntington, Azar Nafisi, Farooq Kathwari, Mara Liasson, Mark Palmer, Kenneth Adelman, Donald Rumsfeld, Paul Wolfowitz, Otto Reich, Jeane Kirkpatrick, Zbigniew Brzezinski, Malcolm Forbes Jr., etc. Certains d'entre eux ont travaillé pour la NED. C'est notamment le cas de Kirkpatrick, Brzezinski et Wolfowitz. Ont été des administrateurs de la NED, des personnalités ayant joué un rôle central au Conseil de sécurité nationale : Henry Kissinger, Franck Carlucci, John Negroponte... Des individus qui ne resteront pas dans l'histoire comme des idéalistes de la démocratie, mais comme des stratèges cyniques de la violence et de la destruction.

En outre, toutes ces organisations servent de « cache-sexe », de vitrines légales, à certaines activités des services de renseignement américains. « Beaucoup de ce que faisait la CIA en

---

[a] MENA est l'acronyme de « Middle East and North Africa », littéralement, « Moyen-Orient et Afrique du Nord ». Il désigne une grande région, depuis le Maroc au nord-ouest de l'Afrique jusqu'à l'Iran au sud-ouest de l'Asie, qui comprend généralement tous les pays du Moyen-Orient et de l'Afrique du Nord.

secret il y a 25 ans, nous le faisons au grand jour aujourd'hui »,
s'est même enorgueilli Allen Weinstein, le tout premier directeur de la NED, dans le *Washington Post*. Le 16 décembre 1982,
durant la cérémonie organisée à l'occasion de la fondation de la
NED à la Maison Blanche, le président Ronald Reagan déclara : « Ce programme ne restera pas dans l'ombre. Il s'affirmera avec fierté sous le feu des projecteurs... Et, bien sûr, il
sera cohérent avec nos intérêts nationaux[12]. »

Le talent qu'ont tous ces organismes d'exportation de la
démocratie pour canaliser les fonds, créer des organisations
non gouvernementales, financer et coopter des organisations
de la société dite « civile », mettre sur pied des manipulations
électorales et de vastes campagnes de propagande médiatique,
doit beaucoup à la grande expérience de la CIA. Leurs activités
subversives à travers le monde ont été abondamment détaillées
par plusieurs auteurs[13] et ont fait l'objet de nombreux documentaires[14].

Ce ne sont pas des ONG (Organisations Non Gouvernementales) comme elles se plaisent à se définir, mais des
« OAG[a] » (Organisation d'un Autre Gouvernement). Dans
l'étude de cas qui nous concerne, du gouvernement américain.
Elles établissent toujours un plan de fonctionnement et d'intervention en fonction des intérêts des États-Unis. Elles sont, par
exemple, connues pour avoir financé à dessein des changements peu démocratiques de régimes en Europe de l'Est et
en Amérique latine pour le compte de l'Amérique. Au début
des années 2000, elles ont financé la formation de jeunes activistes serbes du mouvement Otpor (« résistance » en Serbe) à la
maîtrise des techniques de la lutte non-violente théorisée par le
philosophe et politologue américain Gene Sharp, fondateur de
l'Albert Einstein Institute, précédemment cité.

---

[a] J'emprunte cette expression à Peter Hallward, professeur de philosophie
européenne moderne à l'Université de Middlesex.

Personnage discret, surnommé le « Machiavel de la non-violence » ou le « Clausewitz de la guerre non-violente », Gene Sharp peut être considéré comme l'idéologue en chef de la doctrine des « coups d'État soft ». Foncièrement anti-communiste, il est toujours présent là où les intérêts de l'Empire sont en jeu. On compte parmi ses plus proches collaborateurs un spécialiste de l'action clandestine, le colonel Robert Helvey, doyen de l'École de formation des attachés militaires des ambassades américaines. Son ouvrage, *De la dictature à la démocratie*[15], a été traduit en 25 langues et a servi de manuel de formation à de nombreux mouvements de « résistance » — non pas à l'Empire, mais aux ennemis de celui-ci — à travers le monde.

La lutte non-violence que prônent le philosophe et le colonel Robert Helvey a ceci de particulier qu'elle se différencie en de très nombreux points de celle que prônaient des personnages comme Martin Luther King ou Mahatma Gandhi. Ainsi que le précise Helvey, « un mouvement non-violent n'est pas un mouvement pacifique. C'est un mouvement qui s'inspire des techniques du combat militaire avec des moyens d'action civique. » Admise donc comme bonne en elle-même et assimilée à la démocratie, la lutte non violente version Sharp-Helvey favorise le blanchiment de certaines activités subversives, intrinsèquement non-démocratiques. Et comme on le sait aujourd'hui, l'organisation qu'ils dirigent, l'Albert Einstein Institute, joua un rôle déterminant dans les révoltes qui ont bouleversé le paysage politique des pays de l'Est et qui sont connues sous le vocable de « révolutions colorées ».

Début des années 2000 en effet, le colonel Robert Helvey est envoyé à Belgrade par l'IRI pour former les membres du groupe Otpor qui militent contre le président serbe Slobodan Milosevic, que les bombes de l'OTAN n'ont pas réussi à déloger du pouvoir. Pour dire les choses autrement, Washington envisage de renverser le numéro un serbe en sous-traitant l'opération au mouvement Otpor, qui ne jure que par la « démocratisation de la Serbie et de la République fédérale de Yougoslavie ». L'IRI et le NDI, les deux principaux organes de la NED, vont se répartir les tâches pour maximiser les chances de réussite de l'opération : le NDI conseille les partis politiques d'opposition dont les divisions renforcent Milosevic, tandis que l'IRI s'attache à concentrer ses efforts sur Otpor. Des séminaires de formation consacrés aux techniques de résistance civile et à la lutte non-violente ont lieu en Europe de l'Est, notamment par l'organisation d'ateliers de formation à l'hôtel Hilton de Budapest.

Ces séminaires avaient pour objectif, dans un premier temps, de fournir aux militants d'Otpor des outils leur permettant d'identifier les failles du régime Milosevic pour mieux l'affaiblir; et dans un second temps, la formation se concentrait sur les aspects pratiques d'organisation d'un mouvement non-violent : créer une identité à travers des symboles (un logo graphique que tout le monde reconnaît d'un coup d'œil), construire une image positive ou disons un capital de sympathie et de confiance auprès de l'opinion publique, recruter des militants au sein de différentes couches de la société, y compris au sein des structures du pouvoir, organiser des campagnes de communication à grande échelle, organiser des grèves et des manifestations, boycotter des marchandises, fraterniser avec les forces de l'ordre, gérer la peur des arrestations et de la répression, pousser le régime à faire de grosses erreurs stratégiques et si possible, le discréditer par une stratégie de victimisation calculée, etc.[16].

En octobre 2000, le dernier gouvernement communiste d'Europe tombait, avec la démission du président Slobodan Milosevic. Srdja Popovic, le fondateur d'Otpor qui a évolué à l'ombre d'Helvey, devient l'icône de la lutte non-violente. Fort de son expérience et après un passage éclair en politique dans son pays, il décide, avec son ami Slobodan Djinovic (PDG de Telecom Orion), de passer de l'activisme à l'enseignement de la lutte non-violente, en créant le CANVAS[a]. Financé entre autres par la NED, la FH, l'Open Society du milliardaire-spéculateur Georges Soros et l'IRI, qui compte dans son conseil le sénateur John McCain, CANVAS produira un manuel sur la « lutte non-violente en 50 points » inspiré des travaux de Gene Sharp. Le manuel préconise « 199 méthodes d'action non-violente » parmi lesquelles figurent l'utilisation de slogans et de symboles, et surtout la fraternisation avec l'« ennemi », en l'occurrence les forces de l'ordre, pour les amener à se désolidariser du pouvoir qu'elles sont censées protéger.

Robert Helvey n'a pas seulement aidé Otpor à triompher, il en a aussi fait un diffuseur de ses théories. Par l'entremise de CANVAS, les « grandes valeurs » de l'Amérique impériale peuvent désormais être exportées hors des frontières de la Serbie par les techniques non-violentes inspirées de Gene Sharp.

À partir de 2003, le logo du groupe Otpor, un poing serré sur fond noir, ressurgit dans les rues des grandes villes des anciennes républiques soviétiques ciblées par l'Empire. C'est le coup d'envoi de ce qu'on appellera les « révolutions colorées ». Le président Edouard Chevardnadze de Géorgie est renversé en novembre par la révolution des roses ; le mouvement étudiant Kmara, formé et entraîné par Otpor, a joué un rôle clé dans ce renversement. Richard Miles, qui fut ambassadeur américain à Belgrade et qui joua aux côtés d'Otpor un rôle très déterminant dans le renversement de Milosevic, sera dépêché en tant qu'ambassadeur à Tbilissi, conseillant Mikhaïl Saakashvili sur la manière de renverser Chevardnadze. En 2004, Otpor est apparu en Ukraine où il a formé le mouvement Pora, l'un de ceux qui ont lancé la révolution orange qui a conduit à la chute du président pro-russe Viktor Ianoukovytch. La révolution des Tulipes fait tomber Askar Akaïev, le président kir-

[a] Centre for Applied Non-Violence And Strategies (Centre des actions et stratégies non-violentes).

ghize, en mars 2005. Le même mois, CANVAS est à l'œuvre au Liban, durant la révolution du Cèdre qui a suivi l'assassinat du premier ministre Rafic Hariri, le 14 février, et qui va conduire au départ des 14 000 soldats syriens postés dans ce pays depuis plus d'une décennie. À peine le dernier soldat syrien parti, la « révolution » a fini aussi rapidement qu'elle avait commencé[17].

Quelques mois après, George Bush, qui a été réélu à la présidence des États-Unis, lançait la seconde phase de son plan en faveur de la « démocratisation » du Grand Moyen-Orient. Si l'Irak a servi de « pays test » à la mise en marche de cette doctrine, c'est bien au pays des cèdres, le Liban, voisin d'Israël, que les premières douleurs de l'enfantement se feront sentir. Le 21 juillet 2006, alors que le pays ployait, sans plier, sous les bombardements intensifs d'une armée israélienne épaulée par le Pentagone, la secrétaire d'État américaine Condoleezza Rice, écartant d'emblée toute initiative pouvant ramener la paix, déclara sans rire : « Ce que nous voyons ici est dans un sens le commencement, les douleurs de l'enfantement, les contractions de la naissance d'un nouveau Moyen-Orient, et tout ce que nous (les États-Unis) faisons, c'est de nous assurer de pousser en avant pour ne pas revenir à l'ancien ». Elle ajouta : « C'est dur. Nous allons traverser une période très violente ».

Condi[a], la « sage-femme » du département d'État, avait parlé. L'entreprise de « démocratisation » forcée du Grand Moyen-Orient allait se faire par césarienne et, s'il vous plait, sans anesthésie. L'argument qui avait justifié les opérations militaires de Tsahal, à savoir la récupération des soldats capturés par le Hezbollah, n'était que de la poudre aux yeux. On apprendra plus tard que cette offensive était planifiée de longue date par le département de la Défense et Israël...

Ce dont il s'agit ici, c'est de la mise en pratique de la théorie longuement mûrie de l'« instabilité constructive » chère aux stratèges américains : dans une région riche, convoitée et/ou

----

[a] Surnom de Condoleeza Rice.

stratégique, on provoque et entretient des conflits en tous genres, on encourage le communautarisme, on exacerbe à fond les tensions entre populations, on incite aux viols, on occasionne des déplacements des populations humiliées, on génère la famine, des maladies, bref, on engendre une telle atmosphère de chaos généralisé qui va irrémédiablement conduire à l'anéantissement total de l'ordre ancien et l'émergence d'un ordre nouveau fondé sur les valeurs essentielles et indissociables du fondamentalisme néolibéral américain.

À cet effet, les propos du colonel Ralph Peters, l'un des théoriciens du remodelage du Grand Moyen-Orient, il y a quelques années, montrent singulièrement la nature cynique de cette stratégie américaine. « Nous entrons, dit l'officier yankee, dans un nouveau siècle américain, au cours duquel nous deviendrons encore plus riches et de plus en plus puissants, et notre culture se fera encore plus meurtrière. Nous exciterons des haines sans précédent [...] Il n'y aura pas de paix... Le rôle de facto des forces armées américaines sera de maintenir le monde comme un lieu sûr pour notre économie et un espace ouvert à notre dynamisme culturel. Pour parvenir à ces fins, nous devons tuer beaucoup ».

L'impérialisme « démocratique » américain a des raisons que la raison elle-même ignore... Même l'élection de Barack Obama, pourtant opposé à la guerre d'Irak, ne changera rien à cette dynamique globale.

Investi à la Maison Blanche, le 20 janvier 2009, Obama, dont l'élection en novembre 2008 avait suscité d'immenses espoirs dans les sociétés musulmanes après les sombres années de l'administration Bush, et qui avait dès le départ cherché à se dissocier de son prédécesseur en indiquant clairement son souhait de rompre avec le passé, ne changera pas grand-chose aux velléités américaines dans le monde arabo-musulman. Croire, comme l'ont fait nombre de gens, que le premier « African-american President », malgré ses grands discours sur le changement, allait radicalement transformer la diplomatie américaine, c'est ignorer qu'au pays de l'Oncle Sam, les grandes orientations de politique internationale ne sont pas décidées par le président, mais par des intérêts privés très puissants. L'expression «l'homme le plus puissant de la planète» est trompeuse. Le président américain a moins de latitude qu'un président français ou un premier ministre canadien...

Plutôt que de constituer une véritable rupture avec le passé, la politique étrangère du président Obama va se distinguer par le prolongement, voire l'accentuation des politiques néoconservatrices de son prédécesseur. Malheur à ceux qui ont cru que le projet de démocratisation du Grand Moyen-Orient allait disparaître des radars avec le départ des *néocons* de la Maison Blanche !

Même si la nouvelle administration américaine vise les mêmes objectifs que celle qui l'a précédé dans le Grand Moyen-Orient, la guerre ou la stratégie du «chaos créateur» à la sauce néoconservatrice ne figurera pas — dans un premier temps en tout cas — dans l'agenda de Barack Obama. Les aventures «civilisatrices» de son prédécesseur ont laissé des traces difficilement dissimulables. Le processus de «démocratisation» forcée du monde arabo-musulman a apporté son lot de problèmes : la haine anti-américaine est au zénith, la «démocratisation» de l'Afghanistan est un échec ; l'Irak, occupé et dévasté, résiste et de plus en plus de GI's y laissent leur peau ; et le Liban n'a pas éclaté comme souhaité. Mieux, il a même repris une certaine vigueur, en dépit des tensions qui continuent de le traverser, alimentées en permanence par ceux qui n'ont pas renoncé à leurs desseins «démocratiquement» machiavéliques[18].

Ainsi, à la croisade militariste de l'époque Bush, Obama, la colombe noire aux ailes de faucon, prix Nobel de la paix, privilégiera le «*soft power*», ou si on veut l'«impérialisme malin», inspiré de son maître à penser Zbigniew Brzezinski, ancien conseiller à la sécurité nationale du président Jimmy Carter. Il s'agit de réaliser les mêmes objectifs que l'administration précédente s'est assignés, mais par des formes de violence moins directes, moins visibles. En comptant moins sur les interventions militaires coûteuses en vies humaines, et davantage sur les services secrets et les manœuvres subversives en tous genres, y compris des guerres indirectes ou par procuration.

Fini donc les bombardements « démocratiques » tous azimuts, l'heure est à la révolte suscitée à partir d'Internet. Qui d'autre que Barack Obama peut vanter les merveilles des réseaux sociaux et des nouvelles technologies de l'information et de la communication (TIC) ? Internet et les TIC ont non seulement permis au candidat démocrate à l'élection présidentielle américaine de 2008 d'obtenir un financement populaire sans précédent de 600 millions $, mais ils lui ont aussi et surtout permis de remporter haut la main l'élection à la présidence des États-Unis.

Si Internet et plus particulièrement les TIC contribuent ainsi à faire élire de manière aussi décisive un président, pourquoi ne feraient-ils pas tomber des dictatures arabes illuminées ? Du coup, Washington ajouta ces outils tactiques à son arsenal de déstabilisation conventionnel[19].

L'administration Obama renforce donc de façon plus intensive, mieux structurée et plus généralisée le programme de formation et de cooptation des jeunes activistes arabes de la région MENA hérité de l'ère Bush. La plupart d'entre eux sont « encadrés » par le CANVAS et les organismes américains d'exportation de la démocratie à Belgrade et aux États-Unis. Ces jeunes militants, que l'intellectuel et ancien diplomate tunisien Mezri Haddad[20] qualifia de « cyber-collabos », apprennent ainsi à travailler la psychologie des foules en utilisant les réseaux sociaux, les TIC et plus généralement Internet, à contourner la censure étatique, crypter leurs messages et effacer leurs traces... Au nombre d'activistes qui suivent ces séminaires de formation, on compte Mohammed Adel, Bassem Samir et Esraa Abdel Fattah, les leaders du « mouvement du 6 avril » qui a mobilisé les masses égyptiennes et provoqué la chute du président Moubarak, ou encore le célèbre cyber-dissident tunisien Slim Amamou, fer de lance de la contestation en

Tunisie[21]. Ce dernier déclarera sans sourciller : « Au lieu de remercier la CIA de nous avoir débarrassés de Ben Ali, nous nous sommes mis à détester les Américains et la CIA[22] »...

De toute évidence, les jeunes militants arabes sont formés pour mener des actions politiques subversives contre leur gouvernement pour le compte des États-Unis.

Dans cette entreprise, l'administration Obama bénéficiera du coup de pouce discret, mais déterminant de grandes compagnies œuvrant dans les TIC comme Google, YouTube, Facebook et Twitter. Plusieurs sommets rassemblant des experts en nouvelles technologies et réseaux sociaux, des fonctionnaires des agences américaines spécialisées dans la subversion ainsi que des cyber-activistes arabes, sont organisés aux États-Unis et dans d'autres grandes villes du monde. Le sommet de 2009, par exemple, en plus de réunir de nombreux représentants du département d'État — dont la secrétaire d'État Hillary Clinton—, de la Freedom House, de l'IRI et de la Banque mondiale, a été marqué par la présence des représentants de Google, de YouTube et de Jack Dorsey, créateur et président de Twitter. Comme le fait observer Ahmed Bensaada, auteur d'une étude très fouillée sur *le rôle des États-Unis dans les révoltes de la rue arabe*[23], « l'existence de tels sommets et la liste des personnes qui y participent nous renseignent à plusieurs égards. Ils nous montrent d'abord que le gouvernement américain identifie les cyber-activistes "intéressants" à travers ses ambassades et s'arrange pour les faire participer à ces rencontres. Ensuite, ils nous indiquent que les leaders mondiaux dans le domaine de nouvelles technologies sont partie prenante dans la formation des cyber-dissidents et, ainsi dans la déstabilisation des gouvernements étrangers. Finalement, ils prouvent l'étroite collaboration entre le gouvernement américain, les organismes d'"exportation de la démocratie" et les grandes compagnies œuvrant dans le monde des nouvelles technologies. »

Cette collusion entre les géants du web susmentionnés et le gouvernement américain a été mise en évidence durant la « Révolution verte » qui a secoué la République islamique d'Iran, à l'été 2009. Le 15 juin en effet, le gouvernement américain, en la personne d'un haut fonctionnaire du département d'État, Jared Cohen, a demandé à Twitter de décaler d'un jour les travaux de maintenance de ses services, afin de ne pas gêner l'activité des contestataires du régime iranien qui utilisaient l'outil de micro-blogging pour passer outre la censure gouvernementale. Ceci démontre à quel point les grands groupes américains spécialisés dans les TIC sont devenus des outils importants de la géopolitique américaine. « Sauf que dans le langage de l'Empire et dans la novlangue, la promotion des "guerres sur Internet" devient la promotion de la liberté, de la démocratie et de la paix », fait observer l'intellectuel algérien Chems Eddine Chitour[24].

En novembre de la même année, Hillary Clinton annonce depuis Marrakech, au Maroc, le lancement de l'« Initiative société civile 2.0 » destinée à soutenir les ONG du monde à utiliser la technologie numérique. Pour ce faire, elle a attribué 5 millions de dollars de subventions à des programmes pilotes au Moyen-Orient et en Afrique du nord « qui permettront d'accroître les nouveaux médias et les capacités de mise en réseau des organisations de la société civile. » Dans un discours prononcé à Washington deux mois plus tard, le 21 janvier 2010, discours qu'une dizaine de cyber-activistes tunisiens ont suivi par webconférence à partir des locaux même de l'ambassade des États-Unis à Tunis, Mme Clinton déclara que la liberté d'Internet est une « priorité de politique étrangère de la nouvelle administration Obama. » Elle a dans la foulée promis aux cyber-dissidents arabes le soutien financier et logistique des États-Unis.

Entre les 20 et 22 septembre, Google et la Central European University organisent à Budapest une conférence intitulée « Internet Liberty 2010[25] », à laquelle participent des représentants du gouvernement américain, des responsables politiques européens, des cyber-militants, des blogueurs, des ONG, des chercheurs et des représentants d'entreprises, et à la suite laquelle est lancé, sous l'égide du NDI, l'une des filiales de la NED, le « Réseau des Blogueurs du Moyen-Orient et d'Afrique du Nord ».

Grâce à des ateliers organisés par les organismes d'exportation de la démocratie au Caire et dans plusieurs autres villes arabes tout au long des années 2009-2010, des activistes tunisiens, égyptiens, algériens, mauritaniens, libyens et autres socialisent et échangent des conseils sur les méthodes de contournement de la censure et autres techniques de subversion par la non-violence. La collaboration entre les différents groupes de cyber-activistes est totale, et ainsi voit le jour, sous la houlette de l'Empire, une « ligue arabe du net » prête à déstabiliser des régimes arabes ciblés par Washington dans le cadre de sa politique de remodelage du Grand Moyen-Orient.

Pendant donc de longs mois, le régime américain a préparé à bas bruit une kyrielle de militants et de cyber-activistes arabes à endosser la veste d'« agents de changement démocratique » dans leurs pays respectifs[26]. Le 12 août, soit quatre mois avant l'éclatement des premières manifestations en Tunisie, le président Obama commanda un rapport, une *Presidential Study Directive* (PSD), destiné à analyser la situation au Moyen-Orient, pays par pays. Ainsi, la PSD-11, un rapport de dix-huit pages — dont l'essentiel demeure confidentiel — intitulé *Political Reform in the Middle East and North Africa*, concluait à l'imminence d'une explosion dans la région, à commencer par le Maghreb, et exigeait une stratégie de réforme, dans la mesure où les dirigeants de cet espace arabo-musulman voudront s'accrocher au pouvoir alors que leurs opinions publiques seront de plus en plus agitées[27].

Si l'administration américaine a gardé ce rapport secret, c'est pour une raison bien évidente, souligne David Sanger, correspondant en chef du *New York Times* à la Maison Blanche : Obama ne voulait pas que certains dirigeants de la région « découvrent en lisant le journal du matin que le personnel de la Maison Blanche était en train de discuter activement pour savoir à quel point leur pays était mûr pour un soulèvement populaire[28] ».

Dans le même temps, le célèbre site d'informations confidentielles WikiLeaks commença à divulguer, comme par hasard, des câbles diplomatiques américains décrivant la corruption et la gabegie des régimes arabes ciblés par les États-Unis et avec lesquels l'Empire et ses alliés européens traitaient pourtant allègrement[29]. S'agissait-il de véritables « révélations » ou de « fuites organisées » ?

Ce que l'on sait en tout cas, c'est que l'un des membres actifs de WikiLeaks, Jacob Appelbaum, est aussi l'un des responsables d'une compagnie du Massachusetts qui a développé le logiciel TOR (The Onion Router) — lequel permet la navigation anonyme sur Internet — et l'a mis à la disposition des blogueurs iraniens à l'été 2009, avant de le mettre à nouveau gratuitement à la disposition des gentils cyber-dissidents tunisiens et égyptiens.

Les « révélations » du site d'informations confidentielles ont eu le don de chauffer des esprits déjà surchauffés. Les conditions d'une opération d'envergure pour remodeler toute la région du Maghreb et du Moyen-Orient étaient réunies : régimes discrédités et en crise de légitimité, crise économique, chômage très élevé chez les jeunes, frustration au sein de la population, explosion des réseaux sociaux... Tout était fin prêt pour une grande implosion dans la région et il ne manquait plus que le « facteur déclenchant » pour mettre le feu aux poudres.

L'auto-immolation par le feu de Mohamed Bouazizi, le 17 décembre, devant les bureaux du gouverneur de la ville de Sidi Bouzid constitua le pain bénit aux aspirants cyber-révolutionnaires tunisiens prêts à bondir sur n'importe quelle occasion pour mettre en application ce qu'ils avaient appris dans les officines américaines d'exportation de la démocratie. Comme l'écrivent avec ironie Nicolas Beau et Jacques-Marie Bourget[30], « ce qu'on ignorait, c'est que Mohamed Bouazizi, le marchand de quatre-saisons immolé en Tunisie, avait des amis qu'il ne connaissait pas. Des amis qui... travaillaient de longue date au basculement de la rive sud de la Méditerranée. »

L'acte de désespoir du jeune tunisien provoque la colère parmi les habitants de Sidi Bouzid, qui manifestent devant le siège du gouvernorat. Quatre jours plus tard, un autre jeune chômeur, Houcine Neji, de la même ville, met fin à ses jours en s'électrocutant au contact de câbles de haute tension, après avoir escaladé un poteau électrique sur la voie publique, en criant qu'il ne voulait « plus de misère, plus de chômage ». Ce nouvel incident relance la révolte qui, malgré la répression policière qui s'intensifie, s'étend spontanément à d'autres régions économiquement défavorisées du pays. À l'appel des organisations syndicales, la révolte atteint la capitale, Tunis, le 27 décembre. Des milliers de citoyens expriment leur solidarité avec Bouazizi et les manifestants de Sidi Bouzid.

Cependant, l'essentiel de la mobilisation va s'organiser par Internet, essentiellement sur Facebook et Twitter. Les cyber-activistes lancent, via les réseaux sociaux, des appels à la mobilisation contre le régime, qui riposte à son tour en tentant de neutraliser le réseau Internet et en arrêtant certaines têtes d'affiche de la cyber-résistance tunisienne. Dans un communiqué pour le moins curieux, Reporters sans frontières (RSF) appela les autorités tunisiennes à relâcher les cyber-militants sans délai : « Ces arrestations, destinées à intimider les internautes tunisiens et leurs *soutiens internationaux*[a], sont contreproductives et risquent d'attiser les tensions »... C'est à se demander à qui cette ONG, qui reçoit du financement de la NED, de l'Open Society Institute et de la Fondation Ford, dont les liens avec la CIA ne sont plus à prouver, fait-elle allusion quand elle parle de « soutiens internationaux » des cyber-activistes tunisiens ? Passons...

Plusieurs sites d'informations et de partage de vidéos (comme YouTube et Dailymotion) sont bloqués. Les cyber-

---

[a] C'est nous qui soulignons.

flics du pouvoir se livrent à du hacking, piratent des comptes, changent les mots de passe des boîtes mail, multiplient les filtres, bloquent, voire détruisent purement et simplement des blogs, des sites et des serveurs. Mais rien n'y fait. Le web continue à catalyser le ras-le-bol[31]. Le mystérieux et célèbre groupe d'«hacktivistes» Anonymous, soupçonné d'être consciemment ou non instrumentalisé par la CIA, s'est invité dans la partie, en lançant l'«opération Tunisia» — le choix de l'anglais plutôt que du français étant hautement significatif — pour attaquer les sites gouvernementaux. À en croire Éric, l'un des membres parisiens du groupe qui souhaite rester anonyme, la contre-attaque a été une réussite. Plusieurs sites officiels étaient effectivement inaccessibles pendant un certain temps. «Ça a été vu comme une libération psychologique en Tunisie, d'après ce que nous ont dit nos contacts sur place» raconte Éric[32].

La révolution des smartphones fait que la moindre manifestation — y compris la répression du régime — est vite mise en ligne et très vite répercutée sur la chaîne qatarie Al-Jazeera, bras médiatique de l'axe anglo-américain qui souffle le chaud et rien que le chaud. Plusieurs témoins, dont un fonctionnaire local ayant requis l'anonymat, ont confirmé la présence des tireurs embusqués sur les toits d'immeubles qui ont pris pour cible passants et manifestants. Ces mystérieux snipers seraient à l'origine de nombreuses victimes parmi les manifestants. Des images ont circulé sur Facebook et YouTube. Grâce à la magie d'Internet, la nouvelle a fait le tour du pays en un très court laps de temps, ce qui a eu le don d'enflammer la rue tunisienne.

Comme à l'été 2009 en Iran, la résistance a investi les réseaux sociaux. La mobilisation prend de plus en plus d'ampleur et des dizaines de milliers de personnes rassemblées sur la place Habib Bourguiba, à Tunis, scandent en chœur : «Dégage !» Ben Ali. Le pays est paralysé. Le 14 janvier 2011, après trois semaines de manifestations continues, Ben Ali est contraint de quitter le pays avec sa famille pour l'Arabie saoudite. C'est la fin de 23 ans de règne sans partage. Un chapitre de l'Histoire tunisienne vient de se refermer. La réaction de la

Maison Blanche est rapide et sans ambiguïté : « Ce soir, soyons clair : les États-Unis sont du côté du peuple de Tunisie et soutiennent les aspirations démocratiques de tous les peuples » déclare le président américain dans son discours sur l'état de l'Union quelques jours à peine après la fuite de Ben Ali.

On apprendra quelque temps après que toute la légende entourant Mohamed Bouazizi, y compris la version de sa mort par auto-immolation[33], qui avait fait le tour du monde et provoqué le « printemps du jasmin », a été montée de toute pièce[34]. D'abord le jeune vendeur ambulant ne s'appelait pas Mohamed, mais Tarek Bouazizi ; il n'était pas ce diplômé universitaire désespéré de n'avoir pu trouver un emploi à la hauteur de ses rêves et n'était pas aussi politisé, comme le veut le roman-feuilleton propagé sur Internet et dans les grands médias occidentaux. « En fait, on a tout inventé moins d'une heure après sa mort. On a dit qu'il était diplômé chômeur pour toucher ce public, alors qu'il n'avait que le niveau bac et travaillait comme marchand des quatre-saisons », raconte Lamine al-Bouazizi, un militant syndical de Sidi Bouzid sans lien de parenté avec Mohamed. « Pour faire bouger ceux qui ne sont pas éduqués, on a inventé la claque de Fayda Hamdi (Ndlr : la policière censée avoir giflé Bouazizi). Ici, c'est une région rurale et traditionnelle, ça choque les gens. Et de toute façon, la police, c'est comme les États-Unis avec le monde arabe : elle s'attaque aux plus faibles. »

Au sujet de l'auto-immolation, « tout le monde dit que c'était un accident », affirme Fawzi Haythem, employé d'hôtel. Lui, comme beaucoup de diplômés universitaires à Sidi Bouzid, conteste la description que la famille de Tarek et les médias occidentaux ont faite du jeune marchand, à savoir qu'il était diplômé, alors qu'il n'a jamais passé son baccalauréat à la fin de l'école secondaire. La célèbre gifle de l'agente municipale qui aurait poussé le jeune Bouazizi, écœuré par des brimades à répétition, à s'immoler, n'a jamais eu lieu non plus, comme l'a statué le tribunal de grande instance de Sidi Bouzid lors du procès impliquant la policière Fayda Hamdi. Il y a, certes, eu une altercation entre Bouazizi et Fayda, mais elle ne l'a jamais frappé.

Les relations entre les habitants de la petite ville de quatre cent cinquante mille âmes et la famille Bouazizi sont devenues tellement tendues que la famille du « martyr » a dû déménager à la ville côtière de La Marsa, dans la banlieue chic de Tunis, laissant un fort sentiment d'injustice insinuant que pendant que les Bouazizi bénéficiaient injustement des évènements, les habitants de Sidi Bouzid, qui ont toujours milité contre le régime, étaient de nouveau abandonnés à leur triste sort. La mère du jeune homme — ayant accepté une indemnité de 20 000 dinars (10 000 euros, le salaire minimum mensuel étant d'environ 120 euros) du même régime que son fils aurait combattu — suscite un tel rejet, au point d'être surnommée la Leila Trabelsi de Sidi Bouzid, du nom de la femme de l'ex-président, connue pour son autoritarisme et son insatiable cupidité.

Aujourd'hui, il semble que le nom de Mohamed Bouazizi soit davantage célébré à l'étranger que dans son patelin. Le Parlement européen lui a décerné, à titre posthume, le prix Sakharov « pour la liberté de l'esprit ». À Paris, une place a été baptisée en son honneur dans le 14e arrondissement. Alors qu'à Sidi Bouzid même, le mémorial en l'honneur du jeune « martyr » a été démoli et l'avenue qui avait été baptisée en son honneur aurait retrouvé son nom d'origine. Sa photo a même été décrochée de la statue qui orne la place principale de la ville. Il ne reste plus que celle de Houcine Naji, l'autre « martyr », qui s'est électrocuté en haut d'un pylône en criant « plus de misère, plus de chômage ! » « Pour nous, Mohamed Bouazizi n'est pas un mythe. Quand on regarde Al-Jazzera, ici, on rigole bien », déclare tout amusé Lamine al-Bouazizi.

Passé le temps du Jasmin, une question se pose : à qui a profité ce mythe qui a été à la base du tsunami qui est parti de la Tunisie pour embraser tout le monde arabo-musulman ? Dans une moindre mesure, à une poignée de militants syndicalistes[35], dont Lamine al-Bouazizi, et du groupe de « cyber-collabos » tunisiens manipulés qui se sont saisis de ce récit mensonger, l'ont exacerbé et lui ont donné une dimension hystérique, presque délirante, selon les bonnes méthodes de manipulation et de désinformation apprises dans les centres de formation des officines américaines d'exportation de la démocratie. Mais aussi et surtout à ceux qui ont formé les menteurs qui ont lancé le mensonge pour atteindre d'inavouables desseins dans le pays, et par extension dans la région.

Cinq mois après la « révolution du Jasmin », le cyber-activiste Jamel Bettaieb, 29 ans, originaire de Sidi Bouzid, est reçu par le président Barack Obama à Washington, et s'est vu remettre le « Prix de la démocratie 2011 » de la NED « pour son courage et son implication dans les évènements survenus à Sidi Bouzid et qui ont déclenché la révolution tunisienne ». C'est dire...

• • •

Le soulèvement tunisien et la chute de Ben Ali qui s'en est suivie constitueront pour les Égyptiens le facteur émotif déclenchant pour lancer à leur tour leur « révolution ». Le 25 janvier, onze jours après la chute du régime tunisien, les « cyber-révolutionnaires » égyptiens se mobilisent. Eux qui avaient prévu de lancer leur mouvement de révolte le jour de l'« élection » annoncée du fils Moubarak, en septembre, ont été pris de court par les évènements en Tunisie. « Nos amis tunisiens étaient sûrs que nous ferions la révolution avant eux et voilà qu'ils nous devancent », explique Ahmed Maher, l'un des leaders du « Mouvement du 6 avril ». Preuve que tous ces cyber-militants collaboraient étroitement.

Que faire ? Faut-il appeler à une manif géante et mobiliser à grande échelle le réseau construit depuis trois ans ? Le groupe est partagé. Certains ont peur de diviser le pays. Les autres pensent que la situation est mûre, que c'est le moment ou jamais. Ce sont eux qui auront le dernier mot. Un comité de coordination clandestin est créé. Il compte dix personnes représentant cinq mouvements, dont le « Mouvement du 6 avril », les « Khaled Said », les pro-El Baradei et les Jeunes Frères musulmans. Tous ont été formés aux techniques de la lutte non violente, y compris les islamistes. « Cela faisait deux ans que l'on s'habituait à cette stratégie, explique avec candeur Mohammad Otman, l'un des jeunes membres de la Confrérie. Grâce au mouvement du 6 avril, j'ai moi-même assisté à plusieurs séminaires[36]. »

Le groupe clandestin se met donc assez facilement d'accord pour que l'appel à la révolte soit lancé au plus tard le 25 janvier. Le jour choisi est une fête nationale nommée « Jour de la police » en souvenir de l'insurrection de la police égyptienne, en 1952, qui avait abouti au départ des Britanniques du pays. C'est donc une journée porteuse de nombreuses références et de symboles que le « Mouvement du 6 avril » célèbre chaque année à cette date, depuis 2009, et qu'il compte mettre à profit pour galvaniser la population égyptienne.

Pour afficher l'unité des manifestants — l'une des bases de la théorie non-violente —, chacun remisera ses emblèmes, y compris le poing levé d'Otpor. Un seul signe de ralliement : le drapeau national. Afin de tromper la police, qui a interdit la manifestation et s'est déployée autour de la place Tahrir, on annonce que celle-ci partira à 14 heures de trois places, dans le centre du Caire. En réalité, elle démarrera une heure plus tôt, de cinq points situés dans des quartiers populaires. Quand les cinq cortèges font leur jonction, la foule est si immense qu'elle brise les cordons de police et envahit la place Tahrir. La « révolution du 25 janvier » ou du « Nil » a commencé.

La foule est impressionnante. Comme en Tunisie, on applique scrupuleusement les méthodes de lutte non-violente apprises au CANVAS : on célèbre la « révolution » en chantant et dansant, on fraternise avec les forces de l'ordre en leur offrant des fleurs et en prenant des photos avec elles, on partage des cigarettes au pied des tanks... La « révolution » engrange victoire sur victoire. Moubarak intervient à la télévision et promet des réformes. Son discours lent émeut une partie de la population. Les occupants de la place Tahrir vont-ils être marginalisés ?

Srdja Popovic, le fondateur d'Otpor et de CANVAS qui suit les évènements à des milliers de kilomètres, téléphone à Mohamed Adel (l'un des leaders du « Mouvement du 6 avril »), son ancien stagiaire : « Ne restez pas statiques, déployez-vous dans la ville, harcelez le pouvoir. » Quelques heures plus tard, des dizaines de milliers de manifestants bloquent le parlement et le siège du gouvernement. La révolte est relancée. La masse gronde, furieuse. Elle reprend le slogan (« Dégage ! ») utilisé par la rue tunisienne sous sa forme arabisée : « *Irhal* » crient des milliers de voix.

À l'autre bout du monde, à des milliers de kilomètres des bords du Nil, un ancien officier de police égyptien, Omar Afifi Suleiman, installé confortablement dans le bureau *high-tech* de son appartement en Virginie, suit les évènements de la place Tahrir en direct. À l'aide de nombreux ordinateurs et d'outils informatiques mis à sa disposition par on ne sait quelle main généreuse, il communique avec les « cyber-révolutionnaires » en utilisant Facebook, Twitter, Skype et la téléphonie mobile ; il leur donne des indications sur le comportement à adopter pour ne pas se faire prendre par les forces de l'ordre[37].

On peut se demander qui équipe et finance les activités de M. Afifi[38] et lui permet d'avoir des contacts aussi faciles et privilégiés avec les cyber-activistes égyptiens ? Réponse : « Cet ancien policier a déjà reçu une bourse de la NED », souligne Ahmed Bensaada.

Comme en Tunisie, le pouvoir égyptien n'a pas les moyens d'empêcher cette « intifada du net » qui prend de l'ampleur et mobilise des milliers de personnes sur la place Tahrir. Lorsque le 26 janvier, il bloque l'accès à Internet pour empêcher les manifestants de communiquer via les réseaux sociaux, Twitter et Google contournent la mesure en s'associant pour créer *Twitter's Speak2Tweet*, un service permettant de tweeter via des messages vocaux. Le collectif Anonymous s'invita à nouveau dans la partie et menaça, comme en Tunisie, d'attaquer les sites gouvernementaux.

Le 10 février, le régime Moubarak est à bout de souffle. À Washington, le patron de la CIA, Leon Panetta, parle devant le Congrès de la «probabilité élevée» d'une démission du raïs dans la journée. Barack Obama, plus rapide que son ombre, salue l'histoire en marche. Mais le discours d'Hosni Moubarak, qui refuse toujours d'abdiquer, tempère les ardeurs des uns et des autres. La pression augmente d'un cran. C'est alors que l'incroyable se produit : Ahmed Maher, l'apprenti révolutionnaire, le petit ingénieur en bâtiment qui a tâté les geôles de la police secrète, est invité par le premier ministre à venir discuter de l'avenir du régime. Il raconte : «Ahmad Chafik m'a dit : "Moubarak va démissionner, mais laissez-lui un peu de temps". Je lui ai répondu : "Non, c'est maintenant" ». Le lendemain, le raïs jette l'éponge, après trente années de règne et dix-huit jours de soulèvement populaire. Le jour même, le président Obama donne un discours de circonstance à la Maison Blanche, au cours duquel il déclare :

> «Les Égyptiens nous ont inspirés, et ils l'ont fait en démentant l'idée que la justice est mieux acquise par la violence. Pour l'Égypte, cela a été la force morale de la non-violence — pas du terrorisme, pas de tueries insensées —, mais la non-violence, la force morale qui a plié une fois de plus l'arc de l'histoire vers la justice »[39].

Ainsi donc, «Moubarak, l'héritier de Nasser et de Sadate, est chassé du pouvoir par la conjuration d'une poignée de chabab («jeunes») qui n'ont pour arme que leur courage et leur ordinateur», écrit Vincent Jauvert dans le *Nouvel Observateur*[40].

Une si merveilleuse épopée ne laisse pas les rédactions de presse et les livres d'Histoire indifférents. Sauf qu'il s'agit là d'une vision incomplète des évènements. Car s'il ne fait aucun doute qu'en Égypte tout comme en Tunisie, les réseaux sociaux et les TIC ont joué un rôle déterminant dans les révoltes et les mobilisations populaires, il serait en revanche inexact de conclure, comme l'ont fait la plupart de médias occidentaux et nombre d'observateurs, que ces seuls outils, manipulés par des cyber-activistes zélés, ont suffi à conditionner la suite des évènements, à savoir le départ des présidents Ben Ali et Moubarak.

Vu la vitesse des évènements, on ne peut en effet exclure le fait que derrière la révolte populaire, d'autres forces aient pu manœuvrer en coulisse. En outre, la fascination pour l'influence des nouvelles technologies sur les révoltes arabes ne devrait pas occulter le poids indéniable d'une technologie beaucoup plus ancienne : le fusil, l'outil préféré des hommes en treillis, les militaires.

En effet, les forces armées ont été aussi déterminantes dans les évènements en Tunisie et en Égypte que les réseaux sociaux et les TIC[41]. Elles ont joué un rôle décisif dans l'éviction des présidents Ben Ali et Moubarak. L'ordre de « lâcher » les deux dirigeants est venu de Washington, qui assure l'essentiel de leur financement. De concert avec le Pentagone, les armées de deux pays ont déterminé quand et comment devaient « mourir » les deux régimes honnis.

Après de nombreuses années de soutien indéfectible aux régimes tunisien et égyptien, les Américains, très présents en Tunisie et en Égypte, avaient entrepris, dès le début des années 2000, d'engager des discussions directes avec toutes les composantes politiques et la société civile de ces pays. Ils renforçaient la coopération militaire et sécuritaire avec les deux pouvoirs, tout en dialoguant avec leurs opposants et les acteurs de la société civile qu'ils n'hésitaient pas à inviter Washington. On l'a dit, des ateliers de formation à la lutte non-violente ont été dispensés à de jeunes activistes arabes de la région MENA par les organismes américains d'exportation de la démocratie ; des opposants sont invités à Washington et des adversaires du pouvoir sont reçus au grand jour dans les locaux des ambassades américaines à Tunis et au Caire. Plusieurs think tanks américains proposent même de nouer un dialogue avec les

Frères musulmans « pour organiser le contrôle et l'encadrement de l'islam et des communautés musulmanes[42]. »

Dans les hautes sphères du pouvoir américain, on était bien conscient que miser sur le *statu quo* au nom de la sécurité et de la stabilité pouvait conduire à des situations échappant à tout contrôle. Il fallait donc ménager la chèvre et le chou. Voilà pourquoi tout en continuant de traiter avec les deux régimes, les Américains, qui savaient par ailleurs que le président Ben Ali était malade et que l'état de santé du raïs égyptien depuis quelque temps laissait planer des doutes sur son aptitude physique à rester au pouvoir, mirent en place un plan d'action intérieur visant à favoriser l'émergence d'une coalition contre ces régimes aussi large que possible. Celle-ci comprend non seulement les partis politiques d'opposition, mais aussi associe des mouvements étudiants et d'autres acteurs de la société comme les ONG, les syndicats et autres associations ouvrières... Et l'armée, elle, est maintenue dans un rôle neutre. De cette façon, Washington se positionne du bon côté de l'histoire en gardant la haute main sur les affaires intérieures de ces pays et en s'assurant qu'avec ou sans ces « régimes clients », ses intérêts seront encore et toujours préservés, peu importe l'évolution et l'issue de la situation.

Dans la semaine précédant les évènements, les plus hauts gradés des armées tunisienne et égyptienne se sont rendus à Washington pour une « visite de travail ». Selon certaines sources, c'est au cours de ce périple que les militaires auraient reçu le feu vert des États-Unis pour se débarrasser « en douceur » de leurs dirigeants, dont la gestion prédatrice était devenue pour eux plus un facteur d'instabilité qu'un rempart contre l'islamisme. Ce qui explique pourquoi, pour la première fois depuis cinquante ans, l'armée, dans les deux pays, a préféré garder l'arme au pied et refuser de réprimer les manifestants, ouvrant ainsi la voie à la chute des deux dirigeants.

En Tunisie, les États-Unis ont donné des garanties au chef d'état-major de l'armée, le général Rachid Ammar, qui se trouvait à Washington au moment où les émeutes ont éclaté dans le pays, et à certains hommes forts du régime ayant les mains propres, notamment Kamel Morjane, le ministre des Affaires étrangères qui a gardé l'oreille des Américains depuis son passage au ministère de la Défense (2005-2010), ainsi que le premier ministre Mohammed Ghannouchi, s'ils se décidaient à pousser Ben Ali vers la sortie.

Le 11 janvier, Hillary Clinton publie un communiqué dénonçant l'usage excessif de la force. Le même jour, la France, qui a des attaches solides dans le pays, mais qui n'a rien vu venir, tente, par la voix de la ministre des Affaires étrangères Michèle Alliot-Marie, de sauver le régime, en proposant « le savoir-faire des forces de sécurité » françaises qui auraient permis, avec l'appui des flics de Ben Ali qui ont la gâchette facile, de « régler la situation » que connaissait la Tunisie. Un avion-cargo chargé de matériel de maintien de l'ordre, notamment de grenades lacrymogènes, est affrété le vendredi 14. Lorsque les formalités de dédouanement sont finies à Paris, il est trop tard : Ben Ali est forcé de quitter le pays, et sur intervention personnelle d'Hillary Clinton, son avion n'atterrira ni en France ni à Chypre comme prévu, mais à Djeddah, en Arabie saoudite[43]. Mme Alliot-Marie a le temps de lâcher : « Nous n'avons rien vu arriver. Ce sont les Américains qui ont pris les choses en main. [...] Les militaires américains ont parlé avec leurs homologues tunisiens, et Ben Ali a été prié de quitter, sans plus attendre, le territoire. » Et d'ajouter, visiblement dépitée : « Inutile de préciser que les Américains n'ont pas pris la peine de nous tenir au courant[44]. »

En Égypte, dès le début des manifestations, Washington a demandé à l'armée, considérée comme l'épine dorsale du régime, d'agir avant que la situation ne dérape de manière irrévocable[45]. Celle-ci se range alors du côté du peuple en annonçant officiellement qu'elle ne tirerait pas sur les manifestants, dont elle a jugé les revendications «légitimes». Un groupe d'officiers entre même secrètement en contact avec les cyber-militants. «Le 29 janvier, un jeune gradé que je connaissais m'a dit qu'il envisageait, avec d'autres, de monter un coup d'État contre Moubarak, raconte

Ahmed Maher. Il m'a demandé si nous y participerions. J'ai refusé. Je voulais que toute l'armée nous rejoigne[46].»

Durant les manifestations, le secrétaire d'État à la Défense Robert Gates communique régulièrement avec son homologue égyptien, le maréchal Mohamed Hussein Tantaoui. L'amiral Mike Mullen, le chef d'état-major interarmées, est constamment en contact avec son vis-à-vis égyptien, le général Sami Anan, qui «l'a informé des derniers développements dans le pays[47]». Selon des attachés militaires français aux États-Unis, l'Américain a félicité son homologue égyptien, en des termes à la fois aimables et précis, sur ce qu'on attendait de lui : «Les militaires égyptiens se comportent exceptionnellement bien. Nous le voyons à la manière dont vous êtes reçus par le peuple.» Suivaient ensuite les directives : «Je vous remercie de continuer à exercer une influence stabilisante dans votre pays[48].»

Précisons que le général Anan est rentré précipitamment d'une visite de travail à Washington, où il conduisait une délégation de 25 militaires égyptiens venus participer au comité de coopération militaire américano-égyptien portant sur les questions d'assistance militaire et d'entraînement des forces égyptiennes par les États-Unis. C'est à ce moment-là que les contacts entre le chef d'état-major et ses généraux au Caire ont débouché sur un forcing, obligeant Moubarak à nommer un vice-président, en l'occurrence le général Omar Souleimane, le chef des Moukhabarat (les services secrets), un fin diplomate très apprécié à Washington.

Le 31 janvier, soit six jours après le début de la révolte, alors que les manifestants défient le couvre-feu instauré par le régime, Hillary Clinton sonne la charge en réclamant «une transition en bon ordre vers une démocratie véritable». Le ton est particulièrement ferme et les mots prononcés dénués d'ambiguïtés : «Nous demandons au gouvernement Moubarak, qui est toujours au pouvoir, de tout faire pour faciliter ce genre de transition. Nous voulons des élections démocratiques, et que le peuple égyptien ait une chance de dessiner un nouvel avenir[49] ». Le sénateur républicain John McCain enfonce le clou deux jours plus tard, en déclarant sur la chaîne Fox News qu'« il est temps pour Moubarak de démissionner[50] ». Le président Obama communique à trois reprises avec son homologue égyptien pour le dissuader de quitter son « trône », tandis que le vice-président Joe Biden s'entretient au téléphone avec l'ancien chef des services de renseignement Omar Souleiman, devenu vice-président de Moubarak. À Michael McFaul, ancien ambassadeur des États-Unis en Russie, qui lui demande ce qu'il se passera dans les jours à venir en Égypte, Obama répond : « Ce que je voudrais, c'est que les gamins sur la place l'emportent et que le type de Google[a] devienne le président. Ce que je pense, c'est que nous prenons le chemin d'une longue, très longue transition[51] ».

L'alliance stratégique avec le pays des pyramides n'est pas remise en cause, mais c'est la fin de partie pour Hosni Moubarak qui est sonnée.

Comme en Tunisie trois semaines plutôt, la hiérarchie militaire égyptienne, vivement encouragée par Washington, va pousser Moubarak, usé par trente années de pouvoir, à quitter la présidence de la république. Mais celui-ci s'entête et annonce, le 10 février, qu'il ne se retirera pas, alors que Barack Obama laissait entendre le contraire quelques heures auparavant. C'est alors qu'un groupe de militaires menaça d'enlever son uniforme et de rejoindre les manifestants si le raïs ne lâchait pas prise. Le lendemain, le Pharaon abdiquait. À la question de savoir s'il s'agissait d'un coup d'état, des officiels américains invités à

---

[a] Le président américain fait allusion à Wael Ghoneim, activiste égyptien affilié au « Mouvement du 6 avril ». Marié à une Américaine, il a été formé à l'université américaine du Caire et travaillait à l'époque comme chef du marketing chez Google section Moyen-Orient/Afrique du Nord. Il est considéré comme l'un des initiateurs de l'appel du 25 janvier 2011 ayant conduit aux émeutes de la Place Tahir.

commenter les évènements sur la chaîne NBC News, répondirent : « Appelez ça une pression militaire[52]. »

On voit bien que si l'armée ne s'était pas rangée du côté des manifestants, les révoltes tunisienne et égyptienne n'auraient pas triomphé et les dirigeants de ces pays seraient probablement encore au pouvoir.

Suite à la bourde française en Tunisie et la surprise suscitée par le Printemps arabe en Europe, on a pu écrire ici ou là qu'à la différence des États-Unis, les pays européens n'ont pas du tout vu venir la chute de Ben Ali et de Moubarak. On en a déduit que dans leur engagement pour la liberté, la démocratie et le bien-être des peuples, les Américains étaient plus sincères, plus généreux et plus déterminés que les Européens, notamment les Français qui semblaient être dépassés par les évènements en Tunisie et en Égypte. Clairvoyance américaine d'un côté, myopie française de l'autre. On a dit aussi que, dans son soutien au Printemps arabe, Barack Obama a été plus rapide, plus clair et plus audacieux que Nicolas Sarkozy ou Angela Merkel. C'est parfaitement exact, et pour cause : le premier était à la manœuvre ; il créait les évènements alors que les autres les subissaient. L'assurance du président américain, souligne l'un des témoins privilégiés des évènements en Tunisie, l'ex-diplomate et intellectuel tunisien Mezri Haddad[53], n'était pas celle d'un observateur du changement démocratique, mais celle d'un acteur jouant le rôle principal dans le film !

« Le processus comportait quatre étapes », fait observer l'ancien diplomate tunisien : « La première phase, c'est la mobilisation sur la Toile. Les cyber-activistes ont entraîné avec eux une multitude de personnes manipulées, qui ont suivi sans savoir ni connaître les enjeux. Dans la seconde phase, on est passé du virtuel au réel, c'est-à-dire les jeunes sont sortis dans la rue et ont commencé à manifester. Dans la troisième phase, les manifestations ont viré à la casse : des éléments islamistes sont entrés en ligne de compte et ont attaqué les postes de police et saccagé des administrations, des écoles, des hôpitaux et tout le reste. Et la dernière étape, la phase décisive, a consisté à provoquer une défaillance au niveau de l'armée qui n'était plus souveraine ; elle était aux ordres d'autres États et s'est ralliée au peuple selon la légende. Bref, ils ont trouvé de bons agents au sein de notre armée pour finir le travail. Pareil en Égypte aussi[54]... »

À l'évidence, le renversement des présidents Ben Ali et Hosni Moubarak s'apparente à une sorte de coup d'État militaire dans lequel les manifestations populaires ont servi de prétexte à l'armée pour « lâcher » les deux dirigeants.

Que de parler de « révolutions populaires » comme le laissent entendre les grands médias et autres faiseurs d'opinions d'Occident, il faudrait plutôt parler de « révolutions déstabilisatrices » s'appuyant significativement sur les revendications réelles, légitimes et profondes des populations pour inaugurer un nouvel ordre néocolonial américain dans ces pays. Il ne s'agit pas d'un complot ourdi par un groupe d'individus tirant les ficelles dans l'ombre, mais de stratégie géopolitique et géostratégique. « La Tunisie fut la première étape de la mise en œuvre du plan du nouvel ordre mondial au Moyen-Orient théorisé par les Américains tel qu'annoncé par l'ex-secrétaire d'État Condoleezza Rice », soutient Me Akram Azouri, avocat libanais de Ben Ali. « Ce projet consistait à ne plus soutenir les pays qualifiés de "dictatures", voire de les déstabiliser. Après la Tunisie, les États-Unis ont mis le plan en œuvre en Égypte, en Libye, au Yémen et en Syrie. On voit aujourd'hui les résultats[55]. »

Même si les Américains ont toujours nié toute implication dans l'organisation des évènements ayant conduit au départ précipité de Ben Ali et de Moubarak — départ qu'ils ont par ailleurs salué —, l'analyse des faits en Tunisie et en Égypte « révèle un contexte et des implications bien plus complexes que ceux de mouvements de masse *sui generis*, nés de la volonté et de la mobilisation de jeunes réagissant émotionnellement à la mort de Mohamed Bouazizi ou au succès du soulèvement tunisien[56]. »

De fait, les cyber-activistes et l'armée ont été les principaux piliers de la stratégie américaine dans ces pays. Les premiers ont créé les conditions nécessaires qui ont permis aux seconds de parachever la « révolution » à la sauce américaine à son terme. Le même schéma s'appliquera, à quelques exceptions près, en Libye, où le renversement du colonel Mouammar Kadhafi est devenu un objectif réalisable dans le sillage de la chute des présidents Ben Ali et Moubarak...

Références

1 « Bouazizi élu " personnalité de l'année" par le *Times* », *Le Nouvel Observateur* avec l'*AFP*, 28 décembre 2011.

2 "Halliburton Eager for Work Across the Mideast", *International Oil Daily*, May 7, 2003 cité in "About Halliburton Libya", (http://www.halliburtonwatch.org/about_hal/libya.html).

3 L'intervention américaine a complètement détruit l'Irak ; au Liban, la situation est chancelante ; la Somalie est aux prises depuis des années avec une guerre civile entretenue à dessein par les États-Unis et leurs alliés ; le Soudan a été balkanisé, avec des foyers de tension au Darfour ; et l'Iran résiste toujours après une tentative de déstabilisation ratée en 2009 avec la fameuse « révolution verte » financée, de l'avis même de certains responsables américains, par des officines de leur pays.

4 Raimbaud Michel, *Tempête sur le Grand Moyen-Orient*, Ellipses, 2015.

5 Centre Français de Recherche sur le Renseignement (CF2R), sous la direction d'Éric Denécé, *La face cachée des révolutions arabes*, Ellipses, 2012.

6 Il s'agit d'un projet visant le démembrement des États arabes sur des bases ethniques et confessionnelles. Quelques extraits de ce plan publié dans la revue *Kivunim* (Orientation), elle-même publiée par l'Organisation Sioniste mondiale à Jérusalem (n° 14, février 1982) : « La décomposition du Liban en cinq provinces préfigure le sort qui attend le monde arabe tout entier, y compris l'Égypte, la Syrie, l'Irak et toute la péninsule arabe; au Liban, c'est déjà un fait accompli. La désintégration de la Syrie et de l'Irak en provinces ethniquement ou religieusement homogènes, comme au Liban, est l'objectif prioritaire d'Israël, à long terme, sur son front Est; à court terme, l'objectif est la dissolution militaire de ces États. La Syrie va se diviser en plusieurs États suivant les communautés ethniques, de telle sorte que la côte deviendra un État alaouite chiite ; la région d'Alep, un État sunnite ; à Damas, un autre État sunnite hostile à son voisin du Nord : les Druzes constitueront leur propre État, qui s'étendra

sur notre Golan peut-être, et en tout cas dans le Haourân et en Jordanie du Nord. Cet État garantira la paix et la sécurité dans la région, à long terme : c'est un objectif qui est dès à présent à notre portée. L'Irak, pays à la fois riche en pétrole, et en proie à de graves dissensions internes, est un terrain de choix pour l'action d'Israël. Le démantèlement de ce pays nous importe plus encore que celui de la Syrie. L'Irak est plus fort que la Syrie ; à court terme, le pouvoir irakien est celui qui menace le plus la sécurité Israël. Une guerre entre l'Irak et la Syrie ou entre l'Irak et l'Iran désintègrera l'État irakien avant même qu'il ne puisse se préparer à une lutte contre nous. Tout conflit à l'intérieur du monde arabe nous est bénéfique à court terme et précipite le moment où l'Irak se divisera en fonction de ses communautés religieuses, comme la Syrie et le Liban. En Irak, une distribution en provinces, selon les ethnies et les religions, peut se faire de la même manière qu'en Syrie du temps de la domination otto-mane. Trois États — ou davantage — se constitueront autour des trois villes principales : Bassora, Bagdad et Mossoul ; et les régions chiites du sud se sépareront des sunnites et des kurdes du Nord. » Pour une meilleure compréhension de la question, on peut lire l'historien franco-marocain Youssef Hindi, *Occident & Islam*, Éd. Sigest, 2015, pp. 166-171.

[7] Catherine Croisier, « La doctrine Bush de remodelage du Grand Moyen-Orient : entre idéalisme et pragmatisme »,
(www.diploweb.com/forum/croisier1.htm).

[8] Chouet Alain (avec Jean Guisnel), *Au cœur des services spéciaux. La menace islamiste : fausses pistes et vrais dangers*, La Découverte, 2011, p. 254.

[9] *Ibid.*

[10] Robin Wright, « Imagining a Remapped Middle East », *New York Times*, September 28, 2013.

[11] Déclaration d'Alexandrie. Déclaration finale sur « La réforme dans le monde arabe : perspectives et mise en œuvre », Mars 2004.

[12] www.ned.org/about/reagan-121683.html

[13] On peut par exemple lire Maurice Lemoine, *Les enfants cachés du général Pinochet* paru aux Éditions Don Quichotte (2015) ; ou encore Allard Jean-Guy & Eva Golinger, *USAID, NED y CIA : la agresión permanente*, Ministerio del Poder Poder Popular para la Comunicación y la Información, Venezuela, 2009, ouvrages qui détaillent les divers coups d'État et tentatives de putsch montés par ces organisations américaines en Amérique latine; il y également *La face cachée des révolutions arabes, op.cit...*

[14] Il y a par exemple le film documentaire devenu culte « Bringing down a dictator » qu'on peut facilement trouver sur Youtube.

[15] Sharp Gene, *De la dictature à la démocratie : Un cadre conceptuel pour la libération*, L'Harmattan, 2009. De l'Américain, *From Dictatroship to Democracy : a conceptual Framework For Liberation*, Green Print, 2011.

[16] Slovodan Naumovic, « Otpor ! Et "la révolution électorale" en Serbie », Socio-anthropologie, 23-24 | 2009, 41-73.

[17] Pour comprendre les enjeux entourant la question libanaise, se référer à l'article de la journaliste Sharmine Narwani, « Ten years on, Lebanon's "Cedar Revolution" », RT.com.

[18] Habib Tawa, « Le Proche-Orient en miettes ou le chaos constructeur, *Afrique-Asie*, 10 octobre 2014.

[19] S'il est vrai qu'Internet avait déjà commencé à être utilisé par les activistes d'Europe de l'Est encadrés par Otpor et les organismes américains d'exportation de la démocratie, avec l'éclosion des réseaux sociaux et autres nouvelles technologies de l'information et de la communication (TIC), à la mi-2000, le phénomène a pris des proportions beaucoup plus importantes. On peut à ce propos lire l'interview que Ziad Maalouf et Simon Decreuze ont réalisée avec Srdja Popovic d'Otpor, fin 2012, que l'on peut trouver en cliquant sur le lien suivant : (http://atelier.rfi.fr/profiles/blogs/otpor?xg_source=activity).

[20] Haddad Mezri, *La face cachée de la révolution tunisienne : Islamisme et Occident, une alliance à haut risque*, Apopsix, 2011.

[21] Certains activistes tunisiens, syriens, libanais et surtout égyptiens… sont par ailleurs arrêtés à leur retour dans leur pays, ce qui suppose que les autorités suivaient à la trace leurs activités à l'étranger.

[22] Dans une vidéo qui circule en ligne et qu'on peut suivre sur le blogue Tunisie-secret, le célèbre cyber-militant confirme, semble-t-il, que la CIA a joué un rôle dans les révoltes en Tunisie (‹ http://tunisie-secret.over-blog.com/article-slim-amamou-merci-la-cia-enfin-il-a-avoue-que-la-cia-nous-a-debarrasse-de-ben-ali-91909421.html ›).

[23] Bensaada Ahmed, *Arabesque américaine : le rôle des États-Unis dans les révoltes de la rue arabe*, Michel Brûlé, 2011.

[24] Chem Eddine Chitour, « Médias occidentaux : un pouvoir diabolique », *L'Expression* du 30 avril 2011.

[25] L'initiative « Internet Liberty 2.0 » ou « Société civile 2.0 » organise des stages pratiques de deux jours (appelés TechCamps) où des agents de la CIA et des experts dans les technologies des réseaux sociaux et de la téléphonie mobile donnent des cours à des cyberdissidents du monde entier : ils apprendront les dernières technologies de connexion et de navigation sur Internet, à construire des sites web, développer des

applications mobiles, ou à réunir des fonds et chercher de nouveaux « volontaires » en ligne.

26 On estime par exemple qu'entre 2005-2010, pas moins de dix milles Égyptiens ont été formés par des organismes étatsuniens d'exportation de la démocratie, qui ont déboursé, pour ce pays seulement, près de 20 millions de dollars par an. Lire aussi l'article de Charles J. Hanley, « US training quietly nurtured young Arab democrats », *The Washington Post*, March 13, 2011.

27 David Charles-Philippe, *Au sein de la Maison-Blanche*, Presse de l'Université Laval, 2015, p. 959 ; Sanger E. David, *Obama, guerres et secrets : les coulisses de la Maison Blanche*, Belin, 2012.

28 Sanger E. David, *op.cit.*, p. 321.

29 Nombre d'observateurs se sont demandés, au regard de la situation dans la région, si les « révélations » de WikiLeaks sur les dérives des régimes arabes, qui étaient bien connues des populations arabes, n'étaient-elles pas des « fuites organisées » ? Comme le soulignera Julian Assange, fondateur et dirigeant de WikiLeaks, dans une interview au journal *Libération*, le 16 avril 2011 : « Tout cela n'est pas parti tout seul, il fallait un déclencheur, qui fut la publication par WikiLeaks de câbles diplomatiques sur ces pays. Ils ont été repris par des journaux locaux, en arabe, comme Al-Akbar au Liban, ou par des clones de WikiLeaks, comme TunisiaLeaks, en Tunisie. [...] (Ces câbles) ne faisaient pas que décrire la corruption du régime de Ben Ali, ils mettaient aussi en évidence son extrême fragilité : clairement, [...] on comprenait que s'il y avait un conflit entre le régime de Ben Ali et l'armée, les États-Unis ne le soutiendraient pas nécessairement. Cela a envoyé un signal fort aux activistes en Tunisie, mais aussi à l'armée, aux partisans de Ben Ali et aux régions voisines ».

30 Beau Nicolas et Jacques-Marie Bourget, *Le vilain petit Qatar : cet ami qui nous veut du mal*, Fayard, 2013, p. 232.

31 Arnaud Vaulerin, « Le régime dépassé par la cyberrésistance », *Libération*, 11 janvier 2011.

32 Arnaud Vaulerin, « "Opération Tunisia" : la cyberattaque d'Anonymous aux côtés des manifestants », *Libération*, 12 janvier 2011.

33 Rappelons que bien avant l'immolation de Mohamed Bouazizi, plusieurs autres citoyens s'étaient déjà immolés en Tunisie et dans d'autres pays arabes comme la Mauritanie, l'Algérie, l'Arabie Saoudite, le Maroc, le Yémen... mais ces immolations ne suscitèrent aucune attention des médias.

[34] On peut se référer à l'enquête menée à Sidi Bouzid par le journaliste Christophe Ayad, « La révolution de la gifle » paru dans *Libération* du 11 juin 2011 ; Mari Boland, « Death of Arab Spring 'martyr' which led to uprisings may not be all it seems », *The Irish Times*, Nov 25, 2011.

[35] Julien Pain et Sarra Grira, « Connaissez-vous Slimane Rouissi, l'homme qui a lancé la révolution tunisienne ? », France 24.com. ‹ http://observers.france24.com/fr/content/20111216-connaissez-vous-slimane-rouissi-l%E2%80%99homme-lance-revolution-tunisienne-sidi-bouzid-bouazizi-14-janvier ›.

[36] Le récit de la « révolution égyptienne » est tiré de Vincent Jauvert, « La face cachée de la révolution égyptienne ». ‹ http://globe.blogs.nouvelobs.com/archive/2011/03/26/enquete-la-face-cachee-de-la-revolution-egyptienne.html ›.

[37] Carolyn Presutti « Former Egyptian Police Officer Directs Protesters from Afar », Voice of America, February 09, 2011, (http://www.voanews.com/content/former-egyptian-police-officer-directs-protesters-from-afar-115709999/172705.html).

[38] Cet ancien officier de police n'est pas inconnu. À la suite d'une manifestation qui s'est tenue le 6 avril 2008 au Caire et qui a conduit à la naissance du « Mouvement du 6 avril », il a publié sur Internet un guide sur les droits des citoyens égyptiens vis-à-vis des violences policières. Intitulé « Pour éviter l'humiliation » (« To avoid humiliation »), il a été distribué dans la librairie « Madbouly Mini-Bookstore », avant d'être saisi et retiré de la vente. Craignant pour sa vie, il s'est exilé aux États-Unis où il y vivait depuis près de trois ans.

[39] Discours du président américain sur la situation en Égypte, le 11 février 2011, qu'on peut trouver sur le site de la Maison Blanche.

[40] Vincent Jauvert, *op.cit.*

[41] Moisés Naím, « Révolutions arabes : l'arbre Facebook cache une forêt de fusils », (http://www.slate.fr/story/34887/revolutions-arabes-fusils-armee-facebook).

[42] « Le soutien américain à l'islamisme politique activiste », in Chouet Alain (avec Jean Guisnel), *op.cit.*, p. 267.

[43] En décollant de Tunis le 14 janvier, l'avion de Ben Ali devait, en principe, se poser sur l'aérodrome militaire de Villacoublay (Yvelines). Il se trouvait déjà dans l'espace aérien français quand ordre a été donné à l'appareil de faire route, non plus vers le nord, mais à l'est vers Djeddah, le grand port sur la mer Rouge en Arabie saoudite. « L'administration américaine aurait joué un rôle prépondérant dans ce changement de cap »,

écrit Georges Malbrunot sur son blog (« Pourquoi Ben Ali a finalement échoué en Arabie saoudite ? », 25 janvier 2011). La secrétaire d'État Hilary Clinton aurait appelé le prince Nayef, ministre saoudien de l'Intérieur, et lui aurait demandé d'abriter le leader tunisien déchu.

44 « Sarko et MAM dans le brouillard tunisien », *Le Canard enchaîné* N° 4708 du 19 janvier 2011.

45 Vandal Gilles & Sami Aoun, *Barack Obama et le printemps arabe*, Athéna, 2013.

46 In Vincent Jauvert, *op.cit.*

47 « Les chefs du Pentagone se sont entretenus avec les militaires égyptiens », *AFP*, 30 janvier 2011.

48 Rapporté dans *Le Canard enchaîné* du 2 février 2011.

49 « L'Amérique lâche Moubarak », France Soir, 31 janvier 2011.

50 "McCain : It's Time for Egypt's Mubarak to Step Down", On the Record," February 2, 2011, Foxnewx.com (http://www.foxnews.com/on-air/on-the-record/transcript/mccain-it039s-time-egypt039s-mubarak-step-down).

51 Rapporté par David E. Sanger, *Obama, guerres et secrets, op.cit.*, p. 339.

52 Tom Curry, « New challenges for U.S.-Egyptian military ties », nbcnews.com, 2/11/2011.

53 Haddad Mezri, *op.cit.*, p. 187.

54 Entretien avec l'auteur.

55 Rapporté par Pascal Airault et Jean-Pierre Bat, *Françafrique : opérations secrètes et affaires d'État*, Tallandier, 2016, p. 172.

56 Ramadan Tariq, *L'islam et le réveil arabe*, Presses du Chatelet, 2011, pp. 53-54.

IX

LE SOLEIL NOIR DE L'OTAN
SE LÈVE SUR LA LIBYE

> *« Il est exact que les résolutions de l'ONU ne demandent pas le départ de Mouammar Kadhafi, mais nous, nous le demandons. »*
>
> **Alain Juppé**

Opération « *Free Libya* »

Janvier 2011. Alors que la rue tunisienne avec l'appui de l'armée vient de se débarrasser de Ben Ali et que la place Tahir au Caire est en effervescence, le site Internet de la Freedom House annonce de manière presque subliminale quel sera le prochain pays susceptible d'être touché par le mouvement de contestation qui balaye les grandes villes arabes, en posant une question dont elle semble détenir la réponse : « *Who's next ?* » (Qui est le prochain ?), avec en toile de fond l'image du leader libyen Mouammar Kadhafi.

C'est à partir du 13 janvier que commencent, à la suite des évènements en Tunisie et en Égypte, des manifestations plus ou moins « spontanées » en Libye. Le 28, une première page Facebook est créée par Hassan al-Djahmi, blogueur libyen de 30 ans originaire de Benghazi et exilé en Suisse, appelant à une « journée de la colère », le 17 février[1]. L'évènement, endossé par plusieurs groupes d'opposition anti-Kadhafistes basés à l'étranger et regroupés au sein d'une structure dénommée CNOL (Conférence nationale pour l'opposition libyenne), collecte en quelques jours plus de dix mille inscriptions sur le réseau social. « Ce qu'il s'est passé en Tunisie et en Égypte a été très fort pour le peuple libyen. Je crois que Kadhafi ne parviendra pas à tenir le pays encore longtemps, comme il le fait dans la tyrannie depuis quarante-deux ans. Notre combat est soutenu par les internautes égyptiens et tunisiens. Sur la Toile, ils font le relais de notre appel à la révolution » explique le blogueur libyen[2].

Le 15 février, Fathi Terbil, avocat des familles des victimes de la répression de la mutinerie de la prison d'Abou Slim, près de Tripoli, en 1996, dans laquelle auraient péri quelque 1 200 détenus, est arrêté par la sécurité libyenne. Il lui est reproché d'avoir lancé et dirigé, trois jours plus tôt, le 12, un mouvement populaire à Benghazi (chef-lieu de la Cyrénaïque) réclamant le départ de Kadhafi.

La nouvelle de l'arrestation se répand comme une trainée de poudre dans cette Cyrénaïque historiquement rétive au contrôle du pouvoir central et sur la Toile. La tension est à son comble. Les familles des disparus d'Abou Salim exigent la libération de leur porte-parole retenu dans le complexe sécuritaire de la Mudiriya. À l'instar de ce qui s'est passé à Tunis et au Caire, des appels à manifester sont diffusés par des dissidents libyens et des militants anonymes sur les réseaux sociaux. Les compteurs des pages Facebook et Twitter consacrées au « jour de la colère » s'affolent. Les revendications de toutes sortes submergent le web. Les sites de plusieurs organisations d'opposition libyennes financées par la NED[a] appellent à « la fin de la dictature » ; c'est notamment le cas des organisations comme Akhbar Libya Cultural Limited, Libya Human and Political Development Forum et Transparency Libya Limited, qui sont en réalité des sociétés-écrans derrière lesquelles se dissimulent des dissidents liés aux services de renseignement occidentaux.

La mobilisation des anti-Kadhafistes est totale. Tous appellent à une manifestation générale le 17 février. Dans une pétition reçue par l'AFP (Agence France Presse), quelque deux cents signataires ont souligné « le droit du peuple libyen d'ex-

---

[a] Voir Annexe 17.

primer son opinion » et appelé Mouammar Kadhafi à quitter le pouvoir. L'un des organisateurs en chef de la mobilisation, Ibrahim Sahad, est un des membres fondateurs du FNSL, l'opposition en exil soutenue par la CIA. Depuis 2005, il dirige la CNOL. De son bureau à Washington, il organise les évènements en coordination avec l'opposition extérieure et intérieure...

Pour calmer la grogne et ainsi éviter que le mouvement de contestation fasse tache d'huile et se propage à d'autres villes du pays, le gouvernement libyen prend le devant, en annonçant une série de mesures sociales, dont le rétablissement des subventions sur des biens de première nécessité et l'accès de la population à des crédits sans garantie et sans intérêts. Chaque famille recevra 500 dinars libyens (290 euros) et les salaires de certaines catégories de fonctionnaires seront relevés de 150 %. Les autorités ont également annoncé dans la foulée la libération de 110 islamistes portant à plus de 360 le nombre total des « prisonniers politiques » relâchés depuis un an. En vain. Encouragés par la « révolution du Jasmin » et du « Nil », les Benghazi rêvent d'imiter leurs congénères tunisiens et égyptiens.

Malgré l'annonce de la libération de Fathi Terbil, les manifestants, auxquels se sont joints des islamistes et des individus non identifiés munis d'armes blanches et de cocktails Molotov, ont continué à marcher sur la place Chajara non loin du centre-ville, où ils ont incendié et endommagé des voitures. Selon le quotidien local *Kourina*, des échauffourées entre manifestants et policiers, soutenus par des partisans progouvernementaux, ont fait 38 blessés. Des manifestations ont également éclaté dans la ville côtière d'El-Beida et à Zintan, où du grabuge a été signalé. Puis le mouvement insurrectionnel s'est étendu rapidement à plusieurs autres villes du pays. Le « printemps libyen » a bel et bien commencé...

Sur la Toile, la mobilisation se poursuit. Le poing d'Otpor apparaît sur les réseaux sociaux encadré par un « Free Libya ». Le drapeau rouge-noir-vert à l'étoile et au croissant du roi

Idriss et l'ancien hymne royal sont apparus sur Facebook, tandis que Mohammed el-Senoussi, le prétendant au trône, déclare depuis Londres aux chaînes de télévisions saoudiennes qu'« il est prêt à servir son peuple ». Kadhafi est inquiet. Selon la lettre *Maghreb Confidentiel*[3], Khamis, le plus jeune fils du Guide, aurait été envoyé d'urgence à Washington « pour convaincre les Américains de rester neutres vis-à-vis des mouvements de protestation dans la Jamahiriya et leur promettre de nouveaux contrats ».

De son appartement de Vevey (Suisse) d'où il mène la « révolution » à sa manière, le blogueur Hassan al-Djahmi met en ligne des vidéos, des images et des témoignages [pris depuis des téléphones portables] de ce qui se passerait sur place en Libye. Son appartement est devenu une véritable cabine de pilotage de la révolte. « Quand les mercenaires de Kadhafi tuent un enfant de 9 mois, c'est évidemment insoutenable, mais il faut que les gens sachent ce qui se passe là-bas », dit-il à un journal suisse. « Oui, il y a des morts, mais cela fait quarante-deux ans qu'il y a des victimes tous les jours en Libye. Aujourd'hui, les Libyens veulent leur démocratie. » Le pire pour lui, affirme-t-il, ce seraient les attaques aux missiles antiaériens contre la population de Benghazi, sa ville natale.

Un autre blogueur a beaucoup fait parler de lui durant la révolte libyenne : Mohammed Nabbous surnommé « Mo », ingénieur en télécommunications, originaire lui aussi de Benghazi. Muni de son portable et de sa caméra, le Libyen de 28 ans a réussi à installer un relais satellite lui permettant de diffuser des images de la révolte à travers son livestream, *Libya al-Hurra* (la Libye libre), véritable chaîne de télévision suivie par des milliers de personnes.

Du fait du *black-out* régnant dans les médias libyens et de la difficulté pour les journalistes étrangers d'accéder au terrain,

« Mo[a] », tout comme Hassan al-Djahmi et Nafissa Assed, une blogueuse libyenne basée aux États-Unis[b], vont rapidement devenir les coqueluches des médias occidentaux. Leurs yeux et leurs oreilles. De grandes chaînes comme CNN et France 24 vont recourir à eux pour savoir ce qui se passe en Libye. À coups de vidéos souvent écorchées, de photos floues et d'images peu compréhensibles postées sur le net et relayées par les chaînes satellitaires arabophones, notamment Al-Jazeera et Al-Arabiya, et occidentales, les cyber-activistes libyens écrivent en direct l'histoire de la « révolte du 17 février ». Une révolte qui se déroule désormais autant dans la rue que sur le net.

Selon certaines sources, de nombreux acteurs de l'insurrection ont utilisé les médias numériques et les réseaux sociaux durant la guerre qui les opposait aux forces loyalistes[4]. Ils auraient ainsi réussi à avoir des informations précises sur les positions, les mouvements, les tactiques et l'armement des troupes libyennes à travers Facebook, Twitter, Skype et Livestream. Ils ont également bénéficié du savoir-faire de Stéphanie Lamy, une consultante en communication stratégique résidant à Paris. Cette femme, mère de deux enfants, avait d'abord pris langue avec Mohammed Nabbous, avant d'entrer en contact avec l'eurodéputée Alexandra Thein et certains responsables de la rébellion. Elle affirme avoir transmis un dossier à Jean-David Levitte, le conseiller diplomatique de Nicolas Sarkozy, et à Mme Catherine Ashton, la chef de la diplomatie européenne. « Une fois la machine diplomatique lancée, dit-elle, il y avait encore la liaison militaire à assurer, avec des informations qui m'étaient transmises par un contact en place dans une armée

---

[a] Victime d'un tir de sniper alors qu'il filmait l'avancée des troupes libyennes vers Benghazi, il succombera à ses blessures à l'hôpital, le 19 mars.

[b] Elle est la petite fille de Mohammed Othmane Assed, premier ministre sous le roi Idriss. Selon elle, son père aurait été assassiné à Tripoli par les hommes de Kadhafi. Nafissa Assed se trouvait en Libye au moment où a éclaté l'insurrection.

européenne, en dehors de l'opération *Unified Protector*[a], et doté de capacités de renseignement sur le terrain libyen. » Et d'ajouter : « Avec toutes ces informations à ma disposition, il était devenu facile d'orienter la presse vers des histoires pertinentes et de prévoir des plans de sortie pour eux [Ndlr, les journalistes] lorsque Benghazi était sur le point de tomber[5]. »

J'ai voulu savoir quelle autre casquette porte Madame Lamy en dehors de la consultance en communication stratégique pour avoir ainsi accès à une source militaire dotée, comme elle l'affirme elle-même, « de capacités de renseignement sur le terrain libyen ». Sans succès. Lors de notre échange, elle se montrera d'une extrême prudence. S'est-elle impliquée dans la révolte libyenne de manière désintéressée comme il se raconte ou était-elle en service commandé ?

Une chose est certaine en tout cas, comme en Tunisie et en Égypte, les TIC ont joué un rôle non négligeable dans le déclenchement de la révolte libyenne[6].

Lorsque dans la nuit du 18 au 19, le pouvoir libyen coupe l'accès à Internet par lequel arrivent les slogans mobilisateurs relayés par Al-Jazeera afin d'empêcher les manifestants anti-gouvernementaux de s'organiser et de communiquer, Google, Twitter [et SayNow], à l'instar de ce qui a été fait en Égypte, mettent en place *Speak2Tweet* pour permettre aux cyber-activistes libyens et leurs relais sur le terrain et à l'étranger de communiquer.

Dans le même temps, le collectif d'« hacktivistes » Telecomix et le mouvement des Anonymous ont lancé simultanément l'« opération Libya »; une opération de guérilla numérique contre le régime pour permettre aux Libyens de contourner la censure afin de communiquer et de faire sortir un maximum d'informations du pays. Les pirates de Telecomix ont installé des serveurs, créé des sites miroirs, conçu des programmes afin

---

[a] Nom de code de l'opération lancée par l'OTAN contre la Libye à partir du 31 mars 2011.

de permettre aux Libyens d'avoir accès à un Internet libre. «Nous faisons parvenir aux Libyens des "packs de soins" qui permettent de contourner la censure d'Internet afin de pouvoir échanger des informations avec le monde, faire circuler des vidéos ou organiser des réunions», explique un Anonymous. «Certains de nos membres ont réussi à installer des réseaux illégaux et des systèmes de contournement de la censure disponibles via des mots de passe sécurisés», poursuit-il[7].

Il est étonnant de constater que tous ces groupes d'«hacktivistes» se présentant comme des défenseurs du droit à la liberté d'expression sur Internet et en dehors, n'aient eu pour cible que des gouvernements arabes laïques visés par les États-Unis ! Mais passons...

Parallèlement à la cyber-guerre qui oppose les cyber-flics du gouvernement libyen aux cyber-activistes, une véritable logique de guerre civile prévaut dans les rues des villes libyennes. On est loin des méthodes d'actions non-violentes que l'on a pu observer en Tunisie et en Égypte. Les manifestations libyennes ont ceci de particulier que dès le début, de nombreux manifestants sont armés ; les citoyens révoltés et pacifiques des premières heures ont rapidement disparu de la scène pour laisser place à des individus beaucoup plus à l'aise dans le maniement des kalachnikovs et des lance-roquettes RPG antichars. On est donc passé d'un pacifisme subversif (le cas de la Tunisie et de l'Égypte) à un bellicisme graduel mettant en exergue des individus lourdement armés.

Ce qui a été présenté dans les médias comme une «manifestation pacifique» fut en réalité particulièrement violente. Les drôles de «manifestants pacifiques» libyens ont infligé de lourdes pertes aux forces de l'ordre. Partout où les manifestations ont éclaté, les symboles du pouvoir ont été touchés : commissariats, tribunaux, état-civil, casernes, prisons, etc.

Face à cette situation chaotique, les autorités libyennes, contrairement aux affirmations fantaisistes véhiculées dans les médias, ont été lentes à réagir. Le ministre de l'Intérieur, le général

Abdel Fatah Younès, dépêché à Benghazi par le Guide pour rétablir l'ordre, avait reçu la consigne de ne pas utiliser la force contre les manifestants. Le rapport d'un groupe d'experts internationaux qui s'est rendu en Libye pendant la révolte décrit, par exemple, la situation à Zaouïa :

> « Pendant trois semaines, la police a reçu l'ordre écrit de ne rien faire contre les manifestants, de ne pas tirer, de ne pas s'opposer. Elle a même été contrainte d'évacuer ses propres locaux sous la pression des émeutiers. Le régime, surpris par l'ampleur de l'insurrection, n'a pas voulu déclencher de bain de sang pour ne pas se couper des tribus et ne pas provoquer des phénomènes de vendetta[8]. »

La même chose a été observée dans plusieurs villes du pays touchées par l'insurrection. La violence des forces de l'ordre, que les grandes puissances et leurs médias décrièrent peu de temps après, était le plus souvent une réaction aux actes de violence de la part des insurgés.

C'est seulement à partir de la deuxième semaine que les forces de sécurité tentèrent progressivement de reprendre la situation en main, sans y parvenir de manière décisive. La rébellion s'étend et plusieurs villes tombent aux mains des insurgés comme des dominos. À Bruxelles, le secrétaire au Foreign Office, William Hague déclare que le dirigeant libyen se serait enfui chez son grand ami Hugo Chavez au Venezuela. Cette information, la première d'une série d'opérations de propagande et de guerre psychologique visant à démoraliser les partisans du Guide qui s'organisent, est aussitôt démentie par Caracas.

Le 22, Kadhafi lui-même fait une première apparition publique depuis le début de l'insurrection, contredisant ainsi la rumeur selon laquelle il aurait fui la Libye pour le Venezuela. Durant son allocution télévisée, il brandit la menace d'une riposte sévère si les insurgés ne déposent pas immédiatement les armes et appelle ses partisans à descendre dans la rue et à pourchasser « ceux qui veulent détruire » la Libye. « S'il le faut, nous ouvrirons tous les dépôts d'armes pour armer tout le peuple », a-t-il ajouté, depuis les remparts du fort ottoman qui surplombe la place Verte, à Tripoli.

Se présentant non pas comme un chef d'État au sens traditionnel du terme, mais comme une « autorité morale », Kadhafi demande à ses partisans de « sortir des maisons et de retirer [leurs] enfants de la rue », et de les empêcher de « détruire la ville », en leur « retirant leurs fusils ». Il appela les tribus et les jeunes à former des comités de sécurité locaux pour ramener l'ordre dans les rues : « Je ne parle pas des jeunes manipulés, des drogués (Ndlr, ceux qui sont à l'origine des manifestations selon lui), mais des autres, qui doivent porter des brassards verts. Et d'autres comités de défense religieux, formés des vrais salafistes qui n'appellent pas à tuer les autres, qui doivent protéger nos filles [...]. On doit commencer ce travail cette nuit, il faut les arrêter. »

Dans la foulée, le Guide annonce des réformes (sur les médias, la Constitution, la justice...) sur la base de ce qu'a été annoncé la veille par son fils Saïf al-Islam, pour qui Libye est la cible d'un complot étranger. « La Libye est à un carrefour. Soit nous nous entendons aujourd'hui sur des réformes, soit nous ne pleurerons pas 84 morts, mais des milliers et il y aura des rivières de sang dans toute la Libye », a déclaré le fils Kadhafi lors d'une allocution télévisée — une déclaration qui sera interprétée de façon caricaturale par l'armada médiatique occidentale pour justifier la guerre.

La Grande Jamahiriya est au bord de la guerre civile. Les heurts sont de plus en plus violents. Les rebelles font d'importantes percées dans plusieurs villes, où des scènes de chaos sont par la suite signalées. De nombreux symboles de l'État sont incendiés. Les affrontements ont gagné la capitale Tripoli dans la nuit du 22, où les forces de l'ordre ont pu repousser l'assaut des assaillants. Comme en Tunisie et en Égypte, des témoins ont rapporté que des snipers postés sur les toits d'immeubles tiraient sur les protestataires, tuant treize d'entre eux et en blessant des dizaines d'autres. Al-Jazeera, la presse occidentale dans son ensemble ainsi que des organisations libyennes évoluant à l'étranger comme la Human Right Solidarity Libya — basée officiellement à Genève, mais de Benghazi — attribuèrent la paternité de ces actions aux unités d'élite et/ou à des mercenaires négro-africains recrutés par le pouvoir libyen[9].

Mais en réalité, il s'agissait des mercenaires au service des forces extérieures, dont les actions étaient destinées à accentuer la colère de la foule contre le pouvoir de Tripoli. Ce type d'opérations, faut-il le dire, est un classique. Le même *modus operandi*, très prisé par la CIA et le Mossad et exécuté par leurs sous-traitants locaux dans certains cas, avait d'ailleurs déjà été utilisé sur plusieurs théâtres, notamment durant la crise en Bosnie-Herzégovine entre 1992-95 ; au Venezuela, en 2002, lors de la tentative avortée de coup d'État pilotée par l'Agence américaine contre le président Hugo Chavez ; puis en 2014 lors d'affrontements entre manifestants radicaux issus de l'opposition libérale soutenue par les USA et forces de l'ordre dans l'ouest de la capitale, Caracas ; durant les révoltes tunisienne et égyptienne ainsi que sur la place Maïdan à Kiev (Ukraine) en février 2014, pour ne citer que ces quelques cas.

Décryptage de toutes ces opérations sous faux-drapeaux. Il est en effet avéré que durant la guerre de Bosnie-Herzégovine, la plupart des attaques meurtrières contre les Casques bleus de la FORPRONU (Force de protection des Nations unies), qui avaient coûté la vie à quelque 56 soldats français de la mission, étaient l'œuvre des snipers bosniaques musulmans soutenus par les États-Unis. Mais qu'importe ! Le gouvernement américain et les grands médias à la solde tinrent les Serbes pour responsables. Le 4 février 1994, un obus éclate au marché de Markale, au cœur de Sarajevo, et fait 68 morts et plus de deux cents blessés. Les rapports confidentiels de l'ONU accusent les alliés bosniaques des États-Unis, mais on s'en fout. Il faut faire croire au public occidental totalement lobotomisé par les médias que ce sont les méchants Serbes, qu'on cherche à bombarder et que l'on bombardera de toute façon, qui en sont responsables[10]. Dans un aveu apprécié qui arrivera malheureusement un peu tard, le journaliste Jean-Daniel raconte : « Je me souviens du premier attentat sur le marché central, celui qui a provoqué les premiers bombardements de l'OTAN. Il me faut le dire aujourd'hui. J'ai entendu successivement Édouard Balladur, François Léotard, Alain Juppé et deux généraux très "responsables" dont je ne trahirai pas la confiance, me dire qu'ils étaient convaincus que de nombreux Français, soldats de l'ONU, abattus ou blessés en Bosnie, l'avaient été par des snipers bosniaques. Et même que l'obus tiré sur le marché central était, lui aussi, bosniaque ! Ils auraient provoqué un carnage sur les leurs ! ai-je observé avec effroi. Oui, m'a répondu le premier ministre sans hésiter, mais ils ont fait sortir l'OTAN de ses atermoiements[11]. »

La même « recette » a été mise application en février 2014 à Maïdan, à Kiev, où plusieurs dizaines de manifestants et une vingtaine de policiers avaient été tués par des snipers pour provoquer le désordre et la confusion, qui par ailleurs conduiront à un coup d'État portant les « clients » néonazis des États-Unis au pouvoir. « Maïdan, c'est notre opération », affirmera alors l'eurodéputé polonais Janusz Korwin-Mikke. « Je siégeais au Parlement européen à côté du ministre estonien des Affaires étrangères Urmas Paet. Dans un entretien avec la chef de la diplomatie européenne de l'époque Catherine Ashton, ce dernier a reconnu que c'étaient nos hommes qui en réalité ont tiré sur la place Maïdan, et non ceux du président russe Vladimir Poutine ou de l'ancien chef de l'État ukrainien Viktor Ianoukovitch », a raconté l'eurodéputé. « Nous le faisons pour gagner la bienveillance de Washington », a-t-il répondu, interrogé sur les mobiles de Varsovie[12].

Des snipers, on l'a vu, ont été également à l'œuvre durant le « printemps du Jasmin ». Plusieurs médias tunisiens ont parlé de mercenaires travaillant pour les services américains ou qataris, ou les deux. Ils auraient tiré sur les manifestants à Thala, Kasserine et Douz — pour créer une situation incontrôlable et irréversible — et fait porter le chapeau à la police de Ben Ali. Ce qui a largement contribué à la révolte des Tunisiens face à la répression policière qui sévissait dans le pays. Mezri Haddad livre sa version de l'affaire dite des « mercenaires » :

> « Ben Ali, que je n'avais pas cru au départ, n'y était pour rien. Il n'a jamais donné l'ordre de tirer sur la foule. Les consignes de la présidence à tous les gouverneurs, à tous les chefs de corps de l'armée et de la gendarmerie ainsi que de la police étaient justement de ne pas tirer. Ce sont des mercenaires embauchés par une firme britannique qui ont tiré sur les manifestants. On en a arrêté cinq ou six puis on les a relâchés quelques jours après le départ de Ben Ali[13]. »

Le grand reporter Olivier Piot, l'un des rares journalistes étrangers à couvrir les évènements sur le terrain, a été témoin d'une scène assez surprenante : le départ précipité de l'aéroport de Tunis-Carthage des mercenaires qui ont tiré et tué des protestataires tunisiens. À ses côtés à l'aéroport ce jour-là, Pierre H., un ancien officier de l'armée française, qui se trouvait « tout à fait par hasard » en Tunisie et qui lui a confirmé sans rire qu'il s'agissait bel et bien de mercenaires. Le récit du journaliste :

> « Depuis plusieurs jours, les médias et Internet parlent de ces snipers aperçus à Thala, Kasserine et Douz. Des images ont circulé sur Facebook, floues, imprécises. Postés sur les terrasses des immeubles, ces tireurs seraient à l'origine de nombreuses morts parmi les jeunes manifestants. La nouvelle a largement contribué à la révolte des Tunisiens face à la répression policière qui sévit dans le pays depuis plusieurs jours.
>
> Des rumeurs ? 9 h 40, jeudi 13 janvier, devant l'entrée de l'aéroport de Tunis-Carthage. Depuis la fin du couvre-feu, les taxis déposent ici les flots de touristes et d'hommes d'affaires qui souhaitent quitter le pays. Trois 4×4 gris métallisé, vitres teintées, viennent tout juste de se ranger devant la porte principale. Brusquement, au pas de course, une dizaine de militaires en tenue de camouflage, veste jaune fluo, sortent de l'aéroport. Équipés de

longues mallettes noires et de petites valises grises, ils s'engouffrent dans les 4×4 qui partent en trombe. Maîtrisée, la scène a duré moins d'une minute.

À l'intérieur, les visages anxieux des voyageurs sont tournés vers le panneau d'affichage. Le vol Air France de 9 heures a été annulé, ceux de Tunis Air sont incertains. Au bar du niveau des arrivées, Pierre H. attend des "collègues" qui doivent venir le chercher. Il débarque de Paris et vient pour affaires. Cet ancien officier de l'armée française, la soixantaine, préfère ne pas en dire plus sur son activité professionnelle. En revanche, il s'amuse du groupe de militaires qu'il vient de voir traverser le hall de l'aéroport. "Sûrement d'Afrique du Sud, indique-t-il sans hésiter. Ces mallettes, je les connais bien. Fusils pour snipers. Les petites grises, c'est pour les munitions." Pourquoi l'Afrique du Sud ? "Vous avez vu leurs têtes ? Tous blancs. Ce sont des mercenaires formés là-bas. Tarif : de 1 000 à 1 500 dollars par jour." »[14]

On entendra par la suite parler des snipers en Égypte puis en Syrie, où les autorités ont longtemps répété que des snipers non identifiés dans certaines villes comme Daraa avaient contribué à la rapide dégradation de la situation lorsque les incidents ont débuté. En Libye, les forces de l'ordre ont arrêté dès le début des manifestations un « réseau » d'agents déstabilisants « entraînés pour nuire à la stabilité de la Libye, à la sécurité de ses citoyens et à leur unité nationale », selon l'agence de presse officielle Jana citant des sources « sûres ». De nationalités tunisienne, égyptienne, soudanaise, palestinienne, syrienne et turque, ils étaient « chargés d'inciter à des actes de pillage, de sabotage, comme d'incendier des hôpitaux, des banques, des tribunaux, des prisons, des commissariats de la police et de la police militaire, ainsi que d'autres bâtiments publics et des propriétés privées », a ajouté Jana.

Durant mon enquête, j'ai appris que la police libyenne avait arrêté trois Italiens soupçonnés d'être des mercenaires ou des membres des forces spéciales italiennes. Les trois hommes, Boero Luca (42 ans au moment des faits), Carella Vittorio (42 ans) et Cataldo Antonio (27ans), ont dit avoir été contactés par une mystérieuse société de sécurité, *2Steam*, basée à Dubaï ! Vérifications faites, il semble que cette société n'existe pas. Ce que confirme aussi *Lettera43.it*, le journal italien en ligne qui a consacré un billet aux trois individus[15].

Retenus prisonniers durant toute la guerre dans la prison d'Abu Salim, ils furent libérés lors de la prise de la capitale par l'OTAN et furent exfiltrés vers Malte sur un petit bateau sur lequel se trouvaient des journalistes et un ancien membre du Congrès américain, Walter Fauntroy[16]. Un journaliste européen présent sur le bateau et qui s'est entretenu avec ces agents de la subversion me confiera que ces derniers lui ont déclaré candidement qu'ils étaient en Libye « *to start the revolution* » (commencer la révolution).

L'intervention des snipers en Libye, tout comme dans les autres pays de la région MENA touchés par le Printemps arabe, semble donc avoir été le résultat d'une provocation meurtrière ayant pour unique dessein d'enclencher une mécanique du chaos suffisant à déclencher une anarchie quasi-généralisée qui ouvrirait la voie à des changements de régime dans ces pays. Les similitudes entre les évènements de Tunisie, d'Égypte, de Syrie et de Libye sont si troublantes qu'elles suggèrent que tous ces bouleversements étaient bien loin d'être spontanés comme l'ont affirmé les grands médias et leurs « experts maison », accréditant ainsi au passage l'idée d'une préméditation.

Dans le cas de la Jamahiriya qui nous concerne ici, l'apparition en masse de l'ancien drapeau symbolisant la monarchie, son utilisation massive, rapide et généralisée dès les premiers moments de la contestation indiquent clairement que la révolte libyenne n'était pas si spontanée que les médias occidentaux ont tenté de le présenter, mais a été soigneusement préparée longtemps à l'avance et n'attendait que l'occasion propice pour être mise en pratique.

Il ne s'agit pas d'une simple vue de l'esprit. D'éminents spécialistes et d'anciens responsables du renseignement français sont restés perplexes sur le déclenchement de la révolte en Cyrénaïque. L'ancien chef du service de renseignements de sécurité à la DGSE, Alain Chouet[17], observe :

> « [La révolte libyenne] démarre le 15 février dans la province est du pays, la Cyrénaïque, dans la région de Benghazi, avec l'apparition brutale de civils armés. Curieusement, personne ne se demande comment, dans ce pays sous contrôle étroit et permanent depuis quarante ans, on a pu voir alors sortir de nulle part des centaines de "civils" armés de canons B7 et B10 sans recul, de canons bitubes anti-aériens, des mitrailleuses de 500 et 800, des lance-roquettes individuels ou sur affût multiple et une profusion de fusils d'assaut. Le tout avec une égale profusion de munitions leur permettant de tirer de longues rafales en l'air devant les cameramen ravis des télévisions occidentales. »

De l'avis de l'ancien maître-espion, « ceux qui disent avoir été "surpris" [par la révolte, Ndlr] n'ont pas voulu voir ».

Autre sceptique, M. Yves Bonnet, l'ancien patron de la DST[a] (le contre-espionnage français) qu'on ne pourrait soupçonner de sympathie pour le colonel Kadhafi ou pour les « théoriciens du grand complot », réfute l'aspect spontané de l'insurrection libyenne. Après avoir conduit une délégation d'experts pour évaluer la situation en Libye, au mois de mai 2011, il co-signe un rapport — passé quasiment inaperçu dans nos grands médias « libres » — où il est mentionné que « l'étude des faits conduit à affirmer que la "révolution" libyenne n'est ni démocratique ni spontanée. » « Il s'agit, disent les experts, d'un

---

[a] Le 1er juillet 2008, la DST a fusionné avec la direction centrale des Renseignements généraux au sein d'une nouvelle direction qui a pris le nom de Direction centrale du Renseignement intérieur (DCRI) puis de Direction générale de la Sécurité intérieure (DGSI), en 2014.

soulèvement armé de la partie orientale du pays, dans un esprit de revanche et de dissidence, qui tente de s'inscrire dans la dynamique du "printemps" arabe, dont il ne relève cependant pas [...] Ce mouvement se trouve avoir été largement impulsé et soutenu de l'étranger. Il n'est que de voir le nombre de drapeaux français, américains, qataris… dans les rues des villes de Cyrénaïque pour remettre en cause le caractère "national" de cette "révolution" »[18].

En effet, on sait aujourd'hui que les évènements en Libye ont été préparés à bas bruit par les services secrets occidentaux (notamment américains et français) et qataris plusieurs mois avant que n'éclate la révolte du 17 février 2011, à Benghazi. Ces services ont réussi à retourner plusieurs responsables politiques et de la sécurité proches de Kadhafi. Au printemps 2010, le chef des services secrets qataris, Mohamed Ben Ahmed al-Missned, confie à son homologue bulgare, le général Kirtcho Kirov, que le Qatar, qui a une dent contre la Libye à cause d'une affaire liée à un contrat gazier[a], a l'intention de renverser le Guide Kadhafi. « C'était au début d'avril 2010, se souvient le général bulgare. Les tensions s'annonçaient déjà dans le monde arabe, notamment avec des mouvements sociaux en Égypte. Al-Missned m'a dit que les choses allaient bouger en Libye. Sa position, c'était : cette bête sanguinaire, Kadhafi, doit partir. Selon lui, il fallait qu'il y ait là-bas un soulèvement populaire, mais qui devait être organisé, car, compte tenu des forces et des moyens dont disposait l'opposition à l'intérieur, ce n'était pas possible. Il m'a demandé si nous, le renseignement bulgare, on pouvait aider l'opposition libyenne avec des armes et des instructeurs. Il s'agissait de dispenser une formation militaire de base à des civils. »

Le général Kirov est persuadé que les Qataris ont des contacts avec des personnes ou des groupes d'opposition à l'intérieur du pays. Al-Missned lui a d'ailleurs transmis les noms

---

[a] Voir chapitre suivant.

et les coordonnées du représentant aux Nations unies, Abdel Rahman Chalgam, et du libéral Mahmoud Jibril qui dirige le Bureau du développement économique national. Le patron des services qataris s'intéressait particulièrement à la ville rebelle de Benghazi. « Il voulait savoir quelle était notre analyse sur la situation et l'environnement de cette ville, ce que nous en savions » explique le général Kirtcho Kirov. « Je lui ai répondu que nos informations sur la région de Benghazi nous avaient été transmises par nos collègues du renseignement égyptien avec qui nous avions de bonnes relations et qu'il valait mieux qu'il s'adresse à eux. En rentrant j'ai informé les décideurs bulgares que le Qatar serait l'un des acteurs principaux dans le devenir proche des pays arabes. J'ai fait remonter le renseignement au président, au premier ministre, ainsi qu'au ministre des Affaires étrangères, pour les alerter sur le fait que des évènements étaient en préparation, particulièrement en Libye. »

Le général Kirov est persuadé que le petit Émirat n'agit pas seul dans cette affaire, un plan d'action préétabli semble en œuvre. À ses yeux, les Qataris « étaient visiblement dans une phase préparatoire[19] ».

Quelque temps après, au mois d'octobre, ce sont les services secrets français qui sont à la manœuvre[20]. Ils réussissent à « retourner » un proche collaborateur du Guide libyen, en l'occurrence son chef du service protocolaire Nouri Mesmari, surnommé le « WikiLeaks libyen », en raison de tout ce qu'il sait sur le régime[21]. « Il connaît toutes les habitudes du "Guide", explique l'une de ses connaissances libyennes. Ses préférences, ses maladies, ses médicaments, ses humeurs, qui sont ses amis et ses réseaux secrets, ses ennemis et les bénéficiaires des valises bourrées de dollars ou d'euros dont il est la courroie de transmission[22] ».

Le 21 octobre, M. Mesmari, prétextant des problèmes cardiaques nécessitant une intervention chirurgicale, se rend en France avec sa famille en passant par la Tunisie. Mais sur place, l'intéressé ne verra pas l'ombre d'un médecin. Ceux qu'il verra seront par contre des fonctionnaires des services secrets français. À l'hôtel Concorde Lafayette de Paris où il a déposé ses valises, le « WikiLeaks libyen » reçoit en effet des responsables des services de renseignements ainsi que des collaborateurs de Nicolas Sarkozy, à qui il aurait dévoilé tous les « secrets de famille » qu'il détient sur le pouvoir Jamahiriyen, en l'occurrence tous les secrets de la défense militaire, les dissensions au sein du régime, les rivalités tribales, les alliances diplomatiques et financières… Il fournira même des informations sur les personnes qu'il sera possible de corrompre pour les retourner contre le pouvoir libyen.

C'est à la suite de cette trahison qu'au mois de novembre, une délégation commerciale française comprenant des fonctionnaires du ministère de l'Agriculture, mais aussi des militaires et des agents de renseignements déguisés en hommes d'affaires, se rend à Benghazi. Sur place, les agents français vont rencontrer un haut gradé de l'armée de l'air libyenne proche de Mesmari et prêt, lui aussi, à faire défection : le colonel Abdallah Gehani.

Parallèlement à ces basses manœuvres, l'armée de l'air française annonce l'organisation conjointe avec la Royal Air Force britannique d'étranges exercices militaires, dans la foulée des accords de défense bilatéraux signés le 2 novembre. Son nom de code : *Southern Mistral* (Mistral du sud). Coïncidence plus que troublante : la date annoncée des exercices (mars 2011) correspond précisément à la période où Américains, Canadiens, Britannique, Français et Qataris vont bombarder la Libye…

Pendant ce temps à l'autre bout de la Méditerranée, les choses évoluent. Le colonel Gehani a accepté de devenir référant secret des Français. L'opération est menée dans le plus grand secret, mais lorsque le colonel Mouammar Kadhafi s'aperçoit qu'il se trame quelque chose contre son pouvoir, il signe, le 28 novembre, un mandat d'arrêt international à l'encontre de Mesmari pour détournement de fonds — sans plus de précisions —, fait retirer le passeport du ministre des Affaires étrangères Moussa Koussa, accusé de responsabilité dans la défection de Mesmari, et fait arrêter, le 22 janvier 2011, le colonel Gehani.

Quelque temps après, le Guide envoie des émissaires à Paris pour persuader Mesmari, qui a été entre-temps relâché sur ordre de la cour d'appel de Versailles — qui a jugé sa détention « irrégulière » au regard des dispositions de la Convention européenne des droits de l'homme —, de regagner la Libye. « Reviens, tu seras pardonné », tel est le message du colonel à l'endroit du traître qui est aux petits soins de la DGSE. En vain. Le Libyen préfère demander asile en France...

Le 16 décembre, Abdallah Mansour, le patron de la télévision libyenne, essaie d'entrer en contact avec Mesmari, mais il est arrêté à l'entrée de l'hôtel Concorde Lafayette par les Français. D'autres émissaires de Kadhafi arrivés à Paris une semaine après seront, eux aussi, retournés par les services français et enrôlés dans le complot qui se trame. Kadhafi enverra par la suite son fils, le colonel Mouatassim, qui préside le Conseil national de sécurité du régime, mais ce sera peine perdue. Ce dernier quitte la capitale française le 5 février. La veille, dit-on, une réunion se serait tenue au Caire, rassemblant autour des sénateurs américains John McCain (de l'Arizona) et Joe Libermann (du Connecticut), Mahmoud Jibril, encore numéro deux du régime, des opposants syriens exilés qui s'apprêtent à lancer leur « printemps » contre le pouvoir du président Bachar el-Assad, et enfin le « philosophe » français Bernard-Henri Levy dit « BHL », qui se fera bientôt le porte-voix des insurgés libyens et syriens. C'est cette réunion qui aurait, semble-t-il, donné le coup d'envoi des opérations secrètes qui débutèrent à la fois en Libye et en Syrie (le 15 février à Benghazi et le 17 à Damas, avec un mois de retard) dans le cadre du fameux Printemps arabe.

Mi-février donc, soit plus d'un mois avant le feu vert de l'ONU pour l'instauration d'une *no fly zone* et alors que la situation demeure encore floue et a les chances de revenir à la normale, tout le dispositif est déjà en place « *to start the revolution* » en Libye. Des agents de la CIA, de la DGSE[23], du

MI6 et des services secrets qataris sont clandestinement à l'œuvre à l'Est du pays ; des navires de guerre des pays de l'OTAN ont fait mouvement et se sont discrètement positionnés au large des côtes libyennes ; des sous-marins observent les activités de la marine libyenne à l'aide de leurs périscopes et collectent des informations ; des discussions entre les chefs d'état-major des marines américaine, britannique et française sont engagées pour répartir les zones d'intervention respectives, tandis que les armées de l'air accumulent des renseignements sur tout ce qui se passe en Libye. Une attention particulière est portée aux moyens de défense aérienne : radars, batteries de missiles sol-air... Pour éviter d'attirer l'attention, les appareils volent en dehors des zones de détection des radars libyens ou passent au large des côtes, simulant la trajectoire d'un avion de ligne civil. Les satellites d'observation du sol comme ceux d'écoute sont aussi mis à contribution[24]. Comme le souligne à juste titre un fin connaisseur des opérations spéciales, « les guerres sont des pièces de théâtre dont le véritable premier acte se joue derrière le rideau. C'est l'heure des diplomates, des officiers de renseignement, celle où des moyens militaires sont utilisés pour percer le mystère des forces véritables de l'adversaire[25] »...

La phase initiale du processus de déstabilisation étant au point, il ne restait plus qu'à passer à la seconde étape du plan qui consiste à encourager ou provoquer le déclenchement d'une rébellion ou insurrection. Ceci passe par la mobilisation et le parrainage d'opposants exilés et potentiels, des cyber-militants formés à l'étranger, le tout s'accompagnant d'un véritable travail de sape en sourdine pour « retourner » certains caciques du pouvoir. Pour paraître crédibles aux yeux de l'opinion internationale, tous ces « sous-traitants » parrainés par les forces extérieures doivent s'unir et mettre en place une structure politico-militaire parlant au nom du peuple, alors qu'elle n'est que l'ombre d'elle-même, ne représente que ses membres et les intérêts lointains qui les soutiennent. Les parrains, eux, observeront de loin et n'interviendront que si leurs marionnettes

354

locales sont mal en point. Mais encore faut-il que celles-ci en fassent la demande en bonne et due forme, tel que le prévoit le scénario du film.

Autant dire que c'est exactement ce qui se produira durant la révolte libyenne de février 2011, qui ouvrira la voie à une intervention des puissances occidentales contre la Jamahiriya arabe libyenne.

Dans un documentaire de la chaîne Al-Jazeera consacré à cette révolte, le colonel Abdel Salim al-Hasi, un haut gradé de l'armée libyenne ayant rejoint la rébellion, révèle que les *thuwar* (combattants rebelles) étaient en contact avec l'OTAN bien avant le vote par le Conseil de sécurité de la résolution 1973, autorisant une zone d'exclusion aérienne : « Nous travaillions avec l'OTAN bien avant que ne soit approuvée la résolution de l'ONU autorisant la mise en place d'une *no fly zone*. Et avant l'OTAN, il y avait l'ONU, entre autres la France, le Royaume-Uni, l'Italie et aussi les États-Unis. Nous avons travaillé avec eux[26] ».

Les « metteurs en scène » de la crise libyenne n'ont pas fait dans l'improvisation. Comme prévu dans le scénario du film, l'insurrection s'est trouvée, dès le départ, renforcée par les défections assez nombreuses parmi les caciques du régime. Des responsables politiques et militaires, tels que le ministre de la Justice, Moustapha Abdeljalil, et le ministre de l'Intérieur, le général Abdel Fatah Younès, changent de camp dans l'après-midi du 21 février. Ils sont rejoints par Mahmoud Jibril et l'ambassadeur adjoint à l'ONU, Ibrahim Dabbashi, qui va encourager les défections parmi les diplomates — nombreux sont les diplomates libyens dans les missions étrangères qui font défection, déclarant servir non plus le régime, mais le peuple libyen. Son supérieur, Abdel Rahman Chalgam, qui fait défection le 25 après de fortes pressions exercées sur lui par les puissances occidentales, appellera le Conseil de sécurité de l'ONU à adopter une « résolution courageuse » contre le régime qu'il servait il y a encore quelques heures[27]. Le lendemain, Paris et Londres proposent au Conseil un projet de résolution sur la

Libye prévoyant «un embargo total sur les armes, des sanctions», et une «saisine de la Cour pénale internationale (CPI) pour crime contre l'humanité». La résolution 1970 est adoptée à l'unanimité le même jour.

Outre un embargo sur la vente d'armes, Kadhafi et ses proches sont interdits de voyager sur le sol des États membres. Les avoirs du colonel et de ses quatre fils sont gelés. Bien que le Conseil de sécurité de l'ONU a décidé de transférer au procureur à la CPI le dossier concernant «la situation en Libye depuis le 15 février», le projet de saisir la Cour pénale pour crimes contre l'humanité ne fait pas l'unanimité. La Chine, la Russie, l'Afrique du Sud, l'Inde, le Brésil et le Portugal ont soulevé des objections. Le recours à la CPI est d'autant plus discuté que six membres du Conseil de sécurité n'en sont pas membres, dont les États-Unis, la Chine et la Russie[28]. En outre, s'étonnent Me Jacques Verges et Roland Dumas, « le procureur de la CPI est saisi à l'initiative de puissances qui, comme les États-Unis, n'ont pas adhéré à cette juridiction, pour des "faits" qui auraient été commis dans un État qui n'y a pas adhéré non plus ! Les juristes perdent leur latin[29]. »

Dix jours après le début de l'insurrection, le 27 février, les rebelles mettent en place à Benghazi le Conseil National de Transition (CNT), le visage politique d'une opposition mercenaire et hétéroclite constituée d'islamistes, d'anciens dignitaires du régime Kadhafi, de monarchistes, de parfaits inconnus... Et il faudra attendre le 5 mars pour que les choses se mettent véritablement en place au sein du Conseil, avec la désignation de Moustapha Abdeljalil comme président.

Il faut dire qu'à la différence de la Tunisie et de l'Égypte, en Libye, les États-Unis ne disposaient d'aucune influence sur l'armée et ne pouvaient donc pas recourir à un coup d'État militaire «soft» comme il a été observé dans les deux pays précités, pour faire sauter Kadhafi. C'est donc à la rébellion du CNT, qui compte en son sein de transfuges du régime, qu'incombe la tâche de sous-traiter la politique de changement de régime pilotée de l'étranger. En d'autres termes, la rébellion du

CNT jouera en Libye le rôle joué par l'armée en Tunisie et en Égypte. C'est donc sur elle que vont s'appuyer les États-Unis et leurs sujets européens pour opérer un changement à la tête de la Jamahiriya — un schéma similaire sera appliqué en Syrie quelques semaines plus tard.

Le 10 mars, soit moins d'une semaine après la sortie officielle du CNT, ses représentants (Mahmoud Jibril, Ali Zeidan et Ali Essaoui), accompagnés par BHL, sont reçus à l'Élysée par Nicolas Sarkozy qui n'hésite pas à consacrer l'instance dirigeante de l'insurrection comme « le représentant légitime du peuple libyen », lui octroyant ainsi sa première reconnaissance officielle. Un ambassadeur français devrait même être dépêché à Benghazi, siège officiel de la rébellion, selon les représentants du CNT reçus à l'Élysée. Plusieurs pays emboîteront le pas à la France dans les semaines et mois qui suivent.

Encouragée et dopée par cette reconnaissance, la rébellion continue sur sa lancée. Les combats sont très violents et la situation toujours aussi chaotique. Après trois semaines d'insurrection, les opposants contrôlent plusieurs villes, y compris la région allant de la frontière égyptienne jusqu'à la localité d'Ajdabiya plus à l'ouest, en passant par Tobrouk, Derna et Benghazi, épicentre de la contestation à 1 000 km à l'est de Tripoli. Leurs bienfaiteurs qataris distribuent des dizaines de millions de dollars pour acheter les consciences et ainsi retourner les tribus restées loyales au pouvoir central.

Il est évident que le Guide de la Révolution ne peut rester là sans réagir. L'armée libyenne lance une vaste contre-offensive par air et par terre pour reconquérir les villes occupées par la rébellion, qui compte en son sein des milliers de combattants islamistes étrangers. La débandade est totale dans les rangs des « révolutionnaires » tant glorifiés par les chaînes occidentales et Al-Jazeera. Les villes occupées cèdent les unes après les autres devant la poussée d'une armée libyenne mieux entraînée et assez bien équipée. À Misrata, près de cinquante *thuwar* sont tués par les forces libyennes. Des colonnes de chars de l'armée se dirigent vers la capitale de la révolte, Benghazi, où s'est installé le CNT. Kadhafi est en passe de mettre un terme à la rébellion. Dans les grands médias occidentaux et Al-Jazeera, c'est la surenchère des déclarations catastrophistes : « Le colonel Kadhafi massacre son peuple », répètent-ils en chœur.

Cette propagande de haut vol, qui n'a rien à envier aux méthodes autrefois pratiquées sous le Troisième Reich, avait pour unique but de « fabriquer le consentement » du public en faveur d'une intervention militaire de l'OTAN. Décryptage.

Les émules de Goebbels en action

« Quand je vois ce que disent les médias sur mon pays que je connais bien, je me dis que je ne dois rien croire de ce qu'ils disent sur d'autres pays que je ne connais pas », déclarait, il y a plus d'un quart de siècle, Ernesto Cardenal, prêtre catholique et ministre du gouvernement progressiste du Nicaragua, pays alors agressé économiquement, militairement et médiatiquement par les États-Unis. Un conseil toujours utile et encore d'actualité, si l'on se réfère à la couverture médiatique des évènements en Libye.

En effet, tout en admettant ne pas être en mesure de rendre compte de la situation en raison de l'absence de journalistes sur le terrain, les médias occidentaux vont tout de même livrer à l'opinion publique des informations fort biaisées et loin d'être conforme à la réalité. Le consultant international Taieb Talbi, qui a sillonné la Libye durant le conflit, livre quelques aspects de cette manipulation de l'information :

> « Le 14 mars 2011, les pro-Kadhafi attaquaient Zouara, petite ville côtière proche de la frontière tunisienne. À cette époque, je lisais et écoutais les médias décrire une révolte généralisée à toutes les villes libyennes. Or cette rébellion avançait d'est en ouest sur des terrains qui n'étaient pas toujours favorables. Il me paraît évident que la presse a souvent gonflé le trait en décrivant chaque escarmouche ou chaque échange violent, souvent spora-

dique, comme une bataille majeure. Si j'ai pu assister à quelques scènes de pillages dans la région de Zouara, le calme qui y régnait alors que je traversais la région au volant de ma voiture contrastait singulièrement avec le déluge de feu montré en boucle sur les chaînes de télévision.

L'analyse est assez semblable pour la ville de Misrata, troisième cité du pays avec ses 300 000 habitants, devenue depuis célèbre dans le monde entier. Ville considérée au printemps 2011 comme une cité martyre du fait de la férocité du régime. Un Beyrouth libyen, dans lequel il paraissait évident que la population civile vivait un enfer de fer et de sang sous un déluge de bombes. La bataille de Misrata a de toute évidence été très dure, et les bombardements intenses. Mais cette ville n'a pas été anéantie, loin de là. Même s'il faut déplorer chaque mort de cette guerre, les victimes seront d'abord dénombrées, dans leur quasi-totalité, parmi les combattants. Misrata ne sera pas non plus noyée par les rivières de sang annoncées avec un bilan objectif de 32 morts et quelques dizaines de blessés.

D'une façon plus générale, j'ai constaté que le focus de la presse se portait bien davantage sur les mouvements rebelles que sur les actions de l'armée libyenne. La plupart des commentateurs montraient ouvertement qu'ils avaient déjà choisi leur camp, n'hésitaient pas à affirmer leur souhait d'une victoire de la rébellion. Cette conviction s'est maintes fois affichée dans la plupart des médias internationaux. Je revois encore les éditions spéciales des journaux télé où les images et les commentaires laissaient voir une ville de Tripoli à feu et à sang, alors que j'allais quelques minutes plus tard prendre un taxi dans une ville calme et déjeuner tranquillement dans un petit restaurant du centre. Je pourrais multiplier encore les exemples de ces errances médiatiques[30] »...

La première victime d'une guerre, dit-on, c'est la vérité ! Dans le conflit libyen, cette vérité a été assassinée sans vergogne par une presse devenue la courroie de transmission de la propagande des chargés d'information de la petite équipe de l'OTAN. La plupart de journalistes ayant besoin d'images et d'interviews pour « pimenter » la couverture du conflit vont soit se « ressourcer » auprès du service presse de l'OTAN qui réalise ses propres reportages ou clips de promotion, ou télécharger des séquences vidéos sur des sites relais professionnels destinés aux journalistes et documentalistes. « Deux versions sont disponibles. D'abord celle prête à diffuser avec habillage et récit de l'OTAN. L'autre version est délivrée "nue" permettant aux rédactions d'ajouter le commentaire d'un journaliste maison et d'incruster leur logo. L'internaute ou le spectateur ne s'en rendra sans doute jamais compte » écrit le *Nouvel Obs*. « Le système est pratique. Les rédactions accèdent à des contenus gratuits et parfaitement formatés pour la diffusion sans devoir dépêcher de reporters sur place et financer leurs déplacements. Et l'OTAN distille discrètement sa communication au détour d'images bien choisies[31]. »

C'est ainsi que l'Alliance atlantique — secondée par les médias — diffusa, par exemple, des images d'une capitale [Tripoli] qui a déjà tourné la page de la guerre et où le calme et la sécurité sont de retour, alors qu'une bataille féroce opposait les forces loyalistes aux rebelles dans certains quartiers de la ville.

Au fur et à mesure que le conflit évolue, l'OTAN et « ses » médias vont montrer une extraordinaire habileté à tordre la vérité. Dès le début de l'insurrection, ils ont pris fait et cause pour les insurgés. En véritables chirurgiens esthétiques, ils les ont transformés en « combattants de la liberté » ! Avec leur habituel psittacisme, ils accusèrent le gouvernement libyen de tous les maux. La rhétorique officielle était simple : le colonel Kadhafi s'en prend délibérément à son peuple qui ne réclame rien d'autre que plus de liberté et de démocratie. La suite est encore plus intéressante : les rebelles — que l'on n'hésite pas à qualifier de « révolutionnaires » —, qui envahissent les casernes et tuent les forces de l'ordre, sont des civils qui ont décidé de prendre les armes pour résister à la répression, tandis que Kadhafi et ses partisans, qui veulent restaurer l'autorité de l'État sur l'étendue du territoire national, sont des criminels contre l'humanité qu'il faut mettre hors d'état de nuire. Pour résumer, les forces de sécurité ne combattent pas les rebelles qui déstabilisent le pays, mais la population civile qui a décidé de prendre son destin en main, en s'opposant à la « dictature sanguinaire » de Kadhafi ! Comme dirait un adage africain, il faut apprendre à garder un minimum de décence dans le mensonge.

Un coup d'œil rétrospectif sur le rétroviseur de l'histoire nous renseigne que cette forme de propagande n'est pas nouvelle et rappelle étonnamment ce qui s'est passé dans les Balkans dans les années 1990. En effet, afin de justifier l'agression de l'OTAN contre la Serbie, il fallait prouver que le président Slobodan Milosevic avait fait massacrer les musulmans du Kosovo. La découverte de 45 corps dans le village de Racak, au Kosovo, dans des circonstances assez mystérieuses, va être immédiatement transformée par les médias internationaux en un massacre de civils albanais attribué aux Serbes, suscitant l'indignation mondiale et servant de prétexte justificatif du bombardement de la Yougoslavie.

Dans son discours à la nation annonçant la décision de l'OTAN de lancer des « frappes aériennes humanitaires » (selon une expression de la secrétaire d'État américaine de l'époque, Madeleine Albright) sur la Yougoslavie, le président Bill Clinton déclare sans sourciller :

> « Au moment où nous nous préparons à agir, nous devons nous rappeler des leçons apprises dans les Balkans. Nous devons nous souvenir de ce qui est arrivé dans le village de Racak en janvier. Des hommes innocents, des femmes et des enfants ont été arrachés à leurs foyers, amenés dans un ravin, forcés à s'agenouiller dans la boue et mitraillés. Pas pour quelque chose qu'ils auraient fait, mais simplement pour ce qu'ils étaient[32]. »

Il est plus tard apparu que cette histoire de massacre relevait d'une énième grossière manipulation de la CIA. La responsable de l'équipe d'enquêteurs internationaux chargée de faire la lumière sur cette affaire, la Finlandaise Helena Ranta, une spécialiste de médecine légale de renommée mondiale, affirma avoir subi des pressions pour accréditer la fausse version de la culpabilité serbe, faisant ainsi voler en éclats un des plus grands mensonges de la guerre dans les Balkans[33]. Et comme l'avouera le commandant en chef des forces de l'OTAN en Europe, le général américain Wesley Clark, « la réelle impulsion décisive derrière la campagne de l'OTAN [au Kosovo] ne fut ni la violation des droits de l'homme par la Milosevic avant mars 1999, ni l'expulsion massive des Kosovars après le début des bombardements. Ce qui compta le plus fut le besoin d'imposer la volonté de l'OTAN à un dirigeant dont le caractère récalcitrant, d'abord en Bosnie puis au Kosovo, minait à la fois la crédibilité de la diplomatie européenne et américaine et la puissance de l'OTAN[34]. » C'est dit !

Le président Clinton et les responsables politiques européens, ainsi que les médias qui les ont accompagnés dans leur folie meurtrière, ont donc menti au monde entier ! Mais aux États-Unis et dans la grande majorité des capitales occidentales, le public ne le saura pas. Pire encore, il se croira toujours mieux informé. « On est le maître du livre qu'on lit, mais on est l'esclave du film que l'on voit », dira Michèle Savary.

Les politiciens, les chantres de la bien-pensance, les médias ainsi que les manipulateurs d'opinions dans les « démocraties » occidentales savent très bien que pour préparer l'opinion publique à accepter une nouvelle aventure militaire, ou disons pour « vendre » une guerre, aussi injuste et criminelle soit-elle, à une opinion publique méfiante et vigilante, il faut conditionner les esprits, en utilisant des informations erronées. La distorsion volontaire des faits est ici la norme principale. Comme l'a si bien démontré un collectif d'auteurs français, « l'opinion, ça se travaille[35] ».

La propagande menée par les médias et les « professionnels du mensonge » des pays de l'OTAN pour justifier l'agression de la Yougoslavie, aujourd'hui démembrée en micro-États, va servir de modèle aux opérations futures de l'Alliance atlantique, notamment en Libye, où l'on fera de l'ennemi du moment, le colonel Kadhafi, un émule d'Adolf Hitler.

Les responsables de l'OTAN et les faiseurs d'opinions en Occident entonneront en chœur le refrain voulant que le raïs libyen fait tirer sur sa propre population, alors que les forces de sécurité libyennes reprennent une à une les villes occupées par la rébellion. Cette surenchère des déclarations catastrophistes relayées sans vérification aucune par les médias s'inscrit dans une logique de propagande visant à diaboliser le gouvernement libyen en vue de le discréditer sur la scène internationale. On parlera de boucherie, de massacres de masse, voire de « crimes contre l'humanité » ; et cerise sur le gâteau, on évoquera même plusieurs milliers de morts, six mille en moins de deux semaines ! La goutte d'eau qui manquait pour faire déborder le gros vase de la désinformation.

Une manipulation de l'information et des esprits qui n'est pas sans rappeler l'histoire du faux charnier de Timisoara lors du soulèvement roumain de décembre 1989, ou des prétendus nouveau-nés arrachés de leurs couveuses et jetés parterre par des soldats irakiens à Koweït city ; ou encore du massacre imaginaire de près de cent mille Kosovars durant la guerre des Balkans[36]...

Ce leitmotiv de propagande, qui a entraîné des interventions militaires occidentales catastrophiques un peu partout dans le monde, est un classique et on pourrait s'étonner du manque de créativité de nos spécialistes de la désinformation. Mais pourquoi innover quand la recette marche à tous les coups ?

Précisons ici qu'il ne s'agit pas d'approuver ou de justifier les manières de faire discutables du gouvernement libyen, mais plutôt de stigmatiser la propagande dont se sont rendus coupables les médias dits « libres » d'Occident dans le conflit libyen. L'histoire des six mille morts libyens, par exemple, un prodigieux bobard qui va conduire à la mort des dizaines de milliers d'hommes, de femmes et d'enfants innocents, n'est que le spectaculaire sommet d'une manipulation qui a commencé quelques jours seulement après le début de l'insurrection en Cyrénaïque.

À l'origine de ce grand mensonge, que Al-Jazeera et la presse *mainstream* occidental s'empressèrent de colporter sans la moindre vérification, un individu : Ali Zeidan. Ce Libyen vivant en exil, co-fondateur avec Mohamed Youssef el-Megaryef du FNSL, s'est présenté comme le porte-parole de la Ligue libyenne des droits de l'homme (LLDH) installée à Genève et dirigée par le Docteur Sliman Bouchuiguir. Mais M. Zeidan n'est pas seulement le porte-parole de cette obscure organisation de défense des droits de l'homme qui a vu le jour comme par hasard au début de l'insurrection libyenne, il est aussi celui du CNT en Europe. Il figurait dans la délégation de la rébellion reçue par Sarkozy, le 10 mars, et avait promis de confier 35 % du pétrole libyen à la France après la victoire du CNT. Ce Monsieur est donc à la fois juge et partie.

Et ce n'est pas tout. Le Dr Sliman Bouchuiguir qui se présente comme le secrétaire général de la LLDH, est lui aussi comme Zeidan un ancien opposant à Kadhafi et un membre du CNT. Avant de quitter la Libye en 1977, il était parti étudier à Washington (1973-1976) et avait préparé une thèse de doctorat sur *l'utilisation du pétrole comme arme politique*[37]. Pour le journaliste Julien Teil[38] qui a enquêté sur le rôle des ONG dans le conflit libyen, « Bouchuiguir n'était pas seulement un militant des droits de l'homme, mais aussi un stratège dont le sujet de prédilection coïncidait étrangement avec les enjeux géostra-tégiques dans lequel son militantisme s'est révélé fructueux ». Ensemble avec Ali Zeidan, ils vont concocter le récit dont se serviront les médias et les dirigeants occidentaux pour justifier la guerre contre la Jamahiriya arabe libyenne.

Le 21 février, soit cinq jours seulement après le début de l'insurrection, alors que les insurgés s'attaquent aux symboles de l'État, semant désolation et chaos un peu partout sur leur passage, M. Bouchuiguir, avec l'appui de la NED et de l'organisation controversée pro-israélienne UN Watch, lance une pétition demandant à ce que les États-Unis et l'Union européenne «mobilisent les Nations unies et la communauté internationale afin de prendre une action immédiate dans le but d'interrompre les atrocités massives commises par le gouvernement libyen contre son propre peuple». Signée par 85 ONG (certaines d'entre elles étant des coquilles vides) et personnalités — parmi lesquelles figure le néoconservateur Francis Fukuyama, partisan du *Project for the New American Century* vouant une certaine hostilité à l'égard de Kadhafi —, cette pétition, adressée au président Obama, à Mme Catherine Ashton et au secrétaire général de l'ONU Ban Ki-Moon, réclame une intervention internationale rapide contre la Libye, en invoquant le principe de la «responsabilité de protéger» (R2P).

On peut, à ce stade-ci, se demander si l'initiative en question émane-t-elle véritablement du Dr Bouchuiguir ou des forces qui pilotent en coulisse la révolte libyenne et rêvent d'évincer le colonel Kadhafi?

Le 25, M. Sliman Bouchuiguir se rend au Conseil des droits de l'homme de l'ONU afin d'y exposer les allégations concernant les crimes qu'aurait commis le pouvoir libyen. Il déclare que «le colonel Kadhafi met en œuvre une stratégie de la terre brûlée» et l'accuse de massacrer délibérément les manifestants pacifiques et innocents. Selon lui, Kadhafi aurait utilisé des mercenaires ainsi que des hélicoptères et des avions de combat pour bombarder la foule. Après avoir qualifié «ces actes de crimes contre l'humanité», il recommande au Conseil de suspendre la Libye de ses rangs, une première dans l'histoire de l'institution. Le lendemain, le Conseil de sécurité adopte [dans le cadre de la résolution 1970 dont il a été question précédemment] des sanctions contre les autorités libyennes, incluant la saisine de la CPI, un embargo sur les armes, une interdiction de voyager et un gel des avoirs. Cinq jours plus tard, le 1er mars, l'Assemblée générale des Nations unies, sans avoir eu à mener la moindre enquête sur les allégations de la LLDH, suspend la

Jamahiriya du Conseil des droits de l'homme en vertu de la résolution 60/251, du 25 mars 2006, et en particulier du paragraphe 8! La décision des 192 membres a été prise par acclamation et non par vote, et personne du côté libyen n'a été autorisé à prendre la parole au cours du débat.

En vertu de cette suspension injustifiée, la question d'une intervention militaire en Libye a été rapidement posée au Conseil de sécurité de l'ONU et les États-Unis, par la voix de leur l'ambassadrice Susan Rice, ont demandé au leader libyen de quitter le pouvoir.

Dès le lendemain, le porte-parole de la LLDH, Ali Zeidan, fait état de 6000 morts, dont 3000 à Tripoli, 2000 à Benghazi, 1000 dans d'autres villes comme Zawiyah ou Zenten. Il y aurait entre 25 000 et 30 000 blessés. Ce bilan pourrait être plus élevé encore, a-t-il déclaré lors d'une conférence de presse organisée au siège de la FIDH[a] (Fédération internationale des ligues de droits de l'homme) à Paris.

Aussi surprenant que cela puisse paraître, les médias occidentaux prendront pour argent comptant les affirmations de M. Zeidan sans les soumettre à la moindre vérification. «En Libye, 6000 morts et Kadhafi menace encore» écrit le journal français *L'Express* ; «6000 morts depuis le début du soulèvement» note *Libération* ; «Nouveau bilan de 6000 morts» titre pour sa part *Le Figaro*... — on peut, au passage, apprécier la non utilisation du conditionnel et du point d'interrogation. L'émotion soulevée dans l'opinion publique est immense, les éditoriaux solennels et les appels à l'action se multiplient.

On est légitimement tenté de se demander comment une simple pétition a pu se transformer en une intervention auprès du Conseil de droits de l'homme de l'ONU, conduire à la suspension d'un État membre et à l'imposition des sanctions par le Conseil de sécurité, alors que son contenu, comble du

---

[a] La FIDH, comme plusieurs autres organisations utilisées par les États-Unis pour le besoin de la cause, reçoit du financement de la NED.

ridicule, ne repose sur aucun élément attesté, si ce ne sont sur les élucubrations de son ou ses auteur(s) !

Dans une lettre de Sliman Bouchuiguir datée du 7 juin et adressée aux avocats Jacques Verges et Roland Dumas partis en Libye s'enquérir de la situation, les crimes imputés au pouvoir libyen ont été multipliés par trois. On est passé des 6000 morts d'Ali Zeidan à 18 000 morts, 46 000 blessés, 28 000 disparus et 1600 viols[a] !

Questionné par Julien Teil sur l'origine de ces chiffres, ainsi que sur ceux contenus dans son rapport déposé devant le Conseil des droits de l'homme, M. Bouchuiguir est évasif. Lorsque le journaliste lui demande comment faire pour documenter tous ces crimes qu'il a relevés dans son rapport lorsque lui-même se rendra en Libye, le fameux défenseur des opprimés répond : « Il n'y a aucun moyen […] Donc il faut juste faire une évaluation de la chose. » Puis le Libyen révèle une information lourde signification qui n'avait pas été rapportée devant le Conseil des droits de l'homme lorsque sa pétition a été déposée : « Et moi je n'ai pas obtenu ces informations de n'importe qui ; je les ai obtenues du premier ministre libyen de l'autre côté, donc du Conseil National Provisoire (CNT, Ndlr). C'est le premier ministre Mahmoud Jibril. C'est lui qui a déclaré et donné ces chiffres. Moi, je les ai utilisés, mais sous certaines précautions », affirme-t-il. Julien Teil revient à la charge en insistant pour savoir si les informations présentées devant le Conseil des droits de l'homme par la LLDH proviennent réellement du CNT, et Bouchuiguir de confirmer : « J'ai reçu ces informations de la part du premier ministre[39]. »

Les masques sont donc tombés et les affinités se sont ainsi révélées. On comprend dès lors pourquoi tous ces « activistes politiques » libyens, qui sont loin d'être des défenseurs des droits de l'homme qu'ils prétendent être, ont été récompensés après la chute du colonel Kadhafi. Surnommé le « Bouazizi

---

[a] Voir Annexe 18.

libyen », l'avocat Fathi Terbil, à l'origine des manifestations de Benghazi, en plus de recevoir à Bruxelles le prix international des droits de l'homme Ludovic-Trarieux 2011[a], a été promu ministre de la Jeunesse et des Sports de la « Libye libérée ». Il déclarera dans *La Libre Belgique* : « Dès 2008, j'ai manifesté avec les familles pour demander le changement de régime et la libération des prisonniers d'opinion. Participer au CNT est donc normal pour moi. Je ne me suis jamais posé la question quant à l'opportunité de rejoindre le CNT. C'est la continuité logique de mes activités d'opposant et de mon combat pour le changement[40] ». Ali Zeidan, à l'origine de la légende sur les 6000 morts victimes de la répression kadhafienne, deviendra le premier ministre de la « nouvelle Libye », tandis que le phénoménal Sliman Bouchuiguir a été promu ambassadeur de Libye en Suisse.

Ce qui est ahurissant et laisse pantois dans l'interview que ce dernier a accordée à M. Teil, c'est la candeur avec laquelle il reconnaît n'avoir détenu aucune preuve de ce qu'il avançait devant le Conseil de droits de l'homme des Nations unies. Mais il avait mieux : « le bouche à oreille » comme il le dira lui-même et ses informateurs qui s'avèrent être les membres du CNT, mouvement auquel il appartient. Plus grave encore sont la légèreté et le manque de rigueur dont ont fait preuve le Conseil des droits de l'homme et le Conseil de sécurité de l'ONU — c'est sans parler de la CPI — qui ont pris des mesures draconiennes contre la Jamahiriya sur la base de mensonges, lesquels mensonges provoqueront une guerre inutile qui fera des dizaines de milliers de victimes innocentes.

Il est aujourd'hui établi que loin des 6000 morts annoncés par la LLDH, on estime désormais que le nombre de victimes

---

[a] Cette récompense, l'une des plus prestigieuses au monde, est attribuée chaque année à un avocat qui, par son activité, son œuvre ou ses souffrances, illustre le combat pour la défense du respect des droits de l'homme. Nelson Mandela en fut le premier lauréat en 1985.

libyennes s'élevait à environ 300, dont la plupart étaient mortes au combat — comparativement aux 300 morts et 700 blessés lors du soulèvement en Tunisie et 857 morts et 6000 blessés en Égypte — avant les raids très humanitaires de l'OTAN. Ces chiffres proviennent des rapports d'organisations telles qu'Amnesty International, Human Rights Watch (HRW) et la FIDH — cette dernière ayant pourtant cautionné la farce de la LLDH.

En effet, au terme d'investigations nettement plus fouillées que celle de la LLDH, ces organisations pro-occidentales, qu'on ne pourrait soupçonner de complaisance envers Kadhafi, ont présenté une version des faits bien différente de celle rapportée dans les médias. «Je suis arrivée fin février, ce n'était pas encore la guerre, mais c'était le plus fort de la répression des manifestations. À Al-Baïda, une soixantaine de personnes sont mortes et à Benghazi, entre 100 et 110 personnes ont été tuées. C'est beaucoup, c'est grave, mais ce ne sont pas les milliers de morts annoncés», déclare la spécialiste des situations de crise d'Amnesty International Donatella Rovera[41]. Comme HRW, elle rejette également l'assertion selon laquelle le pouvoir libyen a fait appel à des mercenaires étrangers pour mater la révolte. «De nombreux journalistes s'introduisent dans les zones de détention. Ils prennent des photos de prisonniers puis les présentent comme des mercenaires dans leurs articles et dans leurs reportages. Mais c'est faux! [...] Jusqu'à présent, nous n'avons pas trouvé le moindre mercenaire dans l'est du pays, après des centaines d'interviews et des semaines d'enquête», explique Peter Bouckaert de HRW.

Sur le prétendu achat et distribution de pilules type Viagra par les autorités libyennes aux militaires, dans le cadre d'une campagne officielle de viol à grande échelle pour terroriser la population, Mme Rovera explique: «Nous n'avons pu trouver aucune victime [de viol] en trois mois d'enquête sur le terrain. Ni même rencontrer des gens qui en connaissaient une. Sauf la doctoresse libyenne (pro-CNT) qui s'était déjà abondamment exprimée sur le sujet dans les médias. Pourtant, même cette femme a été incapable de nous mettre en contact avec ne serait-ce qu'une seule des victimes qu'elle prétend avoir rencontrées. » Même son de cloche à HRW, lorsque Liesel Gerntholtz, la responsable des droits de la femme, déclare qu'elle ne dispose d'« aucune preuve » concernant les viols imputés aux troupes de Kadhafi.

Par ailleurs, les accusations selon lesquelles le Guide aurait utilisé l'aviation contre son propre peuple ont également été démenties, et par des organisations de défense des droits de l'homme et par des experts indépendants et responsables occidentaux. « En dépit des informations transmises par certains médias, il n'a jamais été démontré que des avions ou des hélicoptères aient tiré sur les manifestants à Tripoli », assure HRW. La mission d'experts indépendants conduite par Yves Bonnet est arrivée à la même conclusion, faisant observer que « l'information reprise par les médias occidentaux selon laquelle l'aviation du régime aurait bombardé Tripoli est parfaitement inexacte : aucune bombe libyenne n'est tombée sur la capitale, même si des affrontements sanglants semblent avoir eu lieu dans certains quartiers. La même erreur est délibérément commise quand les médias arabes et occidentaux affirment que le régime a tiré sur sa propre population. La mission s'est rendue sur place et n'a rien constaté de tel[42]. » Sur RFI (Radio France Internationale), l'ancien responsable du contre-espionnage français a enfoncé le clou : « Nous avons un certain nombre d'éléments précis, donc des contre-vérités, pour ne pas dire des mensonges qui ont été énoncés en particulier par Al-Jazzera. Par exemple l'assertion selon laquelle Kadhafi bombardait sa propre population. Nous avons constaté nous-mêmes à Tripoli que c'était totalement faux ».

Lors de son audition à l'Assemblée nationale française, François Gouyette, ambassadeur de France en Libye au moment des faits, déclare :

> « La couverture des évènements de Libye par les chaînes satellitaires arabes, et notamment Al-Jazeera, appelle toutefois quelques observations critiques. Nous avons certes

vécu, entre le 16 et le 26 février, jour de notre départ, une dizaine de jours de fortes tensions et d'affrontements — non pas tant à Tripoli que dans les autres régions —, mais leur relation a fait l'objet d'exagérations, voire de désinformation. Ainsi, l'information, reprise par les médias occidentaux, selon laquelle l'aviation aurait bombardé Tripoli est parfaitement inexacte : aucune bombe n'est tombée sur la capitale, même si des affrontements sanglants ont eu lieu dans certains quartiers. »

Le 6 juin, lors de son allocution sur les révoltes arabes à la *Brookings Institution*, un think tank basé à Washington, le ministre des Affaires étrangères français, Alain Juppé, est apostrophé par un observateur américain qui lui rappela que selon Richard Haas, le président de la très influente CFR[a], « aucune preuve concrète n'indiquait qu'un massacre de grande envergure ou un génocide était imminent en Libye ». D'ailleurs, le plus amusant est que le même Juppé déclarait, début mars, dans un entretien sur TF1 : « On nous envoie des informations qui ne sont pas vérifiées. On nous avait dit par exemple que des avions envoyés par Kadhafi avaient bombardé la foule. Apparemment, ce n'était pas exact[43]. » Même circonspection en Angleterre, où le *Sunday Time* fait ainsi observer : « Jusqu'à présent, il n'y a que des preuves limitées de l'utilisation par le régime Kadhafi d'hélicoptères d'attaque ou de tout autre moyen aérien pour mater l'insurrection. Tant qu'il n'y en aura pas, une *no fly zone* sera au mieux futile, au pire dangereuse[44]. »

Des réactions réfutant la version otanienne d'un massacre imminent à Benghazi n'ont en tout cas pas manqué. Devant la commission des Affaires étrangères du Parlement britannique, Alison Pargeter, spécialiste reconnue de la Libye, a affirmé que la version d'un « massacre généralisé » dans la ville rebelle n'était tout simplement pas fondée :

---

[a] Council on Foreign Relations.

« Kadhafi avait déjà repris d'autres villes à l'est — Ajdabiya, par exemple — où aucun massacre à grande échelle n'avait été à déplorer. En réalité, la première réaction du régime après le soulèvement parti de Benghazi, fut de tenter une politique de la main tendue et d'apaiser certains des rebelles. Kadhafi envoya à Benghazi son fils Saadi, porteur de nombreuses promesses d'aide au développement — ce qui revenait à les supplier d'arrêter. Saïf al-Islam plaida sa cause avec certains prisonniers islamistes qu'il avait libérés de prison au cours des deux dernières années. En geste d'apaisement, il remit également en liberté d'autres prisonniers islamistes. Donc, je ne dispose d'aucune preuve qu'il se préparait à un massacre généralisé. À mon avis, ce n'était même pas son intérêt non plus, car il se serait alors aliéné beaucoup de tribus à l'est de la Libye[45]. »

Partisan d'une intervention militaire limitée en Libye, l'ancien président de MSF (Médecins Sans Frontières), Rony Brauman, changera d'avis en déclarant : « Je n'ai pas tardé à changer d'avis en m'apercevant que les menaces dont il était question relevaient de la propagande, et non de réalités observables. Personne n'a ainsi été capable de nous montrer les tanks qui se dirigeaient prétendument sur Benghazi. Or, une colonne de chars, à l'époque des téléphones mobiles et des satellites, ça se photographie[46]. »

Justement l'état-major russe, à partir de photographies satellitaires prises le jour de l'attaque imaginaire, démontra qu'aucun avion libyen n'avait survolé le ciel et lâché des bombes sur les villes agitées. Ce que confirment par ailleurs le secrétaire d'État américain à la Défense Robert Gates et le chef d'état-major interarmées l'amiral Mike Mullen, le 1er mars, lors d'une conférence de presse au Pentagone et le lendemain devant le Congrès. « Nous n'avons, Mike et moi, trouvé aucune évidence prouvant que Kadhafi utilisait ses avions pour bombarder les rebelles », assure Gates[47] — le lecteur remarquera ici que le patron du Pentagone ne fait même pas allusion à la population, mais bien aux rebelles.

Il faut dire que depuis le début de l'insurrection, le Pentagone suit avec une attention particulière la situation en Libye. La DIA[a] collectait des informations sur tout ce qui se passait sur le terrain. Les renseignements qui parviennent au département de la Défense font état d'affrontements violents opposant les forces loyalistes à une rébellion hétéroclite composée d'islamistes, mais pas de massacres qu'aurait perpé-trés le pouvoir libyen. Fort de ces données, le Pentagone émit des doutes sur la version donnée par les rebelles et reprise en boucle par les médias, selon laquelle le régime du colonel Kadhafi massacrait sa propre population. Redoutant un nouvel enlisement américain dans une autre terre d'Islam et la présen-ce d'éléments d'Al-Qaïda dans l'est de la Libye, le département de la Défense se montrera farouchement opposé — et parfois publiquement — à toute intervention dans ce pays d'Afrique du Nord[48]. Devant le Congrès, Robert Gates déclare même que les partisans d'un troisième front contre un pays arabo-musulman doivent « consulter un hôpital psychiatrique ».

Cette posture de non-ingérence du patron du Pentagone n'était pas au goût de tout le monde, particulièrement à la Maison Blanche et au département d'État, où l'on privilégiait la manière forte. À la tête de la clique des va-t-en-guerre, trois « amazones » : la conseillère à la sécurité nationale Samantha Power, l'ambassadrice à l'ONU Susan Rice et la secrétaire d'État Hillary Clinton, vont ardemment militer pour une action militaire en Libye et obtiendront gain de cause. Le *New York Times* parlera de « faucons en jupon » et dans ses mémoires, Robert Gates[49] exprimera sa frustration sur la manière dont le Barack Obama a systématiquement tranché en faveur de ses

---

[a] Defense Intelligence Agency, le service de renseignement militaire américain.

373

conseillers civils, et refusé de faire confiance aux chefs militaires.

Ainsi, au lieu de s'appuyer sur le ministère de la Défense ou la communauté du renseignement pour l'analyse de la situation en Libye, la Maison Blanche a préféré se fier à Madame Clinton qui était soutenue par Susan Rice et Samantha Power. Influencée par les Frères musulmans dont elle est pas mal proche, elle avait juré d'avoir la tête du dirigeant libyen et n'a donc pas hésité, comme les médias et les rebelles, à faire de la propagande pour vendre une guerre non justifiée contre la Libye. « Vous devez voir tous ces rapports internes du département d'État qui doivent être transmis au Congrès ; ils sont vraiment stupides, que des faits stupides », s'insurge un intermédiaire du ministère de la Défense, selon qui le département d'État contrôlait tout ce que les services de renseignement devaient rapporter aux officiels américains[50].

Ayant compris le jeu trouble de Mme Clinton, de hauts responsables du Pentagone et le député démocrate de l'Ohio Dennis Kucinich ont entrepris, dès le mois de mars et contre la volonté du secrétariat d'État, d'ouvrir leurs propres canaux de discussion avec des responsables libyens et de redoubler d'efforts en vue de mettre fin à l'escalade. « Les Libyens ne comprenaient pas pourquoi ils étaient attaqués, alors qu'ils avaient souscrit à toutes les demandes de l'Occident. Ils étaient très surpris par l'attitude des États-Unis et de l'OTAN », explique Denis Kucinich. « Les informations qu'ils m'ont fait parvenir correspondaient à celles que je détenais moi-même ; cela n'avait rien à voir avec ce qu'on rapportait au peuple américain. Le gouvernement libyen était prêt à tout pour prouver que l'information véhiculée dans les médias ne correspondait pas à la réalité[51]. » Et un haut gradé du Pentagone de souligner : « Il n'y avait aucune raison de faire la guerre. Aucune information en notre possession ne prouvait que le régime libyen se livrait aux violations massives des droits de l'homme. Nous n'avions aucune indication au sujet des massacres annoncés dans les médias. La décision d'y aller n'émanait pas du ministère de la

Défense, mais des politiques. Ils avaient des raisons de vouloir faire la guerre[52] »...

Saïf al-Islam a même proposé que les États-Unis envoient une mission d'observation en Libye pour se rendre compte de la situation sur place. En vain. L'initiative du Pentagone, comme nous le verrons plus loin, a été volontairement torpillée par la Maison Blanche et Hillary Clinton, déterminées à se payer la tête du colonel Kadhafi, peu importe les dégâts qu'une telle entreprise devrait engendrer. Peter Hoekstra, ancien président de la commission du renseignement de la Chambre des Représentants, avec lequel je me suis entretenu, décrit Obama et sa secrétaire d'État comme les « architectes du désastre[53] » en Libye.

La secrétaire d'État américaine répandait un roman-feuilleton selon lequel Kadhafi était engagé dans « une entreprise génocidaire » et qu'il était sur le point de « provoquer une grave crise humanitaire » si on ne l'arrêtait pas. De faux rapports ont été établis sur des bombardements fictifs et le massacre de milliers de personnes a été inventé de toutes pièces. Plusieurs responsables de l'administration américaine interviewés par le *Washington Times* ont affirmé que c'est Mme Clinton, et non le président Obama, qui était la cheville ouvrière de l'intervention de l'OTAN en Libye[54]. Selon le *Times*, qui a eu accès aux enregistrements secrets des conversations entre les militaires libyens et américains, un officier de liaison du renseignement travaillant pour le Pentagone a confié à un proche collaborateur de Mouammar Kadhafi que le président Obama, dans ses conversations privées, informait les membres du Congrès que la Libye était « l'affaire de Clinton ».

Dans les enregistrements révélés par le journal, l'officier de liaison note que les plus hauts gradés du Pentagone sont préoccupés par le fait que le président est mal informé sur la situation en Libye. « Je peux vous assurer que le président ne reçoit pas les informations exactes, et à un moment donné, quelqu'un doit les lui faire parvenir », explique-t-il à son interlocuteur libyen. Il affirme aussi que l'aide de camp de l'amiral

Mike Mullen, le général Charles H. Jacoby Jr. ne faisait aucunement confiance aux rapports émanant du département d'État et de la CIA, mais il ne pouvait rien faire à ce sujet.

Pour les renseignements militaires US, « Kadhafi n'aurait pas osé risquer de provoquer l'indignation de l'opinion publique internationale en tuant des civils, même s'il avait l'intention d'écraser la rébellion dans son pays ». Plusieurs experts américains ont comparé la campagne menée par le régime Obama pour envahir la Libye à celle menée par le régime Bush pour justifier l'invasion, la destruction et le pillage de l'Irak, en 2003[55].

Voilà donc comment des officiers du Pentagone ont ainsi décidé du sort de la vérité sur le conflit libyen, si souvent déformée par les médias et autres faiseurs d'opinions.

On ne pourrait clore cette partie sans évoquer les confessions de l'un des acteurs clés de la crise libyenne : Mustapha Abdeljalil, le numéro un du CNT. Avec une franchise qui arrive malheureusement un peu tard, Abdeljalil avoue dans une interview sur la chaîne *Chanel One* que le colonel « Kadhafi n'a pas ordonné de tirer sur la population. » Il affirme qu'au début des évènements, il travaillait avec l'équipe de sécurité de Kadhafi et qu'ils avaient reçu l'ordre de ne pas utiliser la force contre les manifestants. « Laissez-les brûler, laissez-les détruire, mais n'utilisez pas la force. Absorbez leur colère, absorbez l'enthousiasme sans utiliser la violence » a déclaré le Guide libyen, selon le chef du CNT.

Dans la vidéo de cette interview qu'on peut trouver sur Internet, Mustapha Abdeljalil déclare avoir participé à de nombreuses réunions avec le directeur des renseignements intérieurs Abdallah Senoussi, Bouzid Dourda, le directeur des renseignements extérieurs, Abdel Fatah Younès, le ministre de l'Intérieur, et Touhami Khaled, le directeur de la sécurité intérieure. Le mot d'ordre du colonel était sans ambiguïté : pas de violence à l'encontre des manifestants. « Kadhafi, à l'apogée de sa répression, n'avait pas osé nous bombarder avec l'aviation pour frapper Benghazi » avouera sur RFI, le porte-parole de la coalition des révolutionnaires de Benghazi, Ahmed el-Jazoui[56].

Mais toutes ces déclarations, qu'elles émanent de responsables et d'experts des pays de l'OTAN ou des membres du CNT, passeront quasiment inaperçues dans les médias. C'est à peine si on en a entendu parler dans la presse audio-visuelle et écrite.

On vante pourtant avec fougue la liberté de la presse et l'objectivité journalistique ; on utilise à tout bout de champ l'accusation de complotisme — accusation qui ne repose sur aucun autre argument que sa proclamation—, avec un petit rire au coin, pour dénigrer les arguments contraires à la version officielle du pouvoir politique, alors qu'on occulte subtilement la vérité pour le plus grand triomphe du mensonge et de la misère qui en résulte.

Le stratagème est souvent le même : on commence par mentir au public sans l'avouer. Puis on distille des demi-vérités et finalement on finit par avouer avec retard, tout en prenant soin de reléguer toutes ces vérités dérangeantes au second rang, voire en omettant de les diffuser, sous prétexte qu'il n'y a plus assez d'espace rédactionnel ou de temps d'antenne. Même Joseph Goebbels, le tristement célèbre ministre de la Propagande sous le Troisième Reich, n'aurait pas fait mieux. L'opinion, elle, souvent sollicitée par le truchement de son petit écran et des journaux, reste engluée dans le mensonge et l'ignorance la plus abjecte. De toute manière, c'est exactement ce à quoi on veut arriver. La guerre aura lieu comme prévu dans l'agenda de ceux qui prétendent être les « maîtres du monde »...

Les USA, l'OTAN et la R2PMD
(responsabilité de protéger
en massacrant et en détruisant)

Alors que les troupes libyennes poursuivent la reconquête des villes occupées par les rebelles, les médias répercutent avec entrain les informations fournies par le CNT à l'effet que l'armée libyenne s'apprête à investir la ville de Benghazi la « frondeuse » pour écraser dans le sang l'insurrection et punir la population civile. Des images difficilement authentifiables sont mises en avant par le dispositif médiatique occidental et Al-Jazeera, alimentant ainsi l'hystérie collective et renforçant la crédibilité d'une menace qui s'avérera sans le moindre fondement.

À Washington, Londres, Paris et Doha, on insiste sur la nécessité d'instaurer une *no fly zone* (zone d'exclusion aérienne), en invoquant la « responsabilité de protéger[57] » (R2P), version moderne du « devoir d'ingérence ». La Ligue arabe, fortement influencée par le Qatar, a donné son feu vert[58]. En Europe, la chancelière allemande Angela Merkel rechigne, comme bon nombre des pays de l'UE, ce qui n'empêche pas Nicolas Sarkozy de passer à la vitesse supérieure.

L'Élysée prend par surprise la délégation française à l'ONU, en demandant à son ambassadeur, Gérard Araud, de faire voter une autre résolution, cette fois sous le chapitre VII, lequel autorise un recours à la force. La France écrira le projet de résolution avec le Royaume-Uni et le Liban. L'ambassadrice américaine Susan Rice avait préparé une résolution analogue, mais le Français l'a prise de vitesse, histoire de montrer à la face du monde que c'est la France — et non les USA — qui est à l'origine de l'initiative.

Cependant, le vote de la résolution est loin d'être acquis en raison de l'opposition russe et chinoise, réticente comme plusieurs pays à l'utilisation de la force. Réuni à Addis-Abeba, le 10 mars, le Conseil de Paix et de Sécurité de l'Union africaine (UA) s'est prononcé contre « toute intervention militaire étrangère, quelle qu'en soit la force » en Libye — seul le Rwandais, Paul Kagame, l'homme d'Israël et des USA, a osé soutenir publiquement l'intervention des coalisés. L'UA adopte le même jour une « feuille de route en cinq points » fixant les termes d'un processus de transition représentative et d'une transformation systémique visant à la fois le respect des droits de l'homme, l'instauration d'une démocratie de type occidental, l'adoption et l'application des réformes politiques nécessaires pour répondre aux aspirations du peuple libyen[59]. Les Russes, opposés à une *no fly zone*, ont de leur côté proposé une résolution moins énergique, réclamant un cessez-le-feu.

Pour convaincre les membres hésitants du Conseil de sécurité (Russes et Chinois) soupçonnant les États-Unis et leurs auxiliaires européens de velléités néocoloniales et ainsi contourner un éventuel veto, Hillary Clinton et Nicolas Sarkozy vont jouer la carte arabe. L'idée est de faire admettre que l'intervention armée qui se prépare sera menée avant tout par les Arabes et non les Occidentaux. Comme le souligne Arnaud Siad, qui a travaillé comme consultant à l'OTAN, « cette stratégie d'inclusion des acteurs locaux visera à assurer une plus grande légitimité à l'intervention musclée qui se préparait, faisant du régionalisme un facteur clé. Elle permettait également de retirer tout soupçon d'interventionnisme américano-européen dans un monde arabe ayant déjà été l'objet de deux interventions militaires pilotées par les Occidentaux dans la dernière décennie[60]. » Autrement dit, les pays arabes sont appelés à faire de la figuration pour légitimer politiquement l'intervention occidentale qui se prépare.

Mme Clinton s'emploie ainsi à convaincre la Ligue arabe de se déclarer fermement en faveur d'une opération militaire et d'y participer activement. Elle rencontre à cet effet, au Caire, le secrétaire général de la Ligue, Amr Moussa, qui lui confirme que le Qatar et les Émirats Arabes Unis (EAU), les sous-traitants arabes de « l'Empire du bien », sont prêts à mettre leurs chasseurs à la disposition d'une force d'intervention.

Cette étape décisive ayant été franchie, il ne restait plus qu'à la chef de la diplomatie américaine de convaincre les Russes et les Chinois ainsi que certains membres non permanents, toujours méfiants, de soutenir la résolution, à défaut de s'abstenir — dans ce contexte, une abstention valait presque un oui. Elle rassura Sergueï Lavrov, le chef de la diplomatie russe, que les États-Unis « ne veulent pas de nouvelle guerre », que les choses ne se passeraient pas comme en Irak ou en Afghanistan, qu'il n'y aura pas de troupes au sol. Nicolas Sarkozy dit la même chose à son homologue russe Dimitri Medvedev. « Nous ne pouvons pas voter pour, mais nous nous abstiendrons et elle passera », déclare Sergueï Lavrov à son interlocutrice[61]. Les Chinois, qui ne veulent pas se mouiller, font savoir de leur côté que comme ils président le Conseil de sécurité de l'ONU, ils s'abstiendront aussi.

Dans la salle du Conseil où doivent se tenir les délibérations, la pression monte de tous les côtés. L'incertitude autour du vote final demeure. « Le problème pour nous c'est l'urgence », s'alarme Gérard Araud. Rien n'est encore gagné. Alain Juppé décide d'annuler à la dernière minute le déjeuner prévu en Allemagne avec son homologue allemand pour se rendre à New York. « Compte tenu de l'urgence dans laquelle se trouve la population libyenne, notamment à Benghazi, Alain Juppé a décidé de se rendre à New York afin d'obtenir, le plus rapidement possible, le vote de cette résolution » proposée par la France, la Grande-Bretagne et le Liban, indique un communiqué du Quai d'Orsay. « C'est une question de jours, c'est peut-être une question d'heures », déclare le ministre dans son discours avant le vote de la résolution.

C'est au nom de lendemains radieux à bâtir qu'ont été perpétrés les grands massacres de l'époque contemporaine.

La résolution 1973, rédigée volontairement dans des termes flous, est adoptée par le Conseil de sécurité à 17h, heure de New York. « L'ONU vient de conférer le sceau de la légalité et de la légitimité internationales à des sous-traitants peu recommandables », observe, dépité, en quittant la salle, un diplomate vénézuélien[62].

Cette résolution, tout comme celle qui l'a précédée deux semaines plus tôt, « forment l'arsenal juridico-militaire destiné à provoquer la chute de Mouammar Kadhafi », fait observer la journaliste Stéphanie Maupas[63]. « Elles sont les actes fondateurs du régime à venir. »

Dix des quinze membres du Conseil de sécurité de l'ONU (États-Unis, Royaume-Uni, France, Afrique du Sud, Gabon, Nigeria, Portugal, Bosnie-Herzégovine, Liban, Irlande du

Nord) ont appuyé la résolution, tandis que cinq autres (Chine, Russie, Brésil, Allemagne, Inde) se sont abstenus lors du vote. Personne n'a voté contre le texte qui autorise les États membres «à prendre au besoin toutes les mesures nécessaires pour protéger les populations» libyennes, «tout en excluant le déploiement d'une force d'occupation étrangère sous quelque forme que ce soit et sur n'importe quelle partie du territoire libyen».

Plusieurs juristes verront dans l'adoption de la résolution 1973 une violation évidente et gravissime de la Charte de l'ONU, outre celle du droit international, étant donné que l'article 2 de la Charte stipule qu'«aucune disposition du présent Statut n'autorise les Nations unies à intervenir dans des questions qui appartiennent à la compétence interne d'un État». Or le conflit opposant le gouvernement libyen au CNT, bien que piloté en sous-main de l'étranger, mais étant officiellement et indiscutablement une affaire interne à la Libye, ne nécessite donc pas une intervention du Conseil de sécurité. Qui plus est, souligne à juste titre le professeur Danilo Zolo[64], «l'article 39 de la Charte des Nations unies prévoit que le Conseil de sécurité peut autoriser l'usage de la force militaire seulement après avoir asserté l'existence d'une menace internationale de la paix, d'une violation de la paix ou d'un acte d'agression (de la part d'un État contre un autre État)». Or là aussi, comme on le sait, le conflit libyen n'a jamais représenté une menace pour la paix et la sécurité internationales. Mais bon, ce ne sont que des considérations juridico-techniques...

C'est un secret de polichinelle que d'affirmer que les puissances occidentales, États-Unis en tête, utilisent l'ONU et le droit international comme une feuille de vigne pour cacher leur unilatéralisme. La référence à la légalité internationale n'a pas la même valeur pour tous. Le droit international, c'est comme la Bible. Autant on s'en est servi durant l'époque coloniale pour assouvir de bas instincts coloniaux, autant l'on se sert du droit international de nos jours pour assouvir les bas instincts néocoloniaux des puissances impérialistes. De toute façon, dit-on, seule la fin justifie les moyens. Avec le vote de la résolution 1973, les puissances occidentales ont désormais les mains libres et à Benghazi le vote a été salué par des tirs en l'air. N'est-ce pas merveilleux ?

Pendant qu'on se mobilise dans les grandes capitales de l'arrogance pour voler au secours d'une population libyenne qui est loin d'être en danger, en plus de n'avoir rien demandé, au Bahreïn, dictature du Golfe persique et alliée de l'Occident, des manifestations pacifiques contre le pouvoir sont férocement réprimées dans le sang, avec le soutien actif des monarchies obscurantistes du Golfe qui s'apprêtent à accompagner les pays de l'OTAN dans leur croisade en Libye. Les dirigeants occidentaux et leurs médias se démarqueront par leur silence complice. On ne critique ni n'attaque le pays qui héberge la Ve flotte des États-Unis. On apprendra par ailleurs que c'est la secrétaire d'État Hillary Clinton qui a donné le feu vert pour l'invasion du Bahreïn par l'Arabie saoudite, et la presse française révélera que la répression a bénéficié du savoir-faire français en matière de « gestion démocratique des foules[65] » !

L'Iran a demandé la saisine du Conseil de sécurité comme cela s'est fait pour la Libye, sans succès. Personne dans les « grandes démocraties » impériales n'appellera alors à la démission ou au départ du roi Hamad Ben Issa Al-Khalifa, comme on le fait pour Kadhafi.

Samedi 19, Nicolas Sarkozy réunit à l'Élysée le SG de l'ONU, Ban Ki-Moon, une brochette de chefs d'État et de gouvernements occidentaux et des nations arabes pro-occidentales et anti-Kadhafistes, afin d'examiner la situation en Libye et la réponse à donner au lendemain de l'adoption par le Conseil de sécurité de la résolution 1973. Aucun leader africain ni représentant de l'UA n'a eu droit au chapitre. Juste avant d'accueillir ses invités, le chef de l'État français a tenu une réunion restreinte à huis clos avec le premier ministre britannique David Cameron et Hillary Clinton. On ne sait pas ce qu'ils se sont dit, mais lorsque le chef du Conseil italien Silvio Berlusconi, qui jugeait l'intervention militaire « illogique et dangereuse », et son staff arrivent à l'Élysée, ils se rendent compte que les dés sont déjà pipés.

Le chef du Conseil italien se dirige alors vers la chancelière allemande qui croquait un biscuit et lui demande : « Angela, que se passe-t-il ici ? » « Tout cela est une farce. On nous fait venir à Paris, mais tout a déjà été décidé » lance-t-il à l'endroit de Mme Merkel, qui haussa les épaules sans piper mot[66]. Berlusconi réalise alors qu'il ne peut rien faire pour changer le cours des évènements. Il est furieux. Il apprend comme les autres dirigeants présents au sommet que les avions français sont déjà en route pour la Libye. Droit dans ses petites chaussures, Nicolas Sarkozy annonce que les forces aériennes françaises « s'opposeront à toute agression des avions du colonel Kadhafi contre la population de Benghazi » et lance à l'attention du Guide: « Nous sommes déterminés à prendre toutes les actions nécessaires, y compris militaires, conformément à la résolution 1973, pour assurer le plein respect des exigences du Conseil de sécurité. »

Parallèlement au sommet de Paris, une autre réunion, cette fois-ci des chefs d'État africains, se tient à Nouakchott, en Mauritanie, pour tenter de trouver une issue pacifique au conflit libyen. À l'issue de cette rencontre, un comité *ad hoc* de cinq chefs d'État[a] mandatés par l'UA doit entreprendre une mission de la dernière chance en Libye, afin de persuader les parties en conflit d'accepter les termes de la feuille de route élaborée par l'organisation panafricaine. En pleines délibérations, le président de la Commission de l'UA, Jean Ping, reçoit un appel de Ban Ki-Moon qui lui annonce qu'il a été expressément chargé par les dirigeants occidentaux réunis à l'Élysée au même moment, de lui demander de dissuader le comité *ad*

---

[a] La délégation devait comprendre les présidents Jacob Zuma (Afrique du Sud), Amadou Toumani Touré (Mali), Mohamed Ould Abdel Aziz (Mauritanie) et Denis Sassou Nguesso (Congo), ainsi que Yoweri Museveni (Ouganda).

hoc des chefs d'État de se rendre à Tripoli et à Benghazi, comme celui-ci s'apprêtait à le faire dans le cadre de la mise en œuvre du plan de sortie de crise de l'UA. La raison invoquée par les « maîtres du monde » réunis à Paris : les « raids humanitaires » de la coalition qui devaient débuter dans les heures qui suivent[67]. Selon un député français, Nicolas Sarkozy aurait même menacé de « flinguer » (c'est l'expression qu'il aurait utilisée) l'avion transportant les chefs d'État africains si ceux-ci s'aventuraient à se rendre en Libye !

Un sentiment de rage et d'impuissance submerge les chefs d'État et les autres responsables politiques africains réunis ce jour-là à Nouakchott. « La scène était quand même surréaliste ! » se souvient un jeune diplomate présent. « À la sortie de la réunion, un des chefs d'État s'est mis à critiquer violemment les Occidentaux, utilisant un langage frisant parfois la grossièreté. Obama et Sarkozy en ont pris pour leur grade. Il n'a pas non plus épargné les pays africains qui ont voté la résolution 1973: "Ils ont voté pour en dépit de la résolution que nous avons adoptée le 10 mars, rejetant toute intervention extérieure. Et quand on leur demande pourquoi vous avez fait ça, ils vous répondent qu'ils ont été forcés", a-t-il asséné le visage fermé. Il était vraiment furieux. Puis un homme est venu le prendre par l'épaule et ils sont partis. »

Pour Jean Ping, les Occidentaux n'avaient qu'une idée en tête : tuer Kadhafi. Lâché par tous, y compris par les siens, son sort a été scellé à Paris, croit savoir le président de la Commission de l'UA. « Il ressemblait désormais à ces poulets décapités lors des cérémonies traditionnelles (vaudoues et autres) et capables de courir un temps avant de s'effondrer », caricature M. Ping. « Ce n'était plus qu'une simple question de temps, et les Occidentaux savaient parfaitement que nous en avions conscience » affirme-t-il. Et d'ajouter : « En tout cas, pour ma part, j'avais dit et répété devant l'OTAN et son secrétaire général, Anders Fogh Rasmussen, que pour nous, quoi qu'ils disent et bien qu'ils s'en défendent, la mort de Kadhafi était déjà bel et bien commanditée, planifiée et programmée[68]. »

Ce 19 mars, on l'a dit, les avions de chasse français avaient déjà décollé en direction de la Libye. La veille, le colonel Kadhafi a annoncé un cessez-le-feu unilatéral et a appelé à l'ouverture d'un dialogue avec toutes les parties, en conformité avec la résolution du Conseil de sécurité. La Libye a également demandé au secrétaire général Ban Ki-Moon l'envoi d'observateurs internationaux pour se rendre compte de la situation sur place. Logiquement, les pays de la coalition (États-Unis, France et Grande-Bretagne) ne devraient donc pas ouvrir le feu aussi longtemps que le cessez-le-feu est respecté. Mais le trio occidental de la guerre de l'entendait pas de cette oreille et rejeta la proposition libyenne. Idem pour la rébellion qui, par la voix de son commandant militaire Kalifa Haftar, revenu fraîchement d'un long exil aux États-Unis, qualifia l'annonce faite par les autorités libyennes de « bluff ». Vraisemblablement poussé par ses parrains, le CNT viola le cessez-le-feu le jour même et rejeta la faute sur Kadhafi pour justifier l'entrée en scène du « trio infernal ».

Les opérations militaires débutent dans la soirée. Elles sont conduites dans les premières heures essentiellement par les forces françaises, les autres composantes de la coalition, notamment britannique et américaine, restant en retrait. Les Canadiens puis les Britanniques ont rapidement pris le relais et quelques heures plus tard, des bâtiments de guerre américains stationnés en Méditerranée larguaient à leur tour plus de cent missiles de croisière Tomahawk sur des objectifs militaires libyens à Tripoli et Misrata. C'est le coup d'envoi des opérations (*Harmattan* pour la France), (*Ellamy* pour le Royaume-Uni), (*Odyssey Dawn* pour les USA) et (*Mobile* pour le Canada). L'invasion de la Jamahiriya a officiellement commencé.

Dès le lendemain, 20 mars, le gouvernement libyen fait part de sa volonté d'entamer des négociations avec les États-Unis. Le général Abdelkader Youssef Dibri, chef de la sécurité personnelle du colonel Kadhafi, est chargé de transmettre la proposition du Guide d'établir une trêve, afin d'amorcer des pour-parlers directs, aux Américains. Via des intermédiaires libyens qu'il connaissait à l'époque où il œuvrait comme consultant d'affaires en Libye, le contre-amiral américain à la retraite, Charles R. Kubic, en est rapidement informé. « Gardons les diplomates en dehors de tout ça », leur a dit l'amiral. « Gardons les politiciens en dehors de tout ça. Nos commandants militaires vont discuter comme sur un champ de bataille, sous un drapeau de trêve, selon les lois de la guerre ; et voyons si nous pouvons, en une courte période de temps, arriver à un cessez-le-feu et à une transition politique » ajoute-t-il[69].

Dès le lendemain, Charles Kubic entreprend de faire parvenir la proposition libyenne au QG de l'AFRICOM[a], qui coordonne les opérations de la coalition en Libye. Son contact, le lieutenant-colonel Brian Linvill, un ancien attaché militaire à Tripoli servant de courroie de communication avec l'armée libyenne, fit le nécessaire pour que l'information arrive le jour même au commandant en chef de l'AFRICOM, le général Carter Ham. Ce dernier accepte de collaborer et fait remonter la proposition à l'étage supérieur, au Pentagone.

Dans l'entre-temps, le général libyen Ahmed Mahmoud, un proche de Kadhafi, téléphone au lieutenant-colonel Linvill à Stuttgart et lui soumet une série de propositions[70] : 1) Une trêve de 72 h dans le but de mener à bien les négociations sur les termes d'un cessez-le-feu formel ; 2) les discussions pourraient être organisées à Tripoli entre le ministre de la Défense libyen, Abou Bakr Younès Jaber, et le patron de l'AFRICOM Carter Ham ; 3) si ces conditions sont acceptées, les Libyens vont arrêter toutes les opérations de combat et retirer immédiatement leurs forces à la périphérie de toutes les villes et assumer une posture défensive ; 4) pour garantir la crédibilité de la démarche devant la communauté internationale, les Libyens re-

---

[a] US Africa Command, le commandement militaire américain en Afrique.

commandent que des observateurs de l'UA soient invités pour s'assurer que la trêve est respectée.

Le même jour dans la soirée, le général Carter Ham publie un communiqué sur *NBC News* affirmant que l'armée américaine ne visait pas Mouammar Kadhafi. Dès le lendemain, 22, l'armée libyenne commença à retirer ses forces d'importantes villes tenues par les rebelles comme Benghazi et Misrata. Puis, plus rien. Silence radio du côté de l'AFRICOM. La proposition libyenne va donc rester en suspens. Selon Kubic, Carter Ham avait reçu l'ordre de se retirer des négociations; et cette injonction, « venue d'en haut », émanait non pas du Pentagone, mais du département d'État. Et l'ancien officier à la retraite de poser la question : « Si leur but était d'écarter Kadhafi du pouvoir, alors pourquoi ne pas essayer une trêve de 72 h ? ». Pour enfin conclure : « Ce n'était pas suffisant de l'écarter du pouvoir ; ils le voulaient mort[71] ».

Charles Kubic fait d'autres révélations : « [Kadhafi] revint et dit qu'il était prêt à partir pour permettre l'établissement d'un gouvernement de transition, mais il avait deux conditions : la première était de s'assurer, après son départ, qu'une force militaire reste pour chasser Al-Qaïda. Dans la seconde, il demandait un libre passage ainsi que la levée des sanctions contre lui, sa famille et ses fidèles. À ce moment-là tout le monde pensait que cela était raisonnable. Mais pas le département d'État[72] ».

La porte fermée côté américain, Kadhafi se tourne vers la France. Il prend contact avec plusieurs intermédiaires, dont Robert Dulas[73], ancien conseiller de nombreux chefs d'État africains évoluant « dans la zone grise de la barbouzerie et du renseignement international[74] », et lui demande de faire savoir à l'Élysée qu'il est prêt à lâcher le pouvoir. Dulas raconte : « On a fait passer le message en disant qu'il était prêt à laisser le pouvoir et lui-même avait dit : "je suis prêt à me transformer en reine d'Angleterre pour inaugurer les chrysanthèmes". Je lui ai demandé s'il était prêt à communiquer là-dessus. Il a dit oui. Et Delphine Minoui qui travaillait à l'époque pour *Le Figaro*, pour le *New York Times* et pour TF1 m'a rejoint à Tripoli et je l'ai introduite auprès du Guide. Elle l'a donc interviewé et dans la fin de l'enregistrement télévisé le Guide disait : "Je suis prêt à me retirer". L'enregistrement est passé mais la fin de l'enregistrement n'a jamais été diffusée sur les antennes[75]. » Pourquoi ? On ne le saura peut-être jamais et Madame Minoui ne donnera jamais suite à mes demandes d'entretien. La guerre a donc continué comme si de rien n'était.

La France, qui s'est affichée comme le leader incontesté de l'interventionnisme en Libye, est en première ligne et sur tous les fronts. Nicolas Sarkozy, l'avocat le plus zélé de l'intervention militaire, voit dans cette croisade l'occasion de réaffirmer le rôle de puissance perdue de la France. On a aussi raconté ici et là que le chef de l'État français, poussé par le « philosophe » de guerre pro-israélien BHL, voulait par cet engament faire oublier son manque de lucidité et son inertie face aux évènements en Tunisie et Égypte. Ce qui fera dire à un certain nombre d'observateurs en Europe (particulièrement en France) et en Afrique que c'est la France — et dans une certaine mesure le Royaume-Uni — qui est aux commandes des opérations militaires, faisant ainsi de Nicolas Sarkozy le chef d'orchestre de la guerre d'invasion menée contre la Jamahiriya arabe libyenne.

Cette version des faits, une fable répétée à l'envi et de manière quasi obsessionnelle dans les médias et par la plupart des « experts » hexagonaux, est aux antipodes de la réalité. Car la guerre d'invasion contre la Libye fut avant tout une affaire américaine. Décryptage.

Dès le début de l'insurrection à Benghazi, la Maison Blanche est en pointe. Barack Obama est en effet le premier chef d'État occidental à exiger, le 23 février, soit une semaine après le début de la révolte, le départ de Kadhafi ; il assure que « toutes les options sont envisagées » et que ses « conseillers y travaillent jour et nuit ». Hillary Clinton en rajoute quatre jours plus tard, le 27 : « L'administration Obama reste prête à offrir "tout type d'assistance" aux Libyens cherchant à déloger Mouammar Kadhafi. Nous avons contacté de nombreux Libyens de différents horizons qui tentent de s'organiser à l'est et à l'ouest, à mesure que la révolution avance également dans cette direction. Je crois qu'il est trop tôt pour dire comment cela va se dérouler, mais les États-Unis sont prêts et préparés à offrir tout type d'assistance souhaitée ». Des propos qui, mieux qu'un long discours, démontrent sans équivoque le rôle des États-Unis dans le conflit libyen.

Début mars, Christopher Steven, le chargé d'affaires à l'ambassade américaine à Tripoli jusqu'en 2009, est dépêché par le département d'État à Benghazi pour servir comme représentant spécial des États-Unis auprès de la rébellion. Au même moment, des responsables américains, entre autres les sénateurs McCain et Libermann, avancent l'idée d'une *no fly zone* dans le ciel libyen. Ce sont encore les Américains qui lancent en premier, devant le Conseil de sécurité des Nations unies, l'opération diplomatique qui va conduire à l'adoption de la résolution 1973, qui ouvre la voie à l'utilisation de la force contre la Jamahiriya.

Hillary Clinton avait en effet demandé à Susan Rice de préparer une résolution « musclée » laissant la porte ouverte à « une action militaire plus énergique si le besoin s'en faisait sentir ». C'est ainsi que Mme Rice inséra dans sa résolution la fameuse clause autorisant d'employer « toutes les mesures nécessaires » pour protéger la population civile. Le texte présenté par la représentante américaine à l'ONU allait plus loin que celui préparé par la France, qui ne se limitait qu'à l'instauration d'une zone d'exclusion aérienne. Susan Rice présenta son projet de résolution au représentant français, Gérard Araud, qui, sachant que Sarkozy et Juppé étaient eux aussi favorables à des frappes, rédigea en catastrophe un nouveau texte qui comporta le paragraphe de Rice sur *« toutes les mesures nécessaires »* et eut donc le soutien américain[76].

Une fois la résolution adoptée et l'expédition militaire enclenchée, des équipes de la CIA déployées en Libye quelques semaines auparavant sur ordre du président Obama sont passées à l'œuvre pour appuyer les insurgés et contribuer à leur effort de guerre. Puis, à la demande de Washington, l'Égypte et la Tunisie acheminèrent des armes à la rébellion[77] — preuve que les révoltes dans ces deux pays préparaient la voie à l'invasion de la Libye, puisque Ben Ali et Moubarak n'auraient jamais cautionné la déstabilisation de la Libye à partir de leur territoire —, et le Royaume-Uni dépêcha ses forces spéciales auprès des insurgés, afin d'épauler sur le terrain l'action de la CIA.

Ne voulant pas apparaître en première ligne, les Américains laisseront les Français, en quête de gloire, le soin de tirer les premiers, tout en gardant discrètement la haute main sur le commandement des opérations de la coalition. Un conseiller à la Maison Blanche parlera du « *Leading from behind*[78] » (diriger de l'arrière), la nouvelle doctrine du président Obama, qui consiste à intervenir dans un théâtre en prenant soin de laisser les alliés ou les « États clients » conduire des opérations que l'on supervise discrètement en arrière-scène[79]. De cette manière, Washington, en plus de mutualiser le coût des opérations militaires, s'épargne les critiques et peut donc continuer à mener des guerres impériales sans trop se faire remarquer. Le maître-mot ici est la discrétion. «La défense de nos intérêts et la diffusion de nos idéaux requièrent donc désormais discrétion et modestie en plus de notre puissance militaire», explique le conseiller d'Obama au *New Yorker*.

Dans un contexte national de méfiance et de scepticisme (selon un sondage publié le 22 mars 2011 par l'Institut Gallup, seuls 47 % des Américains se montraient favorables à l'engagement des États-Unis en Libye), confronté à une grave crise économique et financière et à des opérations de désengagement difficiles à gérer en Irak (planifié pour fin 2011) et en Afghanistan (planifié pour fin 2013), et surtout soucieux de masquer le fait que l'impérialisme américain s'apprête à mener une guerre dévastatrice de plus contre un pays musulman, après celles dans lesquelles son pays est embourbé en Afghanistan et en Irak, Barack Obama a donc préféré déléguer une bonne partie des opérations militaires en Libye à ses alliés européens, tout en gardant la main sur le commandement des opérations de la coalition dans son ensemble[80]. John Barry souligne dans le *Daily Beast* qu'il s'agit de « la guerre secrète de l'Amérique en Libye » et explique que durant toute la croisade, rien ne pouvait se faire sans l'aval des États-Unis[81].

Malgré donc l'activisme débordant de M. Sarkozy qui souhaitait vivement que son pays prenne la tête des opérations et s'était, en ce sens, montré plus entreprenant que les autres dirigeants occidentaux, la France — tout comme les autres membres de la coalition — a été placée sous commandement américain. Toutes les forces de la coalition étaient placées sous les ordres du général Carter Ham, le chef de l'AFRICOM en charge de l'opération *Odyssey Dawn*. À entendre certains militaires français, les opérations de la coalition en Libye ont fait de la France « un soutier du Pentagone[82]. »

Mais Washington ne se contente pas seulement d'assurer la direction des opérations militaires, il s'est arrangé aussi pour avoir ses « hommes liges » au sein de la rébellion. La plupart d'entre eux, les hommes clés du CNT, proviennent d'ailleurs des États-Unis ou ont eu à « flirter » avec les Yankees à un moment ou à un autre. C'est notamment le cas de **Moustapha Abdeljalil**, le président du CNT et ancien ministre de la Justice de Kadhafi, qui avait par deux fois confirmé la condamnation à mort des infirmières bulgares. Pendant qu'il travaillait pour le gouvernement libyen, il avait développé d'étroites relations avec les Américains. **Mahmoud Jibril**, Monsieur diplomatie du CNT, a étudié et travaillé aux États-Unis, puis au Qatar, avant de revenir en Libye sur demande de Saïf al-Islam Kadhafi, pour occuper le poste de directeur-général du Bureau du développement économique, l'institution chargée de piloter la libéralisation de l'économie du pays[a]. **Ali Tarhouni,** opposant de longue date au colonel Kadhafi, cet ex-professeur d'économie à l'université de Seattle (États-Unis) détient les portefeuilles des finances et du pétrole au sein du CNT. C'est à lui qu'incombe

---

[a] Voir chapitre suivant.

la tâche de gérer le budget de la rébellion et de relancer la rente pétrolière. Dans la nébuleuse militaire rebelle, il faut compter avec le général **Kalifa Haftar**, chef des opérations terrestres du CNT. Après avoir fait le coup de feu pour le compte du Guide au Tchad, il est arrêté puis retourné par la CIA avec laquelle il complotera pour renverser le colonel Kadhafi à la fin des années 80[a]. Après vingt-quatre ans d'exil doré en Virginie, non loin du siège de la CIA, il est dépêché à Benghazi au début de l'insurrection pour encadrer les forces rebelles. Il reconnut que, dans les jours qui précédèrent son départ pour la ville rebelle, il avait été en contact avec des agents de la CIA et Gene Cretz, l'ambassadeur américain en Libye, qui séjournait à Washington depuis janvier[83]. Comme le fera observer le journaliste Tim Lister de la chaîne CNN dans un documentaire consacré au rôle de la CIA dans la chute du Guide, « il [Haftar, Ndlr] est retourné en Libye vingt ans plus tard pour finir le travail qui était resté inachevé[84] »...

Avec cette mainmise sur le militaire et les acteurs clés de la nébuleuse rébellion, le régime américain entend ainsi contrôler militairement le déroulement complet des opérations pour mieux imposer ses choix diplomatiques (alignement politique sur Washington), économiques (privatisations au profit des transnationales américaines) et militaires (implantation des bases régionales) à la fin du conflit. C'est aussi une façon pour l'Empire de s'assurer, dans la durée, une emprise exclusive sur la Libye...

• • •

Soixante-douze heures après le début des premiers bombardements, les pays de la coalition avaient déjà la maîtrise totale du ciel libyen. « La population de Benghazi a été sauvée d'un anéantissement imminent », déclare Hillary Clinton.

---

[a] Voir chapitre VI.

« Nous avons sauvé les civils de Benghazi », assure de son côté le chef de la diplomatie française, Alain Juppé. Le 21, David Cameron, le premier ministre britannique annonce devant le parlement de son pays que « les forces de la coalition ont largement neutralisé la défense aérienne libyenne et que le résultat est la mise en place d'une zone d'exclusion aérienne au-dessus de la Libye. » Et de poursuivre : « Il est clair que la coalition a également permis d'empêcher ce qui aurait été un massacre sanglant à Benghazi ».

Autrement dit, la population de Benghazi, soixante-douze heures après le début des bombardements, ne courait plus aucun danger ! Alors pourquoi la coalition a-t-elle poursuivi le bombardement de la Libye pendant des mois, renvoyant le pays à l'âge de la pierre ? Réponse d'Alain Juppé : « Nous allons aider le peuple libyen à se libérer. Ce n'est pas inscrit dans la résolution du Conseil de sécurité qu'il [Kadhafi, Ndlr] doit s'en aller, mais il est bien évident, ne racontons pas d'histoires, que le but de tout cela est de permettre au peuple libyen de choisir son régime. Je n'ai pas le sentiment qu'aujourd'hui son choix se porterait sur le colonel Kadhafi. » Passé l'hypocrisie propre au langage diplomatique, le chef de la diplomatie française laisse tomber son masque et lève le voile, sans s'encombrer des cir-conlocutions diplomatiques, sur les véritables intentions de la coalition : « Il est exact que les résolutions de l'ONU ne demandent pas le départ de Mouammar Kadhafi, mais nous, nous le demandons ». Voilà qui est dit !

Pour ceux qui ont cru en la bonne foi des dirigeants occi-dentaux sur la protection des populations libyennes, l'illusion aura été de courte durée. D'une intervention ponctuelle de défense de la population de Benghazi, on va passer à des opérations d'envergure sur l'ensemble du territoire libyen en appui aux forces rebelles, en vue de changer de régime. Ce que ni l'ONU ni le Conseil de sécurité n'avaient autorisé. On ne cache plus ses réelles intentions. Le départ du pouvoir de Kadhafi « demeure le but ultime » des États-Unis, réaffirme le département d'État, qui a pris soin de distinguer cet objectif « de long terme » de l'opération sous mandat des Nations unies.

Russes et Chinois ont l'impression de s'être fait rouler dans la farine. Ils reprochent à la coalition d'avoir « grossièrement violé le mandat donné par le Conseil de sécurité de l'ONU ». « Une bonne résolution a été transformée en un chiffon de papier pour couvrir une opération militaire inutile », déclare le président Dimitri Medvedev dans une interview au *Financial Times*, ajoutant que s'il avait su que la résolution serait utilisée pour bombarder la Jamahiriya, il aurait certainement donné des instructions différentes aux diplomates russes à l'ONU[85]. Plus virulent, Vladimir Poutine, son premier ministre, qualifie l'opération de « croisade ». « À l'époque de Bill Clinton, on a bombardé la Yougoslavie et Belgrade, [George W.] Bush a envoyé des troupes en Afghanistan, ensuite, sous de faux prétextes, on a envoyé des troupes en Irak. [...] Aujourd'hui, c'est au tour de la Libye. […] Cela devient une tendance forte et une constante dans la politique des États-Unis », a déclaré M. Poutine devant les ouvriers d'une usine d'armement de Votkinsk, en Sibérie — ce sera d'ailleurs la dernière fois que Russes et Chinois laisseront passer au Conseil de sécurité une résolution proposée par un Occident tricheur et appelant à une intervention pour des raisons humanitaires. Le Brésil, l'Inde, l'Iran, l'Allemagne, l'Union africaine et un certain nombre de pays d'Amérique latine protestent également ; la Ligue arabe, menée du bout du nez par le Qatar, menace de retirer son soutien à la coalition. Selon l'organisation panarabe, les opérations alliées sortent du cadre de leur mission et mettent en danger la vie des civils. Son secrétaire général Amr Moussa critique les raids, estimant qu'ils s'écartent « du but qui est d'imposer une zone d'exclusion aérienne ».

C'est toute la communauté internationale — la vraie cette fois et non la petite communauté occidentale autoproclamée — qui condamne l'agression dont est victime la Libye. Au sein même de l'Alliance atlantique, les divergences sont profondes. Même si tous les membres de l'organisation ont voté en faveur de l'opération, seulement la moitié y participe et moins d'un tiers a consenti à participer aux raids. Sceptique, l'Italie, par la voix de Franco Frattini, le ministre des Affaires étrangères, indiqua qu'il voulait vérifier la conformité des premiers bombardements avec la résolution de l'ONU. L'Allemagne de son côté s'est dite confortée dans ses réserves. «Lorsque nous entendons ce que dit la Ligue arabe, malheureusement nous constatons que nous avions des raisons d'être préoccupés», déclare le ministre des Affaires étrangères Guido Westerwelle. La Turquie émit des réserves. Idem pour la Pologne qui soupçonna la coalition d'avoir un agenda caché lié à la mise sous-tutelle du pétrole et du gaz libyens. La Norvège suspendit sa participation aux opérations à une clarification sur la chaîne de commandement. Et Marcel André Boisard, ancien sous-secrétaire général de l'ONU, de souligner que «rien n'a été respecté», que «le principe de "responsabilité de protéger" est mort en Libye, comme celui de "l'intervention humanitaire" avait péri en Somalie, en 1992[86].»

En gros, contrairement à l'objectif affiché et à l'image qui en est donnée dans les médias, l'invasion de la Libye est l'affaire, non pas de la communauté internationale véritable, mais d'un petit groupe d'États occidentaux agissant comme à son habitude au nom de celle-ci alors qu'il n'y est pas mandaté, et désirant mettre la main sur le «gâteau» libyen, au nom des prétendues valeurs morales et humanitaires.

À l'initiative de la Grande-Bretagne, un «groupe de contact» sur la Libye regroupant les pays de l'OTAN et les nations arabes pro-occidentales, est formé à Londres, le 29, en vue d'assurer «le pilotage politique» de la guerre. Début mai, il met en place un mécanisme de financement à disposition du CNT pour un montant de 250 millions de dollars, prélevé sur les fonds libyens «gelés». Autrement dit, la guerre d'agression est financée par les agresseurs, comble du cynisme, avec de l'argent volé aux agressés! Sergueï Lavrov, le ministre russe des Affaires étrangères, décrira ce «groupe de contact» comme «une structure auto-nommée n'ayant aucune légitimité du point de vue du droit international ».

Russes et Chinois vont exiger une nouvelle réunion d'urgence du Conseil de sécurité sur la situation en Libye, mais se heurteront à l'indifférence de la coalition. Le 30 mars, alors que les critiques sur la violation explicite des termes de la résolution 1973 se multiplient, le Foreign Office annonce la défection de la « boîte noire » du régime, Moussa Koussa. Une prise de choix pour les coalisés. L'ancien maître-espion s'est enfui de Tripoli via Djerba, avec l'aide, semble-t-il, du nouvel ambassadeur de France à Tunis, Boris Boillon. De l'île tunisienne, il s'est envolé pour Londres, où il a été accueilli puis débriefé par les services secrets de Sa Majesté dans un lieu tenu secret, avant d'élire domicile au Qatar, chez l'émir Hamad ibn Khalifa al-Thani, ennemi juré de Kadhafi. Des sources bien informées affirment que Moussa Koussa était un agent double au service de la CIA et du MI6[87], voire même des services français[88]. À cet égard, sa défection a toutes les apparences d'une opération soigneusement orchestrée.

Après la défection de l'ancien maître-espion, Londres et les autres pays de l'OTAN ont poursuivi leurs efforts pour provoquer d'autres départs dans l'entourage immédiat du Guide libyen. « Kadhafi doit se demander qui sera le prochain à l'abandonner », déclare le ministre des Affaires étrangères anglais, William Hague. D'après *The Independent*, des contacts ont été noués avec de hauts responsables libyens envisageant de suivre l'exemple de Moussa Koussa[89]. Selon certaines sources, Abdallah Senoussi aurait été sollicité par les services secrets français et américains pour éliminer le Guide libyen, en échange de l'abandon des charges qui pèsent contre lui dans l'affaire du DC-10 d'UTA. Nous savons de source digne de foi que les mêmes pays ont courtisé Saïf al-Islam, lui demandant de faire un coup d'État contre son père...

Sur le terrain, l'OTAN a pris le commandement de toutes les opérations de la coalition, au grand dam de l'Hexagone qui n'a cessé de revendiquer une co-direction franco-britannique.

Les tractations au sein de l'Alliance ont été houleuses. Chaque pays conservera le commandement opérationnel de ses forces et restera donc libre de définir ses cibles, mais la planification et la conduite des opérations aériennes seront chapeautées par le centre des opérations aériennes combinées (*Combined Air Operations Center*, CAOC) de l'OTAN de Poggio Renatico en Italie. L'opération baptisée « *United Protector* » sera commandée par le lieutenant-général canadien Charles Bouchard, adjoint de l'amiral Samuel Locklear, qui a la double casquette de chef du commandement de l'OTAN (à Naples) et de commandant de la composante navale américaine utilisée par l'AFRICOM et l'EUCOM, le commandement des forces américaines en Europe[90]. Locklear lui-même dépend de l'amiral James Stavridis, le commandant suprême des forces alliées en Europe (SACEUR) et de l'OTAN. Petit détail non sans intérêt : Stavridis ne lève pas le petit doigt sans consulter au préalable le Pentagone.

En clair, l'Amérique se désengage — un retrait avec une implication toujours aussi conséquente puisque l'US Air Force va fournir 90 % des ravitailleurs, l'essentiel des moyens de guerre électronique... — du bourbier libyen sans vraiment se désengager. En termes de communication intérieure, c'est un coup de génie pour le prix Nobel de la paix, Barack Obama, qui ne souhaitait pas donner l'image d'un président entraînant son pays dans une troisième guerre en terre d'islam après l'Afghanistan et l'Irak. Les États-Unis vont donc continuer de piloter la guerre en refilant, bien entendu, une partie de la facture à leurs sujets européens[91]. C'est aussi à cela que sert l'OTAN : faire payer aux États membres une partie des coûts des guerres impériales que mène l'Alliance, mais qui profitent avant tout aux intérêts américains.

Instrument essentiel de la domination américaine intervenant au nom de la « communauté internationale », « *United Protector* », malgré les déclarations du général Bouchard sur la protection des civils, ne s'écartera pas des objectifs que se sont assignés les États-Unis et leurs valets européens et adaptera donc ses opérations en fonction de la stratégie du « *regime change* » convenue en comité restreint à Londres quelques jours plus tôt. Une cellule de coordination sera installée par le général canadien à Benghazi « pour raccourcir le circuit décisionnel » avec les rebelles.

Sans tenir compte de la résolution 1973 interdisant le déploiement des troupes étrangères au sol, Washington, Londres, Paris et Doha, ont, en toute discrétion, dépêché à Benghazi, puis dans les zones que les rebelles voulaient investir, conseillers militaires, instructeurs et commandos des forces spéciales pour conseiller, entraîner les rebelles et guider les raids de l'OTAN. Il y avait aussi des agents infiltrés égyptiens, jordaniens, émiratis et peut-être même italiens, ainsi que des contractants privés généreusement payés par le Qatar et les Émirats arabes unis.

Certaines unités du CNT ont en outre été formées par des commandos du service Action de la DGSE ou par des membres d'unités spéciales venus de certaines armées arabes formées et équipées par le COS (commandement des opérations spéciales français)[92]. En parallèle, les forces spéciales qataries ont aidé les rebelles à établir des centres de commandement à Benghazi, Zintan et plus tard à Tripoli. Elles ont été assistées dans cette tâche par une trentaine d'agents de liaison français, britanniques et une poignée d'Américains. Régulièrement, les chefs d'état-major du trio occidental rencontrent leur homologue qatari, le général Hamad al-Attiyah, pour faire le point sur la situation[93] et coordonner plus étroitement leurs actions avec celles du CNT dans le but d'éviter les initiatives contradictoires.

Compte tenu de sa proximité avec la France et vu sa relation de subordination aux États-Unis, tout laisse penser que le Qatar, qui a été le premier pays arabe à reconnaître le CNT, en plus d'apporter la caution arabe à la résolution 1973, jouait le rôle de sous-traitant des pays de l'OTAN, tout en avançant ses propres cartes. On sait, par exemple, que Marc Turi, un trafiquant d'armes américain à la réputation sulfureuse et propriétaire de la compagnie Turi Defense Group, fut chargé par le département d'État d'acheminer des armes aux rebelles via le petit émirat. « C'était le meilleur moyen de contourner la résolution du Conseil de sécurité tout en évitant d'éveiller les soupçons », m'expliqua un contractant américain proche de Turi. « Washington ne voulait pas apparaître en première ligne dans cette affaire et les Qataris, eux, ne dissimulaient pas leur jeu. Passer par eux pour soutenir le Conseil (CNT, Ndlr) nous paraissait plus approprié. » Et d'ajouter : « De toute façon, ils [les Qataris] ne pouvaient pas faire ce qu'ils ont fait sans l'aval de Washington »...

À partir d'avril, pas moins de vingt mille tonnes d'armes partent du petit émirat à destination de la Libye, avec le consentement des Américains, des Français et des Britanniques. Certains convois logistiques contenant des munitions parviennent aux insurgés via le Soudan ; d'autres passent par la Tunisie. Le Qatar, avec la bénédiction des mêmes puissances occidentales, envoie cinq mille membres de ses forces spéciales et accueille également plusieurs centaines de rebelles, les forme au combat, avant de les renvoyer au feu en Libye. Doha devient ainsi la pièce-maîtresse du dispositif franco-américano-britannique dans le conflit libyen. « L'OTAN s'est rendu compte de l'intérêt de les avoir avec eux parce que les Qataris et les Émiriens étaient pratiquement les seuls à voir des hommes sur le terrain. Des commandos, mais aussi des médecins et des logisticiens qui avaient des informations de première main qu'ils faisaient remonter au QG de l'OTAN », se rappelle un militaire de l'état-major à Paris[94].

Outre la formation et le soutien aux rebelles, les pays de l'OTAN, toujours en violation de la résolution 1973, ont intensifié les opérations de fourniture d'armes et autres équipements militaires à leurs marionnettes du CNT. Une importante opération a été montée à la frontière du Niger avec la Libye baptisée ironiquement « Ponts de sables » par les Français : des camions prêtés par le Niger ont acheminé des tonnes d'armes françaises à la rébellion[95]. Des pistes d'atterrissage de fortune ont été aménagées dans le djebel Nefoussa, au sud-ouest de Tripoli, pour y déposer des cargaisons d'armes : lance-roquettes, fusils d'assaut, mitrailleuses et missiles antichars Milan. Auparavant, ces livraisons s'effectuaient par parachutage et la tâche était assurée par les avions du GAM-56 — l'escadrille de la DGSE vouée aux opérations clandestines — qui ont parachuté d'importantes quantités d'armes aux tribus berbères de cette région entrées en guerre contre le pouvoir libyen.

Selon des journalistes français spécialisés dans le renseignement, « Paris a fourni aux rebelles anti-Kadhafistes des renseignements sur la situation de leurs adversaires. Informations tactiques cruciales, recueillies aussi bien par l'imagerie satellitaire (Hélios) que par les interceptions de communications permettant de positionner les émetteurs mobiles des troupes Kadhafistes[96]. » Selon les mêmes journalistes, la DGSE a fourni une protection rapprochée aux responsables du CNT — plus amis des Américains que des Français — et à leurs visiteurs de marque durant leurs déplacements sur le territoire libyen. Elle a également mis à leur disposition des moyens de communication sécurisés leur permettant de communiquer avec les dirigeants de la coalition[97].

Les moyens d'autres pays de l'OTAN engagés dans les opérations militaires se sont également révélés décisifs. La technologie canadienne, par exemple, a volé au secours des rebelles libyens. L'entreprise ontarienne Aeryon Labs de Waterloo a construit et vendu au CNT un mini-appareil volant motorisé, le mini-drone Scout, qui a permis aux rebelles de repérer à distance le positionnement des forces loyalistes. « Avant d'avoir le Scout, le seul moyen pour les rebelles d'obtenir de l'information sur les forces de Kadhafi était d'avancer physiquement vers leurs positions. Ils se faisaient tirer dessus et perdaient plusieurs hommes », explique Charles Barlow, ancien militaire, aujourd'hui président de la firme de sécurité Zariba, basée à Ottawa.

Le petit appareil, muni d'une caméra et propulsé grâce à quatre petits rotors (tel un hélicoptère), a d'abord pris du service dans la ville côtière de Misrata, avant d'être ensuite utilisé tout au long de la route conduisant à Tripoli[98]. « Même les Allemands, pourtant plus que réservés sur l'opération à laquelle ils n'ont officiellement pas participé, ont procuré de précieuses images de leur constellation de satellites radar SAR-Luppe présentant l'avantage de fournir des informations aussi bien de jour que de nuit, dans n'importe quelles conditions météorologiques[99]. »

Parallèlement aux efforts militaires et diplomatiques entrepris pour fragiliser le pouvoir libyen, Londres va mettre en place un dispositif tactique assez spécial pour étrangler le régime libyen en le privant de son propre pétrole. Avec l'aval du premier ministre David Cameron, une cellule secrète composée de membres du Foreign Office et du ministère de la Défense, eux-mêmes appuyés par le MI6, est créée dès le mois d'avril avec pour mission d'assécher en pétrole les forces pro-Kadhafi, tout en établissant des circuits d'approvisionnement pour les rebelles. À la tête de cette cellule, un ancien trader en pétrole nommé ministre du Développement international par David Cameron quelques semaines seulement après le début de la guerre. Son nom : Alan Duncan.

Installée discrètement dans les bureaux du Foreign Office, au centre de Londres, la cellule que pilote M. Duncan parvient, en coordination avec des agents sur le terrain et l'OTAN, à établir un blocus des ports libyens et à contrôler les routes d'approvisionnement utilisées par les Kadhafistes — par le truchement de filières clandestines d'intermédiaires chinois et indiens utilisant des ports tunisiens et algériens — pour contourner l'embargo de l'ONU. Dans le même temps, les rebelles sont ravitaillés par l'intermédiaire de Vitol, une société de trading genevoise pour laquelle Alan Duncan avait travaillé dans le passé.

Tout au long du conflit, des pétroliers acheminant du brut à destination de Tripoli sont interceptés et leur contenu détourné par les pays de l'OTAN pour être livrés au CNT. L'opération aurait abouti à assécher de 90 % les réserves pétrolières du régime et facilité la progression des rebelles. Une pression économique qui contribuera à la fragilisation et plus tard à la chute du pouvoir libyen. « Notre initiative a montré le rôle du pétrole comme l'arme non létale la plus cruciale dans ce conflit. Le nœud de l'énergie s'est resserré autour du cou de Tripoli. C'est beaucoup plus efficace et plus facile à réparer que des bombes. C'est comme confisquer les clés de la voiture », commentera une source gouvernementale britannique[100].

Pourquoi ne pas avouer que l'OTAN pilote ou, pour être plus conformiste, participe à une guerre civile dans le but de chasser, voire assassiner un dirigeant étranger, en l'occurrence Mouammar Kadhafi ? Réponse d'un diplomate français : « Ce serait reconnaître qu'on se fiche pas mal de l'ONU et des limites — la seule protection des populations civiles — qui nous avaient été fixées[101]. » Jamais une résolution de l'ONU n'avait fait l'objet d'une interprétation aussi grossière !

La tribune commune publiée dans les journaux atlantistes, le 14 avril, par Obama, Cameron et Sarkozy viendra sceller le sort de la résolution [1973] et révélera au grand jour les véritables intentions de ceux qui font la guerre à la Libye au prétexte de protéger les populations civiles. L'hypocrisie et le mensonge étant des vertus auxquelles s'attachent dur comme fer les dirigeants occidentaux, les auteurs de la tribune brandiront d'une main la résolution 1973, tout en la violant de l'autre. « Aux termes de la résolution 1973 du Conseil de sécurité, notre devoir et notre mandat sont de protéger les civils. C'est ce que nous faisons. Il ne s'agit pas d'évincer Kadhafi par la force. Mais il est impossible d'imaginer que la Libye ait un avenir avec Kadhafi... tant que Kadhafi sera au pouvoir, l'OTAN et les partenaires de la coalition doivent maintenir leurs opérations afin que la protection des civils soit maintenue et que la pression sur le régime s'accroisse », écrivent-ils[102].

Or la résolution, rédigée dans un esprit souverainiste, fait du pouvoir Kadhafiste l'unique autorité légitime en Libye et n'évoque aucunement l'avenir du colonel, comme l'a par ailleurs reconnu le ministre de la Défense français d'alors, Gérard

Longuet. Visiblement embarrassé, le ministre dut en effet admettre qu'avec la tribune publiée par les trois dirigeants occidentaux, on allait « certainement » au-delà de la résolution onusienne[103].

Publiée simultanément en France, au Royaume-Uni, aux États-Unis et dans certains pays arabes, cette tribune fera office de feuille de route des pays de l'Alliance engagés dans la croisade contre la Jamahiriya. « Elle reprendra la stratégie occidentale visant à délégitimer Kadhafi et son régime ; imposer un processus de transition démocratique ; et enfin, justifier l'interprétation maximaliste de la résolution en axant la rhétorique sur la protection des civils, véritable matrice de l'approche occidentale[104]. » Dans cette optique, toute initiative tendant à mettre un terme au conflit allait délibérément être torpillée par l'OTAN.

Ainsi, la « feuille de route » proposée aux belligérants par le panel des chefs d'État de l'UA, le 10 et 11 avril, à Tripoli et Benghazi, pour trouver une solution à la crise fut acceptée par Kadhafi, mais catégoriquement rejetée par le CNT. Plus tard, certains de ses membres avoueront, à titre privé, que la coalition a exercé de fortes pressions sur les responsables de la rébellion afin de les dissuader d'accepter cette « feuille de route », qui, de toute évidence, allait compromettre la stratégie de l'OTAN en Libye. Quelques semaines auparavant, l'Alliance Bolivarienne pour les Amériques (ALBA) avait suggéré que soit formée une délégation internationale (éventuellement conduite par Jimmy Carter ou Lula) pour jouer le médiateur entre les parties afin de résoudre la crise de façon pacifique. Kadhafi accepta l'idée, mais du côté des rebelles et de la coalition, rien à faire. On va continuer à bombarder jusqu'au départ, voire la mort du leader libyen.

Pour faire pression sur le pouvoir libyen qui continue de résister, l'OTAN décide d'activer son bras judiciaire qu'est la CPI. Le 27 juin, le très controversé procureur de la Cour, l'Argentin Luis Moreno Ocampo, dont les accointances avec les États-Unis et les autres pays occidentaux sont un secret de polichinelle[105], lance un mandat d'arrêt contre Kadhafi, son fils Saïf al-islam ainsi qu'Abdallah al-Senoussi, pour « crimes contre l'humanité ». L'action judiciaire est assortie d'une batterie de mesures coercitives à caractère diplomatique, économique et financier visant à faire tomber le pouvoir libyen.

Les preuves réunies par le Bureau du procureur reposent entre autres sur des articles de presse (de la chaîne US Fox News et de la CIA par exemple), des communiqués de la LLDH et du CNT... En somme, elles émanent, comme le reconnaît un responsable à La Haye, de la rébellion ! Des preuves qui ont été par ailleurs infirmées par des ONG comme Amnesty et HRW au terme d'investigations nettement plus fouillées que celles de la Cour. Le procureur lui-même reconnaît qu'il n'a entendu aucun témoin sur le territoire libyen « afin de ne pas les mettre en danger[106]. » Ce qui a fait bondir l'UA qui s'est dit « préoccupée par la manière dont le procureur de la CPI gère la situation en Libye » et a demandé à tous les États membres de ne pas exécuter le mandat d'arrêt international lancé par la Cour contre le colonel Kadhafi.

Pour de nombreux pays africains, y compris ceux qui ont ratifié le protocole de Rome instituant la CPI, le procureur Luis Moreno Ocampo met l'institution au service de l'agenda des régimes occidentaux. « On lui dit de lire le droit, pas de faire la politique » a tonné le président de la Commission de l'UA, Jean Ping. Selon l'organisation continentale panafricaine, qui condamne l'agression de l'OTAN et préconise une solution consensuelle à l'africaine, la démarche de la CPI « complique sérieusement les efforts visant à trouver une solution politique négociée à la crise en Libye et à traiter les questions d'impunité et de réconciliation de manière à prendre en compte l'intérêt mutuel des parties concernées. »

Luis Moreno Ocampo a beau évoquer la poursuite de son enquête en toute impartialité et transparence, rien n'y fait. Pire, « ses » preuves collectées auprès de la rébellion sont contestées non seulement par des ONG, mais aussi et surtout par le chef de la commission d'enquête de l'ONU sur la Libye, le professeur Chérif Bassiouni. Le procureur affiche sans gêne son parti pris en faveur de l'OTAN et du CNT. Il reçoit même secrètement dans son bureau Mahmoud Jibril, l'un des dirigeants de la rébellion.

Face à des pays comme la Russie et la Chine qui suspectent l'OTAN d'avoir commis des crimes de guerre en Libye, le procureur répond : « Il faut faire la distinction ; les erreurs, ce n'est pas mon affaire. Une politique de crimes de guerre, c'est mon affaire. » En outre, nous dit Ocampo, l'Alliance atlantique ne peut commettre des crimes graves si ce ne sont que des erreurs. La « démocratisation » de la Libye par les massacres et la destruction n'est donc pas un crime de guerre, mais bien une « erreur » de ses initiateurs ! « Comment un procureur indépendant et impartial peut-il considérer prima facie que l'OTAN, ou toute autre partie, n'a aucune intention criminelle ? » s'interroge la journaliste Stéphanie Maupas affectée à La Haye.

Pour Luis Moreno Ocampo, rien ne permet donc de « conclure que les frappes aériennes de l'OTAN, qui ont pu faire des morts et des blessés civils ou détruire des biens civils, étaient sciemment dirigées contre la population civile en tant que telle ou des biens de caractère civil[107]. » A-t-il seulement mené une enquête ?

Dans une interview sur la chaîne Russia Today (RT), Saïf al-Islam Kadhafi, inculpé comme son père par la CPI, tient des propos mettant en évidence l'assujettissement de la Cour aux désidératas de l'OTAN. « Cette Cour, c'est la Cour de Mickey Mouse », avait-il souligné à la journaliste de RT, peu après l'émission des mandats d'arrêt. « Sous la table, ils essaient de négocier un deal avec nous : si vous acceptez ce deal, nous nous occupons de la Cour. Qu'est-ce que ça veut dire ? Ça veut dire que cette Cour est contrôlée par ces pays qui nous attaquent tous les jours. C'est juste pour mettre une pression psychologique et politique sur nous. Cette Cour est une blague. »

Du côté de l'OTAN en tout cas, les mandats d'arrêt ont été accueillis avec satisfaction. William Hague, le ministre des Affaires étrangères britannique, déclara que « le mandat démontre un peu plus à quel point Kadhafi a perdu toute légitimité et pourquoi il devrait partir immédiatement ». Il appela les dignitaires libyens à se désolidariser du colonel Kadhafi pendant qu'il est encore temps, sinon ils devront « rendre des comptes ». Pour le chef de la diplomatie italienne, Franco Frattini, la délivrance de ces mandats « représente une nouvelle légitimation de la nécessite absolue et de la haute valeur de la mission humanitaire de l'OTAN en Libye[108]. » Observation du docteur Juan Branco, juriste ayant travaillé au Bureau du procureur Ocampo et comme collaborateur extérieur du ministère des Affaires étrangères français : « Le rôle de l'institution a été cantonné à celui d'un vecteur de délégitimation justifiant l'intervention de l'OTAN et faisant ressurgir les théories de "guerres justes" des bas-fonds de l'Histoire[109]. »

En clair, le mandat d'arrêt de Luis M. Ocampo est en parfaite adéquation avec la stratégie de l'OTAN et de ses supplétifs du CNT opposés à toute initiative devant conduire à un règlement politique de la crise, tel que le suggère l'UA. De ce point de vue, le procureur argentin agit en supplétif de l'OTAN, dont l'objectif ultime est de se débarrasser de Kadhafi[110], alors même que ce dernier, à la différence des rebelles, multiplie les appels pour un cessez-le-feu comme le préconise la résolution [1973] et a accepté la tenue d'élections sous la supervision de la communauté internationale et la promesse de quitter le pouvoir en cas d'échec électoral.

En outre, l'Alliance atlantique, qui n'a jamais cherché à favoriser la voie pacifique comme le lui enjoignait la résolution 1973, a fait du changement de régime et de l'élimination physique de Kadhafi ses principales priorités. La protection des populations civiles n'a jamais véritablement figuré dans ses priorités, et cela se confirmera lorsqu'une embarcation remplie de migrants fuyant la guerre va couler avec ses soixante-douze passagers, dont deux bébés, devant le regard impassible de l'OTAN qui déclarera, malgré l'impressionnant moyen dont elle dispose, n'avoir pas eu connaissance de la situation désespérée du bateau[111].

Pire encore, face à la résistance héroïque des forces loyalistes qui infligent d'énormes pertes aux rebelles malgré l'appui aérien dont ils bénéficient de la part de l'OTAN, l'Alliance atlantique, craignant de s'enliser définitivement en Libye, va se replier sur les vieux réflexes de la culture militaire américaine — ceux des guerres de Corée, du Vietnam, de Yougoslavie... —, en s'attaquant directement à des cibles civiles dans l'espoir de voir la population, terrorisée et épuisée, se désolidariser de son Guide, quitte à le renverser. Le chef d'état-major britannique, le général David Richards, a bien résumé la stratégie de l'OTAN, après plus de trois mois de raids aériens (plus de cinq mille sorties d'avions) qui n'ont pu venir à bout des forces fidèles au colonel Kadhafi, conduisant l'amiral Mullen à reconnaître que l'OTAN était dans une « impasse » en Libye : « Si nous n'augmentons pas la mise, Kadhafi risque de s'accrocher au pouvoir », estime-t-il. « Pour l'instant, l'OTAN ne prend pas les infrastructures pour cibles en Libye. Mais si nous voulons accentuer la pression sur le régime de Kadhafi, il faut sérieusement penser à élargir le champ de nos objectifs[112]. »

C'est ainsi que l'Alliance atlantique va se déchaîner sur les sites et infrastructures civiles de la Jamahiriya, en les bombardant sans relâche pendant que les belligérants s'affrontent au sol.

Des zones résidentielles, des édifices gouvernementaux, des infrastructures sanitaires, des écoles, des universités, des hôpitaux, des infrastructures de télécommunication et de radio/télédiffusion, les installations hydroélectriques, des ponts, des hôtels, les réseaux d'approvisionnement et de distribution d'eau, des dépôts de produits alimentaires... Bref, un pays tout entier a été bombardé férocement par l'artillerie la plus sophistiquée qui soit, y compris avec des munitions à l'uranium appauvri.

Les bombardements se sont succédé à une cadence ininterrompue, les destructions étaient considérables et les services de secours totalement impuissants. Dans une lettre d'appel à l'aide à l'attention du président Dimitri Medvedev et du premier ministre Vladimir Poutine, une délégation de professionnels du secteur médical de Russie, d'Ukraine et de Biélorussie, témoins des évènements, écrit :

> « Des bombes et des roquettes ont frappé des lieux d'habitation et sont tombées près de l'hôpital. La structure en verre du Centre de Cardiologie a éclaté, et dans le bâtiment abritant la maternité pour les femmes enceintes souffrant de maladies cardiaques, nous avons assisté à l'effondrement d'un mur et d'une partie du toit. Il en est résulté une dizaine de fausses couches qui ont provoqué la mort des bébés, les mères ont été placées en soins intensifs et les médecins se battent pour leur vie. Nos collègues et nous même travaillons sept jours par semaine pour sauver les gens. Il s'agit d'une conséquence directe de la chute des bombes et des missiles dans les bâtiments résidentiels faisant des dizaines de morts et de blessés, qui sont examinés et soignés aujourd'hui par nos médecins. Le nombre de blessés et de tués, à cette heure, dépasse le nombre total de morts pour toutes les précédentes émeutes en Libye. Et c'est ce qu'on appelle "protéger la population civile" ? Nous prenons la responsabilité d'affirmer, en tant que témoins et acteurs de ce drame, que les États-Unis et leurs alliés sont en train de commettre un génocide contre le peuple libyen — comme ce fut le cas en Yougoslavie, en Afghanistan et en Irak[a] »...

Au mois d'août, l'UNICEF annonçait que le bombardement des infrastructures hydrauliques libyennes « pourrait provoquer une crise sanitaire sans précédent ».

---

[a] Ce texte relayé sur plusieurs sites Internet n'a pas été authentifié.

Face à la polémique que cette campagne de bombardements suscite dans l'opinion publique, l'OTAN se contente de parler de « bavures » et/ou d'« erreurs ». Or il ne s'agit pas de « bavures » ou d'« erreurs », et encore moins de « dommages collatéraux » d'une entreprise militaire qui ne prendrait pour cible que des hommes en treillis appartenant au camp adverse, mais d'actes délibérés, de l'application à la lettre de la théorie d'un stratège de la guerre aérienne américaine, le colonel à la retraite de l'US Air Force John A. Warden III, connue sous l'appellation de la « théorie des cinq cercles » ou « cinq anneaux[113] ».

Selon Warden, considéré comme l'un des concepteurs de la stratégie de bombardement stratégique de la coalition durant la guerre du Golfe, l'ennemi est un corps, un système composé de cinq éléments (les cinq cercles) concentriques imbriqués, que la puissance aérienne va devoir désarticuler, en le frappant à distance, afin de minimiser les pertes dans le camp de l'attaquant.

Les cinq cercles ou anneaux (ring) : à l'extérieur, les forces armées ennemies représentent la puissance de feu et l'élément le plus directement lié à l'effort de guerre. Elles forment le cinquième cercle. Dans le quatrième cercle, la population civile qui assure à la fois la protection et le soutien de ses dirigeants. Le troisième cercle est constitué par les infrastructures de l'État ennemi, essentiellement ses structures de communication physiques (routes, ports, aérodromes, etc.). Dans le deuxième cercle, les « éléments organiques essentiels » : production d'énergie, carburant, nourriture et finances. Enfin, au centre du dispositif, le premier cercle, celui du commandement[114].

Pour le colonel américain, la cible, c'est l'ensemble du système qu'il faut « traiter » simultanément, à l'exception de ses forces militaires. « Si nous l'attaquons convenablement, fait-il observer, ses armées deviendront un appendice inutile, qui ne reçoit plus de soutien du commandement, des éléments organiques essentiels, des infrastructures ou de la population. Ce qui ne veut pas dire que nous ne devons pas penser à la manière de vaincre directement une force armée ennemie. »

La stratégie Warden consiste moins à détruire l'adversaire qu'à le paralyser, afin de rendre toute poursuite de résistance impossible et de le contraindre à agir selon notre volonté.

John A. Warden III dit refuser toute attaque directe sur les civils, mais considère comme objectif fondamental la destruction des infrastructures assurant la survie de la population. Bien que moralement problématique, fait-il observer, la destruction de ces infrastructures devient donc légitime en temps de guerre. Le risque de faire des victimes innocentes parmi la population est très élevé, mais ce n'est pas grave. Les *smart bombs* (bombes intelligentes) à guidage laser, dit-on, sauront faire le tri ou la différence entre un bâtiment et les gens qui y résident. L'essentiel est de rendre la vie de la population impossible pour que celle-ci, au cas où elle n'a pas été déchiquetée par les *smart bombs*, se désolidarise de son leader et le renverse.

Durant la guerre des Balkans à la fin des années 1990, certains responsables de l'OTAN ont reconnu que leur stratégie de « frappe » consistait à terroriser la population serbe, avec l'espoir qu'elle se retourne contre le pouvoir de Slobodan Milosevic et le contraigne à capituler au Kosovo. Dans un entretien avec le *Washington Post*, le 24 mai 2000, le général de la force aérienne US Michael Short explique même :

> « Si vous vous réveillez le matin et qu'il n'y a plus d'électricité chez vous, plus de gaz, que le pont que vous empruntez pour aller travailler est détruit et risque de demeurer dans le Danube pendant vingt ans, vous commencez à vous demander *"Hé Slobo, qu'est-ce que ça veut dire ? Combien de temps je vais devoir supporter tout ça ?"* Alors, vous commencez à évoluer : au lieu d'applaudir au machisme serbe face au reste du monde, vous vous demandez à quoi ressemblera votre pays si tout ça continue[115]. »

Des propos de ce genre ont conduit le directeur exécutif de HRW, Kenneth Roth, à déclarer : « L'OTAN a bombardé des infrastructures civiles, non en raison de leur contribution à l'effort de guerre yougoslave, mais parce que ces destructions permettaient d'obliger les civils serbes à faire pression sur Milosevic pour qu'il se retire du Kosovo. » Ce que confirme par ailleurs Edward Luttwak[116], un des spécialistes en stratégie américaine le plus connus dans le monde, qui fait observer :

> « Après le 24 mars 1999, les premiers bombardements au Kosovo avaient une fonction surtout symbolique et visaient d'abord les défenses aériennes, le postulat du moment voulant que le gouvernement de Slobodan Milosevic capitulerait aussitôt qu'il serait convaincu de la détermination de l'OTAN. Ce type d'action se révélant insuffisant [...] l'OTAN entama la destruction des centrales électriques, des ponts et d'autres infrastructures civiles, déterminée, cette fois, à rendre la vie quotidienne aussi difficile que possible, conjecturant que le gouvernement de Milosevic, issu d'un processus électoral démocratique, finirait par réagir aux pressions de la population, de plus en plus affectée par la guerre. »

George Kenney, un ancien responsable du département d'État sous George Bush père, déclarera que « le largage de bombes à fragmentation sur les zones urbaines fortement peuplées n'était pas accidentel ». Il s'agissait, selon lui, « d'un bombardement terroriste délibéré ». Un rapport secret de l'aviation américaine rendu public par le magazine *Newsweek* révéla qu'après 78 jours de raids intensifs, les bombes alliées n'ont pas suffi à infliger des dommages irrémédiables aux Forces armées serbes, laissant leur capacité d'action intacte[117] ; ce qui conduisit certains observateurs à conclure que « ce qui a fait céder Milosevic, ce sont les coups portés, non pas à l'armée yougoslave, mais à la population civile et à ses conditions de (sur)vie[118] ».

C'est exactement cette même stratégie opérationnelle qui prévaut en Libye trois mois après le début des raids, et c'est dans cette optique que l'OTAN a intensifié ses frappes contre les sites et infrastructures civiles libyennes, afin de contraindre les Libyens à se retourner contre leur Guide. Or seules les attaques sur des cibles militaires sont permises par le droit international ; et la Convention de Genève, dans son article 51-b, est très claire à ce sujet. Elle interdit : « […] les attaques dont on peut attendre qu'elles causent incidemment des pertes en vies humaines dans la population civile, des blessures aux personnes civiles, des dommages aux biens de caractère civil, qui seraient excessifs par rapport à l'avantage militaire concret et direct attendu. »

Mais peu importe. La population civile, qu'on prétend protéger, a été soumise à un siège digne du Moyen Âge. Le nombre de victimes se multipliait de façon vertigineuse, au fur et à mesure que l'Alliance atlantique intensifiait ses « frappes chirurgicales ». Selon les dirigeants de la rébellion, la guerre « humanitaire » de l'OTAN a fait pas moins de cinquante mille victimes, après à peine six mois de conflit[119] — c'est sans compter les victimes indirectes des raids. Et selon des sources variantes, cette intervention conduite à 5000 mètres d'altitude et censée prévenir un « massacre imminent », aurait causé la mort de près de cent vingt mille Libyens, majoritairement des femmes et des enfants. Toute une prévention...

Human Rights Watch a examiné en détail huit raids aériens menés par l'OTAN dans certaines régions libyennes et qui ont fait 72 morts parmi les civils, dont 20 femmes et 24 enfants[120]. Selon Fred Abrahams, conseiller spécial à HRW, « l'absence d'une cible militaire clairement définie dans sept des huit sites visités par Human Rights Watch suscite l'inquiétude quant à la possibilité que les lois de la guerre aient été violées et cette question doit faire l'objet d'une enquête. » Et de souligner que « de graves questions restent posées sur la nature réelle des cibles que l'OTAN visait. »

Un raid sur deux blocs d'habitations où vivaient des familles dans le village de Majer, à 160 km de Tripoli, le 8 août 2011, a fait 34 morts parmi les civils et plus de 30 blessés, a indiqué HRW. Une seconde frappe juste à l'extérieur d'un de ces blocs a tué et blessé des civils qui, selon des témoins, fouillaient les lieux à la recherche de victimes. Des hommes, des femmes et des enfants foudroyés en pleine veillée de ramadan, dans l'espoir de miner leur soutien aux autorités libyennes !

Des responsables de l'OTAN ont indiqué à HRW que toutes ces cibles étaient des objectifs militaires, donc légitimes. Mais l'Alliance n'a fourni aucune information spécifique à l'appui de cette affirmation, se contentant généralement de dire que tel ou tel site visé était « un nœud de commandement et de contrôle » ou « une zone de transit militaire. » « L'OTAN a affirmé que les blocs de bâtiments frappés à Majer étaient une "base de transit et de bivouac militaire" pour les forces de Kadhafi, mais elle n'a fourni aucune information précise à l'appui de cette affirmation », peut-on lire dans le rapport de l'ONG américaine. « Lors de quatre visites à Majer, dont une au lendemain de l'attaque, le seul indice possible d'une présence militaire trouvé par Human Rights Watch est une chemise de style militaire — vêtement couramment porté par de nombreux Libyens — découverte dans les décombres d'une des trois maisons détruites », poursuit le rapport[121].

Des membres des familles des victimes à Majer, ainsi que des voisins, ont affirmé de manière indépendante à HRW qu'il n'y avait eu aucun personnel et aucune activité militaire dans le secteur, avant ou pendant le raid. « Je me demande pourquoi ils ont fait cela ; pourquoi avoir visé nos maisons ? » déplore Mouammar al-Jarud, qui a perdu sa mère, sa sœur, sa femme et une fille de 8 mois dans l'attaque. « Nous l'accepterions s'il y avait eu alentour des chars ou des véhicules militaires, mais nous n'étions que des civils et on ne doit pas frapper les civils ».

Des témoignages similaires ont également été rapportés aux enquêteurs d'Amnesty International[122]. L'organisation, dont les équipes ont recensé sur place 55 victimes civiles identifiées, dont 16 enfants et 14 femmes tuées dans le cadre de frappes aériennes, note que nombre de ces pertes sont dues « à des frappes aériennes lancées contre des logements privés, où Amnesty International, pas plus que d'autres, n'a découvert d'éléments prouvant qu'ils étaient utilisés à des fins militaires au moment de l'attaque ». Les populations « vivent très mal le fait d'être considérées comme des criminels par le seul fait d'être des citoyens libyens », peut-on lire dans un rapport préparé par des experts occidentaux.

Farouchement opposé à l'intervention militaire américaine en Libye, le député démocrate Dennis Kucinich a déclaré que « les hauts commandants de l'Alliance atlantique doivent assumer la responsabilité des pertes civiles résultant des bombardements devant la Cour pénale internationale. » « Sinon, ajoute-t-il, nous allons assister au triomphe d'un nouveau gangstérisme international ». Selon lui, « l'OTAN a agi en toute impunité, en bombardant sans relâche les civils au nom de la protection des civils »...

Le gouvernement libyen a beau dénoncer les massacres et les crimes de guerre perpétrés par l'OTAN, son discours est disqualifié a priori. L'Alliance, elle, ne veut pas entendre parler des martyrs libyens ; elle dédramatise systématiquement la gravité de la boucherie, refuse d'ouvrir une enquête sur les allégations qui pèsent contre elle et persiste à affirmer que les bombes lâchées sur la tête des civils libyens visent des « cibles militaires légitimes ». Dans le rapport annuel 2011 préparé par son secrétaire général, Anders Fogh Rasmussen[123], on peut lire :

> « [...] les frappes aériennes ont été conduites avec la plus grande précaution et la plus grande précision. Les infrastructures civiles — comme les réseaux d'approvisionnement en eau et les installations de production de carburant — n'ont jamais été visées. À aucun moment, des forces sous commandement de l'OTAN n'ont été présentes sur le sol libyen. Le mandat de l'ONU a été rempli à la lettre ».

C'est pour lutter contre ce déni que les membres de la famille Gafez, qui a perdu quatorze personnes lors des raids aériens à Majer, ont transformé les ruines de leur maison en musée du souvenir. Le visiteur est accueilli par une inscription rageuse, tracée sur un portail d'entrée : « C'est ça les droits de l'homme ? » Une allusion au principe de « protection de la population civile » que les ministres des pays membres de l'OTAN ont invoqué devant le Conseil de sécurité pour obtenir le vote de la résolution 1973[124].

Cette guerre d'invasion ne sera pas une guerre sans mort, mais sans bilan. Les victimes innocentes de ce conflit font partie de ce que l'on appelle dans les cercles atlantistes les « dommages collatéraux ». Après tout, une grande organisation de « bienfaisance » comme l'OTAN ne peut faire le mal qu'innocemment, alors que ses ennemis le font délibérément. Guillaume de Rouville, auteur de *La démocratie ambigüe*[a], fait cependant observer que « cette notion de "dommages collatéraux" cache en réalité un terrorisme d'État, un terrorisme de masse, un terrorisme occidental dont les médias occidentaux s'accommodent aisément puisqu'il est l'œuvre de leurs maîtres atlantistes ». Selon lui, ces médias « commettent un crime médiatique lorsqu'ils utilisent le terme de "dommages collatéraux" pour masquer les actions terroristes de leurs dirigeants aux mains sales[125] ».

Au final, au lieu de pousser les Libyens à se désolidariser de Kadhafi, les bombes « intelligentes » de l'OTAN ont eu le don de rassembler la population terrorisée autour de son Guide. Près de deux mille chefs de tribus lui ont apporté leur soutien et ont condamné la croisade de l'OTAN. Début juillet, de nombreux Libyens ont manifesté dans plusieurs villes du pays en soutien au colonel Kadhafi, obligeant les avions de l'OTAN à annuler une série de raids aériens.

Il est difficile de savoir exactement combien de personnes ont participé à ces rassemblements. On estime le nombre de participants à la manifestation de la place Verte, le 1er juillet, à un million de personnes. Les rassemblements se sont pra-

---

[a] Aux éditions Cheap, 2012.

tiquement tenus chaque semaine à Tripoli ainsi que dans d'autres villes libyennes, dont un à Sabah, le 8 juillet. L'évêque Giovanni Martinelli[126], qui a passé toute sa vie en Libye et qu'on ne pourrait suspecter de sympathie pour le Guide, y verra la preuve que les pays de l'OTAN ont non seulement «tragiquement sous-estimé la capacité de résistance de Kadhafi», mais ils ont aussi et surtout «mal mesuré les soutiens dont il bénéficie encore dans la société libyenne, particulièrement à Tripoli.»

Dans les médias occidentaux, c'est silence radio. Pas question de parler du soutien de la population libyenne au colonel Kadhafi. Encore moins de la «Sainte Alliance» de l'OTAN avec les combattants d'Al-Qaïda, que bien de journalistes et de responsables politiques et militaires des pays de l'OTAN reconnaîtront du bout des lèvres...

Références

[1] La date du 17 février n'a pas été choisie par hasard. Elle est symbolique à plusieurs égards pour les habitants de Benghazi. Le 17 février 1987, six personnes ont été pendues en public dans un stade de Benghazi, accusées d'avoir tué neuf ans auparavant un proche du pouvoir. Le 17 février 2006, plus de dix personnes ont été tuées par les forces de l'ordre alors qu'elles manifestaient devant l'ambassade d'Italie à Benghazi pour protester contre une caricature de Mahomet qu'avait arboré un ministre italien.

[2] Avec la collaboration de Peggy Bruguière, « Un Libyen en exil lance la cyber-colère contre Kadhafi », France 24, 16 février 2011.

[3] N° 960 du 17/02/2011.

[4] John Pollock, « People Power 2.0: How civilians helped win the Libyan information war », *Technology Review*, April 20, 2012.

[5] David Millian, « Médias sociaux et Printemps Arabe : Plongée 2.0 au cœur de la révolution libyenne (interview) », (http://comfluences.net/2012/05/31/medias-sociaux-et-printemps-arabe-plongee-au/)

[6] Sihem Najar (Sous la direction), *Les réseaux sociaux sur Internet à l'heure des transitions démocratiques*, IRMC-Karthala, 2013.

[7] Boris Manenti, « Les Anonymous dénoncent "un véritable charnier" à Tripoli », Nouvelobs.com, 22 février 2011.

[8] Centre International de Recherche et d'Études sur le Terrorisme et l'Aide aux Victimes du Terrorisme (CIRET-AVT) et le Centre Français de Recherche sur le Renseignement (CF2R), *Libye : un avenir incertain*, Paris, mai 2011, p. 20.

[9] Le journal américain *The Washington Times* parlera même de la présence en Libye des snipers féminines venues de Colombie pour prêter main forte à des mercenaires pro-Kadhafi. Ces mercenaires d'un genre particulier, qui seraient payées jusqu'à 1000 dollars par jour par le colonel, seraient liés au FARC (Les Forces armées révolutionnaires de Colombie) d'après le journal américain.

[10] Savary Michèle, *La Serbie aux outrages*, L'Age de l'homme, 2001 ; Collon Michel, *Monopoly : l'OTAN à la conquête du monde*, Éditions EPO, 2000 ; Patrick Barriot & Eve Crépin, *Le procès Milosevic ou l'inculpation du peuple serbe*, L'Age de l'homme, 2006.

[11] *Nouvel Observateur* du 31 Août au 6 septembre 1995.

[12] « Eurodéputé polonais : « Les snipers de Maïdan, c'est notre opération », Sputniknews.com, 20 avril 2015; « The untold story of the Maïdan massacre », bbc.com, 12 February 2015.

[13] Entretien avec l'auteur.

[14] Olivier Piot, « Le semaine qui a fait tomber Ben Ali », 19 janvier 2011, (http://blog.mondediplo.net/2011-01-19-La-semaine-qui-a-fait-tomber-Ben-Ali).

[15] di Gea Scancarello, « Tre uomini e un mistero. Per chi lavoravano gli italiani imprigionati in Libia ? », www.lettera43.it, 30 Agosto 2011.

[16] L'auteur possède dans ses archives la liste contenant les noms de tous ceux qui ont pris le bateau ce jour-là, y compris les mercenaires italiens cités.

[17] Chouet Alain, *op.cit.*, pp. 280-281.

[18] CIRET-AVT & CF2R, *op.cit.*

[19] In Roumiana Ougartchinska et Rosario Priore, *op.cit.*, pp. 259-260.

[20] Franco Bechis, « La France préparait depuis novembre le renversement de Kadhafi », *Libero* du 24 mars 2011, article traduit en Français par Marie-Ange Patrizio. Certains observateurs estiment que les révélations du journaliste italien ont vraisemblablement été encouragées par les services italiens en raison de la rude concurrence qui a éclaté au grand jour entre les intérêts français et italiens en Libye durant la guerre.

21 La légende veut que la trahison du chef de protocole fasse suite à une gifle que lui aurait infligée le Guide, qui lui reprochait sa mauvaise conduite, lors du sommet arabo-africain qui s'est tenu à Syrte les 9 et 10 octobre. Humilié ainsi en public, Mesmari aurait ruminé sa vengeance au point de s'abandonner dans les bras des services français.

22 Abdelaziz Ben Hassouna, « Fin de partie pour Mesmari », JeuneAfrique.com du 07 décembre 2010.

23 Dans l'émission d'enquête *Spécial Investigation* « Gaz et pétrole : guerres secrète » présentée sur la chaîne française *Canal +*, un correspondant des services secrets français sous couvert d'anonymat explique qu'ils étaient à Benghazi « avant que la fanfare démarre »; il fallait, dit-il « préparer le terrain, desserrer l'étau... » Selon *Le Canard enchaîné*, « le Service Action de la DGSE a discrètement livré, le 6 mars, au milieu d'un fret humanitaire, des canons de 105mm et des batteries antiaériennes aux rebelles de Benghazi. Des instructeurs français ont aussitôt entrepris de former ces insurgés au maniement de ces armes. »

24 Fleury Jean, *Crise libyenne : nouvelle donne géopolitique*, Jean Picollec, 2012.

25 Notin Jean-Christophe, *op.cit.*

26 « Gaddafi : The Endgame – State denial », Al-Jazeera English, 23 décembre 2011. Documentaire disponible sur la chaîne Youtube d'Al-Jazzera : (https : //www.youtube.com/watch ?v=-YwenAKDDHo).

27 En violation de ses engagements internationaux, Washington a refusé un visa au nouveau représentant libyen à l'ONU. Il ne peut donc venir à New York exposer le point de vue de Tripoli, tandis que son prédécesseur, rallié au CNT, continue à occuper son siège. La voix de la Jamahiriya étant étouffée, il est possible de répandre n'importe quel mensonge sans crainte d'être contredit.

28 *Le Figaro*, 27/02/2011.

29 Dumas Roland & Jacques Verges, *Sarkozy sous BHL*, Pierre-Guillaume de Roux, 2011, p. 27.

30 Talbi Taieb, *La grande désillusion : l'argent des dictatures et des printemps arabes*, Riveneuve Édit., 2015, pp. 114-117.

31 http://tempsreel.nouvelobs.com/monde/20110914.OBS0339/video-le-tripoli-merveilleux-de-l-otan.html

32 Discours de Bill Clinton à la Nation, le 19 mars 1999.

33 Louis Magnin, « Le "massacre" serbe de Racak n'a jamais eu lieu. Le prétexte qui a justifié le bombardement de la Yougoslavie était un énorme mensonge », Mondialisation.ca

[34] Wesley Clark, *Waging Modern War : Bosnia, Kosovo and the Future of Conflict*, Public Affairs, 2002.

[35] Serge Halimi, Dominique, Henri Maler et Mathias Reymond, *L'opinion, ça se travaille... Les médias et « les guerres justes »*, Agone, 2014.

[36] En décembre 1989, à la veille du réveillon de Noël, alors qu'en Roumanie tombait régime de Nicolae Ceausescu, les téléspectateurs occidentaux découvraient avec horreur les images d'un charnier où, affirmaient les envoyés spéciaux, gisaient des corps affreusement torturés. On parlait alors de quatre mille morts pour la seule ville de Timisoara. Ce fut l'indignation générale. On découvrira plus tard qu'il ne s'agissait pas d'un véritable charnier, mais de cadavres déterrés, récupérés à la hâte et triturés par la CIA pour simuler devant les caméras de télévisions du monde entier un génocide, principal argument des medias dominants pour discréditer définitivement le régime Ceausescu. Idem pour l'histoire des nouveau-nés koweitiens qui auraient été arrachés de leurs couveuses par l'armée irakienne. On découvrira plus tard que le témoignage de Nayirah, qui a prétendu avoir assisté à ces abus et qui était en réalité la fille de Saud Nasir al-Sabah, l'ambassadeur du Koweït à Washington, avait menti. Plus encore, on apprit qu'elle avait été « coachée » par Michael Deaver, l'ancien conseiller en communication de Ronald Reagan, et c'est la société Hill & Knowlton, spécialisée dans les relations publiques (entendez « propagande »), qui a réalisé toute l'opération de propagande pour le compte d'une association koweitienne en exil dénommée Citizens for a Free Kuwait. La même société aurait également reçu 14 millions de dollars de la part du gouvernement américain pour l'avoir aidé à vendre sa guerre à l'opinion publique. Le massacre des Kosovars par les Serbes avait été brandi par les USA comme argument pour bombarder la Serbie. Mais il a été vite établi que ce massacre n'avait jamais eu lieu.

[37] « L'ambassadeur qui a échappé à la pendaison », *Le Temps*, 16 novembre 2011.

[38] Teil Julien, *Le livre noir des ONG*, Kontre Kulture, 2015, p. 139. Je me suis entretenu avec M. Teil à son retour de Libye, à plusieurs reprises.

[39] « Libye : la guerre humanitaire », un documentaire réalisé par Julien Teil, Mahdi Darius Nazemroaya et Mathieu Ozanon et qu'on peut trouver sur Youtube.

[40] Vincent Braun, « Le Libyen Fathi Terbil récompensé », *La Libre*, 2 décembre 2011.

41 Zineb Dryef, « Libye : Amnesty accuse les rebelles de torture et d'exactions », (http://rue89.nouvelobs.com/2011/06/16/libye-amnesty-accuse-les-rebelles-de-torture-et-dexactions-209588-0).

42 CIRET-AVT et CF2R, *Libye : un avenir incertain*, *op.cit.*, p. 16.

43 http://discours.vie-publique.fr/notices/113000566.html

44 *Sunday Times*, 6 Mars 2011.

45 Oral evidence. Libya : Examination of intervention and collapse and the UK's future policy options, 13 october 2015, (http://data.parliament.uk/writtenevidence/committeeevidence.svc/evidencedocument/foreign-affairs-committee/libya-examination-of-intervention-and-collapse-and-the-uks-future-policy-options/oral/22980.html).

46 *Le Monde*, 25 Novembre 2011.

47 Gates M. Robert, *Duty : Memoirs of a secretary at war*, Alfred A. Knopf, 2014, p. 513.

48 Parmi les membres de l'administration Obama qui s'opposent à l'intervention en Libye, il y a le vice-président Joe Biden, les conseillers pour la sécurité nationale Thomas Donilon et Denis McDonough, et le conseiller spécial sur l'antiterrorisme du président, John Brenan.

49 Gates M. Robert, *Duty : Memoirs of a secretary at war*, *op.cit.*

50 Jeffrey Scott Shapiro and Kelly Riddell, "Secrets tapes undermine Hillary Clinton on Libyan war", *The Washington Times*, 28 January 2015.

51 Entretien avec l'auteur.

52 Entretien avec l'auteur.

53 Hoekstra Peter, *Architects of disaster. The destruction of Libya*, Calamo Press, 2015.

54 *The Washington Times*, 28 January 2015.

55 Jeffrey Scott Shapiro and Kelly Riddell, "Hillary Clinton 'WMD' moment : US intelligence saw false narrative in Libya", *The Washington Times*, 29 January 2015.

56 Libye : « Même Kadhafi n'avait pas osé nous bombarder », RFI, 20 mai 2014 (http://www.rfi.fr/afrique/20140520-libye-meme-kadhafi-avait-pas-ose-nous-bombarder-haftar-ansar-al-charia).

57 La R2P stipule que « si un État n'assure manifestement pas la protection de ses populations, la communauté internationale doit être prête à mener une action collective destinée à protéger ces populations, conformément à la Charte des Nations Unies ».

58 Sur les vingt-deux membres de la Ligue arabe, seulement onze étaient présents lors de la réunion au cours de laquelle la résolution appelant à la

mise en place d'une zone d'exclusion aérienne a été passée. Sur les onze membres présents, deux (Algérie et Syrie) étaient opposés à la résolution et les neuf autres l'ont soutenue. Des neuf, six étaient des membres du Conseil de Coopération du Golfe (CCG), dont la sujétion aux États-Unis n'a pas besoin d'être démontrée, et les trois restants ont voté sous la pression de l'Arabie saoudite.

[59] La feuille de route comprenait en gros les éléments suivants : la protection des civils et la cessation immédiate des hostilités ; l'aide humanitaire aux populations affectées comprenant aussi bien Libyens que les travailleurs migrants étrangers, notamment ceux en provenance d'Afrique subsaharienne ; l'ouverture d'un dialogue politique entre les partis libyens pour parvenir à un accord sur les modalités permettant de mettre fin à la crise ; l'établissement et la gestion d'une période de transition générale ; l'adoption et l'application des réformes politiques nécessaires pour répondre aux aspirations du peuple libyen.

[60] Siad Arnaud, *L'intervention en Libye : un consensus en Relations internationales ?*, L'Harmattan, 2014, p. 91.

[61] Clinton R. Hillary, *Le temps des décisions. 2008-2013*, Fayard, 2014, p. 450.

[62] Rapporté par Jean Ping, *Éclipse sur l'Afrique. Fallait-il tuer Kadhafi ?*, Michalon, 2014, p. 94.

[63] Maupas Stéphanie, *Le Joker des puissants : le grand roman de la Cour Pénale Internationale*, Don Quichotte Éd., 2016, pp. 18-19.

[64] Danilo Zolo, « Intervention en Libye : une imposture criminelle », Mondialisation.ca, 22 mars 2011.

[65] Armin Arefi, « Bahreïn : le savoir-faire français au service de la répression », *Le Point*, 14/02/2013.

[66] Berlusconi Silvio (avec Alan Friedman), *My way*, Michel Lafon, 2015, p. 276.

[67] In Jean Ping, *op.cit.*, p. 18.

[68] *Ibid.*, pp. 147-148.

[69] Rapporté par Diana West, "Did the US choose war in Libya over Qaddafi's abdication ?" (http://www.wnd.com/2014/04/did-u-s-choose-war-in-libya-over-gadhafi-abdication/).

[70] Citizens' Commission on Benghazi, *How America Switched Sides in the War on Terror - An Interim Report by the Citizens' Commission On Benghazi*, 22 Avril 2014.

[71] Rapporté par Ahmed Bensaada, « Et du "printemps" s'écoula un inutile flot de sang arabe... », *Afrique Asie*, Novembre 2015; Jo Becker & Scott

Shane, « The Libya Gamble. Part 1: Hillary Clinton, "smart power" and dictator's fall», *New York Times*, feb 27, 2016.

[72] *Ibid.*

[73] Dulas Robert (avec Marina Ladous et Jean-Philippe Leclaire), *Mort pour la Françafrique : un espion au cœur des réseaux islamistes*, Stock, 2014.

[74] Laurent Telo, « Bob Dulas, le barbouze diplomate », *Le Monde*, 4/11/2014.

[75] « L'Occident savait que Kadhafi comptait quitter le pouvoir », Sputniknews.com, 13/04/2016.

[76] Vincent Jauvert, « L'histoire secrète de la résolution 1973 », *Nouvel Observateur*, 24 mars 2011.

[77] Charles Levinson and Matthew Rosenberg, « Egypt said to arm rebels », *Wall Street Journal*, March 17, 2011.

[78] Ryan Lizza, « Leading from behind », *The new Yorker*, April 26, 2011 ; aussi lire Philippe Gros, « Leading from behind : contour et importance de l'engagement américain en Libye » In Politique américaine No 19, *La puissance américaine à l'épreuve*, Institut des Amériques & L'Harmattan, 2012.

[79] L'intervention américaine est tellement conséquente que l'ambassadeur des États-Unis à l'OTAN, Ivo Daalder, en réponse à un éditorialiste du *New York Times* qui félicitait le président Obama pour sa doctrine du « Leading from Behind », écrit dans un *tweet* : « *That's not leading from behind. When you set the course, provide critical enablers and succeed, it's plain leading* », Roger Cohen, "Leading from behind", *New York Times*, October 31, 2011 ; aussi lire Jeffrey Goldberg, "The Obama doctrine", *The Atlantic*, April, 2016.

[80] À titre exemplatif, les États-Unis ont fourni plus de 70 % des capacités de surveillance, de renseignement et de reconnaissance de la coalition. Ils ont assuré 70 % des missions de ravitaillement aérien. Au 31 mars, lorsque l'OTAN prend le commandement de l'ensemble des opérations, la coalition a exécuté 1900 sorties, dont 1206 effectués par les appareils américains (soit 63 %) dans le cadre de l'opération *Odyssey Dawn*.

[81] John Barry, « America's Secret Libya war », *The Daily Beast*, August, 30, 2011.

[82] Claude Angeli, « Le Pentagone a autorisé Sarko à tirer le premier », *Le Canard enchaîné* No 4717 du 23 mars 2011.

[83] Bensaada Ahmed, *Arabesque $: Enquête sur le rôle des États-Unis dans les révoltes arabes*, Investig'Action, 2015, p. 169.

84 Voir le documentaire « CIA Declassified : Killing Mad Dog Gaddafi » (2014), un film réalisé par Matthew Barret et Ned Parker pour World Media Rights Production, disponible sur Youtube.

85 Cité in « La Russie face aux révoltes libyenne et syrienne », M'Hamed Oualdi & Al., *Les ondes de choc des révolutions arabes*, Presse de l'Ifpo, 2014.

86 Marcel Boisard, «La responsabilité de protéger, un principe jetable et à usage unique », dans *Le Temps*, 28 octobre 2011, cité par Bruno Pommier, « Le recours à la force pour protéger les civils et l'action humanitaire : le cas libyen et au-delà », *Revue internationale de la Croix-Rouge*, Volume 93 Sélection française 2011.

87 Gordon Thomas & Marco Giannengeli, « Libya defector Moussa Koussa was an MI6 double agent », *Express*, 3 April 2011.

88 L'ancien maître espion du Guide a développé d'étroites relations avec la France. Au point que lorsqu'il demande à bénéficier du statut de résident français, le secrétaire général de l'Élysée Claude Guéant lui procure une adresse et une carte de résident pour dix ans (du 10 juin 2008 au 9 juin 2018, document délivré par la Préfecture de Nanterre). Ce sont les services français, dit-on, qui se seraient occupées de l'exfiltrer de Libye, avant de le laisser passer à Londres.

89 Cyrielle Vanlerberghe, « Londres tente de précipiter la chute du régime libyen », *Le Figaro*, 1/04/2011.

90 Politique américaine No 19, *La puissance américaine...*, *op.cit.*

91 Fin août, sur les bases de l'OTAN, sur leurs navires ou dans les « bureaux » d'où ils guident avions et drones, 8500 Américains sont toujours mobilisés pour le conflit, tandis que l'on compte 1300 côté britannique et 800 au plus côté français. Côté dépenses militaires, 260 millions de Livres (280 millions d'euros) pour Londres, 200 millions d'euros pour Paris et plus d'un milliard pour Washington.

92 Faligo Roger & al., *Histoire politique des services secrets français. De la Seconde guerre mondiale à nos jours*, La Découverte, 2012.

93 Chesnot Christian et Georges Malbrunot, *Qatar : Les secrets du coffre-fort*, Michel Lafon, 2013.

94 *Ibid.*, p. 185.

95 *Le Canard enchaîné*, 6 juillet 2011.

96 Faligo Roger & al., *op.cit.*, p. 649.

97 *Ibid.* p. 648.

98 Jean-Frédéric Légaré-Tremblay, « La techno canadienne au service des rebelles libyens », *L'Actualité*, 26 août 2011; Tu Thanh ha, « How high-

tech Canadian drones gave Libyan rebels a boost », *The Globe and Mail*, Aug. 23, 2011.

[99] Faligo Roger & al., *Histoire politique des services secrets français*, *op.cit.*, p. 649.

[100] Florentin Collomp, « Comment Londres a mené la guerre secrète du pétrole », *Le Figaro*, 1er septembre 2011. On peut lire aussi Marc Roche, « Londres a fait appel à des traders dans la guerre du pétrole contre le régime du colonel Kadhafi », *Le Monde*, 2/09/2011.

[101] *Le Canard enchaîné*, 24 août 2011.

[102] Sarkozy, Obama, Cameron : « Kadhafi doit partir », *Le Figaro*, 14 avril 2011. Cette tribune est publiée conjointement dans *The Times* (Royaume-Uni), *The International Herald Tribune* (États-Unis), *al-Hayat* (monde arabe).

[103] « Sarkozy, Cameron et Obama vont au-delà de la résolution onusienne », *Le Monde* avec *AFP*, 15avril 2014.

[104] Siad Arnaud, *op.cit*, p. 96.

[105] Professeur invité aux universités Stanford et Harvard, Luis Moreno Ocampo a exercé comme consultant auprès de la Banque mondiale, la Banque interaméricaine de développement et les Nations unies. Il a travaillé pendant plusieurs années au bureau sud-américain de Transparency International, une ONG financée par Georges Soros. Avant cela, le procureur Luis Ocampo avait créé, en 1989, sa propre ONG, Poder Ciudadano, financée par la NED (National Endowment for Democracy). En somme, le parcours du procureur Ocampo est intimement lié aux intérêts américains. Il semble, lui-même, avoir développé une relation de travail étroite avec les Américaines− et pourtant, Washington refuse de reconnaître la CPI− ; ses prises de position dans nombre de dossiers démontrent qu'il est au service des puissances capitalistes. L'avocat argentin avait auparavant gagné la confiance des États-Unis en indiquant qu'il n'y aurait pas d'enquête sur les crimes de guerre commis par les forces américaines pendant l'invasion de l'Irak. Un câble diplomatique divulgué par WikiLeaks montre que, seulement trois mois après que Luis Moreno-Ocampo a été élu procureur en chef début de 2003, des responsables diplomatiques ont rassuré le département d'État : « En privé, Ocampo a dit qu'il souhaitait se débarrasser des questions entourant l'Irak− c.-à-d., ne pas enquêter sur elles. »

[106] Le jeu trouble du procureur Ocampo et de la CPI dans le dossier libyen est remarquablement étayé par la journaliste Stéphanie Maupas, *Le Joker des puissants*, *op.cit.*, pp. 15-50.

[107] Rapporté par Stéphanie Maupas, *op.cit.*, p. 32.

[108] L'Italie, soucieuse de préserver ses intérêts acquis sous Kadhafi, était hostile à la guerre au départ, mais s'est trouvée dans l'obligation de changer de cap et de soutenir la démarche de l'OTAN, de peur de perdre ses acquis au profit des autres puissances occidentales impliquées dans la guerre, une fois Kadhafi renversé.

[109] Branco Juan, *L'ordre et le monde : Critique de la Cour pénale internationale*, Fayard, 2016.

[110] Fin avril, l'OTAN a bombardé la résidence de Saïf al-Arab, le fils cadet du Guide, le tuant avec toute sa famille. Le raid visait en réalité Mouammar Kadhafi qui se trouvait dans la résidence de son fils avec sa femme. Le Guide libyen l'aurait échappé de justesse selon des sources libyennes et occidentales.

[111] « OTAN : Il faut mener une enquête sur le tragique naufrage d'un bateau fuyant la Libye », HRW, 10 mai 2011.

[112] Con Coughlin, « Nato must target Gaddafi regime, says Armed Forces chief Gen Sir David Richards », *The Telegraph*, 14 May 2011 ; « La Libye demande un cessez-le feu, l'OTAN veut élargir le nombre de ses cibles », Le Monde.fr avec *AFP* et *Reuters*, 16/055/2011.

[113] John A. III Warden, « Enemy as a System », *Airpower Journal*, vol. Spring, n° 9, 1995, pp. 40-55 ; *La campagne aérienne*, Economica, 1998 ; « Théorie de la paralysie stratégique selon Warden », (http://www.institut-strategie.fr/Fadok %204.html).

[114] Jean Guisnel, « La stratégie des cinq cercles », *Le Point*, 9/11/2011 (http://www.lepoint.fr/actualites-monde/2007-01-20/la-strategie-des-cinq-cercles/924/0/58735).

[115] In Halimi Serge & al., *op.cit.*, p. 85.

[116] Luttwak Edward N., *Le grand livre de la stratégie. De la paix et de la guerre*, Odile Jacob, 2002, p. 119.

[117] Les bombes alliées auraient détruit, selon le rapport secret américain révélé par *Newsweek*, 14 tanks et non 120 ; 18 transports de troupes blindés et non 220 ; 20 pièces d'artillerie et non 450...

[118] In Halimi Serge & al., *op.cit.*, p. 109.

[119] « Le conflit a fait 50 000 morts, dit le pouvoir intérimaire libyen », BFMTV et *Reuters*, 30 août 2011.

[120] Human Rights Watch, *Unacknowledged Deaths : Civilian Casualties in NATO's Air Campaign in Libya*, 14 mai 2012.

[121] *Ibid.*

[122] Amnesty International, *Libye : Les victimes oubliées des frappes de l'OTAN*, mars 2012.

[123] Anders Fogh Rasmussen, Rapport annuel 2011 de l'Organisation du Traité de l'Atlantique Nord (OTAN), 26 janvier 2012.

[124] Benjamin Barthe, « En Libye, un village victime d'une bavure de l'OTAN attend que justice soit rendue », *Le Monde*, 14 mai 2012.

[125] Guillaume de Rouville, « Dommages collatéraux : la face cachée d'un terrorisme d'État », (http://www.legrandsoir.info/dommages-collateraux-la-face-cachee-d-un-terrorisme-d-etat.html).

[126] Martinelli Giovanni (avec Samuel Lieven), *Évêque chez Kadhafi*, Bayard Culture, 2011.

X

LA « SAINTE ALLIANCE »
AVEC AL-QAÏDA SUR LE DOS DES LIBYENS

> *« Nous utilisons les islamistes radi-*
> *caux pour des objectifs de politique*
> *étrangère. »*
> **Général Wesley Clark**

« Ils étaient là depuis le début de l'insurrection ; ce sont eux qui ont attaqué les forces de l'ordre, ce sont eux encore qui ont terrorisé la population et semé la désolation un peu partout... » « Eux », ce sont les islamistes liés à l'organisation d'Oussama Ben Laden, Al-Qaïda[a], m'explique Zohra Mansour. Leur présence aux côtés des insurgés soutenus par l'OTAN est l'un des secrets de polichinelle le mieux gardé de l'intervention occidentale en Libye. « Il y a un lien très étroit entre Al-Qaïda, les organisations djihadistes et l'opposition libyenne[1] », peut-on ainsi lire dans un rapport d'une vingtaine de pages préparé par les services de renseignement américains.

Depuis le début de l'insurrection en Libye, Mouammar Kadhafi n'a cessé de brandir le spectre de la menace islamiste.

---

[a] Al-Qaïda (« la Base ») désignait au départ une vaste base de données dans laquelle la CIA et Oussama Ben Laden choisissaient des mercenaires dont ils avaient besoin pour mener des missions ponctuelles. Il ne s'agit pas véritablement d'un groupe terroriste structuré, mais d'une sorte de franchise dont se servent plusieurs groupuscules islamistes et parfois même des organisations terroristes parrainées par les services de renseignements occidentaux. Toutefois, pour la bonne compréhension du lecteur et par souci de commodité de langage, nous allons utiliser le nom Al-Qaïda tel qu'il est employé dans le vocabulaire populaire.

Dans une interview avec Laurent Valdiguié du *Journal du Dimanche*, le 5 mars, le colonel explique que le réseau Al-Qaïda est à l'œuvre à l'Est de la Libye. «Tout le monde a entendu parler d'Al-Qaïda au Maghreb islamique. Or il y avait des cellules dormantes en Libye» dit-il. «Quand il y a eu la confusion en Tunisie et en Égypte, ils ont voulu profiter de la situation et Al-Qaïda a donné instruction à ses cellules dormantes de faire surface… Les membres de ces cellules se sont réveillés sur ordre et ont attaqué des casernes militaires et des commissariats de police pour prendre les armes. C'est ce qui a eu lieu à Benghazi et à Al-Baïda, où il y a eu des échanges de coups de feu. Il y a eu des morts de part et d'autre. Les gens ont trouvé la mort devant le commissariat de police ou la caserne militaire. Ils ont pris les armes et se sont ensuite répandus dans les rues», explique le Guide.

Le leader libyen a beau répéter publiquement et par les canaux diplomatiques que les manifestants sont liés ou manipulés par le nébuleux réseau terroriste d'Oussama Ben Laden, personne ne veut le croire — «Nous ne voyons pas les évènements de cette façon» déclare une source américaine[2]. Mieux, on se moque de lui et ses propos sont tournés en dérision dans la presse occidentale, qui l'accuse de faire de la surenchère sur le danger islamiste pour s'attirer les sympathies de l'opinion publique et sauver son pouvoir.

Au QG de l'OTAN, à Naples, on dédramatise systématiquement sur la menace islamiste, à défaut de la confirmer ou de l'infirmer. Lors d'une audition devant le Sénat américain, le commandant suprême de l'Alliance, l'amiral James Stavridis, a expliqué que des informations du renseignement évoquaient les signes d'une présence d'Al-Qaïda, voire du Hezbollah, parmi l'opposition libyenne. Il a néanmoins tempéré en soulignant qu'il ne disposait pas «de détails suffisants» pour dire si cette présence était «significative ou non».

Et pourtant, dès le début des évènements en Libye, la coloration islamiste de l'insurrection ne faisait aucun doute. Elle était même parfaitement connue de tous. La Cyrénaïque, épicentre de la révolte, a été l'un des principaux foyers de recrutement des combattants islamistes engagés en Irak. Des documents saisis en 2007, à Sinjar (nord de Bagdad), par les forces américaines, contenant une liste de 700 combattants fondamentalistes liés à Al-Qaïda, indiquent que les Libyens constituaient le deuxième contingent djihadiste derrière les Saoudiens, avec 112 Libyens (originaires de Cyrénaïque), soit près de 20 % des moudjahidines étrangers entrés en Irak au pic de la violence en 2006 et 2007. Loin devant les Algériens, les Syriens et les Yéménites.

Selon un rapport[3] sur *Les combattants étrangers d'Al-Qaïda* présenté en 2007 devant l'académie militaire de West Point, la région allant de Benghazi à Tobrouk en passant par Derna, un des fiefs de la rébellion contre le colonel Kadhafi, représente l'une des plus grandes concentrations de terroristes du monde, avec un combattant envoyé en Irak pour 1 000 à 1 500 habitants[4]. C'est dans ces bastions de l'islamisme radical que le groupe *Jamaa al Islamiya al-Muqatila bi Libya* ou GICL (Groupe islamique de combat libyen) va élire domicile dans les années 1990.

Fondé au début des années 1990, en Afghanistan, par des militants islamistes internationalistes libyens recrutés à partir de 1979 par la CIA et les divers bureaux des Frères musulmans pour aller combattre en Afghanistan durant la guerre soviéto-afghane, le GICL, dont l'existence n'a été officiellement annoncée qu'en avril 1995, se fixe comme ambition d'abattre le pouvoir de Kadhafi et lui substituer un État islamique radical. À ses débuts, le groupe installe sa base arrière au Soudan, devenu au début des années 1990 la principale base des djihadistes arabes, et prête allégeance à Oussama Ben Laden qui vit avec ses trois épouses et ses quinze enfants entre la ville d'Omdurman et le sud de Khartoum, la capitale. Le richissime chef intégriste saoudien, qui déteste ostensiblement le raïs libyen qu'il considère comme un infidèle, suit avec grand intérêt la progression du GICL et n'hésite pas à lui apporter son soutien. La mouvance liée aux Frères musulmans devient ainsi en quelque sorte la section libyenne d'Al-Qaïda et Ben Laden envisage même un moment de s'implanter en Libye, alors sous embargo des Nations unies.

À l'époque, le pays constitue un repaire parfait pour les groupes intégristes musulmans. Coincée entre l'Algérie et l'Égypte, deux pays où sévissent alors plusieurs groupes islamistes armés, la Jamahiriya représente aux yeux de Ben Laden l'endroit idéal pour installer le QG de ce qui deviendra le réseau Al-Qaïda. On raconte même que le milliardaire saoudien aurait résidé dans la petite ville de Jabala-Larde, non loin de Benghazi, où opère le GICL. Ce dernier dispose de réseaux armés opérationnels et du soutien non négligeable d'une partie de la population dans la région de Cyrénaïque, notamment dans le Djebel al-Akhdar. À partir de 1995, sous la houlette d'Abdelhakim Belhadj *alias* Abou Abdallah Saddik, son leader historique, le GICL se lance dans le djihad contre Tripoli et tente à plusieurs reprises d'assassiner Mouammar Kadhafi.

Les assauts du mouvement islamiste contre le pouvoir libyen interviennent à une période où la Libye est mise au ban de la communauté « occidentale » internationale. Américains et Britanniques, on l'a vu, vouent une profonde hostilité à l'égard de Kadhafi et cherchent depuis quelque temps à le renverser. Partant de la logique selon laquelle les ennemis de mes ennemis sont mes amis, les islamistes ennemis jurés du Guide deviennent aussitôt, par ricochet, les amis des Américains et des Britanniques. Selon David Shayler, qui a travaillé au G9, la section libyenne du MI5 (le contre-espionnage britannique), les services secrets de Sa Majesté ont planifié d'assassiner Kadhafi en collaboration avec le GICL, en 1996. Cette tentative d'assassinat avortée qui a fait plusieurs victimes innocentes, a été financée à hauteur de 100 000 livres sterling par le MI6 britannique[5] — cela a également été confirmé par un autre ex-agent du contre-espionnage britannique, Annie Machon, avec qui j'ai eu à échanger.

C'est au cours d'une réunion avec ses collègues du MI6 que David Shayler apprend l'existence du complot, auquel vont prendre part deux officiers du MI6 : Richard Bartlett, le responsable de l'ensemble de l'opération connu sous le nom de code PT16, et David Watson, connu sous le nom de code PT16B. Ce dernier était l'officier traitant de « Tunworth », l'agent libyen qui servait de courroie de transmission entre le MI6 et la cellule libyenne d'Al-Qaïda[6]. Le plan : les comploteurs devaient se procurer des voitures semblables à celles de la sécurité du colonel Kadhafi et se mêler à son escorte pour y placer une bombe en vue de le tuer. Mais l'opération échoua : la bombe fut placée sous le mauvais véhicule, provoquant la mort des gardes du corps du Guide et de six civils innocents. La Libye va réclamer l'ouverture d'une enquête et exiger d'y être associée, mais sa requête, on l'aura deviné, n'aura pas de suite auprès des autorités britanniques.

Parmi les membres du GICL dont le MI6 avait loué les services pour assassiner le colonel Kadhafi figurait l'un des lieutenants les plus fidèles d'Oussama Ben Laden, Abou Anas al-Libi, de son vrai nom Nazih Abdel Hamed al-Raghie. Il avait été l'un des hommes les plus recherchés par le FBI pour son implication dans les attaques revendiquées par Al-Qaïda contre les ambassades américaines à Nairobi (Kenya) et à Dar es-Salaam (Tanzanie), le 7 août 1998[7].

Cette même année, les services de sécurité libyens avaient réussi à déjouer plusieurs tentatives d'attentat dirigées contre le colonel Kadhafi. L'attaque menée contre le leader libyen au soir du 31 mai par le Mouvement islamique des martyrs affilié au GICL, alors qu'il se rend à Al-Beida pour les célébrations de l'anniversaire du prophète, a même failli lui coûter la vie. Le Guide est grièvement blessé aux jambes...

En représailles, il ordonne une opération de « nettoyage » musclée pour éradiquer une fois pour toutes le GICL. L'axe Derna-Ajdabiya-Benghazi, où la loi martiale est décrétée, est complètement isolé et bouclé. L'armée libyenne, conduite par le général Abdel Fattah Younès, y mène des opérations de ratissage. Le Djebel al-Akhdar et Derna, où sont retranchés plusieurs combattants islamistes, sont pilonnés sans relâche par l'aviation libyenne. Plusieurs réseaux clandestins liés au GICL sont neutralisés. Un cadre du groupe, vétéran d'Afghanistan, Salah Fathi Ben Salmane *alias* Abou Abderrahmane al-Khattab, l'un des meilleurs commandants du groupe, est tué dans une embuscade[8]. Quelque temps après, le pouvoir libyen lance une vaste offensive contre les derniers retranchements du mouvement et arrête un grand nombre de ses sympathisants présumés à travers tout le pays.

Sous la pression de Tripoli, plusieurs membres du GICL et du Mouvement islamique des martyrs sont expulsés du Soudan. La plupart d'entre eux élisent alors domicile en Turquie et en Afghanistan, où s'est installé, il y a peu, leur bienfaiteur saoudien, Oussama Ben Laden. Comme Belhadj et ses compagnons du GICL, le chef terroriste est lui aussi traqué par les services de sécurité libyens. À la demande des autorités de Tripoli, Interpol a lancé contre lui un mandat d'arrêt international, le 15 avril 1998, pour le double assassinat, en mars 1994, sur le sol libyen, d'un couple de citoyens allemands, Silvan et Vera Becker, travaillant pour le BFV (Bundesamt für Verfassungsschutz), le service de contre-espionnage allemand.

Fait pour le moins surprenant : sur la version publique de la fiche signalétique d'Interpol diffusée à la presse et que l'on retrouve sur le site Internet de l'organisation internationale de police, nulle mention de la liste des faits reprochés au criminel, nulle précision sur la date d'émission du mandat d'arrêt, et surtout nulle citation de l'État demandeur. C'est-à-dire la Jamahiriya !

Mais les absences les plus surprenantes ont toujours une explication. Selon Jean-Charles Brisard et Guillaume Dasquié[9] qui ont enquêté sur cette affaire, le fait que ce soit la Libye qui ait lancé ce mandat d'arrêt a constitué une grande source d'embarras pour les puissances occidentales. Pour mieux résumer les choses, le premier mandat d'arrêt international contre Oussama Ben Laden est délivré à l'initiative, non pas des États-Unis qui l'accusaient pourtant déjà d'être l'instigateur du premier attentat cinq ans plus tôt contre le World Trade Center,

432

mais de la Libye de Kadhafi que Washington et Londres considèrent comme un État terroriste.

En outre, ce ne sont donc pas ceux qui accusent Oussama Ben Laden d'être le « principal sponsor financier des activités islamistes extrémistes dans le monde » (selon une déclaration du département d'État) qui cherchent à mettre le grappin sur lui, mais bien ceux qui sont accusés par les accusateurs de Ben Laden de soutenir le terrorisme international ! Autrement dit, les Libyens. Comme le font observer MM. Brisard et Dasquié, « on comprend mieux pourquoi les documents d'Interpol sont longtemps demeurés dans les archives auxquelles personne n'accédait. » On comprend aussi et surtout pourquoi toutes les agences de renseignement occidentales se sont gardées de préciser que ce premier mandat d'arrêt contre Ben Laden provenait de la Libye et minimisèrent la menace que faisait peser le chef terroriste saoudien.

Pourtant, comme le soulignent les deux experts en matière de renseignement, Interpol et toutes les autorités judiciaires occidentales savaient que Ben Laden était responsable de l'assassinat du couple Becker, et devaient donc théoriquement tout mettre en œuvre pour l'arrêter[10].

Mais la réalité est souvent aux antipodes des déclarations officielles sur la lutte contre le terrorisme. La relation entre les services américains et Al-Qaïda est une vieille histoire d'amour qui a commencé, en 1979, en Afghanistan, pour faire imploser l'Union soviétique[11]. C'est la fameuse Opération Cyclone, la plus importante et la plus longue opération secrète de l'histoire de la CIA, qui bénéficia d'un budget de plus de quatre milliards de dollars et par laquelle l'Agence équipa les islamistes afghans que Ronald Reagan qualifiait de « résistants » et de « combattants de la liberté ».

En coopération avec les services secrets alliés, notamment les sulfureux services saoudiens et l'Inter-Services Intelligence (ISI) pakistanais, la CIA recrutait des militants islamistes venant du monde entier, aussi bien du Maroc que de l'Indonésie, pour aller combattre dans les montagnes afghanes contre l'occupant soviétique. Selon le grand reporter Éric Laurent, « on trouvait même des musulmans noirs américains, voyageant en Afghanistan, encadrés par la CIA, entraînés par des instructeurs de l'Agence avant d'être envoyés au combat avec des armes américaines[12]. » Le directeur de la CIA, William Casey, et Vincent Cannistraro étaient au cœur de ce dispositif qui visait à transformer l'Afghanistan en Vietnam pour les Soviétiques afin de les forcer à se retirer du pays. Personne à Washington ne se souciait alors de la démocratie et des droits de l'homme, et encore moins de ces fondamentalistes dont les pratiques barbares envers la population se passaient de tout commentaire. « Une de leurs méthodes favorites est de torturer leurs victimes, de leur couper le nez et les oreilles, ainsi que les parties génitales, et ensuite d'enlever une fine couche de peau, l'une après l'autre pour provoquer une mort très lente[13]. »

Malgré ce chapelet de crimes et de pratiques abominables, Reagan invita un de ces groupes criminels à la Maison Blanche, en 1985, et les présenta ainsi aux médias : « Ces gentlemen sont les équivalents moraux des pères fondateurs de l'Amérique ». Le président américain signa dans la foulée la directive de sécurité nationale 166 (voir document ci-après), autorisant une aide [supplémentaire] à ces « résistants » et « combattants de la liberté » d'un genre particulier.

Du moment qu'ils étaient anticommunistes, Washington se fichait de savoir ce qu'ils faisaient sur le terrain. Ils pouvaient couper des mains, crever les yeux de jeunes garçons et verser de l'acide sur la tête des femmes, cela ne posait aucun problème pour les « grands démocrates » américains. Au total, plus de 30 000 moudjahidines afghans et étrangers provenant d'une quarantaine de pays ont été formés par la CIA et l'ISI pour propager la « démocratie des cimetières » en Afghanistan.

Extrait de la Directive # 166

THE WHITE HOUSE

WASHINGTON

UNCLASSIFIED   March 27, 1985

National Security Decision
Directive Number 166

U.S. POLICY, PROGRAMS AND STRATEGY IN AFGHANISTAN

The Soviet war in Afghanistan is now well into its sixth year.
The two principal elements in our Afghanistan strategy are a
program of covert action support to the Afghan resistance, and
our diplomatic/political strategy to pressure the Soviet Union to
withdraw its forces from Afghanistan and to increase
international support for the Afghan resistance forces. This
directive establishes the goals and objectives to be served by
these programs.

I.   Policy Goals and Major U.S. Interests

The ultimate goal of our policy is the removal of Soviet forces
from Afghanistan and the restoration of its independent status.
In the mid term (1985-1990), the U.S. will pursue interim
objectives which will, if achieved, bring us closer to our
ultimate goal. Achieving these interim objectives will be in the
U.S. national interest, regardless of the ultimate outcome of the
struggle in Afghanistan. These interim objectives are:

Demonstrate to the Soviet Union that its long-term strategy
for subjugating Afghanistan is not working. If the war in
Afghanistan grows steadily worse, from the Soviet
perspective, the Soviet leadership can have little
confidence that it will finally achieve its purposes, no
matter how long term the Soviet perspective. Achieving this
objective is the best way to build pressure on the Soviet
Union to adjust its policies in ways favorable to us and to
the Afghan people.

Deny Afghanistan to the Soviets as a base: Our covert
program will deny Afghanistan to the Soviets as a secure
base from which to project power and influence in the
region. Were the Soviets to consolidate their position in
Afghanistan, they would be better able to exploit possible
post-Khomeini turmoil in Iran and to create difficulties for
the Government of Pakistan.

Promote Soviet isolation in the Third and Islamic worlds on
the Afghanistan issue. The Soviets have paid a price in the
Third World for their continuing occupation of Afghanistan.

Cette alliance de convenance et d'intérêt s'est poursuivie en
Bosnie et dix ans plus tard au Kosovo, et il n'est pas exclu que
la CIA soit directement ou indirectement impliquée dans les

activités terroristes des Tchétchènes en Russie et des Ouïgours en Chine.

Donc avant d'être l'ennemi public numéro un de l'Amérique selon la conjoncture du moment, Al-Qaïda est avant tout un instrument de la politique étrangère américaine. Voilà pourquoi les États-Unis [et même la Grande-Bretagne] n'ont jamais véritablement recherché Oussama Ben Laden, malgré le premier attentat qu'il a commandité contre le World Trade Center, en février 1993, et les attentats anti-américains de Darhan (Arabie saoudite) deux ans plus tard. Washington a même ignoré l'offre faite par les autorités soudanaises — et plus tard par les Talibans, en février 2001 — d'extrader Ben Laden en Arabie saoudite ou aux États-Unis. «Contentez-vous de lui demander de quitter le pays. Et ne le laissez surtout pas partir en Somalie», auraient déclaré de hauts responsables américains, selon le général Elfatih Erwa, alors ministre de la Défense de la République du Soudan. Et d'ajouter : «Nous avons dit qu'il irait en Afghanistan, et ils ont répondu : "Laissez-le faire"»[14].

Le 18 mai 1996, Monsieur Ben Laden, sa famille ainsi que ses collaborateurs embarquent à bord d'un C-130 pour Jalalabad, au nord-est de l'Afghanistan. L'appareil doit effectuer une escale au Qatar pour se ravitailler. Les Qataris préviennent les Américains et demandent des directives : retenir l'avion ou le laisser partir. Moins d'une heure plus tard, la consigne tombe : inutile de retarder le C-130, il peut poursuivre sa route en toute quiétude[15].

C'est ainsi que Monsieur Ben Laden et ses collaborateurs se sont retrouvés en Afghanistan avec les combattants du GICL, contraints de quitter la Libye en raison de la répression exercée par Kadhafi. Beaucoup de militants se sont éparpillés au sein des cellules internationalistes d'Al-Qaïda et certains vont trouver refuge en Europe, principalement au Royaume-Uni qui est devenu au fil des années le repaire parfait des groupes intégristes sunnites[16] — la capitale est même surnommée «Londonistan». C'est notamment le cas d'Abou Anas al-Libi, le bras droit de Ben Laden qui, comme nous l'avons vu, a participé aux attentats d'août 1998 contre les ambassades américaines en Tanzanie et au Kenya, et de Sami al-Saadi, le théologien et juriste du groupe. Ils ont obtenu sans difficulté l'asile en Grande-Bretagne — al-Libi vécut à Manchester jusqu'en mai 2000.

Au pays de la reine Élisabeth II, les militants du GICL et de plusieurs autres groupes intégristes se sentent comme chez eux. Le petit journal de la mouvance islamiste libyenne *Al-Fajr* — tout comme celui du GIA algérien (*Al-Ansar*) — est édité à Londres par une personnalité intégriste sunnite, Saïd Mansour. Entre 2000 et 2001, plusieurs cadres du mouvement installés dans la ville de Birmingham mettent en place des structures de soutien logistique en vue d'organiser à distance des opérations de déstabilisation du régime libyen.

Mais les choses changent du tout au tout après les attentats du 11/09/2001 à New York. Le président George Bush déclare la guerre à la terreur. La Libye, qui a vivement condamné ces attentats, renoue peu à peu avec l'Occident et les Moukhabarat libyens se rapprochent des services de renseignement occidentaux dans la lutte antiterroriste. Lors d'une rencontre secrète à Londres, les Libyens remettent à la CIA et à son équivalent britannique une liste d'une dizaine de noms des cadres du GICL établis au Royaume-Uni. C'est le début de la lune de miel entre Washington, Londres et Tripoli, qui va notamment se traduire par un échange soutenu d'informations concernant les réseaux terroristes[a].

Sous l'impulsion des États-Unis, le Conseil de sécurité place le GICL sur la liste noire des organisations terroristes liées à Al-Qaïda. Quelque temps après, le groupe est inscrit sur la liste des organisations terroristes établie par le département d'État et le Foreign Office — ce qui ne manque pas d'ironie après l'aide apportée par l'Occident à cette organisation. Ses principaux leaders sont traqués par les services de sécurité occidentaux qui

---

[a] Voir chapitre VII.

n'hésitent pas à les livrer à Kadhafi. C'est notamment le cas d'Abdelhakim Belhadj, l'émir du mouvement. Arrêté en mars 2004 à l'aéroport de Kuala Lumpur, il est transféré via l'un des vols clandestins de la CIA vers la Thaïlande, avant d'être extradé de force vers la Libye où il a été torturé par des agents britanniques à la prison d'Abou Salim. Deux de ses compagnons, Sami al-Saadi et Mohamed Abou Farsan, repérés quelques semaines après par le MI6 à Hong Kong pour le premier et aux Pays-Bas pour le second, seront arrêtés et placés en détention avant d'être livrés à la Libye par la CIA[17].

Affaibli par l'arrestation de ses principaux dirigeants et ne disposant plus de cellules combattantes opérationnelles en Libye même, *al-Muqatila* n'abandonne pas pour autant son principal objectif qui est de renverser le *Tâghout* (le « tyran mécréant »). En juin 2005, le groupe islamiste participe à une grande conférence (la Conférence nationale pour l'opposition libyenne, CNOL) regroupant de nombreux groupes d'opposition anti-Kadhafistes à Londres, sous l'œil bienveillant des services de Sa Majesté — signe que les services de renseignement occidentaux, tout en collaborant étroitement avec la Libye en matière de terrorisme, ont continué d'entretenir des relations pour les moins poussées avec des groupes d'opposants libyens, parmi lesquels on retrouve des islamistes. Cette conférence, qui formalisa, selon certains observateurs, la création officieuse du CNT, se donnait trois objectifs : la fin du régime Kadhafi, la mise sur pied d'un gouvernement de transition et enfin la mise en place d'un gouvernement démocratique issu d'élections libres, avec l'islam comme religion d'État — d'autres parlent du rétablissement de la monarchie constitutionnelle dans sa forme de 1951.

Le GICL opte ensuite pour la mise en place d'un réseau de recrutement pour l'Irak. Des centaines de combattants originaires de Cyrénaïque (principalement de Derna et Benghazi) sont envoyés faire le djihad dans les mouvements armés relevant d'Al-Qaïda en Mésopotamie[18]. En novembre 2007, le groupe se déclare filiale officielle d'Al-Qaïda, ce qui a accru la participation des moudjahidines libyens aux opérations contre les Américains en Irak.

Pendant ce temps en Libye, l'atmosphère s'est peu à peu détendue. Le fils du Guide, Saïf al-Islam a amorcé, à partir de 2007, des pourparlers avec les membres du GICL et des Frères musulmans emprisonnés. L'initiative est rejetée par Abou Leith al-Libi et Abou Yahya al-Libi, deux membres influents du groupe qui ont rejoint Al-Qaïda, et jugée « dangereuse » par la « vieille garde » et les services de sécurité qui tentèrent par tous les moyens de la torpiller. Mais le fils Kadhafi tient bon et passe outre leurs recommandations. Les islamistes, eux, font mine d'accepter les règles du jeu, en affirmant renoncer à la violence et à l'idée de renverser le gouvernement libyen.

Le 1er septembre 2009, à l'occasion du 40e anniversaire de la Révolution, les membres de la direction du GICL emprisonnés adressent au Guide un message de félicitations dans lequel ils lui présentent leurs excuses pour les actes subversifs posés par le passé contre le régime. Dans leur duperie, ils achèvent la rédaction d'un document de 417 pages intitulé *Études correctives dans la compréhension du djihad*, qui délégitime l'usage de la lutte armée en Libye et ailleurs, sauf dans le cas d'une résistance à l'occupation étrangère. Ils s'engagent également à prendre leurs distances d'avec Al-Qaïda, dont ils condamnent désormais la stratégie.

En trois vagues successives (entre 2009 et début 2011), des centaines d'islamistes, dont les principaux leaders du GICL, sont amnistiés et libérés par Saïf al-Islam, au nom de la réconciliation nationale. L'un des négociateurs de cet accord est Moustapha Abdeljalil, le ministre de la Justice de Kadhafi devenu depuis le président du CNT. Si on ne peut pas le considérer comme un fanatique, il n'en demeure pas moins un islamiste rigoureux. Sa bienveillance à l'égard des islamistes ne semble donc pas être le fait du hasard. S'il cherche à les aider, c'est parce que leurs convictions religieuses rejoignent largement les siennes.

Ce sont ces islamistes graciés grâce à lui par Saïf al-Islam Kadhafi, qui, avec les Frères musulmans et un groupe d'agitateurs tapis dans l'ombre, vont se retrouver au cœur de l'insurrection, à partir du 17 février 2011, en Cyrénaïque. Ce sont eux qui ont saccagé les bâtiments publics, attaqué les casernes, les postes de police et les prisons pour libérer leurs congénères encore emprisonnés. Ils ont tué des agents des forces de l'ordre et les ont pendus à des ponts, avant de s'en prendre aux travailleurs d'Afrique subsaharienne assimilés tous à des mercenaires de Kadhafi. Le 21, leur chef spirituel, le théologien qatari d'origine égyptienne, le Frère musulman cheikh Youssef Al-Qardaoui, 85 ans, lança une fatwa à l'encontre de Kadhafi sur la chaîne Al-Jazzera, appelant l'armée à assassiner le dirigeant libyen : « Que celui qui dans l'armée libyenne peut tirer une balle sur Mouammar Kadhafi pour en débarrasser la Libye, le fasse », a-t-il déclaré.

L'OTAN et les principales agences de renseignement occidentales, qui détiennent des tonnes d'informations sur ce beau monde, ne pouvaient donc pas ignorer que ces gens sont des criminels ; elles savaient parfaitement à quoi s'en tenir au sujet de la fameuse opposition libyenne, derrière laquelle se sont dissimulées une kyrielle de groupes islamistes et de bandes criminelles.

Mais il semble que pour les pays de « l'Alliance du bien », il y a deux types de terroristes : les « modérés » et les « extrémistes ». Les « bons terroristes » (donc les « modérés ») — le type d'intégristes qui vous coupent la tête avec un bistouri plutôt qu'avec un couteau — sont ceux qui sous-traitent les stratégies impériales de l'Occident, donc de l'OTAN, tandis que les « mauvais terroristes » (donc les « extrémistes ») sont ceux qui refusent de se soumettre aux désidératas de l'Alliance et la combattent. La magie du « Printemps américain dans le monde arabe » faisant, tous ces islamistes liés aux Frères musulmans et à Al-Qaïda se transformeront du jour au lendemain en « combattants de la liberté » — « J'ai rencontré des combattants courageux ; ils ne sont pas d'Al-Qaïda. Ce sont au contraire des patriotes libyens qui veulent libérer leur nation et nous devons les aider » déclare John McCain à Benghazi — que l'Alliance atlantique, appuyée par ses médias, allait soutenir à bout de bras pour renverser Kadhafi.

Avant même le début des bombardements, les services de renseignement de trois principaux pays de l'OTAN (États-Unis, France et Grande-Bretagne) engagés dans le conflit ont pris langue avec ces islamistes et leur ont livré des armes, alors que la plupart d'entre eux figuraient toujours sur la liste US des organisations et individus soutenant le terrorisme. Les autorités tchadiennes firent savoir que les groupes qui recevaient ces armes étaient affiliés à Al-Qaïda, mais leur mise en garde a simplement été ignorée. « Nous savions que cette rébellion a été orchestrée par des islamistes liés à Al-Qaïda, m'expliqua un diplomate tchadien. Nous avons fait part de cela aux Occidentaux, mais ils n'ont pas voulu nous écouter. Je pense qu'ils étaient prêts à toutes les compromissions, y compris s'associer à ces bandits, pour éliminer Kadhafi[19] ».

Dans les premiers jours de la rébellion, il est vite apparu que les insurgés libyens entretenaient des liens étroits avec les islamistes d'Al-Qaïda au Maghreb islamique (AQMI). Les premiers ont livré aux seconds des armes sophistiquées, dont des missiles sol-air dérobés dans les casernes de Benghazi. Selon le gouvernement malien, plusieurs de ces armes ont été convoyées dans les bases d'AQMI disséminées dans le Sahara. Un responsable de la sécurité tchadien m'a confirmé que les services de son pays ont fait parvenir cette information à leurs homologues français, mais ceux-ci semblaient avoir fermé les yeux sur ordre des politiques. « C'est comme si pour eux le colonel Kadhafi, qui pourchassait ces islamistes en leur compagnie, était devenu plus dangereux qu'AQMI », me dira-t-il, visiblement interloqué. Selon un diplomate français interrogé par *Le Canard enchaîné*, « ce drôle de jeu d'AQMI ne porte pas préjudice à la cause des insurgés ». Et le même, en réponse à quelques questions, de regretter que personne n'ait fourni des armes aux insurgés dès le début de la rébellion[20].

Le monde est parfois compliqué et l'histoire sait dès fois se montrer ironique. « Nous voilà engagés dans une guerre dans le même camp qu'AQMI, ce groupe qui retient en otage des Français au Sahel et qui parfois les tue, ce groupe que les forces spéciales sont allées combattre », se désole Jean-Dominique Merchet, spécialiste des questions militaires à *Marianne*.

Les révolutions produisent parfois des rapprochements étonnants. On retrouve dans cette rébellion soutenue par l'OTAN et glorifiée par Al-Jazeera et les grands médias du nord des personnages sulfureux comme Abou Anas al-Libi — il perdra l'un de ses fils dans les affrontements avec les partisans du leader libyen — ; Saleh Abi Mohammad, le responsable des médias au sein de la branche maghrébine d'Al-Qaïda ; Ismaïl Salabi, membre du GICL et chef des opérations du Groupe des martyrs du 17 février fort de 3000 hommes ; Hakim al-Hasidi, un des chefs du GICL ayant reçu un entraînement militaire dans un camp en Afghanistan et qui déclarera que les « membres d'Al-Qaïda sont des bons musulmans » ; Abdoul Basit Azouz, un ancien d'Afghanistan envoyé en Libye au printemps par la tête pensante d'Al-Qaïda, Ayman al-Zawahiri ; l'émir Abdelhakim Belhadj... pour ne citer que ces quelques figures.

Arrêté et sans doute torturé par la CIA avant d'être livré à Kadhafi, Abdelhakim Belhadj va devenir, pour le besoin de la croisade otanienne, le meilleur allié des généraux de l'OTAN. Ce sont eux qui l'ont désigné comme commandant militaire en faisant de lui leur principal interlocuteur lorsqu'il s'est agi de mettre sur pied l'opération *Aube de la sirène*, qui va conduire à la prise de la capitale, Tripoli. Eux encore qui l'ont officiellement adoubé lors d'une réunion organisée au Qatar, le 29 août, pour faire le point sur la suite de l'intervention. À Doha, le commandant Belhadj a rencontré le chef d'état-major particulier de Nicolas Sarkozy, le général Benoît Puga, qui est tombé complètement sous le charme et a assuré que l'homme n'a rien à voir avec les accusations portées contre lui[21]. Après la chute de Tripoli, le commandant rebelle reçut la visite du sénateur américain John McCain, venu s'enquérir de la situation après la « libération » de la capitale[22]. C'est dire...

Abdelhakim Belhadj sera plus tard l'interlocuteur privilégié des Américains dans leur stratégie de déstabilisation du gouvernement syrien amorcée dans le sillage de la guerre menée par l'OTAN contre la Jamahiriya. À la tête d'une brigade basée en Turquie et dont les camps d'entraînement étaient précisément organisés en Libye avec la bénédiction du CNT et de l'OTAN, il assurera le transfert d'armes légères à destination de la Syrie, alors en proie à une insurrection armée menée par des islamistes. Le Libyen dirigerait aujourd'hui la filiale maghrébine de l'État islamique (Daesh), organisation terroriste que l'Occident prétend vouloir éradiquer et qui gagne de plus en plus de terrain en Libye. Au point de phagocyter le groupe armé Ansar al-Charia, déjà solidement établi dans le pays. Nous y reviendrons.

Outre les djihadistes libyens et les militaires ayant fait défection, la rébellion est également composée — en majorité d'ailleurs — de milliers de combattants étrangers recrutés par la CIA et les services qataris dans les pays limitrophes (Tunisie, Égypte, Soudan), en Turquie et en Asie centrale. Seulement dans la ville de Mazar-i-Sharif (Afghanistan), 1500 combattants ouzbeks et Hazaras ont été recrutés par l'Agence pour aller faire le djihad en Libye[23].

Ainsi, les pays de l'OTAN, qui affirment haut et fort être en guerre contre le terrorisme, ont soutenu contre la Libye de Kadhafi une rébellion comprenant des délinquants en tous genres, des terroristes, des fanatiques obscurantistes et réactionnaires d'Al-Qaïda qui, hier encore, tuaient des GI's en Irak et plaçaient des bombes dans les villes européennes ! La presse *mainstream* et les experts en terrorisme qui pullulent sur les plateaux de télévision en Occident n'y trouveront rien à redire[24]. Autant ils se sont volontiers déchaînés contre le gouvernement libyen, autant ils sont restés silencieux sur la désinvolture avec laquelle les régimes occidentaux ont flirté avec les islamistes [en Libye] qu'ils sont censés pourtant combattre au nom de la fameuse lutte contre le terrorisme. Le crédo des journalistes était simple : fermer les yeux, se boucher les oreilles, tout en ignorant l'évidence. C'est à se demander si tout le matraquage médiatique voulant que l'ennemi N° 1 de l'humanité soit le groupe terroriste Al-Qaïda n'était que du pipeau.

En fait, c'est dans le sillage de l'insurrection libyenne, et de façon plus voyante et plus frappante encore en Syrie[25] que l'alliance inavouée entre l'OTAN et Al-Qaïda s'est faite plus précise. Depuis le début du coup d'État insurrectionnel, les principales agences de renseignement occidentales n'ignorent rien de la présence des djihadistes liés à Al-Qaïda dans la rébellion ni des crimes qu'ils commettent contre les populations civiles. Mais Washington et ses « alliés » passent volontiers sur ces détails, aussi longtemps que la stratégie des barbus sert leur feuille de route en Libye et leur stratégie globale dans le reste de la région. Tous ces terroristes que la Jamahiriya arabe libyenne traquait de concert avec les services occidentaux sont soudainement devenus « fréquentables », du moment qu'ils aident les États-Unis et leurs « alliés » à se débarrasser d'un dirigeant arabe qui n'arrange pas les intérêts néocolonialistes de certains[26].

Dans son rapport intérimaire intitulé *How America Switched Sides in the War on Terror*[a], un titre plus que révélateur, la Citizens' Commission on Benghazi (CCB[27]), une commission citoyenne dans laquelle siègent une dizaine d'officiers retraités de l'armée américaine ainsi que d'anciens responsables de la CIA et du contre-terrorisme, on peut lire :

> « [La guerre de] Libye en 2011 marque un tournant, au cours duquel les États-Unis et l'administration Obama ont formellement changé de camp dans la guerre globale contre le terrorisme. Dix ans seulement après les attaques terroristes d'Al-Qaïda sur le sol américain, les dirigeants américains ont décidé de faciliter la fourniture d'armes à

---

[a] Lisez : Comment l'Amérique a changé de camp dans la guerre contre le terrorisme.

des milices djihadistes connues pour être affiliées à Al-Qaïda et aux Frères musulmans, dans le but de faire tomber un dictateur qui était jusque-là un allié des États-Unis dans la guerre contre le terrorisme. Et les médias américains sont restés silencieux. Les grandes agences de presse n'ont pas dit un mot sur cet étonnant revirement de la politique étrangère des États-Unis. À ce jour, ils ne semblent même pas reconnaître que ce soutien actif à Al-Qaïda a eu lieu. Mais cela doit être dit. Le peuple américain doit savoir que ses dirigeants, élus comme nommés, ont violé leur serment de "préserver, protéger et défendre la constitution des États-Unis contre tous les ennemis, extérieurs et intérieurs" ».

La croisade contre la Jamahiriya a donc été l'occasion de constater la parfaite convergence de vue stratégique entre les pays de l'OTAN (États-Unis en tête) et les islamistes. Elle a révélé au grand jour que la formidable alliance tissée entre l'Alliance atlantique et l'international islamiste n'a jamais été rompue[28]. 11 septembre ou pas. On ne compte même plus les pays arabo-musulmans où ces « fous de Dieu » ont travaillé main dans la main avec les « croisés », selon la terminologie qu'ils emploient pour désigner les Occidentaux. Dans le cas du conflit syrien où certains pays de l'OTAN sont fortement impliqués, par exemple, *Le Canard enchaîné*[29] a révélé que les pilotes de la coalition [composée de plus de 60 pays] dirigée par les États-Unis pour, semble-t-il, « lutter contre Daesh » ont reçu l'ordre de ne jamais frapper les terroristes du Front al-Nosra, la filiale syrienne d'Al-Qaïda : « Les pilotes américains et alliés ont, voilà plus d'un an, reçu l'ordre de ne jamais balancer le moindre missile sur ces héritiers de Ben Laden. Une interdiction encore valable aujourd'hui », poursuit le célèbre journal connu pour ses révélations. Laurent Fabius, le ministre des Affaires étrangères français, déclarera même que ces terroristes « font du bon boulot sur le terrain » en Syrie. Devant la Commission des Affaires étrangères, de la Défense et des Forces armées du Parlement français, le général Vincent

Desportes n'a pas hésité à affirmer que Daesh est une création des États-Unis. « Quel est le docteur Frankenstein qui a créé ce monstre ? Affirmons-le clairement, parce que cela a des conséquences : ce sont les États-Unis », a-t-il déclaré devant les parlementaires français[30].

On est tenté aujourd'hui d'affirmer que les dirigeants politiques et militaires occidentaux instrumentalisent le terrorisme islamique, que la lutte contre le terrorisme est une cynique mascarade[31] mise en œuvre par les « démocrates » aux mains sales d'Occident pour atteindre d'inavouables desseins sur leur « terrain de jeu ». Quand ce ne sont pas les services spéciaux occidentaux qui s'amourachent des barbus et les utilisent pour abattre un dirigeant ou déstabiliser un pays ciblé par le bloc euro-atlantique, ce sont les vassaux saoudiens et qataris, voire même turcs qui font le boulot à la place, en utilisant l'extrémisme islamiste comme une sorte de courtier des intérêts occidentaux. Une tactique qui s'inscrit dans la droite ligne de l'alliance stratégique tissée entre les pays occidentaux et les parrains financiers du djihad international qui activent ou désactivent les groupes islamistes en fonction des intérêts des uns et des autres. « Nous sommes alliés avec ceux qui sponsorisent depuis trente ans le phénomène djihadiste », affirmait l'ancien chef du service de renseignements de sécurité à la DGSE, Alain Chouet[32].

La presse occidentale s'est volontiers déchaînée contre le pouvoir libyen, restant cependant silencieuse sur la désinvolture avec laquelle les régimes occidentaux ont fricoté avec les islamistes en Libye et en Syrie. Dans les deux pays, les masques sont tombés et les affinités se sont révélées. La duplicité entre ceux qui, en Occident, prétendent lutter contre le terrorisme et les terroristes eux-mêmes est flagrante et terrifiante ! Tenez. Les pilotes canadiens qui participaient aux raids de l'OTAN plaisantèrent volontiers entre eux, en se définissant comme « la force aérienne d'Al-Qaïda », étant donné que leurs raids aidaient à paver la route des « djihadistes démocrates » affiliés au groupe terroriste[33]. C'est d'ailleurs dans les fourgons du

Qatar et de l'OTAN qu'Abdelhakim Belhadj, l'émir autrefois honni du GICL, pénétra dans la capitale Tripoli — une prise qui a été précédée d'un bidonnage médiatique sans précédent, tant en ampleur qu'en audace, puisque c'est dans un studio d'Al-Jazeera à Doha que tout a été préfabriqué —, boutant Mouammar Kadhafi hors de son QG de Bab al-Azizyah...

Références

[1] Jeffrey Scott Shapiro, "Secret Benghazi report reveals Hillary's Libya war push armed al-Qaeda-tied terrorist", *Washington Times*, February 1, 2015.

[2] *AFP*, 24 février 2011.

[3] Rapport du centre de combat anti-terrorisme de l'académie militaire américaine de West Point, *Les combattants étrangers d'Al-Qaïda*, 2007.

[4] Centre Français de Recherche sur le Renseignement (CF2R), Note d'actualité No 255, Le Groupe islamique de combat libyen, 29/08/211 ; Georges Malbrunot, « Al-Qaïda en Libye : les données qui inquiètent », Le Figaro blog, 2 avril 2011.

[5] Les révélations de l'ancien espion britannique, dont la presse s'est largement fait l'écho, ont fait l'effet d'une bombe au Royaume-Uni. Le gouvernement britannique commença par nier toute l'histoire. Le ministre des Affaires étrangères Robin Cook qualifia les allégations de Shayler de « pures fantaisies » et affirma, la main sur le cœur, que les autorités britanniques n'avaient jamais été informées de l'existence d'un complot contre la personne du Guide. Or la fuite du document original du MI6 (codé CX95/53452 et marqué « UK Eyes Alpha ») sur un site Internet américain prouve le contraire.

[6] Hollingsworth Mark & Nick Fielding, *Defending the realm : MI5 and the Shayler Affair*, André Deutsch, 1999 ; aussi Machon Annie, *Spies, lies and whistleblowers. MI5, MI6 and the Shayler Affair*, The Book Guild, 2005.

[7] Arrêté à Tripoli lors d'un raid mené par les forces spéciales américaines en 2013, Abou Anas al-Libi est mort à New York, en 2015, alors qu'il attendait son procès.

[8] *Dictionnaire géopolitique de l'Islamisme* (Sous la direction d'Antoine Sfeir», Bayard, 2009 ; Abdelaziz Barrouhi, «La fin du djihad», *Jeune Afrique*, 05 février 2007.

[9] Brisard Jean-Charles & Guillaume Dasquié, *Ben Laden : la vérité interdite*, Denoël, 2001.

[10] *Ibid.*, p. 138.

[11] Mamdani Mahmood, *La CIA et la fabrique du terrorisme islamiste*, Demopolis, 2004 ; Cooley K. John & Edward Saïd, *CIA et Djihad. 1952-2002 : contre l'URSS, une désastreuse alliance*, Autrement, 2002.

[12] « Djihad contre communisme », in Eric Laurent, *La face cachée du 11 septembre*, Plon, 2004, p. 187.

[13] Rapporté dans « Opération Ben Laden », in Michel Collon, *Je suis ou je ne suis pas Charlie?*, Investig'Action, 2015, pp. 40-41.

[14] « Comment Oussama Ben Laden a été protégé à Khartoum », in Nafeez Mosaddeq Ahmed, *op.cit.*, p. 113 ; « Les États-Unis laissent courir Ben Laden » in Onana Charles, *Al-Bashir & Darfour*, Duboiris, 2010.

[15] « Bin Laden voyageur tranquille », in *La face cachée du 11 septembre, op.cit.*, p. 171.

[16] Alexandre del Valle, *Islamisme et États-Unis : une alliance contre l'Europe*, L'Age d'Homme, 1999, p. 207.

[17] Mandraud Isabelle, *Du djihad aux urnes : le parcours singulier d'Abdelhakim Belhadj*, Stock, 2013.

[18] *Dictionnaire géopolitique de l'Islamisme, op.cit.*

[19] Entretien avec l'auteur en novembre 2014.

[20] Claude Angeli, « Jeux pervers des terroristes d'Aqmi en Libye », *Le Canard enchaîné*, 30 mars 2011.

[21] Marie-Lys Lubrano, « Libye : Abdelhakim Belhadj, le commandant à deux visages », *Le Point*, 19/09/2011.

[22] Mandraud Isabelle, *Du Djihad aux urnes, op.cit.*, p. 211.

[23] Azhar Masood, "CIA recruits 1,500 from Mazar-e-Sharif to fight in Libya", *The Nation*, August 31, 2011.

[24] Rappelons qu'à cette époque une organisation comme le GICL figurait toujours sur la liste noire d'organisations terroristes et certains de ses membres, comme ceux du FNSL d'ailleurs, étaient toujours recherchés par Interpol.

[25] En Syrie, les masques sont véritablement tombés. Les dirigeants occidentaux ont reconnu qu'ils soutenaient des djihadistes, les soi-disant « rebelles modérés », dont certains se sont publiquement réclamés d'Al-Qaida. C'est notamment le cas d'Al-Nostra qui, de l'avis même du ministre français des Affaires étrangères, Laurent Fabius,« faisait du bon boulot » contre le régime de Damas. Le lecteur pourra se référer aux enquêtes du journaliste Jean-Loup Izambert, *Crimes sans châtiment*, 20 cœurs, 2013 ; *56. L'État français complice de groupes criminels* (Tome 1), IS Édition, 2015.

[26] Mikhaïl Gamandiy-Egorov, « Al-Qaïda est-il devenu fréquentable pour l'Occident ? », Sputniknews.com, 5/10/2015.

[27] Commission citoyenne qui s'est donnée pour mission de faire la lumière sur l'attaque terroriste contre l'ambassade américaine de Benghazi, attaque qui a entraîné la mort de quatre Américains, y compris l'ambassadeur Chris Stevens. Citizens' Commission on Benghazi (CCB), *Declaration of the Citizens' Commission on Benghazi* (http://www.aim.org/benghazi/declaration-of-the-citizens-commission-on-benghazi/).

[28] Labévière Richard, *Les dollars de la terreur : les États-Unis et les islamistes*, Grasset, 1999 ; *Les coulisses de la terreur*, Grasset, 2003.

[29] Claude Angeli, « Retour des rebelles syriens "modérés" », *Le Canard Enchaîné*, 7 octobre 2015.

[30] Compte-rendu de la Commission des Affaires étrangères, de la Défense et des Forces armées du mercredi 17 décembre 2014, présidée par Jean-Pierre Raffarin.

[31] Tarpley Webster G., *La terreur fabriquée, Made in USA*, Démi-Lune, 2005.

[32] Alain Chouet (entretien avec Marc de Miramon), « Nous sommes alliés avec ceux qui sponsorisent depuis trente ans le phénomène djihadiste », *L'Humanité*, 3 juillet 2015.

[33] David Pugliese, "Canadian military predicted chaos in Libya if NATO helped overthrow Gadhafi", *Ottawa Citizen*, March 1, 2015.

« Songe aux prédateurs. Les plus efficaces ne sont pas nécessairement ceux qui se jettent sur leur proie pour la capturer de force. Ils la traquent, l'appâtent et parfois la séduisent. »
Shane Kuhn

La chute de Tripoli, le 22 août, aux mains de la rébellion, au terme de violents combats impliquant les forces spéciales des pays de l'OTAN, du Qatar et des Émirats arabes unis soutenues par une campagne de bombardement intensif de l'Alliance, a marqué un tournant décisif dans le conflit libyen. Les rebelles commandés par Abdelhakim Belhadj se sont emparés de Bab al-Azizyah, le QG du colonel Kadhafi, après plusieurs heures des combats acharnés.

Alors que le CNT savoure « sa » victoire — qu'il doit en tous les cas à son employeur, l'OTAN — et annonce déménager le QG de la rébellion dans la capitale, du côté de l'OTAN, on est déterminé à poursuivre les actions militaires jusqu'à la chute de Mouammar Kadhafi, assurent Obama et Sarkozy. L'OTAN restera en Libye tant que le Guide n'aura pas été débusqué. En vérité, les pays de l'Alliance atlantique ne visent pas seulement la chute du leader libyen, mais aussi et surtout son élimination physique. De toute façon, n'est-ce pas la raison d'être de l'opération *United protector* ?

Alors que les appels à la reddition se multiplient, Kadhafi demeure toujours introuvable. Les médias du monde entier spéculent sur le lieu de sa planque. On le croit dans la région méridionale de Sebha ou dans un État voisin. Les rebelles, eux, ont annoncé une récompense de 1,7 million de dollars (2 millions de dinars libyens) à quiconque permettrait de le retrouver, vivant ou mort. Ils ont également offert l'immunité à tout proche [de Kadhafi] qui déciderait de le tuer ou de le livrer. Il se murmure que le dirigeant libyen serait secrètement conduit à Syrte, sa ville natale, par son fils Mouatassim qui est à la tête d'une unité lourdement armée.

Pour l'OTAN et ses domestiques du CNT commence alors une incroyable chasse à l'homme pour retrouver Kadhafi. Les moyens techniques et humains mobilisés sont impressionnants : drones, avions de reconnaissance, forces spéciales... tout est mis en œuvre pour pister et liquider une fois pour toutes le dirigeant libyen.

La suite, c'est une succession d'images amateurs où l'on peut voir Mouammar Kadhafi, à moitié nu, sanguinolent et visiblement sonné, en train d'être lynché par des rebelles hystériques hurlant « *Allah Akhbar* », avant d'être embarqué dans une ambulance qui démarre en trombe vers une destination inconnue — Misrata, disent certaines sources. Sur une autre image, on voit son fils Mouatassim, filmé en train d'être transporté vers la ville de Misrata par des membres d'une milice basée dans cette ville, où il a de nouveau été filmé dans une pièce en train de fumer une cigarette et de boire de l'eau, tout en se disputant avec ses geôliers. L'un d'eux lui lance : « Tu penses que c'est un jeu d'enfant ? Tu verras quand nous en aurons fini avec toi ! Tu verras, chien ! »

Le soir même, le CNT annonçait la mort de Mouammar Kadhafi et de Mouatassim, dont le corps portait une nouvelle blessure à la gorge qui n'était pas visible dans la vidéo précédente. Les images du Guide mort, étendu sur le sol à côté du cadavre de son fils, sous le regard incrédule, haineux ou rieur des habitants de Misrata, font le tour du monde. Selon les responsables du CNT, Kadhafi et son fils ont été tués lors d'un échange de tirs croisés nourris avec les rebelles.

Mais l'ONG HRW, qui avait une équipe à Syrte, non loin des lieux de l'arrestation du colonel Kadhafi, a publié un rapport[1] d'une cinquantaine de pages sur les circonstances de cette fin violente du leader libyen, contredisant ainsi la version officielle pour le moins fragile du CNT. « Les résultats de notre enquête soulèvent des questions autour des affirmations des autorités que Mouammar Kadhafi a été tué dans des échanges de tirs et non après sa capture », affirme Peter Bouckaert, directeur des urgences de l'ONG. « Les preuves suggèrent aussi que des miliciens de l'opposition ont exécuté sommairement au moins 66 membres du convoi de Kadhafi capturés à Syrte », ajoute-t-il, en soulignant que certains avaient leurs mains liées derrière leur dos. « Nous avons les preuves, avec certitude, que Kadhafi a bien été capturé vivant par les miliciens de Misrata, et donc qu'eux seuls ont pu l'exécuter par la suite, sachant qu'il était déjà blessé », explique à son tour, sur la chaîne TV5, Jean-Marie Fardeau, le directeur France de l'ONG.

L'enquête de HRW a débuté le jour même du drame. Voici les faits tels qu'ils ont été reconstitués par l'ONG américaine sur la base de témoignages et d'images prises par téléphones portables : après la chute de Tripoli, Kadhafi trouve refuge à Syrte, le 28. Il y vit alors entouré de son dernier carré de fidèles et de son fils Mouatassim dans des conditions extrêmement précaires. Abdallah Senoussi les rejoindra brièvement, avant de foncer vers le sud, vers Sebha, pour annoncer à son épouse la mort de leur fils Mohammed. Syrte, la cité loyaliste assiégée, est soumise à un déluge de feu incessant de l'OTAN et de ses domestiques, poussant Kadhafi et ses partisans à changer d'abris tous les quatre jours. Le Guide regarde ainsi l'enfer se déchaîner autour de lui. « À partir de là, nous savions que c'était fini ; il attendait la mort », raconte le général Mansour Dhao, son chef de la sécurité. « Mais je ne voyais pas la peur en lui », nuance Huneish Nasr, son chauffeur personnel pendant trente ans, également présent avec lui.

Dans la nuit du 19 au 20 octobre, l'équipe de recherche de HRW à Syrte observe un bombardement intensif et continu du quartier « District 2 » se trouvant dans le Nord-est de la ville, bombardement qui se prolongea jusqu'au crépuscule du matin avant de s'arrêter. Les commandants des *katiba* (brigades) opérant sur place informent les enquêteurs de l'ONG qu'un convoi tente de quitter la ville. La situation est intenable. Mouatassim décide d'évacuer son père. Le départ devait se faire à la faveur de la nuit, vers 3h30 - 4 heures, mais la désorganisation des Kadhafistes a retardé le départ jusqu'au lever du jour. Les chances pour que le groupe de Kadhafistes puisse passer inaperçu dans l'obscurité protectrice de la nuit s'évanouissent.

Le Guide et ses partisans ainsi que des civils blessés s'entassent dans une cinquantaine de pick-up 4x4 remplis d'armes, pour certains équipés de mitrailleuses lourdes ou de canons antiaériens. Décision est prise de partir vers le sud, vers le Wadi Djaref, près du village natal de Kadhafi. C'est là-bas qu'il souhaitait mourir, dit-on.

Vers 8h30, le convoi constitué approximativement de 250 personnes roule à vive allure sur la route qui longe le littoral vers l'ouest, mais tombe, trente minutes plus tard, sur un barrage de miliciens. Il rebrousse chemin et prend la route principale qui descend plein sud lorsque, soudain, il est stoppé net par un missile *Hellfire* tiré par un drone Predator américain. C'est la pagaille. Un des véhicules a littéralement explosé. Pris dans une situation d'embuscade, le reste du convoi tente d'échapper à la menace en empruntant des chemins de terre, mais se retrouve en face de la brigade Tigre, une milice de Misrata. Après des échanges de tirs au RPG et à la mitrailleuse, le convoi reflue sur une route en direction du sud, mais il est vite stoppé par deux bombes GBU-12 à guidage laser de 220 kg larguées par un mirage 2000-D français de la coalition. Les ravages sont énormes. HRW dénombrera sur le site de l'attaque quatorze véhicules détruits et une cinquantaine de cadavres, dont vingt-huit carbonisés.

L'intention de tuer le colonel Kadhafi et ses proches ne fait aucun doute. La bombe a provoqué un tel effet de blast que tous les airbags du véhicule dans lequel se trouvait le Guide libyen se sont déclenchés. La colonne de pick-up est définitivement neutralisée. Kadhafi et une poignée de fidèles sortent miraculeusement indemnes de cette seconde frappe.

Mais ils ne sont pas au bout de leur peine. Assiégés à coups de mitrailleuses et de mortiers, ils sont obligés de se réfugier dans deux maisons, abrités derrière des murs en béton. Avec un groupe de huit à douze combattants, Mouatassim, blessé, décide d'aller faire du repérage pour tirer son père épuisé de ce mauvais pas. « Je vais essayer de vous sortir de là », lance-t-il à celui-ci. Ils ne se reverront plus. Le général Mansour Dhao propose à son tour d'atteindre un groupe de fermes situées à une centaine de mètres de l'autre côté de la route, en passant par un conduit souterrain d'irrigation.

Avec sept gardes du corps, Kadhafi, Mansour Dhao et le ministre de la Défense Abou Bakr Younès Jaber ainsi que les deux fils de ce dernier tentent de gagner l'autre rive au pas de course, en passant par le gros tuyau de drainage agricole. Mais arrivés de l'autre côté, ils sont repérés presque immédiatement par les miliciens. Un des gardes du corps du Guide lance alors des grenades vers les assaillants pour les repousser, mais l'une d'elles rebondit sur un mur en béton et retombe au milieu du groupe. Le garde du corps reprend la grenade pour la relancer à l'extérieur, mais elle lui explose dans les mains, lui arrachant une partie du bras et blessant mortellement Abou Bakr Younès. Criblé d'éclats, Mansour Dhao perd connaissance, tandis que Mouammar Kadhafi est blessé sur le côté gauche de la tête et saigne abondamment. Les miliciens de la *katiba* Tiger l'extirpent de sa cache, surpris de le trouver là, et se mettent à le lyncher. Les images du Guide se faisant rudement passer à tabac par les domestiques de l'OTAN, ensanglanté et plus tard exposé dans une chambre froide de Misrata comme un chien galeux, font le tour du monde[2]. Le corps dénudé et sans vie du Guide déchu est fièrement exhibé dans les médias occidentaux comme un trophée.

Malgré la profusion d'images et de témoignages, les circonstances précises de la mort du colonel Mouammar Kadhafi restent floues. Quand, où, comment a-t-il été tué ? Nul ne le sait vraiment, nul ne le saura peut-être jamais. HRW mentionne une vidéo amateur montrant son corps « apparemment sans vie » en train d'être chargé dans une ambulance, « suggérant qu'il aurait pu être mort au moment où il a quitté le lieu de sa capture ». Toutefois « les circonstances de sa mort demeurent peu claires », conclut l'ONG.

La famille Kadhafi a porté plainte pour crime de guerre auprès de la CPI. Le Haut-commissariat de l'ONU aux droits de l'Homme ainsi que plusieurs ONG (Amnesty International, le Comité international de la Croix-Rouge et HRW) ont également demandé l'ouverture d'une enquête sérieuse pour faire la lumière sur cette mort. Mais toutes ces requêtes sont restées lettre morte. La commission internationale d'enquête diligentée par les Nations unies sur les crimes de guerre et les violations des droits de l'homme en Libye affirmera, en mars 2012, ne pas pouvoir statuer sur les causes formelles de la mort de Kadhafi et de son fils, car le rapport d'autopsie[a] lui a été refusé ; elle préconisa des enquêtes supplémentaires.

Cinq ans plus tard, la mort de l'ancien Guide reste entourée d'un halo d'horreur et de mystère. Le rapport de HRW, même s'il ne permet pas d'éclairer les conditions exactes de la mort violente de l'ancien raïs, demeure la seule référence crédible sur cette sombre affaire.

Certains observateurs estiment cependant que la version de l'ONG américaine comporte des zones d'ombre qu'il faudrait un jour débroussailler. Ibrahima[b], un fin connaisseur des affaires libyennes, est l'un d'eux. Diplomate de carrière, il a croisé tant d'hommes politiques occidentaux et africains, de diplomates, d'intermédiaires de toutes sortes... Durant la crise libyenne, il faisait la navette entre plusieurs capitales africaines pour tenter de convaincre certains chefs d'État, « hésitants et

---

[a] Voir Annexe 19.
[b] C'est un nom d'emprunt. Le nom du témoin a été modifié afin de garantir à sa demande son anonymat.

peureux » selon ses propres termes, à apporter un appui sans équivoque au Guide de la Révolution libyenne, alors isolé et bombardé. Faisait-il partie de la clique des émissaires envoyés par Kadhafi auprès de plusieurs États pour chercher un appui face à la machine de la mort de l'OTAN ? Difficile d'y répondre. Lui-même ne pipe mot à ce sujet.

Le lecteur voudra bien me pardonner de faire état de ma rencontre avec cet homme discret doté d'une grande intelligence. Ce livre est en quelque sorte le fruit de cette rencontre.

J'ai rencontré Monsieur Ibrahima à Johannesburg, en Afrique du Sud. Notre discussion devait porter essentiellement sur la situation dans la région tourmentée des Grands Lacs africains, en Afrique centrale, mais très vite l'actualité, notamment la situation en Libye, s'est invitée dans nos échanges. Le diplomate me fait alors part de tout le mal et bien qu'il pense du Guide déchu, mais ses critiques les plus acerbes sont dirigées vers les dirigeants africains et les pays de l'OTAN. Je sens en lui un mélange de colère et d'affliction teintées de questionnements. « Nos enfants ne nous pardonneront pas d'avoir trahi un des nôtres ; un individu, certes, controversé, mais qui avait tant fait pour l'Afrique. Les dirigeants africains devraient avoir honte », me dit-il d'un ton amer. Et de poursuivre : « J'avoue que Kadhafi était un personnage quand même bizarre. Mais en termes de réalisations, nous lui devons beaucoup. L'Afrique lui doit beaucoup. Je n'arrive toujours pas à m'expliquer le silence des dirigeants africains[3]. »

Après avoir déballé et retourné dans tous les sens les dirigeants africains, M. Ibrahima s'est mis à fustiger « le comportement perfide » des pays de l'OTAN qui, selon lui, ont tendu un piège au colonel Kadhafi. J'essaie de comprendre où mon interlocuteur veut-il en venir exactement. C'est alors qu'il enchaîna : « Ils lui ont donné des garanties que sa sécurité ne sera pas menacée. Il leur a cru et quand il est sorti de ses retranchements, ils l'ont abattu comme un chien ». « De qui parlez-vous », lui ai-je demandé, un peu perdu. « De qui parlons-nous ici », me répondit-il.

Je comprends alors qu'il s'agit du colonel Kadhafi. Je lui fais comprendre qu'un rapport de Human Rights Watch basé sur le témoignage de certains témoins des évènements, parmi lesquels figurent de proches collaborateurs du Guide capturés, et des vidéos prises par les rebelles, nous renseigne autrement. « Je sais, je l'ai vu », me dit-il en arborant un drôle de sourire. Puis il me posa la question : « Pensez-vous qu'un homme qui se sait traqué par la plus grande coalition armée du monde peut-il s'exposer ou se livrer de cette façon-là ? »

Devant mon silence, mon interlocuteur se mit alors à m'expliquer que des négociations secrètes avaient lieu entre le gouvernement libyen et l'OTAN. « Ils [les pays de l'OTAN] étaient convaincus, me dit-il, qu'ils allaient balayer le régime libyen d'un trait. Honnêtement, beaucoup d'entre nous le pensaient aussi. C'est quand même l'OTAN et la Libye n'est pas l'Iran ou la Corée du Nord. Seulement voilà, les Libyens se sont révélés bien plus coriaces qu'on ne le pensait. Les rebelles du CNT, dépourvus de discipline et de compétence militaires, ne faisaient pas le poids malgré l'appui de toute l'armada de l'OTAN et de ses forces spéciales. Ils étaient pressés d'en finir avec Kadhafi, mais après trois mois de bombardements ininterrompus et de résistance de la part des Libyens, le doute a commencé à s'installer chez les "maîtres du monde". L'OTAN s'enlisait. Des pays comme l'Italie et la Norvège ont même commencé à se désengager. Un chef d'État de la région a même ironisé en disant que "le petit piment libyen était bien plus piquant que ne le pensaient les gros gaillards blancs". On a commencé à entendre dire qu'ils voulaient négocier pour mettre fin au carnage qu'ils avaient eux-mêmes provoqué et amorcer une période de transition. Kadhafi a accepté. Il voulait mettre fin à cette guerre qui ravageait son pays. J'ai moi-même avec certains collègues sillonné certains pays du continent pour trouver du soutien et une solution au conflit. Mais tout cela n'était qu'un piège. Les pays de l'OTAN négociaient, tout en cherchant la faille qui leur permettrait d'éliminer leur meilleur ennemi. Autant dire qu'ils y sont parvenus »...

Tout au long de notre discussion, M. Ibrahima m'a donné des détails de ce qu'il s'était passé, selon lui, en Libye. Avant de nous séparer, il lance à mon endroit : « Tu devrais t'intéresser à la Libye [de Kadhafi], c'est un sujet intéressant. Pourquoi pas y consacrer un article, voire un livre ? » À partir de ce moment, je décide de porter une attention toute particulière sur le dossier libyen. Grâce à mon interlocuteur, j'ai pu avoir les noms de quelques personnes qui pouvaient m'éclairer sur le conflit et la mort de Kadhafi qui s'en est suivi. Je quitte l'Afrique du Sud pour la France, en passant par Amsterdam. À Paris, je rencontre une dame originaire d'un pays d'Afrique centrale qui a bien connu Kadhafi; elle aussi me confie que le dirigeant libyen a été piégé par l'OTAN. Je rencontre le journaliste-enquêteur Pierre Péan, qui avait déjà travaillé sur la Libye par le passé et qui me dit avoir entendu une histoire assez similaire, mais il n'est pas affirmatif. J'entends la même chose de la part de certains diplomates africains et des Libyens en exil. Sans la rejeter totalement, la plupart d'entre eux émettent des doutes sur la version officielle des faits fournie par HRW et reprise dans les médias et dans presque toute la littérature consacrée à la Libye ces dernières années. Dans son livre sur les opérations spéciales des services secrets français, le journaliste Vincent Nouzille[4] cite un proche de l'ancien leader libyen qui avance sa version de l'issue finale : « Les Américains et les Français l'ont trouvé grâce au téléphone. Ils lui ont fait miroiter qu'il pourrait quitter Syrte indemne. Ils l'ont piégé. » Dans la presse sud-africaine et britannique, on évoque la présence des mercenaires qui avaient pour mission d'exfiltrer Kadhafi et sa famille de la Libye, avec le consentement de l'OTAN. Cette information m'avait été rapportée par M. Ibrahima. J'essaie donc de désembrouiller tout ça, de reconstituer le puzzle en remontant les filières, pour tenter de comprendre ce qu'il s'est réellement passé.

En recoupant des informations recueillies dans les milieux des Libyens en exil, les confidences obtenues des diplomates africains et occidentaux impliqués dans la recherche de solution durant le conflit libyen, ainsi que certaines informations émanant des sources sud-africaines, on peut reconstituer ce qu'a pu être le fil des évènements ayant conduit à l'assassinat du colonel Kadhafi. Mais l'histoire véritable de cette mort reste sans doute à écrire...

Récapitulons. Début juin 2011, soit près de trois mois après le début de l'intervention occidentale, la situation semble totalement bloquée en Libye. Malgré l'intervention massive des avions de l'OTAN et les défections dans l'entourage de Kadhafi, la situation militaire s'est enlisée et le Guide a tenu bon. Ses partisans contrôlent toujours une bonne partie du pays et les différentes lignes de front n'ont pas bougé d'un centimètre. En trois mois, les avions de l'OTAN ont mené quelque 3 900 sorties, soit plus d'une cinquantaine de bombardements par jour. Mais du côté libyen la résistance tactique s'est organisée. La campagne militaire, qui avait été planifiée pour une durée de 90 jours, a montré ses limites et après trois mois, aucun signe ne montrait que le pouvoir de Kadhafi était en voie de s'effondrer.

Comme les opérations militaires de l'OTAN et de ses domestiques ne sont pas parvenues à imposer une solution sur le terrain, les pays de l'Alliance, pour ne pas perdre la face, ont accepté de négocier avec les Libyens, alors qu'ils avaient rejeté un mois auparavant, en avril, la proposition de négociation faite par Kadhafi via la Grèce.

Le dirigeant libyen avait en effet dépêché son vice-ministre des Affaires étrangères, Abdelati Obeïdi, auprès du premier ministre grec George Papandréou, qui devait jouer le rôle de médiateur entre l'Occident et la Libye. Mais Nicolas Sarkozy et David Cameron avaient alors marqué leur refus d'un dialogue tant ils étaient certains de pouvoir renverser le colonel Kadhafi par la force. Il a fallu depuis déchanter et négocier.

Le 14 juin, le directeur de cabinet du premier ministre libyen, Baghdadi Mahmoudi, rencontre secrètement, à Paris, Bernard-Henri Lévy, au domicile de celui-ci. Il demande au « philosophe » de jouer le médiateur avec le CNT et Nicolas Sarkozy pour trouver une issue au conflit qui perdure. BHL accepte, tout en rappelant que le sort de Kadhafi n'était pas négociable, qu'il devait impérativement s'en aller. Le lendemain, l'inénarrable « philosophe » franco-israélien préside une rencontre entre l'émissaire libyen et un représentant accrédité du CNT. Au même moment, Nicolas Sarkozy recevait Béchir Saleh, le conseiller particulier de Kadhafi, au pavillon de la Lanterne, à Versailles, pour échapper aux regards indiscrets. « La discussion a été orageuse, se rappelle Béchir Saleh. Quand je lui ai expliqué que Kadhafi se sentait trahi, il s'est mis très en colère. Il a crié : "C'est moi qui ai des reproches à lui faire !" Il accusait Kadhafi de l'avoir "roulé" à cause de tous les contrats qui avaient été promis [aux entreprises françaises] et qui n'ont jamais été signés. J'ai essayé de le convaincre que cette guerre faisait le jeu des islamistes, que la France se trompait d'ennemi. Mais il ne voulait rien entendre. » Une fois calmé, Sarkozy lui confie : « Kadhafi doit se retirer. Je ne veux pas sa mort. C'est à toi de le convaincre[5]. »

Béchir Saleh transmet le message à son chef qui refuse d'abdiquer. Le 2 juillet, le conseiller particulier du Guide est à nouveau reçu à l'Élysée. L'échange est musclé. « Je te préviens, tu as un quart d'heure pour prendre la décision de quitter Kadhafi et la Libye. Sinon vous allez tous mourir », lui lance Nicolas Sarkozy au plus fort des raids de l'OTAN. Le chef de l'État français recommande tout de même la médiation de l'ex-premier ministre Dominique de Villepin, qui jouit d'un préjugé favorable auprès des Libyens après s'être opposé à la guerre en Irak. Le Français et le Libyen ont comme ami commun l'homme d'affaires franco-algérien Alexandre Djouhri, homme de réseaux considéré par certains observateurs comme le spécialiste des conciliabules franco-libyens[6].

Ainsi formé, le tandem Saleh-Villepin multiplie les démarches. L'objectif est de persuader au plus vite Kadhafi, certains chefs d'État influents de l'UA et l'émir Hamad ibn Khalifa al-Thani du Qatar de participer à une conférence de paix à laquelle se joindraient la France, les États-Unis et la Grande-Bretagne. Sarkozy dit à Saleh: «Je m'occupe de convaincre les Américains et les Anglais. Et j'amène aussi les représentants de Benghazi.» La réunion se tiendrait à Paris le 14 juillet, jour de fête nationale en France. Les pourparlers avancent, mais Kadhafi refuse une date aussi symbolique. À son conseiller, il murmure: «Sarkozy veut faire un coup politique; je ne lui ferai pas ce cadeau[7].»

Tout est mis en œuvre pour forcer le colonel Kadhafi à accepter un départ négocié. La France a même établi une liste de pays où il pourrait se réfugier sans craindre d'être extradé à la CPI. Le Guide n'exclut pas l'idée de s'éloigner du pouvoir, mais refuse de quitter son pays. «Jamais je ne quitterai la terre de mes ancêtres», répète-t-il. La situation sur le champ de bataille, elle, apparaît totalement bloquée malgré l'intensité des bombardements de l'OTAN.

Le colonel Kadhafi commence vraiment à donner la jaunisse aux pays de l'OTAN qui ne s'attendaient pas à un tel degré de résistance de la part des Libyens. En fait, le dirigeant libyen a parié dès le début des bombardements sur l'enlisement et sur les divisions au sein de l'OTAN, ainsi que sur une éventuelle lassitude des opinions publiques occidentales. Les «bavures» meurtrières de l'Alliance se multiplient à un rythme effréné que le Guide est persuadé qu'elles finiront non seulement par retourner l'opinion publique mondiale en sa faveur, mais aussi détruire le consensus entre pays de la coalition. D'autant plus que ces derniers restaient toujours divisés sur la suite à donner aux opérations militaires après trois mois de conflit. L'Italie réclamait une trêve des bombardements et dans plusieurs pays occidentaux, on commença à observer une certaine inversion de tendance au sein de l'opinion publique. Ce qui fit dire au fils du colonel, Saïf al-Islam Kadhafi, que « la guerre contre la Libye changera l'OTAN. »

Plus les semaines passent, plus l'incertitude s'installe quant à l'issue de l'opération otanienne. La traque du vieux leader de la Jamahiriya se révèle plus difficile à conclure que prévue. Le secrétaire britannique à la Défense, Liam Fox, avoue, le 13 juillet, être incapable de donner une date pour la fin des hostilités, ajoutant que les forces navales et aériennes n'avaient pas les moyens de continuer les opérations : « Nous avons prévu des opérations comme celles que nous menons actuellement, mais personne ne peut prédire combien de temps cette intervention complexe prendra fin[8] ». Le lendemain, Barack Obama, violemment critiqué par le Congrès, furieux de n'avoir pas été consulté sur cette intervention militaire, transmet au président russe Dimitri Medvedev le relais pour jouer le rôle principal dans les négociations avec Mouammar Kadhafi, sous réserve que la solution adoptée favorise l'avènement d'un gouvernement transitoire. Un envoyé spécial russe, Mikhaïl V. Margelov, est dépêché à Benghazi et Tripoli pour ramener les partis autour d'une table[9].

Dans les capitales de l'arrogance, on se sentit obligé de lâcher un peu du lest et d'amender certaines positions. Après avoir longtemps repoussé l'idée de garder le colonel Kadhafi en Libye, Alain Juppé déclare sur la chaîne LCI : « L'une des hypothèses envisagées, c'est qu'il [Kadhafi] séjourne en Libye à une condition : qu'il se mette à l'écart de la vie politique libyenne. » Sur BFM-TV, son collègue de la Défense Gérard Longuet insiste sur la nécessité d'un dialogue entre Kadhafistes et insurgés « puisque, dit-il, on apporte la démonstration qu'il n'y a pas de solution de force. » « Même si Kadhafi n'est pas parti ? » lui demande un journaliste. « Il sera dans une autre pièce de son palais avec un autre titre », répond Longuet. Et pas à l'étranger, puisqu'un mandat d'arrêt de la CPI plane sur sa tête.

Quelques heures après les déclarations du ministre français, Saïf al-Islam Kadhafi lance un pavé dans la marre en révélant que la Libye menait des négociations avec le gouvernement français. « La vérité est que nous négocions avec la France, et non avec les rebelles », affirme Saïf dans le journal *El Khabar*. « Notre émissaire auprès de Sarkozy a indiqué que le président français a été très clair et lui a dit : "nous avons créé le conseil (CNT, Ndlr) et sans notre soutien, notre argent et nos armes, le conseil n'aurait jamais existé". La France a dit : "Lorsque nous serons parvenus à un accord avec vous (Tripoli), nous obligerons le conseil à cesser le feu" », ajoute le fils Kadhafi[10].

Pas étonnant que quelques jours après les déclarations des autorités françaises, Moustapha Abdeljalil, le chef du CNT, ait réduit les prétentions de la rébellion à la baisse, en déclarant au *Wall Street Journal* que « Mouammar Kadhafi et sa famille pourraient rester dans le pays, à condition qu'il renonce au pouvoir ». Et d'ajouter : « Nous déciderons où il séjournera et qui le surveillera. Les mêmes conditions s'appliqueront à sa famille. »

Le chef du CNT répétait ainsi ce que ses patrons de l'OTAN lui avaient soufflé à l'oreille, alors que des négociations secrètes se déroulaient entre le pouvoir libyen et les domestiques dans un hôtel à Djerba, en Tunisie — où un émissaire de l'ONU est arrivé —, en présence d'émissaires américains, notamment du secrétaire d'État adjoint chargé du Moyen-Orient, Jeffrey Feltman, et Gene Cretz, ainsi que de Dominique de Villepin. Selon des sources liées aux services de sécurité tunisiens, les pourparlers ont été arbitrés par les Vénézuéliens ; Hugo Chavez aurait même dépêché son bras droit pour la circonstance[11]. Alors que Béchir Saleh rencontrait secrètement, au même moment, des officiels français à Bamako, au Mali...

Courant août, Villepin rencontre le colonel Kadhafi dans son bunker de Tripoli. « Vous n'arrêterez pas la mer avec les bras ! » s'emporte-t-il devant le Guide. Avec Béchir Saleh, l'ancien premier ministre a couché sur le papier un « scénario de réconciliation » en Libye. Rédigé en arabe, en français et en anglais, il fixe les clauses du retrait du colonel Kadhafi, qui s'exilerait à Syrte et disposerait d'une immunité. Un processus électoral serait mis en place par étapes, sous la surveillance des principales tribus du pays, jusqu'à l'organisation d'une élection à laquelle le clan Kadhafi serait autorisé à présenter un candidat. La signature de l'accord est prévue entre le 21 et le 23 août à Paris[12].

Une course contre la montre s'engage. Les combats font rage ; les rebelles affirment être aux portes de Tripoli et contrôleraient la région de Zaouïah, où se trouve le principal port pétrolier encore sous contrôle du régime. Le 16, Béchir Saleh part rejoindre Dominique de Villepin à Djerba, d'où ils comptent s'envoler pour Doha afin de régler les derniers détails de l'entente. À mi-chemin, Kadhafi l'appelle dans sa voiture et lui ordonne de faire demi-tour. De retour à Tripoli, Saleh accourt jusqu'à lui.

— Où allais-tu ? lui demande le colonel.

— Au Qatar. Tu as donné ton accord, répond le conseiller.

— Si tu vas au Qatar, menace le Guide, on te coupera en mille morceaux.

Ce sont les derniers mots que Béchir Saleh entendra son chef prononcer.

Face à l'enlisement de la situation sur le champ de bataille et à des négociations qui avancent à pas de tortue, l'OTAN décide de porter un dur coup au régime, en accélérant l'invasion de la capitale qui tombe aux mains de la rébellion, le 22 août. Le régime est aux abois, l'étau se resserre, mais le dernier carré de fidèles qui s'est replié vers Bani Walid et Syrte continue de résister héroïquement, infligeant d'énormes pertes aux rebelles.

Alors même que des affrontements d'une rare intensité se déroulent dans les rues de Bani Walid et Syrte, les tractations pour que le Guide libyen abdique se poursuivent. « L'OTAN s'était rendu compte que même avec la chute de Tripoli, la guerre n'était pas définitivement gagnée. Les négociations se sont donc poursuivies durant des jours et des nuits » m'expliqua Ibrahima, qui faisait la tournée des capitales africaines et européennes pour trouver une issue à la crise.

Pour la toute première fois, le départ de Kadhafi est évoqué par son propre camp et ne fait plus l'objet d'un doute. Le Guide quitterait non seulement le pouvoir, mais aussi le pays. Le président sud-africain Jacob Zuma aurait accepté d'accueillir le dirigeant libyen ainsi que sa famille, me confirma une source impliquée dans les négociations. L'OTAN donna son aval et facilita un arrangement entre le nouveau pouvoir et Mouammar Kadhafi pour que lui et les siens puissent quitter la Libye en toute sécurité.

Fin août, l'épouse du Guide, Safia, sa fille Aïcha et ses fils Hannibal et Mohamed quittent la Libye pour l'Algérie. Une semaine plus tard, un convoi d'une dizaine de véhicules dans lequel se trouvent de hauts responsables du régime et un fils du Guide, Saadi, traverse la frontière du Niger, sous escorte de l'armée nigérienne. Restent le colonel et ses deux fils, Mouatassim et Saïf al-Islam, qui sont toujours en Libye.

Courant octobre, un premier groupe d'une dizaine de mercenaires étrangers embauchés par une firme britannique non identifiée débarque en Libye, via Dubaï et Le Caire avec pour mission d'exfiltrer le colonel Kadhafi et ses proches du pays via le Niger. Ils sont rejoints peu de temps après par un autre groupe de dix-neuf mercenaires sud-africains blancs recrutés par une responsable de la même firme britannique résidant au Kenya. L'OTAN a donné son feu vert. Selon une source sud-africaine, le dernier contact entre le Guide libyen et l'Alliance a lieu quelques heures seulement avant le départ du dirigeant libyen. « Ils lui ont dit "vous pouvez vous en allez" » assure-t-elle[13]. Des avions sont positionnés à Johannesburg et à Sharjah, dans les Émirats, pour aller chercher les mercenaires et leur « colis » libyen dès que la situation le permettra.

Mais lorsque le convoi dans lequel se trouve le colonel Kadhafi, hissant le drapeau blanc de la trêve et de la capitulation[14], tente de quitter Syrte, au matin du 20, il est attaqué par un drone Predator et un Mirage 2000-D de l'OTAN. Danie Odendaal, l'un des mercenaires chargés d'assurer la sécurité et l'exfiltration de Kadhafi, s'est confié à la presse alors qu'il se trouvait sur son lit d'hôpital : « Nous étions tous sûrs qu'ils [les pays occidentaux, Ndlr] voulaient le sortir de Libye, mais les forces de l'OTAN ont ouvert le feu, avant que les combattants libyens n'attaquent le convoi ».

Dans la confusion qui s'en est suivie, trois ou quatre mercenaires ont trouvé la mort, tandis que plusieurs autres s'en sont sortis parce que les miliciens ont crié de ne pas tirer sur des étrangers, et les ont même aidés à fuir. Une bienveillance qui soulève plus de questionnements qu'elle n'apporte de réponses. Comment des miliciens qui se montraient si cruels envers les loyalistes et les migrants subsahariens soupçonnés d'être des mercenaires à la solde du Guide ont pu encourager la fuite des mercenaires — des vrais cette fois-ci — venus sauver la peau du leader libyen ?

On apprit par la suite que le colonel Kadhafi a été trahi puis « vendu » à l'OTAN par la firme britannique qui avait recruté les mercenaires censés le sortir de sa ville natale. Cette firme jouait en réalité le rôle d'agent double. Ce que confirmeront par ailleurs Danie Odendaal et des experts en sécurité à la presse sud-africaine. Selon une source anonyme citée par le *Telegraph*, « quelqu'un a été payé pour le protéger et en même temps pour le livrer[15] ».

Mouammar Kadhafi est capturé, livré à la vindicte des insurgés, avant d'être mis à mort dans des conditions insoutenables. L'OTAN déclarera que les attaques ont été menées en toute ignorance de sa présence dans l'une des voitures du convoi. Une affirmation contestée par la Russie et qui ne va pas résister longtemps à l'examen approfondi et rigoureux des faits.

Le 18 octobre, soit deux jours avant l'attaque fatale contre le convoi du Guide, Hillary Clinton effectue une visite surprise à Tripoli et chuchote à ses « amis » islamistes : « Nous espérons qu'il sera bientôt capturé ou tué, de sorte que vous n'ayez plus à le craindre plus longtemps ». Le lendemain, 19, dans l'après-midi, un officier supérieur du Pentagone joint l'un de ses correspondants au sein des services secrets français et lui fait savoir que le colonel Kadhafi, suivi à la trace depuis un moment par un drone Predator, est localisé dans un quartier de Syrte et qu'il était désormais impossible de le « manquer ». Et vu tous les secrets qu'il détenait et qu'il pouvait déballer, le laisser en vie le transformerait en une « véritable bombe atomique », a tenu à préciser l'Américain. Son collègue français à l'autre bout du fil a très bien compris le message[16]. De toute façon, à la DGSE comme à la DRM (Direction du renseignement militaire), on ne se gênait d'ailleurs pas pour évoquer l'« élimination physique » du colonel Kadhafi, précise *Le Canard enchaîné* qui a révélé cette histoire. Selon le célèbre hebdomadaire journalistico-satirique réputé pour son humour grinçant que pour ses révélations sensationnelles, « Obama est Sarko ne voulaient pas qu'il s'en sorte vivant. » Certes, « il n'y a pas eu de consigne formelle donnée pour l'éliminer, confie un expert militaire fin connaisseur des opérations spéciales. Mais peut-être que tout le monde s'est compris[17]. » Selon le jargon maison utilisé par un officier du CPCO (Centre de planification et de conduite des opérations), l'objectif ultime est de « traiter le Guide libyen et les membres de sa famille. » Autrement dit, les éliminer tous.

Les raids intensifs visant les différents lieux de résidence du Guide et de ses proches montrent de façon univoque la volonté d'en finir immédiatement avec le raïs et son clan. Une attaque menée par les chasseurs de l'OTAN, en avril, avait raté le colonel Kadhafi de justesse, mais avait tué l'un de ses fils, Saïf al-Arab, et ses trois enfants. « On l'a raté à quinze minutes près ! », glissait alors une source précisant que la frappe avait été décidée après qu'un « tuyau » sur la localisation du Guide avait été reçu d'un de ses proches[18]. Un autre raid aérien mené le 20 juillet contre la maison du général Khouildi Hamidi, compagnon historique et proche conseiller du Guide, a causé la mort de quinze personnes. Le général a survécu mais sa femme enceinte et ses trois enfants ont notamment été tués à cette occasion. Saïf al-Islam, l'autre fils du raïs libyen spécifiquement ciblé par les frappes de l'OTAN, était traqué par un commando franco-qatari; il aurait eu la vie sauve grâce à l'intervention d'agents russes présents clandestinement sur le territoire libyen, me confia Franck, un Français qui a travaillé en Libye durant l'époque Kadhafi et qui entretient encore de bons rapports avec les proches collaborateurs du Guide éparpillés à travers le monde[19].

L'objectif de l'Alliance atlantique était clair : liquider Kadhafi et ses proches. «Les pays de l'OTAN étaient convaincus que, même en exil, il [Kadhafi, Ndlr] allait toujours représenter un problème pour leurs intérêts. Ils étaient persuadés que la fin de la guerre passait impérativement par son élimination physique » m'expliqua M. Ibrahima. « C'est en tout cas ce qu'a laissé entendre un diplomate européen, un peu embarrassé par la tournure des choses » dit-il...

La suite ? Un assassinat sordide attribué à un élément des services secrets français infiltré dans les *Katiba* qui assiégeaient Syrte[20], avec, semble-t-il, une implication discrète «des forces spéciales américaines qui n'avaient rien à faire là-bas», déclarera, furieux, le premier ministre russe Vladimir Poutine[21]. Des images épouvantables d'un corps sans vie dénudé et ensanglanté, et des dirigeants et médias occidentaux surexcités dissimulant difficilement leur joie devant un tel spectacle macabre. Chacun y est allé de son petit couplet bien-pensant. «La fin d'un chapitre long et douloureux » a réagi Barack Obama, en prenant le ton d'un parrain de la mafia avec le charisme en moins ; «une étape majeure dans la lutte menée depuis huit mois par le peuple libyen » s'est réjoui Nicolas Sarkozy ; David Cameron s'est dit « fier du rôle joué » par son pays dans la chute du «brutal dictateur» ; le président de l'Union européenne, Herman Van Rompuy, et le président de la Commission européenne, José Manuel Barroso, ont salué «la fin d'une ère de despotisme » ; et même le très « distingué » secrétaire général de l'ONU Ban Ki-Moon, considéré par certains observateurs comme le représentant *bis* des USA à l'ONU, s'est réjoui de l'annonce de la mort du dirigeant libyen, y voyant « une transition historique pour la Libye ». Des réactions complètement à l'opposé de ce qui a été observé sur une grande partie de la planète, notamment en Asie, en Amérique latine et surtout en Afrique, où la disparition de Mouammar Kadhafi a été vécue comme une énorme perte...

Qu'importe la réalité. L'objectif a été atteint. « Mission accomplie » annonça l'OTAN. L'AFRICOM fut décoré du « Joint Meritorious Unit Award » pour son rôle dans la « printanisation » de la Libye[22]. Les États-Unis et leurs auxiliaires européens et arabes ont fini par avoir la peau de leur « proie ». Le colonel Mouammar Kadhafi, dirigeant de la Jamahiriya arabe libyenne, est mort comme il l'avait souhaité : dans sa ville natale, arme à la main. Sur CBS, la « reine du chaos[23] » Hillary Clinton, folle de joie, les yeux pétillants et le sourire fendu jusqu'aux oreilles, exulte en apprenant la mort du Guide libyen et lance, en paraphrasant approximativement le célèbre « *veni, vidi, vici*[a] » de Jules César : « *We came, we saw, he died*[b] »...

Références

[1] HRW, *Death of a Dictator : Bloody Vengeance in Sirte* (« Mort d'un dictateur : Vengeance sanglante à Syrte »), 16 octobre 2012.

[2] Selon HRW, les forces anti-Kadhafi ont capturé environ 150 personnes vivantes à la fin de l'assaut ; ils en ont transporté au moins 70 à Misrata pour les incarcérer, 66 autres ont été retrouvées mortes, le lendemain, près de l'hôtel Mahari.

[3] Entretien avec l'auteur.

[4] Nouzille Vincent, *Les tueurs de la République*, *op.cit.*, p. 302.

[a] « Je suis venu, j'ai vu, j'ai vaincu ».

[b] « Nous sommes venus, nous avons vu, il est mort ! »

[5] Rapporté par Hervé Gattegno, « Béchir Saleh, le dernier homme de Kadhafi », *Vanity Fair*, décembre 2013.

[6] Pour en savoir plus sur l'homme, lire l'enquête de Pierre Péan, *La République des mallettes. Enquête sur la principauté française de non-droit*, Fayard, 2011.

[7] In Hervé Gattegno, art cité.

[8] Rapporté par Jacques Benillouche, « Libye : un échec cuisant pour l'OTAN », Slate.fr, 17 juillet 2011.

[9] Christopher S. Chivvis, *Toppling Qaddafi : Libya and the limits of liberal intervention*, Cambridge University Press, 2014, p. 149.

[10] « Un fils de Kadhafi affirme que Tripoli négocie avec Paris », *Le Point*, 11/07/2011.

[11] « Libye : les négociations secrètes avancent », Europe1.fr et Walid Berrissoul, 16 août 2011.

[12] Hervé Gattegno, art cité.

[13] Entretien avec l'auteur.

[14] Wayne Madsen, "Violating Qaddafi's white flag of truce/surrender — a flagrant war crime", Intrepidreport.com, October 28, 2011.

[15] Aislinn Laing, Peta Thornycroft and Damien McElroy, "South African intelligence investigates role of British company in Col Gaddafi's attempt to flee Sirte", *The Telegraph*, 3 Nov 2011 ; lire aussi Kim Sengupta, "Wonga Coup' mercenaries fixed Gaddafi's doomed last flight", *The Independent*, 31 October 2011.

[16] Claude Angeli, « Kadhafi condamné à mort par Washington et Paris », *Le Canard enchaîné*, 26 octobre 2011.

[17] In par Nouzille Vincent, *Les tueurs de la République*, *op.cit.*, p. 302.

[18] Faligot Roger & al., *Histoire politique des services...*, *op.cit.*, p. 645.

[19] Cette version est également rapportée par Catherine Graciet, *op.cit.*, p. 227.

[20] Lorenzo Cremonesi, « Un agente francese dietro la morte di Gheddafi », *Corriere della Sera*, 29 septembre 2012 ; « Mouammar Kadhafi tué par un agent secret français ? », France 24, 01/10/2012.

[21] « Mort de Kadhafi. Les forces spéciales américaines "impliquées" selon Poutine », *Le Télégramme* avec *AFP*, 15 décembre 2011.

[22] United State Africa Command, "U.S. Africa Command Receives Joint Meritorious Unit Award for Libya Operations", 21 mars 2012, (http://www.africom.mil/newsroom/article/8869/us-africa-command-receives-joint-meritorious-unit-).

[23] Johnston Diana, *Hillary Clinton : la reine du chaos*, Éd. Delga, 2015.

LES RAISONS PROFONDES
D'UNE HAINE ET D'UNE GUERRE

« Kadhafi a été tué parce qu'il déran-
geait. Et les gens n'aiment pas ceux
qui dérangent. »
Idriss Déby

L'homme est le conseiller spécial d'un chef d'État africain. Je l'ai rencontré à Paris où il était de passage. Nous sommes confortablement installés dans le hall de l'hôtel cinq étoiles où il a déposé ses bagages. Sur la petite table devant nous, un virgin mojito pour moi et un café pour lui. Il tient plus que tout à conserver son anonymat. Quatre ans après l'assassinat du colonel Kadhafi, il n'en revient toujours pas. Il se pose des questions. Il parle sans arrêt. Des anecdotes sur le Guide, il en a des tonnes. Il se souvient aussi de cette époque où les dirigeants occidentaux défilaient à Tripoli pour bénéficier de ses largesses. «Ils étaient tous là chez lui; ils le courtisaient. Tu as vu comment Tony Blair et Chirac souriaient devant lui quand ils étaient en Libye. Et je ne parle même pas du spectacle avec Sarkozy, la tente à l'hôtel Marigny, les honneurs, le tapis rouge... Mais du jour au lendemain, ils se sont mis à le bombarder. Pouvez-vous m'expliquer ça ? » me lance-t-il en secouant la tête.

Il faut dire que le retournement de veste rapide et brutal de l'Occident contre le Guide de la Jamahiriya arabe libyenne a surpris plus d'un observateur. Pourquoi Mouammar Kadhafi, qui a bénéficié un temps des honneurs dignes de son rang — pour ne pas dire de ses pétrodollars — de la quasi-totalité des chefs d'État et de gouvernement occidentaux, est-il devenu l'homme à abattre de cet Occident qui lui déroulait encore hier le tapis rouge ? Pourquoi un tel déchaînement de haine et de fureur alors qu'il avait pourtant réussi à normaliser les relations avec l'Occident, en faisant d'énormes concessions et sans engager une transformation fondamentale de sa politique intérieure ?

La brutalité de la rupture entre le raïs libyen et ses « anciens ennemis » occidentaux a été aussi spectaculaire que l'intensité de leur lune de miel. Ils l'ont aimé, puis ils l'ont détesté, ensuite ils l'ont aimé « à la folie » avant de le détester encore plus à nouveau. « La haine est bien souvent la fille d'un amour excessif » dixit Pierre Sylvain Maréchal[1]. « On est aujourd'hui à se demander quel péché Kadhafi a-t-il commis ces dernières années pour que son rapport avec les puissances occidentales se soit si gravement dégradé ? » s'est interrogé, non sans raison, un journaliste guinéen.

Plusieurs raisons ont été avancées pour expliquer la guerre menée par l'OTAN contre la Libye de Kadhafi. Les pays de l'Alliance et leurs médias, on l'a vu, ont évoqué la « responsabilité de protéger » afin, disent-ils, d'empêcher Mouammar Kadhafi de « massacrer son propre peuple ». Pour les observateurs hors du « circuit » *mainstream*, il s'agit plutôt d'une expédition de type colonial motivée par des raisons économiques et géostratégiques. On parle tantôt de guerre pour le contrôle du pétrole et du gaz, tantôt de guerre contre les fonds souverains libyens, voire de « guerre contre le développement de l'Afrique[2] »...

Quoi qu'il en soit des causes officielles ou officieuses, réelles ou supposées, étayées ou fantasmées de cette guerre, une chose est certaine en tout cas : Washington et ses alliés — qui n'ont pas éprouvé le moindre désir de voler au secours des manifestants yéménites et bahreïnis férocement réprimés par les forces de sécurité du royaume épaulées par un millier de soldats saoudiens et émiratis — n'allaient pas mobiliser d'importants moyens militaires pour une guerre qui ne profite pas à leurs multinationales et intérêts géostratégiques. Dans un entretien au quotidien *Le Parisien*, le ministre des Affaires étrangères français, Alain Juppé, a clairement indiqué que l'intervention en Libye est « un investissement sur l'avenir » : « Quand on m'interroge sur le coût de l'opération — le ministère de la Défense parle de 1 million d'euros/jour —, je fais remarquer que c'est aussi un investissement sur l'avenir », a-t-il déclaré.

L'OTAN n'avait pas encore sonné la fin de la guerre que des dirigeants occidentaux, flanqués de leurs chefs d'entreprises, débarquaient en Libye pour prendre langue avec les nouveaux maîtres du pays et tenter, face à la vive concurrence qui s'annonçait, d'obtenir de juteux marchés. Britanniques, Français, Autrichiens, Allemands, Italiens, voire même les Turques qui avaient pourtant condamné la campagne militaire de la coalition à ses débuts, ont tous fait le voyage en Libye. La concurrence s'annonçait féroce. Mais vu l'engagement diplomatique et militaire de l'Hexagone, être français devait constituer un avantage psychologique en Libye, a affirmé sans complexe le secrétaire d'État au Commerce extérieur Pierre Lellouche, qui s'est rendu à Tripoli, accompagné de quatre-vingts chefs d'entreprises français. « Le président de la République a pris des risques politiques et militaires, tout ça crée un climat où les responsables libyens, le peuple libyen, savent ce qu'ils doivent à la France », a-t-il déclaré. Et d'ajouter : « On ne va pas rougir de faire bénéficier nos entreprises de cet avantage[3] ».

Petite anecdote : M. Lellouche a été devancé d'un jour par son homologue autrichien, et au moment où il repartait en France, il croisa sur le tarmac de l'aéroport de Tripoli son homologue allemand venu avec une délégation de 50 entreprises, alors que Londres se préparait au même moment à envoyer sur place une équipe de représentants commerciaux...

La Libye n'était pas encore définitivement « libérée » — les combats continuaient dans certaines villes, notamment à Syrte — par les bombes démocratiques de l'OTAN qu'elle était déjà devenue un terrain de compétition commerciale qui ne dit pas son nom entre divers intérêts des pays impliqués dans la campagne militaire.

La précipitation avec laquelle les responsables politiques et les hommes d'affaires occidentaux se sont rués sur la Libye, alors que le pays ployait toujours sous les bombes de l'OTAN, suggère et confirme pour qui veut bien le voir que l'entreprise de « protection des populations civiles » menée à coup de bombardements aériens n'était rien de moins qu'une vaste entreprise de rapine d'un pays disposant, non seulement des plus grandes réserves de pétrole confirmées de tout le continent africain, mais aussi et surtout, comble de malheur, d'une manne financière de plus de 200 milliards de dollars déposée dans les banques étrangères — les fameux fonds souverains gérés par la Libyan Investment Authority (LIA). En clair, l'Alliance atlantique a envahi la Jamahiriya arabe libyenne pour des raisons qui n'ont absolument rien à voir avec les revendications humanitaires évoquées par les responsables occidentaux.

Que reprochait-on alors à la Jamahiriya arabe libyenne ou, disons à son Guide ?

À la lumière des connaissances et informations dont on dispose à ce jour et comme nous le démontrerons, son indépendance vis-à-vis des puissances occidentales. Ses prises de position et initiatives entraient bien souvent en conflit avec les intérêts des puissances extérieures qui rivalisaient les unes avec les autres sur le continent africain. Le fait que les États-Unis aient baptisé leur opération militaire en Libye « *Odyssey Dawn* » (Aube de l'Odyssée) n'est pas un hasard. En effet, cette opération militaire, qui fait référence à l'Odyssée d'Homère, marque l'aube d'une odyssée américaine en Afrique. À demi-mot, on nous fait comprendre à travers cette croisade que la Libye de Kadhafi est la première étape d'une longue marche amorcée par l'« Empire du bien » pour conquérir l'Afrique, un continent de moins en moins « docile » à cause d'un homme, le colonel Kadhafi.

Le refus du Guide libyen de se plier aux « caprices » et aux diktats de l'Occident, sa fermeté vis-à-vis de certains intérêts occidentaux privés implantés dans son pays et son activisme panafricain sont devenus au fil des années un véritable problème pour les puissances occidentales qui entendaient maintenir la Libye et le reste du continent africain sous leur domination. Pareille posture était particulièrement inacceptable pour Washington et ses sujets européens, pour lesquels un changement de régime en Libye était devenu nécessaire pour remédier à la situation.

Loin d'être motivée par la démocratie et la défense des droits de l'homme, l'escalade de l'intervention criminelle et prédatrice de l'OTAN, menée à coup de « bombardements droits-de-l'hommistes », avait pour but de casser l'activisme panafricain du Guide libyen sous toutes ses formes. Elle devait surtout permettre de neutraliser le projet socialiste, anti-impérialiste et panafricain de la Jamahiriya arabe libyenne, qui était devenue au début des années 2000 le fer de lance d'un mouvement destiné à renforcer l'unité et l'indépendance politico-économique du continent africain.

Car malgré l'embargo qui lui avait été imposé au début des années 1990 dans le but de la faire plier et qui a eu un effet dévastateur sur l'économie et le niveau de vie des Libyens, la Jamahiriya arabe libyenne était le seul pays africain à jouir d'une réelle indépendance sur les plans politique et économique vis-à-vis des puissances du Nord. C'est cette indépendance que Mouammar Kadhafi entendait exporter vers les pays au sud du Sahara, en appelant d'une part à l'unité du continent africain, et d'autre part en investissant une partie des recettes pétrolières et gazières de son pays dans le développement des pays d'Afrique subsaharienne, menaçant de ce fait la mainmise séculaire de l'Occident sur l'économie de ces pays[4].

C'est la Libye de Kadhafi qui a permis à l'Afrique de connaître sa première véritable révolution technologique, grâce au financement du premier satellite panafricain de télécommunications RASCOM-QAF1[a], qui permet aux pays africains de se rendre indépendants des réseaux satellitaires occidentaux et de réaliser des économies annuelles de près de cinq cents millions de dollars. En finançant le projet RASCOM à hauteur de 70 %, « la Libye de Kadhafi a fait perdre à l'Occident, pas seulement 500 millions de dollars par an, mais les milliards de dollars de dettes et d'intérêts que cette même dette permettait de générer à l'infini et de façon exponentielle, contribuant ainsi à entretenir un système occulte pour dépouiller l'Afrique », analyse le professeur camerounais Jean-Paul Pougala.

Kadhafi brise également le monopole des compagnies aériennes occidentales, notamment européennes (Air France en tête), dans le ciel africain, en lançant la compagnie de transport aérien Afriqiyah Airways, qui assure la liaison entre plusieurs villes du continent et l'Europe à des tarifs défiant toute concurrence. Il propose la création de trois organismes financiers qui devraient contribuer à asseoir l'émancipation monétaire et financière de l'Afrique: la Banque africaine d'investissement (BAI) dont le siège est à Syrte, le Fonds monétaire africain (FMA) avec un capital de 42 milliards de dollars avec Yaoundé (Cameroun) pour siège, la Banque centrale africaine (BCA) qui devrait installer son quartier général à Abuja, au Nigeria. Outre le rachat des dettes et engagements contractés auprès des IFI (Institutions financières internationales), le développement de ces trois organismes devait permettre aux pays africains d'échapper aux diktats de la Banque mondiale et du FMI et marquer la fin du franc CFA, symbole du colonialisme monétaire français sur les quatorze ex-colonies françaises du continent. Le consultant international franco-tunisien, Taieb Talbi[5], fait observer :

> « L'ambition de l'incontrôlable colonel Kadhafi était, au fil du temps, devenue mondiale. Elle avait pris le chemin

---

[a] Regional African Satellite Communications Organization ou Réseau africain de communications par satellites.

d'une résistance aux grandes puissances. C'est ainsi que des pays comme le Venezuela, l'Afrique du Sud, l'Algérie ont été invités à rejoindre le FMA. Nul doute que les puissances politiques et financières ont perçu cette volonté de peser sur le monde grâce à l'argent comme une prétention intolérable. Encore plus dans une période économiquement difficile, marquée par un fort ralentissement de la croissance mondiale. En pleine prospérité, l'action financière internationale de Mouammar Kadhafi aurait très probablement été tolérée. Mais, dans un contexte d'effondrement des marchés, de crises financières à répétition, Kadhafi est apparu comme une sorte de terroriste financier, pouvant mettre en danger, à l'aide de ses milliards, l'ordre mondial ».

Le Guide aime l'Afrique. Pour lui, « l'Afrique, c'est une question de vie ou de mort » confie-t-il un jour à celui qui le suivait comme son ombre, son secrétaire particulier Béchir Saleh. Il a toujours promu le panafricanisme jusqu'à son paroxysme. Il finance sans compter l'Union africaine — qui a d'ailleurs vu le jour, en 1999, à Syrte, sa ville natale — et paie régulièrement les cotisations en retard de certains États membres auprès des organisations africaines. Pendant son règne, la Libye a été une importante terre d'immigration pour les populations d'Afrique subsaharienne — un million de subsahariens y travaillaient. Il s'est engagé à financer, à hauteur de 1,66 million d'euros, pour l'UNESCO, le projet de réécriture de l'*Histoire générale de l'Afrique*.

Kadhafi n'hésite pas non plus à injecter ses pétrodollars dans le développement de l'Afrique. Depuis le début des années 2000, la part libyenne dans l'économie continentale a connu une substantielle augmentation. Par le biais de ses fonds souverains largement alimentés par les recettes pétrolières, la Libye a pris des participations dans plusieurs groupes occidentaux et africains. La LAAICO (Libyan Arab African Investment Company) était chargée des placements à travers le monde (principalement en Europe et aux États-Unis), tandis que le Libya African Investment Portofolio (LAP), voué aux investissements sur le continent africain, a investi des milliards de dollars (7 milliards entre 2006-2009) dans des secteurs très variés de l'économie africaine. La vocation de ces deux organismes illustre la conception libyenne de l'aide : rompre la dépendance des pays du sud à l'égard des marchés financiers internationaux dominés par les puissances occidentales, en substituant le capital libyen à l'« aide » des pays du Nord.

Aussi, contrairement à l'approche occidentale et asiatique essentiellement axée sur les industries extractives et pétrolières, les investissements libyens se focalisent principalement sur les secteurs tertiaires et primaires, tels que l'agriculture, l'industrie, le tourisme, l'hôtellerie, le transport, les banques... Les principaux investissements et projets d'investissement touchaient 29 pays africains, dont 24 au moins se trouvent en Afrique subsaharienne, domaine d'influence traditionnel et privilégié des puissances européennes — et aujourd'hui des États-Unis qui s'y déploient considérablement depuis la fin de la guerre froide. « Globalement, fait observer le chercheur camerounais Yves Alexandre Chouala[6], les investissements libyens en Afrique s'inscrivent dans l'objectif de la "création d'une économie africaine solide". » Autrement dit, une économie dominée par la Jamahiriya arabe libyenne dans un contexte de recul des intérêts occidentaux en Afrique. En outre, souligne Monsieur Chouala, « la politique étrangère libyenne s'appuie fortement sur l'enjeu africain. Dit autrement, l'ambition d'influence de l'Afrique est une ressource et un capital géopolitique dont la Libye cherche à monopoliser et à en faire usage dans sa stratégie d'opposition à l'ordre mondial structuré autour des puissances occidentales qui dirigent la planète[7]. » Après tout, pour le Guide, l'ennemi reste le néocolonialisme et/ou l'impérialisme, facteur de désordre et d'appauvrissement en Afrique. Ainsi déclare-t-il :

> « Prenez l'exemple de la France : voilà un pays qui a colonisé et occupé une partie de l'Afrique pendant une

centaine d'années. Mais qu'a laissé la France derrière elle ? Le sous-développement, les maladies, la pauvreté, le tribalisme, les problèmes de frontières […] Vous avez pu constater par vous-mêmes que lorsque les États-Unis d'Amérique ont pénétré le continent africain, tout récemment, ils n'y ont pratiquement amené que des problèmes. C'est le cas dans la Corne de l'Afrique, dans la région des Grands Lacs, en Sierra Leone, au Libéria, en Angola, au Congo, en Somalie... Constatez comment interviennent les Américains en Afrique ! Et puis, à la fin, que donnent les Américains aux Africains ? Et même lorsqu'ils donnent quelque chose de la main droite, c'est pour le reprendre de la main gauche [...] L'Amérique veut en fait tirer profit des ressources africaines, dans l'intérêt exclusif de ses entreprises. »

Puis le colonel Kadhafi de rappeler que la fraternité afro-libyenne, loin de beaux discours hypocrites de l'Occident à l'égard de l'Afrique, est une réalité : « Les Africains connaissent bien la Libye. Ils savent que la Libye est un des leurs, peut se faire leur avocat, peut les défendre. C'est la Libye qui a vacciné 12 millions d'enfants africains, pas la France ni les États-Unis. L'Amérique peut-elle vacciner un million d'enfants africains ? Non. Évidemment. »

Mouammar Kadhafi rejette donc fermement la domination des puissances euro-américaines sur le continent africain. Pour mettre fin à l'emprise qu'exerce l'Occident sur l'Afrique, la Libye élabore des alliances économiques avec plusieurs pays du continent ; une sorte de « diplomatie des investissements » soutenue par des actions diplomatico-stratégiques se met en place. Avec son bras politico-financier, la LIA, le gouvernement libyen ratisse large en Afrique ; ce qui renforce l'influence de Kadhafi dans plusieurs pays. Plusieurs économies africaines vont de plus en plus dépendre de la Jamahiriya arabe libyenne que de l'Occident. La « Libyafrique » supplantait l'« Occidentafrique ». Le raïs libyen faisait ainsi la démonstration que l'Afrique pouvait se développer sans nécessairement passer par les institutions occidentales.

La preuve en est que la Libye a investi en Afrique plus que toutes les institutions financières occidentales (FMI, BM, Club de Paris, etc.) réunies. Et en dépit de ces investissements colossaux sur le continent, le colonel Kadhafi s'engagea à investir 97 milliards de dollars en Afrique si celle-ci se décidait enfin à se défaire de l'influence des pays occidentaux[8]. Tout cela permet de comprendre l'admiration des pays africains, particulièrement des plus pauvres, pour le dirigeant libyen, qui était devenu au fil du temps une sorte d'assurance vie tous risques économique pour ces pays. Un rôle d'autant plus déterminant que les traditionnels « bienfaiteurs » du Nord, confrontés eux-mêmes à des crises économiques et financières importantes, devenaient de moins en moins généreux, rechignant à régler les fins de mois difficiles[9].

Dès lors, il ne faut pas s'étonner du silence radio venu du continent africain à propos du conflit libyen. Comme le fait remarquer l'ancien premier ministre sénégalais Moustapha Niasse, « Kadhafi a beaucoup investi en Afrique, et dans la culture africaine, on ne lâche pas un allié ou un ami lorsqu'il est en difficulté ». Et connaissant la fourberie des puissances occidentales, les Africains ne se faisaient pas d'illusions sur les véritables motivations de l'OTAN. Ils avaient très tôt compris qu'il ne s'agissait point de protéger des civils innocents, mais plutôt de lever un obstacle à l'exploitation de la Libye. Dans un article intitulé « Pourquoi beaucoup d'Africains soutiennent Kadhafi », Étienne Damome écrit : « Les Africains, eux, étaient beaucoup moins unanimes, comme si une bonne partie d'entre eux vivaient sur une autre planète et ne partageaient pas les valeurs mises en avant par les Occidentaux[10]. »

Les pays de l'OTAN pouvaient duper leurs populations comme ils en ont l'habitude, mais cela n'allait certainement pas marcher avec les Africains — mais aussi les Asiatiques, les Russes ainsi que les Latino-américains — persuadés que l'objectif de l'Alliance était de casser les différentes initiatives libyennes qui contrariaient les intérêts de l'oligarchie occidentale en Afrique. Les évènements n'ont fait que confirmer leurs appréhensions, car la première initiative des États-Unis et de leurs vassaux européens, bien avant d'attaquer militairement la Libye, a été de «geler» («voler» serait le terme le plus approprié) les fonds souverains libyens, dans le plus grand acte de piraterie et de rapine de tous les temps.

C'est en effet le 1er mars que le président Obama a autorisé le Trésor américain à bloquer les fonds libyens. Puis le 17, il s'est arrangé, tel un chef de la mafia, pour insérer dans la résolution 1973 une petite phrase autorisant le gel des avoirs de la Banque centrale libyenne et de la compagnie d'État, la NOC. L'ancien ambassadeur de France en Libye, Christian Graeff, fera ainsi observer que «les mesures de sanctions économiques contre le régime du colonel Kadhafi ont été mises en œuvre par la France et ses alliés bien avant la résolution 1973 du Conseil de sécurité». Les banques occidentales, d'un pays à un autre, interprétèrent à leur façon la résolution sur le gel des avoirs libyens. Bien souvent, l'interprétation était purement politique et non conforme au droit. Au total, 75 milliards de dollars ont été «bloqués» par les États-Unis (30 milliards) et l'Union européenne (45 milliards). Selon les déclarations officielles, c'est «la plus grosse somme d'argent jamais bloquée aux États-Unis», que Washington garde «en dépôt pour l'avenir de la Libye». Mais en réalité, elle servira non seulement pour une injection de capitaux dans une économie américaine mal en point, mais aussi à bloquer les actions entreprises par la Jamahiriya arabe libyenne pour développer l'Afrique. Mohammed Siala, le ministre de la Coopération et administrateur du fonds souverain libyen, explique :

> «[...] En bloquant nos avoirs, ils ont aussi bloqué nos actions de développement en Afrique. Le continent ne parvient qu'à exporter des produits bruts. Nous investissons pour qu'ils soient transformés en Afrique et commercialisés par les Africains. Il s'agit de créer des emplois

et de conserver la plus-value en Afrique. D'un côté les Européens nous encouragent, car cette politique assèche les flux migratoires, d'un autre, ils s'y opposent parce qu'ils doivent renoncer à l'exploitation coloniale. Les Occidentaux veulent maintenir l'Afrique dans une situation où elle n'exporte que des produits bruts, des commodités.

Par exemple, lorsque le café produit en Ouganda est exporté en Allemagne d'où il est commercialisé, la plus-value reste en Allemagne. Nous avons financé des installations pour la torréfaction, la mouture, le packaging etc. La part de rémunération des Ougandais est passée de 20 % à 80 %. Évidemment, notre politique entre en conflit avec celle des Européens. C'est un euphémisme.

Nous finançons des rizières au Mozambique et au Libéria, à hauteur de 32 millions de dollars par projet et créons chaque fois 100 000 emplois. Nous visons d'abord l'autosuffisance alimentaire de chaque État africain, et seulement après les marchés d'exportation. Sans aucun doute, nous entrons en conflit avec ceux qui produisent et exportent du riz, surtout s'ils spéculent avec[11] »...

Quelques jours seulement après l'annonce du gel des avoirs libyens par les États-Unis et les pays européens, leurs supplétifs du CNT annoncent, le 19 mars (date du début des frappes), avant même d'avoir gagné la guerre et formé un gouvernement, la mise en place de la Libyan Oil Company (Compagnie pétrolière libyenne), une coquille vide basée à Benghazi et destinée à se substituer à la NOC — dont le siège est à Tripoli — quand le CNT aura pris le contrôle des zones pétrolières. Dans la foulée, les « rebelles démocrates » de l'OTAN ont également annoncé, à l'abri des chasseurs-bombardiers de la coalition, la création de leur propre banque centrale à Benghazi[12], une autre coquille vide chargée de gérer, avec le concours de la banque britannique HSBC et d'autres banques d'investissement occidentales... les fonds souverains « gelés » une fois qu'ils seront « dégelés ». Commentaire de Robert Wenzel de l'*Economic Policy* : « Je n'ai jamais entendu parler auparavant d'une banque centrale créée juste après quelques semaines d'un soulèvement populaire. Ceci veut dire que nous avons affaire à autre chose qu'un groupe de rebelles déguenillés courant partout et qu'il y a derrière des influences plutôt subtiles[13]. »

Toutes ces initiatives de l'OTAN par CNT interposé participent à la stratégie de guerre économique de l'Alliance contre la Jamahiriya. Elles ont asséné un coup dur à toutes les réalisations et les projets initiés par elle sur le continent africain. Le blocage est lourd de conséquences pour les peuples d'Afrique. Les principaux projets — notamment la création de la BAI, du FMA et de la BCA — censés aider l'Afrique à s'émanciper de l'étouffante tutelle des pays occidentaux, ont été stoppés, au grand plaisir de ceux qui ont toujours pensé que l'Afrique était leur chasse gardée naturelle, pour ne pas dire éternelle.

Mais l'OTAN, États-Unis en tête, avait plusieurs griefs contre la Jamahiriya arabe libyenne et n'entendait donc pas s'arrêter en si bon chemin, en gelant ses fonds souverains. L'objectif ultime, celui de définitivement « neutraliser » l'insoumis leader libyen, qui s'est toujours montré rétif face aux intérêts occidentaux depuis son arrivée au pouvoir, était toujours sur la table de l'Alliance atlantique. Comme l'a fait observer le professeur Hugh Roberts[14], directeur du projet Afrique du Nord de l'International Crisis Group (ICG), organisation qu'on ne pourrait soupçonner de complaisance à l'égard de Kadhafi, dans le *London Review of Books*, « le drame libyen s'ajoute plutôt à la liste des guerres occidentales ou soutenues par l'Occident contre les régimes "rebelles", pas assez "conciliants" ».

En clair, il fallait liquider le Guide libyen pour ses velléités d'indépendance que pour son audace et son impertinence. Dans cette optique, l'expédition militaire de L'OTAN ne saurait être regardée comme une incursion plus ou moins spontanée ou même improvisée des puissances impériales occidentales soucieuses, dans le contexte du Printemps arabe, de voler au secours d'une population libyenne prétendument violentée par Kadhafi. Cette intervention barbare d'une violence inouïe est plutôt l'aboutissement d'un continuum historique qui prend son origine dès l'arrivée au pouvoir de Kadhafi, le 1er septembre 1969. La liste des opérations clandestines montées contre le Guide libyen et que nous avons détaillées dans le chapitre 6 en fait foi.

Si les pays de la coalition otanienne sont tous d'accord sur le fait que l'insoumis Kadhafi doit être renversé, voire tué, les raisons pour lesquelles ils entrent en guerre et les buts qu'ils poursuivent, cependant, divergent. Autrement dit, l'entreprise guerrière de l'OTAN qui s'est mise en place a rassemblé des États aux objectifs disparates.

Bien qu'ayant tous intérêt à voir le Guide éliminer de l'échiquier politique libyen et africain, les pays de la coalition avaient en effet des attentes différentes, voire même contradictoires. En fait, la coalition a regroupé des pays aux intérêts contradictoires et aux objectifs divergents. Les raisons pour lesquelles les uns se sont investis dans la guerre ne sont forcément pas celles des autres. Comme l'ont révélé les courriels[15] de l'ancienne secrétaire d'État Hillary Clinton (2009-2013) rendus publics par le département d'État dans le cadre de l'enquête sur l'attentat contre le consulat de Benghazi, le 11 septembre 2012, qui avait coûté la vie à l'ambassadeur Christopher Stevens et à trois agents américains, chacun des alliés poursuivait ses propres intérêts, jouait son jeu, qui n'était pas forcément le jeu de l'autre. L'on a donc eu affaire à une conspiration dans laquelle aucun participant ne connaissait tous les détails du jeu des autres. Une conspiration dans laquelle chacun essayait de rafler la mise, en dépit de l'accord commun d'éliminer le dirigeant libyen. En gros, l'objectif était le même pour tout le monde : la chute de Kadhafi. Puis advienne que pourra. On se regardait du coin de l'œil en essayant de doubler le voisin...

C'est ainsi que l'Italie et l'Allemagne, par exemple, les deux principaux pays importateurs du pétrole libyen, étaient les nations occidentales les plus réticentes à une intervention armée en Libye, alors que la Grande-Bretagne et la France ont de leur côté essayé de s'emparer de la « plus grosse part du gâteau libyen » sur le dos du « grand frère » américain. Londres, qui a été plutôt discret sur les motivations de son intervention en Libye, jouait un double jeu, en soutenant d'un côté les rebelles du CNT par le biais de ses services de renseignement, et de l'autre en maintenant des contacts avec le gouvernement libyen pour protéger les positions des intérêts britanniques dans l'hypothèse où la rébellion, ou, disons l'OTAN échouerait à renverser le colonel Kadhafi[a]. Et dans le même temps, des responsables du MI6 menaient des négociations avec Saïf al-Islam, pressenti comme le dauphin du Guide, au cas où son père lui transmettrait les rênes du pays.

Pour sa part, la France, qui a été le premier pays à reconnaître la rébellion, s'attendait à ce que les nouveaux maîtres de Libye favorisent les entreprises françaises, en particulier dans le secteur pétrolier. Selon le journal *Libération*, la France aurait dès le début du conflit conclu un accord avec le CNT lui permettant de récupérer 35 % du brut libyen, au grand dam de l'entreprise italienne ENI qui était avant l'insurrection le premier producteur étranger d'hydrocarbures en Libye. Le 2 avril 2011, Sydney Blumenthal, un proche des Clinton jouant le rôle de conseiller officieux d'Hillary Clinton, adresse à la secrétaire d'État (qui le fait suivre à son entourage) un mémorandum « confidentiel » contenant une évaluation des motivations de Nicolas Sarkozy dans son soutien au CNT. On n'y parle pas d'humanitaire ou de populations en danger, mais d'intérêts stratégiques, économiques et politiques : accéder au pétrole libyen; accroître l'influence de la France en Afrique du Nord; servir son propre intérêt politique à l'interne; fournir à l'armée française l'occasion d'asseoir sa position dans le monde; couper court aux ambitions de Kadhafi visant à supplanter la domination de la France sur l'Afrique francophone ». Deux mois plus tard, en juin puis en juillet, des représentants de la

---

[a] Voir Annexe 20.

firme Total se rendaient à Benghazi, le fief de la rébellion, afin d'établir des contacts avec le CNT, avec le soutien du gouvernement français.

De leur côté, les Américains, qui pilotaient les opérations militaires de l'Alliance, étaient bien conscients des objectifs de leurs partenaires de la coalition. «Ils comprenaient certainement les objectifs de leurs alliés qui ne coïncidaient pas nécessairement avec les leurs», souligne Catherine Shakdam, spécialiste du Moyen-Orient. Histoire de dissimuler le fait qu'ils sont les architectes du conflit (*leading from behind* oblige) et d'éviter d'absorber tout seuls les coûts élevés d'une guerre qui profitera avant tout aux intérêts américains, les Yankees accordèrent une certaine liberté d'action à la France et à la Grande-Bretagne.

Pour ces deux pays, le pétrole et le gaz libyens se présentaient comme une solution idéale pour l'UE, vu la dépendance énergétique de l'Europe envers la Russie, alors que du côté américain, les buts poursuivis étaient multiples et allaient bien au-delà de l'or noir libyen. Hormis les contrats de reconstruction qui faisaient saliver tous les «charognards» de l'OTAN, le chef d'orchestre de la coalition poursuivait en effet plusieurs objectifs simultanément : casser, on l'a déjà dit, le processus qui doit mener à l'indépendance politico-économique de l'Afrique amorcé par Kadhafi afin d'empêcher le continent noir de se positionner en tant que puissance unie et autonome ; placer à la tête de la Libye un régime docile et corvéable qui instaurerait à la place du modèle socialiste prôné par la Jamahiriya un système économique fondé sur les exigences et les valeurs essentielles et indissociables du capitalisme américain ; contrôler les ressources énergétiques du pays ; établir un centre opérationnel pour l'AFRICOM (US Africa command), le commandement militaire américain pour l'Afrique...

Pour comprendre ces visées américaines, il convient de revenir quelques années en arrière, replonger dans l'histoire des tumultueuses relations américano-libyennes.

Nous sommes en 2003. C'est la levée de l'embargo et le retour de la Jamahiriya dans le concert des nations. Pour les États-Unis, il n'est plus question d'imposer un changement de régime à Tripoli — dans un premier temps en tout cas —, mais un changement de politique. Tout laisse penser que les États-Unis ont exigé une libéralisation de l'économie. La nomination de Chokri Ghanem, un libéral formé à Londres et au Massachusetts (États-Unis), au poste de premier ministre témoigne de la volonté du Guide de se conformer aux volontés de Washington. C'est ce proche de Saïf al-Islam (lui-même fervent adepte du modèle libéral américain) qui est chargé de piloter le processus de libéralisation de l'économie libyenne. L'encouragement du secteur privé et de l'économie de marché, la privatisation d'entreprises publiques, l'institution d'une Bourse de valeurs ainsi que la décision d'adhérer à l'Organisation mondiale du commerce (OMC) et la coopération avec le FMI constituent les principaux points des réformes arrêtées dans le cadre de la nouvelle politique économique du pays.

Le 1er janvier 2004, le programme de restructuration de l'économie libyenne est lancé. Ghanem annonce devant le Congrès général du peuple (CGP), en mars, la privatisation de 360 entreprises agissant dans l'industrie, l'agriculture, les ressources animales et maritimes et l'industrie pétrolière, et le renvoi de la moitié des huit cent mille fonctionnaires que compte la fonction publique. Dans l'hémicycle, c'est la levée de boucliers. Les Comités révolutionnaires, piliers du régime, s'opposent vigoureusement aux propositions du premier ministre. Seules 169 des 360 unités économiques se retrouveront sur la liste des entreprises privatisables. Ces entreprises, dont la plupart sont déficitaires, ont été cédées essentiellement à leurs travailleurs et aux organismes communaux.

Lors du CGP qui s'est tenu, du 8 au 12 janvier 2005, Chokri Ghanem, déçu, déclare que les Comités révolutionnaires *via* le CGP qu'ils contrôlent « ont dressé des obstacles sur la voie des projets de développement et de l'amélioration de l'économie libyenne, et nous ont liés les mains ». Il demande, à cette occasion, les pleins pouvoirs exécutifs afin de mener à bien les réformes qu'il juge indispensables pour le pays[16]. Sans Succès.

En fait, deux courants s'affrontent au sein du pouvoir libyen : les « réformateurs » ou les tenants de l'économie globalisée rassemblés derrière Saïf al-Islam Kadhafi et soutenus par l'Occident, et les « conservateurs » qui tiennent dur comme fer aux grands principes du socialisme jamahiriyen issus du *Livre vert*.

À défaut de privatiser, le premier ministre libyen libéralise tout de même la gestion des entreprises publiques et ouvre le secteur pétrolier à la concurrence. Le 25 janvier, quinze permis d'exploration sont octroyés à des compagnies pétrolières étrangères, dont onze américaines. Quelques mois plus tard, en mars 2006, Ghanem est démis de ses fonctions — il sera nommé ministre du Pétrole et président de la NOC — et est remplacé par son vice-ministre Baghdadi Mahmoudi, plus proche du courant conservateur.

Avec le nouveau chef du gouvernement, plusieurs mesures de réforme annoncées demeureront au stade de simples déclarations. C'est alors que Saïf al-Islam, qui personnifie la tendance libérale à l'œuvre dans l'entourage du Guide, fait appel à des experts américains, dont le plus éminent est sans doute Michael E. Porter, professeur à la Harvard Business School, qui travailla naguère pour Ronald Reagan. L'Américain recommande au gouvernement libyen la mise en place du Libyan Economic Development Board (LEBD, Bureau du développement économique), organisme chargé de libéraliser l'économie du pays. Sur insistance de Saïf al-Islam, Mahmoud Jibril, universitaire ayant évolué aux États-Unis et auteur d'une thèse sur *La politique des États-Unis envers la Libye (1969-1982)*, est bombardé à la tête de l'institution. Une note de l'ambassade américaine à Tripoli datant de mai 2009 le présente comme « un interlocuteur sérieux qui comprend le point de vue des États-Unis ». Une autre de 2010 vante son esprit d'ouverture.

En vérité, M. Mahmoud Jibril est l'homme clé de la pénétration en Libye des intérêts américains et britanniques. Il est farouchement opposé au programme de redistribution directe de la richesse impulsé par Kadhafi. Le LEBD, dont il a pris la direction, est chargé d'appliquer la « nouvelle stratégie économique » (National Economic Strategy, NES), dont l'ambition avouée est d'instaurer dans la Jamahiriya arabe libyenne une forme de « capitalisme populaire »[17]. En gros, il s'agit de « coordonner, activer et superviser les différentes initiatives de privatisation et de libéralisation[18] ».

La NES a été mise au point par deux grands cabinets de renom spécialisés dans la consultance stratégique et basés à Cambridge (Massachusetts). Le premier est le Monitor Group, fondé et coprésidé par Porter lui-même, qui dispose d'un revenu annuel de plus de 1 milliard de dollars et emploie plus de mille experts. Le second est le Cambridge Energy Research Associates (CERA), cofondé et présidé par un autre économiste célèbre, Daniel Yergin. Sa spécialité : les stratégies énergétiques. Yergin est l'auteur de best-sellers consacrés au pétrole. L'un d'eux, *The Prize: The Epic Quest for Oil, Money and Power*[a] a obtenu le prix Pulitzer en 1992.

Une chose est claire en tout cas: l'engagement du Monitor Group et du CERA ne répond pas seulement à des objectifs financiers, mais sert aussi les intérêts stratégiques des États-Unis. Pour Michael Porter, le modèle jamahiriyen « est conçu de telle sorte qu'aucune action ne peut être entreprise en son sein », c'est « un processus de décision brisé » dit-il[19].

Un autre personnage du sérail libyen partisan d'un rapprochement politico-économique avec les États-Unis est Moustapha Abdeljalil, le ministre de la Justice qui va devenir le numéro un du CNT. À l'instar de Mahmoud Jibril, il est un fervent partisan de la libéralisation de l'économie libyenne. Lors d'une conversation avec Gene A. Cretz, l'ambassadeur américain, il déclara que « comme la Libye est maintenant en

---

[a] Publié chez Free Press (1991) ; réédité en (Déc. 2008). Publié en français sous le titre *Les Hommes du pétrole*, Stock, 1991.

train d'ouvrir son économie à d'autres pays, elle a besoin d'aide internationale pour développer son secteur privé et renforcer l'environnement juridique du commerce[20] ». Il exprima son plein soutien à une coopération bilatérale entre les États-Unis et la Libye, insistant sur le fait qu'il fallait « passer de la parole à plus d'actions ». L'examen de certains câbles diplomatiques envoyés par Cretz à Washington montre que cet adepte du libéralisme intégral et certains de ses proches collaborateurs communiquaient souvent avec l'ambassade américaine en dehors des canaux officiels[21].

Le fait que tous ces individus se soient retrouvés du jour au lendemain à la remorque d'une guerre pilotée par les États-Unis n'est donc pas le fruit du hasard. Au cœur du pouvoir libyen, ils avaient pour mission d'« américaniser » la Jamahiriya au grand plaisir de Washington. Cependant, les différentes tentatives de restructuration de l'économie du pays vont se heurter à l'opposition des Comités révolutionnaires, dont elles menaçaient les intérêts. Le colonel Kadhafi ne fera rien pour remédier à cette situation ; il prétextera même que tout cela procède de la volonté populaire et ne relève pas de ses prérogatives.

En réalité, le Guide de la Révolution ne veut pas que « sa » Libye socialiste se libéralise à la manière américaine. Il est opposé aux intérêts privés et a habilement manœuvré pour garder son pays hors de l'orbite américaine. Malgré toutes les concessions faites à l'Occident, particulièrement aux États-Unis, pour sortir son pays de l'isolement, Mouammar Kadhafi a non seulement continué d'afficher une position d'indépendance vis-à-vis de l'Amérique, mais il a aussi conservé certaines de ses positions de principe, antinomiques avec les intérêts de celle-ci. Dans un discours prononcé à l'occasion du 39e anniversaire de la Révolution, il a souligné que la Libye ne cherchait pas à établir des liens d'amitié avec les États-Unis. « Tout ce que nous voulons c'est qu'ils nous laissent tranquilles », avait-il déclaré.

Pour Kadhafi, les Libyens sont les seuls maîtres de leur destin. Il trouve les réformes demandées par l'Occident trop éloignées des idéaux de la Révolution. Tout en faisant preuve d'une certaine ouverture, il refuse de les appliquer en dépit des pressions venant de l'étranger et des « réformateurs » libyens soutenus par l'extérieur. « Pendant six ans, le tour de force du gouvernement libyen est d'adopter le langage du libéralisme, mais de conserver les usages du socialisme[22] ». Comme le note un rapport de la Banque africaine de développement (BAD), « la diversification et la privatisation de l'économie sont très en retard », à cause des « tendances idéologiques » qui « continuent à affecter la mise en œuvre des réformes prévues[23] ». Seul le secteur énergétique a été réellement ouvert...

Reste que les relations entre la Jamahiriya et les compagnies pétrolières n'ont jamais été un fleuve tranquille. Après la période d'accalmie ayant suivi la levée de l'embargo et l'abandon des sanctions en 2003, elles sont redevenues houleuses comme par le passé. C'est que le colonel Kadhafi se montre de plus en plus menaçant. « Les compagnies pétrolières sont contrôlées par des étrangers qui en tirent des millions. Maintenant les Libyens doivent prendre leur part de ces profits » déclare le Guide lors d'un discours marquant le 37e anniversaire de la Révolution, en 2006. En mars 2007, Saïf al-Islam, réputé pourtant proche des sociétés pétrolières, renchérit en déclarant : « Nous ne tolérerons pas qu'une compagnie étrangère fasse des profits au détriment d'un Libyen. »

Tripoli force les compagnies pétrolières à donner des noms libyens à leurs filiales. Certaines lois du droit du travail sont modifiées pour permettre la « libyanisation » de l'économie dans plusieurs secteurs. Les compagnies pétrolières sont obligées d'embaucher des employés libyens n'ayant pas une grande expérience dans le domaine. La NOC insistait pour que les directeurs généraux adjoints, les directeurs financiers et les directeurs de ressources humaines dans les sociétés étrangères soient Libyens.

De nouvelles règles furent édictées par l'État pour renforcer le pouvoir de la société d'État, la NOC, qui gère entièrement le secteur énergétique du pays. Sur la base d'un système connu sous le nom d'EPSA-4[24], le gouvernement libyen accorde des licences d'exploitation aux compagnies étrangères, tout en faisant bénéficier à la NOC une marge d'exploitation plus élevée. Celle-ci pouvait atteindre 90 % étant entendu que sous cette formule, les contrats sont accordés sur le principe d'enchères au plus offrant, au lieu de négociations à huis clos. «Les contrats EPSA-4 étaient ceux qui, à l'échelle mondiale, contenaient les termes les plus durs pour les compagnies pétrolières», souligne Bob Fryklund, ancien président de ConocoPhillips en Libye. Dans un câble diplomatique de novembre 2007 adressé au département d'État par l'ambassade américaine à Tripoli, on peut lire : «Ceux qui dominent la direction politique et économique de la Libye poursuivent des politiques de plus en plus nationalistes dans le secteur de l'énergie[25]. »

Les compagnies pétrolières occidentales, qui avaient massivement investi le marché libyen en nourrissant de grands espoirs, ont vite déchanté. Elles sont sous pression. En été 2008, la NOC oblige quatre d'entre elles (ENI, Petro Canada et deux consortiums menés respectivement par Occidental et Repsol) à revoir certains contrats de partage de production datant des années 70. Après un bref moment de résistance, elles ont fini par céder et l'État libyen en a tiré un bonus 5,4 milliards de dollars.

Ces contrats renégociés accordent au partenaire étranger une part de production de 10 à 15 % (alors que celles de la NOC passaient à 80 %), tout en lui faisant assumer les frais de prospection et le paiement de 50 % des coûts de développement. «Des négociations sont toujours en cours avec les autres entreprises internationales travaillant en Libye pour parvenir à ce type d'accords», précise la compagnie d'État libyenne dans un rapport publié sur son site Internet[26].

Face à l'effondrement du cours du brut (le baril est passé de 147 dollars en juillet 2008 à 42 dollars fin janvier 2009), le Guide libyen, pour faire monter la pression, brandit la menace d'une nationalisation des compagnies pétrolières étrangères. L'annonce est faite à deux reprises : devant des étudiants américains au cours d'une vidéoconférence organisée, le 21 janvier 2009, avec l'université de Georgetown, et devant le roi d'Espagne Juan Carlos, le 23 janvier à Tripoli. « Si la Libye finit par prendre cette décision, c'est parce qu'elle n'aurait eu d'autre choix », aurait déclaré le Guide à l'endroit du souverain espagnol.

Même si le colonel libyen a pris soin de préciser qu'il ne souhaitait pas une nationalisation, et que si elle devait avoir lieu, elle n'aurait pas la brutalité de celles intervenues dans les années 1970, même si sa menace n'est pas prise au premier degré par les pétrolières, l'inquiétude est tout de même au rendez-vous. Des échanges de télégrammes « confidentiels » entre l'ambassade américaine et les divers ministères américains se multiplient. Le 30 janvier, Gene Cretz consacre un long câble diplomatique à cette affaire, dans lequel on apprend que des experts de l'industrie pétrolière, tant à Washington qu'à Tripoli, n'excluent pas la possibilité d'une nationalisation du pétrole et du gaz en Libye sur le modèle de celle qui avait eu lieu en 1972[27]. Plus grave encore, des collaborateurs du colonel Kadhafi ordonnèrent à des sociétés américaines œuvrant dans divers domaines en Libye de payer 1,5 milliard de dollars de compensations destinées aux victimes de l'attentat de Lockerbie. Ils avertirent les patrons de ces entreprises — pour la plupart des compagnies pétrolières — que les sociétés qui refuseront de verser leur part s'exposeront à de « lourdes conséquences[28] ». Plusieurs sociétés ont d'abord rechigné avant de finalement accepter de payer, de peur de perdre des contrats lucratifs.

Cette soumission des sociétés américaines aux diktats de certains caciques du pouvoir libyen n'empêchera pourtant pas le gouvernement libyen d'annuler un protocole d'accord d'un milliard de dollars conclu avec la multinationale Bechtel, ce géant de l'ingénierie dont les dirigeants entretiennent des rapports pour le moins étroits avec le pouvoir politique à

Washington. « Le fait qu'une compagnie ayant le savoir-faire et l'assise financière de Bechtel ne soit pas parvenue à décrocher ce contrat est un avertissement pour les entreprises américaines et occidentales qui cherchent à s'implanter sur le marché libyen en pleine expansion... ainsi que pour les autres entreprises américaines qui envisageraient d'y investir », peut-on lire dans un câble diplomatique envoyé au département d'État par l'ambassade américaine à Tripoli[29].

Une autre entreprise américaine écartée de la course au même moment malgré l'intervention des diplomates américains est le fabricant de matériel de construction Caterpillar. Les deux entreprises américaines (Bechtel & Caterpillar) ont été exclues en faveur de sociétés russes, chinoises et allemandes. À Washington, cela a déclenché des sonnettes d'alarme stridentes. Un ancien responsable de la Maison Blanche sous la présidence de George W. Bush, Juan Zarate, estima que Washington avait conclu « un pacte avec le diable », en reprenant les affaires avec la Libye[30].

Kadhafi a poussé l'audace et son ardeur révolutionnaire encore plus loin en initiant un mouvement destiné à refuser le dollar pour la vente de pétrole, et a appelé les nations arabes et africaines à utiliser à la place une nouvelle monnaie, le dinar or, basé sur les réserves réelles d'or que posséderait la Libye : environ 144 tonnes[a]. Seul le raïs irakien Saddam Hussein avait entrepris une démarche assez similaire — vendre son pétrole en euro au lieu du dollar — avant d'être rappelé à l'ordre par les bombes de la coalition dirigée par les États-Unis. Certains observateurs estiment qu'en empruntant cette voie, Kadhafi menaçait l'hégémonie globale du dollar en tant que monnaie de réserve mondiale dans laquelle le prix du pétrole est fixé. Nicolas Sarkozy « l'Américain » aurait même déclaré que la Libye constitue une menace pour la sécurité financière de l'humanité[31].

---

[a] Voir Annexe 21.

Cette peur de l'autonomie africaine impulsée par la Libye de Kadhafi va de pair avec la volonté de Washington d'asseoir sa sphère d'influence en Afrique et de lutter contre ses nouveaux concurrents que sont les pays dits « émergents » : Inde, Brésil et surtout la Chine. Cette dernière est devenue depuis quelques années le premier partenaire commercial de l'Afrique et a développé des partenariats stratégiques avec plusieurs pays africains. En Libye, quelque 35 000 Chinois travaillaient sur une cinquantaine de projets, essentiellement dans le secteur des hydrocarbures, des télécommunications et des chemins de fer — avec près de 20 milliards de dollars de contrats.

Dès 2006, la Chine s'est imposée comme le plus grand détenteur mondial de capital, avec plus de trois trillions de dollars de réserves étrangères. « L'utilisation de telles ressources financières pour se positionner sur les marchés de l'énergie et des minerais stratégiques dans un environnement africain dramatiquement en manque de capitaux n'a pas rencontré de grande difficulté[32] », mais a suscité d'énormes inquiétudes à Washington, qui dépend de plus en plus des ressources énergétiques africaines — les importations américaines d'or noir en provenance du golfe de Guinée représentent aujourd'hui 25 % de l'approvisionnement total du pays, et pourraient grimper jusqu'à 35 % à l'horizon 2020 — et voit d'un très mauvais œil la pénétration agressive de Pékin en Afrique et sa propension à contrôler les marchés africains, principalement dans le domaine des hydrocarbures et des minerais stratégiques — raison pour laquelle certains observateurs comme le géopolitologue William Engdahl ou même le Centre français de recherche sur le renseignement (CF2R) et le CIRET-AVT émirent l'hypothèse selon laquelle la guerre de l'OTAN contre la Libye était dirigée contre l'empire du Milieu[33]. Dans un câble diplomatique de février 2010, le secrétaire d'État adjoint Johnny Carson qualifia la Chine de « concurrent économique agressif, pernicieux et dépourvu de moral[34] ».

À défaut donc de pouvoir « sanctuariser » ce qu'ils considèrent comme leurs intérêts en Afrique ou d'endiguer l'expansion de la Chine économiquement — étant donné la crise économique qui touche leur pays et leur endettement toujours croissant—, voire d'empêcher les géants économiques de demain — comme l'Inde ou le Brésil — de s'y implanter durablement, les Américains ont dès lors tablé sur la force militaire, en mettant sur pied, en février 2007, un commandement militaire complètement dédié au continent africain, l'AFRICOM.

Mais à peine mis sur pied que le nouveau commandement militaire américain suscita la défiance d'une majorité des pays du continent. Le Pentagone ne réussira à convaincre aucun gouvernement africain de lui ouvrir son territoire pour y installer le QG de l'AFRICOM. Son implantation sur le sol africain va donc être refusée par la quasi-totalité des États africains contactés. Soit 51 États sur 53[35]. À la tête de ce « front du refus » africain, la Libye de Mouammar Kadhafi.

Lorsqu'il effectue sa tournée africaine, en juin 2007, pour présenter et défendre l'initiative AFRICOM aux pays africains, le sous-secrétaire d'État à la Défense, Ryan Henry, se heurte en effet à l'hostilité de la Libye. Lors d'un point de presse, le vice-ministre libyen des Affaires étrangères, Ali Abdel Salam Triki, a réitéré l'opposition de son pays à l'installation d'un commandement militaire américain en Afrique : « Nous avons réitéré la position de la Libye refusant toute présence militaire étrangère en Libye ainsi que sur le continent africain », a-t-il déclaré.

L'implantation de l'AFRICOM en Afrique va ainsi devenir un point de discorde supplémentaire entre Washington et Tripoli. Le Guide, qui a régulièrement dénoncé l'existence des bases militaires françaises en Afrique et refusé toute présence militaire étrangère sur son sol ainsi que sur le continent, voit dans l'arrivée de l'AFRICOM une manière américaine de vouloir recoloniser l'Afrique. Et il n'a pas tort. En 2007, le conseiller du département d'État, J. Peter Pham, a ainsi défini l'objectif stratégique du tout nouveau commandement militaire américain : « Protéger l'accès aux hydrocarbures et autres ressources stratégiques que l'Afrique possède en abondance, ce qui signifie d'une part protéger ces richesses naturelles fragiles et d'autre part s'assurer qu'aucune autre nation telle que la Chine, l'Inde, le Japon ou la Russie n'obtienne de monopole ou de traitement de faveur[36] ».

Pour Kadhafi, un tel dessein n'est pas acceptable sur le continent africain. Il s'oppose donc fermement à l'établissement de l'AFRICOM et milite ardemment auprès des autres États africains pour qu'ils le rejettent. « Quand les États-Unis offraient de l'argent à un pays d'Afrique pour qu'il accueille une base américaine, Kadhafi lui offrait le double pour qu'il refuse et en 2008 cette opposition s'est cristallisée sous la forme d'un rejet formel de l'AFRICOM par l'Union africaine[37] ». Les responsables du Pentagone vont donc se contenter pour l'instant de Stuttgart (Allemagne), le siège de l'EUCOM qui abrite le commandement militaire américain pour l'Afrique depuis sa naissance...

Une grande victoire pour le Guide de la Révolution libyenne, qui entreprend dans la foulée de se rapprocher d'une autre puissance mondiale, qui semble être en passe de défier l'hégémonie américaine en Afrique, la Russie[38]. Pour Kadhafi, Moscou est une « alternative sécuritaire » fiable face à une Amérique qui ne l'a jamais vraiment porté dans son cœur en dépit du réchauffement des relations entre Tripoli et Washington — certains documents libyens montrent que le colonel, malgré le dégel, se méfiait beaucoup de l'Amérique et se sentait toujours menacé par elle.

Fin octobre 2008, le Guide se rend à Moscou. Il signe plusieurs protocoles d'accord dans le domaine de l'armement et propose au président Medvedev l'installation d'une base navale russe sur le territoire libyen. L'offre, révélée par le réputé journal économique russe *Kommersant*, concernait le port de Benghazi. « La présence militaire russe constituera une garantie de non-agression des États-Unis, qui, malgré de nombreux signes de dégel, ne portent pas Kadhafi dans leur cœur », écrit le journal. À l'époque, des navires de guerre russes — dont le Piotr Velikii (Pierre le Grand) — en route vers le Venezuela pour participer à des exercices militaires communs avaient fait escale à Tripoli pour se ravitailler.

Autre secteur de rapprochement : l'énergie. Quelques mois avant l'arrivée de Kadhafi à Moscou, le géant gazier russe Gazprom avait signé un accord avec la Libye pour l'exploitation de six champs pétroliers et gaziers, point de départ d'une collaboration s'annonçant fructueuse entre les deux pays : vente russe d'énergie libyenne, construction d'un pipeline entre la Libye et l'Europe... Mais, surtout, Kadhafi avait alors laissé entendre qu'il soutiendrait l'idée russe de créer une OPEP du gaz. Un projet auquel s'opposaient l'Europe et les États-Unis[39] — on comprend d'autant plus mal, dans ces conditions, l'abstention de la Russie, mais aussi de la Chine, lors du vote de la résolution 1973 au Conseil de sécurité.

Un axe Tripoli-Moscou se construit ainsi au grand dam des Occidentaux, notamment des Américains qui n'ont pas pour autant renoncé à l'idée de faire accepter AFRICOM par les Africains, notamment à Kadhafi, qui s'est révélé être le chef de file du « front du refus ». Le département d'État et le Pentagone vont tout mettre en œuvre pour convaincre le Guide sur cette question. Le patron de l'AFRICOM de l'époque, le général William Ward, se rendra à deux reprises à Tripoli pour discuter du projet avec les dirigeants libyens.

Durant son premier périple libyen, le 5 mars 2009, le général William Ward s'est entretenu avec Mouatassim Kadhafi, l'un des fils du Guide qui préside le Conseil national de sécurité du gouvernement. Le Libyen lui a fait comprendre qu'il était opposé à l'établissement de l'AFRICOM en Afrique. À Washington où il s'est rendu un mois plus tard, visite au cours de laquelle il a rencontré la secrétaire d'État Hillary Clinton, des responsables du Conseil national de sécurité de la Maison Blanche et de la CIA, Mouatassim a réitéré la position de principe de la Libye au sujet de l'AFRICOM et fait part de l'aversion de son pays pour l'Initiative Pan-Sahel, la Trans-Saharan Counter-terrorism Initiative (TSCTI) lancée en 2005 par le Pentagone sous le commandement du USCENTCOM

(US Central Command), avant d'être transférée, en 2008, sous le commandement de l'AFRICOM.

Alors qu'il s'apprête, de son côté, à effectuer un second voyage en Libye, Ward est briefé par l'ambassadeur Gene Cretz : « *Your meeting with Muammar al-Qadhafi will afford a key opportunity to engage at the strategic level, explain US. Africa Command's mission and potentially mitigate possible Libyan obstruction of the Command's efforts on the continent.* » Tout en admettant dans son câble que le leader libyen est peu enclin à devenir un partisan de l'AFRICOM, Cretz insista pour que les États-Unis travaillent à obtenir un accord tacite de ce dernier, en le rassurant.

William Ward rencontre le colonel Kadhafi, alors président en exercice de l'UA, à Tripoli, dans l'après-midi du 21 mai. Il informe le leader libyen de la volonté des États-Unis de nouer une coopération dans les domaines de la formation, des échanges d'informations et de l'aide humanitaire entre l'UA et l'AFRICOM. Mais Kadhafi, fidèle à lui-même, lui fait savoir son opposition à la « militarisation américanisée » du continent africain via le commandement militaire américain. Pour le Guide, les Américains, qui prétendent investir militairement pour garantir la stabilité du continent noir, devraient plutôt renforcer « les mécanismes de sécurité de l'Union africaine pour qu'ils puissent assurer la sécurité sur le continent ». La question de l'influence chinoise en Afrique était également au menu des discussions. Le Guide libyen loua la présence chinoise, qualifiant cet engagement de « soft » par opposition à l'approche « hard » des États-Unis « qui ont tendance à placer des bases militaires comme par hasard aux alentours des zones riches en pétrole, notamment dans le golfe de Guinée » fait-il observer. Selon Kadhafi, « la Chine surpasse les États-Unis en Afrique parce qu'elle n'interfère pas dans les affaires intérieures des États. »

Une rencontre a par la suite lieu entre le général Ward et Moussa Koussa, qui a quitté la direction des services secrets pour prendre la tête de la diplomatie libyenne. Bien qu'il semble, contrairement aux Kadhafi, plus ouvert à l'idée d'implanter AFRICOM sur le continent, Koussa a dit à Ward que « la présence des forces américaines en Afrique pourrait être plus nuisible qu'utile[40] »...

Il faut dire que les responsables américains ont usé de tout leur savoir-faire en diplomatie pour faire accepter aux Libyens l'idée d'implanter AFRICOM sur le sol africain. Mais toutes ces initiatives se sont révélées vaines. Cette vive opposition des dirigeants libyens, combinée aux polémiques suscitées dans l'opinion africaine par l'annonce de la création de ce commandement, explique pourquoi AFRICOM, qui devait être établi en Allemagne pour une période transitoire d'un an, y est encore neuf ans après[41].

En contraignant ainsi les intérêts occidentaux, notamment américains, en Libye, mais aussi en Afrique, Kadhafi est donc redevenu une épine dans le pied des États-Unis. Dans les hautes sphères du pouvoir à Washington, ses prises de position et ses politiques sont jugées compromettantes et/ou menaçantes pour les intérêts de l'Empire. Pour les responsables américains, le colonel, qui est revenu dans les bonnes grâces des Occidentaux après avoir montré patte blanche et promis de se conformer à leurs désidératas, n'a jamais changé. Son discours anti-impérialiste incendiaire à la 64e Assemblée générale de l'ONU a fini de les convaincre qu'il est resté égal à lui-même. Leurs appréhensions se sont renforcées lorsqu'ils ont découvert que les Libyens aidaient apparemment les Iraniens à contourner les sanctions imposées par le Conseil de sécurité, en blanchissant pour eux, dans les banques libyennes, d'énormes sommes d'argent, contrevenant ainsi aux résolutions du Conseil[42].

Le leader libyen va donc passer de la colombe à courtiser au renard à éliminer. « Parfois nous devons forcer la main des pays qui ne feraient pas ce que nous voulons qu'ils fassent, en exerçant une pression économique, diplomatique et parfois militaire », expliqua Barack Obama sur la chaîne Vox News. L'intellectuel américain Noam Chomsky résume plus clairement la doctrine des États-Unis face à des gouvernements ne prenant pas en compte les intérêts vitaux des capitalistes américains : « Si un pays commence à prêter attention à sa propre population, il ne va pas prêter une attention convenable aux besoins primordiaux des investisseurs américains. Ces priorités-là sont inacceptables, donc ce gouvernement va simplement devoir disparaître[43]. » C'est ainsi que Washington décida de « réactiver » son projet de « mise à l'écart » du colonel Kadhafi, qui, de toute évidence, a toujours figuré en bonne place sur le tableau de chasse de l'Empire.

Une lecture attentive des câbles diplomatiques et autres documents du régime américain suggère que dès 2008, Washington, profondément préoccupé par les prises de position du leader libyen à l'égard des intérêts économiques et stratégiques américains, tant en Libye que dans le reste du continent africain, a commencé à sérieusement envisager la mise à l'écart du colonel Kadhafi. Un télégramme daté du 13 juillet 2008 et classé « secret » relate une discussion entre l'ambassadeur Chris Stevens et un avocat de Tripoli proche de Chokri Ghanem dénommé Ibrahim el-Meyet (une source qu'il faut « absolument protéger » dit M. Stevens dans son câble), ancien haut fonctionnaire sous le régime monarchique. Selon l'ambassadeur américain, Ghanem, qui préside à ce moment la NOC, et Ibrahim el-Meyet sont arrivés à la conclusion qu'« il n'y aura pas de réelle réforme économique ou politique aussi longtemps que Kadhafi ne quittera pas la scène politique » et « cela n'arrivera pas tant qu'il sera vivant[44]. »

Dans ce contexte, les États-Unis continuèrent de collaborer avec le gouvernement libyen, tout en envisageant avec l'aile libérale — qui évolue comme Cheval de Troie de l'Empire au sein du régime — de celui-ci l'élimination du colonel Kadhafi. Autrement dit, le pouvoir Jamahiriyien sera déstabilisé de l'intérieur.

Été 2009, un membre de l'équipe devant préparer la visite du Guide aux États-Unis pour prendre part à la 64e Assemblée générale de l'ONU, est apostrophé par une employée du secrétariat du département d'État avec laquelle il avait sympathisé quelques mois auparavant. Celle-ci lui confie : « Il va y avoir des évènements chez vous. Les jours de Kadhafi sont comptés. Tu ferais mieux de te mettre à l'abri dans un autre pays[45] ». Pas de doute que le rouleau compresseur américain était à ce moment-là déjà en marche...

Les soulèvements populaires survenus en Tunisie et en Égypte vont de toute évidence offrir aux États-Unis et à leurs auxiliaires de l'OTAN l'occasion d'opérer un changement de régime en Libye. Grâce à une présence permanente et accrue en Libye depuis 2004 et au concours de Moussa Koussa, qui jouait, on l'a vu, le rôle d'agent double, la CIA et le MI6 n'eurent pas de difficultés à infiltrer efficacement le régime et à en déceler les forces et les faiblesses. Le retournement de veste rapide de Mahmoud Jibril[46], du ministre de la Justice Mustafa Abdeljalil — qui a ordonné, courant 2010, la libération de centaines d'islamistes des geôles libyennes, en prélude de l'insurrection qui se préparait en secret — et d'un certain nombre de responsables civils et militaires du gouvernement libyen, ainsi que la défection de Moussa Koussa — aussitôt pris en charge par les Britanniques qui le mettent à l'abri de toute poursuite judiciaire — dans les premières heures de l'insurrection, ne fut pas une simple coïncidence ou un hasard de l'histoire, mais l'enchaînement logique d'un plan mûrement planifié et froidement appliqué.

Selon le docteur Youssef Chakir, ancien opposant au Guide, les États-Unis et les pays européens ont toujours mené une guerre non déclarée contre le colonel Kadhafi et cette guerre secrète s'est poursuivie « même quand ils ont fait semblant de devenir amis avec la Libye, à compter du début des années 2000[47] ». L'ambassadeur américain, dit-il, continuait à avoir des contacts avec les opposants à travers la NED, qui sert de vitrine aux activités de la CIA...

• • •

Mais les Américains n'étaient pas les seuls à vouloir se débarrasser de M. Kadhafi. Le président français Nicolas Sarkozy avait des raisons personnelles d'intervenir en Libye au point de chercher à obtenir la liquidation physique du leader libyen. Ces raisons très personnelles tiennent, dit-on, au financement de la campagne présidentielle du Français par le Libyen en 2007 et surtout au non-respect des protocoles d'accords d'une dizaine de milliards d'euros conclus entre la France et la Libye suite à la libération des infirmières bulgares[a].

En effet, Sarkozy n'a pas digéré que le colonel Kadhafi n'honore pas ses promesses. Dans le lot des contrats promis en décembre 2007 lors de la visite du Guide à Paris figuraient des contrats d'armements. L'Élysée évoquait une négociation exclusive concernant 4,5 milliards d'euros. À l'époque, l'avionneur français Dassault, l'un des leaders de l'industrie aéronautique mondiale, espérait même vendre son invendable avion de chasse Rafale. Kadhafi était disposé à traiter avec les Français lorsque survint un incident pour le moins imprévu et soudain : deux ministres de Sarkozy, Bernard Kouchner et Rama Yade, critiquent vertement la visite du Guide et refusent même de lui serrer la main.

La venue du colonel mégalomane en France a en effet déclenché une vive polémique au sein de la classe politique, y compris au sein de la majorité. Alors que l'opposition fustige l'accueil réservé au « dictateur » par le président français « au nom de la realpolitik », la secrétaire d'État aux droits de l'homme, Rama Yade, se dit « dérangée » que Kadhafi arrive à Paris un jour de célébration des droits de l'homme, et réclame que cette visite soit l'occasion d'insister sur le respect de ces droits par la Libye. Des propos appuyés par le ministre des

---

[a] Voir chapitre VII. Aussi une certaine presse a voulu faire croire que le chef de l'État français voulait d'une certaine façon faire oublier son manque de lucidité et son inertie face aux situations tunisienne et égyptienne. Ce qui n'est du tout vrai, comme nous le démontrons dans le présent chapitre.

Affaires étrangères Bernard Kouchner. Réponse cinglante du Guide : « Avant de parler des droits de l'homme dans les autres pays, vérifiez que les immigrés chez vous en bénéficient ».

Le colonel Kadhafi est furieux. La fronde de Yade et de Kouchner a démoli sa confiance envers la France, explique Abou Samir[a], ancien militant nationaliste arabe converti dans les affaires et entretenant des rapports avec les deux responsables des services secrets libyens, Abdallah Senoussi et Moussa Koussa. Durant le séjour du Guide à Paris, Abou Samir rencontre deux hommes faisant partie de la délégation libyenne dans un restaurant parisien proche de la place de l'Étoile. Ceux-ci lui racontent les non-dits de la visite officielle du raïs libyen : il a été très révolté par l'attitude de deux ministres français à son égard. « Dans sa conception personnelle du pouvoir, Kadhafi ne pouvait comprendre que le chef Sarkozy ne contrôle pas ses ministres », rapporte Samir. Selon ses interlocuteurs libyens, le colonel, très remonté, aurait pesté : « Sarkozy est un Juif, il ne tient pas ses promesses ! » Et l'homme d'affaires d'ajouter : « À la fin de sa visite, Kadhafi, partant pour Madrid, avait déjà décidé de transformer sa poignée de main avec la France en bras d'honneur à Sarkozy[48]. »

Cela se manifeste immédiatement le lendemain à Madrid puisque le Guide, « furax et résolu à niquer Sarkozy » (selon les propos même de l'homme d'affaires arabe), promet aux entreprises espagnoles douze milliards de contrats de défense, d'énergie et d'infrastructures, alors qu'il en avait offert seulement dix milliards à la France.

Nicolas Sarkozy, qui ne réalise pas encore à quel point le colonel est déterminé à le « niquer », fait appel à lui pour mener à bien un projet qui lui tient à cœur : l'Union pour la Méditerranée (UMP). Mais là aussi, Kadhafi lui oppose une fin de non-recevoir. Le Guide décline sèchement l'invitation que lui fait parvenir Sarkozy par l'intermédiaire d'Alain Le Roy,

---

[a] Il s'agit d'un nom d'emprunt.

l'ambassadeur en charge du projet, pour assister au sommet de l'UMP prévu à Paris en juillet 2008. À la mi-juin de la même année, Kadhafi fait savoir haut et fort qu'il est opposé à ce projet tant souhaité par le chef de l'État français : « Nous sommes des pays membres de la Ligue arabe et de l'Union africaine et nous ne prendrons en aucun cas le risque de déchirer l'unité arabe ou africaine. Il faut que nos partenaires [européens] comprennent bien cela », a alors déclaré le Guide lors d'un mini-sommet arabe organisé à Tripoli.

Face à ce refus, Nicolas Sarkozy préfère temporiser. Puis survient, en décembre, l'opération « Plomb durci » lancée par l'armée israélienne dans la Bande de Gaza, où le chef de l'État français s'est retrouvé en porte-à-faux avec le Guide. Un certain froid s'est installé entre les deux hommes.

Mais les négociations commerciales ne sont pas pour autant terminées. Les Français ne désespèrent pas de vendre des Rafale et autres engins de la mort à la Libye. Les mois passent, mais les Libyens ne bougent toujours pas. À part l'achat de vingt et un Airbus commandés à EADS, rien. L'accord inter-gouvernemental de coopération nucléaire avec Areva, estimé à 2 milliards d'euros, est resté lettre morte. Seul un contrat de 300 millions d'euros pour le transport d'électricité a été signé. Une activité, aujourd'hui gérée par Alstom, qui a racheté avec Schneider la branche Transmission et Distribution (T&D) à Areva en 2010. Chez Veolia et chez Vinci, on assure que la venue du Guide libyen n'a permis la signature d'aucun contrat. Idem chez Dassault Aviation[49]. Au sujet de cette dernière, l'homme d'affaires et marchand d'armes Bernard Cheynel explique : « Jamais la Libye n'aurait acheté le Rafale ; il y avait des composantes américaines là-dedans et les Américains ne voulaient pas que le Rafale soit vendu à la Libye. Deuxième-ment, les Libyens avaient de bons rapports avec la Russie et les avions russes valent la moitié du prix du Rafale. Et les commis-sions sont de 12 %. Comment lutter ? » Puis l'homme d'affaires y va d'une explication assez surprenante : « Le Rafale, c'était du bidon. Moi, j'étais agent Dassault. Il fallait moderniser les avions libyens et c'est ce que j'ai fait pour Dassault. C'est le seul contrat qu'on a fait pour Dassault là-bas [en Libye]. Mais pendant ce temps, Sarkozy était là à l'Élysée disant qu'on va vendre le Rafale ; il faut le recevoir, on le fait visiter Versailles, la tente... tout ça n'était qu'un prétexte pour légitimer tout ce show lié à l'arrivée de Kadhafi à Paris. Ça faisait partie du show... à l'Américaine. Le Rafale ne se vendait pas dans le monde à l'époque. Et Sarkozy savait très bien qu'il n'allait pas se vendre. Je parlais avec les gens de Dassault, tout le monde le savait. » Et l'intermédiaire d'ajouter sourire aux lèvres : « Je vais vous dire un secret : je n'avais même pas de contrat avec Dassault pour le Rafale ; j'avais un contrat pour tout ce qui était Dassault, sauf le Rafale[50] »... Puis, il éclate de rire...

À Paris, c'est le temps de désillusion. En témoigne une réflexion sans nuance faite par Cyrille Rogeau, le sous-directeur du Quai d'Orsay chargé de l'Afrique du Nord, à la conseillère politique de l'ambassade américaine à Paris, Kathy Allegrone : « Nous parlons beaucoup avec les Libyens, mais nous avons commencé par voir que les actions ne suivent pas les mots en Libye. Les Libyens, ils parlent, ils parlent, mais ne nous achètent rien[51]. » M. Rogeau a fait savoir aux Américains que la France exprimait désormais « moins d'enthousiasme qu'avant » à l'égard de la Libye.

Le climat entre les parties libyenne et française s'est davantage dégradé lorsqu'un contrat, qui était en passe d'être conclu entre Total et la Libye pour l'exploitation du gisement de gaz libyen du bloc NC-7[52], s'est heurté à la dernière minute au veto du colonel Kadhafi, qui n'a pas du tout apprécié que le groupe pétrolier français ait invité clandestinement l'émirat du Qatar, grand allié et jumeau moyen-oriental de la France[53], à la table des négociations. Car malgré les bonnes relations qu'il entretient alors avec l'émir du Qatar, Hamad Ben Khalifa Al-Thani, le colonel Kadhafi, qui compte développer le potentiel gazier de son pays (1548 milliards de mètres cubes de réserves quasiment inexploitées) et conquérir de nouveaux marchés en vue d'en devenir l'un des principaux producteurs mondiaux, refuse en effet que l'émirat, qui possède la troisième réserve de gaz au monde (après la Russie et l'Iran), ait accès à son sous-sol riche en pétrole et en gaz. En 2007 déjà, il ne lui avait attribué aucune concession à la suite de la douzaine d'appels d'offres que la Libye avait lancés en vue de l'exploitation de certains gisements.

« La Libye était vue par le Qatar comme une base arrière. [Les Qataris] sont là-bas, isolés, avec l'Iran en face qui leur pose problème et dont ils pompent en réalité le gaz, puisqu'ils se partagent le même gros gisement dans le golfe Persique, le South Pars, le plus important au monde. Pour eux, c'était une solution stratégique », explique un ancien collaborateur de l'Élysée et de Matignon, fin connaisseur de la péninsule Arabique[54]. Or les Libyens décident de n'attribuer aucun gisement aux Qataris et leur préfèrent Shell, qui exploite déjà d'importantes concessions dans le golfe de Syrte.

C'est ainsi que le petit émirat, en quête de nouveaux marchés, prisonnier de sa situation géographique — coincé entre l'Iran et sa pire amie l'Arabie saoudite, qui l'empêche par tous les moyens de construire des pipelines — et dépendant des méthaniers et des routes maritimes pour exporter son gaz, décida d'évoluer à l'ombre de la France via Total, pour acquérir l'exploitation du gisement NC-7 situé à l'ouest de Tripoli, tout juste en face du gros marché européen. Mais pour les Libyens, il n'en était pas question.

Alors qu'à Doha on grince les dents, à Paris, on continue quand même de croire que les Libyens finiront par se procurer les armes françaises. Après tout, le colonel Kadhafi a toujours été un excellent client des industries françaises d'armement. Les négociations se donc poursuivies entre les deux parties.

Malgré l'optimisme français et les allées et venues de Claude Guéant en Libye, les choses n'évoluent toujours pas. Au mois d'août, des responsables de Dassault, Thales et du fabricant de missiles MBDA (filiale de BAE Systems), accompagnés par le général Benoit Puga, chef d'état-major particulier de Sarkozy, séjournent à Tripoli durant plus de deux semaines pour tenter de débloquer la situation en faveur des entreprises françaises. Rien n'y fait. Pire, les négociateurs français s'aperçoivent que les Libyens discutent en même temps avec les Russes pour l'acquisition des Sukhoï 35 Flanker Plus et des Mig-29 Fulcrum !

C'est un grand moment de frustration pour les Français : pas de contrats pour les entreprises d'armement et le deal avec Total pour l'exploitation du gisement NC-7 est au point mort. Pour Nicolas Sarkozy, la coupe est pleine. Il ne supporte plus ce drôle de personnage qui ne tient aucune promesse. Le ressentiment se mue en une haine démesurée. D'autant plus qu'il se raconte dans certains couloirs que le Guide, qui ne se tiendrait pas tranquille devant une belle créature féminine selon certaines langues, aurait adopté un comportement pour le moins déplacé envers la première dame Cecilia Sarkozy durant son passage à Tripoli pour tenter d'obtenir du leader libyen la libération des infirmières bulgares[55].

À l'Élysée, on décide en tout cas de changer les règles du jeu. La France continuera de négocier des contrats avec la Libye, tout en envisageant discrètement avec le Qatar — qui ne pardonne pas aux Libyens de lui avoir refusé l'accès à leur sous-sol — la chute du colonel Kadhafi.

Seconde moitié de l'année 2010, Français et Qataris sont à la manœuvre. Dès le mois de novembre, on l'a vu, une étrange délégation de fonctionnaires français composée de barbouzes de la DGSE se rend à Benghazi pour préparer le terrain. L'on signale au même moment des contacts fréquents entre Mahmoud Jibril, qui a effectué plusieurs voyages à Doha, et l'entourage de l'émir cheikh Hamad. Parallèlement à ces petites machinations, l'armée de l'air française annonce l'organisation conjointe avec la Royal Air Force d'étranges exercices militaires ayant comme nom de code *Southern Mistral*. Le scénario qui sert de trame à ces manœuvres consiste à apporter une réponse à une attaque visant les intérêts stratégiques français, décidée par le régime dictatorial au pouvoir à «Southland» (allusion à la Libye). Pour cela, et dans le cadre de l'accord bilatéral passé entre Paris et

Londres, des moyens aériens appartenant aux deux pays sont engagés[56]. Difficile de croire à ce moment précis que les préparatifs franco-anglo-qatari se déroulent à l'insu du « grand frère » américain qui envisage, lui aussi, de renverser le colonel Kadhafi...

Le 1er décembre, soit seize jours avant l'immolation du jeune Bouazizi, Michèle Alliot-Marie se rend en Libye et rencontre le premier ministre libyen. On parle encore une fois Rafale, Hélicoptères Eurocopter, missiles, système de surveillance des frontières, mise à niveau des chars T-72, etc., mais la guerre n'est plus loin. Février 2011, la fièvre du Printemps arabe gagne la Libye. La vitesse et l'énergie avec lesquelles Nicolas Sarkozy appelle à la guerre et au renversement du colonel Kadhafi surprend plusieurs, y compris au sein du pouvoir français. « On n'a jamais changé de pied aussi vite », commente un ambassadeur[57]...

« L'intervention en Libye est aussi une façon d'envoyer un message aux autres États-nations africains », fait observer Maximilian Forte[58], professeur d'anthropologie à l'Université Concordia (Canada). « S'ils se lancent dans un processus de défiance radical visant à une indépendance radicale dans un processus nationaliste et anti-impérialiste, il pourrait y avoir des conséquences qui ne sont plus de l'ordre de l'hypothèse. Cela revient à envoyer le signal clair aux États africains qu'il y a des limites dans lesquelles ils doivent opérer et qui ont été fixées par les opérations militaires américaines[59] ».

À l'évidence, ce qui a été célébré dans les capitales occidentales, le 20 octobre 2011, le jour de l'assassinat de Mouammar Kadhafi, ce n'est pas la fin d'une tyrannie, ni la libération d'un peuple assujetti, encore moins l'avènement d'une nouvelle démocratie, mais bien la mise en échec total d'une politique qui dérangeait tant le monde occidental... depuis près de quatre décennies. Comme pour rappeler aussi que l'amitié avec les puissances occidentales a toujours été pour le continent africain et surtout pour ses leaders les plus indépendants une amitié porteuse de tragédie...

Références

1 Maréchal Pierre Sylvain, *Dictionnaire d'amour*, Briand, 1788.

2 Rebel Griot, « La guerre de l'OTAN contre la Libye est une guerre contre le développement de l'Afrique », Le Grand Soir.info, (http://www.legrandsoir.info/la-guerre-de-l-otan-contre-la-libye-est-une-guerre-contre-le-developpement-de-l-afrique-countercurrents.html).

3 Xavier Yvon, « La Libye, eldorado des entreprises françaises ? », Europe 1.fr avec *AFP*, 6 septembre 2011 ; Cyrille Lachèvre, « Les patrons français en Libye pour de futurs contrats », *Le Figaro*, 12-10-2011.

4 Maryvonne LERAY, « Libye : fallait-il empêcher que prenne corps le rêve des États-Unis d'Afrique », (http://www.legrandsoir.info/Libye-fallait-il-empecher-que-prenne-corps-le-reve-des-Etats-Unis-d-Afrique.html).

5 Talbi Taieb, *La grande désillusion : l'argent des dictatures et des Printemps arabes*, Riveneuve Éd., 2015, pp. 94-95.

6 Yves Alexandre Chouala, « La Libye, l'Afrique et l'Europe. L'enjeu africain dans les déterminants de la politique libyenne de l'Europe » in Marouf Nadir (sous la direction), *Les identités régionales et la dialectique sud-sud en question*, Codesria, 2007, p.147.

7 *Ibid.*

8 Rapporté par Pondi Jean-Emmanuel, *Vie et mort de Mouammar Kadhafi*, Afric'Éveil, 2012, p. 43.

9 Alex Ndiaye, « Kadhafi était-il généreux avec ses homologues ? », Slateafrique.com, 03/05/2012.

10 Damome Etienne L., « Pourquoi beaucoup d'Africains soutiennent Kadhafi. », Outre-Terre 3/2011 (n° 29), pp. 123-133.

11 Thierry Meyssan, « La guerre contre la Libye est une catastrophe économique pour l'Afrique et l'Europe », entretien avec Mohammed Siala, Réseau Voltaire, 3 juillet 2011.

12 William Varner, "Libyan Rebel Council form Oil Company to replace Qadaffi's", Bloomberg Business, March 22, 2011 ; John Carney, "Libyan Rebels form their own Central Bank", CNBC, 23 March 2011.

13 John Carney, art.cité.

14 Hugh Roberts, « Who said Gaddafi had to go ? », *London Review of Books*, vol. 33 N° 22, 17 November 2011.

15 Brad Hoff, « Hillary Emails Reveal True Motive for Libya Intervention », *Foreign Policy Journal*, January 06, 2016.

[16] Jeune *Afrique/L'intelligent*, 16-22/1/2005 cité in Saïd Haddad, « Les implications internes de la normalisation libyenne », *L'Année du Maghreb*, II | 2007, 233-248.

[17] Abdelaziz Barrouhi, « Le Guide et les gourous », *Jeune Afrique*, 13 mars 2007.

[18] Rapport de la Banque africaine de développement (BAD), *Libye : défis d'après-guerre*, septembre 2011, p. 9.

[19] « Michael Porter on Libya's Potential », Bloomberg Business, February 23, 2007.

[20] 10TRIPOLI78, « Senior Libyan Justice Official : Less talk, more action », révélé par WikiLeaks.

[21] *Ibid.*

[22] Valentin Martin, « Du public au privé : le sort du pétrole libyen », Comité Valmy, 16 janvier 2013.

[23] BAD, *Libye : défis d'après-guerre, op.cit.*

[24] « Sous cette formule, les contrats sont accordés sur le principe d'enchères au plus offrant, au lieu de négociations à huis clos. Les compagnies internationales supportent tous les coûts d'exploration et d'expertise, ainsi que les dépenses de formation pour les travailleurs libyens, durant une période minimale d'exploration de cinq ans. Par la suite, les dépenses en capital pour le développement et l'exploitation, ainsi que les coûts de fonctionnement, sont supportés par la NOC et l'investisseur suivant l'accord préalable », Gawdat Bahgat du *Centre for Middle Eastern Studies Indiana University of Pennsylvania.*

[25] « Growth of resource nationalism in Libya », 07TRIPOLI967, 2007-11-15, 14:17. Publié par WikiLeaks.

[26] « Pétrole : Le colonel Kadhafi brandit la menace de nationalisation », *Les Afriques*, 27 janvier 2009.

[27] « Al-Qadhafi's feint : Libyan Oil nationalization unlikely », 09TRIPOLI71, 1/30/2009. Publié par WikiLeaks.

[28] Eric Lichtblau, David Rohde and James Risen, «Shady Dealings Helped Qaddafi Build Fortune and Regime", *New York Times*, March 24, 2011.

[29] « A commercial cautionary tale: Bechtel's bid for Sirte port project falls flat », 08TRIPOLI595, 7/23/2008 8:32. Publié par WikiLeaks.

[30] « Kadhafi a fait payer la facture à des Américains », *20 minutes* avec *AFP*, 24 mars 2011.

[31] In Peter Dale Scott, « La guerre en Libye, le pouvoir américain et le déclin du système des pétrodollars », Mondialisation.ca, 1ᵉʳ mai 2011.

[32] Alden Chris, Alves Ana Cristina, « La Chine et les ressources naturelles de l'Afrique », *Les Temps Modernes* 1/2010 (n° 657), pp. 28-51.

[33] F. William Engdahl, « La guerre de l'OTAN contre la Libye est dirigée vers la Chine », Mondialisation.ca, 27 septembre 2001. Dans leur rapport, le CF2R et le CIRET-AVT écrivent que « le but véritable de l'opération en Libye n'est pas seulement le pétrole ni la vengeance. C'est surtout la lutte contre la pénétration chinoise sur le continent noir où Pékin cherche à développer son accès aux ressources énergétiques... et Pékin perçoit désormais l'intervention de l'OTAN comme un acte hostile à son encontre. »

[34] « Assistant secretary Carson meets Oil companies in Lagos », LAGOS 000075 SIPDIS, 23 February 2010. Publié par WikiLeaks.

[35] Le Libéria et le Maroc se portèrent volontaires pour héberger le siège du commandement américain, mais le Pentagone rejeta leur offre. Dans le cas du Maroc, dont la position géographique est pourtant intéressante, Washington déclina l'offre parce que le royaume chérifien avait donné son aval en échange d'un soutien américain à son plan d'autonomie pour le Sahara occidental, alors que Washington ne reconnaît pas la souveraineté du royaume dans ce territoire en raison de la contestation du peuple sahraoui.

[36] In Nile Bowie, « L'AFRICOM des États-Unis et la militarisation du continent africain : Le combat contre l'implantation économique chinoise, Le Grand Soir.info, 31 mars 2012.

[37] Rebel Griot, art. cité.

[38] Philippe Randrianarimanana, « Les Russes veulent reconquérir l'Afrique », Slateafrique.com, 10/04/2011.

[39] Alexandre Cèdre, « Kadhafi à Moscou va discuter armement », *Le Figaro*, 01/11/2008 ; « La Libye "prête" à accueillir une base militaire russe », *Le Parisien*, 31 octobre 2008.

[40] « FM Kusa supportive of engagement with US. Africa Command », 09TRIPOLI415, 5/25/2009 13 :12. Publié par WikiLeaks.

[41] Alain Fogue Tedom, « Africom : le commandement militaire américain pour l'Afrique », Diploweb.com.
(http://www.diploweb.com/AFRICOM-Le-commandement-militaire.html).

[42] Eric Lichtblau, David Rohde and James Risen, « Shady Dealings Helped Qaddafi Build Fortune and Regime », art.cité.

[43] Chomsky Noam, *Comprendre le pouvoir*, Lux, 2008, p. 113.

44 « National Oil Corporation Chairman Shukri Ghanem may seek to resign soon », 08TRIPOLI564, 2008 July 13, 14:25. Publié par WikiLeaks.

45 Rapporté par Roumania Ougartchinska, *op.cit.*, p. 252.

46 Dix jours après le début des frappes de l'OTAN, le *New York Times*, s'appuyant sur des sources gouvernementales US, prophétisait que « si l'intervention américaine et occidentale renversait Kadhafi, Mahmoud Jibril pourrait alors être le leader de la nouvelle Libye. » C'est dire...

47 In Pour la peau de Kadhafi, *op.cit.*, p. 26.

48 *Les Inrockuptibles*, 30 avril 2012.

49 Michel Veron, « Qu'a rapporté la visite de Kadhafi en France ? », *L'express* du 22 février 2011.

50 Entretien avec l'auteur.

51 Rapporté dans un câble (n°247804 du 8 févier 2010) diplomatique américain rédigé par Kathy Allegrone et divulgué par WikiLeaks.

52 Le bloc NC-7 appartenait à l'Époque à la North Global Oil And Gas Compagny, dont le patron est Ziad Takieddine, intermédiaire franco-libanais proche du clan Sarkozy et agissant au nom de la Libye.

53 Sur les liens entre la France et la Qatar, le lecteur pourra se référer à l'enquête de Vanessa Ratignier (avec Pierre Péan), *Une France sous influence : Quand le Qatar fait de notre pays son terrain de jeu*, Fayard, 2014.

54 In Ougartchinska Roumiana & Rosario Priore, *op.cit.*, p. 261.

55 Une source, qui a été pendant longtemps proche de Kadhafi, m'a confié que le Guide libyen aurait eu ou tenté d'avoir, d'après elle, des rapports « intimes » avec Cécilia Sarkozy. « J'ai demandé au Guide pourquoi avait-il pris un si grand risque... Beaucoup de gens dans son entourage connaissaient cette affaire ou en tout cas en ont entendu parler » m'a-t-elle confié. Dans son livre *Les coulisses de la diplomatie française* (2015), Xavier Panon rapporte les propos d'un diplomate français qui croit savoir « qu'il y a eu quelque chose » entre le Libyen et la Française.

56 Laurent Lagneau, « Southern Mistral sur la France », www.Opex360.com, 16 mars 2011.

57 Rapporté par Panon Xavier, *Dans les coulisses de la diplomatie française : De Sarkozy à Hollande*, L'Archipel, 2015, p. 126.

58 Fort Maximilian, *Slouching Towards Sirte : NATO's War on Libya and Africa*, Baraka Books, 2012.

59 In « Guerre de l'ombre au Sahara ». Un film de Roberto Coen et Eric Nadler, monté par Jean-Baptiste Morin. Une coproduction Crescendo Films, Transformer Films et ARTE.

ÉPILOGUE
De la Jamahiriya arabe libyenne
à la « merveilleuse » Libye de l'OTAN

> *« Partout où les Occidentaux dé-*
> *barquent pour répandre la démo-*
> *cratie, les catastrophes suivent. »*
> **Emir Kusturica**

« Vous avez voulu la paix, vous avez voulu la liberté, vous voulez le progrès économique. La France, la Grande-Bretagne, l'Europe seront toujours aux côtés du peuple libyen. » Le 15 septembre 2011, c'est en ces termes que Nicolas Sarkozy saluait à Benghazi, dans l'euphorie de la victoire, l'avènement d'une « nouvelle Libye », au lendemain des bombardements de l'OTAN. Cinq ans et des dizaines de milliers de morts plus tard, rien ne se passe comme prévu.

Si l'objectif militaire a été atteint, la paix, la liberté ainsi que la démocratie censées être l'aboutissement de la guerre, se font toujours attendre. Les rares structures politico-administratives mises en place après la mort de Kadhafi se sont rapidement effondrées. Pire encore, fait observer le journaliste Jean-Loup Izambert[1], à cause de l'OTAN, les Libyens seront des milliers à mourir lentement, mais ils ne le savent pas encore. « Morts une première fois pour avoir eu le malheur de se trouver à proximité de l'explosion provoquée par une arme à uranium appauvri et d'avoir été blessés par un éclat ; morts une deuxième fois pour avoir simplement respiré sans le savoir les microparticules d'uranium volatilisées dans l'air sur des centaines de kilomètres autour du lieu de l'impact ; morts une troisième fois pour risquer de devenir le père ou la mère d'un enfant mal formé, sans bras, sans jambes, avec un seul œil sur le front, un petit corps et une tête énorme, et condamné à souffrir le martyre ou mourir. D'ici peu, on leur découvrira des cancers de toutes sortes, des maladies endocriniennes et génétiques, des handicaps, des morts lentes dans la souffrance et l'horreur ».

Près de cinq ans après l'assassinat de Mouammar Kadhafi, l'ancienne Jamahiriya arabe libyenne, rebaptisée depuis 2013 « État de Libye », continue de se chercher un destin politique. Le tribalisme et le communautarisme l'emportent sur le patriotisme, la terreur frappe : une pléthore de *Katiba* et de milices considérablement armées fait régner la loi du plus fort hors de tout contrôle[2]. Le nettoyage ethnique est monnaie courante…

En effet, dans cette « nouvelle Libye » démocratisée par les bombes de l'OTAN, il n'est pas bon d'avoir la peau foncée. Des centaines de civils innocents ont été tués ou torturés en raison de leur couleur de peau, sans que cela ne puisse émouvoir outre mesure les « grands démocrates » de l'Alliance et leurs médias. « On tue des Noirs, on égorge des Noirs, on accuse les Noirs d'être des mercenaires. Vous trouvez ça normal qu'un pays qui compte un tiers de Noirs confonde Noirs et mercenaires ? » a tonitrué Jean Ping, lors d'une conférence de presse[3]. Les Libyens noirs de Tawergha (sud de Misrata), descendants d'esclaves, ont été dépossédés de facto de leur citoyenneté et vivent depuis la chute du Guide la peur au ventre, retranchés dans des habitations de fortune[4].

La Libye n'en finit plus de s'enfoncer dans le chaos. L'enlèvement du premier ministre Ali Zeidan pendant plusieurs heures à Tripoli, le 10 octobre 2013, est un triste exemple du climat chaotique qui règne dans le pays. Les dirigeants de la première heure du CNT ont pris la poudre d'escampette, se réfugiant pour la plupart à l'étranger. Même le premier ministre Abdallah al-Thinni, qui a succédé à Zeidan, n'a pas échappé aux menaces. Le 26 mai 2015, il a échappé in extremis à une tentative d'assassinat alors qu'il quittait le parlement, et sa famille a dû être exfiltrée du pays après avoir reçu plusieurs menaces.

Dans cette Libye version OTAN, des activistes et militants des droits de l'homme sont régulièrement intimidés, menacés, voire assassinés. C'est notamment le cas du célèbre leader laïque Abdessalem al-Mesmari et de l'avocate féministe et militante des droits de l'homme, Salwa Bougaighis, 51 ans, l'une des rares femmes appartenant au CNT, tuée par balles chez elle à Benghazi par des hommes encagoulés. Les Libyens ont dénombré à la mi-juin 2014 plus de 500 assassinats.

L'adoption sous la pression des milices lourdement armées liées aux Frères musulmans d'une loi dite d'«isolation politique», qui prétend nettoyer la Libye de ses vestiges, en bannissant de la vie politique quiconque ayant occupé de hautes fonctions durant les années Kadhafi (y compris ceux qui ont rejoint la rébellion), est venue mettre de l'huile sur le feu, avant d'être abrogée par le parlement. Ce qui n'a pu stopper le cycle de violence. Une mission de l'OTAN s'étant rendue dans le pays parle d'un État failli[5]...

Un pays ruiné en lieu et place de l'idéal démocratique occidentale. C'est le visage de la « nouvelle Libye », de la « Libye libre ». On est passé de la Jamahiriya arabe libyenne à la « démocratie du chaos » de l'OTAN. Si vous avez aimé Bagdad, Mossoul et Kaboul, vous allez sûrement adorer Tripoli, Benghazi, ainsi que d'autres villes libyennes où règne le nouvel ordre otanien.

Les meurtres et les attentats sont monnaie courante, contraignant des centaines de milliers de Libyens à trouver refuge dans d'autres villes ou dans les pays voisins. En janvier 2014, l'ONU a recensé 3,3 millions de réfugiés libyens et selon le Haut-commissariat des Nations unies pour les réfugiés (HCR), le nombre de personnes déplacées à l'interne a presque doublé depuis septembre 2014, passant de 230 000 personnes à plus de 434 000, dans un contexte général d'insécurité où les enlèvements, les attentats ainsi que l'escalade des combats se succèdent dans tout le pays[6]. Même le consulat des « libérateurs » américains à Benghazi a été la cible d'une attaque à l'arme lourde qui a coûté la vie à l'ambassadeur Christopher Stevens. Il aurait été torturé puis sodomisé avant d'être assassiné.

Les violences et l'insécurité persistante ont poussé la plupart des pays occidentaux — si pas tous — à évacuer leurs ressortissants et à fermer leurs représentations diplomatiques.

Tout le monde s'en va, y compris l'ONU et bon nombre d'ONG, aggravant ainsi l'isolement du pays, qui est passé de terre d'accueil pour des millions de migrants à pays de départ d'une migration incontrôlée et incontrôlable vers l'Europe. Plus d'un million de migrants sont arrivés en Europe en 2015, au terme de périples périlleux. L'opération de sauvetage à grande échelle de l'UE baptisée Mare-Nostrum a secouru près de 100 000 embarcations de fortune en Méditerranée. Malgré les efforts déployés, au moins 3000 migrants libyens ont péri en mer[7]. Le trafic de drogue a explosé, faisant de l'ex-Jamahiriya un pays de transit de la drogue, essentiellement à destination de l'Europe...

Les milices triomphent de l'État et nombre d'entre elles ont décliné les offres visant à les intégrer dans une armée nationale. Les autorités sont donc obligées de s'appuyer sur des milices qui leur sont loyales par moments, mais qui se retournent contre elles lorsque leurs intérêts sont menacés. Les bandes armées rivales s'affrontent régulièrement pour le contrôle des points stratégiques. Mais le plus inquiétant est la « djihadisation » du pays.

L'ancienne Jamahiriya est en effet devenue le nouvel eldorado des groupes intégristes islamistes. Dès le lendemain de la chute de Kadhafi, Al-Qaïda en a profité pour hisser son drapeau au-dessus du palais de justice de Benghazi[8]. AQMI se promène dans le grand sud où prospère un djihadisme mercantile au vu et su de tous. Les islamistes d'Ansar al-Sharia se sont implantés à Benghazi et Derna, tandis que le groupe État islamique (EI ou Daesh), malmené en Syrie et en Irak depuis le début des frappes russes, a profité de l'insécurité permanente dans le pays pour s'y implanter, menaçant aujourd'hui son patrimoine culturel.

En 2015, l'EI a multiplié les actions violentes (attaque de l'hôtel Corinthia à Tripoli, décapitation de 21 chrétiens égyptiens…) et s'est emparé de plusieurs villes, notamment Syrte. Il contrôlerait désormais 1/5 du pays, soit 20 à 23 % du territoire, y compris plusieurs infrastructures de premier plan : ports, aéroports, centrales électriques, raffineries... Un rapport des experts du comité onusien des sanctions contre Al-Qaïda évalue le nombre de combattants d'EI entre 2 000 et 3 000, dont 1.500 à Syrte[9]. Des responsables américains affirment pour leur part que ce nombre a doublé pour atteindre 5 voire 8000 combattants.

Devenue donc le fief des islamistes radicaux, la « Libye otanienne » exporte désormais son « savoir-faire » en matière de djihadisme, devenant ainsi un facteur d'insécurité, pour ne pas dire une source déstabilisation pour l'ensemble de la région sahélo-saharienne, mais aussi du Maghreb. En témoignent l'insécurité récurrente dans le Sahel et la crise profonde qu'a connue le Mali. Le pays est également devenu une base d'entraînement des djihadistes en partance pour l'Europe — située à quelques dizaines de kilomètres des côtes libyennes — et le Proche-Orient.

En outre, la « Libye libérée » s'est transformée en un laboratoire où se préparent les cauchemars de demain dans plusieurs régions du monde. Elle est devenue exportatrice d'armes et de chaos vers le Maghreb — les sanglantes attaques djihadistes de Ben Guerdane, ville située à seulement 32 km de la frontière libyenne, constituent un spectaculaire débordement du chaos libyen dans cette région limitrophe du Sud-est tunisien —, le Sinaï, le Mali et la Syrie[a]. Selon les Nations unies, elle est la principale pourvoyeuse d'armes et de terroristes vers les pays limitrophes ou le Moyen-Orient déstabilisé. Les armes libyennes se retrouvent désormais dans la Bande de Gaza et dans une dizaine d'autres pays de la région... Un rapport des

---

[a] Voir Annexe 22.

renseignements italiens transmis au Parlement italien souligne que la Libye constitue « un facteur de perturbation de toute la région de la Méditerranée et une plate-forme potentielle pour le déclenchement d'activités terroristes contre les sites de fourniture de l'énergie[10] ».

Ce chaos, Kadhafi l'avait pourtant prédit alors que la guerre civile libyenne en était encore à son tout début. « Je veux bien me faire comprendre : si on menace, si on déstabilise, on ira à la confusion, à Ben Laden, à des groupuscules armés. Voilà ce qui va arriver. Vous aurez l'immigration, des milliers de gens qui iront envahir l'Europe depuis la Libye. Et il n'y aura plus personne pour les arrêter » avait-il prophétisé. Et de prévenir : « Ils tourneront la Libye en un autre Afghanistan, une autre Somalie, un autre Irak... Vos femmes ne seront pas autorisées à sortir, ils vont transformer la Libye en un émirat islamique et l'Amérique bombardera le pays sous prétexte de lutter contre le terrorisme ».

Des propos prémonitoires d'une rare lucidité puisque les prédictions de l'ancien Guide se sont en effet réalisées avec une précision étonnante : non seulement plus personne ne semble être en mesure de freiner les vagues migratoires en provenance de la Libye qui est engloutie dans un chaos et une guerre indescriptibles favorisés par la montée en puissance des forces ultra-réactionnaires à dominance intégriste, mais les forces occidentales ont décidé d'y intervenir au prétexte de stopper la poussée de l'État islamique. Paris, Londres, Washington et Rome ont lancé, depuis février 2016, une série d'opérations clandestines pour « enrayer » la montée en puissance du groupe terroriste[11]. Des appareils américains ont bombardé un camp d'entraînement de l'EI près de Sabratha, à l'ouest de Tripoli, tuant plusieurs dizaines de personnes. Et selon *Maghreb Confidentiel*, l'ex-Jamahiriya serait aujourd'hui quadrillée par des avions de la CIA[12]...

Il va sans dire que le leader libyen, décrit comme fou à l'époque par certains commentateurs occidentaux, était bien plus lucide que la plupart de ses détracteurs. Avec le recul, on est obligé de reconnaître qu'il avait vu juste. L'Histoire lui a donné raison. De tous les pays qui ont connu le Printemps arabe, aucun n'a connu un effondrement aussi spectaculaire de l'État et de l'autorité centrale comme la Libye. Plusieurs hypothèses s'affrontent sur le chaos actuel. Certains y voient la faillite de la stratégie des pays de l'OTAN qui se sont limités à renverser le « tyran » mégalomane, sans prévoir les conséquences possibles de l'intervention militaire et sans en assurer le service « après-libération » après la mort de celui-ci ; d'autres par ailleurs estiment que le chambardement actuel s'inscrit dans un processus géostratégique plus large visant l'affaiblissement voire l'éclatement de la défunte Jamahiriya en de micro-États, comme le préconisaient le stratège israélien Oded Yinon dans son plan, en 1982, ainsi que les stratégistes néoconservateurs américains, toujours à l'aise dans le chaos, dans le cadre de leur théorie du « chaos créateur » devant déboucher sur un remodelage en profondeur du « Moyen-Orient élargi ». De manière plus globale, on peut dire que le chaos libyen comporte sa propre logique et répond à la défense d'intérêts bien précis.

Les Libyens craignent de connaître une situation similaire à celle de la Somalie, qui est abandonnée à son triste sort depuis maintenant plus de vingt ans. La situation sécuritaire du pays s'est tellement dégradée que de plus en plus de voix appellent à une intervention de la communauté internationale.

Le 16 mai 2014, le général septuagénaire à la retraite, Khalifa Haftar, commandant suprême de l'autoproclamée Armée nationale libyenne (ANL), décide de lancer, à Benghazi, l'opération Al karama (Dignité) visant à « débarrasser » le pays des islamistes et de leurs alliés. Il va se heurter à la coalition Fajr Libya (Aube de la Libye) composée des Katiba de Misrata, de groupes islamistes issus de Tripoli, Benghazi, Koufra, ainsi que des djihadistes du groupe Ansar al-Charia, partisan d'un État islamique, des anciens du GICL proches d'Abdelhakim Belhadj et des Frères musulmans. L'opération militaire, qui s'est prolongée dans la capitale Tripoli avant de s'étendre à Derna, a donné lieu à de violents affrontements à l'arme lourde. Les États-Unis et les autres puissances occidentales, tout en affichant une certaine distance à l'égard du général Haftar, se sont refusés à critiquer son action et ont appelé les parties en conflit à la retenue.

Les violences n'ont pas épargné les civils ni les infrastructures. Les forces de l'ANL tout comme celles de ses adversaires sont accusées de ne pas faire de discernement dans l'utilisation de la force. Dans son rapport 2014-2015, Amnesty International souligne que « les parties en présence ont été responsables d'attaques menées sans discrimination qui ont fait des centaines de victimes civiles et endommagé des infrastructures et des bâtiments civils, notamment des hôpitaux, des logements, des mosquées, des commerces, des fermes, des centrales électriques, des aéroports, des routes et un important site de stockage de carburant ». L'ONG ajoute qu'à « [...] quelques exceptions près, les milices, les unités de l'armée et les groupes armés ont fait preuve de mépris pour la vie des civils et pour les infrastructures et biens civils, et n'ont pas pris les précautions nécessaires pour éviter ou réduire au minimum le nombre de pertes civiles et les dommages aux structures civiles. Les violents affrontements dans les zones résidentielles ont provoqué une interruption des services médicaux, en particulier à Warchafana et à Benghazi, où les patients ont dû être évacués des hôpitaux. Des pénuries de carburant, d'électricité, de nourriture et de médicaments ont été signalées dans toute la Libye[13] ».

Près de 395 000 personnes ont été déplacées à l'intérieur du pays à cause du conflit entre mi-mai et mi-novembre, estime le HCR. Et selon l'ONG Libya Body Count, les combats auraient fait plus de 1 720 morts dans la seule capitale de la Cyrénaïque, enfonçant un peu plus le pays dans la guerre civile.

Ce climat de violence et de non-droit se double désormais d'un chaos institutionnel qui n'est pas prêt de se résoudre : à la fin de l'été 2014, deux gouvernements et deux organes législatifs s'affrontaient et se disputaient la légitimité. Il y a le gouvernement élu de Tobrouk reconnu par la majeure partie de la communauté internationale, qui a fait du général Haftar son chef d'état-major (l'ANL devenant ainsi son bras militaire), et l'alliance Fajr Libya. Le premier a été contraint de s'exiler à l'extrême-est du pays après que Fajr Libya se soit emparée de la capitale, en août, à la suite de violents combats, tandis que leurs rivaux, non reconnus à l'international, mais qui contrôlent la majeure partie du territoire, formaient un gouvernement parallèle à Tripoli. L'ONU est intervenue pour trouver une issue à la crise et après plusieurs mois de tractations ardues dans la ville marocaine de Skherat, les factions rivales ont signé un accord de paix sous l'égide du chef de la MANUL[a] Martin Kobler et des pays voisins, le 14 décembre 2015. Censé sortir la Libye de la crise et du chaos qui en résulte, il prévoit la formation d'un gouvernement d'union nationale autour d'une personnalité indépendante des deux assemblées ennemies. L'homme d'affaires Fayez el-Sarraj, quasi inconnu dans le pays, a été désigné pour diriger ce gouvernement de réconciliation, qui, en vertu de l'accord de Skherat, doit obtenir un vote de confiance de la part du Parlement de Tobrouk pour entrer en fonction.

Or, à peine signé que le texte parrainé par l'ONU s'est heurté aux « durs » de Tobrouk comme de Tripoli. Le 25 janvier 2016, l'Assemblée de Tobrouk refuse d'accorder sa confiance au nouveau gouvernement, à cause du nombre des ministres jugé trop important, une trentaine au total — il ne pourrait s'agir que d'un prétexte quand on sait que le président du parlement reconnu (Tobrouk), Aguila Saleh, avait déjà exprimé son rejet de l'accord de Skherat. Pour l'ONU, qui a fait des pieds et des mains afin de convaincre les deux parlements rivaux d'adouber le gouvernement d'union, c'est un camouflet sévère. Ce vote a porté un coup dur aux espoirs d'une entrée de la Libye sur le chemin de la réconciliation et de l'unité.

---

[a] Mission d'appui des Nations unies en Libye.

Quant à Sarraj, il a présenté sa démission ainsi que celle de son gouvernement, avant de revenir sur sa décision et proposer deux semaines plus tard un nouveau gouvernement de dix-huit membres complètement noyauté par les Frères musulmans et les milices de Misrata[14]. Mais certains élus de Tobrouk, qui lui sont hostiles et voient d'un mauvais œil le noyautage quasi total des nouvelles autorités par leurs adversaires, ont usé de manœuvres dilatoires pour retarder le vote de confiance qui devait avaliser le gouvernement d'union nouvellement formé, bloquant ainsi, en théorie, son entrée en fonction. Pendant des semaines, le gouvernement de M. Sarraj, faute de légitimité à l'interne et ne disposant pas d'ancrage territorial, va élire domicile à Tunis…

Mais le 12 mars, le Conseil présidentiel, l'instance dirigeante de ce gouvernement, décide de faire du forcing en s'autoproclamant la seule autorité légitime de Libye. Il justifie sa légitimité en s'appuyant sur une pétition signée par une centaine de députés de l'Assemblée de Tobrouk. Bien qu'il jouit du soutien de l'ONU, des États-Unis et de l'UE, la légitimité de ce gouvernement, en l'absence d'un vote de confiance officiel, demeure sujette à caution. L'envoyé spécial de l'ONU en Libye, Martin Kobler, a dû négocier avec l'ex-chef de guerre Abdelhakim Belhadj et d'autres chefs de milices pour faciliter l'installation du gouvernement Sarraj à Tripoli. Ce qui a accru les tensions tant à Tripoli même — Nouri Abou Sahmein, le président de l'Assemblée de Tripoli, refusant de laisser sa place — qu'à l'Est du pays, en Cyrénaïque, où l'on menace de faire sécession. Le risque de fragmentation territoriale est de plus en plus grand…

L'ex-Jamahiriya arabe libyenne se retrouve donc de facto avec trois autorités portant des dénominations différentes : le « Gouvernement libyen provisoire » basé à Tobrouk, le « Gouvernement du congrès général national » basé à Tripoli et le « Gouvernement d'union nationale » (GNA) qui est lui aussi installé en Tripolitaine, mais peine toujours à asseoir son autorité à l'échelle de tout le pays, notamment en raison de l'opposition des deux gouvernements précités. Long et tortueux est le chemin qui mène à la réconciliation et à l'unité des Libyens !

À cette dimension locale du conflit s'en ajoute une autre, régionale pour ne pas simplement dire internationale. En effet, la Libye post-Kadhafi est aussi le théâtre des rivalités entre, d'une part l'Arabie saoudite, les Émirats arabes unis et l'Égypte, tous bienveillants à l'égard du gouvernement de Tobrouk, et d'autre part le tandem Qatar, Soudan et Turquie — qui a pourtant officiellement reconnu le Parlement de Tobrouk — accusé de soutenir les islamistes et les Frères musulmans, et par extension leur allié du GNA qui jouit en même temps du soutien des puissances occidentales, États-Unis en tête.

Washington, particulièrement, avait décidé, dès le début du Printemps arabe, de miser sur les islamistes[15] ; retirer son soutien aux régimes laïques autoritaires de la région MENA au profit des mouvements politiques se réclamant d'un Islam « modéré ». En fait, la stratégie de l'Empire, depuis 2007, a consisté à confier la gestion de l'Islam politique aux Frères musulmans, la seule force organisée, afin que ceux-ci assument le rôle de chef de file du courant se réclamant de cet Islam « modéré ».

La victoire du parti Ennahda aux législatives en Tunisie et l'arrivée au pouvoir de Mohamed Morsi en Égypte étaient pleinement conformes aux désidératas américains. Cette stratégie de rapprochement avec les barbus ne date pas d'hier. « L'Occident a toujours cru pouvoir réduire ce monde arabe au rôle d'instrument géopolitique permettant de lui assurer l'approvisionnement en énergie à travers des régimes inféodés, fait observer le consultant franco-tunisien Taieb Talbi. Les organisations islamistes, même les plus radicales, sont entrées, elles aussi, dans cette stratégie, notamment en Afghanistan face à l'Union soviétique. C'est la fameuse doctrine "green blet" théorisée par Brzezinski, ancien conseiller de la Maison Blanche, autrement dit une ceinture religieuse constituée pour faire face à la menace communiste. Si vous y ajoutez la plus récente doctrine Bush des dominos démocratiques initiée en Irak, vous obtenez, sans ambiguïté possible, la situation actuelle dans le monde arabe. Un nouvel ordre islamique sur fond d'alibi démocratique, accompagné et encadré par l'Occident, dès lors qu'il ne porte pas atteinte à ses intérêts vitaux[16] ».

Cette stratégie a cependant montré ses limites, car en Tunisie et en Égypte, le pouvoir des Frères a fait long feu ; ils ont été éjectés, soit par le peuple, en ce qui concerne la Tunisie[17], ou encore par l'armée, comme en Égypte.

Mis à mal dans les deux pays précités, ayant échoué à prendre le pouvoir en Syrie par [USA-France-Qatar et] Turquie interposé grâce aux quadruples vétos sino-russes et plus tard à l'intervention de la Russie, les Frères jouent aujourd'hui leur survie en Libye, qui est l'un des derniers pays dans la région où ils demeurent une force politique organisée. Malgré la déroute électorale de leur branche politique, le Parti pour la justice et la construction (PJC), lors des législatives de juillet 2012, ils ont réussi, on l'a vu, à se mettre en bonne place dans le GNA avec la bénédiction des Nations unies et des puissances occidentales.

En fait, Washington et l'UE, tout en prétendant soutenir le GNA, ne verraient pas d'un mauvais œil une prise de pouvoir effective des Frères musulmans en Libye. Rappelons d'ailleurs à cet effet qu'en 2012, le directeur des relations publiques des Frères en Libye, Mohammad Gaair, avait été invité par des responsables américains, à Washington, pour participer à une conférence organisée par le think tank Carnegie Endowment for International Peace intitulée « Les islamistes au pouvoir ». Quelque temps après, le secrétaire d'État adjoint William Burns et l'ambassadeur Christopher Steven rencontraient Mohammad Sawan, le leader des Frères qui dirige le PJC, pour lui assurer du soutien américain[18]. Le Libyen a également reçu dans son bureau de Tripoli les ambassadeurs des États-Unis, du Royaume-Uni, de la France et de l'Italie, venus « se familiariser avec la position du Parti sur les évènements en Libye »...

Le moins qu'on puisse dire, c'est que les Frères sont, jusqu'à preuve du contraire, en bonne posture en Libye. Les récentes interventions militaires occidentales dans le pays jettent cependant un écran de fumée sur les objectifs poursuivis par les puissances occidentales qui les soutiennent et qui sont engagées dans la croisade destinée à enrayer la montée en puissance du groupe État islamique. Tenez. Paris, qui reconnaît le GNA, apporte un soutien militaire déterminant à l'ANL du général Kalifa Haftar qui combat les Frères musulmans et les islamistes d'obédiences diverses intimement liés à ce même gouvernement d'union nationale. Trois agents du Service Action de la DGSE déployés discrètement en Libye afin d'appuyer le général septuagénaire ont été tués lorsqu'un missile sol-air et des tirs d'armes lourdes ont touché l'hélicoptère dans lequel ils se trouvaient[19]. De leur côté, les États-Unis, tout en soutenant tacitement Haftar, ont mené, le 1er août, des frappes contre les positions de l'État islamique à Syrte[20], en soutien — curieuse ironie du sort — à l'offensive lancée depuis le 12 mai contre l'EI par une coalition de brigades et de milices de la Tripolitaine affiliée... au GNA !

Pour être plus clair, Paris reconnaît le GNA, tout en soutenant militairement Kalifa Haftar resté loyal aux autorités parallèles — donc ses adversaires — qui siègent dans l'Est du pays (Tobrouk); tandis que les États-Unis, alliés de la France, soutiennent Haftar ainsi que les amis islamistes du GNA qui sont en guerre contre l'État islamique et... le gouvernement de Tobrouk. Et c'est sans compter avec les puissances régionales qui font la pluie et le beau temps, en soutenant les uns et les autres en fonction de leurs intérêts. Une dynamique de jeu d'alliances qui illustre, à elle seule, l'embrouillamini entourant la crise libyenne et la détermination des puissances occidentales à être les seuls maîtres du jeu libyen à tous les niveaux.

Cette irruption d'agendas extérieurs dans une donne libyenne extrêmement volatile éloigne toute perspective de paix dans un avenir proche. Selon les experts de l'International Crisis Group (ICG), « il est peu probable qu'un agenda commun régional voit le jour », car toutes les puissances régionales ont des alliés traditionnels en Libye, qui à la fois les manipulent et sont les relais de leurs intérêts économiques, politiques et sécuritaires, qui se recoupent, mais ne se rejoignent pas toujours[21]. Et quand on ajoute à cette donne compliquée le fait que les puissances occidentales engagées en Libye se révèlent être également les alliés des puissances régionales opposées dans ce même pays, on se retrouve devant un imbroglio géopolitique s'apparentant à une combinaison d'équations mathématiques à plusieurs inconnues.

Au moment où nous achevons l'écriture de cet ouvrage, la situation politique est toujours dans l'impasse. Malgré les pressions des Nations unies et de l'Occident, les autorités non reconnues de Tripoli et le Parlement de Tobrouk restent opposés au GNA[22]. Les appels au départ du premier ministre Fayez el-Sarraj se multiplient...

En raison de l'imbroglio politique et du néant institutionnel et sécuritaire qui en résulte, l'économie libyenne, fortement en crise, reste suspendue à la mise en place d'un gouvernement accepté par tous. Les entreprises occidentales, qui n'avaient pas attendu la fin des hostilités [en 2011] pour commencer à rôder comme des vautours sur un pays que leurs gouvernements ont mis à genoux dans l'espoir de le reconstruire à coups de milliards de pétrodollars dérobés à même les fonds libyens placés dans les banques occidentales, rechignent à revenir, retardant ainsi la reconstruction du pays dont les infrastructures déjà vétustes ont été affectées par la guerre, en 2011. Plus de 200 milliards de dollars sont en jeu[23]. Les ruines économiques et sociales de la « Libye libérée » constituent des opportunités économiques considérables pour des nations occidentales en crise, rêvant de faire bénéficier à leurs entreprises et au 1 % qui les dirige les retombées des guerres impériales qu'elles mènent au nom de la démocratie et des droits de l'homme.

Pour l'heure, la situation économique du pays, fortement dépendante du secteur des hydrocarbures, subit les contrecoups de la crise. Du fait de l'insécurité et de l'instabilité politique, la production pétrolière oscille aujourd'hui entre 250 000 et 500 000 barils/jour, contre 1,6 million b/j entre

2004 et 2010, avec des niveaux historiquement bas en 2011et un potentiel de 3 millions de b/j.

L'or noir, âprement disputé, est l'un des enjeux majeurs du conflit fratricide qui détruit la Libye. De part et d'autre, on n'hésite pas à détruire des infrastructures pour priver l'ennemi des revenus du pétrole. La section libyenne de Daesh a mené plusieurs attaques contre des installations pétrolières contrôlées par le gouvernement reconnu autour de la ville d'al-Sedra et à Ras Lanouf. Le groupe contrôlerait aujourd'hui quelques puits dans le pays. La production pétrolière ne devrait pas excéder 500 mille b/j compte tenu des dégâts engendrés sur les infrastructures pétrolières.

Selon certains observateurs avisés, certaines sociétés occidentales traiteraient en sous-mains avec Daesh et les milices, qui leur revendraient via une « mafia d'intermédiaires » des barils de pétrole à des prix trois à quatre fois moins élevés que le tarif officiel en vigueur. Un peu à l'image de ce qui se passe en Syrie, où tout le monde (Russie et Syrie) accuse tout le monde (Turquie et Occident) de traiter avec l'État islamique en sous-mains pour atteindre d'inavouables desseins économico-stratégiques.

Il va sans dire que le chaos dans l'ex-Jamahiriya serait ainsi propice aux bonnes affaires. L'absence d'un État exerçant une autorité réelle sur toute l'étendue du territoire, la situation de guerre et l'instabilité politique créent une opportunité de prédation à grande échelle qui transforme le pays en un espace économique de libre-service où se croisent les réseaux les plus divers et les hommes d'affaires de tous horizons pour l'exploiter.

Les espoirs d'un essor économique et d'une transition démocratique paisible s'évanouissent au jour le jour dans ce riche pays pétrolier, où les combats détruisent quotidiennement ce qui reste d'infrastructures déjà vétustes. La dégringolade des cours mondiaux du brut combinée aux perturbations que connaît la production pétrogazière pourrait sérieusement aggraver le déficit commercial, qui pourrait ainsi atteindre, selon le FMI, jusqu'à 37,1 % du PIB.

Pire, on assiste depuis l'été 2014 à la scission des plus importantes institutions économiques libyennes. En effet, le pays compte désormais deux Banques centrales (à Tripoli et à Tobrouk), dont l'une (celle de l'Est libyen qui n'est pas reconnue), en pleine crise des liquidités, a décidé d'imprimer ses propres dinars libyens; deux Libyan Investment Authority (l'une basée à Malte et l'autre dans différentes succursales à Tripoli, Misrata, Benghazi, Bayda) et deux National Oil Corporation (à Tripoli et à Benghazi) qui s'opposent principalement pour le contrôle des recettes pétrolières. Le cafouillage est total !

La vie de millions de Libyens est aujourd'hui bouleversée. Chaque jour est pire que le précédent. L'État (on se demande bien lequel ?), plombé par la crise pétrolière, n'arrive plus à verser les salaires à temps. Selon les données annoncées par le porte-parole du gouvernement provisoire de Tobrouk, au premier semestre 2015, le déficit pour les paiements des salaires des fonctionnaires s'élevait à 890 millions de dollars[24]. Phénomène inédit, l'État connaît des problèmes de trésorerie et doit désormais puiser dans les réserves souveraines pour financer son déficit. Des situations incomparables à l'époque de Mouammar Kadhafi. De nombreux Libyens avouent regretter le passé, l'époque du Guide, comme a pu le constater un journaliste d'Al-Jazeera[25]...

Avant la démocratisation chaotique de l'OTAN, en 2011, la Libye était engagée dans un processus de transformation socio-économique important. Un Plan d'investissement public (PIP) colossal pour la période 2008-12, mobilisant près de 270 milliards de dinars libyens [LYD] (soit 225 milliards de dollars) fut mis en place par l'État. Le PIP planifiait des dépenses annuelles de l'ordre de 50 milliards LYD (40 milliards de dollars). Pour les seules infrastructures, 140 milliards LYD (114 milliards dollars) avaient été mobilisés dans l'espoir de remédier aux déficits structurels du pays. C'est sans compter que depuis

1984, le projet de la Grande rivière artificielle — à l'époque, le projet le plus important au niveau mondial par son importance et son coût — a été lancé pour répondre à la pénurie d'eau sur les bords libyens de la Méditerranée et parvenir à l'autosuffisance alimentaire.

Selon l'édition 2009 du rapport mondial sur l'investissement de la CNUCED[a], les investissements directs étrangers vers la Libye ont quadruplé entre 2005 et 2008. Considérée à l'époque monarchique comme l'un des pays les plus pauvres du monde, la Jamahiriya se classera au 53e rang mondial pour l'indice de développement humain, devant la Russie, le Brésil, l'Ukraine et Venezuela. C'est le pays qui avait l'indice de développement humain le plus élevé du continent africain. Le PIB/hab était de 13 300 $, soit le 81e rang mondial, avant l'Argentine, l'Afrique du Sud et le Brésil. La Libye a également instauré un programme de prestation sociale lancé en mars 2008 par Mouammar Kadhafi lui-même. La même année, le Guide proposait de distribuer les revenus du pétrole directement et de façon égalitaire aux citoyens. Dans le rapport sur les Objectifs du millénaire pour le développement (OMD) 2010, la Jamahiriya fut félicitée pour les avancées réalisées dans l'exécution du plan mondial visant à réduire la pauvreté et à promouvoir les droits de la femme, l'égalité des sexes et l'autonomie des femmes. La même année, la croissance dépassait les 10 % et le PIB/hab augmentait de 8,5 %. Le 15 février 2011, alors que les émeutes débutaient à Benghazi, le FMI publia un rapport saluant « la forte performance macro-économique de la Libye[26] »...

Certes, le Guide libyen n'était pas un ange, encore moins un chevalier blanc des droits de l'homme. Il est clair que le peuple libyen était fondé à lui reprocher bien des choses. Il était sans conteste un autocrate. Mais, tout imparfait qu'il fût et quelle que soit l'appréciation négative que l'on peut porter sur la situa-

---

[a] Conférence des Nations unies sur le commerce et le développement.

tion de la population libyenne en ce qui concerne l'exercice des libertés individuelles et collectives sous son règne, la situation socio-économique de la Libye était exceptionnelle à l'échelle mondiale. Même si certains de ses proches se sont enrichis depuis son arrivée au pouvoir, Mouammar Kadhafi, très modeste, a réellement développé son pays, à la différence de nombreux despotes africains et arabes soutenus par l'Occident. Le niveau de vie de la population libyenne n'avait rien à envier à celui des populations occidentales surendettées et ne sachant plus à quel saint se vouer.

La Jamahiriya était un état social où des biens publics étaient mis à la disposition de la population : l'électricité et l'eau à usage domestique étaient gratuites ; tout le monde avait accès à l'eau potable, ce qui n'est pas le cas aujourd'hui ; les banques libyennes accordaient des prêts sans intérêts ; les Libyens ne payaient pratiquement pas d'impôts et la TVA n'existait pas ; la dette publique représentait 3,3 % du PIB contre 84,5 % en France, 88,9 % aux États-Unis et 225,8 % au Japon ; le système public de santé, aux normes européennes, tout comme le système éducatif (le taux d'alphabétisation moyen était de 82,6 %) qui permettait aux meilleurs étudiants de poursuivre leurs études supérieures à l'étranger en bénéficiant d'une bourse du gouvernement, étaient gratuits ; il existait des endroits nommés « Jamaiya » où l'on vendait à moitié prix les produits d'alimentation pour toute famille nombreuse, sur présentation du livret de famille ; les voitures importées d'Asie et des États-Unis étaient vendues à prix d'usine ; le prix d'un litre d'essence coûtait à peine 8 centimes d'euros...

Combien de dirigeants occidentaux peuvent-ils se vanter d'avoir mis en place de telles mesures sociales en faveur de leurs populations ?

Les Libyens vivaient tellement bien sous Kadhafi que le nombre d'« immigrés économiques » libyens dans l'ensemble de l'Europe était infiniment plus faible que celui des immigrés algériens, tunisiens, marocains... À cet égard, le témoignage d'un ancien guide touristique libyen devenu demandeur d'asile en France après l'intervention de l'OTAN, Yacoub Salah, 27 ans, à un journaliste de L'*Humanité* venu s'enquérir de la condition des réfugiés installés au lycée Jean-Quarré, à Paris, est parlant : « La Libye était riche, plus riche que la France. En arrivant ici, je n'ai vu que la misère[27] »...

Sur la Jamahiriya arabe libyenne, le cartel médiatique occidental a isolé une partie importante de l'histoire, en occultant les grandes réalisations sociales du colonel Kadhafi dans son pays. Dans quasiment tous les reportages sur la Libye, aucune des réalisations susmentionnées n'est relevée. Les politiques et la médiasphère des pays du Nord ont passé sous silence toutes ces données extrêmement révélatrices sur la nature réelle de ce que fut véritablement la Libye sous la direction du Guide. Les populations occidentales n'en sauront rien. Elles ne sauront jamais que celui qui leur a été présenté par leurs dirigeants et médias comme un méchant dictateur dilapidant les deniers publics de son pays, était en réalité un dirigeant qui a énormément investi dans le bien-être de son peuple, contrairement à leur propre classe dirigeante qui parle pour les caméras et se fait le défenseur acharné, non pas du peuple, mais des intérêts de la superclasse des riches constituant ce que l'on nomme aujourd'hui « le 1 % ».

De fait, ceux qui en Occident critiquaient Kadhafi de s'enrichir sur le dos de son peuple sont ceux chez lesquels les grands patrons d'entreprises gagnent des salaires des centaines de fois supérieurs à ceux de leurs employés ; ceux qui disaient que Kadhafi n'administrait pas bien son pays sont ceux chez qui l'on retrouve un très grand nombre de pauvres et de personnes croupissant sous l'énorme poids des dettes (la soi-disant « classe moyenne ») ; ceux qui tournaient en dérision le modèle Jamahiriyien de « démocratie directe », le présentant comme une sorte de bizarrerie moyenâgeuse, sont ceux chez qui règne une forme de « démocratie bourgeoise » ayant le néolibéralisme comme matrice organisationnelle. Dans ce système, les pseudo-citoyens sont protégés de l'arbitraire de l'État et peuvent choisir leurs gouvernants parmi des individus issus ou dépendant de l'oligarchie. Comme le soulignent Alain Germain et Edmond-Henri Supernak, « le politique est devenu ce théâtre de marionnettes sur lequel les démocraties occidentales perdent une énergie considérable à espérer un changement, changement qui n'arrivera jamais. Et pour cause […] La majorité des citoyens ne s'est pas encore rendu compte qu'elle se trompait de cible. Les politiques ont beau changer au gré des élections, le financier reste[28]. »

Ceux qui ont accusé la Libye d'espionner son peuple à l'aide d'équipements fournis par la compagnie française Amesys sont ceux qui ont mis en place un vaste système d'espionnage du monde entier, y compris de leur propre peuple[29] ; ceux qui ont accusé Kadhafi de terrorisme sont ceux qui pratiquent le terrorisme d'État[30] et font couler de flots de sang dans des guerres mercantiles qui ont fait des millions de victimes innocentes à travers le monde ; ceux qui reprochent à Kadhafi de n'avoir rien fait pour sa population sont ceux qui ont complètement détruit la Libye, renvoyant le pays à l'âge de la pierre et privant ainsi le peuple libyen des infrastructures qui, hier encore, faisaient son bonheur.

En sept mois, les forces de l'OTAN ont en effet détruit ce que les Libyens ont mis quarante-deux longues années à bâtir au prix d'énormes sacrifices. La législation de la « Libye libérée » est fondée sur la charia, la loi islamique, suscitant l'inquiétude des femmes qui jouissaient de tous les droits sous le colonel Kadhafi et l'hypocrisie des « libérateurs » occidentaux. « Toute loi qui la violerait est légalement nulle et non avenue », avait alors prévenu le « très démocrate » président du CNT, Moustapha Abdeljalil. Plusieurs étudiants libyens à l'étranger sont dépourvus de bourse et menacés d'expulsion dans les universités, courant le risque de devenir des clandestins. Fin 2014, les Libyens devaient passer des heures à faire la queue pour obtenir quelques litres d'essence à des tarifs élevés (environ 1,5 euro) qui peuvent doubler sur le marché noir, notamment parce que des raffineries ont été détruites ou rendues inutilisables par les milices[31]. La population dans son ensemble est confrontée à l'absence de sécurité sociale, ainsi qu'à une crise économique profonde...

Cinq ans après la « libération » de leur pays, les Libyens n'ont toujours pas le cœur à la fête. Ils célèbrent le cinquième anniversaire du début de l'intervention menée par les pays de l'OTAN dans un climat d'inquiétude et d'incertitude. La population souffre de pénuries dans tous les domaines, tandis que les services publics sont quasiment à l'abandon. « Les prix des denrées ont été multipliés par trois, voire quatre. Les banques ont de moins en moins d'argent. Absolument tout s'est dégradé. Moi, je ne crois pas que je vais participer aux célébrations. Et puis, une partie de notre territoire est occupée. C'est dur de célébrer quoi que ce soit alors qu'à Syrte on tue, on pille », déplore Hicham, un habitant de Tripoli interviewé par RFI. Même les « démocrates » libyens du CNT instrumentalisés par les marchands de la démocratie et des droits de l'homme à géométrie variable de l'OTAN regrettent aussi leur turpitude. À qui le prochain tour et les regrets par la suite ?

La médiasphère et ses « experts » ainsi que les intellectuels occidentaux, qui ont joué un rôle venimeux dans cette tragédie en se mobilisant massivement en faveur d'une intervention de l'OTAN, sont devenus étonnamment silencieux ! Personne ne daigne plus tourner les yeux vers la Libye.

Politiquement, socialement et économiquement, la Libye n'a de pays que le nom. Les conséquences de l'intervention otanienne que l'on feint aujourd'hui de voir comme une fatalité surprenante étaient pourtant parfaitement prévisibles, comme l'atteste un rapport « secret » des services de renseignement militaires canadiens, qui souligne qu'une intervention militaire en Libye risquait de plonger le pays dans une longue guerre civile[a]. La tragédie que traverse ce pays depuis la disparition du colonel Kadhafi aurait pu être évitée si l'humanisme de ceux

---

[a] Voir Annexe 23.

qui prétendent être les « maîtres du monde » avait prévalu sur leur insatiable cupidité et velléité impériale. Hélas !

• • •

Au moment de mettre sous presse le présent ouvrage, nous apprenons la publication par Westminster, le Parlement britannique, d'un rapport accablant sur l'intervention militaire occidentale en Libye[32]. Les parlementaires britanniques sont très sévères et le rapport sans concession. « Postulats erronés », « analyse partielle de preuves », « intervention mal conçue », impréparation de l'après-intervention, le rapport de la commission des Affaires étrangères du Parlement britannique a été très sévère à l'égard de l'ancien premier ministre David Cameron. L'heure de l'introspection, du bilan, mais aussi du réquisitoire a sonné. « Il [le gouvernement] n'a pas pu vérifier la menace réelle que le régime Kadhafi faisait peser sur les civils; il a pris au pied de la lettre, de manière sélective, certains éléments de la rhétorique de Mouammar Kadhafi; et il a échoué à identifier les factions islamistes radicales au sein de la rébellion », écrivent les parlementaires dans leur rapport explosif. « Le résultat est un effondrement politique et économique, une guerre civile et tribale, une crise humanitaire et migratoire, une violation généralisée des droits de l'homme, la dispersion des armes de Kadhafi dans toute la région et l'apparition de l'État islamique en Libye », dénoncent-ils.

Selon Crispin Blunt, le président de la commission et membre du Parti conservateur comme l'ancien locataire du 10 Downing Street, le gouvernement Cameron aurait pu privilégier d'autres options qui auraient amené à de meilleurs résultats. « Le Royaume-Uni n'aurait rien perdu en suivant ces pistes, au lieu de se focaliser exclusivement sur le changement de régime par des moyens militaires », a-t-il affirmé à la BBC. Et de souligner que « les actions du Royaume-Uni en Libye se sont inscrites dans le cadre d'une intervention mal conçue, dont les résultats se font encore ressentir aujourd'hui ». David

Cameron doit en porter la « responsabilité ultime », a tranché le président de la commission.

Les parlementaires britanniques ont aussi sévèrement épinglé la France, dont l'intervention militaire, affirment-ils, était motivée par des intérêts nationaux et personnels du chef d'État d'alors, Nicolas Sarkozy. Pour Westminster, les choses sont claires : ni David Cameron ni Nicolas Sarkozy n'ont agi par souci humanitaire. Des récriminations dont se serait volontiers passé l'ancien locataire de l'Élysée, embourbé dans des scandales à répétition à ne point finir. Depuis avril 2013, les juges d'instruction Serge Tournaire et René Grouman enquêtent sur les soupçons de financements libyens qui pèsent sur sa campagne présidentielle de 2007.

Aux États-Unis, l'échec de la transition post-Kadhafi a monopolisé les débats après l'attaque du consulat américain à Benghazi qui a coûté la vie à l'ambassadeur Christopher Stevens et à trois autres Américains. Était particulièrement visée Hillary Clinton, alors secrétaire d'État, et aujourd'hui candidate à la succession de Barack Obama. Accusée d'avoir voulu dissimuler la vérité sur cette attaque, Mme Clinton, assise seule à une table, le menton dans la main, face à sept républicains hostiles et cinq démocrates, a dû s'expliquer pendant de longues heures (11h au total) devant la commission spéciale créée par la majorité républicaine de la Chambre des représentants pour enquêter sur l'attaque de Benghazi. « Vous l'avez fait car la Libye devait être ce grand succès de la Maison Blanche et du département d'État », a accusé le républicain Jim Jordan, lors d'un échange tendu. Réponse de l'ancienne secrétaire d'État, la voix émue : « Ça m'a plus empêché de dormir que vous tous réunis[33] », leur a-t-elle dit. Le feuilleton s'est poursuivi durant la campagne présidentielle américaine...

Une demi-décennie après les 26 000 sorties des chasseurs de l'OTAN — en raison de 120 sorties par jour — et le « chaos cinq étoiles » qui s'en est suivi, le fantôme de l'ancien Guide semble planer sur les commanditaires de son exécution. Seront-ils traduits en justice ? La justice dite « internationale » s'intéressera-t-elle un jour aux crimes qu'ils ont commis contre la population libyenne ? Quand ces donneurs de leçon répondront-ils de leurs décisions et de leurs actes ? « Il n'y aura pas d'impunité en Libye », répétait pourtant l'ancien procureur de la CPI, Luis Moreno Ocampo. Cinq ans après la démocratisation mortifère de l'OTAN, les Libyens attendent toujours...

Quel individu censé et réellement civilisé peut accepter que les promoteurs du « chaos cinq étoiles » libyen échappent à la justice des hommes, après avoir trompé des milliards d'individus à l'échelle de la planète et fait couler de flots de sang d'innocents ? Doit-on tolérer que des pays prétendument civilisés éliminent systématiquement des chefs d'État africains au motif qu'ils sont « incontrôlables » et/ou « insoumis » à l'ordre capitaliste ? De qui détiennent-ils ce droit de vie ou de mort sur les chefs d'État africains ? Est-ce un crime de lèse-majesté pour un dirigeant africain de privilégier les intérêts de son peuple au détriment d'intérêts américains, français, britanniques ou autres ? Est-il si inconvenant pour un dirigeant africain de défendre le droit légitime de son pays à choisir son destin ?

L'intervention de l'OTAN en Libye est riche d'enseignements à plusieurs égards pour l'Afrique. Elle rappelle aux dirigeants africains que l'Occident n'a jamais été et ne sera jamais un partenaire fiable pour l'Afrique; elle rappelle aux populations africaines que le « berceau de l'humanité » ne sera pour cet Occident autoproclamé « communauté internationale » qu'un terrain de jeu et d'exploitation sans vergogne de ressources naturelles ; elle sert d'avertissement à tout gouvernement africain qui serait tenté d'entraver les intérêts des multinationales occidentales, rappelant qu'il pourrait être renversé par la force militaire et voir ses dirigeants assassinés. Et enfin, elle fait comprendre à tous les Africains que l'Occident ne renoncera jamais à ce qu'il considère comme ses « chasses gardées » sur le continent.

Il est donc grand temps pour les pays africains de repenser leurs rapports avec les pays du bloc euro-atlantique. Dans un monde devenu multipolaire, l'Afrique a tout intérêt à regarder ailleurs, à tisser des alliances stratégiques avec des puissances et des pays d'envergure moyenne qui savent respecter les autres nations et le droit international, au lieu de rester focaliser sur un Occident qui ne respecte rien ni personne. Les dirigeants africains doivent réaliser que les temps ont changé. L'OTAN, cette machine à tuer au service du capitalisme et de l'impérialisme occidental, est à bout de souffle. Sa capacité de nuisance reste, certes, considérable, mais elle devra désormais composer avec le point de vue de l'axe sino-russe avant d'agir. Échaudés par le précédent libyen, Russes et Chinois ont pris la mesure du danger et ont décidé, depuis, de ne plus laisser les gangsters de l'Alliance atlantique propager la terreur comme ils l'entendent. En témoigne le quadruple veto opposé par Pékin et Moscou aux différentes résolutions proposées par les pays occidentaux devant le Conseil de sécurité au sujet de la Syrie.

En déclarant avec arrogance que « la Libye sera un modèle pour de futures opérations de l'OTAN », son secrétaire général, Anders Fogh Rasmussen, n'a pas mesuré l'impact réel de cette intervention barbare aux yeux de la Chine et de la Russie, mais aussi des pays d'Asie, d'Amérique latine et surtout d'Afrique.

Le conflit libyen a en outre étalé au grand jour la fracture qui existe entre l'Occident et une bonne partie de l'humanité qu'il prétend incarner. Rien n'a mieux symbolisé cette fracture que la couverture médiatique et les prises de position observées de part et d'autre, d'un continent à un autre. Une fracture très profonde qui traduit sans l'ombre d'un doute un sentiment de bipolarisation géopolitique du monde : l'Occident et certains de ses satellites d'un côté et le monde non occidental de l'autre.

Pour Moscou et Pékin en tout cas, la Libye a servi de déclic. Bien qu'elles se sont abstenues de voter contre la résolution 1973, les deux puissances ont vécu l'affaire libyenne comme une grande humiliation; ce fut la goutte d'eau qui a fait déborder le vase. Ainsi ont-elles décidé de montrer aux Occidentaux qu'elles avaient des muscles et pouvaient s'imposer. Aucun argument occidental ouvrant la voie à une quelconque ingérence dans les affaires d'un État souverain ne trouvera grâce à leurs yeux. Au point que la France proposera, après le quatrième échec du camp occidental au sein du Conseil de sécurité à propos de la Syrie, un code de conduite pour restreindre le droit de veto au Conseil dans les cas des crimes de masse. Réponse du ministre russe des Affaires étrangères, Sergueï Lavrov, plus impavide que jamais : la Russie ne laisserait pas se « reproduire un scénario comme en Libye. »

En outre, la Libye a été le dernier arrêt avant la fin du monde unipolaire dominé par la « communauté occidentale internationale ». Mouammar Kadhafi doit s'esclaffer dans sa tombe. Il n'est pas parti seul. Dans sa descente aux enfers, il a eu le temps d'emporter avec lui une bonne partie de la toute-puissante hégémonie euro-américaine. Des ruines fumantes libyennes a rapidement émergé, contre toute attente, un monde multipolaire qui se mettait tout doucement en place. Comme le fait observer le politologue Bertrand Badie, « l'Occident doit compter avec un monde qui n'est plus exclusivement le sien[34]. »

Considérée depuis le 19e siècle comme le guichet automatique de matières premières à la disposition exclusive du capitalisme européen et nord-américain, l'Afrique humiliée et marginalisée doit profiter de cette configuration géopolitique nouvelle caractérisée par ce que Monsieur Badie appelle « l'impuissance de la puissance », pour tirer son épingle de jeu. Les dirigeants africains doivent prendre leurs responsabilités devant leurs peuples et l'Histoire, ils doivent à tout prix se soustraire de l'étouffante tutelle occidentale ; ils doivent mettre fin aux rapports naïfs, irrationnels, paternalistes et surtout de dépendance qu'ils entretiennent avec l'Occident. Ceux qui choisissent la voie du « compromis » ou de la soumission pour préserver de « bonnes relations » avec l'Empire occidental, pensant qu'ils seront rémunérés pour leur docilité, doivent savoir que celui-ci — en particulier les Anglo-Saxons — ne garantit jamais rien à personne. Il n'a jamais été sincère dans ses relations avec les autres. Mouammar Kadhafi en est un exemple parmi tant d'autres. Son sort tragique doit interpeller tous ces chefs d'État africains qui cherchent à plaire à cet « Occident d'en haut[a] » qui méprise les Africains et ne s'intéresse qu'à ce qui se trouve sous leurs pieds.

L'« amitié » avec les Occidentaux, disais-je dans un chapitre précédent, a toujours été pour l'Afrique et surtout pour ses leaders les plus indépendants une amitié porteuse de tragédie. Les exemples sont évidemment légion et encore d'actualité. Depuis les indépendances, dans les années 1960, pas moins de vingt leaders africains ont été assassinés par — ou avec le soutien — des puissances étrangères, notamment occidentales. Espérons que le raïs libyen est le dernier des leaders africains liquidés à clore définitivement ce chapitre macabre des assassinats politiques.

Qu'on se le dise une fois pour toutes : rien n'a jamais été franc et honnête dans les alliances du continent africain avec le monde occidental, la grande pieuvre, le bastion de la fourberie et du carnage organisé, qui a du « Malin » ce que le loup a de l'agneau : cette peau qui masque son identité et ses intentions aussi inavouables qu'inavouées.

L'analyse des quatre décennies de relations tumultueuses entre Mouammar Kadhafi et les puissances occidentales démontre que lorsque celles-ci pourchassent un homme, de surcroît un leader politique récalcitrant pratiquant une politique d'indépendance vis-à-vis de l'Occident, elles sont capables de tout, y compris le massacre des milliers d'innocentes personnes et la destruction totale d'un État, pour atteindre leurs objectifs. Dans une patience redoutable, elles traquent leur proie, l'appâtent et parfois la séduisent. Les administrations au pouvoir peuvent passer, les circonstances et les contextes peuvent changer, le mode opératoire peut connaître des variations, l'objectif stratégique, lui, reste le même. Pour paraphraser le grand

---

[a] Je tiens ici à dissocier l'élite oligarchique occidentale des populations occidentales qui n'ont rien à voir avec tout ce qui se fait ailleurs au nom de l'Occident.

Frantz Fanon, les puissances occidentales ne reculent jamais sincèrement. Elles ne comprennent jamais. Elles capitulent, mais ne se convertissent pas. Le tort de l'Africain, fait-il observer, « est d'avoir cru que l'ennemi avait perdu de sa combativité et de sa nocivité. »

Comme les hyènes ne renoncent que lorsqu'elles atteignent leur proie, ces puissances ne renoncent pas aussi longtemps qu'elles n'ont pas neutralisé leur cible. Leur démarche prédatrice a toujours été la même depuis la nuit des temps. Elles ont la patience du diable. Tel un renard qui guette sa proie, elles sont d'une persévérance et d'un jusqu'au-boutisme diaboliquement fascinants. Après quarante-deux longues années de traque sans merci jalonnées de lunes de miel tant spectaculaires qu'hypocrites, les États-Unis et leurs vassaux européens ont réussi à définitivement neutraliser la « proie » Kadhafi. Une traque digne d'un thriller hollywoodien et qui restera dans les annales de l'Histoire comme l'une des plus longues chasses à l'homme jamais lancées par l'Occident contre un dirigeant du Sud...

Références

[1] Izambert Jean-Loup, *Crimes sans châtiment*, 20coeurs, 2013, p. 235.

[2] Ouannes Moncef, *Révolte et reconstruction en Libye : Le Roi et le rebelle*, L'Harmattan, 2014.

[3] « L'inquiétude grandit pour les populations noires en Libye », Le Monde.fr avec *AFP* et *Reuters*, 07 septembre 2011.

[4] Tarik Kafala, « 'Cleansed' Libyan town spills its terrible secrets », BBC News, 12 December 2011.

[5] *Maghreb Confidentiel*, N°1072 du 11/07/2013.

[6] Le nombre de déplacés internes en Libye a doublé depuis septembre, selon le HCR, Centre d'actualités des Nations unies, 30 juin 2015, (http://www.un.org/apps/newsFr/storyF.asp ?NewsID=35088#.Vow OP_nhDIW) ; aussi lire le dossier complet du Magazine Moyen-Orient No 25, Libye : de la révolution au chaos, Janvier-Mars 2015.

[7] « Libye : 5 ans après l'intervention de l'OTAN, le chaos règne en maître », Russia Today (RT), 18 mars 2016.

[8] « Libya: Al Qaeda flag flown above Benghazi courthouse" », *The Telegraph*, Nov 2011.

[9] Bérénice Dubuc, « Daesh : Pourquoi la Libye est-elle le nouvel eldorado des djihadistes ? », *20 Minutes*, 02/12/2015.

[10] « La Libye présentée comme facteur de déstabilisation de la région de la Méditerranée », *Panapress*, 27 février 2015.

[11] Nathalie Guibert, « La France mène des opérations secrètes en Libye », *Le Monde*, 24 février 2016.

[12] *Maghreb Confidentiel*, N°1196 du 31/03/2016.

[13] Amnesty International, *Rapport Libye sur la situation des droits de l'Homme 2014-2015*, 25 février 2015.

[14] « Les frères et les Misratis bien servis », *Maghreb Confidentiel* No 1197 du 7 avril 2016.

[15] Cette stratégie avait été encouragée par plusieurs think tank. En témoigne par exemple un rapport préparé par l'ancienne secrétaire d'État Madeleine Albright avec un groupe de personnalités américaines, dont Vin Weber et Steven A. Cook, intitulé *In Support of Arab Democracy : Why and How, Report of an Independent Task Force*, Report No 54, Sponsored by the Council on Foreign Relations, 2005.

[16] Talbi Taieb, *La Grande désillusion, op.cit.*, pp. 159-160.

[17] Malgré sa défaite, Ennahda est quand même entré au gouvernement, en obtenant un ministère et trois secrétariats. Une participation au gouvernement qui fait grincer des dents en Tunisie.

[18] « US document reveals cooperation between Washington and Brotherhood », *Gulf News Report*, June 18, 2014.

[19] « Libye : trois agents de la DGSE tués dans un "accident d'hélicoptère" », *Le Parisien*, 21 juillet 2016.

[20] Helene Cooper, «US conducts airstrikes against ISIS in Libya», *The New York Times*, August 1, 2016.

[21] Nicole Ameline, Philippe Baumel et Jean Glavany, *Rapport d'information : l'urgence libyenne*, 25 novembre 2015. Déposé en application de l'article 145 du Règlement par la Commission des Affaires étrangères en conclusion des travaux d'une mission d'information constituée le 4 mars 2015.

[22] Le Parlement de Tobrouk a refusé une énième fois, le 22 août, d'accorder sa confiance au GNA. Sur les 101 membres du parlement présents (sur un total de 198), 61 députés, ainsi que le président de cette instance, Aguila Saleh, ont voté contre la motion de confiance, un seul en faveur et 39 se sont abstenus.

23 Une partie de ces fonds semble en tout cas s'être volatilisée. En dépit des demandes répétées du CNT, la plupart de ces avoirs sont encore gelés. Seuls 25 milliards ont été débloqués jusqu'à la fin 2015. La plupart des États où « logeait » cet argent renâclent aujourd'hui à les rendre aux Libyens. Selon plusieurs sources, des milliards se seraient déjà volatilisés des banques occidentales. Les autorités libyennes avouent les « difficultés rencontrées aujourd'hui pour savoir exactement ce que sont devenus ces avoirs ».

24 « Libye : avant et après Kadhafi », Sputniknews.com, 8/12/2015 (http://fr.sputniknews.com/international/20151208/1020147005/libye-insecurite-chaos-economique.html).

25 Imran Khan, « We are Gaddafi. We are Libyans », Al-Jazeera, 28 December 2011(http://blogs.aljazeera.com/blog/africa/we-are-gaddafi-we-are-libyans).

26 IMF Executive Board Concludes 2010 Article IV Consultation with the Socialist People's Libyan Arab Jamahiriya, Public Information Notice (PIN) No. 11/23, February 15, 2011 (http://www.imf.org/external/np/sec/pn/2011/pn1123.htm).

27 Chloé Rébillard, « Sarkozy a fait de la Libye un centre de djihadistes », L'Humanité, 7 Août 2015.

28 Germain Alain et Edmond-Henri Supernak, *Tondus comme des moutons : La paupérisation des classes moyennes*, Buchet-Chastel, 2012.

29 Guerric Poncet, « France : terribles révélations sur la surveillance massive », *Le Point*, 15 avril 2015 ; le lecteur pourra aussi se référer aux révélations d'Edward Snowden.

30 Nots Christian, *Terrorisme d'État 2001-2025*, Publibook, 2013.

31 Moncef Djaziri, « Les défis économiques d'une société éclatée », *Moyen-Orient* No 25, *op.cit.*, p. 49.

32 « Libyan intervention based on erroneous assumptions ; David Cameron ultimately responsible» (http://www.parliament.uk/business/committees/committees-a-z/commons-select/foreign-affairs-committee/news-parliament-2015/libya-report-published-16-17/); « Libye : l'offensive anti-Kadhafi de 2011 basée sur "postulats erronés" », France 24 avec *AFP*, 19/09/2016.

33 « Hillary Clinton se défend contre les républicains sur l'affaire Benghazi », *AFP*, 22/09/2015.

34 Bertrand Badie, « L'Occident doit compter avec un monde qui n'est plus exclusivement le sien », *Libération*, 18 mars 2016.

ANNEXES

1 Rapport de l'OTAN sur les probables conséquences de l'exploitation du pétrole en Libye

FRANÇAIS SEULEMENT
10 septembre 1959

NATO CONFIDENTIEL
DOCUMENT DE TRAVAIL
AC/119-WP(59)N°4

COMITE POLITIQUE

DECOUVERTE DE GISEMENT DE PETROLE EN LIBYE

Note de la Délégation Italienne

1.   Bien que les données déjà acquises permettent d'envisager l'entrée de la Libye au nombre des pays producteurs de pétrole, il est trop tôt pour avancer des prévisions sur les conséquences que l'exploitation du pétrole pourrait entraîner vis-à-vis de la politique de la Libye envers les puissances occidentales, ainsi que la politique des autres Etats arabes envers le Royaume de Libye. A cet effet, on devrait disposer de données plus concrètes quant à la production d'hydrocarbures dans ce pays et, par conséquent quant aux "royalties" correspondantes. Ce qui sera peut-être possible au cours de l'année 1960.

Toutefois, les quelques remarques suivantes, de caractère préliminaire, peuvent être faites aux questions contenues dans le document AC/119-WP(59)94 ;

2.   En ce qui concerne le point (a), il est évident que si, sur le plan théorique, on peut imaginer que dans quelques années la Libye, après avoir atteint, grâce aux "royalties", l'équilibre de son budget, demande l'abolition des bases et le retrait des troupes étrangères de son territoire, on peut également supposer qu'un meilleur niveau de vie de la population comporte une atténuation du sentiment nationaliste extrémiste et la naissance d'une conscience plus approfondie et réfléchie des véritables intérêts du pays.

Tout compte fait, notre impression est que le problème ne devrait pas donner lieu à des développements critiques, même dans un proche avenir, pourvu que les puissances intéressées continuent à ne pas se dérober aux demandes d'assistance en certains secteurs qui leur seraient adressées par le gouvernement de Libye et soient disposées à associer davantage les autorités locales aux responsabilités du développement du pays.

L'Italie, qui a en Libye des intérêts et une collectivité assez importants compte tenu de ce qu'est le pays, suit naturellement de près la situation. Elle souhaite que la Libye reste un facteur d'équilibre en Méditerranée et en Afrique du Nord.

NATO CONFIDENTIEL

3.   (point b). Nous ne sommes pas sûrs que l'exploitation à
'échelon industriel du pétrole en Libye aura nécessairement des
onséquences nuisibles vis-à-vis du trafic à travers le canal de
uez, trafic qui ne cesse d'augmenter. C'est pourquoi, à notre
vis, l'attitude de l'Egypte envers la Libye ne devrait pas être
nfluencée d'une façon déterminante par le fait nouveau que cons-
itue l'exploitation du pétrole libyen.

4.   D'accord sur le point (c).

En ce qui concerne le point (d), nous estimons que parti-
ulièrement sa dernière partie correspond à ce que pourrait être
'attitude soviétique vis-à-vis d'une Libye productrice de pétrole.

Palais de Chaillot,
Paris, XVIe.

2 Mémorandum du Conseil National de Sécurité de la Maison Blanche sur l'attitude à adopter à l'égard de la Libye

NATIONAL SECURITY COUNCIL
WASHINGTON, D.C. 20506

~~SECRET~~ (CDS)

June 5, 1973

National Security Study Memorandum 185

TO: The Secretary of State
                The Acting Secretary of Defense
                The Director of Central Intelligence

SUBJECT: Policy Towards Libya

The President has directed that a study be made of U.S. policy toward Libya and of the options open to the United States in the light of Libyan attitudes toward the United States, international terrorism, the Arab-Israeli problem, subversion, international airspace, and the petroleum industry.

The study should begin with a discussion of U.S. interests in Libya and the effect on them of current Libyan policies. Specifically, it should:

-- Evaluate the political, economic and strategic importance of Libya to the United States.

-- Describe the nature and impact of Libyan policies on U.S. interests in Libya, Africa and the Middle East.

-- Assess the prospects for a change in Libyan policies affecting our interests, either under Qadhafi or other Libyan leadership and as a result of the possible Egyptian-Libyan merger.

The study should then assess U.S. options over the next year, giving particular attention to questions such as the following:

-- The nature of our broad diplomatic relationship.

-- The prospects for U.S. oil company operations.

-- The U.S. military supply relationship with Libya.

-- Libyan support for international terrorism.

~~SECRET~~ (CDS)

This study should be conducted by an ad hoc group comprising
representatives of the addressees and the NSC staff, chaired by
the representative of the Secretary of State and submitted by
June 30, 1973 for consideration by the NSC Senior Review Group.

Henry A. Kissinger

cc: Chairman, Joint Chiefs of Staff

3 Offre de la Grande-Bretagne à la Libye pour qu'elle stoppe son soutien à l'IRA

Ref: A09933

CONFIDENTIAL

Prime Minister

The 2 OPD papers, and a minute by the Chief Secretary, are attached.

17/6

PRIME MINISTER

Anglo-Libyan Relations and Arms Sales to Libya
(OPD(75) 17 and 24)

These two papers are related and I suggest that you invite the Committee to consider them together.

The Proposals

2.   In OPD(75) 17 the Foreign and Commonwealth Secretary and the Secretary of State for Trade make proposals for dealing with long standing financial claims on us by Libya, amounting to some £52 million. A decision is needed now because Libya is pressing us to negotiate, and if we refuse to do so there is damaging action Libya can take against our interests. The Secretaries of State propose that, subject to the Libyans' satisfying three conditions, we should offer payment of £14 million, the same sum as was offered by the last Administration, and turned down by the Libyans, in 1971. The conditions are that the Libyans should agree to settle the British claims upon them (about £12 million), should abandon support for the IRA, and should abandon also all forms of discrimination against our trade. The payment by Her Majesty's Government would be into an account in London on which the Libyans could draw as part payment for cash contracts for British goods and services, and payments from this account would be arranged to maximise British exports. Neither Secretary of State could offer compensating savings to offset the payment of £14 million which (since the public expenditure contingency reserve is over-committed) would become an addition to the total level of public expenditure approved by Ministers.

3.   In his companion paper OPD(75) 24 the Foreign and Commonwealth Secretary says (paragraph 4) that, although we have adopted a very restrictive policy on arms sales to Libya, "there are still a number of items of defence equipment which the Libyans would like to buy from us. In our negotiations for a settlement our willingness to supply some of these may be an important

-1-

Copied to Middle East
March 1974

factor". He proposes that we should be prepared to sell the Libyans such items as air defence radar, minesweepers and tank transporters which "will not in themselves allow the Libyans to endanger the Middle East situation" and would accordingly fall within the broad guidelines approved by OPD when they last considered Defence Sales to the Middle East (OPD(74) 5th Meeting Item 1). As regards two outstanding requests by Libya, the Secretary of State proposes that we should not encourage Yarrow to proceed with talks with Libya about possible sale of frigates but that the sale of 16 military transport aircraft by Hawker Siddeley should be permitted to go ahead.

4. The Secretaries of State make out a strong case for their proposals. Failure to respond to Libyan pressure to negotiate could expose us to damaging action. This might include a widened embargo on British exports (currently worth over £60 million a year) and suspension of outstanding payments (worth about £30 million). On the other hand improved commercial relations with Libya could put our exporters in a good position to exploit the opportunities presented by Libya's development programme and the latent assets which we have in the form of Libyan use of British engineering practices and consultants, readiness to deal with British firms and familiarity with British goods. It is suggested (OPD(75) 17 paragraph 7) that within two years our exports might rise from about £60 million to at least £160 million. To secure these benefits it would seem reasonable to offer selected defence sales, within the approved guidelines, as proposed by the Foreign and Commonwealth Secretary.

5. The proposed payment to the Libyans presents difficulty in that, without compensating savings, it will produce an increase in public expenditure figures. And there is no certainty that a figure of £14 million will satisfy the Libyans. They rejected the offer of a similar sum (worth more in real terms) in 1971; and may now settle only at a higher figure. But, in view of the expected consequences of not settling now, the public expenditure arguments against payment of £14 million are less strong than they would otherwise be.

-2-

4 Extrait du rapport d'Oliver North sur les activités subversives de la Libye entre 1980-1985

<u>Chronology of Libyan Support for Terrorism 1980-85</u>

<u>1985</u>

December	Italy/Austria:	Passports used by Abu Nidal terrorists in attack on El Al counter provided by Libya.
November	Malta:	Hijacking of Egyptair airliner by Abu Nidal supporters may have involved Libyan support.
	Egypt:	Four-man team of Libyan agents arrested shortly before attempting to attack gathering of Libyan exiles. Former Libyan Prime Minister Bakoush the main target.
October	Greece:	Libyan merchant wounded in Athens by two gunmen the victim had left Libya five years earlier.
September	Tunisia:	Libyan diplomat smuggles about 100 letter bombs addressed to journalists into Tunisia. Several explode injuring two postal workers and causing Tunisia to sever diplomatic relations.
May	United States:	A Libyan diplomat at the United Nations was declared persona non grata, and 16 non-official Libyans were subpoenaed to appear before a United States grand jury in connection with a plot to kill dissidents in several different states.
April	West Germany:	Moroccan citizen resident in the FRG since 1960 killed by Libyan, who was arrested at the scene.
	West Germany:	Anti-Qadhafi Libyan student killed in Bonn by Libyan gunman who was arrested. The assassin also wounded two German passersby, one seriously. The victim had been a target of the Libyan regime for at least two years.
	Cyprus:	Libyan businessman assassinated in downtown Nicosia by an unidentified gunman. The victim was the director of an offshore holding company and was believed to be an opponent of the Liyban regime.
March	Italy:	Libyan jeweler murdered in his shop in Rome. A silencer-equipped pistol was left at the scene by the assassin.
February	Austria:	Former Libyan Ambassador to Austria severely wounded by two shots fired from a car outside his home in Vienna. The victim had supported Qadhafi's seizure of power in 1969, but he quit his post in disgust at the regime in 1980.

November	Egypt:	President Mubarak announces that four assassins sent to Egypt by Libya to kill former Libyan Prime Minister Bakoush had been arrested and forced to send fake pictures to the Libyan Embassy in Malta showing Bakoush apparently dead. Official Libyan press sources then claimed Bakoush had been executed by suicide squads sent abroad "to liquidate enemies of the revolution."
September	Italy:	A Libyan exile was found gagged and strangled in a hotel in Rome. The victim had been the subject of Libyan requests for deportation to Libya.
	Chad:	Chadians discover plot to assassinate President Habre with an attache case bomb. Evidence of the plot, including photographs of the bomb, was provided to the United Nations the following February when Chad lodged a complaint against Libya.
August	United Kingdom:	One of six Libyans awaiting trial for bomb attacks in London in March, 1983 found shot to death in a London apartment. The victim may have been silenced by the Libyan government.
	Belgium:	A bomb wrecks a car parked in front of the Zairian Embassy in Brussels.
July	Belgium:	A bomb exploded in the Brussels office of Air Zaire.
	Red Sea:	Libya mined the Red Sea, damaging 18 merchant ships of varying nationalities.
	Greece:	Two Libyan students found murdered in their apartment in a crime reminiscent of Libyan killings of anti-Qadhafi students in 1980 and 1981. The two were beaten, strangled, and gagged before being shot twice in the back.
June	Greece:	Anti-Qadhafi Libyan editor of an Arab newspaper in Athens killed by two men on a motorbike.
	Greece:	A Libyan-born citizen known to distribute anti-Qadhafi literature at his store shot by a Libyan employee of Libyan Arab Airlines.
May	Libya:	Jana, the official Libyan news agency, announces "the Libyan masses have decided to form suicide commandos to chase traitors and stray dogs wherever they are and liquidate them physically."

April	United Kingdom:	A bomb hidden in an unclaimed suitcase probably unloaded from a Libyan airliner explodes at London's Heathrow Airport, injuring 25.
	Libya:	A number of British subjects in Libya arrested on trumped-up charges as hostages in order to pressure British government during siege of Libyan People's Bureau in London.
	United Kingdom:	British policewoman killed and 11 anti-Qadhafi demonstrators wounded by gunfire from London Libyan People's Bureau. After a siege, British authorities found weapons and spent shell casings in the vacated embassy.
March	United Kingdom:	Four bombs explode in London and Manchester near homes of Libyan exiles or at businesses frequented by them. Over 25 people injured. Three other bombs defused. Nine Libyan suspects arrested.
	Sudan:	One Libyan TU-22 bomber drops bombs on Omdurman, Sudan, site of a radio transmitter used by anti-Qadhafi oppositionists.
February	Libya:	Following annual Libyan General People's Congress, the Libyan Revolutionary Committees announce that all Libyan exiles must return to Libya or face "the death penalty."
	Libya:	Libyan authorities take no action while a mob burned the Jordanian Embassy in Tripoli.
	Congo:	Chadian dissidents ready to negotiate with Government of Chad threatened in Brazzaville, Congo.

1983

August	Upper Volta:	Libya gave material support to coup in Upper Volta.
July	Chad:	Libya invaded Chad for the second time. Occupation continues into 1985.
June	West Germany:	Eight Libyan students in West Germany, all members of an anti-Qadhafi group, complain Libyan agents are harassing and threatening them.
February	Libya:	Libyan General People's Congress warn all Libyans in exile to return home or face the "anger of the Libyan people."

1982		No incidents known.

1981

November	Sudan:	Several bombs explode near government installations in Khartoum.
October	Sudan:	Planned assassination of visiting Chadian official, Hussein Habre, failed when those sent to conduct the operation surrendered.
	Egypt:	Two bombs explode in luggage being unloaded from a plane coming from Libya via Malta.
August	Libya:	Two Libyan SU-22s that fired at US Navy F-14s over Gulf of Sidra shot down.
July	United States:	Anti-Qadhafi Libyan student killed Ogden, Utah.
June	Sudan:	Bomb explodes in front of Chadian Embassy in Khartoum.
February	Italy:	Libyan gunmen open fire on passengers arriving at Rome's airport on a flight from Algiers. Prominent anti-Qadhafi exile was the target.

1980

November	United Kingdom:	Anti-Qadhafi Libyan student brutally murdered in London.
	United Kingdom:	Two children of an anti-Qadhafi Libyan poisoned by eating peanuts containing thalium.
October	Chad:	Libyan forces occupied Chad. Qadhafi attempted to force a Libya-Chad union.
	Gambia:	Libyan subversion in Gambia caused break in relations. Senegalese troops intervene under a mutual defense treaty.
June	Italy:	Anti-Qadhafi exile wounded in Rome.
	Italy:	Libyan exile killed in Milan within hours after expiration of a deadline set by Qadhafi for all Libyan exiles to return home.
May	Italy:	Libyan exile shot at in Rome. The arrested Libyan gunman says he was sent by Libya "to kill an enemy of the people."

	Greece:	Libyan exile killed in Athens. His throat was slit.
	Italy:	Libyan businessman found strangled to death in Rome.
	West Germany:	Libyan exile gunned down in Bonn.
	Italy:	Libyan exile killed in Rome by two gunshots to the head.
April	United Kingdom:	Libyan lawyer shot and killed in London.
	Italy:	Well known Libyan businessman killed. The arrested assassin said he was an enemy of Colonel Qadhafi.
	United Kingdom:	Two gunmen kill an anti-Qadhafi Libyan journalist.
February	Libya:	Tunisian and French Embassies in Tripoli sacked and burned by a mob while Libyan authorities took no action.

1979

December	Libya:	An estimated 2000 Libyans set fire to the US Embassy in Tripoli. The Libyan authorities did not respond to requests by the Embassy for protection.
November	West Germany:	Two Libyans arrested with three suspected Palestinians for an unspecified terrorist operation.

5 Directive #27 de la Maison Blanche : sanctions pétrolières américaines contre la Libye

SYSTEM II
90131

THE WHITE HOUSE

WASHINGTON

SECRET

March 9, 1982

NATIONAL SECURITY DECISION
DIRECTIVE NUMBER 27

ECONOMIC DECISIONS FOR LIBYA

After consultation with the National Security Council and
in accordance with applicable law, I have decided on the following
steps to reduce the threat posed by Libyan policies and actions.

    1.   To prohibit the import into the United States of
crude oil from Libya.

    2.   To require for foreign policy reasons validated licenses
for all exports of U.S. goods and technology to Libya, except for
medicine, medical supplies, food and other agricultural commodities.

    3.   The general policy of the U.S. shall be to deny licenses
for export to Libya of

        a.   Goods and technology controlled for national
security purposes, and

        b.   Oil and gas technology and equipment not readily
available from sources outside the United States.

For all other newly controlled exports of goods and technology,
there is no presumption of denial.

    4.   To the extent feasible, the administrative steps taken
to implement these decisions shall be designed to minimize the
extraterritorial impact of new export controls, bearing in mind
the basic purposes of these restrictions. In particular, the
United States will follow a flexible policy where third country
companies are involved. Reexports of nonstrategic goods and
technical data already outside of the United States at the time
the new controls are imposed, although subject to licensing,
will not be precluded under these controls; strategic goods
already outside the United States will be considered on a case-
by-case basis; foreign products of a nonstrategic nature derived
from United States technical data will not be affected by the
new controls. The United States will be prepared to show some
flexibility with respect to the licensing of items generally
to be prohibited from export or reexport under the new controls,
where the items are required to fulfill preexisting contracts
or are components representing a minor percentage of products
to be produced abroad. Previously existing export controls
on Libya will not be weakened.

SECRET
Rvw. on March 9, 1988

5.   These decisions shall not preclude the export or reexport of items for which validated licenses have previously been issued or where necessary to avoid breach of performance of preexisting contracts.

6.   In light of these decisions, the Secretary of Defense, the Director of Central Intelligence, the Chairman of the Joint Chiefs of Staff, shall keep under review contingency planning regarding possible Libyan reactions and Soviet moves.

7.   The Secretary of State and the Assistant to the President for National Security Affairs shall continue to co-chair a Task Force on Libya to coordinate, to implement, and to recommend additional options as necessary.

Ronald Reagan

6 Lettre de Mohammed Youssef el-Megaryef, le chef du FNSL, à Margaret Thatcher

بسم الله الرحمن الرحيم

الجبهة الوطنية لإنقاذ ليبيا

The National Front for the Salvation of Libya

April 20th, 1984

The Right Honourable Margaret Thather M.P.

On behalf of the National Front for the Salvation of Libya, I would like to express our absolute and utter condemnation and horror for the shooting at Libyan demonstrators and members of the British police force on Tuesday, April 17,1984 , in front of the Libyan People's Bureau formerly the Libyan embassy, in which WP-c Yvonne Fletcher lost her life and eleven innocent , peaceful Libyans were injured.

We urge you and your governemnet to take the most firm and strict measures to see that the perpetrators of this hienous crime are brought to justice. You must have no doubt whatsoever that it was a deliberate and premeditated act , sanctioned and approved by Gaddafi personally and by his regime. Gaddafi's aggressive designs towards Britain and direct threats to your government are well publicised . His assertions that his mission in London does not constitute an embassy with diplomatic status are wellknown. His representatives in London are the socalled 'revolutionary committees' who neither recognise nor respect any diplomatic norms or internationally agreed conventions and agreements.

We have only the highest praise and admiration for the British forces for the swift and efficient manner in which they handled the situation and contained the outrage, and our deepest sympathies go to WP-c Fletcher's family and colleagues.

We are confident that your governemnt will deal with this barbaric atrocity and with Gaddafi's terrorist squads in Britain in accordance with Britain's great traditions of justice and respect for freedom and the sanctity of human life.

MOHAMED YUSEF MAGARIAF- Secretary General, NFSL

560

7 Dans cette note, Londres se réjouit que l'Italie ait accepté d'abriter une section des intérêts britanniques en Libye après la rupture des relations diplomatiques entre les deux pays

CONFIDENTIAL

1O DOWNING STREET

From the Private Secretary   30 April, 1984

Thank you for your letter of 27 April, which which you enclosed a draft message from the Prime Minister to the Italian Prime Minister expressing gratitude for his agreement to protect our interests in Libya. As you will know, the Prime Minister agreed to send a slightly amended version of this message which has now been done. I enclose a copy of the final version.

TIMOTHY FLESHER

R. B. Bone, Esq.,
Foreign and Commonwealth Office

CONFIDENTIAL

8 La directive #168 portant sur « la politique américaine envers l'Afrique du Nord », avec une attention particulière portée sur la Libye

SECRET

Teicher

THE WHITE HOUSE

WASHINGTON

April 30, 1985

SYSTEM II
90400

SECRET

National Security
Decision Directive 168

U.S. POLICY TOWARDS NORTH AFRICA   (S)

Assessment

The evolving situation in North Africa poses opportunities and risks for American interests. The fundamental challenges to regional stability stem from an array of political-military and socio-economic factors, which reflect internal and external developments. In light of the region's geo-strategic position opposite NATO's southern flank, the potential for increased Soviet regional influence and the dangers of Libyan adventurism, the United States must pay special attention to recent developments in the Maghreb and devise appropriate policies to protect and promote American interests. (S)

As a result of the August 1984 Oujda Accords, the regional balance of power was upset and Colonel Qadhafi succeeded in easing his international isolation. We shall continue to make clear to the Government of Morocco our disapproval of its union with Libya. However, based on our interests in Morocco and continuing close cooperation with Rabat in many important fields, as well as King Hassan's personal assurances that sensitive activities will not be placed at risk, we shall maintain correct and friendly working relations. (S)

Over the past several years, the Government of Algeria has demonstrated a growing eagerness to strengthen our bilateral relationship. In part as a result of the changed regional balance, as well as a degree of Algerian dissatisfaction with the Soviet Union, we shall seek to improve our position in Algiers. Nonetheless, we do not anticipate that the Algerian government will abandon its relations with Moscow, at least for the foreseeable future, nor will it act in a manner that diminishes its non-aligned international standing. (S)

SECRET
Declassify on: OADR

DECLASSIFIED IN PART
M07-075 #40272
BY RW 6/20/13

SECRET

COPY _1_ OF _11_ COPIES

562

2

The war in the Western Sahara represents the most important factor contributing to the changing balance of power and Moroccan-Algerian tensions. A political solution remains elusive. Moroccan military dominance continues, but, in part responding to the Oujda Accords, Algiers has increased its direct support for the Polisario as well as its military readiness along the Algerian-Moroccan frontier. The danger of immediate hostilities seems to have temporarily abated, though miscalculation could lead to rapid escalation. The U.S. shall continue to work with Morocco, Algeria and other interested parties to encourage a negotiated settlement of the Sahara war. (S)

Qadhafi has exploited the Oujda Accords to ease his international isolation at the same time that his adventuristic policies intensify. His support and use of terrorism, both in and beyond the Middle East, continues, along with a preoccupation with regional subversion. Libyan relations with the Soviet Union are also being enhanced (although intermittent tensions are evident) through the development of naval support infrastructure and BACKFIRE-capable airbases. New measures must be considered to overcome the challenges posed by Qadhafi. (S)

The situation in Tunisia bears special attention. Islamic fundamentalism, Libyan intrigues and socio-economic unrest combine to create dangerous challenges to the Tunisian government and its pro-West orientation. Against this backdrop, political malaise is growing, even as the presuccession political struggle intensifies. President Bourguiba's successor may feel compelled to move away from a close political relationship with the U.S. towards the more independent Arab mainstream. (S)

U.S. Objectives (S)

-- To foster political stability and economic and social development through preservation and strengthening of moderate regimes.

-- To help bring about abrogation of the Moroccan-Libyan treaty of union.

-- To limit regional subversion, particularly to neutralize relevant Libyan-sponsored activities, and restore Qadhafi's isolation.

3

-- To reduce Algerian-Moroccan tensions and prospects for conflict.

-- To limit regional polarization.

-- To deny the area to further Soviet penetration and diminish existing Soviet influence.

-- To assure passage through the area for commercial and strategic military purposes.

-- To guarantee Western access to the area's material resources, and expand the market for American good and services.

Policy Directives (S)

Consonant with existing circumstances and U.S. interests in the Maghreb, the U.S. Government will pursue the following policies:

Morocco: (S)

-- Without pressing Hassan publicly to abrogate the treaty, persistently impress upon him our concerns, develop with Hassan criteria to judge Qadhafi's behavior -- remind him of his statement that if attempts to "tame" Qadhafi fail, he will sever the union. U.S. cooperation with the Government of Morocco should be such as to make the union less palatable to Qadhafi.

-- Conclude a General Security of Military Information Agreement (GSOMIA) with Morocco.

-- Continue cooperation under the Joint Economic (JEC) and Joint Military (JMC) Commissions at current levels.

-- Economic and security assistance levels for Morocco should be determined on global criteria, but will reflect any Oujda treaty implementation which unacceptably harms U.S. interests.

4

-- Revert to pre-treaty procedures in planning and execution of the joint U.S./Moroccan military exercise program, keeping in mind Algerian and Spanish sensitivities as to time and place and notifying those governments in advance as appropriate.

-- In the short-term (through mid-June, 1985), continue working level visits pertaining to JEC and JMC activities but discourage Cabinet level and other U.S. high visibility visits.

-- Reschedule Joint Economic Commission and Joint Military Commission meetings.

-- Proceed to negotiate and conclude texts for the Bilateral Investment Treaty (BIT) and Bilateral Tourism Agreement (BTA).

Algeria: (S)

-- Seek further to improve relations enhanced by the State visit of President Benjedid in April, 1985, by increasing Sixth Fleet port calls, and by other gestures as appropriate.

-- Expand military cooperation based on the Presidential Determination permitting access to defense articles and services via FMS, increase IMET funding for career professional training, and modify policy to permit GOA acqusition of "lethal items". FMS sales will be reviewed on a case-by-case basis, taking into account our objective to reduce Soviet influence in Algeria, U.S. relationships with other area states, and our interest in fostering a negotiated solution to the Western Sahara dispute.

-- Emphasize private sector pursuit of Algerian markets while responding affirmatively to GOA interest in establishing a Joint Economic Commission.

-- Intensify efforts to persuade the GOA to shift its gas export policy to a market-oriented basis so as to increase likelihood for future sales in Europe and the U.S.

Libya: (S)

-- An NSC chaired interagency group shall be established to review U.S. strategy toward Libya, and to prepare policy options to contain Qadhafi's subversive activities.

-- Pending the strategy review, continue to strengthen ties
with Qadhafi's neighbors while calibrating our rhetoric to
advance our goals without elevating Qadhafi's status in the
international arena.

-- While maintaining current economic sanctions on Qadhafi,
State Department chaired interagency committee will review
possibilities for increasing such pressure, e.g. reducing
U.S. economic participation in the Libyan economy, more
stringent restrictions to prevent Americans from working in
Libya, and possible multilateral sanctions.

-- ███████████████████████████ and expand
political-economic cooperation with friendly governments in
our efforts to combat Libyan terrorism and other
unacceptable behavior.

-- The Department of Defense will review the Stairstep Exercise
Program and forward options and recommendations to the NSC
for interagency review and coordination.

-- Ensure that the onus to conform to acceptable international
standards rests with Qadhafi. Our posture should be
conveyed through diplomatic channels and public statements
by U.S. officials.

-- Hold systematic, high-level discussions with the French
government in order to achieve Libyan withdrawal from Chad.

Tunisia: (S)

-- Demonstrate continuing, visible support by Sixth Fleet port
calls, occasional joint military exercises and other
gestures as appropriate; reaffirm publicly that these
actions are in support of Tunisian security and
independence.

-- In planning security assistance levels, take into account
the GOT's need to limit debt service, the desire to obtain
additional military training, and the external security to
Tunisia.

-- Continue to identify and expand contact with potential
leaders, whether in power or in the opposition; make clear
in such contacts that we continue to support the GOT.

SECRET

6

-- Offer appropriate military/logistical support in the event
   of a Libyan move against Tunisian territorial integrity,
   preferably in support of the lead of France or other
   interested countries but unilaterally if necessary.

-- Enter into discussions with the GOT and other concerned
   governments to establish realistic U.S. Government responses
   should Libya subvert and/or attack Tunisia.

Regional: (S)

-- Continue to endorse publicly a political settlement of the
   Western Sahara issue by an expression of self-determination.

-- If necessary, veto SDAR membership in the UN Security
   Council.

-- Prepare an internal paper on possible U.S. diplomatic moves
   designed to reduce Moroccan/Algerian tension and conflict
   potential. Specifically focus on options for resolving the
   Western Sahara dispute.

-- Proceed with implementing the VOA modernization agreement
   with Morocco.

-- Within approved budget levels, pursue expansion of public
   diplomacy and educational/cultural programs with Algeria,
   Morocco, and Tunisia.

-- Morocco and Tunisia should have access to blended credit
   programs to an extent dependent upon both need to counter
   subsidized competition and periodic assessments of their
   creditworthiness.

Ronald Reagan

SECRET

9 Extrait d'une réunion du Conseil National de Sécurité de la Maison Blanche délibérant pour savoir si les États-Unis devaient renverser Kadhafi

~~TOP SECRET/SENSITIVE~~ ▓▓▓▓▓

MCFARLANE SCENE-SETTER

-- I think it is important to remind ourselves why we are here.

-- Some weeks ago we concluded that the cost of inaction was an ever increasing spiral of terrorism directed at Americans.

-- We agreed too that the most logical place to begin responding was in Libya. Libya has the longest record in support of terrorism -- fifteen years. Moreover, Qadhafi's terrorism is global in scope.

-- Libya, then, is not only the weightiest leg of the terrorist tripod; it was also judged to be the easiest to attack without running up against a more serious Soviet challenge.

-- Although the risk of Soviet interference should never be treated lightly, it is obvious that attacks ▓▓▓▓▓ ▓▓▓▓▓ would be far more provocative. Our hope, then, was to send a signal to those other countries indirectly through a truly decisive action in Libya.

-- ▓▓▓

~~TOP SECRET/SENSITIVE~~ ▓▓▓▓▓

10 Rapport de la Direction du renseignement
de la CIA sur les chances de maintien ou du
renversement du colonel Kadhafi du pouvoir

SECRET
NOFORN NOCONTRACT ORCON   LIBYA.
Central Intelligence Agency

Washington D.C 20505

DIRECTORATE OF INTELLIGENCE

5ʼ August 1985

LIBYA: Qadhafi's Prospects for Survival

Summary

    Opposition to Qadhafi continues to grow. Signs of
an erosion in Qadhafi's political base of support
include renewed plotting by military officers and more
widespread grumbling about deteriorating economic
conditions. This increased malaise comes at a time when
Libyan dissidents are enhancing their capability to
conduct operations inside Libya. If the dissidents have
supporters in the military willing to assist, we assess
their chances of toppling Qadhafi at better than even.
▮▮▮

    Qadhafi's response to these developments has been
to align himself more closely with hardliners. Qadhafi
shows no inclination to rein in the extremists, curtail
costly foreign adventures, or backtrack on his unpopular
economic socialization programs, all of which could
broaden his base of support. A dramatic improvement in
living standards also would allow Qadhafi to regroup his
political fortunes, but such an option would require an
unexpected turn around in the demand for Libyan oil. In
the meantime, his refusal to compromise any aspect of·
his revolution or to make any effort to improve local
economic conditions only enhances the prospect of his
ouster, either by dissidents, the military, or by fellow
tribesmen in a preemptive move to protect their own
positions. ▮▮▮

* * * * * *

NESA M#85-10159
CL BY ▮▮▮
DECL OADR
DER FROM MULTIPLE

SECRET

569

At the root of domestic discontent is unhappiness with the deteriorating standard of living. ███████████████ most Libyans in Tripoli consider living conditions there worse than ever. ████████████████ residents are particularly distressed over continuing shortages of food and consumer goods and repeated breakdowns in public services, including medical care. ████████████

These grievances probably are aggravated by Qadhafi's continual exhortations to revolutionary activity, which further undermine the sense of security Libyans are seeking in their daily lives. In July, for example, Qadhafi ordered Western musical instruments in Libya destroyed as part of a new attack on symbols of Western culture. In addition, dissatisfied Libyan university students sent Qadhafi a memorandum in which they linked wasteful expenditures for misguided foreign adventures to the current economic difficulties. Many Libyans apparently are holding Qadhafi personally responsible for excesses committed by his loyalists in enforcing such dictums, ████████████████

Dissatisfaction with Qadhafi is finding expression in various ways. ████████████████████ anti-Qadhafi literature recently surfaced again in several Libyan cities and that graffiti has even appeared on walls near Qadhafi's headquarters in Tripoli. Security crackdowns following the Libyan exile attack on Qadhafi's headquarters in May 1984, previously had stifled such activity. ████████████

██
██
██

F(b)(1)
F(b)(3)
(S)

Growing Support for the Opposition

Antiregime sentiment probably is facilitating attempts by Libyan exile organizations to build a network of support inside Libya. ████████████████████████████████

██
██
██

F(b)(1)
F(b)(3)
(S)

The exiles apparently have weathered the setback they suffered when Sudan withdrew its support for the National Front for the Salvation of Libya (NFSL), the largest and most active Libyan opposition group, following President Nimeiri's removal last April. Cairo and Baghdad have replaced Khartoum as broadcast sites for anti-Qadhafi propaganda, ████████████

F(b)(1)
F(b)(3)
(S)

Several recent programs from Iraq indicate that Baghdad has broadened its contacts with Libyan opposition groups.

F(b)(1)
F(b)(3)
(S)

Increasing concern over Qadhafi's aggressive regional activities is behind expanding Egyptian, Iraqi, involvement with the dissidents.
Cairo is particularly worried about intensive covert Libyan efforts to create a network for subversion in Sudan.

F(b)(1)
F(b)(3)
(S)

Meanwhile, Tripoli's provision of Scud surface-to-surface missiles to Iran earlier this year and its announcement last June of a "strategic alliance" with Tehran have hardened Iraqi resolve to counter Qadhafi.

Despite their opposition to Qadhafi, Egypt, Iraq, have so far been unable to agree on a common program for unseating him.

F(b)(1)
F(b)(3)
(S)

F(b)(1)
F(b)(3)
(S)

3

571

Regime Countermeasures

Qadhafi almost certainly perceives an increasing threat of a coup attempt against him. ▓▓▓▓▓▓▓▓▓▓▓ the roundups and interrogations of suspected dissidents, including 96 university students last month, has grown. Security forces almost certainly are closely monitoring the activities of military officers, ▓▓▓▓▓▓▓▓

F(b)(1)
F(b)(3)
(S)

Qadhafi is proceeding with plans to strengthen his already tight personal security cordon. ▓▓▓▓▓

F(b)(1)
F(b)(3)
(S)

F(b)(1)
F(b)(3)
(S)

To ·eliminate antiregime activity overseas, Libyan intelligence agents continue to target suspected Libyan dissidents abroad·for assassination. Tripoli continues to try to implement plans to kill a number of dissidents in the Uunited States and West Germany and possibly to bomb kiosks selling anti-Qadhafi literature. Qadhafi reportedly also has ordered a review of the files of all Libyans abroad under government sponsorship. Those whose continued stay is not approved will be ordered home, or presumably will face death. ▓▓▓▓

Prospects

Qadhafi in the past has temporarily compromised some of his radical principles to ease discontent, but his increasing reliance on youthful extremists. in the revolutionary committees now limits his room to maneuver. Indeed, his recent speeches and actions indicate that he remains personally determined to sustain his revolution and to support foreign radicals. ▓▓▓▓

F(b)(1)
F(b)(3)
(S)

NOFORN NOCONTRACT ORCON

If Qadhafi continues to reject compromise, he will need at a minimum a hefty boost in oil revenues to reduce the current climate of discontent. We doubt that recent attempts by Qadhafi's supporters to blame shortages of consumer goods on hoarding and mismanagement by local "fat cats" will satisfy many Libyans. Some Libyans may even take to the streets in protest if economic conditions continue to worsen.

By replacing seasoned professionals with young zealots, Qadhafi almost certainly has increased the pool of officers willing to plot against him.

F(b)(
F(b)(
(S)

Libyan dissidents are wary of close involvement with any foreign backer,

F(b)(1)
F(b)(3)
(S)

For the moment, the exiles alone probably have the capability to conduct successfully only isolated sabotage operations. Nevertheless, the dissidents probably hope to launch another attack on Qadhafi in the near future to capitalize on his unpopularity as well as on increased foreign support. If the dissidents have well-positioned supporters in the military willing to assist, we assess their chances of toppling Qadhafi at better than even.

5
SECRET

573

11 La directive #205 du Conseil National
de Sécurité de la Maison Blanche sur
les actions à entreprendre contre la Libye

SYSTEM II
90006

THE WHITE HOUSE

WASHINGTON

CONFIDENTIAL

January 8, 1986

NATIONAL SECURITY DECISION
DIRECTIVE NUMBER 205

ACTING AGAINST LIBYAN SUPPORT OF INTERNATIONAL TERRORISM (C)

The scope and tempo of Libyan-supported terrorist activity
against western targets is widening and accelerating. Americans,
along with Europeans and Israelis, are increasingly being
victimized by this violence. Evidence of Qadhafi's support of
terrorism, to include the December 27 attacks in Rome and Vienna,
is indisputable. While the objectives of specific terror
operations vary, I have determined that the policies and actions
in support of international terrorism by the Government of Libya
constitute an unusual and extraordinary threat to the national
security and foreign policy of the United States. (C)

To counter Qadhafi's behavior, the United States will pursue the
following objectives:

-- demonstrate resolve in a manner that reverses the
    perception of U.S. passivity in the face of mounting
    terrorist activity; and

-- isolate Libya and reduce the flow of Western economic
    resources which help finance Libyan support of
    international terrorism. (C)

To achieve these objectives, I will issue an Executive Order
invoking authorities under the International Economic Emergency
Powers Act, the National Emergencies Act, Section 1114 of the
Federal Aviation Act of 1958 as amended, and Section 301 of title
3 of the United States Code to terminate American economic
activity in and related to Libya. The following economic
sanctions shall be imposed, effective no later than February 1,
1986:

-- a total ban on direct export and import trade with
    Libya, except for publications and donations of
    articles, such as medicine, for the relief of human
    suffering;

-- a ban on service contracts (present and future) in
    Libya.

CONFIDENTIAL
Declassify on: OADR

   --   prohibition of travel-related transactions other than those incident to speedy departure from Libya or for journalistic activity;

   --   clarification that MFN under the Trade Expansion Act of 1962 and Trade Act of 1974 is inapplicable to Libya; and

The following sanctions are immediately effective:

   --   a prohibition on grants of new loans, other extensions of credit and transfers to Libya, Libyan controlled entities, or Libyan nationals, and of property other than their previously owned assets.

   --   as directed in NSDD 200, vessels under the effective control of or bearing the flag of Libya shall be refused entry to U.S. ports. Vessels suspected of being under the effective control of Libya may be subject to security provisions. (C)

The United States will not freeze Libyan assets at this time. (C)

Every effort shall be made to seek Allied implementation of comparable economic sanctions and agreement not to replace U.S. business and personnel. (C)

In addition to these economic measures, the United States will initiate a global diplomatic and public affairs campaign to isolate Libya. To that end the Department of State shall prepare a plan designed to curtail Libyan political activities inimical to western interests. (C)

Ronald Reagan

NATIONAL SECURITY DECISION
DIRECTIVE NUMBER 205 ANNEX   ' ANNEX

ACTING AGAINST LIBYAN SUPPORT OF INTERNATIONAL TERRORISM

In support of the stated objectives of NSDD-205, this annex
directs additional military measures and intelligence actions.
(S)

Near-term military deployments shall signal U.S. resolve, reduce
the potential risk to American citizens in Libya, heighten the
readiness of U.S. forces to conduct military action, and create
uncertainty regarding U.S. intentions. To accomplish this
mission:

--   A second Carrier Battle Group shall proceed as soon as
      possible to the Central Mediterranean Sea;

--   These forces shall conduct operations in international
      waters, to include the Gulf of Sidra, which demonstrate U.S.
      resolve and capability.

--   The Secretary of Defense should submit a plan for these
      operations for review and approval by January 9, 1986. (TS)

1.5
(d)

Our long-term goals in Libya remain unchanged.

1.5
(c)

Declassify on: OADR

Ronald Reagan

UNCLASSIFIED

12 Extrait d'un rapport d'analyse de la CIA sur l'après-opération Eldorado Canyon

Central Intelligence Agency

Washington, D.C. 20505

DIRECTORATE OF INTELLIGENCE

17 July 1986

LIBYA: Qadhafi's Political Position Since the Airstrike

Summary

The US strike last April has aggravated Libyan leader Qadhafi's political problems by humiliating the Libyan armed forces and indirectly stimulating closer cooperation between Washington and West European countries. In response, Qadhafi is tightening his personal security, seeking Soviet assistance in strengthening Libyan defense capabilities, promoting diplomatic initiatives to ease Libya's international isolation, and restructuring his terrorist support apparatus to achieve greater deniability. █████

None of these measures are likely to significantly improve his prospects for surviving in power. Increased international pressure would further reduce his chances for political survival, which we believe are only slightly better than even through the end of the year. Only in the unlikely event Qadhafi adjusted his radical social and economic policies would he restore confidence in his leadership, even among his closest associates. Any breakdown in the morale and efficiency of the internal security forces--which currently protect him from all but the best-organized and skillfully implemented plots--probably would indicate that his demise is near. █████

* * * * * * * *

NESA M#86-20109
CL BY ████████
DECL   OADR
DERIVED FROM MULTIPLE

577

Domestic reactions to the US strike confirm the extent to which Qadhafi's political position has eroded over the past several years. ███████████████████████████ the funeral procession in Tripoli for those killed in the US strike attracted only several thousand marchers out of a local population of about 900,000. ██████████████████████████████ pro-Qadhafi demonstrations since the strike--highly publicized by the Libyan media--have only been stage-managed by his radical supporters and have lacked the spontaneity and enthusiasm of previous ones. ██
████████

████████████████████████ popular discontent with Qadhafi--already high--has become more open since the US strike. ██████████████████████████Libyans are openly accusing Qadhafi of wasting scarce financial resources on ineffective weaponry. This is in contrast to reporting last year indicating that Qadhafi's pervasive security measures had instilled a sense of fear among Libyans that permitted political discussions only with their most trusted confidants. ████████ ████████████████████ anti-Qadhafi leaflets and graffiti recently appeared in Tripoli and Benghazi for the first time this year. The leaflets ███████████blame Qadhafi for Libya's economic difficulties and for pursuing aggressive foreign policies (see appendix A). ████████████

████████████████████████████Libyans are publicly blaming Qadhafi and his aggressive policies for causing the deaths of fellow countrymen during the Gulf of Sidra confrontation last March and the US airstrike last April. █████████████████████ ████████████████ many Libyans hope US pressure will eventually result in Qadhafi's removal. █████████████

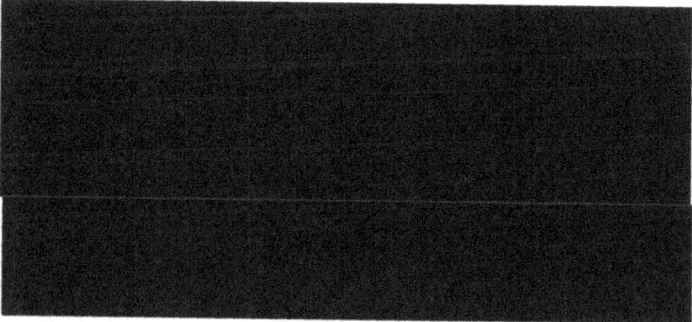

F(b)(1)
F(b)(3)
(S)

F(b)(1)
F(b)(3)
(S)

-2-

13 Extrait d'un rapport du FBI sur l'attentat de Lockerbie

In Reply, Please Refer to
File No. 262-23

Washington D. C. 20535

August 20, 1990

PAN AM 103
OVERSEAS HOMICIDE/ATTEMPTED HOMICIDE
INTERNATIONAL TERRORISM

This document is classified "SECRET" in its entirety.

An Improvised Explosive Device (IED) exploded onboard Pan Am Flight 103, on December 21, 1988, killing 259 passengers and crew members. The debris from the aircraft fell on Lockerbie, Scotland, killing 11 residents. Forensic Scientist at the Forensic Laboratory, Royal Armament Research and Development Establishment (RARDE), Fort Halstead, Seven Oaks, Kent, England, have determined that the IED was contained in a black Toshiba radio, model SF 16.

Recovered from the wreckage of Pan Am Flight 103, was a gray Slalom Shirt, which exhibited signs of blast damage. The Scottish Police have identified this shirt as production number PI 995. An examination of this garment, production number PI 995, by Forensic Scientist at RARDE, determined that this shirt appears to have been contained in the suitcase which contained the IED. Investigation to date has determined that this shirt, along with approximately twelve additional items of clothing and apparel, were purchased by an unidentified individual, on or about December 7, 1988, at Mary's House, Sliema, Malta. Mary's House in Sliema, Malta is a retail clothing outlet.

On January 22, 1990, Forensic Scientist at RARDE advised that they had discovered, trapped in the Slalom shirt, production number PI 995, several fragments of black plastics, consistent with the case of the Toshiba radio, a fragment of

SECRET
CLASSIFY BY 6578
DECLASSIFY ON OADR

green circuit board, minute fragments of metal and wire, and
several multilayered fragments of white paper bearing black
printing. The white multilayered paper fragments have been
identified as originating from the instruction manual for the
Toshiba SF 16 radio. RARDE separated the black plastic
fragments, green circuit board fragment and metal and wire from
the Slalom Shirt (PI 995), and have identified these items as
production number PT 35.

The Scottish Police have determined, after extensive
investigation, that the green circuit board (PT 35) is single
sided and composed of nine (9) layers of glass cloth, type 7628.
It (the green circuit board) is described as a one ounce, copper
clad, FR4 epoxy glass laminate circuit board, 1.6 millimeters
(mm) thick. This glass cloth laminate is manufactured using a
Bisphenol A epoxy resin cured with Dicyandiamide. A solder mask
has been applied to both sides of the board. The solder mask
appears to be a wet epoxy base type that was either screen
printed or brushed on to the board. The small tracks on the
board are nominally one ten thousandth of an inch, 250 microns,
with 450 microns spacing between the tracks. The tracks are
coated with pure tin, probably from an electrolysis tin solution,
presumably to aid in solderability. Normal electronic grade
solder, 60 to 65 per cent tin (with the remainder lead), has been
used to make a solder connection to the pad.

Personnel from the Federal Bureau of Investigation
(FBI), Explosives Unit discovered a similarity between the
circuit board fragment (PT 35) and a printed circuit board, which
is a component part of an electronic timer recovered in Africa in
September, 1986 (now referred as specimen K-1). On June 22,
1990, a side by side comparison of specimen K-1 and PT 35,
resulted in a positive identification of PT 35, as being similar
to specimen K-1. In essence, it has been determined that the PT
35 circuit board fragment originated from a circuit board that
was like or identical to specimen K-1 circuit board. Specimen K-
1 is described as part of a digital, battery operated, long delay
timer detonator, capable of providing electrical power to fire
an electrical detonator, which would initiate the high explosive
main charge.

14 Extrait d'un rapport de la Defense Intelligence Agency sur la responsabilité de l'Iran et du FPLG dans l'attentat de Lockerbie

DOI: (U) 910200.
REQS: (U)
SOURCE: (S/NF/WN)

THE FOLLOWING INFORMATION IS RELEASABLE TO THE MNF
//

SUMMARY: (S) IRAQI AIRCRAFT IN IRAN WERE TO BE USED AGAINST US
SHIPPING IN THE GULF AND AGAINST AIR BASES IN TURKEY. THIS WAS THE
PLAN OF AYATOLLAH MOHTASHEMI, WHO IS NOW SUPPORTING MORE THAN 300
IRAQI PILOTS IN IRAN. MOHTASHEMI IS SAID TO HAVE PAID 10 MILLION
DOLLARS TO TWO ORGANIZATIONS TO CARRY OUT TERRORIST ACTIVITIES.
TEXT: (U)
1. (S) INTRODUCTION. THIS REPORT PROVIDES INFORMATION ON IRAQI
PILOTS IN IRAN (PARA 2), THE PROPOSED USE AND DISPOSITION OF IRAQI
AIRCRAFT IN IRAN (PARA 3), AND THE INDIVIDUAL IN THE IRANIAN
GOVERNMENT WHO SUPPORTED THE USE OF THE AIRCRAFT AGAINST US FORCES
(PARA 4).
2. (S) IRAQI PILOTS IN IRAN. THERE ARE CURRENTLY MORE THAN 300
IRAQI PILOTS IN IRAN. THESE INCLUDE THOSE WHO FLEW THEIR AIRCRAFT TO
IRAN AND SOME WHO MADE THE TRIP OVERLAND. THEY ARE NOT POSITIONED
WITH THE AIRCRAFT, BUT ARE LIVING IN TEHRAN IN THE YOSEFABAD SECTOR
OF THE CITY. THIS IS A WEALTHY AREA AND THE PILOTS ARE LIVING WELL;
SOME OF THEM HAVE THEIR FAMILIES THERE. THEY ARE SUPPORTED
FINANCIALLY AND OTHERWISE BY AYATOLLAH ((MOHTASHEMI)) (SEE PARA 4).
3. (S) USE OF THE IRAQI AIRCRAFT. THE IRAQI AIRCRAFT WERE MOVED TO

IRAN TO BE USED BY THE IRAQI PILOTS IN A STRIKE AGAINST US FORCES IN
THE GULF AND IN TURKEY. MIRAGE AIRCRAFT CARRIED THE EXOCET MISSILE,
WHICH WAS TO BE USED AGAINST US SHIPS. MIRAGE AIRCRAFT ARE LOCATED
AT DEZFUL AND SHIRAZ, CLOSE ENOUGH TO THE GULF FOR A STRIKE. MIG-29,
-27 AND -23 AIRCRAFT ARE ALSO LOCATED AT SHIRAZ AND AT TABRIZ, FROM
WHERE THEY COULD BE USED TO STRIKE AIR BASES IN TURKEY. TWO IRAQI
AWACS AIRCRAFT ARE LOCATED AT GHALE MOGHI AB IN TEHRAN. OTHER
AIRCRAFT ARE LOCATED AT SHAHROKHI AB IN HAMADAN; AT ISPAHAN, WHERE
THE IRANIAN F-14'S ARE LOCATED; AND POSSIBLY AT BANDAR ABBAS. THE
FIRST PRIME MINISTER UNDER THE LATE AYATOLLAH KHOMEINI, ((BARGAZAN)),
SUPPORTS THE IDEA OF KEEPING THE IRAQI AIRCRAFT AS PARTIAL PAYMENT OF
REPARATIONS FROM IRAQ.
4. (S) AYATOLLAH MOHTASHEMI. MOHTASHEMI WAS THE INDIVIDUAL IN THE
IRANIAN GOVERNMENT WHO SUPPORTED THE USE OF THE IRAQI AIRCRAFT
AGAINST US FORCES. A STRIKE WAS TO BE CARRIED OUT IF THE WAR HAD
LASTED LONGER. IRANIAN PRESIDENT HASHEMI ((RAFSANJANI)) HAD OPPOSED
THE USE OF THE AIRCRAFT AGAINST COALITION FORCES, AND THIS IS THE
MAIN REASON WHY THEY WERE NOT USED. MOHTASHEMI IS CLOSELY CONNECTED
WITH THE AL ABAS AND ABU NIDAL TERRORIST GROUPS. HE IS ACTUALLY A
LONG-TIME FRIEND OF ABU NIDAL. HE HAS RECENTLY PAID 10 MILLION

DOLLARS IN CASH AND GOLD TO THESE TWO ORGANIZATIONS TO CARRY OUT
TERRORIST ACTIVITIES AND WAS THE ONE WHO PAID THE SAME AMOUNT TO BOMB
PAN AM FLIGHT 103 IN RETALIATION FOR THE US SHOOT-DOWN OF THE IRANIAN
AIRBUS. MOHTASHEMI HAS ALSO SPENT TIME IN LEBANON.

COMMENTS: (U) ███████████████ -THIS IS A DESERT STORM SUMMARY IIR
FOR TIME-SENSITIVE DISSEMINATION.

████████████████████████████

ADMIN
PROJ: (U) 180310.
INSTR: (U) US NO.
PREP: (U) ███████
ACQ: (U) LOS ANGELES (910228).
WARNING: (U) REPORT CLASSIFIED S E C R E T RELEASABLE TO THE
MULTINATIONAL FORCES (MNF).
DECLOADR
/ACXM77
BT

#0201

NNNN

15 Note de Gilles Ménage à François Mitterrand

PRÉSIDENCE
DE LA
RÉPUBLIQUE

Le Directeur de Cabinet

Paris, le 28 juin 1991

Monsieur le Président,

Au sujet de la note ci-jointe de la DST qui fait état des articles de presse récents parus, non seulement en France, mais aussi en Allemagne et aux Etats-Unis, tendant à établir la responsabilité des autorités libyennes dans les attentats perpétrés contre le DC 10 d'UTA et l'avion de la PANAM, il convient de faire les observations suivantes :

1) Certains indices ont été relevés pouvant mener à des responsabilités libyennes directes ou indirectes dans la commandite ou l'exécution de l'un ou l'autre ou de ces deux attentats. Il n'est donc pas possible d'exclure cette hypothèse.

2) En revanche, la preuve de l'implication des autorités libyennes n'est pas établie d'une part, et d'autre part, le lien entre les deux attentats l'est encore moins.

3) Il est curieux de constater que les prétendues révélations de M. Xavier RAUFER, réputé pour être proche des services américains, soient faites après un récent voyage que ce journaliste a effectué aux Etats Unis.

4) Il est évident que la mise en cause des responsabilité de la LIBYE est commode à tous égards pour les Etats-Unis dans la période actuelle, puisqu'elle exonère du même coup la SYRIE, jusqu'alors principale suspecte, au moins par complicité, ou encore l'IRAN.

.../...

En conclusion, il ne faut pas exclure que les services américains cherchent par cette campagne de presse à désigner du doigt les autorités libyennes, alors même que l'enquête en cours ne permet pas de conclure formellement.

Si toutefois cette campagne de presse devait recevoir de la part des médias ou de l'opinion publique une certaine crédibilité, le problème des rapports entre la FRANCE et la LIBYE se trouverait posé en termes nouveaux.

Gilles MENAGE

16 Rapport de Bernard Cheynel sur le marché de l'armement en Libye

EURO PARTNERS TECHNOL

Bernard CHEYNEL

Strada Vulturi 18-18A
030855 BUCAREST 3
ROMANIA

LIBYE / Thales

« DÉFENSE AÉRIENNE »

RAPPORT À L'ATTENTION DE

Monsieur le Préfet Claude Guéant
Secrétaire Général de l'Élysée

et

Monsieur le Préfet Bernard Squarcini
Ministère de l'Intérieur

Contexte Général

Depuis la visite de Mouhamar Kadhafi à Paris, la Libye a signifié son intérêt pour l'achat d'un ensemble de systèmes d'armes à la France. Si le marché des contrats envisagés nous apparaît important dans sa globalité, il n'en est rien du point de vue libyen, car la façon libyenne d'équilibrer ses relations internationales est de dépenser en parts égales une partie de ses revenus pétroliers auprès des pays occidentaux. Ainsi, lors de sa récente tournée européenne, le « Guide » aura dépensé la même somme auprès des Français, des Italiens et des Espagnols. Pour leur part, les américains ont « récolté » plus de 50% des contrats pétroliers et gaziers dans le pays, alors que les anglais ont récemment signés pour 1 milliard d'Euros de contrat et le même domaine. De plus, la Russie en compensation d'une dette « artificielle » de 4 milliards d'euros s'est vu attribuer environ 4 milliards d'euros de contrats, notamment militaires et sans aucune incidence sur ceux passés avec la France.

Système de Défense Aérienne

Depuis 2004, Thales et la Libye sont en négociation pour la fourniture d'un Système de Défense Aérienne (Centre de commandement, Radar Réseau de Communication Sécurité). Budget global estimé 800 millions d'Euros. De son côté l'espagnol Indra (!) a décroché un contrat de 400 millions, en deux tranches de 200 millions d'euros. Deux comités d'évaluation de chacune des offres ont été créés, l'un des américains) a fait une proposition pour des équipements de même nature. Deux comités d'évaluation de chacune des offres ont été créés, l'un Libye, aujourd'hui les deux équipes libyennes se retrouvent au sein d'un nouveau comité créé le 5 mai dernier, et c'est le Général Mansour, Chef d'État Major de la Défense Aérienne, qui le dirige.

Dates Clefs

2004 Prospection du marché libyen
2005 Visite d'une délégation libyenne en France
2007 (Octobre) Proposition technique et commerciale remise par Alexandre de Jugnac à Tripoli lors du Lavex 2007 (Cf rapport Réf. 01LB200:
2008 (Avril) Remise d'une nouvelle proposition selon les besoins exprimés lors ce réunions techniques entre Thales et les techniciens libyens,
2008 (Mai) Création d'un nouveau comité d'évaluation qui est la refonte des deux précédents comités dédiés à Thales et Indra.

Intervenants

1) Ministre de la Défense, Aboubakar Yunis, Compagnon du Guide
2) Chef d'État Major Forces Aériennes/Défense Aérienne, Général Rani Shérif,
3) Chef d'État Major Forces Aériennes, Général Jibril Kaddiié,
4) Adjoint au Général Kaddiié, Général Tajouri
5) Chef d'État Major de la Défense Aérienne, Général Mohamed Mansour, Patron du Comité d'évaluation (5 mai 2008)
6) Patron du Service des Achats, Général Abdelaman Sed
7) Patron Surveillance Aérienne - Guerre électronique, Colonel Hamidio Suleiman.
   Ex-Patron du Comité d'évaluation de la proposition Thalès.

Il faut noter que Le Général Mansour a été mis en place par le Général Rifi pour sa probité notoire et que le Colonel Suleiman est l'ex-Directeur Cabinet du Général Rifi. C'est bien le Général Rifi qui à la haute main sur le projet.
Pour garantir son succès et se prémunir de toute concurrence déloyale Thales International dispose d'un réseau efficace lié au Général Karoubi, inconsésté du régime. C'est maintenant Monsieur Raphaël Eshnad, nouvellement promu à la THINT, qui est chargé de coordonner l'action des équi techniques de Thales et du réseau mis en place.

17 Rapport financier 2010 de la NED sur le financement d'organisations libyennes expatriées

National Endowment *for* Democracy

Supporting freedom around the world

Libya

Akhbar Libya Cultural Limited

$69,900

To facilitate Libyans' access to accurate information on issues related to the social, political, and economic growth of the country. ALCL will strengthen and develop its Arabic-language online news website which provides independent and timely coverage of Libyan affairs through three anonymous correspondents and voluntary contributors from within the country.

Libya Human and Political Development Forum

$75,000

To foster constructive dialogue and cooperation among Libyan democrats and civic groups inside and outside the country. LHPDF will conduct two workshops on human development, media, human rights and democracy; maintain and update its website; and produce and distribute two issues of its journal and two booklets on political developments in Libya.

Transparency Libya Limited

$39,000

To expose corruption and promote accountability and transparency in Libya. TL will continue to maintain its Arabic-language online magazine which focuses on monitoring and reporting corruption in Libya's private and public sectors and work with other Libyan and international organizations to exert pressure on the Libyan government on the issue of corruption.

The Libyan League for Human Rights

«Everyone has the right to life,
liberty and security of person»

الرابطة الليبية لحقوق الإنسان
«لكل فرد حق في الحياة
والحرية وسلامة شخصه»

allibyah@yahoo.com

Maitre Roland Dumas
Maitre jacques Vergès
Avocats - Paris

Genève le 7 juin 2011

Libye :plainte des familles des "victimes des bombardements de l'OTAN"

Chers Maitres,

La Ligue Libyenne des Droits Humains (LLDH) a suivi avec intérêt votre visite à Tripoli. Elle a pris connaissance des déclarations que vous avez faites lors de la conférence de presse organisée, le 29 mai 2011, par le ministère de justice du colonel Qadhafi, et à laquelle ont assisté, sur sommation du ministère, une trentaine de représentants des familles, «victimes des bombardements de l'OTAN». Selon le représentant du ministère Mr. Boukhzam, les représentants des familles vous ont remis des procurations dument signés afin de poser plaintes auprès des tribunaux français contre le président de la république française pour « crime contre l'humanité pour le rôle que la France a joué en Libye ». Mr. Boukhzam, n'a pas manquer, non plus, de signaler le coté bénévole! de leur intervention quand il a indiqué que « les deux avocats (Dumas-Vergès) s'étaient portés volontaires pour soutenir la plainte des familles »

LLDH voudrait vous féliciter pour cette noble initiative de porter secours aux familles des victimes civiles de la guerre . Nous regrettons, cependant, que votre initiative s'est limitée aux familles des victimes d'attaques de la part des forces de la coalition formée dans le cadre de la résolution 1973 du Conseil de Sécurité de l'ONU qui autorise et même oblige tous les pays membres « de prendre les mesures nécessaires pour protéger la population et zones civiles menacées d'attaque » en Libye - (para. 4). Il ne parait pas des déclarations que vous avez faites pendant la conférence de presse que vous souciez des malheurs des familles des victimes des attaques perpétrées par les troupes loyales au colonel Qadhafi malgré leur ampleur et leur atrocité. Nous voudrions vous rappeler dans ce contexte que pendant les 31 jours qui ont précédé le vote de la résolution 1973, du 15 février, le début des attaques des civils, au 17 mars, date du vote de la résolution, les attaques des katayeb (Gardes personnelles) commandés par le Colonel Qadhafi ont fait plus de 6000 morts, 12000 blessés, 5000 disparus, 700 viols et 75000 refugiés. Nous regrettons votre silence sur ces crimes. Pendant la même période les villes de Misurata était détruite à 50%, Zawiya à 60% , Zouara à 40% et Zintan à 65%. Nous regrettons que vous ayez ignoré ces crimes malgré qu'ils sont à la base même de l'inculpation du Colonel Qadhafi et ses associés de crime de guerre et de crime contre l'humanité par la Cour Pénale Internationale. Pendant cette période aussi le Conseil de Sécurité a voté, le 26 février, la Résolution 1970 qui s'est limitée a lancer un appel fervent au Colonel Qadhafi d'arrêter immédiatement les violences et les attaques armées perpétrées contre le civils tout en l'exhortant « de prendre les mesures pour satisfaire les revendications légitimes de la population ». Cette Résolution n'a mentionné aucune intervention armée des nations unies et a laissé le temps qu'il faut pour le gouvernement du colonel Qadhafi de revoir sa politique envers son peuple qu'il revendique sa représentation.

Le colonel Qadhafi a, malheureusement, ignoré les appels de la communauté internationale contenus dans la résolution 1970. Au lieu d'arrêter les attaques contre la population civile, il a

أسست في مارس ١٩٨٩ كمنظمة غير حكومية للدفاع عن حقوق الإنسان والحريات الأساسية ل ليبيا
Founded in March 1989 as an NGO for the defense and promotion of human rights and fundamental freedoms in Libya
Mailing address: P.O.Box 2148, 1211 Genève 2/Dépôt, Switzerland

choisi leur expansion et leur intensification en introduisant des armes nouvelles plus destructives et plus meurtrières telles que les bombes à sous-munitions et les lance-roquettes multiple BM-21 de 122 mm et autres armes. Il a aussi étendu l'usage de l'aviation et les chars contre les civils. C'est cet entêtement du colonel Qadhafi et sa volonté affichée de ne pas arrêter la guerre qui a été senti comme un défi à la communauté international qui, par conséquent, n'a pas hésité à voter, le 17 mars 2011, la Résolution 1973 dont l'objectif essentiel vise à pourvoir assistance à une population en grand et imminent danger et à garantir sa protection des milices du colonel Qadhafi. Il est à noter que malgré la résolution 1973 la population civile dans les territoires contrôlés par le colonel Qadhafi continue a souffrir des attaques des katayeb d'une part, et de l'absence d'une protection internationale efficace contre ces attaques d'autre part. Les attaques des kattayeb contre les civils qui ont commencé le 15 février 2011 ont causé au 31 mai 2011 des pertes matérielles estimées à 575 Milliards de dollars. Elles comprennent la destruction à 95 % de la 3em ville du pays ; Misurata , à 90% de la 4em ville Zawyia , à 90% de la ville de Zouara et à 95% de Zintan, Tarhuna, et autres localités. Quant aux pertes humaines, elles s'élèvent à 18000 morts, 46000 blessés 28000 disparus, 1600 viols et 150.000 réfugiés (à l'intérieur et à l'extérieur du pays). C'est ça le bilan de Qadhafi. En comparaison le porte parole du régime, Mussa Ibrahim, citant des chiffres invérifiables du ministère de la santé a déclaré le 28 mai que « entre le 19 mars et le 26 mai les raids de la coalition ont causé la mort de 715 morts parmi les civiles et 4067 blessés ». Ces allégations furent immédiatement rejetées par la coalition comme pure propagande.

Maitres

Vous savez bien que le régime du Colonel Qadhafi est un régime aux abois et qu'il essaye de s'accrocher au pouvoir par tous les moyens... par la guerre, les ruses et les mensonges. Tous les jours des familles entières, adultes et enfants, sont forcées à passer des nuits comme boucliers humains à Bab Al-Azizia, le QG de Qadhafi, et en d'autres points militairement sensibles afin de décourager les attaques aériennes contre ces objectifs militaires même si cette entreprise, et c'est bien le cas, met en danger la vie et la sécurité de milliers de civils. C'est Qadhafi et lui seul qui a toutes les clés pour un arrêt immédiat de la violence. Il lui suffit simplement de déclarer qu'il quitte le pouvoir pour que cessent toutes les activités militaires en même temps que la fin du calvaire des civils, tous les civils en Libye. Il n'y a aucun doute que la fin de la guerre est liée au renoncement du pouvoir par Qadhafi et que sa continuation à la tête de l'Etat ne fera que la prolonger avec toutes les destructions et les pertes de vies humaines et matérielles que cette continuation comporte. Dans ce contexte il faut noter que Qadhafi dans son discours de fin de février 2011 a menacé les libyens, « d'incendier le pétrole, de détruire toute l'infrastructure du pays » et a promis un « avenir noir » à leurs enfants s'il est acculé à abandonner le pouvoir (discours Zenga, Zenga). N'est il pas de par son obstination de garder le pouvoir par force entrain d'alimenter la guerre et d'exposer tous les jours un peu plus le peuple libyen tout entier aux horreurs de la guerre ?. N'est-il pas de par son refus de quitter pacifiquement le pouvoir, qu'il a gardé pendant 42 ans, entrain de mettre en œuvre ses menaces de Zenga Zenga et de realiser l'avenir noir qu'il a promis aux libyens?

Veuillez agréer, chers Maitres, l'expression de nos salutations les plus distinguées

Sliman Bouchuiguir (Ph-D)
Secrétaire Général

19 Rapport d'autopsie de Mouammar Kadhafi

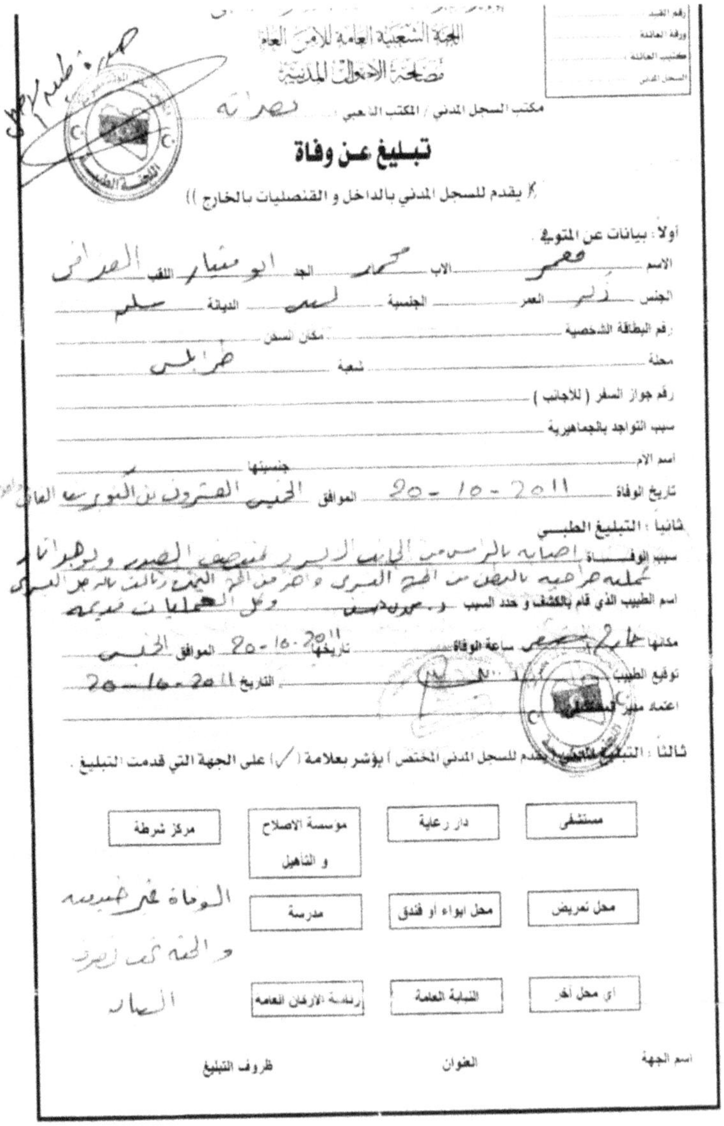

اللجنة الشعبية العامة للأمن العام
مصلحة الأحوال المدنية

رقم القيد	
ورقة العائلة	
كتيب العائلة	
السجل الخاص	

مكتب السجل المدني / المكتب الفرعي مصراته

تبليغ عن وفاة

((يقدم للسجل المدني بالداخل و القنصليات بالخارج))

أولاً : بيانات عن المتوفي .

الاسم معمر الاب محمد الجد ابو منيار اللقب القذافي

الجنس ذكر العمر ... الجنسية ليبي الديانة مسلم

رقم البطاقة الشخصية ... مكان السكن ...

محلة ... شعبة طرابلس

رقم جواز السفر (للأجانب) ...

سبب التواجد بالجماهيرية ...

اسم الأم ... جنسيتها ...

تاريخ الوفاة 20-10-2011 الموافق الخميس العشرون من ...

ثانياً : التبليغ الطبي

سبب الوفاة ...

اسم الطبيب الذي قام بالكشف و حدد السبب ...

مكانها ... ساعة الوفاة ... تاريخها 20-10-2011 الموافق الخميس

توقيع الطبيب ... التاريخ 20-10-2011

اعتماد مدير المستشفى ...

ثالثاً : التبليغ (يقدم للسجل المدني المختص) يؤشر بعلامة (✓) على الجهة التي قدمت التبليغ .

مستشفى	دار رعاية	مؤسسة الاصلاح و التأهيل	مركز شرطة
محل تمريض	محل ايواء أو فندق	مدرسة	
أي محل آخر	النيابة العامة	رئاسة الأركان العامة	

اسم الجهة ... العنوان ... ظروف التبليغ ...

20 Courriel d'Hillary Clinton sur les enjeux de l'implication britannique dans le conflit libyen

RELEASE IN PART
B5,B6

From:	H <hrod17@clintonemail.com>
Sent:	Friday, April 8, 2011 5:35 PM
To:	'sullivanjj@state.gov'
Subject:	Fw: H: UK game playing; new rebel strategists, Egypt moves in. Sid
Attachments:	hrc memo UK games; new rebel strategists, Egypt moves 040611.docx

Fyi.

B5

From:
Sent: Friday, April 08, 2011 05:27 PM
To: H
Subject: H: UK game playing; new rebel strategists; Egypt moves in. Sid

B6

CONFIDENTIAL

For: Hillary
From: Sid
Re: UK game playing; new rebel strategists; Egypt moves in

Latest report:

LIBYA/GREAT BRITAIN/FRANCE

On the morning of April 8, an individual with direct access to the leadership of the Libyan National Council (LNC) stated in strictest confidence that members of the Military Committee of the LNC are concerned that, despite the involvement of NATO against the forces of Muammar Qaddafi, the government of Great Britain is using its intelligence services in an effort to dictate the actions of both the LNC and the Qaddafi regime. These individuals add that they have been informed by contacts in France and Italy that, while they have been engaged in discussions with the LNC regarding possible assistance, British diplomats and intelligence officers have maintained contact with members of the Qaddafi government, in an effort to protect the British position in the event the rebellion settles into a stalemate. These LNC officials believe that the defection of Libyan Minister of Foreign Affairs Mousa Kousa to the United Kingdom was part of this effort. By the same token they believe that British intelligence officers are in discussion with associates of Saif al-Islam Qaddafi, regarding future relations between the two countries if he takes over power from his father and implements reforms.

According to these individuals, senior LNC military personnel suspect that despite early indications that they would provide clandestine military support to the rebels; neither the French nor the British government will provide the rebels with enough equipment and training to defeat Qaddafi's forces. They also believe that the French, British, and other European countries will be satisfied with a stalemate that leaves Libya divided into two rival entities.

(Source Comment: In the opinion of these individuals the LNC military leaders are considering the possibility of hiring private security firms to help train and organize their forces. One of these individuals added that a number of the LNC members believe that this solution may be best for the rebels; noting that if they accept clandestine aid from France and/or Great Britain those two countries will be in a position to control the development of post-Qaddafi Libya.)

LIBYA - INSURGENT ACTIVITY
(This information is based on sensitive reporting from individuals with direct access to the leadership of the LNC.)

STATE-SCB0046042

21 Courriel d'Hillary Clinton sur les enjeux de l'implication française dans la guerre, y compris le dinar or libyen

RELEASE IN PART
B6

B6

From:	sbwhoeop
Sent:	Saturday, April 2, 2011 10:44 PM
To:	H
Subject:	H: France's client & Q's gold. Sid
Attachments:	hrc memo France's client & Q's gold 040211.docx; hrc memo France's client & Q's gold 040211.docx

CONFIDENTIAL

April 2, 2011

For: Hillary
From: Sid
Re: France's client & Qaddafi's gold

1. A high ranking official on the National Libyan Council states that factions have developed within it. In part this reflects the cultivation by France in particular of clients among the rebels. General Abdelfateh Younis is the leading figure closest to the French, who are believed to have made payments of an unknown amount to him. Younis has told others on the NLC that the French have promised they will provide military trainers and arms. So far the men and materiel have not made an appearance. Instead, a few "risk assessment analysts" wielding clipboards have come and gone. Jabril, Jalil and others are impatient. It is understood that France has clear economic interests at stake. Sarkozy's occasional emissary, the intellectual self-promoter Bernard Henri-Levy, is considered by those in the NLC who have dealt with him as a semi-useful, semi-joke figure.
2. Rumors swept the NLC upper echelon this week that Qaddafi may be dead or maybe not.
3. Qaddafi has nearly bottomless financial resources to continue indefinitely, according to the latest report we have received:

On April 2, 2011 sources with access to advisors to Saif al-Islam Qaddafi stated in strictest confidence that while the freezing of Libya's foreign bank accounts presents Muammar Qaddafi with serious challenges, his ability to equip and maintain his armed forces and intelligence services remains intact. According to sensitive information available to this these individuals, Qaddafi's government holds 143 tons of gold, and a similar amount in silver. During late March, 2011 these stocks were moved to SABHA (south west in the direction of the Libyan border with Niger and Chad); taken from the vaults of the Libyan Central Bank in Tripoli.

This gold was accumulated prior to the current rebellion and was intended to be used to establish a pan-African currency based on the Libyan golden Dinar. This plan was designed to provide the Francophone African Countries with an alternative to the French franc (CFA).

(Source Comment: According to knowledgeable individuals this quantity of gold and silver is valued at more than $7 billion. French intelligence officers discovered this plan shortly after the current rebellion began, and this was one of the factors that influenced President Nicolas Sarkozy's decision to commit France to the attack on Libya. According to these individuals Sarkozy's plans are driven by the following issues:

a. A desire to gain a greater share of Libya oil production,

b. Increase French influence in North Africa,

c. Improve his internal political situation in France,

d. Provide the French military with an opportunity to reassert its position in the world,

e. Address the concern of his advisors over Qaddafi's long term plans to supplant France as the dominant power in Francophone Africa.)

On the afternoon of April 1, an individual with access to the National Libyan Council (NLC) stated in private that senior officials of the NLC believe that the rebel military forces are beginning to show signs of improved discipline and fighting spirit under some of the new military commanders, including Colonel Khalifha Haftar, the former commander of the anti-Qaddafi forces in the Libyan National Army (LNA). According to these sources, units defecting from Qaddafi's force are also taking a greater role in the fighting on behalf of the rebels.

22 Extrait d'un rapport de la Defense Intelligence Agency (DIA) sur le transfert d'armes de la Libye vers la Syrie

RUETIAA/NSA FT GEORGE G MEADE MD
RUETIAA/NSACSS FT GEORGE G MEADE MD

RHEFLGX/SAFE WASHINGTON DC
RUEKJCS/SECDEF WASHINGTON DC
RUEHC/SECSTATE WASHINGTON DC
RUZCISR/USCENTCOM MACDILL AFB FL
RHMFISS/USSTRATCOM OFFUTT AFB NE
BT
CONTROLS
~~S E C R E T//NOFORN~~
QQQQ

SERIAL: (U)
BODY
DATE OF PUBLICATION: 051443Z OCT 12.

DEPARTMENT OF DEFENSE
INFORMATION REPORT, NOT FINALLY EVALUATED INTELLIGENCE.

COUNTRY OR NONSTATE ENTITY: (U) LIBYA (LBY); SYRIA (SYR).

SUBJECT: (S//NF) FORMER-LIBYA MILITARY WEAPONS Shipped to Syria via the Port of Benghazi, Libya

DATE OF INFORMATION: (U) 1 May 2012 - 1 Sep 2012.

CUTOFF: (U) 18 Sep 2012.

WARNING: (U) THIS IS AN INFORMATION REPORT, NOT FINALLY EVALUATED INTELLIGENCE. REPORT CLASSIFIED ~~SECRET//NOFORN.~~

TEXT: 1. (S//NF) EXECUTIVE SUMMARY. Weapons from the former Libya military stockpiles were shipped from the port of Benghazi, Libya to

14-L-0552/DIA/ 2

the Port of Banias and the Port of Borj Islam, Syria. The weapons shipped during late-August 2012 were Sniper rifles, RPG's, and 125mm and 155mm howitzers missiles.

2. (S//NF) During the immediate aftermath of, and following the uncertainty caused by, the downfall of the ((Qaddafi)) regime in October 2011 and up until early September of 2012, weapons from the former Libya military stockpiles located in Benghazi, Libya were shipped from the port of Benghazi, Libya to the ports of Banias and the Port of Borj Islam, Syria. The Syrian ports were chosen due to the small amount of cargo traffic transiting these two ports. The ships used to transport the weapons were medium-sized and able to hold 10 or less shipping containers of cargo. (NFI)

3. (S//NF) The weapons shipped from Libya to Syria during late-August 2012 were Sniper rifles, RPG's, and 125mm and 155mm howitzers missiles. The numbers for each weapon were estimated to be: 500 Sniper rifles, 100 RPG launchers with 300 total rounds, and approximately 400 howitzers missiles [200 ea - 125mm and 200ea - 155 mm].

14-L-0552/DIA/ 3

23 Extrait d'un rapport des renseignements militaires canadiens sur le risque de déstabilisation globale de la Libye

SECRET/ s.15(1)

SECURITY THREAT ASSESSMENT

DGIP/STA/2011-013
ICOD: 14 March 2011

Chief of Defence Intelligence
Chef du Renseignement de la Défense

COUNTRY: LIBYA (U)
15 March 2011

EXECUTIVE SUMMARY (U)

- The current conflict in Libya is likely to continue for weeks and probably months; There is the increasing possibility that the situation in Libya will transform into a long-term tribal / civil war. This is particularly probable if opposition forces receive military assistance from foreign countries. (S//   )

- The threat to CF personnel and assets will depend on the political context and the mission. CF elements deployed to or near Libya could face some armed hostility from pro-regime and anti-regime forces.

- Oil is the economic engine of Libya.

(S/   )

- Humanitarian issues, such as food shortages, could still arise, especially in the case of prolonged conflict. Most Westerners in the country who wish to depart have probably already done so. (U)

THREAT MATRIX

1/17

SECRET/

National Defence
Défense nationale

Canada

A0362002_1-A-2012-00980--0001

BIBLIOGRAPHIE

Aid M. Matthew, *The secret sentry : the untold history of the National Security Agency*, Bloomsbury Press, 2009.

Airault Pascal & Jean-Pierre Bat, *Françafrique : opérations secrètes et affaires d'État*, Tallandier, 2016.

Albright Madeleine, Vin Weber & Steven A. Cook, *In Support of Arab Democracy : Why and How*, Report of an

Aldrich Richard J., *GCHQ : The uncensored story of Britain's most secret Intelligence Agency*, Harper Press, 2010.

Allard Jean-Guy & Eva Golinger, *USAID, NED y CIA : la agresión permanente*, Ministerio del Poder Poder Popular para la Comunicación y la Información. Caracas, Venezuela, 2009.

Ameline Nicole, Philippe Baumel et Jean Glavany, *Rapport d'information : l'urgence libyenne*, Commission des Affaires étrangères de l'Assemblée nationale française, 25 novembre 2015.

Amnesty International, *Libye : Les victimes oubliées des frappes de l'OTAN*, mars 2012.

Amnesty International, *Rapport Libye sur la situation des droits de l'Homme 2014-2015*, 25 février 2015.

Andrew Christopher & Oleg Gordievsky, *KGB : The Inside Story of Its Foreign Operations from Lenin to Gorbachev*, Hodder and Stoughton, 1990.

Andrew Christopher & Oleg Gordievsky, *Le KGB dans le monde : 1917-1990*, Fayard, 1990.

Andrew Christopher & Vassili Mitrokhine, *Le KGB à l'assaut du tiers-monde : Agression-corruption-subversion*, Fayard, 2008.

Ashton John, *Megrahi : You are my jury : The Lockerbie evidence*, Birlinn, 2012.

Attali Jacques, *Verbatim I : 1981-1983*, Fayard, 1993.

Auzanneau Matthieu, *Or noir : La grande histoire du pétrole*, La Découverte, 2015.

Banque africaine de développement (BAD), *Libye : défis d'après-guerre*, septembre 2011.

Barriot Patrick & Eve Crépin, *Le procès Milosevic ou l'inculpation du peuple serbe*, L'Age de l'homme, 2006.

Beau Nicolas et Jacques-Marie Bourget, *Le vilain petit Qatar : cet ami qui nous veut du mal*, Fayard, 2013.

Bensaada Ahmed, *Arabesque américaine : le rôle des États-Unis dans les révoltes de la rue arabe*, Michel Brûlé, 2011.

Bensaada Ahmed, *Arabesque $: Enquête sur le rôle des États-Unis dans les révoltes arabes*, Investig'Action, 2015.

Berlusconi Silvio (avec Alan Friedman), *My way*, Michel Lafon, 2015.

Bessis Juliette, *La Libye contemporaine : histoire & perspectives méditerranéennes*, L'Harmattan, 1986.

Bianco Mirella, *Kadhafi, le messager du désert, biographie et entretiens*, Stock, 1974.

Bleuchot Hervé, *Chroniques et documents libyens : 1969-1980*, Éditions du CNRS, 1983.

Blum William, *Les guerres scélérates : les interventions de l'armée américaine et de la CIA depuis 1945*, Parangon, 2004.

Blunt William, *L'État voyou*, Parangon, 2002.

Boutros Boutros-Ghali, *Mes années à la maison de verre*, Fayard, 1999.

Branco Juan, *L'ordre et le monde : Critique de la Cour pénale internationale*, Fayard, 2016.

Brisard Jean-Charles & Guillaume Dasquié, *Ben Laden : La vérité interdite*, Denoël, 2001.

Bruce St John Roland, *Libya and the United States : Two centurues of strife*, University of Pennsylvania Press, 2002.

Bruguière Jean-Louis, *Ce que je n'ai pu dire : entretiens avec Jean-Marie Pontaut*, Robert Laffont, 2009.

Bruno Pommier, *Le recours à la force pour protéger les civils et l'action humanitaire : le cas libyen et au-delà*, Revue internationale de la Croix-Rouge, Volume 93 Sélection française 2011.

Byman Daniel, *Deadly Connections : States that sponsor Terrorism*, Cambridge University Press, 2005.

Cazalis Anne-Marie, *Kadhafi, le templier d'Allah*, Gallimard, 1974.

Centre Français de Recherche sur le Renseignement (CF2R), sous la direction d'Éric Denécé, *La face cachée des révolutions arabes*, Ellipses, 2012.

Centre International de Recherches et d'Études sur le Terrorisme & l'Aide aux Victimes du Terrorisme (CIRET-AVT) et le Centre Français de Recherche sur le Renseignement (CF2R), *Libye : un avenir incertain*, Paris, mai 2011.

Chavrin Robert et Jacques Vignet-Zurz, *Le syndrome Kadhafi*, Albatros, 1987.

Cheney Dick, *In my time*, Threshold Ed., 2011.

Chesnot Christian et Georges Malbrunot, *Qatar : les secrets du coffre-fort*, Michel Lafon, 2013.

Chirac Jacques, *Chaque pas doit être un but*, Nil Éditions, 2009.

Chivvis Christopher S., *Toppling Qaddafi : Libya and the limits of liberal intervention*, Cambridge University Press, 2014.

Chomsky Noam & Edward Herman, *La fabrication du consentement : De la propagande médiatique en démocratie*, Agone, 2008.

Chomsky Noam, *Comprendre le pouvoir*, Lux Éditeur, 2008.

Chouet Alain (avec Jean Guisnel), *Au cœur des services spéciaux. La menace islamiste : fausses pistes et vrais dangers*, La Découverte, 2011.

Christopher Andrew & Oleg Gordievsky, *KGB : The Inside Story of Its Foreign Operations from Lenin to Gorbachev*, Hodder and Stoughton, 1990.

Citizens' Commission on Benghazi, *How America Switched Sides in the War on Terror — An Interim Report by the Citizens' Commission On Benghazi*, 22 April 2014.

Clark K. Wesley, *Waging Modern War : Bosnia, Kosovo and the Future of Conflict*, Public Affairs, 2002.

Clinton R. Hillary, *Le temps des décisions. 2008-2013*, Fayard, 2014.

Cojean Annick, *Les proies : Dans le harem de Kadhafi*, Grasset, 2012.

Collon Michel, *Je suis ou je ne suis pas Charlie ?*, Investig'Action, 2015.

Collon Michel, *Monopoly : l'OTAN à la conquête du monde*, EPO, 2000.

Colonel Spartacus, *Opération Manta : Tchad 1983-1984*, Plon, 1985.

Considine Bob, *Un américain à Moscou : la vie extraordinaire du docteur Armand Hammer*, traduit de l'américain par Claude Bataille, Jean-Claude Simoen, 1978.

Cooley K. John & Edward Saïd, *CIA et Djihad. 1952-2002 : contre l'URSS, une désastreuse alliance*, Autrement, 2002.

Cot Jean-Pierre, *A l'épreuve du pouvoir : Le tiers-mondisme, pourquoi faire ?*, Seuil, 1984.

Darcourt Pierre, *Hissène Habré, la Libye et le pétrole*, Grancher, 2001.

David Charles-Philippe, *Au sein de la Maison-Blanche*, Presse de l'Université Laval, 2015.

De Rouville Guillaume, *La démocratie ambigüe*, Éd. Cheap, 2012.

Del Valle Alexandre, *Islamisme et États-Unis : une alliance contre l'Europe*, L'Age d'Homme, 1999.

Derogy Jacques & Hesi Carmel, *Israël ultrasecret*, Robert Laffont, 1989.

Dictionnaire géopolitique de l'Islamisme (Sous la direction d'Antoine Sfeir », Bayard, 2009.

Djaziri Moncef, *État et société en Libye : Islam, politique et modernité*, L'Harmattan, 2000.

Dorril Stephen, MI6 : *Inside the covert world of her Majesty's Secret Intelligence Service*, Free Press, 2000.

Dorril Stephen, *MI6. Fifty years of special operations*, Fourth Estate (New edition edition), 2001.

Dulas Robert (avec Marina Ladous et Jean-Philippe Leclaire), *Mort pour la Françafrique : un espion au cœur des réseaux islamistes*, Stock, 2014.

Dumas Roland & Jacques Verges, *Sarkozy sous BHL*, Pierre-Guillaume de Roux, 2011.

Dumas Roland, *Affaires étrangères. Tome 1. 1981-1988*, Fayard, 2007.

Duplan Christian et Bernard Pellegrin, *Claude Géant. L'homme qui murmure à l'oreille de Sarkozy*, Éditions du Rocher, 2008.

Durand Gwendal, *L'organisation d'Al-Qaïda au Maghreb islamique : Réalité ou manipulations ?*, L'Harmattan, 2011.

Eveland Wilbur, *Ropes of Sand : America's failure in the Middle East*, WW Norton & Co Inc, 1980.

Faligo Roger & al., *Histoire politique des services secrets français. De la Seconde guerre mondiale à nos jours*, La Découverte, 2012.

Faligot Roger & Pascal Krop, *La piscine : les services secrets français 1944-1984*, Seuil, 1985.

Faure Claude, *Aux services de la République : du BCRA à la DGSE*, Fayard, 2004.

Fisher David, *Hard evidence*, Dell, 1996.

Flores Charles, *Les ombres de Lockerbie : une analyse des relations anglo-libyennes*, Epo, 1998.

Fogué Tédom Alain, *Enjeux géostratégiques et conflits politiques en Afrique noire*, éd. L'Harmattan, 2008.

Fort Maximilian, *Slouching Towards Sirte : NATO's War on Libya and Africa*, Baraka Books, 2012.

Gates M. Robert, *Duty : Memoirs of a secretary at war*, Alfred A. Knopf, 2014.

Georgy Guy, *Kadhafi, le berger des Syrtes*, Flammarion, 1996.

Gerdan Éric, *Dossier A... comme armes*, Édit. Alain Moreau (Picollec), 1979.

Germain Alain et Edmond-Henri Supernak, *Tondus comme des moutons : La paupérisation des classes moyennes*, Buchet-Chastel, 2012.

Giesbert Franz-Olivier, *Mitterrand, une vie*, Seuil, 2011.

Giovanni Fasanella & Rosario Priore, *Intrigo internazionale, Perché la guerra in Italia. Le verità che non si sono, mai potute dire*, Chiare Lettere, 2010.

Goddard Donald & Lester K. Coleman, *Trail of the Octopus*, Macmillan Distribution Limited, 1996.

Graciet Catherine, Sarkozy-Kadhafi. *Histoire secrète d'une trahison*, Seuil, 2013.

Guisnel Jean, *Armes de corruption massive : secrets et combines de marchands de canons*, La Découverte, 2011.

Haddad Mezri, *La face cachée de la révolution tunisienne : Islamisme et Occident, une alliance à haut risque*, Apopsix, 2011.

Haimzadeh Patrick, *Au cœur de la Libye de Kadhafi*, JC Lattès, 2011.

Hammer Armand, Un capitaliste américain à Moscou : de Lénine à Gorbatchev, Robert Laffont, 1988.

Hassan II, *La mémoire d'un Roi* (Entretien avec Éric Laurent), Plon, 1993.

Hindi Youssef, *Occident & Islam*, Sigest, 2015.

Hoekstra Peter, *Architects of disaster. The destruction of Libya*, Calamo Press, 2015.

Hollingsworth Mark & Nick Fielding, *Defending the realm : MI5 and the Shayler Affair*, André Deutsch, 1999.

HRW, *Death of a Dictator : Bloody Vengeance in Sirte* (« Mort d'un dictateur : Vengeance sanglante à Syrte »), 16 octobre 2012.

Human Rights Watch, *Unacknowledged Deaths : Civilian Casualties in NATO's Air Campaign in Libya*, 14 mai 2012.

Independent Task Force, Report No 54, Sponsored by the Council on Foreign Relations, 2005.

Izambert Jean-Loup Izambert, *Crimes sans châtiment*, 20 cœurs, 2013.

Izambert Jean-Loup, *56. L'État français complice de groupes criminels* (Tome 1), IS Édition, 2015.

Jacques de Launay & Jean-Michel Chartier, *Histoire secrète du pétrole*, Presse de la cité, 1985.

John F. Kelly & Philipp K. Wearne, *Trainting evidence. Inside the scandals at the FBI crime Lab*, Free Press, 1998.

Johnston Diana, *Hillary Clinton : la reine du chaos*, Éd. Delga, 2015.

Jouve Edmond, *Mouammar Kadhafi dans le concert, des nations*, L'Archipel, 2004.

Kadhafi Mouammar : *« Je suis un opposant à l'échelon mondial »*, entretiens avec Hamid Barrada, Marc Kravetz et Mark Whitaker, dirigé par Jean-Louis Gouraud, Édition Pierre-Marcel Favre, 1984.

Kadhafi Mouammar, *Le Livre vert*, Hades éditions, 2015.

Kapeliouk Amnon, *Arafat. L'irréductible*, Fayard, 2004.

Krop Pascal, *Les services secrets français : de 1870 à nos jours*, JC Lattès, 1993.

Labévière Richard, *Les coulisses de la terreur*, Grasset, 2003.

Labévière Richard, *Les dollars de la terreur : les États-Unis et les islamistes*, Grasset, 1999.

Lalieu Grégoire (Entretiens avec Mohammed Hassan), *Jihad made in USA*, Investig'Action, 2014.

Laurent Eric, *La face cachée du 11 septembre*, Plon, 2004.

Laurent Eric, *La Face cachée du pétrole : l'enquête*, Plon, 2006.

Lemoine Maurice, *Les enfants cachés du général Pinochet*, Don Quichotte, 2015.

Luttwak Edward N., *Le grand livre de la stratégie. De la paix et de la guerre*, Odile Jacob, 2002.

M'Hamed Oualdi & al., *Les ondes de choc des révolutions arabes*, Presse de l'Ifpo, 2014.

Maas Peter, *Client Kadhafi. Edwin P. Wilson : de la CIA au trafic d'armes international*, Hachette, 1986.

Machon Annie, *Spies, lies and whistleblowers. MI5, MI6 and the Shayler Affair*, The Book Guild, 2005.

Mamdani Mahmood, *La CIA et la fabrique du terrorisme islamiste*, Demopolis, 2004.

Mandraud Isabelle, *Du djihad aux urnes : le parcours singulier d'Abdelhakim Belhadj*, Stock, 2013.

Mantoux Stéphane, *Les guerres du Tchad. 1969-1987*, LEMME édit, 2014.

Marouf Nadir (sous la direction), *Les identités régionales et la dialectique sud-sud en question*, Codesria, 2007.

Maréchal Pierre Sylvain, *Dictionnaire d'amour*, Briand, 1788.

Martel André, *La Libye (1835-1990) : Essai de géopolitique historique*, Presse universitaire de France, 1991.

Martinelli Giovanni (avec Samuel Lieven), *Évêque chez Kadhafi*, Bayard Culture, 2011.

Martinez Luis, *Violence de la rente pétrolière (Algérie-Irak-Libye)*, Presses de la Fondation nationale des Sciences politiques, 2010.

Matthew M. Aid, *The secret sentry : the untold history of the National Security Agency*, Bloomsbury Press, 2009.

Maupas Stéphanie, *Le Joker des puissants : le grand roman de la Cour Pénale Internationale*, Don Quichotte Éd., 2016.

Mbeko Patrick, *Guerres secrètes en Afrique centrale*, Kontre Kulture, 2015.

Mbeko Patrick, *Le Canada dans les guerres en Afrique centrale*, Le Nègre Éd., 2012.

Mbeko Patrick, *Stratégie du Chaos et du mensonge*, L'Érablière, 2014.

Melandri Pierre, *Reagan : une biographie totale*, Robert Laffont, 1988.

Mitchell Timothy, *Carbon Democracy. Le pouvoir politique à l'ère du pétrole*, La Découverte, 2013.

Moniquet Claude & Genovefa Etienne, *Histoire de l'espionnage mondial*, Édition Luc Pire & du Felin, 2001.

Monsieur X, *Mémoires secrets* (Tome 2), Denoël, 1999.

Morellato Marion, *Pétrole et corruption. Le dossier Mi. Fo. Biali dans les relations italo-libyennes 1969-1979*, ENS Éditions, 2014.

Mosaddeq Ahmed Nafeez, *La guerre contre la vérité*, Demi-Lune, 2006.

Najjar Alexandre, *Anatomie d'un tyran : Mouammar Kadhafi*, Actes Sud, 2011.

Napoleoni Loretta, *Qui finance le terrorisme international ?*, Autrement Frontières, 2005.

Nots Christian, *Terrorisme d'État 2001-2025*, Publibook, 2013.

Nouzille Vincent, *Dans le secret des présidents. CIA, Maison-Blanche, Élysée : les dossiers confidentiels 1981-2010*, Fayard, 2010.

Nouzille Vincent, *Des secrets si bien gardés : les dossiers de la Maison-Blanche et de la CIA sur la France et ses présidents 1958-1981*, Fayard, 2009.

Nouzille Vincent, *Les tueurs de la République : assassinats et opérations spéciales des services secrets*, Fayard, 2015.

Ockrent Christine & Alexandre De Marenches, *Dans le secret des princes*, Stock, 1986.

Onana Charles, Al-Bashir & Darfour. La contre-enquête, Duboiris, 2010.

Ostrovski Victor, *The other side of deception : a rogue agent exposes the Mossad's secret agenda*, Harpercollins, 1994.

Ouannes Moncef, *Révolte et reconstruction en Libye : Le Roi et le rebelle*, L'Harmattan, 2014.

Panon Xavier, *Dans les coulisses de la diplomatie française : De Sarkozy à Hollande*, L'Archipel, 2015.

Patrick Pesnot, *Rendez-vous avec M.X : Reagan contre Kadhafi*, Les grands dossiers de France Inter.

Paul Kengor & Patricia Clark Doerner, *The judge: William P. Clark, Ronald Reagan's Top Hand*, Ignatus, 2007.

Péan Pierre, *Carnages : les guerres secrètes des grandes puissances en Afrique*, Fayard, 2010.

Péan Pierre, *La République des mallettes. Enquête sur la principauté française de non-droit*, Fayard, 2011.

Péan Pierre, *Manipulations africaines : qui sont les vrais coupables de l'attentat du vol UTA 772 ?*, Plon, 2001.

Péan Pierre, *Vol UT 772 : contre-enquête sur un attentat attribué à Kadhafi*, Stock, 1992.

Penne Guy, *Mémoires d'Afrique (1981-1998)*, Fayard, 1999.

Pesnot Patrick, *Les dessous de la Françafrique*, Nouveau monde, 2010.

Pierini Marc, *Le prix de la liberté : Libye, les coulisses d'une négociation*, Actes Sud, 2008.

Pierre Favier & Michel Martin-Roland, *La décennie Mitterrand*, Tome I, Seuil, 1995.

Ping Jean, *Éclipse sur l'Afrique. Fallait-il tuer Kadhafi ?*, Michalon, 2014.

Pinta Pierre, *La Libye*, Karthala, 2006.

Pliez Olivier (sous la dir.), *La nouvelle Libye: sociétés, espaces et géopolitique au lendemain de l'embargo*, Karthala, 2004.

Politique américaine No 19, *La puissance américaine à l'épreuve*, Institut des Amériques & L'Harmattan, 2012.

Pondi Jean-Emmanuel, *Vie et mort de Mouammar Kadhafi*, Afric'Éveil, 2012.

Pontaut Jean-Marie, *L'attentat : le juge Bruguière accuse la Libye*, Fayard, 1992.

Raimbaud Michel, *Tempête sur le Grand Moyen-Orient*, Ellipses, 2015.

Ramadan Tariq, *L'islam et le réveil arabe*, Presses du Chatelet, 2011.

Rapport de la Banque africaine de développement (BAD), *Libye : défis d'après guerre*, septembre 2011.

Rapport du centre de combat anti-terrorisme de l'académie militaire américaine de West Point, *Les combattants étrangers d'Al-Qaïda*, 2007.

Rasmussen Anders Fogh, Rapport annuel 2011 de l'Organisation du Traité de l'Atlantique Nord (OTAN), 26 janvier 2012.

Ratignier Vanessa (avec Pierre Péan), *Une France sous influence : Quand le Qatar fait de notre pays son terrain de jeu*, Fayard, 2014.

Reagan Ronald, *An American life*, Simon & Schuster, 1990. Version française: *Une vie américaine : mémoires*, JC Lattès, 1990.

Rossi Pierre, *La verte Libye de Quadhafi*, Hachette, 1979.

Roumiana Ougartchinska & Rosario Priore, *Pour la Peau de Kadhafi : guerres, secrets, mensonges. L'autre histoire (1969-2011)*, Fayard, 2013.

Russbach Olivier, *ONU contre ONU : le droit international confisqué*, La Découverte, 1994.

Sanger David E., *Obama, guerres et secrets : les coulisses de la Maison Blanche*, Belin, 2012.

Savary Michèle, *La Serbie aux outrages*, L'Age de l'homme, 2001.

Séné Florent, *Raids dans le Sahara central (Tchad, Libye, 1941-1987)*, L'Harmattan, 2011.

Sharansky Nathan (avec Ron Dermer), *Défense de la démocratie : Comment vaincre l'injustice et la terreur par la force de la liberté*, François Bourin Éditeur, 2006. Version anglaise *The Case For Democracy : The Power Of Freedom to Overcome Tyranny And Terror*, Public Affairs, 2004.

Sharp Gene, *De la dictature à la démocratie : Un cadre conceptuel pour la libération*, L'Harmattan, 2009. De l'Américain, *From Dictatroship to Democracy : a conceptual Framework For Liberation*, Green Print, 2011.

Siad Arnaud, *L'intervention en Libye : un consensus en Relations internationales ?*, L'Harmattan, 2014.

Sihem Najar (Sous la direction), *Les réseaux sociaux sur Internet à l'heure des transitions démocratiques*, IRMC-Karthala, 2013.

Silberzahn Claude avec Jean Guisnel, *Au cœur du secret : 1500 jours aux commandes de la DGSE — 1989/1993*, Fayard, 1995.

Solé Robert, *Sadate*, Perrin, 2013.

Soudan François & Joseph Goulden, *Kadhafi, la CIA et les marchands de la mort*, Groupe Jeune Afrique, 1987.

Spitzer Sébastien, *Contre-enquête sur le juge Bruguière : justice ou politique ?*, Privé, 2007.

Stanik Joseph T., *El Dorado Canyon : Reagan's undeclared war with Qaddafi*, Naval Institute Press, 2003.

Talbi Taieb, *La grande désillusion : l'argent des dictatures et des printemps arabes*, Riveneuve Éditions, 2015.

Tarpley Webster G., *La terreur fabriquée, Made in USA*, Édit. Démi-Lune, 2005.

Teil Julien, *Le livre noir des ONG*, Kontre Kulture, 2015.

Thatcher Margaret, *10, Downing street : Memoires*, Albin Michel, 1993.

Thomas Gordon, *Gideon's Spies : The Secret History of the Mossad*, Gordon Thomas, 2007.

Thomas Gordon, *Les armes secrètes de la CIA*, Septentrion, 2006.

Tonolli Frédéric, *L'inavouable histoire du pétrole. Le secret des 7 sœurs*, Éditions de La Martinière, 2012.

Tremlett George, *Gaddafi : the desert mystic*, Carroll & Graf, edition (November 1993).

Ursulet Alex, *L'indéfendable : comment défendre un salaud sans en être un soi-même ?*, L'Archipel, 2015.

Vandal Gilles & Sami Aoun, *Barack Obama et le printemps arabe*, Athéna, 2013.

Warden John, *La campagne aérienne*, Economica, 1998.

Weinberger Caspar, *Fighting for Peace : Seven Critical Years in the Pentagon*, Grand Central Publishing, 1990.

Woodward Bob, *CIA : guerres secrètes, 1981-1987*, Stock, 1987.

Yergin Daniel, *The Prize : The Epic Quest for Oil, Money and Power*, Free Press (1991) ; réédité en (Dec 232 008).

REMERCIEMENTS

Je tiens en tout premier lieu à manifester ma vive gratitude à celui qui me donne la vie et sans qui cet ouvrage n'aurait pas été possible : mon Dieu. Mes remerciements vont aussi et surtout aux nombreux témoins, diplomates, militaires, intermédiaires, émissaires secrets, journalistes, voire de simples citoyens... qui ont accepté de partager avec moi ce qu'ils savent des différentes facettes de l'affaire libyenne et du colonel Kadhafi. Roland Dumas, Christian Graeff, Mezri Haddad, le Congressman Denis Kucinich, Gilles Ménage, Pierre Péan, Jean-Loup Izambert, Zohra Mansour, Bernard Cheynel, Elgiabu Ramadan, Rambaldo Degli Azzoni Avogadro, John Ashton, Franck Pucciarelli, Diana Johnston, Jean-Emmanuel Pondi, mon bon ami Ahmed Bensaada... et tous ceux dont je ne peux citer les noms afin de préserver leur anonymat. Un remerciement particulier à l'ambassadeur Michel Raimbaud. Mille mercis à Jennifer Mandel aux archives américaines.

Je tiens également à exprimer ma reconnaissance à ma famille et à mes proches pour leur affection et leur soutien. À mes amis pour leurs encouragements. Enfin à vous tous qui me soutenez; de l'Afrique en Amérique en passant par l'Europe, veuillez trouver dans ces quelques mots l'expression de ma profonde gratitude.

TABLE DES MATIÈRES

PRÉFACE.. 11

PROLOGUE

« *Cette guerre n'a pas commencé en
2011, elle a commencé bien avant* »........................17

PARTIE I
**AU CRÉPUSCULE D'UNE
RÉVOLUTION** 33

– I –   Un aventurier du monde des
          Affaires 35

– II –   L'incroyable histoire d'un jeune
          Bédouin révolutionnaire.................45

– III –   « Opération Al-Quds » 59

– IV –   Le temps de grands
          bouleversements : la révolution
          est en marche.....................................67

– V –   Offensives tous azimuts 95

PARTIE II
**TEMPS DES INTRIGUES ET DES
CONCESSIONS** 119

– VI –   Complots tous azimuts.........................121

          Dans l'œil de la « Piscine » 121

          Assassinat en haute Méditerranée 125

          Opérations spéciales et désinformation 133

          Guerre secrète au Tchad 144

          Une opération sous faux drapeau ? 152

Des projets « inspirés directement du Seigneur » 156

« *Nous allons tuer Kadhafi* »... 163

Propagande, désinformation et raid éclair contre
les Libyens au Tchad 179

Kadhafi ne rime ni avec Lockerbie, et encore
moins avec UTA 772 194

– VII – Après l'Orage vient le beau
temps 243

Le temps des concessions et des petites
« amouraches »... 243

Sous la tente du Guide 262

Les Bulgares du Guide 266

PARTIE III
PRINTEMPS AMÉRICAIN DANS
LE MONDE ARABE **287**

– VIII – Révolte de la rue arabe ou
arabesque américaine ? 289

– IX – Le soleil noir de l'OTAN se lève
sur la Libye 335

Opération « *Free Libya* » 335

Les émules de Goebbels en action 358

Les USA, l'OTAN et la R2PMD
(responsabilité de protéger en massacrant et
en détruisant) 377

– X – La « sainte alliance » avec Al-
Qaïda sur le dos des Libyens 427

– XI – La traque finale 451

– XII – Les raisons profondes d'une haine
et d'une guerre 473

ÉPILOGUE
De la Jamahiriya arabe libyenne à la
« merveilleuse » Libye de l'OTAN 517

ANNEXES 547

  1   Rapport de l'OTAN sur les probables
conséquences de l'exploitation du pétrole en
Libye 547

  2   Mémorandum du Conseil National de
Sécurité de la Maison Blanche sur l'attitude à
adopter à l'égard de la Libye 549

  3   Offre de la Grande-Bretagne à la Libye pour
qu'elle stoppe son soutien à l'IRA 551

  4   Extrait du rapport d'Oliver North sur les
activités subversives de la Libye entre 1980-
1985 553

  5   Directive #27 de la Maison Blanche :
sanctions pétrolières américaines contre la
Libye 558

  6   Lettre de Mohammed Youssef el-Megaryef,
le chef du FNSL, à Margaret Thatcher 560

  7   Dans cette note, Londres se réjouit que
l'Italie ait accepté d'abriter une section des
intérêts britanniques en Libye après la
rupture des relations diplomatiques entre les
deux pays 561

  8   La directive #168 portant sur « la politique
américaine envers l'Afrique du Nord », avec
une attention particulière portée sur la Libye 562

  9   Extrait d'une réunion du Conseil National
de Sécurité de la Maison Blanche délibérant
pour savoir si les États-Unis devaient
renverser Kadhafi 568

10 Rapport de la Direction du renseignement de la CIA sur les chances de maintien ou du renversement du colonel Kadhafi du pouvoir 569

11 La directive #205 du Conseil National de Sécurité de la Maison Blanche sur les actions à entreprendre contre la Libye 574

12 Extrait d'un rapport d'analyse de la CIA sur l'après-opération Eldorado Canyon 577

13 Extrait d'un rapport du FBI sur l'attentat de Lockerbie 579

14 Extrait d'un rapport de la Defense Intelligence Agency sur la responsabilité de l'Iran et du FPLG dans l'attentat de Lockerbie 581

15 Note de Gilles Ménage à François Mitterrand 583

16 Rapport de Bernard Cheynel sur le marché de l'armement en Libye 585

17 Rapport financier 2010 de la NED sur le financement d'organisations libyennes expatriées 587

18 Correspondance de Sliman Bouchuiguir adressée aux avocats Jacques Verges et Roland Dumas 588

19 Rapport d'autopsie de Mouammar Kadhafi 590

20 Courriel d'Hillary Clinton sur les enjeux de l'implication britannique dans le conflit libyen 591

21 Courriel d'Hillary Clinton sur les enjeux de l'implication française dans la guerre, y compris le dinar or libyen 592

22 Extrait d'un rapport de la Defense
   Intelligence Agency (DIA) sur le transfert
   d'armes de la Libye vers la Syrie..........................594

23 Extrait d'un rapport des renseignements
   militaires canadiens sur le risque de
   déstabilisation globale de la Libye.......................596

BIBLIOGRAPHIE **597**

REMERCIEMENTS **611**

www.ingramcontent.com/pod-product-compliance
Lightning Source LLC
Chambersburg PA
CBHW030854270326
41929CB00008B/418